世界名人大传

主编 于立文

第四卷

本书所撷选的名人均为人类历史上有重大影响的人物，并在此基础上不拘一格，无论哲学、政治、经济、军事、科学、文化、艺术等诸领域，都广有涉及。这便为读者提供了一种可能：从不同的人生角度去体会名人，从不同的价值角度去看待名人。其次，本人对名人的表述更为人性化。名人往往被神化，这便隔绝了名人与平凡人之间的共性。

辽海出版社

朱可夫

寒门出英雄

斯科西南的卡卢加省斯特列尔科夫卡村，是一个普通的穷村庄。一条没膝深的小河从村旁潺潺流过，水上长满了绿藻，一到夏天这里便成了孩子们的天堂。村北的一片桦树林，远远望去，仿佛是一片连绵的山丘。在这个村子中央，有一座很破旧的房子，房子的一个屋角已快要坍塌，墙壁和屋顶长满绿苔和青草。然而就在这间不起眼的简陋农舍里，诞生了一位后来赫赫有名的军事家，他对苏联乃至世界的和平作出了重大贡献。1896 年 12 月 2 日，格奥尔基·康斯坦丁诺维奇·朱可夫在此呱呱落地。据母亲讲，这孩子出生时嗓门十分宏亮，仿佛在告诉大家，他已来到了这个世上。

8 岁时，朱可夫进了一所教会小学。他背着用粗麻布缝的书包，和附近几个村里背着洋书包的小朋友一起去读书，刚开始他有些自卑，但不久，这种自卑感便烟消云散了，因为朱可夫聪明且勤奋，所以在同龄人中显得出众。朱可夫学习成绩拔尖，另外由于他的嗓音很好，于是被吸收到了学校的合唱队。他的老师名叫谢尔盖·尼古拉耶维奇·雷米佐夫，教书很有些经验，从不无缘无故惩罚学生，也从不提高嗓门训学生，为人很好，同学们都很尊重他。朱可夫在成人之后，常常以十分感激的心情怀念这位老师，因为是这位老师引导自己热爱读书的。

1908 年夏天，朱可夫小学毕业了。为了谋生，他告别了父母，离开家乡去莫斯科，到他舅舅米哈依尔·皮利欣开的毛皮作坊里当了一名学徒工。

朱可夫心灵手巧、聪明过人，一年之后就成了徒工里技术最好的一个。同时，他和与他年龄差不多的老板的儿子亚历山大关系不错，亚历山大借书给他看，还常常帮助他学习俄语、数学、地理，有时他俩还在一起读科学读物。

1914 年，第一次世界大战开始了。当时在沙俄的大力宣传下，许多青年，特别是有钱人家的子弟，都志愿上前线打仗。老板的儿子亚历山大·别利欣也决定去，并极力劝朱可夫去。朱可夫一开始的确动心了，就找他最尊重的好朋友桑多尔·伊万诺维奇商量。伊万诺维奇说："有钱的子弟是为了保住家中的财产去的。而你呢，你为什么要去打仗？是不是因为你父亲被赶出了莫斯科？你母亲被饿得发肿？如果你打仗后，变成残废回来，谁还要你呢？"这些话把朱可夫说服了。他把这些话告诉了亚历山大，结果招来一顿痛骂。亚历山大只好独自一人上前线去了。

朱可夫继续在作坊干活。这时，他与房东的女儿玛丽亚正在恋爱，并开始商量结婚的事情。但战争的急剧变化，使他们的希望和打算化为了泡影。1915 年 7 月，沙皇政府决定提前征召 1896 年出生的青年。这下轮到朱可夫上战场了，但他的热情并不高，因为他离开莫斯科时，只见一面是从前线运回来的伤兵，一面是阔少爷仍和从前一样过着骄奢淫逸的生活。这两种鲜明的对比，使他茫然。可他还是想，既然叫我入伍，我就要忠诚地为俄罗斯打仗。

军旅磨练

1915 年 8 月 7 日，朱可夫从卡卢加省小亚罗斯拉韦次县应征入伍。

当兵第一天，朱可夫和同伴就被装上闷罐车。每个车厢 40 个人。新兵们一路上都只能站着，或者坐在肮脏而冰凉的地板上。车厢里气味难闻，臭气、汗味、烟雾，加上车厢里原来不知什么东西留下的霉味，交织在一起，使新兵们连饭都吃不下。有的人在悄悄落泪，还有的人呆呆地坐着，想象未来的士兵生活。朱可夫暗暗问自己："我吃得当兵的苦吗？如果去打仗，我能行吗？"尽管此时他对自己军事方面的天赋还一无所知，但他相信，自己经过生活的锻炼，一定能当个好士兵。这就是朱可夫的个性，干什么就要干好，并且坚信自己一定能干好。

军营对朱可夫来说就像一张白纸，一切都是陌生的，一切都是新鲜的，连最习惯的走路、吃饭、解手、睡觉，都有了新的约束和规定。第一次体验军营生活，他既感到新奇，又觉得那么不可思议。

1915 年 9 月，朱可夫他们被派到了乌克兰境内的后备骑兵第 5 团，该团驻扎在哈尔科夫省巴拉克列亚城内。骑兵当时分为骠骑兵、枪骑兵、龙骑兵三种。朱可夫被分到枪骑兵连。他为自己没有被分到骠骑兵连而遗憾，一方面是因为骠骑兵的军服漂亮，年轻人爱美心切，另一方面，也是更主要的，是因为那个连队比较讲人道，打骂士兵的现象不多。这时的朱可夫已清楚地看到，在沙皇军队里，士兵只是一个木偶，命运完全掌握在各级长官手里。

到了枪骑兵连里，朱可夫不仅领到了军服，还牵到了一匹深灰色的烈性马，名叫"哈谢奇娜娅"。

人们只知道骑兵驰骋在疆场时，威风凛凛，但没有多少人知道骑兵日常生活的艰苦。他们除了学习步兵的科目外，还要学习马术，学会使用马刀等冷兵器，每天还要刷三次马。与步兵相比，骑兵每天要早起一小时，晚睡一小时。最要命的算是乘马训练，在训练骑乘、特技骑术和使用冷兵器时，每个人两条大腿都磨出了血，刚结了疤，又磨破了。每次训练后，马鞍上都血迹斑斑，可朱可夫十分坚强、不怕苦、不退缩。那匹烈马不知把他从马背上摔下来有多少次，但越摔这个年轻人训练时间越长，仅仅两个星期，"哈谢奇娜娅"终于被驯服了。于是朱可夫就可以在马鞍上牢牢坐稳。

朱可夫每次训练最认真、最刻苦。

1916 年春天，成绩优秀的士兵才能进教导队，朱可夫被选中了。1916 年 8 月，朱可夫从教导队毕业了，被分回骑兵第 10 师。

当时第 10 师正驻扎在德涅斯特河岸，其任务是担任西南战线的预备队。朱可夫是乘火车前往部队的。一路上，他看到了许多从前线运回来的伤兵，他们负了很重的伤急需治疗，但还要停下来为开往前线的部队让路，朱可夫心中有些说不出的感受。他还从伤员那里听到各种消息。有的说俄军装备落后，伙食很差，根本打不过敌人；有的说，指挥官特别是高级指挥官名声很坏，常常为了个人利益不顾士兵的死活；还有的说最高统帅部里有敌军奸细，这仗没法打。这些消息，严重影响了朱可夫的情绪，他再次深深地体会到，指挥员的一言一行，以及能否与士兵同甘共苦，对军心的凝聚是多么的重要。

很快，朱可夫经受了生平的第一次战斗的洗礼。那是他们到达一个车站下车时，天空突然响起了空袭警报,大家迅速隐蔽起来。接着敌人来了一架侦察机,扔了几颗炸弹就飞走了,结果炸死了一名士兵和五匹马。

不久,在一次战斗中朱可夫俘虏了一名德军军官,因而获得了他军事生涯中的第一枚勋章。

1917年2月中旬,彼得格勒部分工人开始罢工。几天后,罢工浪潮席卷全城和临近的城市,罢工人员达20万人,并且势如潮涌,不可阻挡。

朱可夫也置身到革命的浪潮之中,参加了"二月起义",并被选为连士兵委员会主席,出席苏维埃代表大会。

当时全国的形势很复杂,朱可夫那里的情况也发生了变化。5月初,共产党负责人雅科夫列夫调到别的地方去了,他走后,社会民主党人趁机在团里掌了权,宣称拥护资产阶级临时政府的方针。不久,连士兵委员会决定解散朱可夫领导的这个连,于是,朱可夫和其他委员只好给士兵们发了退伍说明书,并让他们带上了马枪和子弹。由于朱可夫是该连负责人,所以,投奔到乌克兰民族主义分子方面去的一些军官在到处搜捕他,他一连几个星期不得不躲起来。

1917年11月7日,在列宁等人领导下,爆发了震惊世界的"十月革命"。"阿芙乐尔"号巡洋舰向临时政府盘踞的冬宫进行炮击,标志着起义的开始。在布尔什维克党的率领下,成千上万的革命军队和赤卫队包围了冬宫及政府各部门。反动军队兵败如山倒,起义很快获得胜利。当晚10点45分,第二次全俄苏维埃代表大会宣布:由于工人和士兵的胜利起义,"代表大会已经把政权掌握在自己手里了"。

11月30日,朱可夫终于平安地回到了莫斯科。

1918年1月份,朱可夫准备报名参加赤卫队。当时,各地忠于革命事业的工人武装都被称作赤卫队,这是苏维埃政权的一支重要武装力量,由布尔什维克中央委员会军事组织统一领导。由于赤卫队在十月革命中所起的重要作用,所以当时名声很响,青年工人十分踊跃地报名参加。但朱可夫这一愿望落空了,因为不久他得了斑疹伤寒,4月份,又得了"回归热"。整整几个月,朱可夫是躺在病床上度过的,这是他一生中在病床上躺的时间最长的一次。

到1918年夏季,红军扩大到了20万人。这时的朱可夫经过几个月的调治,已渐渐恢复了健康。他殷切地希望加入红军。1918年8月,朱可夫终于加入了红军,编入了莫斯科骑兵第1师第4团。团长是铁木辛哥,师长就是大名鼎鼎的布琼尼将军。

临危不乱

战争终于爆发了。朱可夫感到全身的血液仿佛一下子全集中到了头上,脑袋嗡嗡作响。铁木辛哥大声命令朱可夫给斯大林打电话。电话打通了,但没有人接。朱可夫一直打了好几分钟,才听到值班员充满睡意的声音。朱可夫叫他立即请斯大林接电话。

3分钟后,斯大林拿起了电话,朱可夫向他报告了敌军轰炸苏联各城市的消息,请示允许还击。斯大林脸色刷地一下白了。朱可夫问道:"您听懂了我的意思吗?"

斯大林仍然沉默。最后斯大林疲倦地说:"你和铁木辛哥到克里姆林宫来一趟。告诉波斯克列贝舍夫(斯大林秘书)一声,让他召集全体政治局委员。"

凌晨4时30分,全体政治局委员都已集中在斯大林的办公室,铁木辛哥和朱可夫也应邀参加。

斯大林脸色苍白,坐在桌旁,手中握着装满了烟丝的烟斗。他说:"立刻给德国使馆打电话。"

刚说完,秘书进来说,德国大使冯·舒伦布格勋爵要求接见,说是带来了紧急通知。莫洛托夫匆匆走进来说:"德国政府已向我国宣战。"

斯大林颓然地坐到了沙发上,胸部急促地起伏着。在场的人谁都不敢说话,也不知说什么。

一阵长时间的难以忍受的沉寂。

朱可夫首先打破沉默,建议立即用各边境军区所有的兵力猛烈还击突入的敌军,制止其继续前进。铁木辛哥纠正说,不是制止,而是歼灭。

斯大林顽强地站了起来,叹了口气,说道:"下命令吧!"

为了摸清前线情况,斯大林在 6 月 22 日下午 1 时电话通知朱可夫:"前线的各方面军司令员缺乏足够的作战指挥经验,现在已有些慌乱。政治局决定派你担任西南方面军统帅部代表,即刻飞往基辅,会同赫鲁晓夫到设在塔尔诺波尔的方面军司令部去。"

朱可夫感到很突然,从昨天夜里到现在一直都是突发事件。他犹豫地问,在目前这样复杂的情况下,由谁来领导总参谋部呢?斯大林有点不高兴地说:"请你抓紧时间,我们这里好歹可以对付。把瓦杜丁留下吧!"

朱可夫雷厉风行,在与斯大林谈话后 40 分钟就已经乘上飞机起飞了。他于 22 日黄昏时分,就赶到了位于基辅市中心的乌克兰共产党中央委员会大楼。赫鲁晓夫正在等他。两位老朋友此时相见,倍感亲切。赫鲁晓夫关切地说:"不要再往前飞了,否则有危险。德军飞机总是追逐我们的运输机,应当坐车去。"朱可夫听从了赫鲁晓夫的安排。

随后,朱可夫乘车到塔尔诺波尔去,那里是西南方面军司令员基尔波塔斯上将的指挥所。深夜时分,朱可夫赶到目的地。一下车,他顾不上和高级军官们寒暄,立刻要通了瓦杜丁的电话。

瓦杜丁报告说:"到 6 月 22 日此刻,尽管采取了有力措施,总参谋部仍无法从各方面军和空军司令部获得我军和敌人的准确情报。

朱可夫亲自赶到担任主攻任务的机械化第 8 军(军长利亚贝舍夫)的指挥所。这位军长是朱可夫的老部下。利亚贝舍夫拿着地图向朱可夫报告了部署,安排干净利索,句句击中要害。朱可夫刚想表扬几句,外面突然传来"空袭"警报。这时,这两个老战友都表现出了大将风度。

"真他妈倒霉,"利亚贝舍夫若无其事地说,"我们还没有来得及挖防空壕哩。这样吧,大将同志,就当我们已经躺在防空壕里好啦!"

朱可夫耸耸肩膀说"现在我们也许该吃点东西了。":

这时周围传来一阵飞机俯冲的尖叫声和炸弹的爆炸声。朱可夫看到利亚贝舍夫和在场的军官们都在有条不紊地工作,就像在野外演习时一样。朱可夫心中暖融融的,心想,真是好样的,到底还是老部队过硬,有了这些人,我们是不会打输的!

6 月 24 日,按照统一部署,机械化第 8 军在别烈斯贴奇科方向转入进攻,机械化第 15 军在腊迭霍夫以东进攻。这两个军的出色战斗,使德军第 1 装甲集团群的第 48 摩托化军陷入十分危急的境地。德军统帅部调动了全部空军到这一地域抗击苏军的反突击,才使第48摩托化军免遭全军覆没。

在朱可夫的指挥下,西南方面军胜利实施了最初的一次反突击。德国陆军总参谋长在这一天的日记里写道:"敌人不断地从纵深增调生力军来对付我们的坦克楔子。不出所料,敌人以大量坦克兵力在第1坦克集群的侧翼转入进攻。"

对这次战斗,朱可夫并不甚满意,他认为,如果他手中有更多的航空兵用来与机械化军协同作战,可能会取得更好的效果。

朱可夫是杰出的总参谋长,他临危不惧,头脑清晰,思维敏捷,判断准确,又是出色的战略家,哪里有险情,斯大林就把他派到哪里,他曾几度临危受命,几度力挽狂澜,在人民心目中,他就是胜利的象征。

朱可夫分析:莫斯科方面的德军,由于损失太大,短期内不可能实施战略进攻,列宁格勒方面的德军,在得到兵源补充之前,也不可能夺取列宁格勒;乌克兰的德军正在与苏军对峙,朱可夫认为,苏联最薄弱的是中央方面军,德军很可能利用这个弱点向西南方向军的侧翼实施攻击。

当斯大林召见朱可夫时,就急着追问:"对于后步工作,你的建议如何?"

"首先加强中央方面军,至少还要增加3个集团军。西南方面军必须全部撤过第聂伯河,把兵力集中起来,避免被敌军包围。"

"基辅怎么办?"斯大林猛然站了起来。

朱可夫深知基辅对于苏联人意味着什么,但战场上不能感情用事,尤其是高级将领,为了取得最终的战略性胜利,必须战胜自己的情感。

"基辅不得不放弃。"朱可夫紧盯着斯大林的脸说,"在西部方向要马上组织兵力夺取叶利尼亚的突出部,这个桥头堡可能被敌人用作进攻莫斯科的跳板和中间站。"

"乱弹琴! 放弃基辅,交给德国人,亏你想得出来!"斯大林咆哮起来。

朱可夫脸色青一阵白一阵,他实在无法忍耐了,回敬说:"如果你认为这个参谋总长只会乱弹琴,那还要他干什么呢? 我请求解除职务去前线,我在那儿可能会对祖国更有好处!"

"请你冷静些,如果提出这样的问题,那么我们缺了你也能行。"斯大林不耐烦地挥了挥手,"你回去吧,我们马上研究一下你的问题。"

半小时后,斯大林板着脸宣布,解除朱可夫的总参谋长职务,任命他为预备队方面军司令。

以后的事实证明朱可夫是完全正确的。基辅会战历时一个半月,最后以苏军惨败告终,65万苏军官兵被俘,大量物资装备落入了敌人手中。

朱可夫的逆耳忠言换来了不公正的撤职,但他带着满腹委屈上阵后,立即全身心投入了工作。

8月中旬,朱可夫率部向叶利尼亚地区的德军发起进攻。战斗异常激烈,双方在所有地段同时展开激战,德军企图以密集的大炮和迫击炮火力阻止苏军进攻,朱可夫则成竹在胸,沉着应战,下令动用所有的飞机、坦克、大炮和新研制的"喀秋莎"火箭炮猛烈还击。

9月6日,苏军最终攻占了叶利尼亚,歼敌近5个师,共5万余人,这是苏德战争开始以来苏军取得的第一次重大的胜利,苏军的士气空前高涨,坚定了战胜德军的信心。

朱可夫又被斯大林召回莫斯科,即将派往形势危急的列宁格勒。

转战斯大林格勒

　　"闪电战"美梦的破灭,使德军无力在苏德战场上发动全面进攻,希特勒被迫采取重点进攻的战略,他把眼光盯上了斯大林格勒。

　　希特勒的如意算盘是先夺取斯大林格勒,占据这个重要战略要地和战略物资基地,然后由此北进莫斯科,对莫斯科形成夹击之势。

　　德军在苏德战场的南部部署了 150 万以上的兵力,其中"南方"集团军群共 97 个师,90 万人,又分为 A、B 两个集团军群。动用了 1200 辆坦克和强击火炮,1640 架战斗机,于 1942 年 6 月 28 日发动了对斯大林格勒的总攻。

　　朱可夫再一次临危受命,被任命为最高副统帅,指挥会战。

　　在朱可夫的指挥下,斯大林格勒军民团结奋战,经反复较量,终于阻止了德军的进攻。

　　为减轻斯大林格勒方面的压力,9 月 3 日早晨,经过炮火准备,苏联第 1 集团军发起了反攻,但是只前进了几公里就受到德军的有力阻击而被迫停了下来。

　　9 月 5 日拂晓以前,如同朱可夫所估计的那样,斯大林格勒附近并没有发生特殊事件。按照预先计划,9 月 5 日早晨,苏军炮兵和航空兵开始火力准备,随之发起了冲击。但德军的阻击仍很顽强,经过一天的交战,苏军进展甚微。由于苏军这次大规模的反击,迫使德军把大量坦克、炮兵和摩托化部队从斯大林格勒附近向北调动,从而延缓了攻击斯大林格勒的速度。

　　德军用在斯大林格勒方向上的兵力有 50 多个师,其中用来直接攻市区的有 3 个师,共 17 万人。他们拥有 500 辆坦克、1700 门大炮和迫击炮。

　　苏军斯大林格勒方面军和东南方面军虽然合起来有 120 个师,但是人员编制严重缺额,许多师只有编制人数的 20％到 25％,有的师仅有 800 人。实际上负责防守市区和西南一带的主力第 62 和 64 集团军总共只有 9 万人、1000 门大炮和迫击炮、120 辆坦克。在市区争夺战中,德军的兵力和武器上是占优势的。

　　9 月 13 日至 15 日的 3 天,对交战双方来说,都是十分艰难的日子。争夺战中,德军在兵力和武器上是占优势的。

　　争夺市区的激战达到白热化的程度,全市的街道和广场都变成了激烈的战场,有些重要据点被反复地争夺,第一火车站的争夺战持续了一周之久,曾 13 次易手。

　　德军不顾一切,一步步向市中心逼近。苏军似乎有些支持不住了,兵力每时每刻在减少。但是由于苏军在斯大林格勒人民群众的支援和配合下,战斗意志无比坚强,只要德军一向前推进,就要受到顽强的阻击并付出沉重的代价。在这场殊死的战斗中,值得一提的是苏军战士为保卫祖国的每一寸土地,表现出视死如归、英勇顽强的英雄主义精神。苏军的顽强使得德军精疲力竭,一筹莫展。战前,德军十分蔑视苏军在斯大林格勒的力量,但受到意想不到的痛击之后,他们就逐渐感到恐惧和悲观起来。

　　经过连续 13 天的战斗,德军在 9 月 25 日占领了市南和市中心的部分地区,并且前进到伏尔加河河南,几乎每一个渡口都被德军强大的火力控制着,斯大林格勒变成了一个大战场,历史上规模最大的巷战在这里展开了。

　　朱可夫命令红军战士在任何情况下都要坚守城市,每一幢房屋,只要有苏联军人,哪怕只剩下一个人,也要成为敌人攻不破的堡垒。为了适应战争形势,朱可夫下令在部队中组织新的战斗单位——突击小组。

尽管炮火连天、弹片横飞,被炸毁的工厂却成了苏联人的抵抗中心。朱可夫在纷乱复杂的战争形势中,再次显示了他惊人的预见性。他分析后认为:尽管敌人暂时处于进攻优势,但苏联红军的顽强防守使他们很难完成既定目标,而随着时间的拖延,敌人的补给将越来越困难,恶劣的天气也将给他们造成极大的困难。

德军攻打斯大林格勒市区的战斗从9月13日开始,到11月18日结束,历时两个月。

朱可夫制定了"天王星"反攻计划:苏军从斯大林格勒西北部和南部两线向中心反攻,合围在那里的德军第6集团军和第4集团军。为了迷惑敌人,朱可夫又实施了一系列漂亮的伪装措施。10月中旬,当德军的进攻陷于停顿之时,斯大林格勒前线各方面军接到命令,停止一切具有攻势的作战行动,命令中详细地讲述了如何安排冬季的防御、如何构筑工事、如何在支撑点储备粮食、弹药等。与此同时,苏军正在秘密地把部队不断调往准备实施突击的方向。

德军情报机关上当了,坚信苏联军队不会发动反击。朱可夫以其高超的指挥艺术,为红军赢得了难得的战略主动。

1942年11月19日7时30分,隆隆的炮声宣告了西南方面军和顿河方面军开始进攻德军,从此揭开了苏军大反攻的序幕。

在斯大林格勒西北部,苏军西南方面军的3500门大炮直射德军阵地,然后以坦克和机械化部队为先导,突击德军的薄弱阵地。

面对苏军强大的攻击压力,德军陆军参谋长建议从斯大林格勒撤军,加强后方,巩固新前方,然后进攻发动突击的苏军。

刚愎自用的希特勒听到撤军的建议暴跳如雷:"你只有一个建议——撤退!你的对手又是朱可夫,你就认输了吗?我决不允许从伏尔加撤退!决不允许!"

德国纳粹元首的顽固,给了朱可夫实施其战略计划的机会。经过10余天的激战,到11月30日,苏军已完成了对德军共22个师33万人的合围,将其压缩在1500平方公里的范围内。

面对合围数量如此之大的德军,斯大林十分担心德军发起突围反攻,苏军会支持不住。

朱可夫再次分析了战争态势。他认为以德军目前现状,是不会轻易冒险突围的。但是如果有其他军团的辅助突击,情况就不好说了。当前最紧迫的是防止其他地域德军的支援,主要是防止德军顿河集团军前来解围。

就在苏军分析怎样消灭德军的同时,德军也在积极想办法解围。曼斯坦因元帅计划由德顿河集团军群的主要兵力发动进攻,支援第6集团军和第4集团军,另外,秘密派坦克师来支援。

曼斯坦因元帅得意地把这一作战计划命名为"冬季风暴",妄图以此摧毁苏军的包围。可惜他的计划与朱可夫的分析如出一辙,朱可夫已经对此做了精心的准备,设计了整套"包围打援"方案,不仅打退了前来支援的德军,还将包围的德军压缩在了更小的范围之内。

德第6集团军对于自己的处境非常清楚,一再请求希特勒准许他们突围。但不甘心失败的希特勒却要求他们继续死守,只要坚守到明年春天,德军就可以展开新的攻势。

希特勒的固执为朱可夫实现战役目的创造了条件,也正是希特勒的固执最后葬送了德国第6集团军。

1943年1月10日,苏军以5000门大炮轰击包围圈内的德军,随后坦克和步兵发起迅猛的冲锋。德军由退却变成了无命令的逃跑,沿途丢下成千上万的尸体被风雪和炮灰所掩埋。不到6天,德军的阵地又缩小了一半。1月24日,德军元帅保卢斯再次电请希特勒允许立即投降,但是他得到的答复仍然是"不许投降",要死守阵地,"直到最后一兵、一卒、一枪、一弹。"

到1月25日,德军被击毙、击伤和被俘者已超过了10万人。苏军又把包围圈缩小到南北长20公里、东西宽3.5公里的地段上。

2月2日,被围德军全部投降和被歼灭,历时200天的斯大林格勒大会战以苏联红军的英勇胜利而告终。斯大林格勒会战标志着苏德战争的转折,也标志着第二次世界大战的转折。从此,苏军开始进入战略反攻阶段,德军则逐步走向灭亡。

朱可夫因为立下了不朽功勋被授予苏沃洛夫一级勋章,勋章后面,标有"第一号"的字样。朱可夫这个伟大的胜利之神,扭转了苏德战争的局面。

斯大林格勒会战的胜利吹响了苏军战略进攻的号角。在1942年至1943年之交的冬季战役中,苏军共消灭了德军100多个师,迫使德军在整条战线上后退了600多公里。

攻克法西斯老巢

苏联红军经过了1943年的反攻和1944年的总攻后,已经挺进了到希特勒的老巢柏林。

1945年4月5日,朱可夫向所有的集团军司令等各级军队的指挥员宣布了斯大林的命令:从1945年4月16日凌晨发动总攻,包围法西斯德国的老巢——柏林,粉碎、消灭敌人的有生力量,在柏林上空升起胜利的旗帜。

当时在柏林地区,敌人还有214个师,其中有34个坦克师和15个摩托化师。共有100万以上的军队、1.04万门大炮、1500辆坦克、3300架飞机,除此之外陆军总司令部预备队有8个师,柏林市民还组建了200多个人民冲锋队营,守备部队超过20万人。

苏联红军也调集了所有的有生力量,与德军相比,在兵力和装备上都占有优势。

1945年4月16日凌晨3点时,苏军向柏林发起了总攻。

首先是炮兵开火,万炮齐鸣,第一白俄罗斯方面军在战役的第一天,就向敌人阵地发射了80多万发炮弹和追击炮弹,其中50万发是在头25分钟发射的。朱可夫精心策划了这种前所未有的猛烈和短促的炮火准备,使敌人惊慌失措,德军为此遭受了极大的损失,调集到前沿阵地的德军处于毁灭性打击之下。

德军一发炮弹都没有打,只有几挺机枪响了一阵儿,朱可夫当机立断,命令地面部队进攻。立刻,苏军几千枚五彩缤纷的信号弹升入天空,接着140部功率强大的探照灯一下子都打亮了。这又是朱可夫创造性的一个好主意,强烈的电光把德军阵地照得通明,德军士兵被突如其来的强烈光柱照得目眩眼花,心惊胆颤,他们认为这又是苏军的什么新式武器,在探照灯的照耀下,原来掩藏在黑暗中的德军目标暴露无遗,苏军的炮兵趁势猛烈射击,步兵和坦克也协同一致地冲了出去。

苏军的攻势越来越猛,德军前沿部队完全被掩埋在一片炮火的海洋之中。在两军之间,掀起的烟尘就像一道厚厚的烟墙矗立在空中,有的地方连探照灯也照射不透。

苏军的作战飞机一批接一批从阵地上呼啸而过,几百架轰炸机突击轰炸着炮兵射击不到的地方。在交战的第一昼夜,苏军出动轰炸机达 6550 架次以上,发射炮弹123.6 万发,也就是说 2450 车皮的炮弹,近 98000 吨钢,都落到了德军的头上。纵深8 公里范围内德军的防御基本被摧毁或受到强大压制。德军部队受到苏军如此凶猛的冲击后,被迫退到泽劳弗以东的高地。

泽劳弗高地处在苏军向柏林进攻的途中,高居四周地势之上,向东的坡面陡峭,它的后面是一片高原。

在战役发动之前,朱可夫和他的部属对泽劳弗高地一带地形的复杂性估计不足,他没有料到德军在高地的反面斜坡上隐蔽的兵力和武器很不容易被苏军的炮火所损伤,所以德军可以凭借这一地势组织起苏军难以克服的防御。

在泽劳弗高地前,苏军的坦克滚滚而来,前面的一批坦克燃烧起来,后面的仍在继续前进。苏军士兵从浓密的大火中大声喊叫着向高地上爬,前面的一群倒下,后面的继续喊叫着往上冲。在德军士兵看来,苏军士兵好像发了疯一样。这种无畏的进攻气势,对德军来说无疑是一种最可怕的心理震慑。此时的德军已经经受不住朱可夫部队狂潮般的冲击,开始从泽劳弗高地向柏林退却。到 4 月 18 日早晨,这个被称为"柏林之锁"的高地终于被朱可夫的部队打开了。

4 月 20 日,在四面楚歌声中,希特勒迎来了自己 56 岁的生日。在这之前他的情人爱娃·勃劳恩,也从阿尔卑斯山的别墅里公开地来到了他的身旁。她是一位身材苗条、容貌秀丽的金发女人。平时她很少露面,由于她性情随和,寡言少语,更赢得希特勒的喜爱。此时,她已经下定决心要同希特勒死在一起。希特勒的生日纪念活动是在地下室里举行的。

希特勒极度悲哀地表示,他决心留在柏林,决心亲自保卫第三帝国首都。谁愿意走,就可以走。他愿意在这里以身坚守,鼓舞士气,等待援军,东山再起,即使死在柏林也在所不惜。可朱可夫部队的迅猛进攻粉碎了希特勒最后的美梦。

走投无路的希特勒呆在地下室里踱来踱去,手里摇晃着被手汗浸湿得快要破碎的地图,焦急地等待着援兵的消息。

可怜的希特勒不但没有等到什么好消息,却收到了给他和所有在场的人致命打击的报告:第三帝国的第二号人物戈林和最"忠诚"的党卫队全国总队长希姆莱背叛了希特勒。

这一消息犹如一枚重磅炸弹,使地下室里的男男女女都因震怒、恐惧和绝望而齐声嚎叫起来,而希特勒又是其中喊叫声最大的一个。他像疯子一样大发雷霆,脸孔涨得通红,眼睛鼓得圆圆的,变得让人都认不出来了。他的手、腿和脑袋都在颤抖,他不断地喊:"把他们统统枪毙,把他们统统枪毙!"在一阵狂怒之后,他失去了知觉,整个地下室一时鸦雀无声。

几分钟以后,他们收到消息说,朱可夫的部队已经离总理府只有一条街了,可能在 30 小时以后,即 4 月 30 日早晨就会攻进总理府。

这个消息标志着第三帝国的末日真正来临了。此时,希特勒作出了他一生中最后的决定:他要在黎明时与他的情妇爱娃·勃劳恩结婚。

结婚仪式是在地下室的一间小会议室里举行的。

4月30日,希特勒的生命走到了尽头。

下午3点30分,戈培尔、鲍曼和其他几个人听到元首寝室一声枪响,他们等待第二声枪响,但是却没响声音。等了一会儿,他们轻轻地走进元首的房间,看到希特勒的尸体趴在沙发上,还在淌血,他是对着自己的嘴放的枪。爱娃躺在他的身旁,她是服毒自尽的。

希特勒自杀的当天清晨,朱可夫的大炮向德国国会大厦开了火。由库兹涅佐夫上将指挥的第3突击集团军攻占了大厦的主要部分。为了争夺这座象征第三帝国政权的庞大建筑物,朱可夫的部队和装备精良的德国党卫军部队进行了一场近距离的血战。即使在苏军占领了大厦下面各层楼以后,在上面楼层守备的德军仍不肯投降。苏军只好一层楼又一层楼地与德军搏斗,直到夜间,苏军才终于在大厦的主楼圆顶上升起了苏联的旗帜。此时亲自指挥这一历史性战斗的库兹涅佐夫将军再也抑制不住自己激动的心情,他拿起电话机,兴高采烈地向朱可夫报告:"国会大厦上升起了红旗!元帅同志,乌拉!"

"亲爱的库兹涅佐夫,衷心祝贺你和你的士兵们所取得的光辉胜利。苏联人民将永远不会忘记这一具有历史意义的功勋。"朱可夫此时也是激动不已,因为他在4年的卫国战争中,一直盼望着这一历史性时刻的到来。

6月18日,斯大林将朱可夫元帅请到他的别墅去。斯大林以轻松的口气问:"朱可夫同志,这么多年过去了,你骑马的技术生疏了没有?"

朱可夫回答说:"没有,没有生疏。"

"那就好,是这么一回事,你已被任命为胜利阅兵式的阅兵首长。"这个决定实在出乎朱可夫的意料,他急忙说:"谢谢您给我这样的荣誉,但是由您阅兵不是更好吗?斯大林同志,您是最高统帅,无论从哪个方面说,您都应该担任阅兵首长。"

斯大林说:"我当阅兵首长已经太老了,还是你来当吧,你年轻一些。"

朱可夫非常激动地接受了这一光荣任务。

盼望已久、不能忘怀的日子来到了。阅兵式这一天,他比平时更早地起床了。他先把头探出窗外,望了望下着毛毛细雨的天,皱起了眉头自言自语道:"看来,阅兵式将不会像大家希望的那么隆重了。"这使他兴奋的心情掠过一丝遗憾。

然而情况并非如此。此刻,成千上万的莫斯科人正怀着被胜利所激荡起来的热情,在乐队的伴奏下,向红场前进。在蒙蒙细雨中,他们露出愉快的面容,举着标语,唱着歌曲,汇成了万众欢腾的景象。

10点差3分,朱可夫在斯帕斯基门附近骑上了高头大马。自然,他的心情是紧张而激动的……他骑着马向红场走去。远处传来了格林卡《光荣颂》的庄严而雄壮的乐曲声,它使每个俄罗斯人的内心感到无比亲切。忽然,乐曲声停了,人们的欢乐声也停了,一片寂静。阅兵总指挥、苏联元帅罗科索夫斯基开始用响亮清晰的声音向朱可夫报告。朱可夫感觉得出来,罗科索夫斯基的激动程度也不亚于自己。此时,他反而平静了下来。

展现在朱可夫面前的,有曾鼓舞士气的各部队的军旗;有战士们经受过战火磨练的坚毅的面孔和欢乐的眼睛;有穿着新制的军装,胸前挂满战斗勋章和奖章的英雄。雨水顺着军人的帽檐滴淌,但是人们情绪高涨,对此毫不理会。一队队英雄的团队从列宁墓前通过,走在各队最前面的是闻名于世的元帅和将军。在鼓声中,200名老战士把200面缴获的法西斯德军的军旗投到了列宁墓的台阶下。这时,欢乐的情绪达到了顶点,沸腾的群众队伍和祝贺胜利的"乌拉"声此起彼伏,使人感到苏维埃有一种不可战胜的力量。

所有这一切构成了一幅动人心弦、令人难忘的景象。盛大的阅兵式后,苏联迎来了一个和平的时代,而朱可夫元帅的命运则走向了另外一个方向。

晚年沧桑

攻克柏林后,朱可夫被斯大林召回莫斯科。斯大林十分不满朱可夫和美国的盟军统帅艾森豪威尔的亲密关系,并擅自做主,与盟军搞易北河会师,把柏林最后划分为东西两部分,等待朱可夫的是命运无情的挑战。

在硝烟弥漫和枪林弹雨的战场上,朱可夫可以驾驭战争,可在政治斗争的漩涡中,他不像在军事上指挥打仗那样能够得心应手、决胜千里。他敢于坚持真理,性格豁达、坦诚、做事大胆果断,再加上富有创造性的独特工作方式,使他与斯大林本人惯有的武断专横、沉醉于个人崇拜的作风难以相融。

朱可夫在二战中的突出功绩,难免会令斯大林心中不快。

斯大林终于在7月份采取了行动,将朱可夫调到了偏远的敖德萨军区,担任了一个无关紧要的闲职,战争时期的"胜利象征"落到了被贬的田地。

朱可夫突然被贬,主要有三个方面的原因:一是战争结束后,斯大林作为最高统帅,他在取得第二次世界大战胜利中的作用和地位是绝对不能受到威胁的。以专横武断著称的斯大林,不能容忍他周围的人因名望太高而喧宾夺主。这正如在朱可夫当时出席的一次党的会议上所发生的情况那样,会议主席粗暴地大声对他嚷道:"我们胜利的功劳不属于你,而属于党及其领袖!"二是朱可夫对于斯大林坚持把战争的胜利归功于他自己的天才,越来越轻蔑,以至到了十分反感的程度,在一些场合,他公开表示了这种不满情绪。秘密警察把朱可夫的言论报告了斯大林,斯大林好像看见曾经被他杀害的许多红军领袖们的幽灵都集合在朱可夫的身后。三是朱可夫历来轻视党的政治工作在军队中的地位和作用。在战争时期,斯大林曾对坚持搞一长制的朱可夫作了让步,在军队中取消了政治委员。现在仗已经打完了,斯大林再也不能容忍朱可夫那种对党的工作人员的排斥态度。从更广泛的意义来看,或许斯大林还有一个用意,即撤去朱可夫的重要职务,可以起到"杀鸡给猴看"的作用,从而吓住那些大权在握、不听召唤的军队将领们,使他们始终与自己保持绝对一致。事实证明,斯大林的这一手是成功的,在之后的多年中,苏联的高级将领始终是一种安分守己、无所作为的状态。

走霉运的朱可夫万万没有想到,1946年的失意还不是他走下坡路的终点,他在敖德萨住了两三年后,又被调到乌拉尔军区更为低下的工作岗位上,这无异是雪上加霜。

朝鲜战争爆发后,朱可夫这才回到了莫斯科,他被通知出席最高苏维埃的一次会议,但这与其过去的显赫地位相比,变化仍是微不足道的。朱可夫仍然被斯大林严密地控制着,深怕他冲淡了斯大林的荣誉。

1953年3月5日,斯大林突然病故,这也意味着斯大林专制时代的结束。就在莫斯科电台宣布斯大林逝世的同一天,朱可夫被任命为国防部副部长,同时负责苏联陆军部队。朱可夫的重新崛起与斯大林的猝死两件事发生在同一天绝非巧合,这是继任者赫鲁晓夫为拉拢军界泰斗为其所用而精心安排的。

朱可夫回到莫斯科,不仅使苏联军界获得了巨大力量,而且对当时稳定军心和民心也起了良好的作用。

朱可夫当然也要回报赫鲁晓夫的"知遇之恩",他执行了赫鲁晓夫策划的逮捕内务部长、秘密警察头子贝利亚的任务。

贝利亚事件后,朱可夫被提升为党中央委员会的正式委员,在军队中的地位彻底恢复。1955年2月,朱可夫又出任了国防部长。

朱可夫根据现代战争的发展趋势,决定加速发展远程航空兵,加强空军远程攻击力量和核武器力量。与此同时,他也强调大规模陆上作战的重要性。他说:"空军和核武器本身并不能决定武装冲突的成败。尽管原子弹和氢弹具有巨大的破坏力,但在战役中不可避免地还要使用大量陆军部队和大量的常规武器与之相配合。"

1956年,苏联历史又进入了一个值得关注的年代。这一年,赫鲁晓夫在苏联共产党第二十次代表大会上作了秘密报告,彻底揭露斯大林搞肃反扩大化造成的严重后果,攻击斯大林的个人崇拜与独裁专断,赫鲁晓夫不仅否认斯大林在军事上的天才神话,还把许多荣誉归还给了那些著名的军事将领,当然,赫鲁晓夫的这些做法更多的是为了他本人捞取政治资本。

赫鲁晓夫像一个实用主义的政客一样,别有用心地拉拢朱可夫。他拍着胸脯大呼:"我自始至终都在反对斯大林对朱可夫的谴责和迫害,我始终把朱可夫当作忠实的朋友。"

于是,朱可夫知恩图报,在好几次反对赫鲁晓夫的政治风浪中,他都站在赫鲁晓夫一边,粉碎了这些反对集团,巩固了赫鲁晓夫的权力。然而,随着个人权力的巩固,赫鲁晓夫也对这位功高盖主的老元帅不放心了,特别是朱可夫不断地在报纸杂志上发表文章,表白他在卫国战争历次战役胜利中的重要作用,更引起了赫鲁晓夫的反感和猜忌。"朱可夫想干什么?"赫鲁晓夫的头脑中划了一个大大的问号。

1957年10月,朱可夫正在按计划在国外进行访问,赫鲁晓夫的秘书突然打电话说:"赫鲁晓夫同志要您直接飞回莫斯科,因为11月7日要举行庆祝十月革命40周年大型军事检阅,有许多事情等着您去处理。"

朱可夫哪里会想到这会是赫鲁晓夫挖掘的一个陷阱:赫鲁晓夫自认为没有足够的理由和实力把这位老元帅拉下马,便决定用明升暗降的策略,把朱可夫提升为部长会议副主席,从而夺取他的军权。

朱可夫在机场被直接接到主席团会议室。赫鲁晓夫宣告了这一任命,朱可夫一下子惊呆了,继而是愤怒,他没有料到赫鲁晓夫会来这一手。

朱可夫越想越气,怒火中烧。他断然拒绝对他的"提升"。于是双方开始摊牌了,辩论的时间很长,双方各不相让。

赫鲁晓夫早有预谋,在朱可夫返回莫斯科6小时以后,就由塔斯社发表了一项会议公报,公报说:"苏联最高苏维埃主席团任命苏联元帅罗季翁·雅科夫列维奇·马林诺夫斯基为苏联国防部长。苏联最高苏维埃主席团免去苏联元帅格奥尔基·康斯坦丁诺维奇·朱可夫的苏联国防部长的职务。不到1小时,莫斯科电台在晚间新闻节目中广播了这一消息。第二天,《真理报》在一个不显眼的角落里刊登了这则消息。

很快,这一新闻传遍了世界各地。一切都按赫鲁晓夫他们的策划在进行。于是朱可夫又突然从社会和政治生活中消失了。

"朱可夫怎么了?"外界有人分析朱可夫可能被提升,而另一些人则预料他会被清算。一时间围绕朱可夫的沉浮,人们议论纷纷。

一周后,赫鲁晓夫在一次外交场合向记者透露说:"朱可夫还活着,并且身体很好,我们将给他安排别的工作。"当记者进一步追问时,赫鲁晓夫又说:"我们对他的新工作还没有最后确定,但他将得到一个合乎他的经验和资历的工作。"为了增强他这番话的可信度,赫鲁晓夫补充说:"我今天还看见了朱可夫元帅,我同他谈了话,他的身体很健康。"

熟悉苏联政治的外围记者,知道这位总书记等于什么也没告诉他们。所谓将安排朱可夫"适合于他的工作",这与过去清除各种政敌时所用的语言完全相同。

赫鲁晓夫还极为隐晦地向记者打了个比方,他说:"就一个生命来说,一个细胞死亡,另一个细胞代替它,生命才能继续下去。"

记者们从赫鲁晓夫的比喻中意识到:朱可夫元帅已在不幸之中。这种有组织、大范围的批判,对朱可夫元帅的自尊和心灵是一次十分深重的摧残。他已经彻底心灰意冷了。在中央委员会全体会议上,他竟然自己投票赞成把自己从主席团中清除出去。大会投票表决的结果是一致同意取消他的主席团成员和中央委员的资格,国防部长的职务也被取消,只保留了他的党籍。

1964 年,在朱可夫 68 岁的时候,他与妻子离了婚,随即又和比他年轻 25 岁的格林娜结了婚。这个女人是他在一次外出途中偶然认识的,他们相处得很好,彼此十分投机。婚后,格林娜给他生了一个女儿,名叫玛莎。此时,朱可夫那颗早已灰冷的心,似乎又从格林娜和小家庭中得到新的温暖和慰藉。朱可夫的前妻仍然住在他城里的公寓中,公寓设在格拉诺夫斯基大街上,那里离克里姆林宫很近,里面住的都是苏联政府的官员。

但历史的乌云只能遮蔽一时的天空,不可能永远蒙蔽人民的双眼。

就在这一天,赫鲁晓夫下台,新上任的勃列日涅夫在克里姆林宫发表重要演说,当他提到战争中著名的指挥官时,首先提到了朱可夫的名字,听众席上立即爆发了长时间的雷鸣般的掌声。第二天,人们又在大规模的军事检阅中看到了他的身影。

德高望重的朱可夫重新回到了历史舞台。检阅那天,当他穿着元帅服走在街上时,许多行人都激动得流下了热泪。在晚间的招待会上,苏联军官争先恐后地与他握手致意。

不管朱可夫元帅在政界如何沉浮,人们都忘记不了他在战场上一次次力挽狂澜的风采。在人们心目中,他永远是"胜利的象征"。

名垂青史

朱可夫元帅是苏军历史上,甚至是世界军史上,荣获勋章、奖章和光荣称号最多的人。

他胸前佩戴的一大片辉煌夺目的勋章和奖章,每个勋章上都记录着他的赫赫战功,这些勋章和奖章都体现了他的文韬武略和聪明才智,都代表了他对祖国、对苏联人民和全人类的杰出贡献,都表达了人民对他的尊敬和爱戴。

他在国内战争中,1922年在肃清安东诺夫反革命匪军的战斗中,屡立奇功,荣获第一枚红旗勋章;1936年,在西班牙前线出色地完成特殊使命,荣获第一枚列宁勋章;1939年,在哈勒欣河战役中,大败日军关东军,荣获第一枚英雄勋章;1943年,由于组织计划第三大战役和十次打击德军有特殊贡献,两次荣获苏沃洛夫一级勋章;1944年4月,荣获"胜利"勋章;1944年8月,荣获第二枚红旗勋章和第二枚英雄勋章;1945年3月荣获第二枚列宁勋章;1945年,攻克柏林,打败法西斯德国,荣获第三枚英雄勋章;1949年6月,荣获第三枚红旗勋章;1956年12月,由于支持赫鲁晓夫挫败马林科夫集团有功,在他60岁寿辰时,授予他第四枚英雄勋章;1966年,在他70岁诞辰时,荣获第三枚列宁勋章;1968年纪念苏联建军50周年时,授予他十月革命勋章;在他75岁诞辰时,又授予他第四枚列宁勋章;朱可夫一生中荣获15枚苏军最高级勋章,这是破纪录的。苏军有史以来,除他以外任何人也没有能够获得如此多的殊荣。

除此之外,他还荣获了11枚奖章。

世界各国政府授予朱可夫元帅的勋章和奖章又有15枚。

在朱可夫元帅胸前佩戴的勋章和奖章多达41枚。都折射出了他一生的伟大与辉煌。1974年,朱可夫元帅在家中平静地闭上了双眼,告别了人世,一颗帅星殒落了,但是,朱可夫作为"胜利的象征",人们将永远铭记他的殊功伟绩。

朱可夫是一位天才的、伟大的军事统帅,他多次临危受命,挽救败局,谱写了军事史上的神话,他为苏联的卫国战争、反法西斯战争立下了赫赫战功。

他一生经历坎坷,三起三落。但是,他无论是处于巅峰,还是处于低谷,都表现出大将风度和统帅的胸怀,成功时不居功自傲,失败时也不气馁,他始终淡泊名利,严于律己,受到广大人民的深情爱戴和敬仰。

1970年,风烛残年的赫鲁晓夫在病中曾对朱可夫留下了这样一段评价:"我对他作为一个指挥员仍然十分尊敬,尽管我们后来分道扬镳了。他没有正确理解他作为国防部长的任务,我们被迫对他进行了制裁,以免他以某种构想出来的计划进行活动。但是甚至在那时,我对他作为一个军人的评价还是很高的。现在我对他的高度评价丝毫也没减少。"

人们为了缅怀这位英雄,纷纷向政府提出强烈要求,希望在元帅当年举行过胜利阅兵的地方,为元帅建造纪念碑,永远寄托人们的崇敬与哀思,后来,国家杜马(相当于议会)经表决一致同意,在莫斯科市中心红场革命博物馆前,建造这座纪念碑,请了最负盛名的雕塑专家精心设计,用青铜铸造出了朱可夫元帅横跨他的心爱战马,在红场上进行胜利阅兵的雄姿。

这座纪念碑于1995年5月9日二战胜利50周年前夕落成,供人们瞻仰。

亚里士多德

千里充笈　追随名师

在一本已佚的著作中,亚里士多德给我们讲了这样一个故事:一个农民偶尔听到人们读柏拉图的《高尔吉亚》篇,便立即放弃了农场和葡萄园,把灵魂抵押给柏拉图,用柏拉图的哲学播种和培植它。从某种程度上说,这乃是亚里士多德经过改编的自传。公元前367年,17岁的亚里士多德读了柏拉图的对话后,深为它们的魅力所吸引,便告别了抚养自己成人的姐姐阿里木奈丝苔和姐夫普洛克赛诺斯,离开了位于爱琴海北部的故乡斯它吉拉城,千里负笈,到了当时希腊世界的文化中心雅典,求学于柏拉图学园。从公元前367年直到公元前347年柏拉图去世,亚里士多德追随柏拉图长达二十年之久。

对于柏拉图的学园,我们一般都知道它是柏拉图于公元前387年在雅典创立的一所哲学学校。学园还高度重视数学(甚至在大门上刻着"不懂几何学者不得入内"),并积极为当时希腊各城邦的政治事业服务。由于柏拉图的讲演和讨论稿通常是不公开的,学园没有教学大纲和课程表留传下来。所以,我们对亚里士多德在柏拉图学园中究竟学了些什么,具体情况如何,所知甚少。但是,柏拉图在《国家》篇第七卷中提出了一个培养哲学王的教学规划。如果我们把它看作也是学园所实施的教学规划的话,那就可以推断,亚里士多德先是花了十年时间学习了各门数学,即算术、平面几何、立体几何、天文学及和声学。按照柏拉图的说法,数学由于其抽象性和普遍性,能把人的心灵拖离可感世界去思考永恒存在。经过这一历程后,亚里士多德便学习辩证法。辩证法是柏拉图注意和研究的中心,被认为是最高的学问。"我们把辩证法放在众科学之上,作科学的试金石,没有其他的研究能正当地跟它相并列或高于它。"我们通过《巴门尼德》篇、《智者》篇、《政治家》篇、《斐利布斯》篇等柏拉图对话作品,多少能看到当时学园教学辩证法的场景。

亚里士多德初入学园时,柏拉图尚在西西里岛访问未归。后来,他对这个个子瘦高、头脑清晰、思维敏锐、擅长谈吐、喜好争论的学生所表现出来的才华大加赞叹。大约在公元前360年,学园与雅典另一个由著名修辞学家伊苏格拉底领导的学校进行了一场大论战。伊苏格拉底学派批评柏拉图学园崇尚虚谈,徒托空言,无益于政治与法律这类实际事务。亚里士多德在这场论战中崭露头角。他写了《格里努斯》、《规劝》等对话,有力地批判了伊苏格拉底学校过分注重实用的观念,指责他们在理论上思想贫乏,强词夺理以唇舌争一时之胜负,难以登学术大雅之堂,从而为柏拉图的学园争得了荣誉。此后,亚里士多德一直是学园中的"明星"。他勤奋好学,孜孜不倦,才华横溢,深得同学的尊敬和老师的赞赏。柏拉图把他称作是学园的"努斯"(nous,具有心灵、精神、核心、理智等义),并把他的住处题为"读书人之屋"(The House of the Reader)。后来,亚里士多德又被提升为学园的教师,讲授修辞学。有些专家认为,柏拉图《巴门尼德》篇和《智者》篇中那位令人头疼的"少年苏格拉底"的原型可能正是亚里士多德。

公元前 347 年,柏拉图去世。他的侄儿斯彪西波继任院长。亚里士多德和另一个同学克塞诺克拉底离开雅典,接受学园的同学、僭主赫尔米亚斯的邀请到北部密细亚地区的阿它尔纽斯城存身。亚里士多德在那里与赫尔米亚斯的养女毕塞亚斯结婚成家,生下一女亦名毕塞亚斯。这个妻子早年去世。亚里士多德后来又与斯它吉拉一位名叫赫庇利斯的女子同居,生下一子名尼各马可,与祖父同名。亚里士多德《尼各马可伦理学》一书,即由他后来修订整理而成,故而得名。

亚里士多德在公元前 347 年为什么要离开雅典?其原因众说纷纭,各有其本,又都缺乏强有力的证据。一说是因为亚里士多德不满斯彪西波把哲学变成数学的学术倾向,因观点不合而出走;一说是因为亚里士多德不是雅典居民,没有购置地产与房屋的权利,而斯彪西波则是合法的继承人;再一说认为是当时的政治形势所致。这后一种意见为大多数人(包括笔者)所接受。

公元前 404 年,伯罗奔尼撒战争结束后,希腊世界在政治上和经济上迅速衰落,在希腊北方的马其顿王国迅速强大起来。国王菲力浦发明了马其顿方阵,大举进兵南下,攻城略地。德谟斯提尼向雅典公民发表反菲力浦的演说,警告马其顿之患,激起了大众的反马其顿情绪。公元前 348 年,菲力浦攻陷雅典北方重镇奥林索斯,并摧毁了希腊联盟。雅典人民掀起了反马其顿的怒潮。公元前 347 年,反马其顿派主政雅典。在这样的形势下,亚里士多德自然待不下去了。他与马其顿宫廷自幼有着密切的关系,他的父亲尼各马可是马其顿王阿敏太三世的御医和朋友。亚里士多德幼年曾在马其顿珀拉宫廷生活过一段时间,与阿敏太三世的儿子菲力浦一同相处玩耍,友情甚笃。亚里士多德在公元前 347 年时与菲力浦并没有什么来往,在他的著作中也找不到亲马其顿的言论。但是,他仍然被视为亲马其顿分子而成为攻击对象。这样,亚里士多德只好收拾书箱,离开生活了二十年的雅典城。

二十年的朝夕相处使得柏拉图和亚里士多德师生俩结下了深情厚谊。亚里士多德衷心敬仰和爱戴自己的伟大老师。柏拉图去世后。他写了一首动人的挽诗来纪念亡师。诗曰:

巍巍盛德,莫之能名;

光风霁月,涵育贞明。

有诵其文,有瞻其行;

乐此盛世,善以缮生。

其大意是说,柏拉图是第一个通过自己的生活和文章清楚地证明了一个人可以同时既是善良的,又是幸福的。柏拉图的崇高和伟大,使得人们想歌颂他都有困难。像他那样的人,如今再也无处寻觅了。亚里士多德对柏拉图的颂扬已经到了无以复加的地步了。这首悼词充分表现了亚里士多德"我爱我师"的深情。

但是,爱戴一个人并不是不可以反对他的观点。亚里士多德痛悼亡师,但他并不盲从自己的老师,并不无批判地信奉柏拉图的学说。他更爱真理。当他发现自己的观点与柏拉图不同,并坚信老师的观点不正确时,他毅然不为贤者讳,不为师长讳,毫不客气地批评了柏拉图。这种批评,照我国古代"师道尊严"的观点来看,确乎是大逆不道的。

据说柏拉图还活着时他就开始提反对意见,"柏拉图经常称亚里士多德为小驹。他用这个名字是什么意思呢?众所周知,小马驹吃足了奶就会踢它的母亲。"在亚里士多德的主要著作《形而上学》中,对柏拉图及其学园派的批评几乎贯穿全文始终。

而且在《形而上学》第一篇中,亚里士多德是以"我们的"的口吻进行批判,即是说,他还把自己当作是柏拉图学派的一员;可到了第十三篇,他却口口声声提到"他们",这就是说,他完全站在柏拉图学派的论敌的立场上了。

必须指出,亚里士多德批判柏拉图的大部分内容是对"理念数论"的批判。这种数论柏拉图自己并没有写成文字。我们关于它的知识几乎完全是从亚里士多德的批判中重构出来的。而且斯彪西波、克塞诺克拉底及其他弟子都有把理念与数相等同,把理念论改变成理念数论的倾向。所以,有许多专家认为,亚里士多德对柏拉图的批判,其矛头所指向的乃是柏拉图学园的成员而不是柏拉图自己。我们无意在这里详细论证这个问题,只是想指出:亚里士多德对柏拉图的批评既是对学园成员的批判,也是对柏拉图本人的批判。在这里,我们只论述他对柏拉图对话中的理念论的批判。

亚里士多德批判柏拉图将理念与具体事物相分离:"苏格拉底并没有将普遍的东西从个别的东西中分离开来,⋯⋯但他的继承者却以为,如果在可感觉的、变化无常的本体以外还有本体的话,则不能有别的。只能给它们以分离的存在。"他批判柏拉图论证理念存在的方法。照柏拉图的说法,一类事物就有一个理念。亚里士多德反对说,这样一来,难道否定的东西、能生灭的事物及事物间的关系等等也有理念吗?而且如果在许多个别事物之外,还有一个理念,那么,在这些个别事物与理念之间也肯定有一个理念。依此可以推出无穷的理念,这自然是荒谬的;亚里士多德还批判柏拉图联接二重世界的方式,即"分有说"和"摹仿说":"实在找不到任何足以服人的方式说明其他的事物是来自形式的。说形式作为模型而存在,其他的东西分有它们,这是一句空话,是一种诗的比喻。摹仿理念制造事物,是怎么一回事呢?"最后,他甚至想彻底否决理念论:"形式对可感觉的永恒的东西,对生成和灭亡着的东西到底有什么用处?形式既不是它们运动的原因,也不是它们变化的原因。它们对其他事物的认识无所帮助,对它们的存在也无所帮助。"

对于亚里士多德批判柏拉图这一问题历来存在着各种不同乃至截然相反的评论。如英国亚里士多德研究权威、牛津译丛《亚里士多德全集》主编 W·D·罗斯说:"详细地叙述这些争论是乏味的;其中一部分是没有价值的吹毛求疵,别的一些,最好也只能称为是开玩笑而已。"而列宁则认为:"亚里士多德对柏拉图的'理念'的批判,是对唯心主义,即一般唯心主义的批判。"

可是,柏拉图和亚里士多德的嫡派弟子们似乎并没有认真地对待这种批判。漫步学派成员及亚里士多德的其他支持者都认为亚里士多德是柏拉图思想的真正同盟者。新柏拉图主义者,尤其是普罗提诺,也指出柏拉图与亚里士多德哲学是可以统一的,并把亚里士多德哲学当作了解柏拉图哲学的入门。H—G·伽达默尔说:"虽然亚里士多德批评了理念论,但实际上,从整体上看,把柏拉图与亚里士多德相调和的倾向在古代绝对占据优势。"真正说来,柏拉图与亚里士多德两人的尖锐对立是在近代自然科学的研究中才形成的。对于近代科学来说,柏拉图的数学假说程序可证明伽利略物理学的合理性,而亚里士多德的自然哲学则与以观察自然、设计实验以及数学假设为基础的近代物理学相对立。

实际上,从哲学上我们发现,不管亚里士多德对柏拉图的批判是多么尖锐,但是(无论亚里士多德自己是否意识到)他们两人的哲学基础和实质是一致的。

第一,他们的哲学都是要寻求本体、寻找万事万物的存在、认识及道德评判的先在之点。亚里士多德批判了柏拉图的理念和形式,可是他自己所寻求的仍然是理念和形式。因此，他们之间的差别实际上乃是如何设定和证明理念和形式的不同，即寻求本体的方式的不同。

第二，在认识问题上，即在什么是知识，我们怎样获得知识，我们通过什么渠道逐渐认识和理解世界以及知识的标准等问题上，柏拉图和亚里士多德的观点基本是一致的。虽然柏拉图比较极端，摒弃了感性认识，亚里士多德则比较注重观察和经验积累，但从根本上说，他们都主张只有逻各斯才能真正获得真理。

第三，柏拉图一贯注重逻辑学。他在《巴门尼德》篇、《智者》篇、《斐利布斯》篇等对话中讨论了有关概念、判断、推理及划分等重要逻辑问题。这种研究以及他在学园中所鼓励的"辩证法训练"为亚里士多德创立三段论，把形式逻辑变成一门独立科学的工作奠定了基础。亚里士多德自己就承认，柏拉图提出的划分乃是一种"弱的三段论。"

我们认为，古希腊哲学对哲学最主要的贡献是确立了这样一个公式：

理性逻辑→本体

哲学的主体是理性，哲学的对象即本体，哲学的方法即是逻辑论证。此后二千年的西方哲学虽然观点纷呈，但基本上一直围绕着这一公式而进行。而在这三个基本点上，亚里士多德和柏拉图本质上是一致的。

客观地指出亚里士多德和柏拉图两人在具体问题上的诸多分歧是必要的，但我们更应注意差异性背后的统一件。亚里士多德在批判柏拉图的基础上把后者终生从事的哲学推进到一个新阶段，这既是对真理的热爱，同时又是对柏拉图的真正的爱。

博览群书　硕果累累

亚里士多德离开雅典，在阿索斯做了三年学问，随后便于公元前345年迁居莱斯波斯的米塔宁，在那里结识了泰奥弗拉斯托斯，并成为亚里士多德最亲密的朋友和助手。他们两人一起在小亚细亚对各种动物作了详尽的考察。一般认为，亚里士多德卷帙浩繁的动物学、植物学著作撰成于此时。

公元前343年，马其顿王菲力浦邀请亚里士多德到马其顿拍拉宫廷给他的儿子、未来的君主亚历山大做老师。他写信给亚里士多德说："我有一个儿子，但我感谢神灵赐我此子，还不若我感谢让他生于你的时代。我希望你的关怀和智慧将使他配得上我，并无负于他未来的王国。"柏拉图主动去寻找狄奥尼修斯二世，想做他的老师，把他培养成哲学王，然而他的努力付之东流。菲力浦自己把亚历山大送给亚里士多德，可亚里士多德只是想培养亚历山大这个人的人格，据说，他改编了一部分荷马史诗，让亚历山大向英雄学习。在现存亚里士多德著作篇目中，《论君主》和《亚历山大或海外殖民地》一般被认为是他给未来的君王编写的教材。雄才大略的亚历山大给老师带来了极大的荣誉。黑格尔认为，亚历山大的精神和事业的伟大乃来自亚里士多德深刻的形而上学。他说："亚历山大的教养，有力地驳斥了关于思辨哲学对于实践无用的那种流行说法。"

亚历山大仅仅听了亚里士多德三年的课，便拿刀枪和权杖去了。他的老师便回到了故乡斯它吉拉，一直住到公元前335年重返雅典。亚里士多德的传记作家们通常把这段时期称作是亚里士多德的漫游时期。

公元前335年，亚里士多德的学生亚历山大夺取了马其顿王位，并挥师南下，踏平了起兵反抗的底比斯城，摧垮了南部诸城的反马其顿派。雅典的德谟斯提尼亦被放逐，整个希腊臣服于马其顿。于是，亚里士多德便和塞奥弗拉斯托斯一起重返雅典。他在雅典城东北角的城墙外，一个名叫吕克昂的运动场上建立了自己的学校，与西北角的柏拉图学园隔城相望。之所以叫"吕克昂"，乃是因为运动场的丛林里有一座"如狼的阿波罗"神庙。吕克昂即是阿波罗的称号"如狼的"的音译。在这里，亚里士多德早晨与学生们一起在林荫道上散步讨论深奥的逻辑、物理学和形而上学的问题（因此，他和他的弟子被称作漫步学派，一译逍遥学派），下午或晚上以通俗的方式向学校外的听众阐释修辞学、论辩术或政治学。在吕克昂执教这一时期，无疑是亚里士多德一生的鼎盛期。在这段时间中，他写下了他的主要的哲学、伦理学、政治学、物理学著作。

一般来说，终生布衣，孜孜于笔耕的哲学家，他的著作、他的成就就是他的历史。亚里士多德《形而上学》开宗明义的第一句话就是"求知是人的本性"，这反映了他的人生态度，也反映了他的人生历程。亚里士多德终其一生都受求知的欲望所激励，不懈地追求知识、寻找真理。在他看来，"理智的活动即是生活"。"幸福，……就在于一种从事理智活动、进行玄思的生活。"

亚里士多德说，人们都喜好感觉，尤其是视觉。因为它最能使我们识别事物并显示多种区别。比感觉高一级的认识是记忆。感觉是一切动物生来就有的，而记忆则只有部分动物才有。这些动物更为聪明，更善于学习。"对同一事物的众多记忆导致经验"。从记忆中获得经验的动物更少。由经验产生了技术。所谓技术，乃是"从众多经验观念中生成的对同一事物的普遍判断。"技术高于经验，因为有技术的人知道为什么，知道原因，"技师之所以更有智慧并不是由于实际做事情，而是由于懂得道理，知道原因。"从感觉到记忆再到经验到技术，在这一个等级中后一个比前一个更具有智慧，尤其是技术则是人所独有的。但是，它们都不是真正的智慧，都没有真正体现出人的本性。

在技术之上还有真正的智慧，技术是基于一般原则之上的实践规则的知识，它的目的是为了实用。而智慧不仅是关于原因的知识，而且更是关于第一的、最普遍原因的知识。它不像技术那样，是为了某种实用的目的，它是为知识而知识。这是文明的最后的也是最高的产物。

因为人与动物的差别就是理性，而理性就应当是自由的。如果理性也为实用的目的所限制，那么它就会有一个主人，而它本身则成了奴隶。人之为人就在于理性，故而理性是自由的。它应当为自身而知识，而不受任何限制和束缚。这种思想发展到黑格尔那里就成了"绝对理性"。所谓"绝对"，即是无条件，不受限制。

那么，什么样的知识才是真正的智慧？亚里士多德进一步规定说，智慧有五个特征：1.通晓一切；2.知道最困难的东西；3.最明确地讲述原因；4.为自身而求取，而不为结果而求取；5.在诸科学中占据主导地位。这样的知识实际上就是哲学。亚里士多德认为，追求这种智慧是有条件的：只有在全部生活必需都已具备的时候，在那些人们有闲暇的地方，那些既不提供快乐也不以满足必需为目的的知识才被发现。"即是说，有了温饱，有了闲暇，人们才会对与实用无关的事物感到好奇，对它们进行探讨。"不论现在，还是最初，人们都是由于好奇而开始哲学思考，"开始是对身边所不懂的东西感到好奇，继而是对更重大的事情，如月亮的变化，太阳和星辰的变化以及万物的生成等等表示惊异。这样一来，人们就会感到自己无知。由于觉得自己无知，人们才开始去寻求知识，以得到"解蔽"。为摆脱无知而去求知，去从事哲学思考，这显然是为了知而追求知识，而不是为了其他效益。据此，亚里士多德对哲学的性质作了三点规定。第一，只有哲学才是自由的。"正如我们把一个为自己存在而不为他人存在的人称为自由人一样，在各种学问中唯有这种学问才是自由的，只有它才仅是为了自身而存在。"第二，"一切学问都比它更为必要，但却没有一种学问比它更高贵。"第三，"唯有神才更大地具有这种知识。"他在《形而上学》第六卷中直接就把哲学称作"神学"。

为求知而求知，这乃是最纯正的古希腊精神。它与中国传统知识分子以做学问为手段而不为目的，以做学问为干预现实的工具（修身、齐家、治国、平天下）或者作为当官的敲门砖（学而优则仕）的态度大相径庭，表现出截然相反的旨趣。

稍有点哲学史常识的人都知道，当人们因为哲学家太贫穷便谴责哲学无用时，泰勒斯通过观察天象，预知橄榄丰收年而去租赁橄榄榨油坊，从而大发其财的故事。那么，泰勒斯为什么要这样做呢？请看他的庄重声称：哲学家要富起来是极为容易的。如果他们想富的话。然而这不是他们的兴趣所在。"西方第一个哲学家就这样严肃地把哲学与钱分成两件不相干的事。苏格拉底提出"德性就是知识"。他把"知"与"德"、"无知"与"恶"相等同。在他看来，德性是自身中的善，自身中的善就是有益的东西，而勇敢、节制、正义等品性只有在理性的指导下实行，才是有益的、真正是善的，否则只能为恶。德性即知识，反过来说，"知识就是德性，无知即是恶"每个人在他有知识的事情上是善的，在他没有知识的事情上是恶的。这种观点尽管在理论上有缺陷，但在实践中却无疑有着震慑人心的力量。正因为如此，所以，苏格拉底认为，人的头等大事乃是"认识你自己"，这样就会达到"我自知我无知"的境界，从而舍弃世俗，心无旁鹜，专心求知。苏格拉底的学生柏拉图将可见世界与可知世界截然二分，将尘世的一切看作人们寻求真理的最大障碍。他在《国家》篇提出了惊世骇俗的观点，即：只有哲学家（真正有知识的人）占据统治地位，才能利国利民。"除非是哲学家们做了王，或者是那些现今号称君主的人像真正的哲学家一样研究权力，集权力与智慧于一身，让现在那些只搞政治，不研究哲学或只研究哲学不搞政治的庸才统统靠边站。否则，国家是永无宁日的，人类是永无宁日的。"亚里士多德正是在这些前贤的基础上提出了"求知是人的本性"这一光辉口号。他把人生意义归结为知识，把求知当作人性的表现，人格高低的象征。这深刻地影响了西方人的求知态度。此后，在西方，追求知识成了最高尚的活动，做知识分子成为最高尚的人生道路。无疑，这是古希腊哲学家们对西方文化所作出的无比的贡献。以后培根的"知识就是力量"，爱因斯坦的"科学就是为科学而存在的"以及王尔德的"为艺术而艺术"等口号乃是对"求知是人的本性"的回响。事实上，正是在纯学术的气氛下，西方人才真正深入了人的内心，真正洞察了自然的奥妙，为以后的思想启蒙运动和工业革命奠定了基础。

亚里士多德把求知的欲望归结为人类的本性，这多少有些天真。但这确实是他自己一生的行动准则。他是这样说的，也是这样做的。诚如他的学派——漫步学派的名称所表明的那样，他徘徊在古希腊的文化史中，游荡在天、地、人三界的广漠知识领域中，开绽出一朵朵绚丽的精神之花。

亚里士多德究竟有多少著作，说法不一。在留传至今的几个书目中，第欧根尼·拉尔修在他的《名哲言行录》中开列了 164 种著作，400 余卷，但显然不完整，因为连《形而上学》（除第五卷外）和《尼各马可伦理学》也没有。希西溪的《亚里士多德书目》

列出了 197 种书。现代亚里士多德研究者通常把他的著作分成三类。第一类是公开的作品,包括一些诗(现存三条残篇),还有某些书信。但主要是他早年写的一些对话及其他一些哲学著作(在吕克昂向大众讲授的作品),这一类文稿大都佚失。第二类是学术札记和资料汇编,其中比较重要的是《雅典戏剧节记录》、158 种希腊城邦政体(其中只有《雅典政制》在 1891 年被重新发现而得以留存),它们皆已失传。第三类是流传至今的科学和哲学著作,他们大多是手稿、讲课笔记等,而不是准备供人们阅读的著作,共计 47 种。

然而,仅仅是现存的 47 部大著也已经是累累的硕果了。亚里士多德著作的数量令人咋舌;而这些著作所涉及的范围及题材的多样性则几乎令人怀疑这究竟是否是一个人的创作。亚里士多德的著述范围极其宽广,不仅包括形而上学、知识论、伦理学、物理学、逻辑学,而且有语言学、诗学、政治学、法学,有心理学、生理学、动物学、植物学、化学、天文学、力学等等。J·巴恩斯说:"选定一块研究的园地,亚里士多德耕耘于其上;挑中一个人类努力的领域,亚里士多德推论于其中。"连马克思也大为叹服,称他是"最博学的人物"。

尤其令人惊讶不已的是,在每一个领域中,亚里士多德都不是浮光掠影、浅尝辄止。他的研究详尽、细致、深入,并且富有创造性成果,譬如,以《动物志》为例,他在这部巨著中研究了野牛、绵羊、山羊、鹿、猪、狮子、鬣狗、象、骆驼、老鼠、骡子、燕子、鸽子、鹌鹑、啄木鸟、鹰、乌鸦、画眉、布谷鸟、乌龟、鳄鱼、毒蛇、海豚、鲸鱼以及许多种类的昆虫等。"他详细讨论动物的内在和外在部分,动物的各个构成要素——血液、骨头、毛发等,动物的各种繁殖方式,它们的饮食、习性和行止。"

那么,亚里士多德为什么能写出数量如此多的著作,有如此多深远影响的发现呢? 简而言之,是由于永远旺盛的求知欲,是持久不懈的劳作。

亚里士多德向书本求知,向历史求知。他博览群书,可以说几乎读了当时所有的各种重要书籍。与此同时,他作了许多札记,并将它们进行分门别类地整理。在讨论每一问题时,他总是先从历史的角度对前贤的有关观点加以阐述、概括。此外,他还拥有大量的藏书。斯特拉波说:"他是我们所知道的第一个搜罗书籍的人,他的榜样使埃及国王知道怎样建立图书馆。"

亚里士多德更向大自然求知。人们无法理解他能搜集如此众多的动植物资料,便往往把他的工作与亚历山大大帝相联系。有一个传说,亚历山大挥师远征时,下令三军,凡是见到奇禽异兽,皆收集起来送往雅典吕克昂学校。还有一种说法是:"亚历山大在全希腊和小亚细亚地区安排了数千人为亚里士多德服务。这些人的职业分别是狩猎、鹰猎、养鱼、牧羊、养蜂、养鸟。因此,所有活着的生物都未能逃脱他的注意。"这些传闻经常受到怀疑,但它们显然不是毫无根据的。因为仅靠亚里士多德自己和少数几个学生的帮助委实难以得到如此众多的材料。另一方面,亚历山大又是一个注重师恩的人。据可靠的材料记载,他重建了在战争中被夷为平地的亚里士多德的故乡斯它吉拉,他还接受亚里士多德的说情没有处死雅典反马其顿派首领德谟斯提尼,等等。更何况,即使这些说法是真实的,也无损于亚里士多德的创造者形象。因为他的著作并不是材料的堆积,而是在这种材料的基础上进行的独到的研究。

如果说在一些学科中亚里士多德还能从书本、从自然中吸取养料的话,那么在另一些学科中,他则几乎完全没有材料可资利用,只能依靠自己的天才与勤奋去开拓。例如,他的三段论就是如此。三段论可以说支撑了千余年的西方哲学,是人类第一个近乎完善的理性演绎系统。可它是怎样创立的呢？亚里士多德自己在《驳诡辩》一书结尾中写道："在修辞学中有许多以往的材料可供使用。但在逻辑学中却绝对没有什么早期材料可以提及。只有我们自己花费大量的时间进行艰苦的探索。"不过，当亚里士多德在形式逻辑科学中获得重大成就后，他亦不能免俗。他洋洋得意地对学生们说："如果你们考虑到这一点（指缺乏材料——引者注），并记起我们开始时的状况，那么你们会想到，较之于其他在传统中已经发展了的研究，我们的研究现在已经有了充分的进展。留给你们这些听我们讲演的人的任务是原谅我们的疏漏，并热情地感谢我们的发现。"

亚里士多德去世以后，他的文稿几经转手，甚至被埋入地窖达130年之久，其后又多次被一些学力不逮的人对一些虫蛀和霉烂的地方加以接续、修补，因而搞得非常混乱。公元前一世纪，路德岛的漫步学派学者安德罗尼柯在罗马任吕克昂学校第十一任主持。他有幸得了先师的原稿，并与学校中留存的经过几度翻抄的讲义相校勘，于公元前40——公元前30年之间整理出版了第一部《亚里士多德全集》。他在编纂亚里士多德的著作中，并不依手稿撰成的年月为顺序（可能当时已经无从查考写作年月了），而是以学术门类为区分，把内容相近的篇章汇集成一组，把篇幅短的叫做"论"，如《论灵魂》、《论天》等；把篇幅长的叫做"学"，如《物理学》、《政治学》。连亚里士多德的代表作《形而上学》也是安德罗尼柯编成的一部文集。

19世纪，柏林普鲁士研究院广泛征集了亚里士多德著作的各种文本及诠疏本，由贝刻尔主编，集中大批专家进行校勘、考证，从1831—1870年，用了四十年的时间完成了《亚里士多德全集》。此后，各国亚里士多德研究者翻译、校勘、注释这位哲学家的著作皆以它为标准本。1908年，J·A·斯密斯和W·D·罗斯开始主持编译牛津英译本《亚里士多德全集》（12卷），这是权威性的英语译本。1984年，在J·巴恩斯（牛津大学布里奥学院教授）主持下，对该全集进行了一次较大的修订。

承师之志　识成系统

把人类知识系统化的思想发轫于柏拉图。他在构造理念论大厦时指出，理念世界的最高点是"善"，即"第一原则"，它乃是理念世界的本原，是知识的终极点，是理性的对象。理性不借助任何可感事物的帮助，在纯理念的范围内进行了推演，把假设作为踏脚板，超越它们，通过一系列的步骤，达到全体的第一原则（善），并且"在达到这种第一原则之后，又回过头来把握以这个原理为根据的，从这个原理中引伸出来的东西，从而进展到结论"。一切知识都以第一原理为根据，是从它那里引伸出来的。我们应当去把握第一原则，然后从中演绎出其他一切知识，构成一个完整的知识系统。无疑，这是公理化思想的最初萌芽，也是最初的科学统一理想。

柏拉图的知识系统化理想深深地吸引了亚里士多德。他不像柏拉图那样浪漫，并不相信所有的知识都可以从同一原则中推演出来。因为各门科学的独立性同样是十分明显的。但是，他真诚地相信，人类的知识，虽然不存在一个总的系统，但肯定不是散乱的、无连贯性的杂多。他沿着柏拉图的足迹前进，提出了两个光辉设想。

第一，亚里士多德提出，各类独立的科学之间具有一种内在的结构。他把本来混沌一团的知识分门别类，画出了人类认识史上第一张科学分表类。

他首先把科学分成三大类："所有科学要么是实践的，要么是创制的，要么是理论的。"这种划分的依据有二,一是运动根源。就创制出来的事物说,运动根源在创制者中;就做出来的行为而言,运动根源在行事者里,即在意志里面,而理论知识的根源则是在思辨者的理智中。另一依据是它们的目的。理论知识是为它自身而追求的,实践知识是为了行为而追求的,而创制科学则是为了制造事物而追求的。

实践科学可以再分为伦理学、家政学和政治学;

创制科学可以再分为修辞学、诗学和辩证法。

理论科学可以再分为数学、物理学和第一哲学(也叫神学)。数学的对象是不分离、不运动的存在。亚里士多德及其学派对数学并无多大贡献。他提出这一点的目的是要说明,数学与哲学是有区别的,从而批判理念数论。物理学的对象是可以分离的、运动的存在。第一哲学的对象是可以分离的、不运动的存在。

逻辑学在这张表中没有地位。因为亚里士多德把逻辑学看成是哲学的工具。哲学家和科学家们运用它,但它却不是它们的研究对象。正是由于这个原因,后来的学者把亚里士多德的逻辑学著作总汇称作《工具论》。

第二,亚里士多德提出,每门科学自身应成为一个公理系统。

一门科学是由知识集合而成的。亚里士多德首先规定了知识的本性。他说,"当我们认为知道了一件事物所由产生的原因(知道了它是它的原因),并且也知道了它不可能是其它时,那我们便认为知道了一件事物(在绝对的意义上,而不是在似是而非的或偶然的意义上)。"这就是说,知识必须满足两个条件:1.说明对象的原因,说明它为什么是这样的;2.说明它必然是这样的,而不可能是别的样子的。

一门科学又是由一系列证明组成的。证明就是科学的三段论,它以一种知识为根据推出别的知识。作为根据的知识就是公理。公理除了要满足知识的上述两个一般条件外,还必须具备下面的条件:1.它们必须是"真实的",否则便既不能作为我们定理知识的依据,也不能使自身得到了解;2.它们必须是"原初的",即直接的,不用加以证明的。如果它们是可以证明的,那就不是第一原则了;3.它们必须比结论知道得更清楚;4.它们先于结论并且是结论的原因,"没有这些条件可能会有推论,但却不可能有证明。因为它不足以产生知识。"

从公理出发,人们必须按照三段论的格进行推论,推论出一系列前后相继的定理,从而构成一门科学。他说:"每种证明、每种演绎推论都必须通过我们所讨论的三个格而进行。"

柏拉图提出知识统一的理想,却未能付诸实施。亚里士多德虽然实际一些,但他的公理化系统的设想也仍然是停留在头脑中的模型,如果一个人看了上面的论述,便以为亚里士多德一定在每门科学中实现了它,那他就大错特错了。亚里士多德的公理化体系的设想仍然是人类所提出的一种理想。提出一种理想的思想家并不负有非实现它不可的责任,而我们也没有权利要求公元前四世纪的亚里士多德完成人类迄今仍在追求之中的目标。

打开《亚里士多德全集》,我们就会发现,他自己的著作极少甚至几乎没有这样的系统。它们大多不是先设定公理而后以三段论进行推演。相反,亚里士多德的通常做法是,先广泛搜集整理各种观点,将它们形成为问题,然后加以详尽的考察,从而找到解决它们的办法。因此,亚里士多德思想缺乏一个一以贯之的主导原则,他的工作显得颇为零乱、琐碎。黑格尔断言说:"我们不必要去亚里士多德那里寻求一个哲学系统。"

事实上，从一定意义上说，用"哲学必然有一个体系"的成见去套古代哲学，这本身就是错误的。亚里士多德的思想具有它的独特性，它不是一连串独断结论的总和，而应看作是一个心灵在寻求真理过程中的探险活动。W·D·罗斯精辟地指出，亚里士多德思想的特征是"aporetic"。在古希腊中，poria 是"出路"、"途径"的意思。aporetico.即是"困境"、"走投无路"之意。在亚里士多德这里，可译作"设疑"。他提出了一大堆问题，然后寻求它们的特殊解答，有时甚至不作解答。最为典型的是《形而上学》，该书第三卷整个就是一个问题集。仅就这一点而言，罗斯和列宁是一致的。列宁说："亚里士多德的逻辑学是寻求、探索，它接近于黑格尔的逻辑学。但是，亚里士多德（他到处、在每一步上所提出的问题正是关于辩证法的问题）的逻辑学却被变成僵死的经院哲学，它的一切探索、动摇和提问题的方法都被抛弃。而这些提问题的方法就是希腊人所用的那一套试探方式，就是在亚里士多德学说中卓越地反映出来的质朴的意见分歧。"

实践科学　创制科学

现在，让我们逐一介绍亚里士多德在各门学科中所提出的主要观点。

（一）伦理学

在这一领域中，亚里士多德留传至今的主要著作有《尼各马可伦理学》、《欧苔谟伦理学》、《大伦理学》。亚里士多德认为，伦理学的对象是善。伦理学的主要问题是："我们怎样达到幸福，什么才是成功的人生。"善是一切事物都追求的目的。各种具体的善积累成至善。实践中的善就是幸福。亚里士多德所使用的"幸福"，并不仅仅是指一种欢快的精神状态，而且也具有"兴旺发达"、"吉星高照"、"繁荣昌盛"的意思，也就是指生活的成功。他认为，"幸福是灵魂的一种合乎德性的活动。"灵魂有一个理性的部分和一个无理性的部分。理性的部分又包括完全理性的和非理性的两部分。理性的非理性部分具有欲望。如果欲望服从理性，则这部分是理性的。如果不遵守，则是非理性的。对欲望的理性控制即是伦理德性的领域。在这个领域中，人可以作出道德选择，即在过度和不足、过多与过少之间选择一个中间点。这就是人们通常所说的亚里士多德的"中庸之道"。灵魂的完全理性的部分乃是"理智德性"的领域。它自身又可分为两部分。低级的部分关注变化着的事物，其德性是"实践智慧"。实践智慧能在行为中发现正直的东西。它通过发现目的并把手段与目的相联系，从而使欲望服从理性成为可能。凡是能充分实现自己的最高功能——即对永恒不变的事物的思想——的人就达到了至善，达到了人生的最高境界，获得了真正的幸福。

（二）家政学

这门学科的名字现在国内大多译成"经济学"，这从词根上讲不无道理。但希腊文是 oikos＋nomos（家庭＋法规），所以译"家政学"比较适宜。亚里士多德在这方面的著作有《家政学》及《政治学》第一卷。

亚里士多德把家庭看作是由男人和女人相联系而形成的合乎人的本性的存在。家庭构成的要素一是人，二是财产和畜生。家庭主要由家长负责管理。家长要有四种权力：1.能够取得财产；2.能够增加财产；3.保存财产；4.使用财产。

概括而言,亚里士多德的家政学主要涉及两个问题,一是奴隶与主人的关系;二是财富的获得。根据他的观点,奴隶是任何一个家庭都不能缺少的,但它们属于家庭构成中的财产要素,是活的所有物。奴隶不是生产的工具而是行为的工具,它们不是用来制造产品的,而是帮助生活的一般行为的。所以,奴隶主要是用于家庭中的,而不是用在农业或工业生产中的。作为中小奴隶主阶层的思想家,亚里士多德还从其哲学出发来论证奴隶制的合理性。他认为,在自然中到处可以找到高级与低级的对立,如灵魂和身体、理智和欲望、人和物、雄性和雌性等等。所以,自然也不例外地在人之间作出这种区分。某些人在本性上(即自然地)是奴隶,某些人则在本性上适合于政治生活,是自由人。当然,亚里士多德也提出,通过战争的征服而建立起来的奴隶制是违背自然的,而且主人不应对奴隶滥用权威,应当对奴隶友善,奴隶应当有解放的希望。

至于财富的获取,亚里士多德认为有两种方式。第一种是自然的方式,它以满足人的衣食需要为目的生产自然的产品。这是指农业。它是家庭应当从事的行业。第二种是不自然的方式,即商业。亚里士多德在这里区分了事物在使用中的价值和在交换中的价值。马克思在《资本论》中对此大为赞赏。可亚里士多德区分它们的目的乃是为了贬斥商业。他认为,商业不是为实用而交换,而是为了钱而交换,这容易造成人的不诚实,使人堕落。所以这种行业是家庭不宜从事的。在不自然的方式中,最坏的是高利贷,因为钱在这里不是用作其原来的目的,即交换,而是用于一种更不自然的目的。亚里士多德这种观点乃是一般希腊人反对贸易、追求清高的心态的反映。

亚里士多德最后指出,在家庭中,奴隶没有思想的功能,妇女虽有却无权威,儿童有却不成熟。所以,主人对奴隶的统治必须是专制的;丈夫对妻子的统治应是立宪制的;父亲对儿子的统治应是君主制的。这样,家庭就以萌芽形式包含着三种主要的政治。

(三)政治学

伦理学是研究个人,家政学是研究家庭的,而政治学则是研究城邦的。现存的《政治学》一书并不是一个有机的整体。它由五篇独立的论文组成:1.论家庭(第1卷)。这里研究城邦的一个出色的导言,因为城邦是从家庭中派生出来的(亚里士多德的《家政学》一书有许多内容与这一卷相同)。2.论前人对理想国家的见解及当代最受尊敬的政制(第2卷)。3.论城邦、公民和政制分类(第3卷)。4.论低等的政制(第4—6卷)。5.论理想城邦(第7、8卷)。关于《政治学》的结构一直是个争论不休的问题。现在多数人主张应把第7、8两卷放在第4组之前。

亚里士多德认为,人并不是孤立的个体,他深刻地指出:"人在本性上是政治的动物。"所谓政治的动物即是社会的动物,因而,城邦也就成了人性的体现。关于城邦的构成,亚里士多德说:"城邦是若干家庭和部族为了分享一种好的生活,即自给自足的、美满无缺的生活而构成的。"个人追求的目的是幸福,现在城邦的目标是"好的生活",这是完全一致的。所以,伦理学研究个人的善,政治学则要探讨城邦之善。

城邦是公民的集合体。那么,什么是公民呢?亚里士多德认为,公民就是"享有司法职能和政府职能的人"。公民有权参与管理城邦的财政、军事和法律等事务。但这种权力的多少和大小依赖于城邦所采用的政制。亚里士多德广泛搜集了当时希腊各城邦的政制,共有158个之多,并对它们作出了详细的分析。这158种政制早已佚失,但1891年,英国贝尔父子在埃及一农业庄园中发现一堆故纸,内有一叠旧账本,每页的背面都写有希腊文。经考证,系《雅典政制》六十九章的全文。亚里士多德在该书中详细阐述了雅典政治的演变历史以及法律和选举制度。由此可见,他的《政治学》是以大量的希腊政治材料为基础而写成的。

正是通过对政制的分析,亚里士多德将政体分为六类:1.君主制;2.贵族制;3.共和制;4.民主制;5.寡头制;6.僭主制。他有时候认为君主制是最好的,但真正推崇的却是民主制:"最主要的是大多数人的观点而不是少数贤良人的观点……它们可能是真实的,因为尽管大多数人中每一个人都很平庸,但他们聚在一起却往往超过少数贤良——不是作为个体而是作为集体。"实际上,他的关于公民的定义是与他对民主制的赞成联系在一起的。民主制的一个根本原则就是自由,而且使人人都有轮流充当统治者和被统治者的机会。

但是,亚里士多德毕竟是奴隶主阶级的思想家。他认为,民主的范围仅局限于公民阶层,妇女没有自由,奴隶则不享有自由。亚里士多德甚至提出,做奴隶亦是由某些人的本性所造成的:"某些人作为一个人在本性上不属于他自己而属于别人,所以他自然是别人的所有物,——一件财产就是一件可以帮助主人行动但可与主人分离的工具。"

由于当时社会上穷富之间斗争激烈,亚里士多德一方面赞成私有制,批判柏拉图《国家》篇中提出的取消私有制的设想,另一方面又力图缓和贫富矛盾,挽救政治危机。他认为,富有阶级"狂暴"、"暴戾",贫民阶级"下贱"、"狡诈",他们都对国家有害。正如他在伦理学中倡导"中庸"一样,在政治学中他也追求"中庸"。在他看来,要使社会稳定,则必须依赖中产阶级。中产阶级财产适当,所以既不会为富不仁,也不会觊觎他人之物,乃是一个城邦中最安稳的阶层。只有他们才能做富人和穷人之间的"仲裁者",避免城邦发生内讧。

以上是亚里士多德的实践科学的主要内容。

(四)诗学

创制科学通常也译作创造科学。这是不合适的。所谓创制,就是把形式给予质料,而创造则是从无到有的生成。

创制科学的第一门是诗学。亚里士多德给我们留传下来《诗学》一书,但并不完整。

《诗学》是西方第一部较系统地论述文艺理论和文艺批判的著作,在文艺理论史和美学史上具有极高的地位,一向被西方学者奉为金科玉律。车尔尼雪夫斯基说:"《诗学》是一篇最重要的美学论文,也是迄至前世纪末叶一切美学概念的依据。"

亚里士多德从艺术的本质出发,认为艺术就是再现或摹仿:"史诗、悲剧诗、酒神颂以及大部分管箫乐和竖琴乐实际上都是摹仿。"摹仿有三种方式,即按照事物本来的样子(自然)去摹仿,按照事物为人们所说所想的样子(神话传说)去摹仿或者按照事物应当有的样子去摹仿。其中最后一种是最好的。真正的艺术正是按照事物的内在本性而把它们理想化。由此,亚里士多德引伸出一个与柏拉图截然相反的论点。柏拉图认为艺术的摹仿与真实存在隔着三层,是虚幻的,这是他要把诗人赶出城邦的理由之一。而亚里士多德认为,艺术不仅是真实的,而且比现象世界更为真实。他说:"诗人之能事不在于叙述已发生的事实而在于叙述或然或必然发生的事情。历史家与诗人之区别,不在于一者用韵语,一者用散文;……真正的区别,在于史家叙述已发生的史实,诗人则叙述可能发生的事情。因此,诗比历史更有哲理,更为重要,因为诗偏于叙述一般,历史则偏于叙述个别。"诗所摹仿的不是对象的外形,而是其本质和发展方向。这样就可以使我们更深入地去理解和感染那些被摹仿的对象。再者,诗摹仿比一般更好、更崇高的对象,给人树立一个榜样,鼓励人向上。

《诗学》的大部分篇幅都是关于悲剧的。根据它的规定,悲剧是对一个圆满、完整而又具有一定长度的行为的摹仿。它在形式上是戏剧式的而不是叙述式的。亚里士多德还把悲剧分成六大要素,即情节、性格、思想(它们是所表现的对象的因素)、语言、歌曲(它们是表现手段中的因素)以及形象(它是表现方式中的因素)。其中情节占据主导地位。因为悲剧所摹仿乃是生活的悲欢,是体现悲欢的行为。情节是围绕中心人物,即"悲剧英雄"展开的。悲剧英雄是指像俄狄浦斯这一类本来声名显赫后来陷于厄运的人。他们之陷于厄运,不是因为邪德败行,而是由于犯了某些"错误"(如俄狄浦斯不明不白地弑了他的父亲并跟他的母亲结了婚),事情最后暴露,悲剧便形成了。这就使得观众产生了恐惧与怜悯之情。最后,亚里士多德指出,悲剧的作用正在于"通过引起怜悯和恐惧来净化这两类情感。""净化",在宗教意义上是"净罪",在医学意义上是"渲泄"。亚里士多德以此词来比喻涤净心中的痛苦情绪,从而获得快感。不过,他对悲剧作用所持的这一看法实在太过偏狭。

(五)修辞学

对于生活在民主制下的希腊人来说,说话的艺术具有极其重要的作用,修辞学因而诞生,并成为当时一门重要学科。亚里士多德在这个领域留给我们《修辞学》和《亚历山大修辞学》两部著作。他并不是这门学科的创始人,但他的有关著作却使这门学科系统化、规范化。在希腊、罗马,他的著述被当作演讲手册使用。

在亚里士多德看来,修辞学是在任何特定的主题上把握劝告人们的方法的能力。修辞学包括三个分支:1.咨询者的雄辩术,指明未来的祸福;2.辩护人的雄辩术,说明过去事实的合法抑或不合法;3.证明的雄辩术,其目的是要证明当前存在的事物是高尚的还是卑劣的。修辞术的要素有三个,即劝说的材料(论证、性格、激情)、方法和词项与论证的排列。要想说服人,必须遵守三条原则:1.要有众所周知的东西做根据;2.在技巧上必须让相反的论断听起来也有道理;3.说服的动机和目的是达到真理和正义。

(六)逻辑学

创制科学的第三门学科应是辩证法。亚里士多德所谓的辩证法是关于论证技巧的学说,与修辞学相接近。他这方面的思想主要在《论题篇》(旧译《正位篇》)中,而《论题篇》通常被归入逻辑学的范畴。所以,我们不单独讨论辩证法,而扼要介绍一下逻辑学。《论题篇》和《范畴篇》、《解释篇》、《前分析篇》、《后分析篇》、《驳诡辩》一起被编为一集,题名为《工具论》(这是因为亚里士多德把逻辑学称作"工具"的缘故)。《工具论》是形式逻辑的经典教科书。

在《范畴篇》中,亚里士多德提出了范畴的学说。范畴的原意乃是指谓项,即能够表达任何命题对象的东西。但另一方面,这些陈述的最高的种亦是存在的规定性之最高的种。亚里士多德在《范畴篇》中把这样的范畴区分为 10 个:个体、数量、性质、关系、地点、时间、状态、具有、主动、被动。在《论题篇》、《后分析篇》等篇中,他提出了定义理论,他认为,定义就是要表明"某物究竟是什么"或"某物的本质"。定义的方式是属加种差。定义应当遵守下面这几条规则:1.定义应揭示被定义项的"是什么";2.定义不可过宽或过狭;3.定义必须是清晰的,不容许有含混不清的表述;4.定义不应当是否定的;5.不应当通过对立的东西来下定义。不可以用被定义者本身来下定义,而且种差对属来说必须是衔接的。在《解释篇》中,亚里士多德对判断(他称为命题)下了这样的定义:"并非每一个句子都是命题,只有那些在其中或有正确或有错误存在的句子,才是命题。第一类统一的命题是肯定,其次是否定;其他都是由它们结合而成的。"判断乃是对事物有所肯定或否定的思维形式,它有真有假。它的本体论基础乃是事物具有什么属性或者不具有什么属性。判断由主词和宾词两项组成,所有判断可作如下划分:"每一个前提都在陈述:某事物属于(纯粹地)、或必然属于、或可能属于其他事物。……在这三种前提中,每一种都有肯定的或否定的,而且有些肯定的和否定的前提是全称的,另外一些是特称的,还有一些是不定的。"

亚里士多德在《前分析篇》中提出了彪炳千古的三段论理论。他首先下了这样的定义:"三段论是一种论证,其中只要确定某些论断,那么某些异于它们的事物便可以必然地从如此确定的论断中推出。"三段论乃是指从前提必然可以得出结论的思维形式。他在三段论中区分出三种名词:(1)中词;(2)大词或最先的词;(3)小词或最后的词。结论中的主词叫做小词,结论中的宾词叫做大词。另外一个起中介环节作用的词则是中词。亚里士多德把三段论区分为作为证明工具的证明三段论、作为进行或然性论断手段的辩证三段论和在争论中使用的辩论三段论。这就是说,他把三段论看作是证明和反驳的工具。三段论可分为三个格(第四格是后人加上去的);第一格的逻辑表达式为"如果 A 被用来述说所有的 B,B 被用来述说所有的 C,则 A 必定可以用来述说所有的 C。"第二格的表达式为:"如 B 属于任何 C 而不属于任何一个 A,则 A 不属于任何一个 C。"第三格的表达式是:"如果 A 和 C 属于所有 B,则 A 必然属于某些 B。"其中第一格是完善的,其余二格是不完善的。第二、三格可以借助某一前提的换位还原为第一格。此外,亚里士多德还详细论证了各种模态前提的三段论、三段论的构造、三段论中的循环论证、归谬法及预期理由等等问题。

亚里士多德逻辑学的另一个重要内容是关于思维规律的学说。人类的思维必须遵守一些具有普遍意义的规律。亚里士多德着重考察了两条规律,即矛盾律和排中律。至于我们现在所知的另外两条规律,即同一律和充足理由律,他没有明确论述,只有零碎的提示。关于矛盾律,亚里士多德的表述是:"同一属性在同一情况下不能同时属于又不属于同一东西。"在另一处他又规定说:"矛盾着的断定对于同一个对象来说不可能同时都是真的。"两个对立的规定不能应用于同一个事物。关于排中律,亚里士多德的表述是:"同样地,在相互矛盾的判断之间不能有居间的东西,但必须是对同一个东西的同一方面予以肯定或否定。"这就是说,在两个相互矛盾的命题中必定有一个是真的。

以上是对亚里士多德逻辑学的主要方面的简单介绍。不难看出,形式逻辑在亚里士多德之后没有什么根本性的发展。上面所说的这些在今天的形式逻辑教科书中依然是实质性的内容。黑格尔赞叹说:"这个逻辑学乃是一部给予它的创立人的深刻思想和抽象能力以最高荣誉的作品。"

揭示自然　破释灵魂

物理学在古希腊哲学中就是自然哲学。亚里士多德的物理学乃是以往希腊自然哲学的集大成。"自然"，源自希腊词"产生"，自然而然，即是自己产生的东西。亚里士多德解释说："自然乃是以它为基本属性的东西之所以被推动和处于静止的一个根源和原因。正是借着它，而不是借着一个附随的属性，该物才有运动和静止。"一切自然事物都在自身内有一个运动和静止的根源。凡在自身内有上述这种根源的事物，就"具有自然"。自然物因本性而具有的各种表现形式则可叫做"按照自然"。

亚里士多德物理学范围广泛，题材多样。他把物理学的对象规定为是研究一切可分离（独立存在）的、可运动的存在。这意味着物理学要研究一切自然事物。从天空到地界，从无机物到有机物直至高级动物的心理现象都在它的研究范围内。亚里士多德在《物理学》中研究了自然的一般原则和运动变化的总规律；在《论天》中提出了宇宙构成论；在《动物四篇》、《动物志》、《论产生和消灭》等著作中详尽地研究了动植物；在《论灵魂》等著作中研究了人的各种心理现象。要想详尽地讨论他的物理学不是这里的篇幅所能允许的。我们打算从哲学角度出发，以《物理学》和《论灵魂》为基础，概略地论述他的主要观点。

（一）运动论

亚里士多德说："既然自然是运动和变化的根源，而我们这门学科所研究的又正是关于自然的问题，因此必须了解什么是运动。"

自从巴门尼德提出存在不能从非存在中产生，从而否定了运动变化后，哲学家对运动变化问题一筹莫展。许多自然哲学家不得不去寻求外部动因。柏拉图提出理念这种不动的永恒物体作为具体事物的动因。但他们都未能摆脱困境。现在，亚里士多德从事物的组合着眼来解决这一问题。

他认为，运动变化有三个基本的组成部分。一是基质，"在各种情况的变化里都必定有一个东西在作变化的基础，即变化者。"它贯串整个变化过程。二是缺失，即在变化之前与基质相结合，而变化后则不再存在的东西。三是形式，它与缺失相对立，即变化前不存在而变化后与基质相结合的东西。所谓变化，即是基础失去原来的形式而获得一个新的形式。例如，没有教养的人变成有教养的人，人是贯串始终的。但它却失去了"没有教养"的形式，而获得了"有教养"的形式。这里，"缺失"相对于"形式"来说就相当于非存在。因而我们就可以回答巴门尼德说，存在是来自非存在的。

在亚里士多德那里，严格地说，运动和变化是有区别的。所有的运动都是变化，但并不是一切变化都是运动。运动一共有三类。属于数量方面的有增加和减少，属于性质方面的有改变，属于空间方面的有移动。除此而外，还有一种不运动的变化——本体的变化，即产生和消灭。亚里士多德指出："只有由是到是的变化才是运动。"而产生和消灭则不是运动。

上述理论是事物在基质基础上从一个对立面变向另一个对立面。可是，如果变化是从一个对立面变向另一个对立面，那么，本体的变化又怎样解释呢？因为"没有任何与本体对立的存在。"因此，亚里士多德在《物理学》第三卷，又提出了一个运动定义："潜能的事物（作为潜能者）的实现即是运动。"潜能是指尚未达到目的的事物，现实是指实现了自己目的的事物。运动是从潜能到现实的过程。例如,能质变的事物（作为能质变者）的实现就是性质变化；能够增多的事物及其反面——能够减少的事物的实现就是数量变化；能产生的事物和能灭亡的事物的现就是本体的变化；能移动的事物之实现就是地点变化（位移）。在这里,他就把四种变化都囊括在"运动"范畴中。把运动看作一个过程,这是古希腊运动观的高峰。

与运动密切相关的是时间和空间。亚里士多德把空间方面的运动（位移）看作是最基本的运动。空间也叫做"地点"、"场所",是包围着物体的内部界限。一切物体都具有空间。这样,由于一切物体都有边界,所以,宇宙在空间上是有限的。由此出发,他批判把虚空作为原子运动原因的原子论者,指出:"有运动绝不必然有虚空,无论如何,一般意义的运动不必要以虚空作为条件。"时间是计量运动的尺度,它不能脱离运动和变化:"当我们用确定'前'、'后'两个界限来确定运动时,我们也才知道了时间。"时间是永远存在的,现在是过去时间的终点,又是将来时间的起点。亚里士多德还从时间和空间的不间断性的思想出发,驳斥了芝诺对运动的否证。由于时间和空间是无限可分的,他也探讨了无限,指出,无限的真正意义与平常大家所理解的相反,不是"此外全无",而是"此外永有"。"此外全无"的东西是"完全者",而完全者就意味着终结、有限。"此外永有"即是指可以永远不断地在已划定界限的事物外找到另外的事物。

(二)四因论

运动变化着的自然事物是有原因的。只有把握了它们的基本原因,才算是认识了事物。他说:"很明显,我们应当在生与灭的问题以及每一种自然变化的问题上去把握它们的基本原因,以便可以用它们来解决我们的每一个问题。"

亚里士多德的原因,除了我们所说的因果关系外,还包含着要素、原则等意思。他认为,事物运动变化的原因一共是四个。1.质料因。"事物从它产生,并且由它构成的东西。例如,铜是雕像的质料因,银是酒杯的质料因。质料是运动变化中始终存在着的因素。2.形式因,亦即事物的本质和内在结构,是一个事物之所以成为该事物的根本原因。例如,雕像一旦赋予了形式,便成为工艺品,具有了雕像的类本质。3.动力因。"变化或静止的最初源泉。"铜只有在某种外力的作用下才会变成雕像。父亲是孩子的动因。一般说来,制造者乃是被制定者的动因,使动者是被动者的动因。4.目的因。即变化着的事物所指向的目标。例如,散步就是为了健康。任何一个事物的变化必然涉及这四个原因,其中质料因和形式因是事物的内在原因,动力因是发动变化原因,而目的因则是变化过程的终极和目标。

在《形而上学》第一卷中,亚里士多德从四因的角度回顾了以往哲学的发展历程。他认为最初的哲学家大多数只认识到质料因,即万物由此组成,最初由它们产生,毁灭后又复归于它们的物质元素。当然,关于这些元素的数目和本性,他们的观点也各不相同。如泰勒斯认为是水,阿那克西门认为是气,赫拉克里特主张是火,恩培多克勒在上述三种上又加上土,提出了四根。可是,光凭质料因无法解释一切。质料本身是不能变化的,那么怎么用一种或几种元素来说明事物的生成和毁灭呢？这一事实迫使哲学家们去寻求动力因。进一步,事物中的善与美也不是质料因所能说明的。当阿那克萨哥拉提出"努斯"作为安排一切秩序的原因时,他乃是一堆糊涂虫中惟一的明白人。"努斯"不仅是动力因,而且是事物中善与美的原因,即目的因。后来恩培多克勒又提出"爱"与"恨"作为事物的动力因。但可惜的是,他们都不彻底。亚里士多德还指出,毕达哥拉斯派把"数"看作万物的本体。这表明他们已经初步接触到了"本质"问题。柏拉图的"理念"(形式)也是一种形式因。亚里士多德最后概括说:"我们已经简略地回顾了前人关于本原和实在的各种观点以及他们的学说。我们从中看到,他们所说的各种原则或原因,并没有超出我们在《物理学》中分析过的那四种。但是,他们都是含糊地谈到这些的。"

在其思想的发展过程中,亚里士多德又指出,形式因、动力因、目的因可以合而为一,"因而形式和目的是同一的,而运动变化的根源又和这两者是同种的(例如人生人)。一般地说,凡自身运动而引起别的事物运动者皆如此。"例如,在一个制成品中,目的因即是制造者所知道的形式。而制造者头脑中所具有的并且是他在对象中所力求实施的形式又正是他制作物品的动力因。这样,四因就可以归结为形式和质料二因。

(三)灵魂论

地上的事物有的有生命,有的无生命。把它们区分开来的标志是它们是否拥有灵魂。所以,灵魂也是亚里士多德物理学的研究对象。他所使用的"灵魂"一词,其含义比我们要广。他把植物也当作是有灵魂的东西。亚里士多德的灵魂观前后多有变化。在早期著作《优苔漠斯卷》中,他几乎全部接受柏拉图的灵魂学说,认为灵魂是不朽的,肉体是灵魂的坟墓。后来,在《论灵魂》一书中,他提出了另一种差别迥异的灵魂观。

什么是灵魂?亚里士多德的定义是:灵魂"是有器官的自然物体的原初实在。"有灵魂的事物即是一个实际上能发挥功用的有器官的自然物体。正如任何自然事物都由形式和质料构成一样,身体是由灵魂和肉体组成的,其中灵魂是形式,肉体是质料,"灵魂是为生命所拥有的潜在物体的形式。当一个潜在地活着的身体现实地存在时,灵魂就是它的形式了。"灵魂既是形式,同时也是它的目的因和动力因。在自然事物中,形式与质料不可分离。而灵魂和肉体也必然是统一的,而不是分离存在的。它们是同一个有生物的两个侧面。灵魂离开肉体便不能存在。

亚里士多德区分了三种灵魂,不同的灵魂有着不同的功能。1.植物灵魂,即维持植物的生命力。它有三个功能:营养、繁殖和吸收。2.动物灵魂,即维持动物生命的力量。它也有三个功能:感觉、欲望和移动。动物灵魂包含植物灵魂于自身。亚里士多德在这里论述了感觉。他指出,感觉是由外在对象产生的。感觉对象一共有三类,一是特殊于每个感官的,如色之于眼,声之于耳;二是各个感官可以共同感觉到的,如运动、静止、形状等;三是事物的整体,即今天所说的知觉对象。他还提出了著名的"蜡块说":"感觉是指这样一种东西,它能够撇开事物的质料而接纳其可感觉的形式,正如蜡块接纳戒指图章的印迹而撇开它的铁和金子一样。"认识来自外物,灵魂本来是一块白板,这些论点为后来的经验主义奠定了基础。3.理性灵魂。理性灵魂亦即"努斯",它包含着以上两种灵魂的一切功能,是人所具有的灵魂。理性灵魂又分成两种,即主动的理性和被动的理性。被动的理性是一种接受理性对象的能力,是一种潜能,它与身体结合在一起,随着身体的死亡而死亡。而主动的理性"是可以分离的、主动的,本质上是现实的。"它可与肉体相分离而独立存在,是惟一永恒不朽的东西。主动理性是我们之所以能对经验到的世界进行推理的动力因。但它毫不受外界的影响,是没有感觉的。亚里士多德由此出发反对柏拉图的回忆说,指出,只有主动理性是不朽的,可它与现世的印象毫无关系。所以我们无法认为记忆可从现在的存在状态带到下一个存在状态。

晦涩难懂　形而上学

亚里士多德把一生的大部分时间都献给了物理学。但是,他并不认为物理学是最高的学问。原因在于,第一,以自然方式引起运动的根源一共有两类。一类是自身包含运动根源,还有一类本身不是自然的,在自身内没有运动变化的根源。物理学只研究了前者,但却没有研究后者,而后一类实际上是更为重要的。他指出,"凡在自身不运动变化的情况下推动别的事物皆属此类,诸如那些完全不能运动的原初实在、事物的本质或形式,因为这是终结和目的。因此,既然自然是目的,那么我们也应该研究它。"第二,自然世界受质料、形式、动力、目的四因支配。可是除了它们以外,"还存在着一个最初的事物作为使万物运动的原因。"物理学只研究了四因,没有探讨后一种原因。第三,物理学研究形式和质料,但作为它的对象的形式是不能与质料相分离的。至于分离的纯形式、它的存在方式以及本质,则不属于物理学的领域。

显然,为了明白不动的原初实在、万物运动的最初因、纯粹的形式,我们还需要另外一门学问。亚里士多德于是写道:"如果除了那些自然所形成的东西之外再无别的本体,那么物理学将会是第一科学;但是,如果有一种不动的本体,则研究它的那门科学就必须是在先的,必须是'第一哲学'。"

这样,亚里士多德便从物理学进入"物理学之后"(形而上学)。

安德罗尼柯在编纂亚里士多德的著作时,把有关超自然、超经验存在这部分题材的作品归为一组,并排列在《物理学》的后面,故而这一卷文稿得名"在物理学之后"。在中国哲学中,往往把无形的东西"道"、"理"等视为"形而上",《易·系辞上》说:"形而上者谓之道,形而下者为之器"。因而,在中文中,这卷文稿就被译成《形而上学》。这与作为辩证法对立面的形而上学是根本不相同的。亚里士多德的形而上学实际上就是本体论。他肯定这门学问高于自然哲学,即是肯定了本体论高于自然哲学。至此,本体论才与物理学相分离,哲学才有了自己独特的研究对象,亚里士多德是第一个使哲学成为一门独立学科的人。

亚里士多德的《形而上学》错综复杂,极为烦琐,历来被视为最晦涩难懂之书。简单说来,亚里士多德认为这门学问有两个分支:1.以研究独立的、不动的存在为对象。"第一科学所讨论的,乃是既独立存在而又不动的东西。"这一部分亚里士多德也叫做"神学"。他说:"所有的原因都必须是永恒的,而这种原因尤然;因为它们是对可见的神圣事物起作用的原因。"2.以"作为存在的存在"为对象:"有一门科学,研究作为存在的存在以及存在由于其自身的本性而具有的属性。"

尽管前一个分支研究一类特殊的存在,后一个分支研究普遍的存在,但亚里士多德自己认为,这二个分支实际上是可以等同的,因为神学"是首要的所以是普遍的。"

（一）形而上学的主要问题

作为一门独立的学科,形而上学必须先搞清楚自己的基本问题。在亚里士多德看来,讨论本体的人如果不知道这些问题就无法进步。它们像一个个死结。只有理解了它们的性质,才能解开这些死结,促进认识。因此,在《形而上学》第三卷中,他提出了哲学所必须探讨和解决的十四个问题。

1.研究各种原因是同一门科学的任务吗?

2.研究本体的科学是否也研究普遍适用的公理(矛盾律和排中律)?

3.同一门科学研究所有的本体吗?

4.在可感觉的本体之外,是不是还有不可感觉的本体? 如果有,它们是同一类的,还是不同类的?

5.这门科学是只研究它们的本体呢,还是也研究它们的属性? 研究同和异、相似与不相似等等对立的东西是哪一门科学的任务?

6.事物的本体是种,还是它们的组成部分?

7.如果本体是种,那么是最高的种呢,还是最接近个别事物的属?

8.除质料外,是否还有别的原因存在? 它们是一个还是几个?

9.本原在数目上是同一个呢,还是在种类上是同一个?

10.有生灭的事物与无生灭的事物的本原是相同的吗?

11."一"和"存在"是本体,还是属性?

12.第一原理是一般的,还是个别的?

13.第一原理是潜能地存在的,还是现实地存在的?

14.数学的对象是不是本体? 如果是,它们是和可感事物相分离而存在的吗?

亚里士多德在提出这些问题之后,还对它们作了正反两方面的说明,如果是肯定的,则会有什么结果;如果是否定的,则又会有什么结果。例如上面第三个问题,同一门科学研究所有的本体吗? 正题:如果研究所有的本体是同一门学科的任务,那么,第一科学研究哪一类本体? 反题:同一门学科不能研究所有的本体,因为如果一门科学研究所有的本体,一门科学研究所有的公理,那么,由这两门科学或由它们复合而成的一门科学就应研究一切属性。在对它们作解答时,亚里士多德也是从两方面着手的,即在什么条件下,可以得出肯定的结论,在什么条件下,可以得出反面的结论。例如对上述问题的解答,亚里士多德指出,从一方面说,三种主要的本体分别由三种不同学科研究。物理学研究独立存在但可以运动的本体,数学研究不动的、不能独立存在的本体,神学(形而上学)研究不动的、可以独立存在的本体。但从另一方面看,神学确实研究所有本体的性质,它是首要的,所以是普遍的。

人们常常把这种方法称为亚里士多德的辩证法。

《形而上学》第三卷很可能是亚里士多德的一份讲课或写作的提纲。他提出的所有的问题都是与本体相关的。其中1、2、3、5四个问题是关于形而上学的可能性和范围的,其他问题是关于本体的存在方式或性质的。所有这些,使得形而上学这一学科有了充实的内容。这些问题乃是《形而上学》以后各章所围绕的中心。

但是,亚里士多德提出这些问题的真正意义还在于问题本身。哲学史本质上是问题的历史。评判一个哲学家水平高低的标准,不是他如何解决问题,而是他提出了什么问题,怎样提出问题。亚里士多德通过对以往哲学的总结所列举出来的这些问题以后成为欧洲形而上学的中心,曾在西方哲学史上占统治地位达二千年之久。而且,只要有形而上学即本体论的存在,那么它们必将永远萦人脑际。

(二)神学

《物理学》前六卷研究在自身内具有运动根源的事物,可是到最后两卷,亚里士多德却断言："任何运动着的事物都有它的推动者。"我们寻找事物的推动者,从A推到B,从B推到C,可是总不能无限地推下去,所以"必然存在着一个第一推动者。"在《形而上学》第十二卷中,他充分展开了这一论题。一般认为,《物理学》后两卷撰成较晚,而《形而上学》第十二卷又早于其他各卷(第五卷除外)。它们的写作时期是比较接近的。

神学要研究的是永恒的、不运动的本体。那么,这样的本体是否存在呢？亚里士多德作了肯定的回答。他论证说,"本体是首要的实在,如果它毁灭了,万物也就毁灭,但运动与时间显然不可毁灭,所以,本体是不会毁灭的。"运动不生不灭。如果它有生,那么在运动之前难道就没有运动吗？如果它有灭,那么在运动之后难道没有运动吗？同样,时间也是永恒存在的。如果时间有生,那么在此之前就没有时间,可"在此之前"就是时间。如果时间有灭,那么在此之后就没有时间,可"在此之后"就是时间。运动和时间的永恒性证明了有个永恒本体的存在。

这种永恒本体必定包含动因于自身,否则它就不能说明运动。而且它的本质不能是潜能。因为潜能的东西可能是,也可能不是。如果它不是,则仍然没有永恒的运动。因而永恒本体的存在,即是现实体,必定不带任何质料,因为有质料就有潜能。

那么,这种不动的动者是什么？它以什么样的方式运动其他事物呢？

亚里士多德说,它是欲望的对象又是思想的对象。对象首先是在范畴系列之首的本体,是纯本体,无质料的本体。对象又是美的东西,它由于其自身而被选择。而第一的、美的东西总是最好的东西,这就是善。故而,不动的动者实际上就是事物所要达到的目的。它作为爱的对象而运动它们。虽然它自身是不动的,但它因为被"爱",别的事物想要达到它,所以就产生了运动。别的事物是因为被运动,所以才运动的。

已经证明了存在着一个作为本体和纯现实性的第一动者之后,亚里士多德确定,我们必定也有一个认识最高现实性的东西,这就是理性。亚里士多德在这里所说的理性不是我们所使用的意义上的,而是指理性自身,是不与较低的官能(诸如感官、想象等)相联系的纯理性。他说,"理性以自身是最好的东西(善)为对象,最高的理性以至善为对象。理性通过分有思想对象而思想它自身;因为它由于和对象相接触并且思想它而变成了理性的对象。所以理性和理性的对象是同一的。""思维和存在的同一性"最早是由巴门尼德提出来的,现在为亚里士多德所接受。他在上面的论证方式比较简单,即理性的对象是善的,理性自身也是善的,所以它们二者同一。在《形而上学》第十二卷的第九章中,他进一步论证道,理性总是为对象所运用的。如果它是世界上最神圣的事物,那它以什么为对象呢？显然不能以"无"、"不存在"为对象。否则,它的尊严便不再具有了,仿佛是个睡着了的人似的。它也不能以别的东西为对象,否则它就不是现实性,不是主动,而是潜能和被动。因为理性之所以有价值,有荣誉,就是因为它的思想活动。可现在这却要受别的事物控制,这样一来,第一,思想本身变成了一件劳苦的、讨厌的事情了,就像奴隶要在奴隶主监督下劳动一样。第二,显然还有一个比理性更珍贵的东西。因此,理性只能思想它自身:"思想就是对思想的思想。"

这样的理性就是善,就是神。亚里士多德说,神是现实性,而理性的现实性就是生命,所以神是有生命的。神的自我依存的现实性就是最善的、永恒的生命。很显然,他的神不是宗教的神,而是哲学上的神。神就是现实的思维活动,这一思想对以后的西方哲学产生了重大的影响。黑格尔感叹说:"神是纯粹的活动性,是那自在自为的东西;神不需要任何质料,——再没有比这更高的唯心论了。"实际上,这是亚里士多德把他归结为人之本性的求知活动的极端夸大。他从求知是人的本性出发,在这里又把它确立为其哲学的最高原则。神永远在进行思维,所以它是最幸福的。而静观、思辨也是我们能够享受的最好的生活,但人只能偶尔享受到它。所以,人们应当努力发扬自身中的神圣因素,不断地从事思维活动。

(三)作为存在的存在

各门具体科学都从"存在"割取一部分,研究这个部分的属性。例如,数学研究有关数的存在,伦理学研究有关道德的存在等等。但它们都不研究"作为存在的存在",即存在自身。它是一切存在的中心点,由于其自身的本性而存在,它乃是哲学研究的对象。那么,一切存在的中心点是什么呢?亚里士多德说:"事物在许多意义上被说成是存在,但它们都跟一个出发点相关。有些事物被说成'存在'是因为它们是本体;有些事物则因为它们是本体的偶性;还有一些事物是因为它们是通向本体的道路,或者是本体的毁坏、缺失或性质,制造者或创造者;有些事物是因为据说与本体相关而存在。还有的是因为它们是对所有这些或对本体自身的否定。"任何一个被称作是"存在"的事物都是因为它们与本体相关联。颜色存在是因为本体有颜色,运动存在是因为有些本体是运动的。本体不仅是万物的中心,而且是最先在的。亚里士多德论证说,第一,本体在时间上是在先的。它能够独立分离而存在,而其他事物则不能。第二,本体在定义上是在先的。在定义其他事物时,都必须包括它的本体的定义。第三,本体在认识上是在先的。只有当我们知道了这个东西是什么时,我们才真正地认识了它。由此得出,研究"作为存在的存在"的学问即是要研究本体的问题,即是本体论。亚里士多德进一步规定说:"在各种情况下,科学所研究的主要对象乃是最基本的东西,即为其他事物所依附的、其他事物借以取得自己名称的东西。所以,如果本体是最基本的东西,那么哲学家所必须把握的第一原则和原因便是属于本体的。"

亚里士多德最先讨论本体问题的著作是《范畴篇》。他认为,事物存在有十种方式,便提出了十范畴:本体、数量、性质、关系、地点、时间、状态、具有、主动、被动。在这十范畴中,本体是最先的。那么,什么是本体呢?亚里士多德说:"本体,就这个词的最真实的、第一位的而又最确实的意义说,是指既不能表述主体又不依存于主体的事物。"所谓"不能表述主体"就是指它不能成为一个主体的谓项,例如,我们可以说:"苏格拉底是人",但不能说,"人是苏格拉底"。在这里,苏格拉底就不能表述主体。所谓"不依存于主体"是指离开了主体同样可以存在。例如,"白"是不能离开主体的,而人则可以没有"白"。依据这样的规定,亚里士多德指出,本体有两类,第一本体和第二本体。第一本体是指个别事物,第二本体是指个别事物的"种"和"属"。

在《形而上学》第七卷中,亚里士多德重新规定了本体,认为它具有三条标准:1.它不表述主体,而其他事物都表述它。2.分离性,即它可以与其他事物相分离而独立存在。3.个体性,即它具有自身的性质,是"这一个"。

亚里士多德在总结以前哲学的基础上提出,本体这一概念至少在四种意义上被使用:一般、种、基质、本质。那么,依上述三种规定来衡量,它们之中谁是真正的本体呢?

首先考虑一般。亚里士多德所谓的一般主要是指柏拉图学派的理念、数、存在、单一等。他直截了当地指出，"一般"不能成为本体。因为第一，个体的本性是为个体所独有的，不属于其它事物的，而一般却是共同的。第二，本体按其本意是不依存于载体的东西，而普遍却总是依存于某一载体的。第三，普遍只能表示"这种样子"，不能表示"这一个"。亚里士多德否认"一般"能成为主体，实际上就是否认柏拉图的理念论。

种也不是本体，因为种本来就是一般的东西，所以对于"一般"所提出的论证同样适用于它。

基质也不是本体。基质，原意是指"躺在下面的东西"。本体意义上的基质一般是指质料。亚里士多德给质料下了一个定义："所谓质料，我是指这样一种东西，它自身既不是一种特殊事物，也没有一定的量，也不表示有任何范畴的规定性。"质料是既无肯定属性又无否定属性的东西。从"其他事物都表述它，而它不表述其它事物"这一规定看，它是本体，但是它不能够独立存在，又不能是"这一个"，所以它又不是本体。"因为公认分离性和个体性是更加属于本体的。"

于是可以推断出，只有本质才是本体。亚里士多德论证道，所谓本质，是由于它自己的本性使然的，是就其自身而言的、是存在。它是事物的本质规定，失去了它，事物就不成其为事物了。本质即是那个事物的"什么"，它必须是"这一个"。本质又是可以分离存在的，因为它是定义的对象，可以用定义去说明它。因此，本质就是本体。

进一步，本质也就是形式。亚里士多德说，"我所谓的形式，即是指每个事物的本质，它的第一本体。"这种形式和具体事物有什么差别呢？他认为，具体事物，例如苏格拉底这个人，是由形式和质料组成的。而形式"人"是没有质料的。它和质料一起构成具体事物。可见，具体事物后于形式。形式是第一本体，具体事物则是第二本体。这里的本体学说与《范畴篇》中的本体论完全翻了一个个！而且照我们看来，本质、形式也是一般，为什么"一般"不是本体，而它们却能是本体呢？亚里士多德在论述这个问题时确实颇多混乱，但大致的意思是，一般是与具体事物相分离的，而形式则是和具体事物相结合的，所以它们二者不相同。不过，如果上面所说的一般不与具体事物相分离，出现在个体之中，那么它们也可以是本体。

既然形式是本体，那么它怎样与质料相结合构成具体事物呢？亚里士多德在批判柏拉图"分有"论的基础上提出了潜能与现实这一对范畴。形式、质料与潜能、现实这两对范畴实际上是同一的。从事物的构成和静态上说，是形式和质料，从事物的存在方式和动态上说，是潜能和现实。质料是没有实现的潜能，形式是已经实现了的现实，是质料的目的。质料要实现自己，便向现实运动，一旦获得了形式，就实现了目的。他还指出，在潜能与现实之中，通常的看法是，潜能先于现实。但其实不然，应当是现实先于潜能。因为，第一，现实在定义上在先。我们要知道潜能的事物，必须先知道它的现实。"关于现实的知识和定义必定先于潜能的知识"第二，现实在时间上在先。从一个方面说，总是先有潜能，后有现实。可另一方面，潜能的东西总得从一个现实的东西中来，并且，只有现实才能使潜能成为现实。第三，现实在本体上在先。凡是生成变化在后的事物，在本体上却是在先的。成人在小孩之后，但成人比小孩具有更多的人的形式。另外，永恒不灭的事物永远是现实的存在，而不是潜能的存在。它们在本体上先于可毁灭的事物。

挥泪离校　惆怅而终

　　亚里士多德在吕克昂学而不厌,教而不倦,仰观俯察,劳心苦思,在对自然本质和人生奥秘的玄思中,享受着他孜孜以求的"与神相接近的"的生活。但是,好景不长。公元前 323 年,横戈马上、东征西战的一代霸主亚历山大在巴比伦猝然病逝。念念不忘其民主和自治的雅典人民听到亚历山大去世的消息,欢呼雀跃。他们立即召开公民大会宣布独立,还把流放到埃癸那岛的德谟斯提尼接还雅典,奉为领袖,再次掀起了反马其顿的怒潮。

　　亚里士多德首当其冲,成为攻击对象。这其实是不公平的。亚里士多德一心求知,极少过问政治。偶尔为之,也总是利用他和马其顿的关系为雅典谋福利。例如,公元前 337 年,由于他的斡旋,马其顿军兵临得尔斐而不战,使希腊这块"圣地"得以保全。雅典人民为此给他立了一块碑。上面写道:"他为增进雅典人民的利益而与菲力浦王周旋,对他们作出了贡献,……为城邦作出了出色的服务。"亚里士多德在《政治学》中推崇城邦制和民主制,并认为城邦最好不要超过十万人,这与亚历山大帝国的理想显然格格不入的。由于政治趣味不相投,再加上亚里士多德的侄儿加里斯塞纳斯随亚历山大东征,由于反对亚历山大接受波斯习俗而被后者所杀,所以,亚里士多德与这位学生的关系也日益冷漠。然而,雅典人民不理会这些,他们容忍不了亚里士多德与菲力浦、亚历山大以及马其顿驻希腊总督安提帕特的交情,把他看作是马其顿的间谍,给他立的碑被打碎了,并扔在一口枯井中(这块碑已为近代考古学家发现)。

　　与此同时,雅典人还给他罗织了一个"奉承僭主,不敬神明"的罪名,向公审法庭提出指控。证据是亚里士多德为僭主赫尔米亚在得尔斐立像并撰写挽联,赫尔米亚是亚里士多德的同学。柏拉图去世后,就是他邀请亚里士多德到自己做僭主的阿它尔纽斯城访问和居住的。赫尔米亚出身奴隶,而且由于政治上的一些原因,他在古代一直声誉不佳。但是,他对朋友却肝胆相照,对亚里士多德的学术活动提供了极大的帮助。后来他由于被内奸出卖而被波斯人俘虏,受尽酷刑而死。亚里士多德为纪念他们之间的友情,就在得尔斐给他立了像并写了挽联。没想到这却成了亚里士多德"不敬神明"罪的"铁证"。"不敬神明"这一罪名在希腊似与中国的"莫须有"相若。阿那克萨哥拉说了一句"太阳是燃烧的石头",就被指控为"不敬神明",幸得伯利克里的保护而过关。苏格拉底倡导新的思想方法,要求人们关注自己的内心,也被指控为"不敬神明"(外加一条"败坏青年"),结果处以死刑,饮鸩而亡。现在它又落到了亚里士多德头上。

　　亚里士多德面临这种形势,预感到苏格拉底的悲剧命运会在自己身上再现。为了自己的生命安全,不使雅典人对哲学第二次犯罪(第一次就是处死苏格拉底),他把吕克昂的事务交给塞奥弗拉斯托斯,挥泪离开了雅典,离开了自己一手创办的吕克昂学校,离开了终日相伴的朋友们和学生们,来到优卑亚岛的卡尔基斯城,栖身在他母亲留下的老屋中,终日忧郁,惆怅不已。同年底,安提帕特借援军之力,大败反马其顿联军,稳定了局面。但是,亚里士多德却未能再返雅典了。遭此变故,他的身心蒙受了巨大的打击,不幸得病,于公元前 323 年在卡尔基斯去世,享年 63 岁。

　　在去世以前,亚里士多德亲笔写下了遗嘱,并请安提帕特做他的监护人。在遗嘱中，他要求执行人给他母亲、给早年去世的弟弟亚里姆纳斯托、给抚养他成人的姐姐和姐夫立像。他吩咐自己的女儿嫁给他姐姐的儿子尼加诺，还规定说，曾经侍候过他的奴隶，一概不得出卖，必须继续养育，待他们成年或者可自立营生的时候，予以解放，还其自由。正如苗力田先生所指出的："从这里看到他作为理智化身的另一面，他是一个孝敬的儿子、深情的丈夫、慈爱的父亲、诚挚的兄长、真实的朋友、宽厚的主人。"亚里士多德为我们树立了一个完美人格的典型。

J·巴恩斯说得好："亚里士多德永远不会被人遗忘，他的事业一次又一次地引起人们的兴趣。"亚里士多德建立了一个百科全书式的思想体系。他第一个以科学的方法阐明了各学科的对象、简史和基本概念，并把混沌一团的科学分门别类；他奠定了经验主义的基本原则，也提出了公理化体系的理想；他的生物学直到19世纪才被改变形式；他的逻辑学在二千年之中一直是构成欧洲哲学统一性的基础；他的形而上学使他荣膺"哲学家之王"的称号。J·巴恩斯把他称为是"一切有知识的人的老师"。

当然，亚里士多德并不完全正确。他的许多结论都是错误的或片面的，尤其是在自然科学方面。除了生物学为林奈的动植物分类说和达尔文的进化论所发展外，他的"地球中心说"为哥白尼的"太阳中心说"所推翻；他所持的物体运动规律为伽利略的落体定律所摒弃；他的化学体系在拉瓦锡的氧化学说提出之后，成为陈迹，等等。但是，亚里士多德探索自然的方法和角度，他所提出的问题则仍然是有价值的。可能正是在这种意义上，海森堡强调了包括亚里士多德在内的古希腊自然哲学的现实意义："一个人没有希腊自然哲学的知识，就很难在现代原子物理学中取得进展"。进一步，如果说亚里士多德自然科学的大部分结论的生命是短暂的，现在只具有科学史的有限价值，那么他在哲学及其他人文科学中的思想却决不能以一种纯粹的历史精神来加以处理。亚里士多德的《形而上学》、《尼各马可伦理学》、《诗学》等著作已经成为永恒的经典，是任何涉及相关问题的人所不可不读的。

大略地说，一部欧洲思想史就是对亚里士多德的诠释史。在中世纪，尤其是在托马斯·阿奎那之后，亚里士多德的权威性与基督教教会的权威性一样不容置疑。近代和现代的科学和哲学也大都是从肯定或否定亚里士多德开始的。亚里士多德思想的结构和内容在后代身上留下的烙印是如此之深，以至于不仅我们常常不知不觉地用他的概念和术语思考问题，而且连他的反对者也不得不用亚里士多德式的语言去反对他。站在不同立场上的人会对他作出不同的评价。但是，回顾人类思维的历程，谁也不会并且谁也难以否认，亚里士多德是西方文化的一大奠基人。黑格尔说得好："如果真有所谓人类导师的话，就应该认为亚里士多德是这样一个人。"

柏拉图

时代精英

　　马克思指出:"如爱尔维修所说的,每一个社会时代都需要有自己伟大的人物,如果没有这样的人物,它就要创造出这样的人物来。"

　　柏拉图生活的时代,正值古希腊奴隶制及其意识形态由繁荣走向衰落的剧变时期。在伯罗奔尼撒战争(公元前431—前404)的洗礼中,柏拉图诞生、成长并度过了最初的青春岁月。他参加过三次战役,据说其表现相当勇敢。这场战火燃烧了27年,最后以斯巴达战胜雅典而告终。雅典帝国覆灭时,柏拉图亲眼目睹了这一历史悲剧。

　　古希腊是一个城邦奴隶制社会,在人类文明史上作出过巨大贡献。在为数众多的古希腊城邦中,最强大、最重要的城邦是雅典和斯巴达。在相当长的时期里,它们作为两个城邦集团的霸主互相斗争着,各自代表着奴隶制的一种类型。这两个城邦、两种政体的盛衰兴亡,对于柏拉图思想的形成和发展无疑产生过深刻的影响。

　　雅典是柏拉图的故乡,也是古希腊最大的城邦。它位于希腊南部的阿提卡半岛上,拥有漫长曲折的海岸线和便于航海的优良港湾。希波战争之后,大量出身异邦的奴隶涌入雅典,促进了工商业的迅速发展。当时雅典人口总数约40万,其中奴隶约占一半,外邦人3万多,自由民仅有16万多。雅典城邦的巨额财富,除了靠奴隶的劳动外,还有同盟各邦的大量贡款。早在柏拉图出生之前,雅典就已成为整个古代希腊世界的政治、经济和文化中心。在伯里克利时代(公元前461—前429),雅典的城邦奴隶制民主政体达到了它的全盛时期。当时,雅典城邦的最高权力机构是公民大会,它由全体公民组成,通过投票来决定内政、外交、战争、和平等国家大计。其次是500人议事会,它是仅次于公民大会的权力机构,由十大行政区的议员组成,每一大行政区每年用抽签法在全体公民中选举50名议员出席会议,负责处理日常政务。雅典的最高司法机关是陪审法庭,其成员也由选举产生。每个大行政区用抽签法在全体公民中选举出600名法官,十大行政区共选出6000名法官。这些法官分成若干组,每组由500人组成一个法庭以投票方式分别审判各种案件。雅典最重要的军事官员是十司令官。他们由公民大会选举产生,可以连选连任。伯里克利本人就曾连任首席司令官15年,实际掌权32年之久。实际上,雅典城邦的军政大权往往由司令官们掌握,战争时期尤其如此。伯里克利把雅典的奴隶主民主政治推到极端,达到了空前发展的程度,几乎每个公民在其一生中都有参加政治的机会。在当时雅典全体42000个男性公民中,每年参加政治工作及海陆军事工作的人员高达20000人之多。随着雅典经济、政治的迅速发展,文化艺术也空前地繁荣起来。在伯里克利时代,雅典进行了规模宏大的土木建设,修建了著名的雅典娜大庙、忒修斯大庙以及豪华富贵的、饰以巨大柱廊的雅典卫城正门等,完成了从雅典城到庇里犹斯及法勒隆港的长城工程。仅在公元前447—前431年这16年间,用于装饰雅典的金额高达8000个银塔连特(每个重约26.2公斤)。与此同时,雅典的戏剧艺术和学术文化已相当发达。悲剧作家埃斯库罗斯(公元前525—前456)、索福克勒斯(公元前496—406)和喜剧作家阿里斯托芬(公元前451—前385)的作品传遍整个希腊世界。它们作为人类文化优秀遗产,至今仍被人们称颂。自然哲学家阿那克萨哥拉和智者派哲学家普罗塔哥拉、高尔基亚等,也曾活跃在雅典学术舞台上。雅典政治、经济和文化的繁荣,为苏格拉底、柏拉图哲学的产生提供了前提条件。可以说,没有高度发达的雅典奴隶制,也就没有苏格拉底和柏拉图。

英国哲学家罗素说:"要了解柏拉图,其实,要了解后来许多的哲学家,就有必要先知道一些斯巴达的事情。斯巴达对希腊思想起过双重作用:一方面是通过现实,一方面是通过神话;而两者都是重要的。现实曾使斯巴达人在战争中打败了雅典,神话则影响了柏拉图的政治学说以及后来无数作家的政治学说。"与雅典完全不同,斯巴达是一个经济上和文化上都十分落后的农业城邦国家,实行奴隶制寡头政体。但是,在伯罗奔尼撒战争中,它却战胜了雅典,称霸于整个希腊世界。斯巴达的政治、军事制度,曾对柏拉图产生过巨大影响。我们从柏拉图的政治理想中,常常可以看到斯巴达的影子。

斯巴达位于伯罗奔尼撒半岛东南部的拉哥尼亚地区,东、北、西三面高山耸立,中间是一个比较肥沃的小平原,适于农业生产。相传斯巴达人是由五个部落组成的部落联盟,于公元前8世纪时统一了拉哥尼亚,征服了原来的美塞尼亚人和克里特人并掳之为奴隶。这些奴隶被称为希洛人。斯巴达人是统治阶级,他们又分为贵族和平民两个阶级,贵族为国王和贵族会议成员,他们是统治者,平民中的男子组成军队与民众大会,终身从事军事活动。无论是贵族或平民,均不参加生产劳动。希洛人是奴隶阶级,即被剥削、被统治者,没有任何政治权利,他们承担全部生产劳动,终日辛劳而不得温饱。希洛人作为奴隶,他们仅仅属于斯巴达国家,而不属于私人所有。他们被分配在斯巴达人的土地上进行劳作,按照法律规定交纳一定数量的粮食,或者替奴隶主揭庭以及国家担负各种劳役。公元前7世纪时,斯巴达人约为3万,而希洛人则达25万之众,人数比例十分悬殊。斯巴达人为了维护他们自己的利益,巩固奴隶制的生产关系,以强制人口众多的希洛人从事奴隶劳动,于是便把全国变成了军营,对希洛人实行武力镇压的政策。斯巴达人的政治制度以及法律、道德、教育等整个上层建筑,都是为巩固国家奴隶制的经济基础服务的。斯巴达的最高政治首领是两个国王,他们是两个贵族家庭的世袭职位。由这两个国王及28个贵族组成贵族会议,亦称"长老会议",协助国王处理国政。由所有30岁以上有公民权的斯巴达男子和曾参加重装步兵队者组成民众大会,表决或否决国王或贵族会议提出的议案,并选举执政官。执政官是实际掌握大权的人。斯巴达男子一生从事军事训练,20岁便开始参加军队,直到60岁才可免除军役。他们虽然可以结婚成家,但必须长期过着军营生活,私生活要从属于军事化。为了生育健壮的后代,女子在出嫁前也要参加各种体育训练。儿童自7岁起即离开家庭,由政府负责进行严格的训练,以便将来成为合格的军人。总之,斯巴达人是一个军事化的民族,他们的惟一职责就是打仗,整个斯巴达就是一架军事机器。

伯罗奔尼撒战争的结局是:经济上、文化上落后的斯巴达战胜了远比它先进的雅典,奴隶主贵族政体战胜了奴隶主民主政体。雅典失败的主要原因是由于政治、经济发展的不平衡,阶级对立不断加深,内在矛盾日趋激化,内战频繁。而斯巴达则因为经济不发达,社会分化不深,阶级矛盾尚未激化,政治上、军事上都比较统一,因而能够战胜雅典。公元前404年,雅典投降斯巴达,被迫接受了丧权辱国的和约,取消了民主政体,解散了提洛同盟,并允许斯巴达在雅典驻军。在斯巴达驻军的支持下,雅典建立了三十寡头统治的贵族政权。他们施行暴虐统治,凶残地杀戮民主派人士,因而被称为"三十暴君"。公元前403年,雅典推翻了三十寡头,恢复了奴隶主民主政体。但这时的奴隶主民主制已是日薄西山,气息奄奄,它所固有的各种矛盾和内在缺陷统统暴露出来了。公元前399年,苏格拉底被民主制政权杀害,酿成了人类思想史上著名的历史悲剧。风雨飘摇的奴隶制度,错综复杂的历史变迁,不能不引起雅典人的反省和深思。正是在这种反思中,柏拉图成长为时代的精英,他作为伟大的思想家永垂史册。

名门贵胄

柏拉图原名阿里斯托克勒(Aristocles)。这是他袭用祖父的名字。相传在他12岁那年(公元前415年),巴来斯特拉(Palaestra)体育学校教师阿里斯顿(Ariston)见他前额宽广,身体强壮,给他起了一个绰号Plato,即希腊语宽阔、壮伟之意,后来竟然变成了他的正式名字。

柏拉图出生于雅典附近的埃癸那(Aegins),父母双亲皆系名门望族之后。据说,他的父亲阿里斯顿(Ariston)其世系可以追溯到公元前11世纪希腊国王科德鲁斯;他的母亲伯瑞克娣奥勒(Perictione)是著名改革家梭伦的后裔。柏拉图幼年丧父,其母改嫁毕里兰普斯(Pyrilampes)。他有两个哥哥——阿德曼图斯(Aderimantus)和格劳康(Glaucon),一个姐姐波托勒(Potone,即柏拉图死后主持学园工作的斯彪西波的母亲),以及同母异父兄弟安提丰(Antiphon)。他的亲戚多系当时的达官显贵,如舅父克里底亚(Kritias)和表弟查米德斯(Knarmides)均为"三十寡头"的成员。

由于出身贵族和雅典的传统,柏拉图自幼就受到了完备良好的教育。少年柏拉图风流倜傥,才华横溢。他喜爱绘画,写过诗歌和悲剧,还在戏剧演出中参加过合唱队并担任指挥。他还热爱体育运动,相传曾在伊斯特莱亚赛会上比赛过摔跤。柏拉图的文学造诣极高,他的许多对话体著作不仅是哲学名著,而且还是文学杰作。他早年写的一些诗歌,有一些片断流传下来。下面的两段抒情诗,也许可以代表青年柏拉图的诗歌创作。

我把一只苹果扔给你,
如果你真的愿意爱我,
那就请收下它并让我品尝你少女的魅力,
但是,如果你有二心(那是上天不容的!)
那也拿着这只苹果吧,
你要看到所有美的东西都是短命的。
我是一只苹果,
被一位爱你的人扔给你。
不,克萨娣帕,表示同意吧!
因为你和我都是生就要坏灭的。

柏拉图没有成为诗人,而走上了哲学道路。引导柏拉图把自己的兴趣从诗歌、戏剧转向哲学的不是别人,而是苏格拉底。有这样一则美丽的传说:在狄奥尼修斯赛会上,正当柏拉图准备为获奖而将自己创作的一部悲剧投入比赛时,他听到了苏格拉底的讲演,于是便改变了主意,立即将这部悲剧连同其他诗稿付之一炬。面对熊熊火焰,他吟诵着这样的诗句:

啊,火神!到这里来吧,

柏拉图现在多么需要你。

这个传说虽然不甚可靠,但是苏格拉底对柏拉图的一生具有决定性的影响,却是肯定无疑的。苏格拉底(公元前 469—前 399)出身于雅典平民之家,父亲是雕刻匠,母亲当助产婆。他本人早年也曾以雕刻石像为业,但对研究哲学问题一直有着强烈的兴趣。他曾跟阿尔克劳学习过自然哲学,读过很多先哲们的著作,其中阿那克萨哥拉的"心灵"说唤起过他极大的注意。他曾和不少著名智者如普罗泰戈拉、普罗第柯等辩论哲学问题,主要是关于伦理道德以及教育、政治方面的问题。他在辩论中形成了自己的哲学思想和哲学风格,被认为是当时雅典最有智慧、最有教养的人。公元前399 年雅典恢复民主制后,苏格拉底被控传播异说、引进新神、毒害青年和反对民主等罪名,陪审法庭以 360 票对 140 票的多数判处他死刑。苏格拉底面对死刑胸怀坦荡,从容答辩后饮鸩而死。这就是历史上著名的千古奇冤之———"对苏格拉底的审判"。柏拉图目睹了这场审判,他对陪审团的无理判决大为震惊。苏格拉底含冤而死,曾使柏拉图悲痛不已,他为自己失去敬爱的老师和朋友而感到无比伤心。而苏格拉底面对邪恶和死亡而表现出的大无畏精神,又使柏拉图深为感动,他为自己能有这样的老师和朋友而深感自豪。于是,他暗暗下定决心,继承和完成苏格拉底的未竟事业,把他的哲学发扬光大。

柏拉图和苏格拉底的关系极为密切。据说他在少年时期就认识了苏格拉底,并对这位哲学家十分尊崇景仰。柏拉图约在 20 岁时,即他取得了雅典公民权的合法年龄前后,开始从师于苏格拉底。时年苏格拉底已经年过六旬,是一位德高望重的前辈学者,他对柏拉图特别器重,满怀希望地、满腔热情地拥抱了这位年轻的追随者。有这样一则传说:在柏拉图拜师的头天晚上,苏格拉底做了一个美梦,梦见一只小天鹅飞到他的膝上,在他的膝上很快地长满了丰盛的羽毛,一声清脆的长鸣之后,小天鹅便展翅飞向远方。第二天时逢柏拉图前来拜师,苏格拉底认为梦中的小天鹅就是柏拉图。柏拉图忠实地跟随这位导师学习长达 8 年之久,深得苏格拉底哲学的真谛。正如 A·E·泰勒所说,苏格拉底惟一的继承人就是柏拉图。

学者生涯

柏拉图青年时代曾想从事政治活动。因为他的家庭同一些政界权贵们关系密切,这会使他比较容易地登上显要地位。然而柏拉图没有混迹官场,而是走上了一条学者的道路。究其原因,他的第七封书札中有这样的自白:

我年轻时,总想一旦能独立工作,就要投身政界。后来政局突然变动,影响了我的计划。那时民主政权为一般人所厌恶,革命发生了。领导这次革命的有五十一人,其中十一人在城区,十人在比雷埃夫斯港。这两个委员会管理两区的市场及行政。上面还有一个三十人的最高委员会,最高委员会里有些成员是我的亲戚故旧;他们邀我参加,以为一定会得到我的赞助。我当时年少天真,总以为新政权将以正义取代不正义,我极端注意他们先是怎么说的,后来又是怎么做的。这些绅士们的一举一动,一下子把他们所毁坏的民主政权反而变得像黄金时代了！他们居然命令我的师而兼友的苏格拉底去非法逮捕他们的政敌。苏格拉底严词拒绝，宁死不屈。我敢肯定说苏格拉底是当代最正直的人啊！

当我看到这些，以及其他种种，我衷心厌恶，决计与这个可耻的政权完全脱离关系。三十人委员会大失人心，被逐下台。过了一个时期，我故态复萌，跃跃欲试地，虽然静悄悄地，又想参加政治活动了。当时雅典局势混乱，私人互相报复，到处械斗。总的说来，东山再起的民主政权，还算比较温和；可是一些有势力的坏人诬告苏格拉底以渎神之罪，陪审团竟处以极刑……后来我年事渐长，深知在政治上要有所作为，首先必须有朋友、有组织，这种人在政客中非常难找，因为他们做事没有原则，没有传统的制度和风纪。要找到新的人才，简直难于登天。况且法规旧典，在雅典已多散失。当初我对于政治，雄心勃勃，但一再考虑，看到政局混乱，我彷徨回顾，莫知所措。我反复思之，惟有大声疾呼，推崇真正的哲学，使哲学家获得政权，成为政治家，或者政治家奇迹般地成为哲学家，否则人类灾祸总是无法避免的。

从上面的引文可以看出，促成柏拉图改变初衷的原因有两个：一个是雅典贵族政治堕落为寡头政治，这使他猛醒过来，重新考虑自己的政治立场；另一个是雅典民主政治也已江河日下，它诬告和处死了苏格拉底，这使柏拉图痛心疾首，重新选择自己的人生道路。无论是贵族政治还是民主政治，都使柏拉图大失所望，他感到政治生活里到处都充满着不义、罪恶和丑行。于是柏拉图决心放弃仕途，潜心研究哲学，然后从培养人才着手，使哲学家成为政治家，政治家成为哲学家，用他的哲学理想来改造国家。

苏格拉底被处死时，雅典反对他的情绪达到了高潮。为了免遭迫害起见，苏格拉底的弟子们纷纷逃离雅典。柏拉图离开雅典后，前往麦加拉（Megara），在他的好友欧克里德处避难。此后，他又到非洲的居勒尼、埃及和南意大利、西西里等地游学，长达12年之久，结识了一些自然科学家和数学家。柏拉图的非洲之行虽无确凿的史料可考，但从他后来的著作中可以找到印证。例如，他在《理想国》、《法律》篇等对话中曾谈到过埃及，还多次谈论到生活在非洲居勒尼的著名数学家德奥多罗。他的那些与苏格拉底思想相近的早期对话，很可能就是在这个时期陆续写成的。

柏拉图与叙拉古僭主狄奥尼修一世（Dionysios）及其姻亲第翁（Dion）的交往，对他的生活有着重大影响。公元前388年，柏拉图在游历南意大利时，渡海前往西西里岛访问，经过艰难险阻，第一次来到叙拉古，在那里他结识了第翁。第翁既是狄奥尼修第一的妻弟，又是他的女婿。他那时年方二十，天资聪颖，喜欢哲学，同柏拉图一见如故。他仰慕柏拉图，希望柏拉图能够运用自己的智慧，帮助改善叙拉古的状况。柏拉图也试图利用第翁的特殊地位，培育"哲学王"，以实现他用哲学思想来改造国家的理想。但狄奥尼修一世是一个野心勃勃、踌躇满志而又刚愎自用、狂妄自大的独裁者，容不得半点开明的政治主张。根据第欧根尼·拉尔修的记载，在柏拉图到达叙拉古宫廷后，有一次在同狄奥尼修一世谈论僭主政治的弊端时强调指出，统治者的个人志趣不是最好的目的，除非他本人在德行上完美无缺。狄奥尼修听后勃然大怒，直斥柏拉图为糊涂虫，而柏拉图也反唇相讥，怒斥他像一个暴君。于是这位暴君便决意将柏拉图处死。后经第翁和阿里斯托梅涅等人大力劝解，柏拉图才得以幸免于死，但狄奥尼修又将柏拉图交给离任返国的斯巴达使节毕利斯（Pollis），要他于归途中作为奴隶变卖。后来，毕利斯把柏拉图带到埃葵那岛奴隶市场出售时，幸得居尼勒商人安尼克瑞以 20 米那(一说 30 米那)的赎金买下,才使得他重获自由而返回雅典。柏拉图在其第七封书札里,记叙了他的第一次叙拉古之行,他称颂第翁是一位虔诚的学生,盛赞了他和第翁之间的亲密友谊,但是却没有关于他被变卖为奴隶的蛛丝马迹。因此,对于历史上是否有过柏拉图被变卖为奴隶的事情,史学家们众说不一,颇多存疑。然而,柏拉图与狄奥尼修的这次交往以不欢而散结束,则是确定无疑的。

柏拉图返回雅典后,开始从事教学活动。公元前 387 年即柏拉图 40 岁时,他创办了一所学校。这所学校位于雅典城外东北方约一公里处,因地近阿卡德谟斯(Hecademus)运动场,就取名叫"阿卡德米"(Academy,意即学园)。那里有一片丛林,一些建筑物,还有一座花园,是开办"学园"的好地方。柏拉图亲自授课,采用的主要方法是"苏格拉底式的对话",和学生们亲切交谈,自由研讨,一问一答,生动活泼。通过对学生提出问题或者回答学生提出的问题,以达到启迪智慧,增长才干的目的。文艺复兴时期意大利著名画家拉斐尔(1483—1520)的杰作《雅典学校》,生动地再现了这种自由研讨的情景。后来柏拉图的外甥斯彪西波和早先的一些弟子如米尼德谟斯(Menedemus)等也加入授课行列。其课程内容大致和毕达哥拉斯派的学校相似,我们也可以从柏拉图《理想国》中所描述的教育进程来加以具体设想,即算术、平面几何、立体几何、天文学和声学,以及社会、政治、伦理方面的课程等。但是,上述这些课程的设置,只是为学习辩证法奠定基础。在柏拉图看来,最高深、最高尚的学科是哲学即辩证法。与哲学相比较,上述课程只不过是"前奏曲"而已。或许是受毕达哥拉斯派的传统影响,或许是学习哲学本身的需要,柏拉图学园十分重视数学学科。据说学园大讲堂的门前写着这样的话:"不懂几何学者不得入内。"

柏拉图创办学园极为成功,曾经卓有成效地培养出许多杰出人才。他的学生有不少来自大希腊、伯罗奔尼撒、伊奥尼亚,以至北非和黑海沿岸的希腊城邦。有的学会了治国之术,后来在他们本地区官居显位;有的成了著名学者,在人类思想发展史上留下了自己的足迹。在柏拉图的所有学生中,尤以亚里士多德最为杰出。亚里士多德 18 岁进入"阿卡德米"学园,在学园中学习、研究和任教长达 20 年之久,成长为博学多才的人物,直到柏拉图死后才离开。"阿卡德米"学园的建立,为柏拉图的学术生涯创造了一个良好的环境。在长期稳定的生活中,柏拉图写出了许多著名对话,其中包括《理想国》十卷和《法律》篇十二卷。据亚里士多德记载,柏拉图的著作除了对话和书信外,还有所谓"未写出的学说",即他在学园中开设的高级课程中未曾传世的口头讲演。

正当学园兴旺发达之时,不料柏拉图却离开了它,前往叙拉古作第二次访问。公元前 367 年,叙拉古僭主狄奥尼修一世死去,他的儿子狄奥尼修二世继承了统治权。年轻的新僭主缺乏统治经验,于是便求助于他的舅父第翁。这时,第翁实际上成了狄奥尼修二世的摄政者,他请求柏拉图前来助他一臂之力,用哲学教导新僭主。鉴于柏拉图和第翁之间的深情厚谊,年已 60 的柏拉图欣然允诺接受了第翁和狄奥尼修二世的邀请。他把学园交给欧克多索主持,再次期望能在叙拉古实现他的"哲学王"的理想。但其结果又使柏拉图大失所望,因为新僭主也是一个不堪教化的小人。他不但对柏拉图的谆谆教诲无心领教,而且还对柏拉图和第翁之间的亲密友谊十分妒忌。在柏拉图到达叙拉古的数月之后,新僭主以阴谋夺权的罪名把第翁放逐国外,并且大肆镇压第翁的支持者。这时柏拉图的处境也十分危险,新僭主不让他离开叙拉古,后得友人阿尔克塔从中斡旋,才于公元前 365 年平安返回雅典。公元前 362 年,被放逐的第翁也来到雅典,并积极参与学园的工作。

公元前 361 年,在狄奥尼修二世的一再邀请下,也是在第翁的不断敦请下,柏拉图第三次前往叙拉古访问。这次造访的目的,主要是调解第翁和狄奥尼修二世之间的矛盾。因为第翁思乡心切,试图与新僭主进行和解。这次造访叙拉古,其结果比以前两次更加悲惨。柏拉图不但没能说服新僭主与第翁和解,反而为此激怒了他。狄奥尼修二世下令没收了第翁的全部财产,而且还迫使第翁的妻子改嫁。不仅如此,柏拉图也被软禁在御花园里达一年之久,后在阿启泰以塔仑托人的名义强烈干预下,他才得以逃出虎口,于公元前 360 年回到雅典。

柏拉图的一生,是学者的一生。特别是他的后半生,除了两次短暂的叙拉古之行外,一直专心致志地从事学术研究,讲学著书,孜孜忘倦。公元前 347 年,柏拉图死于寓所,享年 80 岁,弟子们参加了他的葬礼。他在自己的遗嘱中规定:对于用作学园校舍的房地产,不准出售或转让。

第欧根尼·拉尔修撰写了悼念柏拉图的墓志铭。他满怀激情地写道:

如果太阳神没有让柏拉图生于希腊,他用文字来医治人们的心灵怎么可能呢?正如神的儿子阿斯克勒普斯医治人的躯体,柏拉图则医治人们的不朽的灵魂。

柏拉图为医治灵魂而开列的处方不是别的,而是他的客观惟心主义思想体系,首先是他的理念论哲学。

哲学思想

柏拉图首先是一位哲学家,其哲学思想是他整个思想学说的基石。他把古希腊唯心主义哲学发展到高峰,建立了一个庞大的、与其他科学浑然一体的客观唯心主义哲学体系。

柏拉图的哲学,从思想渊源上讲,首先来自他的老师苏格拉底。特别是在早期对话中,他的思想和苏格拉底的思想几乎是浑为一体的,以至于很难判断二者之间的真实区别。他从苏格拉底那里直接继承了关于概念的学说,即认为概念是事物永恒不变的本质或共同本性,个别具体事物只不过是概念的表现,并把苏格拉底的概念学说发展成为自己的理念论。其次是毕达哥拉斯学派和爱利亚学派的影响。他从毕达哥拉斯学派那里吸取了关于数的唯心主义观点,即把数当作万物的始基、原型,而万物则是数的摹本,以及关于灵魂不死和转世的神秘主义观点;他还从爱利亚学派那里吸取了反辩证法的“存在”论和关于知识不能来自感觉的惟理主义观点。此外,他还利用了赫拉克利特学说中的某些成分,如关于感觉世界变动不居的观点,并依此否定感觉世界的客观真实性。总之,柏拉图在继承、融合前人学说的基础上,提出了自己以理念论为核心的一系列唯心主义哲学观点。

理念论是柏拉图哲学的本体论,也是柏拉图哲学的基石。要懂得什么是理念论,首先必须弄清楚什么是理念。“理念”的希腊文的本义是“被视之物”,当时常在“种”、“属”的意义上来使用。柏拉图有时用 idea 这个字,而较常使用的则是 eidos 这个字,他对二者并未加以区别,在英文中就等于 form,中文可以译为“理式”、“型”、“相”等,通常译为“理念”。但柏拉图的“理念”不是主观的,而是客观的,是不依赖于人的主观意识而独立存在的实体,因而决不能等同于观念。在《斐多》篇中,柏拉图通过苏格拉底之口,叙述了他的理念论的形成过程和主要含义。他说:

我年轻的时候,曾经热情地从事自然哲学;研究事物的原因、存在和生灭,考察天上和地下的事物。但我最后得出结论,认为自己完全没有能力研究这些事物。研究这些问题不仅无益,反而连先前一些自明的道理都忘记了。后来我听说阿那克萨哥拉认为心灵是一切事物的支配者和原因。我感到非常高兴,认为这种想法很可钦佩。可是这位哲学家后来完全抛弃了心灵的原则,而求援于气、以太、水来解释事物的原因。我又感到痛苦和失望。

通过长期的思索,我悟出了一种研究原因的方法。我想,以往我在研究中虽然遭到失败,但不要因此失去我的"灵魂的眼睛"。人们若用肉眼直接观察太阳会伤害眼睛,若用眼睛直接观察事物,我的"灵魂的眼睛"也会变瞎。我求援于心灵世界,到那里去寻求存在的真理,就好像通过水的反射去观察太阳。我的方法是:首先假定某种我认为最强有力的原则,然后肯定,凡是和这原则相合的就是真的,凡是和这原则不合的就是假的。运用这个方法我终于找到了事物的原因,并且证明了灵魂是不朽的。

我假定美本身、善本身、大本身等等这类东西是存在的。然后又假定这些东西之外还有其他美的、善的、大的东西。美的东西之所以是美的,因为它们分有了美的理念。其他事物也同样。事物之所以存在,其原因就在于分有了使之具有某种特性的实在(理念)。理念就是事物存在的原因。

理念是绝对的,独立自存的。大理念不会是小的,分有大理念的东西也不会成为小的。以往人们认为对立的东西是从它的对立面中产生的,这种原则不一定正确。因为对立有两种:一种是具体的对立,对立的双方互相产生并存在于对方之中;另一种是本质的对立,对立的双方没有生成变化。例如雪可以通过热变成水,但冷决不会变成热。

在《理想国》中,柏拉图通过苏格拉底(简称"苏")与格老康(简称"格")的讨论,进一步完善了他的理念论,明确提出理念是"思想的对象":

苏:就是一方面我们说有多种美的东西、善的东西存在,并且说每一种美的、善的东西又都有多个,我们在给它们下定义时也是用复数形式的词语表达的。

格:我们是这样做的。

苏:另一方面,我们又曾说过,有一个美本身、善本身,以及一切诸如此类者本身;相应于上述每一组多个的东西,我们又都假定了一个单一的理念,假定它是一个统一者,而称它为每一个体的实在。

格:我们是这样说的。

苏:我们说,作为多个的东西,是看见的对象,不是思想的对象,理念则是思想的对象,不是看见的对象。

格:确乎是这样。

从上述引文可见,柏拉图理念论的主要含义在于:第一,在理念与事物的关系问题上,他认为理念是惟一真实的存在,是事物的原因;而事物只是理念的影子,是理念的产儿。人们日常感觉到的具体事物都是易变的、相对的、不真实的,而只有通过理性认识到的理念才是永恒不变的、绝对真实的。进而,你把世界区分为两个,即"可见世界"和"可知世界"。可见世界是由具体事物组成的、人们的眼睛可以看得见的物质世界(即"现实世界");可知世界则是由理念组成的,只有通过理性才能认识到的理念世界。第二,在这两个世界的关系问题上,他吸取了"摹仿说",并且提出了"分有说"。所谓"摹仿说",就是认为理念是具体事物的原型,具体事物是由于摹仿原型而产生的,因而具体事物只是其理念的摹本。所谓"分有说",就是认为具体事物之所以存在,乃是因为它(或它们)"分有"了理念的结果。柏拉图以床为例,认为有下列三种床:一是理念之床,它是本来就存在的床;二是木匠制造的床,它是摹仿理念之床而产生的具体之床;三是画家笔下的床,它是摹仿具体之床而产生的艺术之床。在这三种床中,只有理念之床才是永恒不变的、真实存在的东西;而具体之床是理念之床的摹本,它(它们)是不断变化的、不真实的;至于画家笔下的艺术之床,乃是摹本的摹本,和"真实存在"隔着两层,相距甚远,因而更无真实可言。第三、在理念与理念之间的关系问题上,他又把理念分成了若干等级,形成了理念的等级系统。柏拉图认为,具体事物的理念如床、马、桌子、椅子等,是最低级的理念;数学或科学的理念如圆、方、大于、小于、动、静、同、异等,是较高一级的理念;艺术的和道德的理念如美、正义、勇敢、节制等,是更高一级的理念;最后,善的理念是最高的理念。在柏拉图看来,善是"超于存在之上,比存在更尊严更有威力的东西",也就是说,善是至高无上的神的化身。

对于我们今天的读者来说,柏拉图理念论的荒谬性是显而易见的。他把一般和个别割裂开来,使一般脱离个别而独立存在,把一般变成了派生具体事物的、神秘的东西,从而走上了客观惟心主义的道路。列宁说:"原始的唯心主义认为:一般(概念、观念)是单个的存在物。这看来是野蛮的、骇人听闻的(确切些说:幼稚的)、荒谬的。"但也必须承认,柏拉图企图从具体事物、从许多的个别之中寻求一般、共性,这在人类认识发展史上又是一个进步。

值得注意的是,柏拉图在他的晚期著作《巴门尼德》篇中,曾对自己前期的理念论作了自我批评。他承认,在具体事物之外分离出理念世界来,"确实常常感到困难"。"例如头发、污泥、秽物以及最不足道、最无价值的东西",如果肯定他们"各有一个分离的、与我们用手拿的东西不同的理念",那就恐怕"太荒唐了。"于是柏拉图对他的"分有说"提出了两点修正:(1)理念本身是可以分割的,那些分有理念的东西只是分有其理念的一部分;(2)所谓具体事物分有理念,只是说它们被造得同理念类似而已。但是他的修正实在是枉费心机,最终仍难于自圆其说。

柏拉图从他的理念论出发,提出了比较系统的知识论即关于认识的理论。理念论和知识论构成了柏拉图哲学体系中两个不可分割的组成部分,它们是紧密地联系在一起的。一方面,理念论是知识论的理论基础;另一方面,理念论又是通过对知识论的论证而确立起来的。如果说在本体上他将理念与具体事物对立起来的话,那么在认识论上他又将知识与意见对立起来,并由此建立起唯心主义先验论的认识论体系。

首先,柏拉图认为,知识就是对理念的认识。知识的对象并不是我们的感官所接触的具体事物,而是理念本身。因为具体事物都是相对的、不断变化的、不真实的,所以通过认识具体事物而获得的感性知觉也是相对的、易变的、不真实的。他把这种感性认识称为"意见",以为"意见"不是真正的知识。在他看来,只有认识到理念,或者说只有认识到事物的"原型",那才是真正的知识。

其次,柏拉图认为,根据两个世界的理论,可以把认识能力划分为四个等级。他把可见世界分为两个部分,即"实际事物"和"事物的肖像"(假象),相应地,"意见"也分为"信念"(又译"相信")和"想象"(或"猜测");同样,他把可知世界也分为两个部分,即"善本身"和"数理实体",相应的知识也分为"知性"(或"理智")和"理性"。

第三,柏拉图认为,认识就是"回忆"。他的回忆说,是和灵魂不朽说联系在一起的。在他看来,灵魂和理念先于肉体而存在,而且轮回转世,永恒不变;灵魂在堕入肉体之前,已经有了对于理念的认识。但是,不朽的灵魂在轮回转世时,由于受到肉体的玷污和窒息,忘却了生前对于理念的认识;这时候就需要借助于个别事物的刺激,通过感觉的启发、诱导,从而将忘却了的理念知识回忆起来。显而易见,柏拉图的知识论不仅是唯心主义的,而且还带有神秘主义色彩。

宇宙理论

古希腊的哲学家大都要回答宇宙如何生成的问题,就连柏拉图也不例外。柏拉图早期提出的"分有说"、"摹仿说",似乎还不足以说明和解释世界万物是如何产生的。为了解决这个难题,他在晚年提出了改革的理念论,企图将自己的唯心主义理论同当时的自然科学调和起来。他从理念论哲学出发,对于宇宙的生成和多种自然现象作出了自己独特的解释。柏拉图的宇宙生成论,是在《蒂迈欧》篇里提出来的。他通过蒂迈欧之口,解释了宇宙的起源问题。他说:

宇宙究竟是怎样产生的?它是永恒的,没有开端和终结的抑或是被创造出来的?在我看来,由于人类生活于其中的这个世界是可感的,所以它一定是被创造出来的,而且亦有其必然的原因。神(天父、创造者、公匠、得穆革)就是创造这个宇宙的动因或原因。神是按照永恒的范型来创造这个世界的,因此,这个宇宙就是善的。此外,永恒的范型是永远存在,没有变化的,因此,神可以用确定性的真实语言来叙述它,而被创造出来的世界乃是永恒范型的复制品。

神为什么要创造这个世界呢?我们知道,神是一位善者,他没有一点妒忌心,他希望世上的一切事物都能像他本人一样,所以,神要把这个杂乱无章、不规则的、处于运动中的混沌体变为一个秩序井然的世界。于是,神就把智慧放入宇宙的灵魂中,宇宙便获得了富有生命的灵魂,一切都显得那么有条不紊。

接着,神又按照最完美的动物范型,创造了所有一切有理智的可见的动物。

也许,你们还会问,神究竟创造了一个抑或几个这样的世界,我可以告诉你,神为了避免纠纷和争吵,只创造了一个世界。神创造的这个世界是一个可感知的实体,这个实体由火、土、气、水四种元素组成。这个实体是可见的,所以它是由火组成的;这个实体是有形的,所以它又是由土组成的。但是,土和火之间必须有某种中介才能使二者结合,于是,神又在它们中间增加了气和水这两种元素。同时,神又创造了一个可见的天体与这四种元素和睦相处。神希望这个世界不受年龄和疾病的干扰,处于和谐之中,因此,他赋予这个世界以球的形状,并在这个球形世界的中心,放置了灵魂,从而使灵魂成为这个宇宙的主宰。神并不是先创造实体,后创造灵魂。相反,神先赋予世界以灵魂,实体是从属于灵魂的。世界的实体是可见的、可感的;灵魂是不可见的、不可感的,它分有理性与和谐。

柏拉图在《蒂迈欧》篇里所阐述的宇宙理论,大体上包括以下几点:

第一,为了沟通他的"理念(可知)世界"和"感觉(可见)世界",柏拉图提出了宇宙神创论,认为"神(天父、创造者、公匠、得穆革)"是创造宇宙的动因和原因。但他不同意以往关于神从虚无中创造世界的传统观点,而主张神是以理念为模式创造世界万物的。在柏拉图看来,理念是惟一的存在,是永恒的范型;而在理念之外还有一种基质即"非存在",它是构成世界万物的基础,是一种可以在其上面铭刻模式的粗糙的资料,即亚里士多德称之为柏拉图式的"物质"。神运用这种"物质",以理念为其范型,从而创造出形形色色的事物乃至整个宇宙。宇宙乃是存在与非存在的统一。

第二,柏拉图认为,神创造世界万物时,任何活动都具有合目的性。例如,"神为了使自己所创造的这个宇宙更像他自己",于是便"设法创造"了时间和空间。又如,神创造的人是宇宙的缩影,因此,人也同宇宙一样,赋有理性和灵魂。就连人身上的器官来说,也都具有合目的性:头颅是理性的住所,因而是最完善的圆的形状,它长在身体的顶端,是为了支配和指挥整个身体;胸脯是高尚的情绪的住所,它长在头颅下面,是为了使情绪受理性指挥;颈脖也有自己的目的,它长在头颅和胸脯之间,是为了避免把理性和情绪混在一起;此外,长腿是为了走路,长手是为了取物,如此等等。

第三,柏拉图认为,神创造的宇宙是至善至美的,既然如此,那么宇宙只能是一个,而不能是多个。他说:"神为了避免纠纷和争吵,只创造了一个世界。神创造的这个世界是一个可感知的实体,这个实体由火、土、气、水四种元素组成。"在这里,他吸收了阿那克萨哥拉的心灵说和恩培多克勒的四根说,并加以惟心主义的改造。在具体解释现实世界的万事万物时,他又试图用毕达哥拉斯的数的关系来说明一切物质的特征,如说火是 4 面体,气是 3 面体,水是 20 面体等,认为三角形体是事物的最根本的形式。

第四,在柏拉图看来,神创造这个世界时,"并不是先创造实体,后创造灵魂,相反,神先赋予世界以灵魂,实体是从属于灵魂的"。所以,这个世界是一种智慧的产物,是至善至美的杰作。世界万物都安排得很好,一切都是有条不紊的。地球是这个世界的中心,日月星辰都围绕着地球按照一定的轨迹有规则地运行。他认为,这个轨道也必须是最完善的几何图形;而在一切几何图形中,圆是最完善的,所以天体都是按照圆形的轨道运行。

由上述可见,柏拉图的宇宙神创论,既是彻底唯心主义的,又充斥着神秘主义和神学目的论的杂质。这个理论的基本前提无疑是错误的。但是,在这个理论体系中,却又包含着积极的因素。例如,它对微观世界物质结构的认识,就与现代自然科学的认识有很多相通之处。当然,柏拉图的理论只是天才的猜测和极为粗糙的认识,切切不可与现代自然科学的成就相提并论。

政治学说

虽然柏拉图放弃了官宦仕途而走上了学者的道路,但是他对于政治却始终极有兴趣,从未放弃过自己的政治理想。他的三次西西里之行,都是以实现自己的政治理想为目的的。因此,在柏拉图的整个思想体系中,政治学说占有十分重要的地位。他的政治学说和哲学理论是相互交融在一起的,二者是一个统一的整体;前者是后者的具体应用,后者是前者的理论基础。柏拉图的政治学说,比较集中地反映在《理想国》、《政治家》和《法律》这三篇对话中。

在《理想国》中,柏拉图描述和设计了一个等级森严的理想国制度。他认为,正如人的灵魂有理性、意志和情感(欲望)三个部分一样,一个理想的国家也是相应地分为三个等级:第一等级即统治者阶级,第二等级即武士阶级,第三等级即劳动者阶级。

统治者阶级是指极少数受过哲学训练的人,这些人在"理想国"中掌管立法、司法、行政、教育等大权,拥有至高无上的权威。在柏拉图看来,他们是由神用金子创造出来的,拥有天赋灵魂中的理性部分。他们以"智慧"为美德,其天赋职能就是管理国家、指挥他人。他们是理性的化身,是国家的最高等级。理性在国家中的统治地位正是通过这个阶级而体现出来的。

武士阶级是指专门从事战争的军人,这些人虽然也属于统治阶级,但只是统治者进行统治的保卫者和辅助者,在"理想国"中属于仅次于统治者的地位。在柏拉图看来,他们是神用银子创造的,拥有天赋灵魂中的意志部分。他们以"勇敢"为美德,其天赋职能就是防御敌人,保卫国家,以武力为手段实现统治者的意志,也就是忠实地为统治者阶级效劳。

劳动者阶级指农夫、手工业者和商人等,这些人构成了"理想国"中的最低等级,也即被统治阶级。在柏拉图看来,他们是神用铜铁创造的,只拥有天赋灵魂中的情感(欲望)部分。他们以"节制"为美德,其天赋职能就是生产社会的物质财富,供统治者享用。

柏拉图认为,正如智慧、勇敢和节制这三种美德融洽无间、各司其职时产生第四种美德即"正义"一样,在"理想国"里,上述三个等级的人应当安份守己,各守本位、尽职尽力,"和谐一致"。只有这样,这个国家才能成为理想的国家,才能实现"正义"的原则。在柏拉图看来,"正义"不仅应当是全体人民的美德,而且还应当是整个国家的美德。如果这三个等级互相干扰、互相代替,那么就不会有什么"正义"可言,而将会给国家带来最大的损害。

柏拉图还认为,虽然统治者阶级和武士阶级都是天生的,是神用金银创造的,但是为了保持这两个等级的本质的纯洁性,必须对他们实行"共产"制度和进行严格的教育、训练。他主张在第一、二等级中取消私有财产,取消家庭,实行共妻共子,无论男女都住公共房子,吃公共饮食;并且为了保持种族优良,由统治者决定婚配,子女一出世便离开父母,由国家养育和施行教育、训练,使之成为优秀的人才。这就是柏拉图所谓的"共产"社会。至于对这两个等级所施行的教育、训练,柏拉图更作出了系统的规定:首先是体育和诗歌、音乐方面的教育,因为体育可以锻炼身体,诗与音乐则可以培育美感与和谐精神;其次是天文学、数学等方面的教育,通过学习数理知识,使受教育者提高认识能力,以便他们能够从了解现象世界入手,进而了解理念世界。最后是对经过选拔而产生的优秀者施行高等教育即"辩证法"的教育,使他们学会洞察理念世界的方法。然后,他们就可以担任各种统治的职务,执行立法、行政、司法、教育等管理国家的任务。

需要特别指出的是,柏拉图认为,"理想国"的实现,关键就在于要由哲学家来当国王。他十分强调"哲学王"的作用,强调国家权力与哲学理性的合二而一,认为只有以哲学为工具来治理国家,才能实现对武士和劳动者进行智慧的统治。在《理想国》第5~7卷里,柏拉图通过苏格拉底(简称"苏")与格老康(简称"格")的对话,阐述了他关于"哲学王"的主张:

苏:有一项变革虽然困难,但并非不可能。我这个主张说出来一定会遭到人们的耻笑,请你们注意分辨。

格:你有什么主张?

苏:除非哲学家变成了我们国家中的国王,或者我们叫做国王或统治者的那些人能够用严肃认真的态度去研究哲学,使得哲学和政治这两件事情能够结合起来,而把那些现在只搞政治不研究哲学或者只研究哲学而不搞政治的人排斥出去,否则我们的国家就永远不会得到安宁,全人类也不会免于灾难。做不到这一点,我们提出的国家理论就永远不能付诸实施。除此之外,无法使国家或个人得到幸福。

格:你这个主张确实会成为众矢之的。但请你尽力解释,使反对者们都确实懂得你的主张。

苏:你们一定要懂得我说的治国的哲学家是什么人?哲学家是热爱智慧的,但并非一切热爱某种智慧的人都是哲学家,否则哲学家就多得不可胜数了。

格:哪些人是真正的哲学家呢?

苏:哲学家是那些喜欢洞见真理的人。正义、美、善以及其他理念自身是一,由于它们与各种物体、行动结合,以及彼此之间结合而出现于各处,因此每个一又表为多。意见与知识是两种不同的认识能力,相应于这两种能力的对象是两种不同的东西。知识的对象是存在,无知的对象是非存在,意见介于知识与无知之间。它比知识暧昧,但比无知明确,它的对象处于绝对的存在与绝对的非存在之间。据此我们就能区分哲学家和其他有某些知识的人。只看到许多美的东西看不到美本身的人只具有意见而无知识;看到永恒不变的事物本身的人具有知识而不只具有意见。前者应当称作爱意见者,而非爱智者,后者才应称作爱智者即哲学家。哲学家在任何时候都热爱真理。

格:我们应当这样称呼他们。

苏:格老康,经过长时间的讨论,我们总算能辨别真哲学家与假哲学家了。爱智者注意灵魂的欢乐,有节制,不贪婪,不吝啬。他爱好学习,有很强的记忆力,全神贯注于思考真实的存在,酷爱真理。等他们的学问成熟后,就可以把管理国家的重任交给他们了。

我们知道,柏拉图所讲的哲学就是以理念论为中心的思想体系,他所讲的哲学家就是柏拉图式的人物,而他所讲的"哲学王"也就是既有政治权力又有哲学修养的统治者。在柏拉图看来,传统的世俗的政治家只不过是政客而已,他们实际上完全不认识自己的根本任务;而只有哲学王才能洞悉万物的本源,把握绝对的至善,以"理想国"的理念为范型、蓝图,塑造出实际的、现实的理想国家。柏拉图的"哲学王",正是体现了他关于理性应当在国家组织中居于绝对的统治地位的基本原则。

柏拉图后期的对话如《政治家》篇和《法律》篇所提出的政治主张,已经和《理想国》中的政治主张有所不同了。例如,在《政治家》篇中,他开始注意到法律的作用,认为在没有"哲学王"的情况下,有法民主制优于无法民主制。而在《法律》篇中,他虽然仍旧保留了《理想国》的许多思想,但已经比较强调法律的作用了。从《理想国》到《法律》篇,标志着柏拉图的政治学说已经发生了重点转移,即由空想(乌托邦)转向现实,由理论转向实践。如果把这两部著作加以比较,那么就可以看出,后者的基本内容和基本特征在于:(1)法律取代了哲学的职能,立法者和议会取代了"哲学王"的统治地位;(2)实用知识取代了辩证法教育,统治者所受的教育已经注重于实际效用,而不再是追求所谓辩证法和善的知识;(3)私有制取代了"共产"制,独立家庭和男女平等成了国家的基础,共产公妻制已不复存在;(4)精神世界也发生了显著变化,在人们的日常生活中,宗教逐渐取代了哲学,如此等等。总之,《法律》篇中比较强调立法者治国,已不像在《理想国》中那样强调"哲学王"治国。

柏拉图的政治学说,特别是他的"理想国",是对理念论哲学的引申和发挥,是直接为奴隶主阶级统治国家提供理论根据的。作为奴隶主的思想家,他根本不把奴隶当人看待。因此在他的"理想国"中,奴隶被排斥于任何等级之外,没有任何政治地位可言。从《理想国》到《法律》篇,表明柏拉图的政治思想发生了明显的变化。如果说《理想国》中提出的国家是一种乌托邦社会,是"哲学王"政治的政府加上斯巴达式的贵族制度的话,那么,《法律》篇中描述的国家则已比较接近于当时的社会现实,我们从中可以看到雅典政制的影子。但是,无论是《理想国》,或者是《法律》篇,它们所阐述的政治学说,一方面是对当时社会政治生活的曲折反映,另方面又是对奴隶制政治制度的理论总结,因而对后世的政治学说都曾产生过重大影响。

美学观点

柏拉图的美学观点及文艺理论,散见于他的各篇对话中。其中比较专门谈美的有《会饮》篇和《大希庇阿斯》篇,谈创作问题的有《高尔吉亚》篇和《费德罗》篇,谈文艺政策的有《理想国》和《法律》篇。柏拉图的美学观点同他的哲学思想一样,充斥着唯心主义和神秘主义的杂质。但是,在唯心主义的术语和神秘主义的比喻背后,我们也可以发现一些闪光的思想。

柏拉图认为,个别事物的美是相对的、易变的、不真实的,只有美的理念和"美本身"才是绝对的、永恒不变的、真实存在的。美的理念"无始无终,不生不灭,无增无减",可以独立存在;而美的事物却不能离开美的理念而存在。一个具体事物之所以是美的,乃是美的理念出现于它之中或者为它所"分有"。因此,美的理念是美的事物的"原型",它先于美的事物而存在,并且是具体事物之美的创造者。

柏拉图还认为,对美的认识不是一下子完成的,而必须经过一个循序渐进的过程。那么,人们怎样才能认识真正的美呢? 在《会饮》篇中,他借第俄提玛之口,对这个问题进行了系统的阐述。他说:

凡是想依正路达到这深密境界的人应从幼年起,就倾心向往美的形体。如果他依向导引入正路,他第一步应从只爱某一个美形体开始,凭这一个美形体孕育美妙的道理。第二步他就应学会了解此一形体或彼一形体的美与一切其他形体的美是贯通的。这就是要在许多个别美形体中见出形体美的形式。假定是这样,那就只有大愚不解的人才会不明白一切形体的美都只是同一个美了。想通了这个道理,他就应该把他的爱推广到一切美的形体,而不再把过烈的热情专注于某一个美的形体,就要把它看得渺乎其小。再进一步,他应该学会把心灵的美看得比形体的美更可珍贵,如果遇见一个美的心灵,纵然他在形体上不甚美观,也应该对他起爱慕,凭他来孕育最适宜于使青年人得益的道理。从此再进一步,他应学会见到行为和制度的美,看出这种美也是到处贯通的,因此就把形体的美看得比较微末。从此再进一步,他应该受向导的指引,引进各种学问知识,看出它们的美。于是放眼一看这已经走过的广大的美的领域,他从此就不再像一个卑微的奴隶,把爱情专注于某一个个别的美的对象上,某一个孩子,某一个成年人,或是某一种行为上。这时他濒临美的汪洋大海,凝神观照,心中起无限欣喜,于是孕育无量数的优美崇高的道理,得到丰富的哲学收获。如此精力弥满之后,他终于一旦豁然贯通惟一的涵盖一切的学问,以美为对象的学问。

又说:

先从人世间个别的美的事物开始,逐渐提升到最高境界的美,好像升梯,逐渐上进,从一个美形体到两个美形体,从两个美形体到全体的美形体,再从美的形体到美的行为制度,从美的行为制度到美的学问知识,最后再从各种美的学问知识一直到只以美本身为对象的那种学问,彻悟美的本体。

在这里,柏拉图所描述的是一个从认识具体事物的美上升到认识美的理念的过程,即从感性认识上升到理性认识的过程。然而,按照柏拉图的"回忆"说,这一审美认识过程应当是一个"回忆"的过程。因为关于美的理念的知识本是灵魂所固有的,只是灵魂在投到人体时忘却了它;以后又通过认识具体事物的美而唤起"回忆",才使被忘却了的美的理念知识重新记忆起来。以上所引,和他的"回忆"说似乎有所不同。

除了直接论美之外,柏拉图的文艺美学思想也很重要。他从自己的理念论哲学和奴隶主阶级的政治立场出发,对古希腊早期思想家所留下的两大文艺美学问题作了明确而具体的回答。首先,在文艺对现实世界的关系问题上,柏拉图运用他的理念论,改造了古希腊久已流行的摹仿说。在他看来,理念世界是惟一的真实存在,现实世界只是对理念世界的不完全的摹仿,而艺术世界又是对现实世界的不完全的摹仿。因此,艺术世界只是"摹本的摹本","影子的影子","和真理隔着三层",它比作为"摹本"的现实世界更不真实。这样一来,他也就否定了文艺的真实性,否定了文艺的认识作用。其次,在文艺的功用问题上,柏拉图明确地肯定文艺具有教育功能,文艺要为社会服务。他是西方第一个明确地肯定文艺的政治教育作用,并以政治标准评价文艺的人。他认为,文艺对人有很大潜移默化的影响,因而应当对文艺作品规定严格的审查监督制度,并要以社会效用、特别是政治效用作为衡量文艺作品优劣高低的最高标准。他从奴隶主贵族的阶级立场出发,主张排斥那些丑化神灵、放纵情欲、败坏人性的文艺作品,而只允许那些歌颂神灵和英雄的文艺作品存在。在他看来,后者还是培养统治者阶级和武士阶级的必修课程。

此外,在文艺创作的源泉问题上,柏拉图十分强调灵感说。他认为,诗人写诗不是凭智慧和技术,而是靠天才和灵感。所谓灵感并非天赋,而是来自神灵的凭附;它以迷狂为基础,是诗人创作时呈现出的神志昏迷、精神恍惚、类似疯狂的失常状态。在他看来,诗人也像占卜家、预言家一样,创作诗歌要凭神助。"诗人并非借助自己的力量在无知无党中说出那些珍贵的词句,而是由神凭附着向人说话。"如果说柏拉图在哲学上是一个彻底的惟理主义者,那么他在文艺创作问题上却是一个道地的反理性主义者。他的灵感说宣扬了反理性主义的文艺思想,完全否定了创作的源泉是社会生活,否定了创作中的理性活动。这种反理性主义的灵感——迷狂说,为后来基督教神学所利用。

柏拉图的美学观点和文艺美学思想,就其系统性和严密性来说,远远超过了他以前的古希腊思想家。尽管他美学思想体系带有很大的保守性和片面性,反映了奴隶主阶级的审美观和艺术观,但是在一些具体见解中也包含有合理的内核。柏拉图是古希腊美学的真正奠基人。他对西方美学的发展产生了深远而复杂的影响。

叔本华

童年和少年时代

　　既然叔本华确如他的第一个传记作者威廉·格韦纳所说的,不愿意人们为了纪念他而过于关注他生活的外在特征和细节的东西;既然他不希望看到关于他的真实的传记,因为在他看来,"这一切只不过是些外在的材料,顶多可以用它做件外套,他穿一会儿后又会当着别人的面把它脱下来"。而事实上,他却"写出了《作为意志和表象的世界》,并对存在这样一个重大的问题给予了解答,这种解答也许在今天看来有些过时,但无论如何下个世纪的思想家仍将研究它"。他因此而低估了,从年轻时代起他全部的个人的生活经验和他早期形成的把他的思想集中在所有的自然的存在——这种存在被他视为"一件棘手的事情——之间的深刻的心理联系。所以,那些试图从活生生的——人性的角度探索叔本华哲学的根源的人,必须认识到,对于叔本华这样一个有意识地对活生生的现实中获得他的认识的思想家,他个人的经历和印象的影响对于他思考的方向不可能不产生决定性的意义。鉴于此,格韦纳以下面这段令人感动的话,扼要地叙述了他写叔本华传记的任务:"像这个男孩那样地深入观察生活,用一种惊讶的目光透视这个世界上由于饥饿和性欲而导致的不停的熙熙攘攘;像这个年轻人那样战战兢兢地抵制这个世界的诱惑,把自己的内心世界隐藏起来;像这个成年人那样对这个世界采取一种异己的和敌对的态度;像这个老人那样最终深刻地意识到自身真正的本质,使强烈的、清醒的欲求冷却下来,进入到一种心满意足的听天由命的境地——我们必须能够描绘这些,在伦理上理解忧郁的孤寂、存在的无边空虚、对人的蔑视、冷酷的傲慢——他用这种傲慢来包裹自己的心灵,就像用一层会使心灵变得冷酷的甲胄一样——,并且维护这个人的性格面对世界所应该拥有的地位。

　　叔本华悲观气质的形成决不是偶然的,与其家庭不无关系。可以说,其双亲的结合不是出于相互间的爱慕,且彼此间年龄相差悬殊,只是由于某种形式上的相互尊重才使两人缔结了婚姻。叔本华的父亲海因里希·弗洛里斯,生于 1747 年,出身于一个商人家庭,这个家庭凭借其在经商方面的才能和德行,祖上几代都是有钱有势的地方望族。曾祖父约翰,大约在 1700 年成为受人尊敬的但泽公民时,已是一个富有的大商人。祖父安德烈亚斯 1720 年出生,后来和一个原籍荷兰的但泽姑娘安娜·莱娜特结了婚,在这个家族中遗传的某种病态性的性格似乎就是源于这位祖母,这种病态因素不仅在她自身,而且在海因里希·弗洛里斯的三个弟弟身上都产生了灾难性的后果。这种暴躁、阴沉的性格特点在海因里希·弗洛里斯身上也有轻微的表现。但这个人最突出的个性在于:特别强烈的共和主义的自由倾向、非常的正直和坦率。1793 年,但泽被普鲁士化后,他忠实于其"没有自由,就没有幸福"的格言,宁可损失其全部财产的十分之一,而举家迁往自由城市汉堡,他的比他年轻二十岁的太太约翰娜·亨利埃特·特罗西纳尔出生于 1766 年,是一个但泽市议员和商人的女儿。她头脑灵活,性情开朗活泼,富于幻想,也极富才情。这个年轻的女人希望通过婚姻过一种荣华富贵的、适合自己意愿的生活。她渴望享受生活,渴望漫游世界,富有且具有丰富的旅行经验的丈夫能够提供很多机会来满足她那天生的漫游欲望。当得知约翰娜怀孕后,爱好旅行的海因里希·弗洛里斯决定携妻子出游英国,为的是使他们的头生子能出生在英国,以取得英国国籍。由于约翰娜身体不适,夫妻俩只好提前回国。1788年2月22日,他们的儿子在但泽市海里希盖斯特巷114号的一所住宅里呱呱坠地。3月3日,父亲为他起名为"阿图尔(Arthur)",希望他将来成为一个"世界商人",因为这个名字在几种西方文字里的写法都是相同的。

　　阿图尔·叔本华的童年时代的最初几年,部分是在其父亲婚前购得的奥丽瓦庄园度过的,部分是在其祖父安德烈亚斯的斯图特旅馆度过的。1793年,也就是叔本华五岁那年,但泽因被普鲁士吞并而失去了自由,这是其父亲所无法忍受的,遂举家迁往另一个自由城市——汉堡,并在那里建立了新的商号。从那时起,在这个六岁的男孩身上已经常显露出某种莫明其妙的、焦虑的情绪,他的生活长期笼罩在对危险的恐惧和多疑的忧虑中。但是,父亲希望他继承自己的事业,成为一个视野开阔、精明能干、具有远见卓识的世界商人。海因里希·弗洛利斯认为,要成为"世界商人",必须阅读"世界大书"。因此,在1797年,即他妹妹阿德莱特·拉雅尼亚诞生的这一年,他被父亲送到巴黎近郊莱哈弗尔一个名叫格雷戈勒·德布雷西的商人家里。此人是他父亲的朋友。他在那里度过了两年的时光。在哲学家的记忆中,这两年是其童年时代最愉快的一段时光。当叔本华返回汉堡时,父亲高兴地看到,儿子在法语和举止方面看起来就像是一个地道的法国人。随后,他又被父亲送进了汉堡的一所颇有声誉的商业学校——龙格私立学校。很快便证明,他的天赋远远超过了那里的所有学生。然而,叔本华对将来成为一个大商人并没有多大的兴趣,他似乎更渴望成为一个学者。为此,他一再向父亲提出转学文科中学的请求,均遭到了父亲的拒绝。为了诱使儿子放弃自己的志向,父亲苦思苦想,有了这样一个主意,他向阿图尔提供了这样两个方案:其一是转学文科中学,走他的学者之路;其二是随同父母做一次历时几年的欧洲之游。周游欧洲的条件是:旅行结束后要继续其商人生涯,不再提当学者之事。对于一个只有十五岁的少年来说,在这种非此即彼的境地做出抉择,实在是难为了他,他只能靠兴趣和直觉来做出抉择。但是,正是这种直觉影响了他后来的认识。后来,回顾这次途经荷兰、英国、法国、瑞士、奥地利、萨克森、西里西亚和普鲁士的旅行时,叔本华这样说:"很清楚,这次旅行花费了我两年的青春时光,两年的时间可以用来学习古典学科和语言,从这个角度来说,时间是白白浪费了。可是尽管如此,我仍认为,旅行的收获难道不是对我更有利,从而弥补了那丧失了的好处,甚至可以说还绰绰有余呢!正是在我长大成人的岁月,在这样的人生阶段,人的心灵对何印象都是敞开的,接受和理解事物的能力最强,对一切都充满了好奇心,我的精神并没有像一般人那样被空洞的话和报道所充塞,这些人由于本身对那些事物还没有正确的和适当的知识,这样的方式只能使得理性由原来的锐利变得迟钝和疲惫。而我是通过直观接近了事物、了解了事物,因而学习到事物是什么,是怎样的,较早地接受关于事物的性质和变化方面的看法。特别使我高兴的是,这样一种成长过程使我早年就习惯于不满足于事物单纯的名称,而是要去直观和考察事物自身,并将直观来的对事物的认识决定性地摆在那滔滔不绝的言词面前,因而以后我从没有陷入对事物只重话语的危险,所以,我没有理由为这次旅行所花费的时间感到惋惜。"

　　这个年轻旅行者把从直观中得到的对事物的印象和直接认识都凝聚于笔端。我们从他的日记中可以发现,他把他对于形形色色的民族的愚钝或普遍的人性的弱点和痼疾的那些早熟的、批判性的评论和悲观主义的看法都写在了日记里。我们有关对世界现实的看法,叔本华在那时都已经感觉到了。在其父母从英格兰到苏格兰旅行的三个月里,叔本华被安置在温布尔登的某教会学校学习英语。这段时间他似乎不那么愉快,对于英国教会方面的盲目迷信和冥顽不灵,在信中也多有抱怨。他希望"用真理的火炬来照亮英国的那些极度黑暗的角落"。不过,这一切并不妨碍他很容易地接受了英国人的作风。从其他国家那里,他获得的既有压抑的、也有令人振奋的感受,不管怎么说,它们都将永久地铭刻在哲学家的思想和意识中。

旅行归来后,叔本华在但泽行了基督教的坚信礼。随后,从 1805 年初开始在大商人马丁·耶尼施市政委员的商号学习。这个十七岁的少年不得不强打精神,强迫自己表面上履行这令人讨厌的义务。但是,他对生意方面的事情始终提不起兴趣来,倒是对诸如颅相学方面的书籍或讲座表现出了浓厚的兴趣。对叔本华来说,这段日子确实是很痛苦的。这年的 4 月 20 日,父亲不幸去世,失事的原因是他从自家仓库顶楼的天窗处失足跌入河中。不过,据说也可能是自杀,因为海因里希·弗洛里斯的疑病日渐加重,生意上又遭受了比较大的挫折,此外,还要忍受逐渐失聪的痛苦,自然会对生活感到绝望。而叔本华出于对父亲的尊敬和对母亲的反感,把父亲的死迁怒于母亲。他说:"我亲爱的父亲被疾病和痛苦所折磨,缠绵于病榻之上,假若不是那个老仆人对他精心照料的话,他就像是被遗弃了似的。在他深陷孤独的时候,母亲一如既往地赴宴交际;在他极其痛苦的时候,她也照旧寻欢作乐。这就是女人的爱情。"从这严厉的指责中可以看出,深刻的生活经历方面的原因对于叔本华以后对世界的认识产生了重要的影响。人们也就不难理解哲学家为什么极力坚持他的命题:人的意志(性格)遗传自父亲,而智慧(智力、天赋方面的素质)则遗传自母亲。然而,对父亲的偏爱也有一种超越个人的动机,作为儿子借助于父子间个性方面的相似,他早就明白,他的生活,他的成长和他的未来,都应该归功于父亲这个家庭支柱的未雨绸缪。他终其一生都像他后来所明确表明的那样,对他的父亲充满了衷心的感激和尊敬。是父亲使他有可能"利用上天赐给他的力量发展和完善自己,并根据自己的意愿在哲学上做出成绩",是父亲给他留下了为数可观的遗产,使他不必为生存而劳碌、奔波,使他得以保持自己哲学的自主性和独立性,始终为哲学而生活。他曾以这样精炼的语言表达他对父亲的感激之情:"如果海因里希·弗洛里斯·叔本华不是这样一个人,那么,阿图尔·叔本华大概已经毁灭了上百次了。"

无论如何,他的责任心不允许他把父亲的意外死亡视为立即改变他的人生道路的契机。他暂时还要继续那令人讨厌的学徒生涯,母亲和妹妹则在解散了父亲的商行后,永远地离开了汉堡。他只身一个人留在汉堡,这是阿图尔内心极其痛苦的一个时期,他的心情极为抑郁,而青春期日渐强烈的肉欲冲动愈发加重了他的心灵危机。这种肉欲冲动给他带来了怎样的烦恼,他在这段时间写的一首诗中有所流露。另一方面,这段时间阿图尔的思想发展并没有止步,除了他早就迷恋的马迪亚斯·克劳迪乌斯"的《万茨贝克报》外,英年早逝的威廉·海因里希·瓦肯罗德尔以他两种神奇的风格——自然的和艺术的表达方式——引起了这个年轻人思想上的共鸣,对叔本华后来的直观方法的形成产生了明显的影响。

在此期间,约翰娜携女儿阿德勒移居到了魏玛。在那里,约翰娜凭借其社交才能和文艺方面的才情,很快就创办了一个领风气之先的文学沙龙。不过,她也很快触怒了所谓"理想主义"的法利赛派的某些代表人物,因为她不顾法利赛教派对克里斯蒂安·符尔皮乌斯的抵制,接待了这位出身低微、不为容于上流社会的歌德夫人,虽然歌德是为感谢符尔皮乌斯在战乱期间的勇敢表现,才在耶拿战役的隆隆炮声中与她结婚,使她成为自己的合法妻子的。"既然歌德给了她妻子的名义,我们当然该敬她一杯茶!"维翰娜做出了这样一个明智而有说服力的决定。可以理解,她由此博得了歌德的好感,从此以后,成了大诗人家的座上客。关于这位母亲活跃的精神生活的报道,是可以理解的。在魏玛时,约翰娜是毫无节制地沉醉于这种生活的。而在汉堡,儿子本来就渴望发挥自己善于思考的才智,现在这种渴望已经到了无法抑制的地步。终于,在母亲的新朋友和顾问卡尔·路德唯希·费尔瑙充满同情的干预下,他迫切呼吁母亲理解他精神方面的困境的努力终于有了结果。阿图尔为终于摆脱了商人的算计而转向科学,感到欢欣鼓舞。首先要做的是尽快补上文科中学的课,这是进入大学学习的先决条件。由于约翰娜·叔本华不希望看到不善交际和厌世的儿子在她身边,因此,阿图尔只好依照母亲的安排,前往戈塔,在戈塔文科高级中学学习古典语文学。这是 1807 年 6 月。这一年,阿图尔·叔本华二十岁。

学习和毕业

应该说,哥达只是叔本华生活中的一段短暂的插曲。哥达高级文科中学具有很高的声望,叔本华幸运地进入这所中学,并得到了校长弗里德里希·威廉·杜林的私人授课。由于他写了一首讽刺诗讥讽一位老师,而引起了老师们的反感,也失去了杜林校长的宠爱,只得离开哥达,寻求到别的学校就读。无奈,他只好回到了魏玛,这令他的母亲很不愉快,她马上预防性地在自己与儿子之间划定了界限:"我总是对你说,很难与你一块儿生活,我越了解你,越感觉增加困苦。我不打算对你隐瞒这一点:只要不跟你一起生活,我什么都可以牺牲。我不是忽略你的好的一面,你令我望而生畏的东西也不是在于你的心地、你的内在的方面,而在于你的性格,在于你的外在的方面,在于你的判断,在于你的习惯。一句话,凡是关系到外在的世界,我都不可能与你取得一致……你每次来看我,只是小聚几天,却总是会发生一些无谓的激烈争吵。因此,只有当你离开后,我才感到松了一口气,因为你在跟前时,你对不可避免事物的抱怨,你那阴沉的表情,你那古怪的判断,就像是由你宣示预言一样,别人不可以说出反对的意见,这一切都使我感到压抑……你听着,我希望我们之间的相处建立在这样的基础上,你在你的住所就是在你家里,在我这儿你就是我的客人……在我有客人聚会的日子里,你可以在我这儿吃晚饭,如果你在吃饭时不以讨厌的争论来令我不愉快的话。你对这愚蠢的世界和人类的不幸悲叹,总使我寝不安枕,恶梦不断,而我喜欢睡个好觉。"

这封母亲来信令人吃惊地表现出来的,是约翰娜·叔本华对于自己儿子那些令她心烦意乱的性格特征毫无思想准备。对于世界的痛苦而言,她对痛苦的力量毫无察觉,这是他那所谓的"坏情绪"的痛苦,来自对正常人漠不关心这种痛苦的愤怒,他同这些正常人保持距离,就是以这种愤怒为基础的。她从他的批判和嘲讽中一点也没有看出那种激烈的情感,这种情感已经由于人们忽略了革命的恐怖之处的那种麻木不仁而使这个在里昂的年轻人受到了伤害,或者在土伦由于目睹橹舰上的划桨的苦役犯而为他提供了同情的源泉。但是,在这种同情的强度上,蕴含着他"对生活的反思"、他的全部哲学思维的原始胚芽；也如同在他的认识意志和他的思想形成日渐成熟的情感基础中，蕴含着他不久所发现的与印度圣经《奥义书》的智慧的深刻相似，特别是《杜普涅克哈特》，它是《吠陀》哲学的一些重要的片断，是由法国人安库梯尔·杜伯隆由波斯文译为拉丁文的。后来，在谈到这部印度典籍时，叔本华说，阅读它是"我生活的慰藉，并且至死都是我的慰藉"。然而，他的母亲只是感受到一个这样的人的当前的烦恼，他的那些令人讨厌的争论确实令母亲感到难堪。在魏玛期间，约翰娜·叔本华的沙龙接待的大多是社会名流，他们当中除了歌德和维兰特·迈纳尔外，还有约翰·丹尼尔·法尔克、海因里希·梅耶、费尔璐以及富有激情的扎哈里亚斯·维尔纳。对于浪漫而富有激情的扎哈里亚斯·维尔纳，叔本华是在双重意义上喜欢上了这个绝妙的悲剧作家。在结识剧作家本人之前，他就读过他的作品，并为之所吸引，现在可以与他直接交往，令叔本华有受宠若惊之感。他甚至把维尔纳的《庄严的力量》与路德维希·梯克的作品相提并论，这两个人对他来说都很重要。几十年后他回忆说，那时与诗人的交往使他感到十分高兴，值得永远纪念他。对于这样一个脾气暴躁的人和后来的牧师，叔本华表现出了非常持久的好感，这在叔本华也是很不容易的。从维尔纳在弗里德尔会议期间的布道可以断言，他的布道肯定也是以一种戏剧的方式进行的。

叔本华来到魏玛高级文科中学继续他的学业，在语文学家弗兰兹·帕索夫的指导下，他进步得很快，为其在 1809 年成年后上大学积极准备着。在这里需要特别指出的是，在文科中学校长克里斯蒂安·路德维希·兰兹的认真指导下，他研修了拉丁文修辞学，使他对古希腊和古罗马文化有了一个全面系统的了解，为他将来的学术研究打下了良好的基础。在其他专业领域，如历史、数学、文学等方面，他也依靠自己的不懈努力显示出其天才的理解力。在这些领域里，他的知识素养也是比较丰富和出色的，可以说，远远超过了一个未来的大学生从四年的正规学习中所能获得的。在魏玛期间，尽管他把全部精力都投入到了学习中去，但也并非心无旁骛，其中也不乏情感方面的某些刺激和躁动。有一首诗可以证明这一点。他狂热地爱上了一个名叫卡罗琳·雅各曼的女演员，她的出现使这个二十一岁的年轻人神魂颠倒，他完全被她迷住了。他向母亲坦白说："如果我发现这位女子在大街上敲打石块的话，我会把她娶回家的。"然而，这是不可能的，因为她早就是卡尔·奥古斯特公爵的情人了。成年后的叔本华从母亲那儿得到了父亲留给他的遗产，共有一万九千个塔勒，此外，每年还可以从其家族在但泽的投资收益中得到约一百塔勒。这样一来，他与母亲在经济上是彻底分开了。多愁善感的母亲认为，这是一件很自然的事，并不会因此而破坏他们相互间的关系。

1809 年 10 月 8 日，叔本华进入哥廷根大学学习医学。尽管他很早就表现出了哲学方面的气质和天赋，但他目前只是想成为一个学者，因而没有专攻哲学专业。不过，他事实上已经将哲学作为研究的目标，在他看来，对一个人来说，生活的现实的知识，经济才是一切哲学研究的首要的先决条件，而且对于每一个神学的世界的解释来说，一个人思想上的基本准则是最强有力的论据。他的原则是：不应该用不熟悉的东西去解释熟悉的东西，而应该从熟悉的东西出发，去进一步了解不熟悉的东西。因此，一个正视现实的人，在正式开始学习哲学以前，应该尽可能地扩大自己的知识面。在大学学习期间，他除了听医学和解剖学以及物理和化学的课程外，还潜心钻研数学、历史和语言等学科。接受哲学家戈特洛勃·恩斯特·舒尔茨的劝告，他认真研读了"神明般的柏拉图"和"奇迹般的康德",由于在这期间舒尔茨本人以他的著作《埃奈西德穆》作出了反对康德的论证,所以,叔本华(根据鲁道尔夫·施泰纳的表述)"有幸被一个人给他指点了康德,这个人同时具有让人注意这位哲学家的矛盾的能力"。

叔本华在哥廷根一直呆到1811年复活节。假期期间,他在魏玛结识了维兰特。起初,维兰特劝告叔本华放弃哲学,他以一句非常精辟的格言作了回答:"生活是一件棘手的事,我打算用对生活的思考来度过它。"谈到对这个二十三岁的年轻人的印象,维兰特是这样评价的:"我很高兴认识这个年轻人,他将来准能成大器。"

1811年秋季,叔本华转入柏林大学就读。主要的是由于这时他已确定了他一生的主攻方向——哲学,而柏林大学当时拥有诸如费希特、谢林这样一些有名望的哲学家,在那里可以得到他们的指导。但是,那已经很强烈的自我意识妨碍着这个执拗的大学生接受这些独具风格的思想家的学说。相反,他们激起了他内心深处的强烈反感和尖刻的批判。原先的崇拜逐渐变成了极度的厌恶和失望。虽然他仍选修费希特的课,但他从弗里德里希·奥古斯特·沃尔夫的哲学讲座中获益更多。此外,他们在蔑视施莱尔马赫方面是一致的。关于哲学与宗教的关系,施莱尔马赫的观点是:"哲学和宗教是相互依存的,没有不是神学家的哲学家。"叔本华加在书边的注释则反驳道:"没有一个神学家能够学会哲学,他不需要它;没有一个真正具有哲学思维的人会是神学家。没有襻带的牵制,他走起路来可能不那么稳,却是自由的。"涉及到他与费希特的关系,费希特的《知识学》的成果对于他哲学的概念体系的形成绝对不可能完全没有影响,尽管他总是矢口否认二者之间的联系。然而,他对"长着蓬乱的长发、红色的脸膛和咄咄逼人的目光的小人物"(按照威廉·格威纳的描述)带有嘲讽的反感将理解,谁来判断双方理智上的基本态度的巨大差距:一个把叔本华那关注推论的无条件的准确性和精密性及对惯用语的模糊性反应敏感的思维能力与一个讲师的表达方式区分开来的差距,那些人总是指望他的读者们能够理解表达如此不清的解释:"它是它所以是的那样。"

他原打算在柏林大学获得博士学位,但未能如愿,再次暴发的战争动乱促使他于1813年春季逃离这个普鲁士的首都,经德累斯顿回到了魏玛。然而,母亲那极不安定的生活方式令他深感苦恼,她与作家弗里德里希·冯·格尔斯腾贝尔克的情人关系使他如芒刺在背,心里很不是滋味。关于这个问题,女儿阿德勒在日记中也有所表露,心理上也感到无法接受,但她采取的是一种讳莫如深的态度。为了清静,叔本华只好搬到鲁道尔斯塔特,住进了"骑士"旅馆。在那里,他专心思考和撰写他的博士论文:《关于充足理由律的四重根》,这篇论文尊定了他整个哲学体系的认识论基础。1813年10月18日,他以这篇论文获得了耶拿大学的哲学博士学位。当叔本华再次返回魏玛时,歌德作为这篇论文的第一读者,发现了这个年轻学者的才华,叔本华那建立在生动的直观基础上的方法和思想给他留下了特别深刻的印象。当时,歌德自己也正在以同样的思想方法研究色彩学理论,像维兰特一样,他也很快认识到了这个感觉敏锐的世界观察者的价值。在一次社交聚会上,几个女孩子正开玩笑取笑叔本华那令人难堪的一本正经劲儿,歌德适时地走过来告诫这些嘲笑者们:"孩子们,不要取笑这个年轻人,他将来会超过所有的人。"当然,同这位伟人的交往也令叔本华感到荣幸,无论他毕生怎样高度评价歌德,他对歌德却一开始就表明了自己的独立性,即使在他致力于歌德对颜色学说的研究,并且在他们之间产生的最真挚的信赖中,叔本华也一点也不牺牲自己的本质和思维方式。当然,由此就导致了——特别在歌德那方面——某种保留,尤其是在一般人性的世界——世界观的主题上。所以,当叔本华与母亲的关系彻底破裂,于1814年5月动身前往德累斯顿时,歌德给他的这位桀骜不驯的崇拜者在纪念册上写下了这样的话:"你若爱你自己的价值,那你必须给这个世界以价值。"

但是,现在叔本华恰恰是最终停止赋予这个世界以价值,因为在魏玛时,弗里德里希·迈耶尔已经指引他发现了印度哲学,确立了其悲观主义的世界观。还值得一提的是,这次在魏玛与母亲的团聚也是母子间的最后一次相聚,在此之后,叔本华再也没有见到过母亲。

德累斯顿的收获

阿图尔·叔本华在德累斯顿生活了长达四年之久,这是他最富于创造性的自我表现时期,也是他那思维天才源源不断地喷涌而出地活动的时期;这种天才在这里表现为一种前所未有的、高度紧张的连续工作过程,带来了他此前所积累的所有的经验、观察、思考和思维过程的收获,并由此奠定了他的哲学体系的中心建筑,这一哲学体系在他这一完成之后只是还由各种各样的扩建和改造来补充。但是,在他着手规划自己的代表作之前,他还要完成歌德激励和资助他的那些研究。当自然研究者们把诗人的职业看作是不符实际的,并说定它是或多或少严肃地胡诌诗句的手艺,而决不愿承认诗人气质的思想家具有实质性的研究和科学推论的天赋时,当他们对这些加以高傲地嘲笑或简单地忽视时,歌德却庆幸在《四重根》的作者身上发现了一位真正的独立思想家,这是一个喜出望外的幸运,这个独立的思想家适宜于作为好学的学生在其寂寞的认识道路上陪伴他。歌德向老朋友卡尔·路德维希·冯·克奈伯尔描述说"年轻的叔本华"是个"值得注意的和有趣的人"。叔本华也以火一般的热情投入了事业,并且正是在歌德的指导下进行的这些光学练习,使得他在魏玛的逗留时间延长得超出了原初计划的时间。单是独立地研究新的材料,就很快地使这个最初仅仅是充满敬畏地学习的年轻人产生了自己的思想。他与歌德完全一致的方面是同牛顿的色彩学说的对立。按照牛顿的色彩学说,阳光的任何光线都是由七种有色光线组成的,所有的颜色都是阳光的一部分。与此相反,歌德宣称颜色正是产生自光和黑暗的共同作用,他根据自己无数次的试验说明:"我们在一方面看到光,看到明亮,在另一方面看到阴暗,看到黑暗;我们把混浊放在二者之间,从这些对立面中,借助于想像出来的中介,同样在一种对立中形成了颜色。"

叔本华评述说:"歌德把忠诚的、忘我的、客观的目光关注事物的本性,牛顿仅仅是一个数学家,他总是匆匆忙忙地只是测量和计算,并为此目的而把一种用肤浅地理解的现象拼凑出来的理论当作基础。真理就是:只要你们愿意,随便扮什么鬼脸!"然而,他在仔细思考所面临的问题时还超出了歌德,并论证了这样做的必要性:"即便我们(我在此指的是很少的人)在此之外还看到了歌德驳斥了牛顿的错误学说,一方面是通过他的著作的论战部分,另一方面是通过对牛顿学说所歪曲的任何一种颜色现象的正确描述,这一胜利也只有在一种新的理论取代了旧的理论时才是完全的。"因此,他在歌德那里并没有看到真正的——反牛顿的——视觉和颜色产生的理论。他之发现这一理论,乃是从生理学的颜色的现象发出,沿着研究每一种颜色的本质与对它的感知之间那迄今为止未被发觉的联系的道路进行的。他可以总结说:"颜色本质上主观的本性只有通过我的理论才获得其完全的权利,尽管颜色的感觉早在这句古老的谚语中就已经得到了表述。但在这里,康德关于审美判断或者鉴赏判断所说的话也适用于颜色,它虽然只是一个主观的判断,但却要求像一个客观的判断那样获得所有正常人的赞同。"

当然,"独立思想家"以及他的这些思考不可能不在一些问题上与歌德的论断陷入矛盾——在一些非本质性问题上。关于这个问题,叔本华曾写信以如下的方式向歌德描述了他的见解:"关键在于白色的制作。牛顿在这里只是完全偶然地并且只是在字面上接近了真理,而您则已经说明了事物自身的本质,即通过对立来扬弃一切颜色,在这方面要纠正的只是,例如产生出来的灰色在最严格的意义上并不属于作为颜色的颜色,而是仅仅属于化学的颜色,此外,要为您辩解而需要说的话都已经详细地说过了。在我这里,白色的制作仅仅意味着:如果在视网膜的同一个地方直观红色的活动与直观绿色的活动同时产生,那么所给予的是白色或光线的感觉,也就是说,是眼睛的完整活动,它的两个等分的部分是绿色和红色,即使不等分也是一样。巴黎的马鲁斯和阿拉戈最近进行了困难的试验和有教益的研究,是关于光线的偏振和消除偏振的,其时同质的光显露了出来。但这一切都是无效的劳动:一旦他们和牛顿一样在光的一种独有的原初的可变更性(可分性)中去寻找颜色的本质原因,他们就走错了路,因为那原因不在这里,而是在于视网膜活动的一种原初的独有的可变更性(可分性)……"

叔本华小心翼翼地说明了他作为颜色理论的作者与歌德作为创造性的新直观方式的实践家之间的关系:"谁沿着科学的经验道路开辟了一个新的领域,并发现了一批事实并按照直接的联系有秩序地描述了它们,他就像是发现了一块新大陆并暂时草拟了它的第一张地图的那个人。但是,理论家却像是那些每一个把人引入新大陆,在那里攀上一座高山,从山顶将大陆一览无余的人们中的一个。他来到这上面,这是他的功绩,但他从这上面俯视,而在下面游荡的人们却错过了最近的道路,他更精确地确定山脉、河流、森林的比例和位置,而这一切如今都是易于反掌的。"不过,奥林匹亚山神却对长大超越了他的权威的门徒有点儿恼怒了,并没有对后者深奥的工作致以他所期待的喜悦的、无条件的承认。相反,就他那简洁直率的表达来说,他更加赤裸裸地以讥讽的口吻说:

只有当学生不如老师的时候,

他才愿意更长久地承担老师的担子。

可以想像,叔本华对此肯定感到深深地失望,但他并没有让老人为此付出代价,而是一如既往地坚持充满感激的崇敬,在同样的情况下,他是不会把这种崇敬给予"与他同时观看太阳的人们中的任何一个"的。然而,《论视觉和颜色》一文并没有带来比歌德的论文更好的命运。印刷好的作品出版于1816年的复活节博览会。四年之后,叔本华在第二版的前言中讲道:"自此之后,无论是生理学家还是物理学家都对它不屑一顾,而是依然故我地停留在他们的文本中。"在这期间,无论是歌德的还是叔本华的颜色学说,都被学术上得到认可的那种学说的大多数代表们怀疑为业余水平,并因此遭到他们的轻率的拒绝,这种情况没有发生丝毫的变化,但也一再有个别地位决不低的学者对他们表示支持。由此,说这些文章的科学意义问题在严肃研究的论坛前早已得到裁决,这一广为流传的信仰必须遭到最坚决的驳斥。

伟大的作品

即使叔本华还被他的母亲、他的妹妹和大多数凡夫俗子视为不可救药地不合群，甚至从根本上说是敌视人类的，即使这种成见按照天生的和有经验的悲观主义者的表面假象和严重的过敏而不无道理，那也不可以由此推论出，他在任何时候都是过着真正离群索居的生活。无论是早在哥廷根大学时代，还是在魏玛，包括在德累斯顿的几年（1814～1818 年），他都有着自己的朋友和熟人圈子。当然，他在选择朋友和熟人时是非常小心和挑剔的。但是，值得说明的是，他所选择的标准决不总仅仅是理智上的品质，而更经常的是性格上的品质，以致在叔本华的生活中有这样一些友谊的场合，在这些场合中，对方必须能够并且愿意容忍他那些或多或少善意的冷嘲热讽。面对精神上与他相比处于劣势的人，他很少能够克制自己的这种冷嘲热讽。此外，受之有愧的重视、幻想出来的重要性和非分地或者错误地加冕的权威——那些不真实的价值和错误的评价，它们多半作为占统治地位的势力代表着所谓"同时代的文化"——经常诱发他辛辣的嘲讽，这自然而然地给他带来了不可避免的、事实上也是完全没有必要的人际对立。他甚至有时还因此而失去了他所在意的那些人际关系；因为对于一个有着过于敏锐的判断力的天赋，为此而被不公正所激怒的自我意识的叛逆本质来说，即便是具有活跃的理智和敏感的同情的人也没有多大意义，这是令人惊异的。在德累斯顿时，与路德维希·梯克的友好交往由于叔本华对他年轻时代的好友弗里德里希·施莱格尔的轻蔑表示而突然中断。但除此之外，如此快地成熟起来以致达到其值得赞叹的思维能力之高峰的哲学家，归根结底在他的朋友和崇拜者中间，终其一生始终是一个寂寞的人，他们中间没有一个人可以自夸对于他的精神发展，或者干脆说，对于他的思想世界的形成能像大学教师 G·E·舒尔茨、F·迈耶尔和歌德那么重要：在他那个时代，舒尔茨向他指点了柏拉图和康德，迈耶尔向他介绍了印度哲学，而歌德则是由于他那观察、思维和存在的整个方式。

"在我的手里，主要是在我的思想里，正构思着一部著作，一种哲学，一种把伦理学和形而上学融为一体的哲学，……这部著作在成长，正在慢慢地具体化，就像一个孩子在子宫里成长着一样。我不知道，最先形成的是什么，最后又将形成什么……我看到了一个环节，一个容器，一个接着一个的部分，这就是说，我心不在焉地写下了，部分是怎样适应于整体的，因为我知道，一切来自一个根源。这样就产生了一个有机的整体，而且只有这样，一个整体才能生存……我，坐在这儿的我，朋友们认识的我，并不理解一部作品是如何诞生的，就像母亲不理解她体里的孩子是怎样诞生的一样。我注视着它，并且像母亲一样说：'我害怕怀孕'。"

这些出自叔本华死后遗留的关于自己的说明的话，动人地描述了在他的代表作形成过程中他的内心状态。这部代表作简直征服了他，就像一个艺术家的创作由以形成的那些念头和画面征服了那个艺术家一样。某种在本质属于艺术家的东西也的确存在于这种观念的孕育中。完全就像艺术家在自觉的、深思熟虑的作品中观察、整理、构思那直觉地感知的东西，并将之提高到一种可以清晰地纵览的整体的直观性一样，思想家在这里完成了一个最终令人惊喜的、自身完整的思想体系的构建和扩建：我在言词中、从而也就是在概念中的思维，也就是理性的活动，对于我的哲学来说，无非就是技术的东西对于画家来说所要的那种东西，是真正的绘画，是不可缺少的前提条件。但是，真正哲学的、真正艺术家的活动的时间就是我用理智和感觉纯粹客观地透视世界的那些时刻。这些时刻不是什么有意的东西，不是什么任意的东西，它们对我来说是给定的东西，是我特有的东西，是使我成为哲学家的东西，在它们里面，我把握了世界的本质；它们的结果经常在事后很久模糊地重现在概念中，并如此长久地固定下来。"——就连接也使人想起某些创造性艺术家的论断："固定"，即作品的最终不可更改的形象，只是最初接受的"灵感"的"模糊重现"。然而，思维过程的最终结果是一种完全清晰的、明确的结果，它可以由创造性的思想家自己作出最精确的界定："我的全部哲学可以总结为这样一句话：世界是意志的自我意识。"

　　如果人们要找出这种世界解释的哲学史前提，那么可以遵循叔本华自己的答复。他对格威纳说道：除了"他仅仅设想了"（我们今天可以说：想透了）康德哲学之外，"在他的理智发展中特别是爱尔维修和卡巴尼斯具有划时代的影响"；这两人"使他认识到理智的第二自然"，对这种自然的思辩论证给他带来的不朽的荣誉，他本人是把它当作"自己的学说的焦点和本质性贡献"催发的。格威纳在"两个著名的法国感觉主义者"的名字之外还附加上了"诗意的悲观主义者"夏托布里昂的名字。一旦睁开的眼睛感知到了什么，哲学家个人的思想工作从被感知的东西中为认识带来了什么，这在他主观上合乎逻辑的考虑方面和客观的总结方面没有任何先驱可言。因此，叔本华在给出版商弗里德里希·阿诺尔德·勃洛克豪斯的信中有理由这样写道："我的作品是一种全新的哲学体系，这是完整意义上的全新：不是对已有的东西的新表述，而是最高度地结合在一起的，一系列迄今为止还没有任何人想到过的新思想。"但是，叔本华最终怎样以他的思维工作的这一最富有人格的收获来处在由心灵一致的指路人、先驱者和启发者们在某种意义上已经勾勒出、但并没有完成的精神风景画中，这还是由格威纳从叔本华与康德的关系中造成疏远的因素出发作出了杰出的说明："早在作为一个大学生的时候，他就已经意识到了康德精神中的巨大亏欠，并且相信必须把这追溯到沉思的完全缺乏。他当时说：'如果不是歌德同康德在同一时代被遣派到世上，仿佛是为了在时代精神中与他保持平衡，那么，康德就会像一场梦魇一样罩在一些有追求的心灵上，压迫它承受巨大的痛苦。但现在，两人从截然相反的方向起着极其令人舒畅的作用，也许将把德意志精神提高到甚至超越古代的一个高度'。在此，我们发现了他自己的体系与双重的线索交汇的那个点：通过在意志中体现绝对命令和柏拉图的理念，不仅把康德的伦理实在论补充成感觉主义者的物理实在论，而且补充成歌德的审美实在论；尽管如此，意志的本质在自身中包含着二者的唯心主义基本观点。这就是他的任务。"

　　这一年，叔本华的《作为意志和表象的世界》第一版出版了，也就是说，他的思想大厦的不可动摇的主体部分已经完成了。他可绝对没有像一个沉默的学究似的只呆在写字台后面度日。除了一些场面并不奢华的社交消遣外，他还尽情享受着德累斯顿在艺术、文学和科学等方面所提供的种种刺激和愉悦，此外还有漫游——直到生命的最后几天他还习惯这样做——在宜人的环境中长距离的散步小道上享受着他那最有力的思维冲动。1818年3月，叔本华完成了他的初稿，并把它交给了出版商勃洛克豪斯，紧接着在4月份又签订了出版合同。到年底时，这部内容丰富的大部头著作全部印完。不过，在这之前，作者和出版商之间就已经彻底闹翻了。由于叔本华急于去意大利作一次休养旅行，希望能尽快见到样书，为了试探出版商对出此书的诚意，他还要求勃洛克豪斯立即付稿酬给他。此外，他还在稿酬之事上出言不逊地猜疑和责备对方。气愤之余,这位绝对正直的出版商终止了与叔本华的书信联系,对于终止与叔本华的交往,他这样解释:"我自己知道该做些什么,不需要别人来指手画脚。您如此粗暴无礼的交往方式是我所无法接受的,只会导致相反的效果。——我担心,您的书印出来之后会成为一堆废纸,我只是希望,我的担心不要变成现实。"这封信当然是出版商生气时写下的,但也并非一时的气话,勃洛克豪斯的这封信至少证明了,他敢于冒险出版这部著作,从一开始起就不相信它能带来什么商业上的收益。不过,这种预言对叔本华来讲也不是什么新鲜事,他自己的母亲就曾对他的博士论文《论充足理由律的四重根》的出版作出过同样的预言,事实也证明母亲所言不差。这一次,《作为意志和表象的世界》的出版商又不幸而言中了,过了一年半后,卖出去还不到一百本,这部著作的第一版最终没逃脱大部分成废纸的命运。因此,回顾这些遭遇,叔本华理直气壮地声称:"只有真理是我的北斗星。向着北斗星,开始我只能希求自己的赞许……"然而,他的傲慢以及对同时代哲学家的否定性态度进一步导致了他的失败,对于同时代哲学家所拥有的声望他暂时还不能接受。并且到了这样的程度,他逐渐地习惯于以口头的侮辱和谩骂对付他的对手们。对他来说,尽管歌德欣然拜读了他的书,但这也不能补偿由于缺乏公开的喝彩所带来的遗憾。这里必须提到的是,尽管歌德和叔本华在关于颜色学方面存在分歧,但他在接到叔本华的书后,为了方便阅读,把这本大部头的著作分装成了两册,并查阅了其中"最重要的部分"。还让阿德勒转达了几句赞美之词(妹妹在写给叔本华的信中说:"你至少可以算是歌德认真地读的书的惟一的作者,我觉得,你应该为此感到高兴。")。在这期间,哲学家还在同样的情况下徒劳地等待着亲口的称赞和直截了当的欣赏的言词——当然,由于对存在和整个世界活动的价值持有根本不同的见解,这一点已经不需要更详细的解释了。

作为意志和表象的世界

由于这里应该试图粗线条地大致描绘出《作为意志和表象的世界》所陈述的内容,所以可以再次指出,叔本华关于理智相对于意志的次要本性和服务角色——虽然有认识的自我和意欲的自我,认识者和作为意欲者的被认识者,因而也就是主体与客体之间的一致性——那建立了一种充满痛苦的紧张关系的学说,在他自己身上获得了一种简直是典范的验证,因为他整个的思维方式都是产生自这种在他身上与生俱来的、极其鲜明地表现出来的矛盾处境。他的生存的基本痛苦就是他体格中的那种冲突的不可解决性,以及这种由无法克服的同情所有他人痛苦的强制而加深了的生存痛苦在哲学上的结果:极端的悲观主义的世界观。由于这种世界观,他与唯心主义——乐观主义的时代趋势发生了极其尖锐的矛盾,后者在谢林的发卫思想中已溢于言表,在黑格尔那大步前进的世界发展思想中最终获得了居支配地位的效力。从一种建立在坚定不移的认识原则之上的、由亲身经验证实的不可改变性意识出发,不可能存在任何通向当时——在我们的时代又再次——被承认为符合时代的观念体系的起联结作用的思想桥梁。这里包含着叔本华的世界观与他那些直接的(时间上的)先驱和他那伟大的、终生被他憎恶的对手的哲学无法一致的更为深刻的、超个人的、无法根除的原因。

了解《关于充足理由律的四重根》这篇论文是理解《作为意志和表象的世界》的前提,这既是作者所明确要求的,也是实际情况所要求的。这篇论文意外地从时间序列上正好构成了重要著作的预备阶段,事实上,它也的确可以被视为重要著作的序论。作者在开始建立其令人赞叹的、有机的思想体系之前,就已在他自身和读者们面前,对其思想行动的科学原则作了说明。他的反问是:"除了充足理由律,还有什么能把一个体系的各个部分组织到一起?正是它把每一种科学同单纯的观念聚集体真正区分开来,也就是说,观念的认识都是从它们的理由那里由此及彼地推导出来的。"并且,"正是由于一切事物都必定有其理由的先验假设,使我们有权利在任何地方都可以追问为什么,进而可以把这个为什么称之为一切科学之母。"作为对这个规律的最一般的表述,哲学家引证了沃尔夫的表述:"任何一个事物都有其为什么存在而不是不存在的理由。"因此,理由律是"一切解释的原则,对一事物加以解释意味着把它的既定存在或者联系归结为充足理由律的某种形式,这种存在或联系依照充足理由律的形式而成为其所必然是的东西。而充足理由律本身,即借助于充足理由律并在充足理由律的任何形式中所表达的联系,却不能再做更进一步的解释。因为并不存在对一切解释再进行解释的原则,这就像眼睛虽然能够看到一切事物,但却看不到自己本身一样。"

"根据客体形式的差别",叔本华区分了充足理由律的四种不同"形式"。既然"我们进行认识活动的意识,是作为内在的和外在的感性(或者说是接受力)、知性和理性出现的,进而又把自身划分为主体和客体,此外还包含着无。那么,成为主体的客体和成为我们的表象是同一回事。所有我们的表象都是主体的客体,而所有主体的客体都是我们的表象。我们的全部表象都在一种有规则的联系中相互依赖,这种有规则的联系可以被确定为先验的,并且正因为是这样,任何彼此独立的存在物,任何单个的或孤立的东西,都不能成为我们的客体。这种联系是充足理由律从自身的普遍意义上所表达的。"根据客体的不同形式所区分的充足理由律的四种形式是:"存在的理由律,生成的理由律,行为的理由律,认识的理由律"。外在和内在的感性被归之于第一种形式,是表现于时间和空间中的知觉,知性和因果关系属于第二种形式,自我意识和动机属于第三种形式,理性、认识的理由和逻辑属于第四种形式。这就是思想顺序的图式化纲要,在它上面建立起一种现实观,这种现实观以——如叔本华所认为——"确切的、不需要任何证明的真理"而展现出自己那全面的自我描绘:"世界是我的表象"。此外,这个从主观的立场出发所获得的定义并不否认世界"经验的实在性"。它作为客体以表象它的主体为条件,这并不取消那个相反的事实,即主体自身在自己那方面来说也是以客体为条件的。因此,世界除了是表象外,"还是更多的东西"。就它是表象而言,"它服从于理由律"。以这种观点,叔本华立足于康德的"先验唯心主义"以及由它推出的学说:我们认识事物,并不是像它们自在的那样,而是像它们根据我们的认识器官的性质对我们显现的那样;因此,原则上必须在"自在之物"和"现象"之间作出区分。尽管关于可见的、用感官可以把握的世界真正的非现实性的观点早在柏拉图那里就已经清晰地形成。但叔本华把"现象与自在之物"的区分看作是近代最具决定性的哲学成就,因而也是伊曼努尔·康德的最重要的功绩。相比之下,在 G·E·舒尔兹表态反对康德的同样意义上,他让有缺陷的康德式的"自在之物"的演绎和哥尼斯贝格哲学家对给予"自在之物"一种可以说明确的、更为详细的规定的任何企图的放弃经受了毫不留情的批判:"康德从来没有把自在之物作为一个单独分析或明确申论的主题。而是这样,每当他需要的时候,他随即以这样一个推论来召唤自在之物,这推论说现象,也就是可见的世界毕竟需要一个根据,一个可以悟知的原因,而这原因却不是现象,所以也不属于可经验的范围之内。在他这样做之前,他先已不断教人铭刻于心了,那些范畴,也包括因果范畴绝对只有着限于可能的经验的用途,只是悟性的一些形式,其功用是联缀官能世界的现象如同将字母拼成一个词一样,除此以外别无任何意义,如此等等;所以他严格地禁止使用范畴于经验彼岸的事物,也正确地以这一规律的违反解释了、同时也推翻了所有以前的独断论。康德在这里面所犯的难以置信的前后不符的毛病随即被那些最早反对他的人们发觉,并用以攻击他,康德的哲学对此则毫无招架能力。这是因为我们固然是完全先验地并在一切经验之前应用因果律于我们感觉器官中所感到的变化之上,可是正因为如此,因果律的来源同样是主观的,无异于这些感觉本身,所以并不导致自在之物。事实是人们在表象这条途径上决不能超出表象之外。表象是一个封闭的全整体,在表象自己的那些办法中没有一条线索是导向种类完全不同的,自在之物的本质的。如果我们仅仅是一个作成表象的生物,那么对于我们来说,达到自在之物的道路就完全切断了。惟有我们自己的本质的另外那一面才能给我们揭示事物本质自身的另外那一面。"

这最后一句直接导向了对"世界作为表象"的另一面的认识和发现:"世界作为意志"。"认识的主体既由于它和身体的同一性而表现为个体,所以这身体对于它是以两种方式而存在的:一种是悟性的直观中的表象,作为客体中的一客体,服从这些客体的规律。同时还有一种完全不同的方式,即是每个人直接认识到的,意志这个词所指的那东西……意志是认识身体的先验认识,身体是认识意志的后验认识。……我把它当作直观表象而称之为我的身体的东西,只要它是在一种完全不同的、没有其他可以比拟的方式下为我所意识,我就称之为我的意志;或者说:我的身体是我的意志的客体性;或者说:如果把我的身体是我的表象这一面置之不理,那么,我的身体就只还是我的意志;如此等等。"但是,意志作为他意识中最直接的东西,是每个人都能在其自身中感受到的,因此,他不只是把意志视为人和动物的最内在的本质,而且也把它视为自然界其他的一切现象的内在的本质。沿着这一思路,继续不断的反省思维还引导思想家"也把在植物中苗壮成长的力,结晶体所由形成的力,使磁针指向北极的力,从不同金属的接触中产生的震动传达于他的力,在物质的亲和作用中现为趋避分合的力,最后还有在一切物质中起强大作用的重力,把石子向地球吸引,把地球向太阳吸引,——把这一切一切只在现象上认为各不相同,而在其内在本质上则认作同一的东西,认作直接地,如此亲密地,比一切其他事物认识得更充分的东西,而这东西在其表现得最鲜明的地方就叫作意志。惟有这样运用反省思维才使我们不致再停留于现象,才使我们越过现象直达自在之物。"

"自在之物"在康德那里只是作为单纯的抽象概念出现的,是高悬在空中不可解释的,叔本华则赋予了这个负有多项使命的"自在之物"以重要的内容,这内容至少是人的意识能具体感受到的,并且在认识上得到把握,直到它作为所有现象的本质核心的可感知性的界限。为了更深入地理解意志和现象世界之间的关系,叔本华还进行了如下的考察及其重要的说明:"意志作为自在之物是完全不同于现象的,是完全不具现象的一切形式的。只有在意志出现为现象时,它才进入这些形式;所以形式只有它的客体性有关,对于它自己本身则是不相干的。一切表象的最普遍的形式,客体对于主体这一形式就已经和它无关;至于次于这一级的,一切那些在根据律中有其共同表现的形式,那就更加与它不相干了。属于这些次一级的形式的,如众所周知,还有时间和空间，以及惟有由于时间、空间而存在而成为可能的杂多性。就最后这一点说，我将借用古老的经院哲学的一个术语，把时间和空间叫做个体化原理，这是我要请求读者一劳永逸把它记住的。原来惟有时间和空间才是本质上、概念上既相同又是一的（东西）毕竟要借以显现为差别、为杂多性，为相互并列，互相继起的东西……意志作为自在之物是在具有各种形态的根据律的范围之外的，从而就简直是无根据的；虽然它的每一现象仍然是绝对服从根据律的。并且，在时间、空间中，它那些现象虽不可计数，它却独立于一切杂多性之外，它本身是单一的一……

正是根据这种观点，意志在自身和一切现象中是统一的，并且完全是一回事。因此，叔本华声明，他"完全理解康德学说的旨趣，即时间、空间、和因果性与自在之物不相干，而只是认识的形式。"意志就其本身而言，其本质只是没有原因，没有目的的盲目的冲动。

但是，表象的世界一方面到处表现出同类客体的多样性，另一方面表现出其特性的多层次阶梯；首先，鉴于把石头与人区分开来的巨大差别，想像在二者中表现出的意志是同一种不可分的意志，这是困难的。对此，叔本华详加说明：

"事物在空间和时间中的杂多性全部是意志的客体性，因此杂多性管不着意志，意志也不管杂多性，依然是不可分的。不能说在石头里面是意志的一小部分，在人里面是其大部分，因为部分与全体的关系是专属于空间的，只要人离开这一直观的形式说话，这种关系就再没有什么意义了。相反，这或多或少只管得着现象，即只管可见性、客体化。以可见性或客体化的程度说，那么在植物里的是高于在石头里的，在动物里的又高于在植物里的，是的，意志已出现于可见性，它的客体化是有无穷等级的，有如最微弱的晨曦或薄暮和最强烈的日光之间的无限级别一样，有如最高声音和最微弱的尾声之间的无限级别一样……意志客体化的级别已不是和意志本身直接有关的了，在这些级别上，现象的杂多性就更管不着意志本身了；而现象的杂多性就是每一形式中个体的数量或每种力个别表出的数量，但这杂多性管不着意志，因为杂多性是直接由时间和空间决定的，而意志是决不进入时间空间的。它呈现于一株或千百万株橡树，都是同样完整、同样彻底的……"他又接着指出："人们曾以各种方式企图使天体的无穷大更适合于每个人的理解力，于是，也曾由此取得了促进鼓舞人心的考察的缘由，比如谈什么地球的，甚至人的渺小，然后又反转来说这渺小的人里面又有伟大的精神，能够发现、了解、甚至测量宇宙之大等等。这都很好！但就我来说，在考察宇宙的无穷大时，最重要的是那本质自身，它的现象即此世界的那本质本身，——不管它可能是什么——，它真正的自己毕竟不能是这样散布于无边的空间，不能是这样分散了的。这无尽的广袤完全只属于它的现象，它自己则相反，在自然界的每一事物中，在每一生命体中，都是完整的、不可分的。因此，即令是人们只株守任何一个个别的物体或生命体，人们并不会损失什么；并且即使人们测量了这无边无际的宇宙，或是更合目的些，亲自飞过了无尽的空间，却还是不能获得什么真正的智慧。人们只有彻底研究任何一个个别的事物，要学会完全认识、理解这个别事物的真正的、原有的本质，才能获得智慧。"

叔本华既然实行了上面的思想步骤，他当然由此认为，在此，这一步骤是"柏拉图的每一个学生都已经自然而然地产生的"。然而，无论如何他所吐露的是一个同样出人意料的且令人信服的新观点。根据所有前述的讨论，读者现在无疑已经明白了，哲学家要说明："意志客体化的那些不同级别，在无数个体中表出，或是作为个体未曾达到的标准模式,或是作为事物的永久形式,它们本身是并不进入时间空间,不进入个体的这媒介的;而是在时间之外的,常住不变的,永久存在的,决不是后来才变成的;同时,这些个体则有生有灭,永远在变,从不常住。因此,我说意志客体化的这些级别不是别的,而就是柏拉图的那些理念。"

但是,在叔本华的解释中,柏拉图的这些理念因此而成了超越一切个体的生命的永恒的东西,因为通过理念意志直接和完美的客体化,通过理念,原初的意志直接地起作用和欲求,并且连续不断地产生出自身始终不变的、永恒的自然形式的景象,单个的个体即属于那一类景象。如果个体熄灭了,种属却仍然存在,而且这理念仍将一如既往地出现在种属中。由于它与时间、空间和因果性无关,因此在自然界中没有一个地方直接地包含它,它比个体更接近于意志。但人是可以把握它的,假若他能够无视现象的个体,把其注意力集中在同类中的一般的、普遍的、永恒的事物上的话。"因为我们作为个体除了服从理由律的认识外,没有什么别的认识,而理由律这形式又排除了人对理念的认识,那么,如果有可能使我们从个别事物的认识上升到理念的认识,那就肯定只有这样才有可能,那是说在主体中必须发生一种变化,这变化和在认识中换过整个一类客体的巨大变化既是相符合的又是相对应的。这时的主体,就它认识理念来说,借此变化就已不再是个体了。"这意味着,在人身上具有这样一种可能性,即能够通过通常的知性的直观的方式冲破意志的束缚,也就是说,存在着一种独于理由律的表象。当然,这必然涉及到一种特别的情形,在这种情形下,人的认识能力在一定程度上摆脱了作为意志的单纯的仆人的地位。"从一般的认识个别事物过渡到认识理念,这一可能的,然而只能当作例外看的过渡,是在认识挣脱了它为意志服务的这关系时,突然发生的。这正是由于主体已不再仅仅是个体的,而已是认识的纯粹而不带意志的主体了。这种主体已不再按理由律来推敲那些关系了,而是栖息于、沉浸于眼前客体的亲切观审中,超然于该客体和其他客体的关系之外。"

至于"使认识挣脱对意志的服务"和"认识纯粹的、无意志的主体"是什么意思,叔本华在其详尽的讨论中已作出了解释,由于这一解释的重要性,不应被看作是引证方面的某些重复,引文附上:

"如果人们由于精神的力量而被抬高了,放弃了对事物的习惯的考察方式,不再按理由律诸形态的线索去追究事物的相互关系——这些事物的最后目的总是对自己意志的关系——,即是说人们在事物的考察上已不再是追问'何处'、'何时'、'何以'、'何用',而仅仅只是'什么';也不是让抽象的思维、理性的概念盘踞着意识,而代替这一切的却是把人的全部精神能力献给直观,沉浸于直观,并使全部意识为宁静地观审恰在眼前的自然对象所充满,不管这对象是风景、是树木、是岩石、是建筑物或者其他什么。人在这时,按一句有意味的德国成语来说,就是完全自决于这对象之中了,也就是说,人们忘记了他的个体、他的意志;他已仅仅只是作为纯粹的主体,作为客体的镜子而存在,好像仅仅只有对象的存在而没有觉知这对象的人了,所以人们也不能再把直观者(其人)和直观本身分开了,而是两者已经合一了;这同时即是整个意识完全为一个单一的直观景象所充满、所占据。所以,如果客体是以这种方式走出了它对自身以外任何事物的一切关系,主体则摆脱了对意志的一切关系,那么,这所认识的就不再是如此这般的个别事物,而是理念,是永恒的形式,是意志在这一级别上的直接客体性。并且正是由于这一点,置身于这一直观中的也不再是个体的人了,因为个体的人已自失于这种直观之中了,而是纯粹的、无意志的、无痛苦的、无时间的认识主体。"

叔本华抱怨康德完全缺乏沉思——这里很清楚，它对于一种更高的认识来说，当理智的正常活动能够起中介作用时，具有什么样的非常意义。沉思的直观或者专心致志的苦思冥想在一个人身上，能够使个别的人从个别性的束缚即时间、空间和因果关系的局限性中解脱出来，直接与理念相遇。既然思维着的个人的普通努力就能够把握的"作为表象的世界"，既然服从于理由律的表象，就是经验和科学的客体，那么，上述独立于理由律的表象就是柏拉图的理念：艺术的客体。与此相适应，摆脱了作为意志的服务角色的认识只能被看作是一种例外的情形。哲学家又问："那考察在这世界上惟一真正的本质的东西，世界上各种现象的真正内蕴，以及那不在变化之中因而在任何时候都以同等真实性而被认识的东西，又是哪一种认识方式呢？"他回答："这就是艺术，这是天才的任务。"已经提到过的叔本华的整个的思想和思维技巧中的艺术家成分明白无疑地彰显在天才这一定义中，按照这一定义，天才性就是"最完美的客观性"。单是它——叔本华的整个艺术哲学都是与它紧密相关的——就足以说明如下事实，即历来都有比学院哲学家多得多的富于创造性的艺术家追随叔本华的思想世界，并向他致以无条件的崇敬。

不言而喻，同艺术作品的创作一样，艺术的认识、能力是理解、享受艺术所必须具备的类似的前提条件。"因此，我们必须承认在事物中认识其理念的能力，因而也正就是暂时撇开自己本人的能力，是一切人所共有的。天才所以超出于一切人之上的也只是在这种认识方式的更高程度上和持续的长久上，这就使天才得以在认识时保有一种冷静的观照能力，这种观照能力是天才把他如此认识了的东西又在一个别出心裁的作品中复制出来所不可缺少的，这一复制就是艺术品。"

"从艺术品比直接从自然和现实更容易看到理念"，从这一核心思想出发，叔本华阐明了他对自然和艺术中的优美和壮美的哲学思考以及他关于各种不同艺术的美学思想。在这里没有必要探究对优美、对人的美、对"典型"、对作为审美印象源泉的自然、对崇高、对魅力等等作特别详细的描述，尤其是探求关于建筑艺术和其他造型艺术（风景画、动物画、故事画、雕刻）或者关于诗歌艺术（抒情诗、叙事诗、戏剧艺术）的讨论，它们都证明了同样的东西："作为理念的直接物质体现的各种艺术的本质"。但是，还存在一种例外的情形，这就是"音乐"。音乐在所有的艺术形式中占有着绝对无与伦比的特殊地位。因为任何艺术都能在自然界发现它赖以形成的样本，"纯粹的、无意志的认识主体"通过自然界的个别的现象来看出理念，然后艺术家的想像又把这理念变成感情的直观。对音乐来说，根本不存在其自然的样本，因此它同理念的现象没有任何关系。由于音乐完全独立于现象世界，也就不涉及理念的范围，因此，"在某种意义上可以说，即令这世界根本不存在，音乐却还是存在；然而对于其他艺术却不能这样说。音乐乃是全部意志的直接客体化和写照，犹如世界自身，犹如理念之为这种客体化和写照一样；而理念分化为杂多之后的现象便构成个别事物的世界。所以音乐不同于其他艺术，决不是理念的写照，而是意志自身的写照，尽管这理念也是意志的客体性。因此音乐的效果比其他艺术的效果要强烈得多，深入得多；因为其他艺术所说的只是阴影，而音乐所说的却是本质。"

叔本华的哲学在其个人经历中扎根有多深，人们也许可以从他在汉堡当学徒时写给母亲的一封信中发现某些端倪，他在信中写道："在我们这坚硬的土地上，必要性和匮乏正在争夺一席之地，天国的种子怎能在这土地上找到生存的空间？我们确实是被原始精神放逐了,而且不应该再去追求它……然而确实有富有同情心的天使为我们乞得了天国的鲜花,在这痛苦的土地上扎下了根并炫耀着她的美丽。——经过荒蛮的世纪,天国音乐的节律没有停止奏动,我们觉得永恒的直接的回响长留,使我们懂得了每一种意义,而且自己也超越了罪恶和德行。"

他如此早就发现和感受到了这悲惨的土地,《世界作为意志和表象》这部著作的最后大部分章节就是围绕它而展开的。这一章的指导思想是"意志的肯定和否定",并且在标题中说明,尽管"达到了自我认识",这种考察也是应该做的。这意味着:由于主体不能够把自己认识为认识着的,而是只能认识为意欲着的,所以它意识到,在自己的本质中洞察了意志的作用后,面临着一个问题,即它作为认识者能够从这种认识中得出什么样的结论。对这个问题的思索必须由此出发,"纯粹就其自身来看的意志是没有认识的,只是不能遏止的盲目的冲动。我们在无机自然界和植物繁生的自然界的规律中,以及在我们自己的生命成长发育的那些部分中,看到的意志现象都是这种冲动。这意志从后加的、为它服务而展开的表象世界才得以认识它的欲求,认识它所要的是什么;还认识这所要的并不是别的而就是这世界,就是如此存在着的生命。"但是,由于意志作为无时间的自在之物是不变的,所以它所意欲的东西,它在自己的表现形式中所造成的东西,按照其本质也是不变的;这样一来,就没有任何希望使生活恰如其如今的情况那样,有朝一日显现出另一幅样子,显得更令人愉快,更可以忍受。另一方面,在服从于必然性的意志自己却是"自由的,甚至是全能的"。而且,"这种自由,这种全能,整个可见的世界,亦即它的现象,都是作为它的表出和写照而存在,并且是按认识的形式带来的规律而继续向前发展的(请注意:现象,可见的世界经过一定的发展,但是这发展并不涉及它的本质)——这样,这种全能"现在也只有在它最完善的现象中,在它对自己的本质已获得完全恰如其分的认识时,它又可重现出来,即是说它所以显现出来不外乎两种途径:或者是它在深思熟虑和自我意识的最高峰,仍然还欲求它曾经盲目地不自觉地欲求过的东西,那么,认识在这里无论是个别地或整个地依然总还是它的动机;或者是反过来,这一认识成为它的清静剂而平息,而取消一切欲求。"

意志的肯定和否定以不同的事实表明了其态度和行为的方式。"一切复杂的意志活动,其基本课题总是满足需要,而需要在健康上是和身体的生存分不开的,是已表现在身体的生存中而又都是可以还原为个体保存和种族繁衍的。可是各种不同的动机就由此而间接获得影响意志的力量,并产生那些复杂的意志活动。每一个这样的活动根本只是这里显现着的意志的一样品,一个标本。至于这样品是哪一种,以及动机所有的和赋予这样品的是什么形态,那并不重要;而只是根本有所欲求,以哪种强烈的程度而有所欲求,才是这里的问题。"

"根本有所欲求,以哪种强烈的程度而有所欲求",实际上这才是整个问题的核心!只要人感觉到需求并且不打算屈从于它;只要他寻求欲求、愿望和渴望的满足;只要他也只不过是感觉到这些需要,并且相信,不管是什么时候,不管用什么方式,他的追求和欲望都会得到实现,直到达到满意和幸福的状态为止——只要他活着,不管他意识到还是意识不到,都是意志的肯定,因此绝对地也是生命的肯定。无意识的意志所希望的东西,恰恰说明了生命。因为生命自身是不间断地由所有那些从不停顿的需求、冲动、愿望、向往和激情的共同作用滋养并保持在运动中的。这里理应受到特别关注——作为生命意志追求维持自身的强大的标志——的是,恰恰在具有高度发达的智力和杰出的认识力的人这里,符合意志的冲动,无论是在动物般的本能形式中,还是在精致的感知形态中,或者在盈利欲、贪婪、粗糙的或者细腻的荣誉心和求名欲的刺激下,经常是以更大的力量表现出来。在这方面,性爱的不同阶段扮演着一个重要的角色;由此说明,性爱甚至在某种意义上更甚于食欲,是普遍的自我维护的最强动机,是生命肯定的最不可违抗的强制形式。但同时,恰恰是这种欲望以其真正的不可满足性,就像在形象的浓缩中那样表现出存在中所有欲望满足的吐火女怪式特性;无论是因为它在一种极其特殊地涉及到个人的事情的假象下仅仅服务于人类的生育和繁衍的利益、服务于生命意志的永动,还是因为它并不由于任何暂时的满足而平静下来。后一种情况特别适用于所有尘俗的意欲、愿望和幻想。由此可以得出,并非愉快,而是痛苦才是居支配地位的;因为愉快并没有积极的意义,毋宁说,由于"任何愿望都是从一种需要、一种匮乏、一种痛苦中产生的,因而任何满足都只是消除了痛苦,而不是获得了什么积极的幸福……"愉快具有一种完全消极的本性。尽管愉快欺骗了愿望,它们似乎是一种积极的善;但事实上,它们只不过是一种苦难的终结。而且,就像人们所说的那样,它们只是持续一时,直到匮乏和欲求很快又重新复苏。"生命总的来说在本质上是痛苦,并且与痛苦不可分割",按照这种计算来说,这是一个无法轻易反驳的原理。在这一联系中,下述论断也颇有道理,即如果不是性快乐不断地更新着意志的肯定,临终之前没有对死亡的恐惧,那么,人们——特别是鉴于大多数人们一旦似乎摆脱了痛苦的压力就会陷入的那种无聊——也许会比现在的样子更不愿意生存;对死亡的恐惧是一种完全无意义的恐惧,这种恐惧和性快乐一样,可以理解为大自然为了维护生命所使用的一种狡计,因为对于大多数人来说,它使最糟糕的存在相对于不存在总是表现为较小的苦难。但除此之外,如果人们把自杀看作是一种合乎对生命意志的否定的行动,则未免误解了对生命意志的否定。自杀"离意志的否定还远着,它是强烈肯定意志的一种现象。因为意志的否定的本质并不在于人们对痛苦深恶痛绝,而是在于对生活的享乐深恶痛绝。自杀者想要生命,他不过是对那些轮在他头上的生活条件不满而已。所以他并没有放弃生命意志,而只是在他毁灭个别现象时放弃了生命。他想要生命,他要这身体畅通无阻的生存,要肯定这身体;但是错综复杂的环境不允许他这样,这就使他产生了巨大的痛苦。生命意志本身觉得自己在这一个别现象中被阻挡到这种程度,以致它不能再继续这种追求了。于是意志就按它自己的本质自身来作出决定,即是说这本质自身是在根据律的那些形态之外的,所以它并不在乎任何个别的现象……"

　　一个在某些方面与自杀者截然相反的(虽然在另一种联系中又是类似的)实例是利己主义者,他对自己意志的肯定甚至上升到对其他个人的意志的否定。所有总是建立在利己主义动机之上的非义,都是对他人意志肯定的界限的侵犯,或者是借助于暴力,或者是借助于计谋。利己主义的所有表现形式,无论是由统治欲、占有欲、妒忌、仇恨决定的还是由纯粹的恶决定的,都说明了同一个东西:对自己个体生命肯定的膨胀以牺牲其他个体同样的肯定要求为代价。但是,利己主义——作为盲目的意志追求在个人表现中的直接结果——是人的真正最自然的、因而也是最具普遍性的特性。这样就可以理解那个悲观主义的总结了:"如果人们想知道人在道德上,整个的一般有什么价值,那么,只看他整个的一般的命运便得。这命运就是困乏、贫苦、烦恼、折磨和死亡。永恒的公道在运行:如果人从整个说来不是一文不值,那么他的命运整个说来也就不会如此悲惨。在这种意义上我们可以说:世界本身就是世界法庭。

要是人们能把全世界的一切苦恼放在一个秤盘里，又把全世界的一切罪恶放在另一个秤盘里，那么，天秤上的指针肯定就不再动了。"

"在整个的和一般的"意义上——不容否认也存在着善良、诚实、正直、高尚和其他一些优秀的品质。然而，尤其是如此重要的修养，就要'它们取消自然的利己主义而言，这些优秀品质纯属例外，并且不足以赋予整体形象一种令人更为愉快的内容。鉴于它们的非同寻常性，它们需要一种特殊的说明。这种说明把人从最初听起来是陈词滥调的论断，即一个行动没有私心的人"很少像通常发生的那样在自我和他人之间作出区别"，将人们引向更为深刻的思想，遵照它们的线索，反思者越来越接近于有待讨论的困境的关键点——如果这样一种困境应该被视为给定的话。同时，重大的、如此经常而又几乎从未被各种流派的哲学家们令人满意地讨论过的道德及其无懈可击地论证的基本问题，也表现得出乎意料地简单和令人信服。因此，就高贵的、善良的、无私的人来说，这意味着："他体会到在他和别人之间的区别——对于恶人是一条鸿沟的区别——只是属于无常的、幻变的现象的东西。他无庸作逻辑的推论而直接认识到他自己这现象的本体也就是别人那现象的本体，这本体也就是构成一切事物的本质，是存在于一切事物中的那个生命意志。不错，他认识的这一点甚至可以推及动物和整个的自然，因此，他也不折磨一个动物。他现在已不至于在自己有着多余的，可以缺少的东西时而让别人忍饥挨饿，正如一个人不会今天饿上一天，以便明天有享受不了的多着在那儿。这是因为'摩耶之幕'对于那博爱行善的人已经是透明的了，个体化原理的骗局也收场了……如果说别的人确立了一些道德原则，把这些原则当作实现美德的格言和必须服从的准则，但是我如已经说过的，却不能够这样做；因为我没有什么应该、什么准则要向永远自由的意志提出。和他们相反，在我这考察相关的范围内，从某方面说和他们那种做法相当而又相似的，就是那纯理论上的真理。单是申论这一真理就可看作是我论述的全部宗旨，这真理是说意志是任何一现象的本体，但作为本体来说却不在现象的那些形式中，从而也不具杂多性。就这真理对行为的关系来说，我不知道还有什么更庄严的表示法，除非是用前述的《吠陀》的公式：'这就是你！'谁要是能以清晰的认识和内心的坚定信念，指着他所接触到的每一事物而对自己说出这一公式，那么，他就正是由此而确实具有了一切美德和天福，并且已是在通向解脱的大路上了。"

不管怎样，"纯粹的意志自由的认识总归是惟一纯粹的幸福，既没有痛苦也没有需求先行于它，也没有懊悔、痛苦和厌倦必然接踵而至"；这种幸福当然不能充满整个生活，而是仅仅充满生活的一些时刻；所以，关于所有生物的本质在根本上相同的"清晰认识"如果贯穿着同情心的道德力量，就把寻找出路的目光引导到自觉的"自我放弃"、实际上"克服个别性"的起解脱作用的目标上来。如果这样理解，充分发展的自我牺牲的道德，无论它是仅仅出自善的禀性，还是出自"清晰的认识"，或者出自二者的共同作用，都已经可以被理解为"圣洁"的开端，"圣洁"的内在本质甚至就是对个人意志的"自我拒斥、自我抑制和禁欲"，因而自身包含着对"生命意志的一贯的否定"，就像最质朴的无私包含着圣洁的所有列举出来的标志的特征一样。

号召"否定生命意志"是叔本华从其悲观主义世界观中得出的实际上惟一的逻辑结论，这种世界观与我们这个实证主义的、主要是庸俗唯物主义的、因而是野蛮利己主义倾向的时代大多数人平庸的、机会主义的态度是相互矛盾的，这种矛盾的程度和它能够援引教会教义的基本元素的程度是相同的。无论哲学家对此说了些什么，在他那深思熟虑的言词背后，总是可以觉察到有极强烈责任心的"道德感受"，这种"道德感受"赋予他的思维一种如此高程度的人的可信性。这样，如果他承认，"乐观主义如果不是这样一些人们的，亦即低陷的天庭后面除空话外不装着什么的人们没有思想的谈论；那就不只是作为荒唐的想法而且还是作为一种真正丧德的想法而出现的，是作为对人类无名痛苦的恶毒讽刺而出现的。"针对这个话题，他接着说："人们切莫以为基督教教义或许有利于乐观主义，因为与此相反的是，在《福音书》里，世界和灾难几乎是当作同义词使用的……实际上原罪（意志的肯定）和解脱（意志的否定）之说就是构成基督教内核的巨大真理……所以在这信仰中，首先是说我们人的处境原来是在本质上是不幸的，于是我们需要从这种处境中解脱出来……"当他对此表示抗议时，人们似乎听到了哲学家因愤慨而变得颤抖了的声音，"人所处的这个世界，是痛苦和忧虑的生物苟延残喘的场所，是数千种动物以及猛兽相互残杀以维持自己的生存的游戏场。并且感觉痛苦的能力是随着认识而增加的，因此，在人类身上，这种痛苦便达到了最高的程度，智力愈高，痛苦愈甚。"对于这样痛苦的世界，竟有人迎合乐观主义的体系，想向我们证明它是"一切可能有的世界中之最好的"。叔本华在这里特别想到了莱布尼茨及其建立在宗教基本概念之上的由中央单子预定的和谐的假定，他——像通常屡见不鲜并且始终以明确的推荐所做的那样——把康德的值得尊敬的先驱大卫·休谟拉来做主要证人，休谟"以充分的和与我完全不同的论据说明了这个世界的悲惨性质和一切乐观主义的没有根据"。然而，我们的哲学家自己的表述比所有这类对伟大思想先驱的援引还总是更能够论证他的结论：就给读者、特别是精神相近的读者留下深刻印象而言，"非存在明显优于存在"。

"如果说这个世界并不适宜存在，无论是从实践上还是从理论上都是站得住脚的。因为存在的本身已显示得很清楚，或者是从存在的目的，都可以看得出来，人们不至于对它感到惊讶和怀疑，因此也毋须多加说明。然而事实也并非如此，这世界原本就是根本无法解决的难题，无论怎样完善的哲学也总有其无法解释的要素，它就好像是那不能溶解的沉淀物，又如两个值的非理性关系始终留下的余数。所以，如果有人提出这样的问题：如果除世界之外别无任何东西，不是更好么？这世界也不能为自己辩解，我们也无法从它那里发现它存在的理由和终极的原因，亦即它本身不能证明它是为自己的利益而存在的。"

这样一来，人的生存与其说是一种赠物，毋宁说是一种负债契约，因此，从这一思考中得出差不多是诸如另一方面的道德义务：偿还债务，也就是摆脱存在，取消现象。从广义上说，只能是有意识地实行禁欲。这就是说，压制所有自然的欲望，极端地说，压制性欲，麻痹所有的激情；抑制所有的渴望和意欲；使所有的情感平静下来；确立心灵的绝对安宁。成为观察者的理智提供了这样做的手段，也是惟一可能和有效的手段。因为"除了凭借认识之外，不可能凭借任何其他东西使意志消沉、克服它和扬弃它"。因此，拯救惟有通过人自己才能够实现，人是惟一能够借助理性的天赋和构成概念、记忆、预见以及将意识拓展到当代（动物狭隘的意识空间和生命的一般形式）之外的能力而能够洞察自己的本质并进而洞察世界的本质的生物。但进一步又怎么样呢？我们"完全站在哲学观点上的我们，在这问题上就不能不以反面的消极的认识自足，到达了正面的积极的认识门前的界碑处就满足了。我们既然以为世界的本质自身是意志，既然在世界的一切现象中只看到意志的客体性，又从各种无知的自然力不带认识的冲动起直到人类最富于意识的行为止，追溯了这客体性，那么，我们也决不规避这样一些后果,即是说:随着自愿的否定,意志的放弃,所有那些现象,那些在客体性一切级别上无目标无休止的,这世界由之而存在并存在于其中的那种不停的熙熙攘攘和蝇营狗苟都取消了;一级又一级的形式多样性都取消了,随着意志的取消,意志的整个现象也取消了;末了,这些现象的普遍形式时间和空间,最后的基本形式主体和客体也都取消了。没有意志,没有表象,没有世界。"

这部非同寻常的伟大著作的最后一句是非常能表明其特点的"无",在这部著作的后面,叔本华附上了"康德哲学批判"。其意图是想说明,"他(叔本华)自己论述中最好的东西,仅次于直观世界的影响的,当要归功于康德哲学的影响,归功于印度教神圣典籍的影响,归功于柏拉图。"事实上,在他的著作中与康德的观点相矛盾的地方随处可见,他有必要对自己那些与康德相矛盾的观点做出解释,用他自己的话说,就是必须揭露康德思想体系中的那些缺陷和错误。也正是出于这样的动机,所以,《作为意志和表象》的作者在阐述他与康德的分歧时,为自己的辩护多于对康德的反驳。关于这个问题,在这部重要著作的序言中也涉及到了,这些在后面还有机会谈到,眼下也就不必在这个范围狭窄的专题中做进一步的讨论了。

第一次意大利之旅

1818 年 9 月 23 日,叔本华启程去度他应得的休养假。由于刚刚完成了他那部伟大的著作,所以在这次旅行中,他的内心始终为一种成就感所左右,情绪高度兴奋,这一点也可以从他于 1819 年 4 月在拿波里和罗马之间所写的一首诗中得到证实。

在我的内心深处,素有一种深切的苦痛,

为此我已经历了长期的搏杀,

但我知道,我终将取得成功,

或许你们会对此感到愤愤不平,

但你们却无法损害我著作的生命力。

你们可以指摘它,却无法消灭它,

后世将为我立下一座丰碑。

这次意大利之旅历时近一年,叔本华经过维也纳到威尼斯、佛罗伦萨、波罗克纳、罗马、拿波里、帕斯图姆,再回到威尼斯,最后经由米兰回家。在旅行中,他以开放与广泛吸取的态度沉醉于观赏意大利的自然风光、建筑、名胜古迹和公共博物馆中的艺术珍品,并按照他一贯的行事习惯:通过最彻底的学习作为准备。在罗马和拿波里,"这位厌世的智者"却又是那样地热衷于社交,尤其乐于与英国人交往,并尽情地享受着丰富精神交往所带来的快乐。他感到幸运之神在向他招手,生活在向他微笑,他的性情也变得率直而开朗,甚至还写信向他的妹妹阿德勒透露他内心的秘密。他曾给阿德勒写信叙说他心头的"极为美妙的柔情",对此妹妹阿德勒在回信时非常得体地写道:"你这个疯疯癫癫的家伙说,除了我以外,你从没有肉欲地爱过别的女人。我很开心。但我想问,如果我不是你的妹妹,你是否还会这样爱我?因为毕竟有许多女人比我强。如果是因我自身的特点而非姐姐的名份使你对我产生好感的话,那么,你也可以爱上别的女人,在我看来差不多是同样的爱。你信中所提到的那个姑娘很令我同情。上帝啊!我希望你没有欺骗她。因为你对所有的事情都是认真的,为什么对这个可怜的弱女子不呢?而这对你来说不过是一件微不足道的小事。而这恰好是一切的一切。我认为，即使你能很容易地找到一个能令你比较满意的女孩，也不过是碰巧遇上而已，你们找十个女人也比我们找一个男人来得容易些。"家庭的幸福是存在赐给我们的最美好的东西，只是大多数人就这样默默地、无怨地度过了自己的一生，却没能享受到家庭的幸福，有的人甚至连寻找这种幸福的想法都未曾有过。这个易于激动的男人当时确实是在为爱情所折磨。阿德勒在后面的信中再一次谈及此事："假若我处在你的位置上我是不会放弃这个梦的，因为假若人们能够幸福的话，就应该享受它。放弃和享受两者都是完整和纯粹的，不应该有所局限，这正如生命的存在一样。因此，如果是这样，有谁知道我不急于赶赴威尼斯呢？我乐于知道你的心到底怎样牵系威尼斯，因为我从未想到过你会有如此强烈的情感。当然，如果这不行，你可以继续沉默。"

除了知道一个叫特丽莎的女人外，我们对叔本华在威尼斯的恋人知之甚少。特丽莎是那个伯爵夫人贵奇里奥的婚前名字，她于 1819 年 3 月，即叔本华第二次到威尼斯旅行的前一个月在威尼斯与劳尔特·拜伦相识。后来，哲学家向男爵罗伯特·冯·霍恩施泰因讲述："我有一封歌德写给拜伦的推荐信。在威尼斯时，我原本想把这封信交给拜伦，但是那一天我却完全放弃了这一打算。那天，我和我心爱的人一起在海滩散步，我的美人突然兴奋地失声高呼起来：'瞧，那个英国诗人！'拜伦骑马从我身边疾驰而过，这个女人对此整天难以忘怀。这样我决定不把歌德的信交给拜伦了。我害怕被戴绿帽子。我真是好后悔！""家庭的幸福"对叔本华并不是没有吸引力的，尽管如此，他还是没有让这段恋情成为一种长久的束缚，其深刻的原因格威纳以一种有说服力的方式和毋庸置疑的口吻作了解释："在晚年的时候，每当叔本华谈起威尼斯时都会有一种'温柔的情感'，在那里爱情的魔力俘获了他，直到内心的声音命令他逃脱，独自继续走他自己的路。"这种认为天才人物独身更为合适和自然的信念使得他最终战胜了在"意志的肯定"之下去尝试获得幸福的幻想。

前文提及到的阿德勒在 1819 年 2 月 5 日的信中还谈到了歌德对《作为意志的表象的世界》的最初的反应（"在这本书中，最使他满意的是叙述的清楚和论述的方法，尽管你的语言与众不同，人们必须首先习惯按你的要求去称呼这些事物。但是，如果人们一旦接受了这一优点并且知道，马不叫马，而是叫 cavallo，上帝叫 dio 或者别的，人们就会读得就会比较舒服和容易"）。除了指出理解这本书有一定的困难以外，阿德勒还告诉哥哥说，他们熟人朋友圈子里的一些人对这本书的兴趣。并且她很为阿图尔没有道理地错过了拜访拜伦的机会而惋惜。"因为很少有诗人使我如此喜欢，更少有诗人能使我向往看到他们"。叔本华自己对此也颇为懊悔，因为他也很喜欢这位诗人。这些信表明了在这段时间里他们兄妹间的确存在一份真正的亲情和彼此对对方的真挚友情的渴望。不过，这个不合群的，因而也是非同寻常的男人的，令人难以理解之处也得到了证实。但是仅从阿德勒的信中，人们也可以从表面上看到兄妹之间的这条分界线，阿德勒在 1819 年 5 月的信中对哥哥说："我从未能与你在这一点上达成一致，你不为别人的轻视所动，就像你愿意砸断束缚我们每个人的生活锁链，可是你还是挣脱不掉，并且这是一个很大的问题，不管你是否会有需要这些人的时刻，而现在你总是自以为比他们高明……"在同一封信中她还提及到了叔本华所说的"死亡和遗嘱"。

正当叔本华在米兰准备启程回去的时候，收到了妹妹的另外一封信。阿德勒在信中通知了他但泽的路德维希·阿伯拉汉姆·穆尔银行破产的消息。约翰娜·叔本华将她的全部财产和她女儿的全部财产都存入了这家银行，当时，阿图尔·叔本华所拥有的全部财产约为二万二千二百五十塔勒，每年可获得一千五百三十塔勒的利息，他也将自己财产的可观的部分存在这家银行。得到这个紧急消息后，叔本华准备把他仅剩下的为数不多的财产与母亲和妹妹分享。但他在将这一慷慨的决定通知他母亲时，同时也伴有以下的话："……尽管您既没有在您的儿子身上，也没有在您的女儿身上表现出您对先夫，我们的父亲的思念……"不过叔本华也没有机会将他的倡议付诸实施。因为他母亲和妹妹被那些别有用心的中间人说服，接受了调解，叔本华则直率地拒绝了这种调解。并且他还不能克制对母亲这样的责备：母亲和他们商定好，把说服儿子同意接受调解作为获得更大优惠的条件。阿德勒受一个顾问的影响同意了调解，叔本华则以他那锐利的目光看穿了他们真正的不诚实的意图，坚持不接受调解。对此，妹妹在日记中写道："阿图尔的信给我以致命的打击，我还不能作答。我只能给他写几行告别的话，因为我的心已和他分开。他拒绝调解的方式，对于我近乎低声下气地乞求的信和我对他的信任，竟作如此回答，使我深受伤害。在我们之间一定要有一段长久的分开作为抚慰。"后来，阿德勒也认识到是她判断错误。穆尔事件后来的发展证明了叔本华的判断完全正确。事实再一次证明了叔本华敏锐清晰的现实的头脑，人们也可以在这里欣赏到他机敏的戏剧性高潮，在给穆尔的商务顾问的信中他阐明了自己的立场；"如果您的所有债权人都像我这么想，您或许会说我是可恶的。但如果所有的人都像我一样想，那他们就会更多地想到既不会有破产，也不会有战争和 Pharo－Tisch。"事实上，这家银行在 1821 年完全满足了债权人叔本华的全部要求，付给他全部的款项，他也为证明了"一个人既可以成为一个哲学家，但并不因此是一个傻瓜"而沾沾自喜。

柏林大学的哲学讲师

令人不快的穆尔事件结束后，叔本华的生活境况又一次发生了重要的变化。考虑到紧迫地生存威胁，一接到有关银行濒临破产的消息，他就立即动身于 1819 年 8 月赶到了魏玛。但是，他没有在那儿遇见他的母亲和妹妹。她们已经动身到但泽了。这次在魏玛的逗留期间，他同康德有过两次会晤，这在歌德的年鉴中有简单的记载："叔本华博士来访，一位为大多数人忽视、但也是一位难以理解而值得赞扬的年轻人，与他交谈令我兴奋，且彼此间互有启发。"

鉴于这次家庭财政危机，叔本华对不可预测的未来表现出了出人意料的忧虑，并最终促使他去谋求一个大学讲师的职位。在首先考察了汉堡和哥廷根之后，他最终选定了柏林。他绝不是在他的学术生涯受挫后才把"利用自己的知识经商"看作是对于一个哲学家、特别是对于他个人来说有失身份的，他之所以做出这一决定，只有从预防他的哲学活动面临更严重的威胁这种忧心忡忡的努力中才能得到解释。在他写给以前的自然老师里希特施泰因教授的信中说明了自己选择柏林的理由，他在"那儿比在任何一个地方都能找到更多的知音，凭他学术讲演的号召力，因为柏林是一个比较发达和有教养的城市。""……之所以选择柏林，还在于柏林是当时德国精神文化水准最高的城市，其他任何地方在精神文化氛围方面都无法与柏林相比……"。当然，在那里他还将见到黑格尔和谢林这两个德国思想文化界的重要人物，这或许也是叔本华坚持选择柏林的原因之一。1820 年 1 月，他获得了讲师的资格，随后于 3 月 23

日做了试讲,试讲的题目是《关于充足理由律的四重根》。几天之后,叔本华可以正式开讲了,其讲题为《论整个哲学,或关于世界的本质和人的精神的学说》。讲座的时间安排是:每周五次,每次一个小时,时间为每天下午的五点至六点。这样的时间安排是叔本华自己选定的,因为在同一时间,黑格尔正在讲授他的《逻辑学和形而上学》,听众十分踊跃,叔本华自信自己可以和黑格尔一争高低。这一过于自负的举措很快使他吃到了苦头,以至于尽管讲座原定为四个学期,但因听他讲座的学生寥寥无几,也只好撤销了这个讲座。叔本华的这次失败应该说是不可避免的,因为当时德国知识界了解他的伟大的哲学成就的人很少,而黑格尔及其哲学则享有很高的声望。对叔本华来说,这是一次灾难性的打击。

与此同时,在个别场合中,他的重要著作《作为意志和表象的世界》逐渐引起了反响,柏林大学年轻的编外讲师 F·E·贝内克在《耶拿文学报》(1820 年)上发表了一篇对《作为意志和表象的世界》的评论。在此之前,贝内克作为叔本华的学生听过他的课。这个评论者使用直接和间接引用这样一种如此草率和不明智的方式来证明作者"误入歧途",此外它们的间隔也无法认清,这使他的论证几乎无法要求人们认可其批评的资格。但是,被批评者理所当然地感到有资格说这是谎言和诽谤,叔本华以《对捏造出来的引文的必要的叱责》对此提出了形式极其尖锐的抗议。他这样做虽然有些过分,但在原则上却对一个批评家在理智上的正直提出了要求。我们可以说,这些要求至今还是有其现实意义的,理应时时回忆起来。

应该说,叔本华在柏林期间并不乏令人兴奋的事件和激动人心的经历。其中一件真正不足道的、也是非常庸俗的事情,确实对他产生了长期的、令人讨厌的后果。1821 年,他住在柏林的 Niederlagstraβe2 号的一栋公寓里,在他住房旁住着女房东的一位亲戚,她就是叔本华的女邻快卡罗琳·路易斯·玛格特,住在一小房间里。这里值得一提的是,在叔本华的住处,有一个属于他个人的客厅,其他的房客也可以把它当作公共过道,当然,并不意味着可以在此随意逗留。可是,一段时间以来,叔本华发现,这个玛格特几乎天天都和她的两个女伴在此聚会。他无法忍受其嘈杂声,要求这几位不速之客离开,然而,这位倔强的女邻居拒绝了,以至于叔本华不得不用蛮力把她撵出去。由于她竭尽全力反抗,叔本华的行为也多少有些粗暴。无论如何,他所劝告的是一个果断的和颇有心计的人,她明白可以利用这件事大做文章,从中捞到好处。她请医生证明其身体确实受到了伤害,进而达到了向法院控告叔本华的目的。这场官司缠讼五年多,叔本华最终败诉。1826 年,他被判决支付女邻居的治疗费和赡养费三百塔勒外加每年六十塔勒的生活费。"这一切仅仅是因为五年前我把这个人从我的房间里赶了出去,而她并没有受到任何看得见的或者是可证实的伤害。"人们可以理解,叔本华很自然地把判决的结果首先归之于对方精明的律师,认为这是一个闻所未闻的不公正案件,这又给他对人的绝望判断火上加油。更令他烦心的是,他要为她支付终身的赡养费,因为女邻居身体健壮,人又精明,她所指称的胳膊失去控制地发抖的论据又极易得到证实。情况也确是如此,到玛格特去世时,哲学家担负这笔可怕的赔偿已达二十年之久。这就不难理解,在得知她的死讯后,他颇为感慨地用法文写了这样一句双关语:"老妇死,重负释。"

即便这是确定无疑的,即叔本华并没有真的把倔强的女裁缝痛殴到必须支付养老金的程度(似乎绝不应该相信它的无条件的真实性纯属事后的自欺)。这一后果严重的事件也必然是在极其恼怒的情况下发生的。因此,据《叔本华在柏林的情人》一文的作者罗伯特·格鲁伯猜测,当时的情形当是这样的,正当叔本华在等待他的女友前来访问时,发生了前厅簇拥着三个好奇的女人那件事,这似乎并非不合情理。因为我们这位还一直很年轻的大人物立刻开始心跳加速了。在更为详细地谈论这件事之前,还必须就"叔本华和女人们"这一题目做出简短的说明,因为胡说八道不花成本,这一再诱使某种聪明人抨击"理论与实践"之间,在此是叔本华的鄙视人性和爱的事实之间,或者更严重地说是他对女性的轻视和他的情感纠缠之深之间"不可解决的矛盾"。但是,就像一位严肃的思想家只是因为根据由最高贵的典型所体现的最高可能性的标准来作出判断才会蔑视人性的主要部分一样,当他必须把大量的日常女性与他所遇到的,以——至少在他眼中——特别的精神天赋、人性价值和某种对于单纯性爱的吸引力来说不借助于更高的优点就绝非既定的美而出众的特殊女性相比时,他对这些日常女性的评价就会越来越低。但是,抛开这个性爱的话题,叔本华对人类平均水平的所有蔑视是如何建立在他的智力、性格和审美要求的高度之上的,这一般来说并没有经常和明确地得到强调。而就他真实地爱的能力而言,这种能力的源泉绝不仅仅在于感性的力量,而是更多地在于对他惟一的甚至置于最杰出的精神品质之上的那种罕见特性的敏感:"因为就像火炬和烟花在太阳面前就变得苍白无力和不可见一样,精神,甚至天才,同样还有美,在心灵的善面前也同样相形见绌,变得黯淡。"——无论我们对关于叔本华不同的爱情伴侣的细节所知道的多么少,我们从可以接近的文件中能够得到的少量的提示仍允许作出这样的假设,即在威尼斯以及在柏林的恋爱事件中,所涉及的女人至少不可能不配享有被他所爱这一荣誉,即便她们在市民的概念中看起来并不醉心于特别严谨的生活方式。另一方面,当然恰恰是在这些关系中的某些"实际"经验和失望有助于真正确立和强化叔本华那轻蔑的总体判断。

这个柏林的情人叫卡罗琳·麦顿,是剧院合唱队的演员,第一次同叔本华相识时大概是十八岁或者是十九岁。但两个人似乎很晚才发生了亲密的关系。卡罗琳真正合法的名字应该叫卡罗琳·里希特,因为她作为一个婚前出世的孩子只能姓母亲的姓,只有在父母亲结婚后才可以把父亲的姓氏附加上去。麦顿只不过是她的艺名。卡罗琳有多个非婚生子女,对这些孩子来说,叔本华的父亲身份不在考虑之内。大概是1826年在她第三次怀孕后,她没有等足月生下孩子,就草率地退出了合唱团。只是在这一年她才恢复了同叔本华的联系,再次点燃了他们的爱情之火。卡罗琳再次登上舞台后,开始是在宫廷剧院,后来是在城郊剧院做女演员,到最后,她只能靠做手工来维持其生计。当时,虽然她表面上并没有征服叔本华(他称她为"美人",根据她自己后来的回忆,她通常也以昵称"王子"来称呼他),她也不可能意识到自己在同谁交往,但对他却有一种很特别的感情,并把它一直珍藏在内心深处。所以,当她从报纸上看到祝贺他七十岁生日的消息时,马上去信与他取得了联系,唤起了他对他们共同度过的那段岁月的美好回忆。为此,叔本华还在遗嘱中为她留下了部分年金,这笔年金供她终生享用,到1882年6月6日她去世时,享用已达二十一年之久。

再次到意大利、慕尼黑和德累斯顿

不仅仅是玛格特事件的烦恼,而且更多地是对自己争取哲学讲师职位失败的深深沮丧——如格威纳所说,这种沮丧甚至发展到根本不再为他的体系做演讲的地步——，在柏林的生活很快并且彻底地使叔本华厌倦了，以致于促使他早在1882年春天就再次前往他所钟爱的南方。就像在类似的情况下经常发生的那样，在令人失望的经历的作用下，就连他对普鲁士首都的一般的好评也迅速冷却了。现在他发现，在这里所有的一切都是"紧缺的、昂贵的和不易得到的，相反，只有各种方式的诈骗和欺瞒比在柠檬树蓬勃生长的农村更恶劣。"就连对柏林的智慧活动的评价也好不了多少。"他有意地回避竞争者，德国学术界的学究气令他厌恶"（格威纳语）。然而，我们绝不可以把这种失望仅仅归咎于在此期间的压抑情绪；我们知道，叔本华对在德国高校里蔓延着的某种既狂妄自大又无创造力的书斋学问和书本智慧的见解，从来就不是很恭维的。因此，这再次使他来到意大利。当他在柏林的宫廷法官法庭上留下了自己的遗嘱之后，他经过瑞士来到米兰、威尼斯和佛罗伦萨。像早在第一次在意大利逗留期间一样，这一次他又活跃了起来。他的全部活动更加无拘无束，他的生活情绪高涨起来，他的人世经历倾向于耽于享乐，这一点在频繁的社交活动中得到了表现。阳光、色彩和真实的生活温暖能够对最坚定不移的精神有多么大影响，我们如果听一听"不合群"的叔本华的赞颂就会感受到。他说："这里的一切都出自于大自然的造化，天空、大地、植物、树木、动物、人的表情，在意大利都是那么地自然，而在我们那里却是那样的矫揉造作。"尽管这里有些夸张，但这是意大利经历的精髓，去意大利旅行的德国人中有最强烈反应和注意的人都会有这样的感慨。想一想歌德和理查德·瓦格纳吧！从大量供考察的人物中，我们仅举两个相差特别远的人格类型。但即便是这一次，对哲学家来说，可谓是不允许的到生活娱乐之中的出游也通过事后发生的事情证明了他那迷人的性格。1823年5月，在归程中到达慕尼黑后，他在那里住了近乎一年之久，因为他突然患了多种烦人的疾病，每日足不出户。在慕尼黑的这一年，是他一生中最忧郁的时期。考虑到右耳聋就是在这里发生的，这一点就更可以理解了。为了逃避巴伐利亚高原那"地狱般的气候"，叔本华到巴特加施泰因寻求康复。在那里，至今在疗养管理院的"贵宾簿"上还可以读到："阿图尔·叔本华，来自柏林，1824年5月29日至6月19日在此。"9月，直到持续很久的听力障碍有几分恢复后，他才动身前往德累斯顿。自从他过去在那里逗留，即他如痴如醉地创作的那几年以来，现在，那里的许多东西对他来说已经变得陌生了；在他从那里最终——很不情愿地——又去柏林之前，已经是1825年4月了。至于他的思想生活从他在意大利的"美好时期"中得取到了什么收益，可以从他在慕尼黑给朋友（早在戈塔文科中学时就结识了）弗里德里希·欧萨里的一封信中看出，在那封信中，他强调了"经验和鉴别人的能力"的增长，并且接下来说："观察和经验与阅读和学习同样必要。对我来说变得特别清晰的是，周围狂妄自大的人的生活是多么可悲，无聊是在怎样地折磨着他们，尽管有各种各样相反的机构。我相当悠闲地学习了佛罗伦萨人的手艺，意大利民族给我提供了许多值得注意的材料。"

　　事实上，叔本华从不对观察和经验感到厌烦，所有观察到的和经验到的东西都成为他修改、进一步整理和补充其代表作的材料，也许除了通过这种真正的从不结束、这种不断的继续生长和形成，代表作在生活现实方面的内容再也不能通过别的什么东西来得到如此强有力的证明了。因为哲学家在第一次将他的体系形诸笔端之后所做出的一切，也就是对代表作或多或少详细的批注，对该著的思想实质或多或少独立的诠释，即便是那些涉及到表现一种来自外部的看法或者涉及到似乎任意地提出的专业主题的地方，例如在一些还需要更为详细地说明的作品中。当善意的格威纳用

"巨大的差异"所指的并不仅仅是某种工作技术或者思维技术时,我们是无法赞同他的:他想提请注意在 1819 年之前的作品和后来的作品之间的这种"巨大的差异";在 1819 年之前的作品中,"原初的设想是一种有联系的设想",它产生自"仅仅存在于作者的头脑之中并直接来自他的思想宝藏",而后来的作品却"更多地带有单纯的读书笔记的特征","单是死后遗留的手稿本的标题:思想、编纂、拾遗等等",就说明了这一点。与此相反,这些"手稿本"——还应该列举其他一些:游记、大开本、信袋、四开本、对立者、霍乱书、老年书——最终无非是,叔本华以看到的东西和经验到的东西(以及读到的东西,如果这东西对他来说具有值得观察和经验的价值的话)越来越开放自己,并且给他头脑中已存在的东西一再添加新的活动、证明和显示的材料。这也符合叔本华自己的理解。他早在 1818 年预告《作为意志和表象的世界》的出版时,就在一封致歌德的信中表白了这种理解:"我认为,爱尔维修说的有道理,直到三十岁,顶多到三十五岁,在人身上由世界的印象所激起的所有思想是他所能够胜任的。而他后来所提供的一切,都仅仅是那些思想的发展。"因此,与其说来一再作出补充的作品,倒不如说早期完成的著作才具有已经"从仅仅存在于作者的头脑之中并直接来自他的思想宝藏中"产生的特征。即便是对读者来说,所有围绕代表作以及在代表作之后写下的、由"手稿本"激发和滋养的作品都具有《作为意志和表象的世界》的一再更新的解释的意义,再次强调说,即便在事物表面上是从遥远的立场来考察的地方也是如此。当然,即便是对于没有阅读过代表作或者——由于缺乏严谨的哲学思维的能力——依然无法理解它的读者,这些后期著作也是可以理解的,并且能给读者提供极其丰富的知识,这一点提高了这些后期著作的"自在"价值。毫无疑问,甚至叔本华的这一类崇拜者中的一个不小的部分也都是次要著作的读者。他们喜爱生活世界的这个伟大的观察者和不可企及的描绘者,他的目光犀利和表述能力正是要归功于这个人的非凡的理解力和毫不掩饰的表现天赋,他的"思想宝藏"历来都是由不断地泉涌而来的直观图像和累积起来的经验财宝滋养和增加的。

可恶的逗留

没有什么理由能让叔本华感到,他在柏林的生活会比以前更令人愉快,这是他离开柏林三年后的感受。当然,与卡罗琳·麦顿的恋爱是一个例外。在那段暗淡的日子里,这恋爱带给了他某些快乐的时光。再者,由于令人懊丧的玛格特事件的结局以及他在竭力争取听众方面的努力始终毫无进展,也使得这段日子更加令人难以忍受。在争取听众方面努力的失败,这最真实地反映了叔本华这位著作家有失尊严的遭遇。当然也必须看到,他的微弱的影响完全被写小说的母亲的声誉所掩盖了,又有谁能够注意到他的成就,并意识到它对思想史的作用呢? 而且,即使是来自一个勤奋好学的信徒的承认也并没有给他带来声誉。有人也许会指责这位实际上是划时代的思想家那愤世嫉俗和傲慢自负的人性弱点,凡是他所到之处,无不表现出这种傲慢与自负,根本不能指望得到应有的尊敬。由于这种情况所导致的过于敏感的性格现在也给他的交往带来了不良的影响,正如他和大学里的同事们密切接触时出现的情况一样。让我们来转述一下格威纳的话:

"他在柏林逗留的这最后一段时间里,全身心地投入到西班牙语的学习中去,并开始翻译巴尔格萨尔·格拉西安的《神谕和处世艺术》。同时,他结识了亚历山大冯

·洪堡,开始时,他以崇敬的心情接近他,但不久便疏远了,正与和费希特的接触一样。他本追求一种精神,但发现的只是一种高超的才能;他本来在寻求一种智慧,但得到的却仅仅是知识。对在光学中获得学识的无情抨击没能使他赢得牛顿学说信奉者的认可。至少叔本华坚信,洪堡并没有超越对这种意见分歧的个人的反感。他厌倦了这位'时代的偶像',从未对他做任何评价。相反,在黑格尔那里,只要他愿意投身于他的旗帜下,就可以把他的颜色学作为推荐信递给他,因为是如此积极地参与了歌德的理论研究,鉴于这一点,也考虑到自己的研究,在他恢复名誉时递交给哲学院的履历中,他写上了有关他与歌德关系的说明。然而,在他为选择的许可进行辩论时,似乎已经同黑格尔闹翻了,黑格尔把他作为辩论的对手,以自己当时所拥有的卓越的声望把他逼入了困境。"格威纳在此提及到的 17 世纪西班牙道德学家格拉西安应该会为得到叔本华的特别青睐而欣慰的。叔本华称他的"无与伦比的评论"是他所见到和引用过的讽喻中"最伟大的和最优美的,因为它用最灰暗的色调向我们描绘了我们存在的种种不幸"。叔本华的译著在他死后以《神谕和处世艺术》为题出版。叔本华在柏林期间的另一项工作是把他的著作《论视觉和颜色》译成了拉丁文。

如果不是在所谓的同行的范围内,而主要是从不为普遍的舆论影响和思想者阶层来看,在这段不愉快的日子里,这位事实上被轻蔑地错判了的思想家的生活中已经出现了一个令人鼓舞的受尊敬的迹象:在有关他的一个"小书展"上,让·保罗发表了一篇对其主要著作的评论,尽管他对叔本华得出的"生命意志的否定"这一结论持尽可能谨慎、客观的态度,但还是向读者指出了这部著作在思想上的极大成就,并且提请读者对这位天才的思想家予以重视。这位《泰坦》的诗作者评论说:"这是一部天才的、冷静的、全面的哲学著作,既机智又深刻,然而是一种令人绝望、令人难以置信的深刻。可以把它比作挪威的忧郁湖,四周是黑森森陡峭的岩壁,终年不见阳光,而且从这峭壁的深处,只能看到布满星月的天空,湖上既无飞鸟,也无波涛。值得庆幸的是,我只能称赞这本书,而不能署上我的名字。"无论如何,这毕竟是一种承认,它远远胜于人们所能发现的判断的绝对客观性。

在柏林,叔本华再次萌发了结婚的念头,这种再次试图背离自己的原则的可证实的动机,就像在前几年他感到无法面对这种可能性一样,表明他试图从自己分裂的、事实上可疑的生活状况中获得可支撑的形式。从社会声望来看,他应当拥有一种稳定的生活。叔本华认为,社会声望对大学里的威望具有反作用,也许比通常实际上所具有的作用更具决定性。无法确定叔本华此时是否已考虑与卡罗琳·麦顿缔结婚约。但可以肯定的是,叔本华在 1827 年曾向一个艺术家的十七岁的女儿弗罗拉·威斯求过婚。然而,他又一次从渴望世俗的舒适与享乐的情绪中解脱出来,从而防止了每桩婚姻中所包含的自我牺牲,而把他的精力投入到更高一级的使命中去。对于这种婚姻中的自我牺牲,叔本华有一个非常精妙的表述:他不愿意"减少一半的权利,而增加一倍的义务"。

尽管叔本华非常希望结束柏林这段令人感到羞辱的时光,在别处寻找能更好地发挥作用的机会,寻求新的立足之地,可前景并不令人乐观。一直到 1831 年 8 月,他还呆在柏林。后来,出于对霍乱的恐惧才迫使他从这个在"自然和道德方面都可诅咒的鬼地方"逃了出来。在这里,尽管他在所有事情上都是近乎古怪地小心和极其学究气地谨慎,但还是被偷过两次……此外,对霍乱的恐惧也几乎不能说是没有理由的,甚至连过分也说不上,因为叔本华在哲学上很少胆怯的对手——黑格尔就于这一年的 11 月死于霍乱。

叔本华先动身去了法兰克福,那里的气候对他比较合适,出于某些方面的原因,他把这件事称之为"霍乱节"。然而,在法兰克福,当他的情绪并没有好转、他的健康状况再次恶化时,他于 1832 年 7 月去了曼海姆。为此,他还亲手开列了一份表格,把两个城市在气候、风俗、文化设施、饮食状况等方面的情况都列入其中,在经过极细致地通盘考虑和反复比较之后,又于 1833 年返回了法兰克福。他之所以选择了法兰克福,其原因之一是那里生活着许多英国人。反正,自觉参与本国本土的事情并非他的性格。"这是一个狭隘的、呆板的、内心粗鲁的、市民气的自吹自擂、农民气的自大自负的阿布德里滕民族,这个民族是我不喜欢接近的。我作为一个隐居者生活,并且完全只为我的科学而活着。"这也正是这个人后来的评价。从那时起,他就准备永远作为一个与众不同的陌路人,以隐士的生活为乐,并且在有创造力的孤独中,沉醉于自己所能有的最好的小天地,在其选择的这个最后居所度过余生。

在寻求一个可居住地期间,叔本华先后与妹妹和母亲恢复了通信联系。母亲这时住在波恩(夏天住在温克尔),阿德勒从未享受过极度的幸福,同样也不曾有过其兄那自信的孤独者的自豪。她这样写道:"我不乐意生活,我害怕衰老,我害怕那对我而言是命中注定的孤独生活。我不想结婚,因为很难找到一个适合我的男人,我只知道一个人,是我能够心甘情愿地嫁给他的人,可他已经结婚。我是坚强的,足以承受这种孤寂;如果霍乱能在没有很大痛苦的情况下结束这整个的故事,我将衷心感激它。因此,你的畏惧让我感到奇怪,因为你感到不幸并且时常想通过某种强制措施来延长生命。"而母亲的意见是:"你跟我谈到你的健康、你的不幸与人交往、你抑郁的情绪,这一切都使我感到悲伤,其程度远超过我能够和可以告诉你的,你知道为什么。愿上帝保佑你并赐给你阳光、勇气和信心以慰藉你那变得更加抑郁的情绪。"(此外,据阿德勒的消息,他的母亲也正在为出版她的全集而奔波。)

这些书信也许在某种有限的意义上,与收信人当时的心情是相吻合的。但现在看来,很显然,她们丝毫不了解叔本华性格的多面性,对于其性格中的某些长期深藏不露的因素更是毫无所知,恰恰是它们导致了叔本华在意志的否定与求生的欲望、蔑视他人与突出个人的欲望之间存在的行为冲突、多变的反应方式以及表面和事实间的相互矛盾。

法兰克福的生活方式

"由于众所周知的旅行恐惧,我已变成一株茁壮成长的蘑菇"。但是,叔本华一定不只是由于对他迄今为止的不安定生活感到厌倦而按计划地定居下来。也就是说,对他的精神存在而言,现在所做的一切其目的都在于:他要避开这个喧嚣的世界的骚扰,仅仅作为一个十足的旁观者去获取认识的成果,而且有必要使之转化为优越的处世智慧中愈加丰富的精神财富。他最终定居法兰克福时,已经是四十五岁了,正值那被人们普遍认为是最具创造力的十年之中,但他不是在提出新思想、新观念和新计划,而是在充分利用、阐述和完善他那些在青年时代便感受到和发现的东西。哲学家定居法兰克福,起初,通常还要依靠自夸,以保持工作上必要的灵活性。但是,慢慢地,情况逐渐有了变化,先是一些零星的,而后则是更频繁的赞扬的信号,读者、惊奇者、赞美者、志同道合者如雨后春笋般冒了出来。因此,当他的人间使命完成之时,当他的人生转折接近结束之时，他已是小有名气了，尽管还算不上很响亮，可也相当有说服力了，在某种程度上可以说已有了秘密而有力的反响。

在外地人眼里，他这个人俨然成了法兰克福的名流。在当地居民中间，他虽然还不那么受欢迎，但也多少对他表示敬畏、惊讶，也许还把他当做怪人来嘲笑。他招惹了那些持根深蒂固的意见和教条的保守分子的仇恨，并被种种愚蠢的闲言碎语所中伤。他经常和他那四条腿的永久的伴儿，至死都以矫健的步伐急匆匆地从大街上走过，这在他生前就已是一件传奇的事了。

在此期间，他的生命是在精神的冥思苦想中度过的，完全献身于思考工作，尤其是献身于主要著作的完成当中。闲暇时，除了吹笛子、看戏、听音乐、逛博物馆外，其余的时间都用在阅读上。据格威纳的了解，他读的"外语读物比德语的还要多，尤其是希腊和罗马的古典作家，都是他信赖的对象。在学习古典语言时，他就已通读了绝大多数作家的作品，现在把那些没读过的作品也逐渐努力地补上了。对那些最重要的古典作家作品，如柏拉图、亚里士多德，他总是从头再读。在他生命的最后一年，他还再一次地通读了亚里士多德。在拉丁语著作家中，他最钟爱塞涅卡。他将伟大的名句'浮云不可知'归之于塞涅卡，据在行的语言文学家确认，叔本华自己的拉丁语甚至就是从塞涅卡那里学来的，并带有他的特点。"他特别忌讳那些高层次的现代著作，这些著作只研究所谓文学史和那些仅取之于第二手资料的东西，他粗暴地认为，现今的学者圈子里蔓延着愈来愈烈的歪风邪气，他指责他们的知识是从第二手资料得来的，而第二手资料并不构成知识的真正的来源。……如前所述，他害怕自己的知识是从第二手资料获取的，因此，他拒绝使用一切翻译作品。他要求每一个学者要掌握主要的文献语言。他把拉丁语方面的门外汉直截了当地称之为平民。"

他特别欣赏英国近代文学。德国神秘主义艾克哈特最令他着迷。"他只抱怨他过于囿于基督教信条的圈子，因而无法走出他那大胆的、令人极为惊奇的直观"。他欣赏的著作家还有安格鲁斯·席勒治乌斯和《德国神学》的匿名作者"弗兰克福特"。对后者，叔本华可以从自己住所的窗口看到他以前住的房子，一所德国式的豪华住宅。叔本华以为，除歌德外，这个人也理应得一座在法兰克福的纪念碑。在这个人身上最明显的一点就是，"在欧洲大陆上每一种与佛教相关的现象"都能唤起他的特殊兴趣，这个人之所以把佛教看成是世界上最重要的宗教，"不仅是因为它内在的卓越和真理，而且因为它的信徒在数量上占绝对多数"。当然，这并不妨碍他持之以恒地研究新旧约全书，《圣经》向每一个严肃的世界观察者。叔本华贪婪地阅读了世界文学中那些伟大诗人的作品，并高度评价了莎士比亚、歌德、卡尔德隆、拜伦、彼得拉克、布尔恩斯和戈特弗里德·奥古斯特·俾尔格；他与席勒的关系要疏远些，在大量的浪漫文学作品中，他选取了塞万提斯的《唐吉诃德》、斯特尔纳的《忧郁的酒》、卢梭的《新爱洛伊斯》和歌德的《威廉·迈斯特》，认为它们是浪漫主义文学中不朽的典范。

叔本华一再用这些文学精品来充实和壮大自己，这有助于他形成这样一种观念，即拓宽自己研究工作的视野并深入到人类精神史的那些永远有效的文献中去。在这方面，当下还在流行的零星读物甚至也不可能做到，尽管这类读物的目的是为了让人们了解自然科学的进步，或者是试图对那些今天属于心理学、心灵学和心理分析方面的现象作科学的探索。对于叔本华来说，他所做的这一切恰恰意味着不懈地占有和扩大那些哲学完全不能放弃的世界知识，这种知识要远远超过那种远离现实的"写字台产品"，这种产品由于是无对象的，因而只不过是多余的空想。

论自然界中的意志

　　自 1818 年出版了《作为意志和表象的世界》以来,叔本华还未发表过任何东西。而这部著作出版后,其绝大部分是被作为废纸处理掉了,这种结局的确太让人伤心了。这种经历在任何时候大概都会使一个性格软弱的人丧失了信心,不再期望人们会理解一个显然已被遗忘了的同代人。但是,叔本华却从这时起开始认识到,既然他手头已再次积累了许多新的可用于补充和改进其主要著作的材料,那么,把"对作者的哲学出现以来所得到的经验科学的证明的讨论"予以编辑出版已经是时候了。这一标志就是他于 1836 年以此为副标题出版的著作《论自然界中的意志》。然而,它的出版也并未达到目的,因为无论如何可以从一本书的销售情况推知其影响如何。在叔本华看来,这篇内容丰富的论文有点像是记录了一个秘密的获得,他的基本观点是得到了科学研究的最新成果的支持的,尽管它并没有引起公众的注意;正如他在这本书的再版前言(十九年之后)中所说:"因为从纯粹经验的东西出发,从遵循自己的专门科学的线索前进的自然科学家们无成见的评论出发,我在本书中直接达到了我的形而上学的真正核心,证明了我的形而上学和自然科学的结合点,并在一定程度上为我的基本论断提供了验证。我的基本论断不但因此得到了更进一步、更专门化的证明,而且理解起来也比其他途径更清楚、更容易、更准确。"明显的事实是:在自然科学飞速发展的年代,作者手头为第二版搜集的更加丰富的"证明材料"在时间上相距第一版将近二十年。这一做法与作者在以第一版为基础的主要著作中那些纯粹从思想意识得出的认识的做法,所遵循的是两条截然不同的路子。如果从个别的自然现象的研究来看,就更显出这一做法的冒险精神和独创性了,当然,这也再度显示出了我们的哲学家那非同寻常的理智上的诚实品格。

　　叔本华以《自然界中的意志》证明,他的形而上学(正如他所断言的,是惟一的形而上学)"事实上与自然科学有一共同的极限点,在这个点上,形而上学自动向自然科学做出让步,结果便是追随自然科学,并与之保持一致。"因此,他得意地断定:"我的体系并不像一切迄今为止高悬于一切现实性和经验之上的体系那样,是空中楼阁,而是立足于现实的坚实基础之上,正如自然科学又开始新的学习一样。"事实上,人们也不可能不赞扬叔本华,他没有否定抽象思维对于推广及它所能及的最后界限的权利,而最先认识到,这种思维不仅一再会从生活事实的知觉、观察和经验出发,而且要阐明现代自然科学研究的论断,在某种程度上,它甚至必须面对这些论断而为自己进行辩护。正如康德已经看到的,"关于自然的作用之最初源泉完全是形而上学的一个课题。"叔本华在自豪地援引他的学说与自然科学的可信的事实一致时,也同时指出:"物理学就是一般的自然科学。……由于它遵循自己的道路,在它的所有分支学科中,最后必然会回到一点,在这个点上,它才能完成自己的解释。""这个点恰恰就是形而上学的,物理学把它当作自己无法超越的最后界限而保留下来,并由此开始把自己的对象让与形而上学。"叔本华还把物理学和形而上学比做两个不同方向的矿工:"在地表深处,有两个坑道,矿工们从两个相距较远的点出发,相对而行,当他们各自在地下的黑暗中,依仗指南针和水准仪工作了很长时间以后,终于,他们亲历了那渴望已久的快乐,听到了彼此的锤击声。因为那些研究者现在认识到,他们达到了那长久以来徒劳地寻找已久的物理学和形而上学之间的结合点,而在过去,它们之间就如同天与地,永远也别指望会合。两种科学的和解已经开始,它们的联结点已经找到。"叔本华对矿工的这种经历的关注远甚于面对现代自然科学的讨论会而为自己的思维成果做单纯的辩护的关注,如果允许表达得富于诗意的话,他为此承诺,要使自己的哲学大众化。

《自然界中的意志》表明,在这部著作中,作者密切注视着最重要的有关知识和研究学科的研究成果。按主要章节的次序排列它们是:生理学,病理学,比较解剖学,植物生理学,自然天文学,语言学,动物催眠术,磁学,汉学,结尾是伦理学指南。根据主要著作中已经暗含的观点,意志被描述为一切现象中的形而上学。意志是一切物质的基础,在万物的性质中,在全部自然现象中,意志对所有的自然过程都起作用,哲学家在本书中借助于自然科学的例证,在自然现象的所有四个主要级别上证明了这一点。当然,为了迁就哲学家正在进行的或有待于进一步展开的认识,自然科学的例证中有一些例证在术语上做出了让步。自然现象的四个主要级别是:无机物、植物、动物和人类,直到更精细的个别部分。一切生物的共同点及其向人类的进化——人类包括了它们所有主要的东西,并且因其特殊的人性而优越于一切生物,这一点在这里得到了一个新的概念性的解释:"我的生命力源于意志……这与将生命力的功能区分为再生产力、易怒和敏感性的古老划分根本不矛盾……再生产力是意志在细胞组织中的客体化,是植物的首要特征,是人的植物性。如果它在人身上居主导地位,那么,我们就会想到冷淡、无聊、迟钝、麻木不仁,尽管这种推论并不是总能得以证实。暴躁是意志在肌肉纤维中的客体化,这是动物的主要特征,是人的动物性。如果它在人身上居主导地位,那么,我们就会常见到忠诚、强壮和勇敢,这适宜于肉体的劳作(体力劳动)和战争。几乎所有的热血动物甚至昆虫在暴躁方面都远远胜过了人类。动物会在暴躁最活跃时意识到自身的存在:因此动物在表达它的烦躁时是歇斯底里的兴奋。这种兴奋在人那里表现出来时,有一点儿像跳舞。敏感性是意志在神经系统中的客体化,这是人的主要特征,是人所特有的人性。动物在这点上是无法和人相比的。如果敏感性在人身上居主导地位,那么,就会想到天才。因此,天才是更高程度上的人。由此可见,一些天才不愿意承认那些相貌呆板、特征平常的人为人,是因为天才在这些人当中找不到自己的同伙,并且陷入必然的谬误之中,似乎只有他们自己的本性才是标准的人性。"

如果在此列举一些耸人听闻的例证,似乎超出了本传记的范围。这些例证是叔本华为论证其著作的哲学基本观点而从不同领域的科学研究文献中提出来的,部分是直接地用清楚坦白的语言,部分是间接地借助逻辑推论得来的。可是,特别令他感到满意的是,他的意志学说即在运用于无机的自然界时也可以得到经验科学的证实。当然,他也明确反对将生命归于无机的自然界的做法。相反,"我首先声明,似乎应把意志赋予无生命的无机物。因为在我看来,正如在迄今的意见中,意志并不是认识的因而也不是生命的偶性,而生命本身倒是意志的现象。反而言之,认识实际上是生命的偶性、物质的偶性。但物质本身只是意志现象的可知觉性。"

在"汉学"那章中,叔本华在研究中国的三种宗教道教、儒教和佛教时发现,他反对一神教的论据中增加了一些文献上的支持,他赞扬了这些宗教,因为这些宗教与欧洲的一神论乐观主义相反,认为人生是一种不幸,世界是一个痛苦的展览场,在这个展览场,死比生也许更好。这种观点对他反对这个要求惟一有效性、不够宽容的基督教的欧洲人的统一战线,从而捍卫自己的哲学论断具有重要的意义。不过,更令他得意的是：能够从朱熹这位生活在公元十二世纪的中国最著名的学者之一的智慧财富中引证到这样的解释："天的精神是人作为人类意志的东西中派生出来的"。在简短的伦理学附录的末尾，他预先触及到了后来对康德的"有计谋的上帝"——从单纯概念中挑选出来的绝对命令的批判这一基本论述，并且涉及到使自由"由行为进入到存在"的问题，以便为了证明这一原理，即："自由与责任这一伦理学的基本支柱，若没有意志的自存性这一前提，那么可以断言是绝对无法思考的。"最后，他对"自己伦理学的禁欲主义结论"作了强有力的辩护："我的伦理学无论是对神圣的吠陀教的'优婆尼沙昙'，还是对世界性宗教——佛教都完全是正统的。是的，它本身与早期真正的基督教并不矛盾。但是，为了反对一切其他的诋毁诽谤，我已身穿甲胄，胸前有三层铜甲。"

1837年，叔本华有两次机会表明他有能力敬仰并且无私分享他精神世界中伟大形象的荣誉。他曾经向法兰克福的一个歌德纪念碑筹委会递交了一份个人意见书，与歌德的观点相一致，他认为，"天才的男子，如诗人、哲学家和学者，由于他们只用大脑为人类服务，所以他们只配得到一尊半身雕像，而所有其他人在某一方面是嘲笑的对象"。（格威纳语）他所希望的塑像是用大理石或青铜铸成的，有一基座，并且非常高大，基座上不必署名，而只要写上"德国诗人的故乡"。当然，纪念碑后来的建造在所有的方面都与此不同，这意味着一种"民族的不幸"（据库格勒《艺术史》中的观点）。只有鲍比·马尔切西设计的歌德纪念碑受到了叔本华的完全赞同。自1840年起，这座纪念碑被置于法兰克福市图书馆前厅。

他还成功地干预了康德全集的出版之事。哥尼斯堡大学的两位教授卡尔·罗森克兰茨和威廉·舒伯特在1837年开始编辑出版第一部康德全集。为此，叔本华向出版者发出了紧急呼吁，要求他们不要把《纯粹理性批判》的第二个文本收入全集，而应收入第一个文本。因为康德在第二版中通过删除和补充——这不是从他未受影响的原有思想中产生的——似乎已篡改、歪曲和损害了第一个文本。"是什么东西促使他这样做的呢？是对人的恐惧。这恐惧是伴随着人的衰老而产生的。恐惧不仅伤及大脑，而且偶而也会动摇内心的坚定信念，而这种坚定信念对于蔑视同时代人的功名思想和意图是不可缺少的，没有功名，人永远成不了伟大的人物。人们指责康德，说他的学说是改了装的贝克莱式唯心主义。再者，他对古老的教条主义的神圣学说、尤其是理性心理学的批判也令人生气。正值伟大的国王，这位光明的朋友、真理的捍卫者刚刚去世，而那位让康德允诺不再著述的继任者继位。这一切都使得康德能为世人所理解。并且，衰老也与做他不堪胜任的事情有关。"这一次，叔本华的劝告实际上被接受了，这一劝告以"我已忠告，不要怪我没有提醒"的叔本华式的惯用语结束了全文。

伦理学的两个基本问题

在《自然界中的意志》这部著作最后触及到的"伦理学"主题现在获得了一个清楚透彻的论述，这一论述由两篇论文组成，这要归功于外部因素的推动，尤其是学术征文活动。作者1841年以复合标题发表了《伦理学的两个基本问题》，副标题为：1.论人的意志自由，于1839年1月26日在特隆赫姆获挪威皇家科学院加冕。2.论道德的基础，于1840年1月30日在哥本哈根未获丹麦皇家科学院加冕。对我们这位哲学家来说，一个独具特色且具有讽刺意味的标志是，在他看来，未获加冕的要比获加冕的更令人自豪。对于叔本华伦理学的主要特征，我们在阐述《作为意志和表象的世界》和《自然界中的意志》的主要思想内容时，就已经作了大致的勾勒。关于这个题目，叔本华所必须发表的一切见解最后证明了，人的意志在行动中并不是自由的，意志的自由在于存在中。而道德按理智只能建立在同情，建立在与他人的自我识别基础之上，最好是建立在与一切其他生物的自我识别的基础上。在第一篇征文中，首先解释了自由的概念，尤其是消极的自由概念，我们只有通过它才能对所有阻碍物和障碍物的缺席加以领会。与此相反，必然存在一种作为表现力的积极的自由。与这种阻碍物的可能的性质相适应，自由的概念有三个完全不同的亚种：即自然的、理智的和道德的自由。自然的自由是人和动物所共有的，只要他或它不是由外在强制力阻止其活动。理智的自由是人所特有的，只要他的理智或认识能力"作为动机的中介，因为通过这一中介，动机才能作用于那作为人的核心的意志，并合法地实施其功能，而那些动机对于动机的选择来说是纯粹的，正如它们存在于现实的外部世界中一样。那么，意志就其本性，也就是说按照人的个体的性格，可以自我选择，也可以按其自身固有的本质不受阻碍的表现自己"。但是，现在有必要问：道德的，因而也是真正意义上的意志自由指的是什么呢？这就要研究一下意志那时是否必然地（在理由律的意义）要受一个已有的动机的限定，或者它是否不能够在不同的动机之间进行选择呢？因为"一个动机绝不会对意志自身而言是不可抗拒的，从来也不会有一种无限的强制力，而往往是一个更强大的相反动机才能占了上风"与自然的、数学的或逻辑的必然性相符合，是否也存在一种道德上的必然性？在这种情况下并不能说意志是自由的。如果尚不存在一种道德上的必然性，并且，如果意志完全是不可捉摸的，如果它的"具体表现（意志行动）是完全自发地从自身产生的，不是由先行的条件必然导致的，也不受某种东西按某种规则的规定，"那么，这样的意志事实上是自由的。在这方面，"我们之所以会产生这种明确的想法，是因为理由律在它所有的意义上，都是我们全部认识能力的形式，但在这儿并不适用"。然而，"意志概念并不缺少一个专门术语，它叫随遇而安的自由意志"。它的标志是："一个有才干的人的个体化，在给定了的完全个体的、通常被规定了外部情况下，会同时有两种彼此截然相反的行动。"

　　为了解决这个已经提出的问题，叔本华考察了人类意识的两种形式：自我意识和对象意识。对自我意识前的意志考察得出的结果是："那无可争辩的自我意识的陈述包含在'我可以做我想做的事'之中，而对意志的自由没有下任何判断，似乎意志的自由在于：每次的意志行动自身在单独的个体化的情况下，也就是在给定的个体化的性格中，并非必然地由这个人所处的这种外部情况决定的，而是随时都有可能取消的。然而，自我意识对此是缄默不语，因为这件事完全超出了它的范围，因为这件事是以外部世界和人之间的关系为基础的。"另一研究则是针对对象意识前的意志，这一研究作为对提出的总问题的回答将得出以下结论："你可以做你想做的事，但是，在你生命的每一个瞬间，你只能愿望一个确定的东西，并且完全只是这个一，而不是别的什么东西。"因为人虽然能够权衡影响其意志的动机，进而能够在他可能的行动的理由和相反的理由之间作出表面上是自由的抉择，但最终对他的意志起决定作用的经常是那最强烈的动机。可现在的问题是，按照其作用的强度，在诸多可能的动机中并不存在一个普遍有效的强度等级。相反地，完全不同的人对同一动机的反应完全取决于每个人类个体中的完全个体化的意志品质，人们通常称之为性格。性格是个体化的、可感觉到的、与生俱来的和不可改变的（它的表面上的改变只表明认识的范围扩大了，正如这种改变在不同的年龄段，会使相同的动机表现出不同的行为方式一样明显。）从这种性格中必然会得出这样的推论：完全确定的动机必然导致完全确定的行动，换句话说，人的行动不可避免地产生于一个动机（对人而言"最强烈"的）对性格的作用。意志的不自由就是如此被确定下来的。

由这一确证无疑会产生这样的结果，似乎人要为其无意识的行为承担责任；而且在区别善良的或恶的行为、道德的或不道德的行为时，似乎也不存在什么理性的根据。对伦理学问题的任何讨论都会由于实际上的无对象性而成为多余的。然而，如果真是那样的话，也就不会有关于责任感这一事实的说明了。责任感不仅在每一个高尚的人那里（退一步讲，至少在每个普通人那里）存在并起作用，而且是人类社会向每一个个体提出的要求。责任"是独一无二的事项⋯⋯·它有资格向道德的自由过渡"。因此，"自由也必定存在于人的性格之中，更何况我们已充分相信，当行为在性格的前提下，严格地必然地要出现的时候，不可能在个别的行为中直接找到自由。"

叔本华在此还追述了康德的学说，这就是"康德关于验知性格和悟知性格关系的学说，以及由此而来的关于自由与必然的可联结性的学说，这一学说是这位伟大的思想家所创造的，也是人类当时所创造的最出色、最有思想深度的思维成果"。康德的这一学说是"完全建立在那构成其全部哲学的基本特征的现象与自在之物的区分之上。例如，在他那里，经验世界的完全经验实在性与其先验观念性是相互联结的；同样的，行动的严格的经验必然性与其先验自由也是相互联结的。"验知性格如个体的人一样，是单纯的现象，受时间、空间和因果关系的制约；而悟知性格，也就是它的作为自在之物的意志，是不依赖于因果关系法则的（这里指作为现象的单纯形式的因果关系）；绝对的自由对悟知性格是理所当然的。"这种自由是一种先验的自由，即它不出现在现象中，只有当我们为了达到那在一切时间之外、被作为人的最内在本质来思考的东西，而对现象及其所有的形式进行抽象这一点而言，它才是现存的自由。根据这种自由，人的一切行为都是他自己的作品，当它与动机相契合之时，它也必然是从验知性格中产生的⋯⋯这条途径将促使我们，不再如同常识所认为的那样在我们的个别行动中，而是在人自身的全部存在和本质中寻找到我们自由的作品。这种自由的作品必须被看作是人的自由行为，这种行为只表明自己在无数不同的行动中具有把行动时间、空间和因果关系联结起来的认识能力，而这些行动恰恰由于在自身中自我显现的原初统一，因而必然严格地具有相同的性格，并因此作为由每一次的动机引起的和详细规定了的行动严格必然的出现。据此，对经验世界而言，行动在存在之后，这肯定是毫无例外的⋯⋯自由只存在于存在中；但是，行动必然来自存在和动机，而且，我们是通过我们的行动才认识到我们的存在的。"

关于第二篇征文，是以"道德的基础"作为研究对象的，叔本华把《自然界中的意志》中的一句格言"宣扬道德易，论证道德难"作为题记。这是叔本华许多格言中的一条，这些格言以令人信服的清晰性阐明了事实真相，只是这真相越来越多地被掩盖了，这几乎是不论早晚的所有从另一面的讨论所做的事，尤其是因为在有关的事情上，太多的太强大的教条主义的习俗参与发表意见，以致于思想家的大无畏精神——这对废除习俗偏见是必需的——只能被看作是近乎于怪异的例外情形。由此也可以充分地说明，这部未获加冕的著作是近代哲学最卓越的成就之一。

宣扬道德是每一种宗教、每一种世界观、乃至于每一种哲学的首要任务，甚至也是每一个国家及其功能的首要方面。没有什么东西像道德说教那样被滥用：人们谈论对良好的社会风气的忧虑，认为人们想掌握的那些合乎规矩的教养。由此而来的只能是喜好道德戒律形式、强调义务和构想某种不可证实的应当。如果要创立一种新的理论，也许根本不可能有任何反对意见，但却往往是处处受阻碍。叔本华的尝试无疑应被视为最成功的，因为他澄清了这个题目上所有由错误的或臆想出来的东西造成的一切混乱，而且从思想上的概念链条的混乱中剥离出了事物最内在的人性内核，以便使人类的意识铭记这一内核的全部深刻意蕴，由于众所周知的道德绕舌，人类使这一人性内核从自己的视野中消失了。

神学上的道德论据是从哲学的思考中挑选出来的，因为它的基础对这种思维方式来说缺乏承受能力。完全撇开上帝的不可证实不谈，这种神学的论据也仍然缺乏说服力。"一个仅仅靠恐吓性的惩罚和许诺的奖赏所驱使的道德行动似乎更远离了真理的要求，因为它是建立在利己主义的基础上的……"对于那些迷信权威的人来说，要驳倒康德的伦理学并不比论证通常的道德神学容易。在叔本华的时代，康德伦理学的声望是不可侵犯的，即使是在今天也仍被许多人视为最高的道德智慧。而叔本华对它的批判性研讨几乎占了其整篇论文的一半的篇幅，这一批判性研讨试图向读者证明，"实践理性和绝对命令是完全不合理的、没有依据的、臆想的假设，康德的伦理学也缺乏一个坚实的基础……"一直到总结性的解释："康德伦理学的论据……在我们面前跌入了一个幽深的、也许是永远也无法填平的哲学谬误的深渊"，成了"神学道德的简单改装"。这条哲学探索之路其"主导线索"主要是针对康德的《道德形而上学基础》，同时将《实践理性批判》和《德性论的形而上学初探》作为附带的和次要的加以研究。

叔本华首先批判了康德的这一观点，即在实践哲学那里，似乎并不是这样做，"从某个正发生的事情中假定根据，而是从某个应当发生的事情中假定法则，尽管它从未发生"。但是，既然康德还没有证明，"在动机法则之外，对意志来说还存在另外的、原初的、不依赖于任何人类准则的法则"，那么，"把法则、准则、应当的概念引入伦理学，除了一个与哲学相异的根源——摩西十诫外，就没有别的根源了"。随着法则概念的取消，义务概念也被当作与伦理学无关的概念而取消了。"由于每一个'应当'都必然要受到惩罚或奖赏的约束，因此，在康德的术语中充斥着大量重要的和不可避免的假设，而决不是像他所主张的那样是绝对的、无条件的"。伦理学的每一种命令形式，每一种"义务论"只是源于神学，因而根本经受不起独立的哲学思维的检验。

对康德道德法则的根据的详细探讨，促使叔本华做出了令人信服的解释：康德给于他的道德法则的那种根据"决不是能以经验说明的一个意识的事实，他既不把奠基于诉诸道德感情，也不奠基于'绝对的假定'这样一个在极其美妙的现代之名掩盖下的窃题论证。宁可说这一根据是一种很精巧的思维方法"。"康德由于嘲讽意志的一切经验的动机，于是摈除了建立在这一基础之上的、本来能够成为决定意志的活动之经验法则的一切事物，不论是客观的还是主观的。其结果是，在他那里，关于这个法则的内容被他剥落得一干二净，而只保留了这个法则所特有的形式。这也就是'合规律性'。但是，合规律性是由对所有人都同样有效的事物建立起来的，所以，这一法则的内容或实质只不过是普遍有效性而已，而不是别的什么东西。依此推之，需要做出进一步解释的是：'始终依据你能同时愿意其成为一切有理性者的普遍法则的准则去行动。'这也就是康德为他的道德法则，因而也是为他的整个伦理学建立的——大多被极严重的误解——真正的基础。"现在,叔本华就由这一无疑具有明显疑问的康德伦理学的基础入手转向了对康德后继者的批判。"在康德学派中,实践理性及其绝对命令,似乎越来越像一个超自然的事实,像一座人类心灵中的德尔斐神庙。虽然从它那幽暗的神殿中所发出的神谕并未宣告将要发生什么事。但却确实宣告应当发生的事。"叔本华还对所有的"冒牌哲学家和空想家进行了抨击,因为他确信,他们从"那个惟一由康德所建立起来的关于实践理性的错误假定(康德赋予了实践理性完全超验的凭据,以及最高上诉法院那样'无根据'判决的权利)中,演变出了与严格、冷静的批判哲学性质完全不同的学说"。他把费希特、谢林和黑格尔称为这一时期的英雄人物,"这是一个由一伙各种各样的哲学教授们组成的合唱队,他们以严肃的表情向听众们宣讲着无限、绝对以及其他许多连他们自己也一无所知的东西"。叔本华认为,这种哲学思考已经丧失了诚实的品格,他又是怎样理解哲学上的诚实呢?叔本华在此作了简明扼要的解释:"与读者共同研究。"这便意味着,思想及其学术讲演严格地限制在这样的范围内,即每个健全的和有教养的理智能一同思考、一起推论、理解并由可经验到的事实加以证实。

与这种道德根据的每一种命令形式相反,叔本华为论理学设定了这样的目标,即"在道德方面,解释、阐明人的完全不同的行为方式并探究其最终的根据"。只有以经验的方式探究,"是否存在着我们必须确认是真正有道德价值的行为,这样的行为是出于自由意志的正义行为,是由于纯粹的博爱和高尚的动机的行为"。只有通过这种方式,才能发现道德的真正的基础。"经验支撑着这样建立起来的道德的基础,并随时都在默默地为它提供着证据。"

为了发现道德行为的真正的内在动力,我们必须首先探究在人和动物的行为中普遍占优势的主要的和基本的内在动力。这很显然是超道德的本性:即"渴望生存与幸福的利己主义"。本性的利己主义是无限的,是的,它"是庞大的、超世界的巨人"。不是从悲观主义的先人之见,而是从纯粹经验看来,首先要在利己主义中寻找每一种行为的内在动力。除了以自己的幸福为目的的利己主义这样一种实际上是超道德的动力外,也存在着"仇恨"这样一种反道德的动力,这仇恨意在使他人痛苦。这两种动力派生出行为不同的品质。从"利己主义"中派生出来的是欲望、暴饮暴食、好色、自私、吝啬、贪婪、非义、冷酷、自负、傲慢等品质;从"仇恨"中则产生出猜忌、妒忌、恶意、幸灾乐祸、窥视欲、诽谤、目空一切、易怒、敌意、愤怒、背叛、奸诈、报复、残暴等品性。前者的根据更多地是动物性的,而后者的根源更多地是魔鬼式的。反对利己主义的首要力量是"正义",正义是"首要的和真正的基本德行";反对恶意与仇恨的首要力量则是"博爱这一德行"。不可否认,确实存在着这种德行和按这些德行行动的人;如果这是可能的,那么这样一来,"道德似乎是一种没有现实的客体的科学……讨论它的基础更是白费时间"。然而,这类行为恰恰是人们要赋予其真正的道德价值的行为。换句话说,判断一个行为具有道德价值的标准正是缺少利己主义的动机。

"正义和博爱这两种德行植根于本性的同情。这种同情自身是人类意识中的一个无可否认的事实,在本质上它是个人的,不依赖于假设的、概念、宗教、信条、神话、训练和教育,相反,它在本源上直接存在于人性之中。"因此,人们称那种完全缺乏同情心的人为非人,而往往将"人性"当作是同情的同义词来使用。"这种真正的、本性上的道德的动机"其作用的第一层次是消极的:从正义的德行中产生出的是"不伤害他人"这一行动准则;同情作用的第二层次则是积极的:从博爱的德行中产生的是"尽你之所能帮助一切人"这一行动准则。

另外，叔本华在此还对"正义"以及对"义"与"非义"概念所做的进一步解释，在其主要著作第二卷的"伦理学"一章中得到了重要的补充。这里，我们只能根据他的全部阐释作些扼要的提示。（人们可能认为，这是多余的，恰恰相反，对现代思维方式而言绝非自明的。）例如这种解释："义务"之存在只是由于一个自愿承担起来的责任才成为可能的。或者（同样是不容置疑的）国家的定义：国家是为了惟一的目的——保护个人之间和全体社会成员免受外来敌人的侵犯——而建立起来的。再者如"所有权"是建立在对物的处理之上的。或者最后是关于性格的伦理差别的研究。

然而，把动物界也包括在这一论证之下，绝不仅仅具有个体化的意义，而且具有超个人的和一般的意义。"误认为动物是没有权利的，这一错觉暗含这样的想法，即我们的行为，针对动物而言，在道德上是无关紧要的，或者正如在欧洲人的语言中所说的那样，'对动物并不存在什么应尽的义务'。这种观点简直就是一种西方的令人厌恶的粗暴和野蛮。"叔本华极其公开地指责基督教缺乏对动物的尊重。他也同样正确地断言，"对动物的同情与性格的善良是如此紧密地联系在一起，以致于可以肯定地断言，对动物残忍的人，不可能是个善良的人。"然而，这个题目与多愁善感没有多大关系，相反地，它与道德论证紧密相关，不仅是从题目自身看，而且从道德论证的形而上学观点看，它都与叔本华的世界观有着重大关系。这一点最后会清楚的，也就是我们会发现"一个好性格"的本质特征在于"这个人比其他人更少地在他自身与其他人之间作一区别。这位哲学家在更详尽地讨论博爱时认为，一个人由于感受到他人的需要、不幸和痛苦就是自己的，并把它们当作自己行为的动机，从而能够暂时打破自我与非我之间的隔阂，这一过程是令人不可思议的。在窘迫的层面上，就人与其同类的令人惊奇的视为同一而言，行动虽然仅仅向一切有生命的东西具有形而上学的同一性这一真理跨出了一小步，但却是具有决定性意义的一小步。"但是，这种同一性真正说来只存在于意志的否定状态（佛教的涅槃），因为意志的肯定只是体现了同一种意志现象形式上的多样性。生命意志的肯定、现象界、万物的差异、个体化、利己主义、仇恨、恶意皆产生于同一个根源；同样的，另一方面，自在之物的世界、万物的统一、正义、博爱、生命意志的否定则来自于另一个根源。现在，正如我已充分指出的那样，有道德的德行是从对万物同一性的觉察中产生的，但它并非植根于现象之中，而是植根于自在之物这一万物的根源之中，那么，合乎道德的行为就是生命意志的否定得以永远回归到终点的暂时通道。

最后的箴言——全部思想体系这一圆圈在此得以闭合——不是来源于未获加冕的征文，而是来自于前面提及的"主要著作的伦理学那章"。正如多次提到的，在这部著作第一版出版后的许多年中，叔本华一直致力于创作这部著作的补充卷。1843年，"第二部分"完成。作者觉得，出版一个新版本的时机已到。他向勃洛克豪斯征求意见，并着重指出了补充卷的重要性："与第一卷相比，第二卷具有更重要的优点，它们之间的关系就好比上了颜色的图画与单纯的速写的关系一样。这是由于，比起第一卷来，它有着更彻底、更丰富的思想和认识，而这些思想和认识又只能是在不断的研究和反思中度过的一生的果实。总而言之，它是我所有著述中最好的。甚至连第一卷的全部意义也只有通过这一卷才能显现出来。现在，我也能比二十四年前更自由、更坦率地发表看法，部分地是因为时代在这方面更宽容了，部分地是近年来，有保障的独立性和坚决地摆脱了大学的风格，都允许我现在采取坚定的态度。"

关于新的第二卷与第一卷关系的说明，除了色彩画与速写的比喻外，不可能找到更好的描述方法了。在第二卷的四册五十章中，大量的具体题目被他从可能多方面、多角度进行了讨论和详细研究。在第一卷中，他更多地是从抽象思维的角度讨论这些题目的。这样一来，就产生了一系列更圆满、更完整的论文，这些论文虽然与第一卷中相应的思想过程密切相关，然而，即使是独立来看，它们也是简明易懂的。而且，对于每一个信任叔本华的基本观点的读者来说，也是不难理解的。正如在本书的前面某处已指出的，叔本华的崇拜者中有许多是出于对其后期著作的了解（不久还要指出这一点）。这就可以断定，《作为意志和表象的世界》的某些赞扬者主要或者惟一地是通过第二卷的文本而理解这部重要著作的。哲学家本人也严格地考虑到，同作者一起逐字逐句地认真阅读文本对于理解他那艰深的精神作品是绝对必要的，因此他也一再强调，承认有这种可能性，即读者从第二卷出发而渴望进一步了解第一卷，尽管彻底理解第二卷的前提是了解第一卷。然而，叔本华是位十足的现实主义者，他不会不明白，他的那些追随者们（有的也是一些哲学体系的创始人）并非仅来自于这样一些人，即有能力反思他们以最严格规定了的方法而进行的思维技术训练的抽象的概念推论。大多数人与其说是从某种应用的思想中获益，还不如说是从产生于自身的思想中获益；与其说是受到"图画"那栩栩如生的颜色和形式的吸引而得以信服，不如说是受到"速写"那或多或少有点神秘的密码的吸引而得以信服。在这一不可怀疑的事实面前，这个由主要著作的第一个新版本补充的同样丰富的第二卷也产生了效应，随着它的出版，人们才逐渐增加了对叔本华的兴趣，叔本华也引起了更广泛的关注。这些论文标题总是蕴含着最生动的题材，正如他常常从实际生活中获取新的营养一样，实际生活同样也使他的阐述充满了真知灼见。这里，我们只能从大量的标题中列举部分后来在许多读者心目中几乎是纲领性价值的标题："关于荒诞理论，关于修辞学，论思想的联想，论人的形而上学需要，论天才，论艺术的内在本质，论历史，论音乐形而上学，论死亡及其与我们的自在本质之不可摧毁的关系，论个性遗传和性爱形而上学。""论天才"、"论艺术的内在本质"、尤其是"论音乐形而上学"这些章节，理所当然地使哲学家获得了某些真正的承认，不只是由于他的才能，而且也由于这位杰出的艺术家的思想深度。然而，探究人类的形而上学需要的论证之所以引起了人们的关注，乃是因为它（确切地说）构筑了一道反对各种唯物主义机械论的思想上的尚古主义的最坚固的堡垒，这堡垒曾经是由一个真正诚实的理智和勇敢的性格建立起来并加以维护的。所以说，"论人的形而上学需要"这章具有永恒的现实意义——只要现代科学没有搞清楚从正确的研究成果之所以得出错误的哲学结论是因为它的方法太简单了。同样明了的是，"论死亡和我们的自在本质之不可摧毁性"这一章，尽管人们不乐意接受叔本华的悲观主义基本观点，因为它的形而上学推论尚不清楚（这些推论不顾其理智上不可实现这一事实）。更为重要的是，在这一研究中显露出作者特别的注意力，即叔本华更重视古老的东方学说和被许多的近代欧洲思想家如歌德、莱辛、利希滕贝格、休谟当作某种确定的预期、猜想或者假定的极大可能性而广泛传播的灵魂转世观念（或者更好地用灵魂的轮回）；因而他也重视"再现"这一思想和由之实现的命中注定，当然这是在排除了一个包含着某种丰富含义的发展概念的情况下而言的。在"论性爱的形而上学"这篇论文中，叔本华优先赋予真正的性爱以深刻的含义，同样，他也赋予了以完全确定的个人为对象的欲求以深刻的含义，正是通过这种欲求，本来是完全非个人的纯粹的种族冲动个人化了，完全受某种可能的不幸制约的一般的冲动个体化了。另一方面,哲学家对于这种惊人的现象所作的解释,只要人们正确地理解和认真地对待它,对于推广一种比今天所实行的更高级、更健康的性道德,能够具有长远的现实意义。这一解释,立足于个性遗传原则(根据叔本华的说法,性格遗传自父亲,智力遗传自母亲)。意味着"生命意志要求在某个确定的由父母亲生产的个体中将自身客体化……因而,那最初可能出世的未来个体,是从万物起源的冲动中产生的。惟有此冲动,在现象界中,未来的双亲才能蔑视周围的一切,而表现出他们之间那崇高的激情……"倘若双亲意识不到他们激情这种如此顽固的专注于这个秘密是很自然的,而是固执地专注于一个随时清醒、真正无需选择的普遍冲动,就恰恰可以称之为"幻想"。但是,理解这一刚刚引证过的关于幻想的注释有个前提,即人们不能依赖对那使人迷惑的偶然性的研究而假设一个清楚明白的原则,例如:一个有点"幻想"的个体化了的爱情关系可能是不会有结果的,因为这涉及不同的层面。处于最高层面的力量是意志,这种力量在较低级的层面上只是作为"幻想"而尽情地享受生活,并且在这个层面上它很容易卷入因果性之网,从而表明只是一个错觉。因为大多数人会因为追求未果——真正的形而上学目标受阻——而习惯于熄灭涉及自身的激情,至少是冷却,无论如何是忍受一种向通常的种族冲动的退化。

叔本华向勃洛克豪斯的自我吹嘘也并未达到预期的结果,出版家断言拒绝了他这一新的想入非非的建议。只是当他表示愿意放弃任何酬报时,出版家才同他签了一个协议。1844年,第一卷印了五百册,第二卷也只印了七百五十册。尽管根据叔本华的意思书价定得较低,但是,这次运作又一次以失败而告终。商业上的成功是在过了十五年之后,才出版了第三版。不过,在这期间,叔本华的精神命运还是出现了一个明显的转变,当他敦促勃洛克豪斯出版第二版时,还不得不写道:"如果我有了声望,我正在争取并且一定会有的,那时您愿意要什么,就要什么;但是现在,我还承受着时代的不公和无能。"然而,到了1859年,勃洛克豪斯的儿子由于对这部著作是否会"受欢迎"还持观望态度,而写信就第三版的印数和稿酬谨慎地向叔本华征求意见时,他在回信中说:"我的著作很受欢迎,犹如火山爆发,全欧都知道这本书。有人从莫斯科和瑞典的乌普萨拉来拜访我。根据目前的发展趋势,情况会越来越好,或许年后我的声望还会更高!"

附录与补遗

那部著作的出版所导致的伟大转变给哲学家带来了最终的显赫与成功,的确,哲学家已达到了某种盛名的开端。即使在今天,这部著作在非专业读者中仍是最知名的,事实上也肯定是拥有读者最多的。在作者眼里,这部著作就是附录与补遗(附带工作和遗留下来的工作)。与其他哲学作家的作品相比,这部著作无论是在篇幅和范围,还是在内容的重要性方面,都意味着作者整整一生的功绩。对此,人们无疑可以引用作曲家勃拉姆斯的格言作比喻,勃拉姆斯在谈到他的捷克同事德沃夏克时,这样说:"其他任何人都可以从他弃之不用的东西中拼凑出一个主题。"同样的格言也可以从叔本华丰富的思想中读到:"个别的东西仍可以组成关于多种对象的有序的系统思想。"相当可观的论文集的主要段落无疑构成了处世之道的箴言。但是,"处世之道"并不是指那样一种智慧,即试图探究生活的本质、深度和意义的智慧。叔本华在此完全是在内在意义上,即在艺术意义上使用这一概念,尽可能过一种舒适与幸福的生活,对生活智慧的解释也可能被称为"幸福论",因而成为一种幸福生活的指南。作这一说明和接受这一说明一样,无疑是以生命的肯定为前提的。这就迫使哲学家"放弃更高的、形而上学的伦理学的出发点","停留在日常经验的立场"上,并"固守其错误"。然而,这并不意味着,他现在似乎放弃了自己的哲学观。他这样做,看起来似乎是他已经淡忘了自己的哲学观,其实只是为了更直观地描绘现实生活世界的本来面目。这样一来,可以再次得到大量新的论据,这有助于论证他的哲学的悲观主义观点。这就涉及到对日常生活事实以及不同个体中所具有的摆脱不幸、克服平庸、向无法忍受的生存屈服这一可能性的清理与核实。就这一点而言,人们可能会认为这是一部适应教程,或者更确切一点说会把它当作一个指引人们通向那最值得追求的目标的普遍的路标。对于真正有生活智慧的人来说,有朝一日总会达到这一目标的:这就是"坚信万物的虚无和世上一切快乐的空洞贫乏",具有了这种信念的人,他会以那种"特别的心灵安宁""微笑着俯瞰这世上的芸芸众生"。在"论人是什么"、"人有什么"、"他想什么"以及后面的"偏执狂和生活准则"等章节中,叔本华还为读者们勾画了一幅有关"智者族"的平庸、愚拙和局限性的画像,这画像大概会让那些向往善良或美好的读者感到过于沉重了些。然而,谁要是想不与这位目光犀利的观察家发生抵触,就试图完全驳倒他,那他决不会轻易成功。在这里,作者始终是引人注目的,这不仅是由于他的观察结果的准确无误,而且也由于他的判断有充足可靠的理由。这样一来,在有意为处世而写的论文中,他除了兴致勃勃地扮演一位智慧导师的角色外,还扮演了魔鬼这一角色,他的论文内容丰富,文字清新活泼,富于激情,发人深省,风趣、讥讽而善意的批评,还带那么一点儿幸灾乐祸。这一切都使得阅读这一"箴言成为一种无法比拟的理智上的快乐。然而,在人性方面也并不是一无所获。人性在被延伸了的、绝非格式式的阐述中,尤其是在其出色的论文"论年龄的差别"中得到了充分的表现,论文中引用的一句格言:"他没有心情关注他的年龄,从他的年龄到整个不幸。"这一格言对于我们现代人倒是颇为合适的。

在其他大量以《附录与补遗》出版的论文中,我们只能列举出部分受到格外关注的论文,自《附录与补遗》出版以来,它们就一直受到了人们的密切关注,并且一再证明它们能够唤起那些善于思考的人们浓厚兴趣。这些倍受关注的论文有:"论大学的哲学","关于个体命运中表面意图的超验思辩","试论鬼神崇拜及相关的一切","论判断、批判、掌声和荣誉","论博学与学者","论独立思考","论作家与风格","论女人"、"论喧哗与噪音"。有多少个标题,就有多少具有独创性的问题的提法,就有多少具有独创性的回答,一个伟大的著作家在文学上的杰出成就也就有多少,正如其在思想、语词和语言方面的成就一样,它们已经超越了流行的见解的每一次变换而永远地消融在我们的日常生活之中了。从其全部论文所论及的研究对象可以看出,对现代世界的现实问题、口号和生存方式的关注始终贯穿其中,这些都是不容忽视的。当然,今天的读者是否会由于还不时地关注这些问题,而毫无疑问地会相信,在涉及到矛盾关系的地方,直观方法的差异是在此期间已经完成了的理智和道德的"进步"为依据的。这一点还不确定,那么,详情又如何呢?对不信仰现代心理学、精神病理学、精神治疗法、心理分析学和心灵学的人来说,研究超验思辨或者试图探讨鬼神崇拜(当然也研究诸如其他大量论文中的相关段落,例如主要著作中的短文"论幻觉")以及探讨一些自那时起就得以重视的学术思潮的真正源泉,是没有收获的。哲学家完全明白"自己思考"意味着什么,这无疑应当归咎于一个时代,因为这个时代正在大踏步地朝着精神上失去个性、强求一致、剥夺自己独立思考的权利而名义上是集体性概念、想像和意见的标准化这一状况迈进。与此相类似，今天，那些认为不断地反对噪声和喧闹是一个值得努力冲击的目标的人们，可能会形成这样一种认识并予以重视，即"对噪声和喧闹毫无感觉的人必定也是对原因、思想、诗歌和艺术品，简言之，对一切精神印象毫无感觉的人，因为他们大脑的质地过于坚韧了，大脑的组织结构过于粗壮了"。相反，那篇臭名昭著的"论女人"，可能是长期以来惟一使今天的人（非专业的读者一看题目便知是叔本华的作品）不得不承认，这篇论文与其说是受欢迎还不如说是感到惊奇的著作，这很大程度上也是由于其结论："女人就其天性而言是服从的，每一个年轻的女人本来是消遥自在、完全独立的，但很快她们就会找一个操纵统治自己的男人，因为她需要一个主人，年轻的时候，需要一个丈夫支配她；年老的时候，则需要一个神父……"。

叔本华还把比喻、寓言和一些诗歌作品补充在文献附录之中，为了最终的出版，他辩解说这是涉及到他和一些来的参加者之间的"私事"，这些人作为他的哲学信徒，希望认识一个富有人情味的、富于个性的，总之一个与众不同的先驱者。

叔本华把《附录与补遗》提交给那位苛求将其主要著作分成两部分来出版的书版商勃洛克豪斯，希望能够出版，却遭到了拒绝。在经过多次尝试和碰壁之后，一家不知名的柏林出版社 Ａ·Ｗ·海因出版社于 1851 年帮忙出版了两卷本的《附录与补遗》。当然还是没有稿酬，只不过托人转送了十本样书。这本书的出版正如人们所说的那样，使叔本华获得了具有决定意义的伟大的成功……

第一批信徒、崇拜者和开路先锋

《作为意志和表象的世界》第二版出版后的第三年，《充足理由律的四重根》也要出新版本了。这是在《附录与补遗》面世前，叔本华的著作已不断受到世人重视的一个标志。不过，更清楚地表明这种赞同的标志是有这样一些人，他们开始聚集在叔本华的周围，与他建立了联系，为他呐喊，向同时代的人宣讲叔本华的划时代意义。第一批信徒并不是来自于职业的教授阶层，而是一些"独立的自我思考者"。引人注目的是，在这些早期的信徒中，绝大多数是法律学家和律师，这不难说明，法律学家的思维有助于培养冷静的观察、客观的直观、逻辑的和无成见的推论，在发现和权衡正反两方面的理由过程中养成绝对的实事求是的精神，这一系列重要的智力上的特性也正是真正的哲学家所必备的。

另一方面，叔本华的学说之所以能赢得日渐增加的艺术家们的赞赏，除了多次谈到的原因外，还有一个原因，那就是，这些人与所有流行的看法相左，与法律学家一样，但他们以完全不同的方式把现实世界毫无成见地反映在自己的思想中，并习惯于客观地记录它们。与此同时，他们又拥有对构造性思想进行直观性想像的特殊才能，没有这种才能，一切理智的努力都不会有创造性，任何技术发明、任何重要的发现都是不可能的。因此，人们普遍认为，有幻想才能、善于思考的艺术家们，比起那些把自己看作是不可欺骗的现实主义的平庸人物来，能够更正确地看待最粗陋的现实性，更切合实际的预见其发展趋势。若是没有上面所说的这种特殊才能，即使是最缜密的哲学思维也只能局限于在自身的范围内兜圈子。这种思想上的想像才能正是真正伟大的哲学家的标志，因为伟大的哲学家是为生活和生活着的人们进行哲学思考，而不是为专业文献和大学教室里的听课者而思考。

作为真正的信徒中最早的和最活跃的代表，柏林的家庭教师克里斯蒂安·马丁·尤利乌斯·弗劳恩施泰特博士，早在1840年就为叔本华辩护："他的哲学能够启发那些讲坛社会主义者，在他面前，他们迄今为止的全部知识都会黯然失色"。后来，他成了叔本华的学生和"福音传教士"、文学遗产的法定继承人和"所有其他版本"的版权所有人。尽管如此，他既然不赞成叔本华的唯心主义的基本观点，也完全不赞成老师的悲观主义世界观。他的最大的功绩——除了编写了评论性的《关于叔本华的通信》（1854年）外——无疑在于：他后来编辑出版了第一个六卷本的《叔本华全集》，在此之前他已经编辑出版了两卷本的《叔本华大辞典》。在众多的追随者当中，尤利乌斯·弗劳恩施泰特是与叔本华关系最密切的一个。这些追随者们给叔本华这位斗士的垂暮之年带来了无声的荣誉和满足。

不过，"最早的福音传教士"还是马格德堡的枢密司法顾问和州高级法院议员弗里德里希·路德维希·安德烈亚斯·道尔古特。他是叔本华第一位公开的代言人，他在1843年发表了评论性文章

《唯心主义的错误根源》，赞扬叔本华是"全部哲学史上第一位创立真正体系的思想家"，"世界史将又一次含着悔恨的泪水把他的名字载入它那严肃的史卷中"。1845年他发表了第二篇论战性论文《叔本华及其真理》。1844年叔本华在阿尔蔡结识了约翰·奥古斯特·贝克尔（他从1850年起在美茵茨创办了一个沙龙，而且是法兰克福的常客）。按照叔本华的说法，贝克尔对他的哲学理解最透彻。令人遗憾的是，这个最能理解叔本华的人自己并未发表什么著述。不过，其后代为这一缺憾作了些补充，因为贝克尔的儿子整理出版了他父亲和叔本华的大量通信，在这些通信中，那些以问答方式进行的持续不断的思想游戏中包含着非常有趣的哲学解释。叔本华把那位1849年作为法学实习生来到他那里、后来成为慕尼黑地方法院议员的亚当·路德维希·冯·道斯称作是他的"使徒约翰"。道斯是"一个狂热的崇拜者"，正如那位因其令人叹服的热情而倍感高兴的老师向弗劳恩施泰特博士描述的那样。1852年，命运把《沃西报》的编辑恩斯特·奥托·蒂姆特乌斯·林德纳博士带到了哲学家的身边，这是一位真正的鼓励家，由于其不知疲倦的精神而被叔本华称为"不倦博士"。还有来自莱比锡的商校教师和哲学著作家大卫·阿舍尔博士也是一个能言善辩的叔本华的辩护者。1855年崇拜者当中又出现了油画家，德累斯顿研究院教授约翰·卡尔·拜尔为叔本华的颜色学所吸引。这位诚实而又毫不客气的教授出于值得称道的狂热信仰把叔本华的全部著作据为己有。同时，叔本华与拜尔的儿子，C·G·拜尔博士也建立了密切的联系。他对这位理智的法学家很有好感，他要向他这位二十四岁的、最年轻的信徒证明，"他所掌握的康德哲学比六位哲学教授掌握的加在一块儿还要多"。叔本华与律师马丁·埃姆登博士之间的关系，最初只是一种纯粹商业性的交往，但自从叔本华迁居法兰克福以后，这种交往逐渐发展成为一种长久的纯真友谊。如果不是这位最可信赖的朋友先于叔本华两年去世，那他就可能成为叔本华的遗嘱执行人和个人财产中一切贵重物品的继承人。

在这方面，埃姆登的继任者是法兰克福的律师、旅行——小说作家（后来的城市法庭议员）威廉·格威纳。在经过较长时间的肤浅的接触之后，他于1854年开始与哲学家的关系变得亲近起来，并成为叔本华在生命的最后时刻惟一可信赖的人。由于格威纳不是一个盲目崇拜叔本华的信徒，而是把这位天才的思想家视为独立的判

断者加以尊敬,没有毫无异议地听命于他。因此,这种关系就显得有真正的分量和价值。以下事实就属于这种情况:1862 年出版的第一部传记《阿图尔·叔本华》,尽管是"从个人的交往"的角度描述的,但在"涉及到他的生活、性格和学说"时还是持一种批判性的保留态度,以此证明它作为有保存价值的原始资料所具有的可靠性。这一点尤其适用于有关叔本华哲学批判这样一个重要的、也是关键的问题上。在这个问题上,格威纳的异议也可以从《作为意志和表象的世界》的作者自己的声明中找到证据。关于这一点我们将在本传记的结尾处再次谈到。

叔本华对自己与他的那些追随者们之间的家长式的关系及其他给予他们的各种光荣称号感到愉快,因此,他不允许他们对他的学说有丝毫的怀疑,这是不言而喻的。同所有伟大的思想家一样,他在个人事务方面是一个独断主义者,当然,他有理由信赖自己的认识和发现。正如他向他的排字工人所阐明的:"我们之间的关系正如肉体和灵魂的关系,所以,我们必须像它们那样相互支持以完成一部作品。对此,勃洛克豪斯也会满意的。"他还劝告勃洛克豪斯先生:"您从来没有思想,但您能很好地理解它;我是灵魂,您是肉体。"而且,他还督促那个人要非常认真地注意他的句法、正字法和标点的应用,其实,他也希望那些自称是他的门徒和学生的人成为受人尊重和认可的权威。尽管他也认真研究了他们偶尔提出的一些异议,但还是感到这种劝请经常是令人难以忍受的苛求。最先使他感到不快的是弗劳恩施泰特那过多的疑虑,叔本华向他表明,他使自己的生活有些不愉快。他还指责弗劳恩施泰特"围着学说的整体转就像批评家围着一座雕像那样,如果他只看到其中的一个面,他就会怀疑它与其他面的正确关系"。然而,另一方面,对他人的保留意见的敏感并没有诱使叔本华本人只是简单地接受对那显著的一面的无限钦佩,如果他认为这种钦佩是可指责的话。当一个年轻的行政区法官在道尔古特的劝说下改变了宗教信仰并完全拜倒在叔本华面前时,叔本华以对主及其福音的极大热情赞扬了他。相反地,当理查德·瓦格纳于 1854 年把自己的歌剧《尼伯龙根的指环》及亲笔写的献词转交给他时,他只是指出,瓦格纳的诗人才能要高于其音乐家才能。他对文本做了些语言上的补正,而以对莫扎特和罗西尼的坚决推崇结束了整个间接的会见。事实上,瓦格纳是他精神上最亲密的朋友之一,也是他的追随者中无人可比的最有影响的人物。《指环》这歌剧常被评论为"押韵的叔本华"。然而,这是瓦格纳在了解叔本华的格言之前就写成的。只有《特里斯坦》这部歌剧才是叔本华的追随者瓦格纳写成的。除了这位贝多芬诞辰一百周年纪念论文集的作者外,没有什么人能如此深刻地理解叔本华的音乐形而上学,并以如此的热情表达它。尽管可以断定瓦格纳遭到了叔本华否定的评论,但他还是敬仰叔本华。(在他之前,信徒阿舍尔博士曾全力以赴地为叔本华的音乐形而上学辩护。)有人认为,弗里德里希·黑贝尔对这位悲观主义思想家也充满了敬意,还有那个活跃的爱谈奇闻轶事者,即叔本华和瓦格纳的共同"朋友"巴伦·罗伯特·冯·霍恩施泰因的所作所为传播了这位法兰克福的隐士的声誉。因此,由所有这些完全非学院的、独特的信徒的传播热情以及《附录与补遗》的普及效果中足可以说明,叔本华在他死后那个世纪的剩余时间里是最有影响力的著作家之一,而且完全可以断定,绝大多数的读者都是为他的思想所吸引。此外,真正来自学院方面的荣誉是:叔本华在世时,莱比锡哲学院还出了征文题目:《对叔本华哲学原则的阐释和批评》;在波恩和布雷斯劳(波兰),叔本华也拥有众多的读者;而柏林皇家科学院在他七十岁生日时,打算任命他为该院院士,但被他视为来自不受欢迎方面的荣誉而加以拒绝。

伴随着声誉的不断上升，人们对叔本华本人的兴趣也在不断增长。1855年，画家尤利斯·伦特舒兹首先找到叔本华，免费为这位大师画像，他纯粹着眼于大师的未来价值。在叔本华先后作了二十次的模特后，他把这看作是"愚蠢和无谓"的牺牲，画家终于完成了这幅画像。可是，这一消息在被叔本华的崇拜者、收藏家卡尔·费尔迪南特获悉了，他以要"专门为大师的画像建一所房子，应该把画像挂在房子里"为由很快得到了这一作品。这位收藏家死后，画像被纽伦堡的日尔曼民族博物馆收藏。继伦特舒兹一年之后，历史画家尤利乌斯·哈默尔受叔本华的同窗好友、枢密顾问爱德华·格吕格尔的委托前去为哲学家画像，然而，哈默尔在画布上绘画的做法使叔本华和委托人感到恼火。这幅肖像事后经过了彻底的修正，现在存放在叔本华档案馆，仍被认为是一幅有艺术水准的作品。又过了一年之后，安吉尔伯特·戈贝尔为了证明自己的能力，接受了一项艰巨的任务，他试图不仅描绘哲学家的相貌，将它流传给后世，而且还试图将一个杰出灵魂的富有生气的精神状态留给后世。对于按照戈贝尔的油画制作的铜版画，叔本华是这样评论的："我看上去就像是一只老青蛙。"与这些画家辛勤努力的结果相比，为年轻的女雕刻家伊丽莎白·奈作模特更令他满意。在此之前，女雕刻家曾为其他著名人士如亚历山大·冯·洪堡、雅各布·格林和法恩哈根·冯·恩塞塑过像。这位女艺术家以其迷人的魅力和熟练技巧博得了叔本华的好感。"非常的漂亮，难以形容的可爱"，她迁就她的模特儿急躁的脾性，理解他要尽可能忍受静止不动的艰辛，常在下午伴他一起用咖啡，甚至多次陪他去散步。这件半身塑像得到了叔本华的首肯，它是惟一一件根据叔本华的生活创作的雕像。出于对这位老人的特殊友情，伊丽莎白·奈还为他的卷毛狗画了像。此外，伊丽莎白·奈具有一种怪僻的、即使不是乖戾的、但也是颓丧的天性。她后来去了美国，生活在一种混乱的家庭关系之中。她从前在奥斯汀（得克萨斯）的住宅今天是一个纪念她的博物馆。叔本华的半身雕像的原件也摆放在那里。

隐居生活

从年龄段来看，阿图尔·叔本华在法兰克福几十年意味着他从年富力强的壮年逐渐衰弱为老态龙钟的白发老人；而从他的威望的变化趋势来看，则意味着他的影响从几乎完全不引人注目逐渐地扩展到一种无法估量的范围。然而，这并不是命运对他的偏爱，随着声誉的日渐增长，也越来越多地招致了他对于心存敌意的反对者的恼怒和对于那些与他的思想相抵触的观点的蔓延的不满。这位老斗士从未间断的怒气使他一而再再而三地采用最为有效的回击方式。例如，他把历史学家弗里德里希·冯·劳默尔的学院就职演说说成是"离职演说"，因为在这个演说中充斥着攻击他的错误引文；他把生理学家雅各布·莫勒肖特在其著作《论生命的循环运动》中对"意志"的解释与一个理发师本属于解剖学和生理学的想法相对比；对于路德维希·毕希讷的同样是唯物主义——决定论的著作《力与物质》一书，他仅以一句极其刻薄的话给打发了："这样一个人除了学过一点橡皮灌肠器方面的知识外，什么都不会，没有学习过哲学，更没有考察过人性，而他竟然冒失狂妄地去探讨事物和世界的本性。"这些锋芒毕露的书面攻击完全可以与叔本华到处散步的关于黑格尔、谢林、弗希特的评论相提并论，与之相比，卡尔·古兹科宣布《补遗》为陈词滥调显然已经是相当有节制的了。此外,这位正在衰老的思想家从这时起可以委托那些开路先锋们来公开维护他的思想利益了。他本人投入这部著作的精力则比以往任何时候都多,因为"人到老年方知时间的宝贵。这种情形正如一个人抓住了守财奴却发现他没钱一样。"

衰老意味着孤独,这对于一个一向都在自己与普通人、"本性上的大众化货色"之间划出一条不可逾越的鸿沟的敏感人来说,这种情形更是一而再,再而三地出现。不过,假若没有某些悲哀的事件的突然降临,叔本华是感受不到这一点的。母亲为了有利于他的妹妹而剥夺了他的继承权之后,于1838年去世了;1849年阿德勒也离开了人世。"周围所有的人都死去了……您还是我年轻时认识的少数几个人之一……"叔本华在写给妹妹年长的女朋友奥蒂丽·冯·歌德的信中这样说。即使是这样久远的友谊关系也在这个年轻的女同伴的一次拜访后而突然地烟消云散了,因为精神上的距离再也产生不了真正的信赖了。"人的年龄越大,人与人之间的隔阂也就越深,最后则完全孤立了。"不过,老人最终总算享有了那长久渴望着的内心安宁,这安宁既对他一生的成就给予了承认,也自然而然地安抚了他的激情。除了他那绝对的等级意识外,自负、敏感、多疑依旧牢牢地控制着他,而且还越来越严重,"由于长期的隐居和孤独,我们的性情变得异常敏感"。最起码,其固有的易于恐惧和对强烈的求生意志的反面的兴趣并没有减少。这位宣扬"否定生命意志"的人也眷恋那种有坚强生命力、充满创造力和影响力的正常人的生活。在此要重复一下,谁要对叔本华学说了解得不太充分,他就可能对此处的"矛盾"表示反感。因这种学说恰恰揭示了真理的矛盾:认识是受意志的支配并为意志服务的,尽管它能够使自己从这种劳役中解脱出来,但是,只要他活着,最伟大的认识者也不是一个"人",也就是说,是生命意志的一种表现形式。因此,没有人会因此而对格言中乐生信念的基调感到惊奇:"我会活得很久,我睡眠充足,胃口很好。我想活到九十岁。假若八十岁就死了,就有些太突然了,若是九十岁时死了,生与死才会是平静的过渡。"希望与恐惧在此是紧紧地联系在一起的。恐惧的是充满痛苦的死亡。

畏惧痛苦,害怕传染、疾病、事故和损失。确实终生都在折磨着这个过于敏感的人。因而他总是在考虑,在日常的私人事务的处理和操作中通过种种不寻常的手段提防着令人担心的不幸。在这方面,尤其是为了防止损失、被盗和被骗,他所掌握的多种语言发挥了重要的作用,他从不用德文来登记他的贵重物品并标出其存放地点。恐惧甚至还决定了他对住宅的选择:住房必须在底层,以便在遇到危险时能够迅速逃离。当他迁居到美茵河畔的法兰克福美景街17号住宅后,在经历了许多年的租房苦恼后,终于第一次有了自己的家,他第一次用自己的家具布置房间,尽管很简朴。"对于精美而舒适的现代化设备和雅致的装饰,他毫无鉴赏力。他的房间给人一种客店的印象,人们并不想在里面久呆,这是一套适合过客的任宅",格威纳的说法是可信的,因为这位极端的思想者只有在富有才智的工作中、在思想中、在阅读中、在每天习惯了的有助于恢复精力的笛子吹奏中,才会找到他的真正的"家园"。自己亲自操持家务对他来说是额外负担。对此,他以一首古典的年轻人的诗"在桑树小屋我有一个计划"回答了人们感兴趣的问题。所以,列入他的目程表的是(每天两小时的快速散步)到英国人开的饭店吃饭。他的个性引起了客人们的好奇,而且出现了崇拜者,这些人至少愿意与他相识或者是与他攀谈,其中有的人只是"满足于好奇",有的人则向他做自我介绍。格拉夫·露易斯·亚历山大·伏切尔·德·卡莱尔这样说道:"当我于 1859 年第一次见到叔本华时,他已经是一位白发老人了。他的蓝色的、生动的眼睛,薄薄的嘴唇,荡漾着一丝细微的、讥讽般的微笑。他宽大的、环绕着两个白色发卷前额为他那闪耀着才智的恶意的相貌增添了高贵与有教养的神采。他的服装、他的波浪式的发型、他的洁白的领结,都使人联想到这是一位路德维希十五时代的白发老人;他的举止也是上层社会的人所特有的……他易于激动的性格在争论中经常变得尤为激烈……谈话时,他总是以其出色的拉丁语的、希腊语的、法语的、英语的和意大利语的生动的文学表现手法来点缀有些生硬的德语说明。在细节方面,他那热情、简洁的表达方式,稀奇古怪的想法,信手拈来的箴言妙语,使时间过得飞快。"偶尔也有这样的事,有些不识趣的妄自尊大者未经授权发表从这些谈话中偷听来的东西,这证明了这封书信的抱怨:"在 10 月 1 日的宪法报上,您也许会看到一个男人卑鄙的泄密,他把我在英国饭店晚宴上的谈话见诸报端……"看来,这个如此晚才得到承认的人最终也不得不承受声誉所带来的烦恼。

1859 年,与房东的一次争吵促使叔本华又一次更换住宅。他迁居到与之相毗邻的美景街 16 号的底层,这是他人生旅途的最后一站。只有在这儿,他才能够把全部图书放在他的工作室里,而在以前的住宅中,工作室与图书室是分列于过道的两旁的。格威纳叙述道,由于这种新的布置,"他似乎变得比较温和、比较友好了。叔本华就死在这个房间里,在这个房间角落的一个大理石托架上,摆放着一个镀金的释迦牟尼雕像,写字台上放着康德的半身像,沙发上方悬挂着歌德的油画像。在四壁上则挂满了康德、莎士比亚、笛卡尔、克劳迪乌斯的画像,还有几幅家庭画,主要是他年轻时的画像和一些关于他在不同年龄段的达克雷式照片,其周围还有不少狗的画,等等。他的那条卷毛狗就卧在沙发旁的一块黑色的熊皮上面。"

白色卷毛狗的继任者是褐色的卷手狗布兹,它的脑袋上扎着绷带,长长的耳朵耷拉着,守卫在房门口。是什么事使这位认为"两足的社会"是多余的哲学家承认,"如果没有狗,他就无法生活,在为歌德的第七十四首威尼斯讽刺诗撰写的反诗节中,他是这样解释的:"有些人诽谤狗,对此,我并不感到惊讶,因为狗经常遗憾地使人感到羞愧。"对于这位智者来说,他的卷毛狗是"没有人类表象的理智",他觉得狗就像"杯子那样透明"。叔本华经常认真地注视着卷毛狗那双富于表情的眼睛,他以"阿特玛"(意思是世界的灵魂)来称呼他的四足伙伴。他从未打算放弃这个陪伴者,而置那由此而来的无数烦恼于不顾。

这位隐士与他那位来自海德堡的、自 1849 年就跟随他的女仆、女管家玛格丽特·施奈普之间的关系也不总是毫无争执。他尊重她的天主教信仰,并尽量满足她相应的闲暇,也期望她同样地能理解自己的想法。不过,他也恼怒地告诫她不要太过分,因为她认为,"这位获胜了的完人""像一个裁缝"悠闲地坐在那儿。他对女管家的这两种态度是他高尚的象征。这表明,他不仅要求尊重真正的信念,而且始终都是这样做的。

生命的终结和遗嘱

叔本华生命的最后一段时间的工作是对他的著作的第二版进行补充、改进和整理。1854 年,《自然界中的意志》和《论视觉与颜色》出了新版本;1860 年,《伦理学的两个基本问题》再版；1859 年，叔本华还亲眼看到了《作为意志和表象的世界》第三版的出版。也就是说，在经受了长期的不被重视、默默无闻和失败之后，他终于可以得到圆满的补偿了。这似乎是命运要给哲学家一个好的结局，让他走入乐观主义者的行列。事实上，对于他的生命成就的前景，他始终是持乐观态度的。不过，这里人们也许会在非哲学的意义上坚持那个已多次提到的"理论与实践的矛盾"。这种悲观主义世界观与主体的"情绪"没有任何关系。然而认识努力的方向可能会受情绪的影响，更确切地说，个体的生活经验才是认识努力方向的第一个诱因，在阿图尔·叔本华那里无疑就是这种情形。然而，思想一旦行动起来，就只服从于认识活动的法则，遵循其自身特有的规律运行，把一切主观的东西都甩在后面。总之，在有才能的思想家那里情况确是如此，而与普通人不同，在普通人那里，理智是完全服从于意志的控制的。"对于普通人来说，他的认识能力就是灯笼，照亮他的认识道路；他的认识能力就是太阳，可以普照整个世界"。更进一步说，叔本华晚年的乐观主义已经证实是一种假象。因为虽然在不久的将来，他的著作引起了强烈的反响，但是正如他所认为的，要想他的学说在后来被人们永远地接受并且作为绝对地被阐明了的真理在哲学专业的博学的讲坛前超过其他思想体系的影响，是根本不可能的。

在临死前不久，叔本华还在向人们炫耀其强健的体魄，还给别人出好主意，告诉他们怎样才能保持精力充沛。可是，当轻微的心跳和呼吸困难作为警告的预兆出现之后，于 1860 年 9 月初又发生了一次窒息事件，不过很快就得到了恢复。然而，不久他又患上了肺炎，还有水肿。9 月 18 日晚，格威纳最后一次拜访他。这时，病人谈到了他的恐惧，即一想到他的著作将来落到哲学教授们的手上，就感到担忧。"谈话时天已黑了下来，女管家点燃了蜡烛，因为他不喜欢灯泡被遮挡着的光。我还为他明亮的目光而高兴，从他的目光中，看不出任何疾病和衰老的迹象。他说，如果他现在就要死去，这太悲惨了：他还得对补遗再作一些重要的补充。"谈话更多地是围绕叔本华的哲学进行。"他重视的是他的哲学被半瓶醋们以狂热的方式利用了。他只是希望这些人能够以一种无偏见的独立的态度来理解这些著作"。但最使他高兴的是，他那显然完全是非宗教的学说竟起到了宗教的作用，由于填补了信仰缺失所留下的空白，而成了使人内心安宁和满足的源泉。临分手时，他还表示："……对他来说，达到绝对虚无是一件令人欣慰的快事，遗憾的是，对此死亡没有展现出任何前景。然而，不管怎么说，他至少拥有一种纯粹的有理智的良知。"几天后，也就是 9 月 21 日，一个星期五的早晨，一次窒息结束了这位伟大的真诚者的生命。由于害怕假死，这离他自己确定的死亡时刻还有很长时间，直到 9 月 26 日，才在一小撮奇特的、混杂的人的簇拥中举行了庄严的葬礼。根据他自己的遗愿，人们用一具深色的橡木制成的棺材装载了他的尸体，永恒的墓穴上覆盖着一块花岗岩制作的"四到五步长的墓碑"，上面写着阿图尔·叔本华的名字，"除此之外什么都没有，没有日期、年代，也没有任何标志"。格威纳曾问他愿意安息在什么地方，他的回答是："这无所谓，他们会找到我的。"

关于叔本华的遗嘱，我们还有必要谈一下，因为他的遗嘱同他在其他方面的每一个决定一样，总有其特别之处。即使这一文献为那些总是保持警惕的贬低癖好提供了所需的支持，人们也不必感到奇怪。我们在此仅做一些简要的提示。

"给伯利撒一份钱！"这是遗嘱引人注目的标题，关于它的确切含义，叔本华的研究者们迄今意见都不一致。"给伯利撒一份钱！"这句话使人联想到拜占庭的统帅伯利撒那传奇般的命运,忘恩负义的皇帝尤斯蒂尼安出于对伯利撒声誉的妒忌,让人戳瞎了他的眼睛,并使其沦为乞丐。现在的问题是,叔本华是否是想藉这个人物的恳求来暗示,他觉得同时代的人对于他所取得的成就是以怨报德的;或者说这句话只是简单地指由他指定的主要遗产,这似乎是最直接的在比喻的意义上所作出的最清楚的解释。因为:对于他的全部遗产——扣除一系列其他遗赠——哲学家已经指定,"在柏林设立一笔基金,以资助那些在1848~1849年的暴动和起义斗争中为维护和建立德国的法律制度而伤残的普鲁士士兵,并抚恤那些在那场战斗中阵亡了的士兵的遗嘱。"受惠于这笔基金的人也就是那无数个"伯利撒",这笔本身很丰厚的叔本华的遗赠对于每一个具体的人而言,尤其是与他们为制度所做的贡献相比,只是一份"小钱"。同歌德一样,对于每一种扰乱现存法律秩序的暴力行为,尤其对被激发的"民族狂热"的各种方式的群众性暴乱,特别是在违法的情况下,叔本华怀有本能的反感。他蔑视普通民众,蔑视他们大大多是不明真相的冲动,蔑视他们自私的感情和几乎总是以"高尚"作为托词的动机,人们如果了解了这一点,而且了解这种蔑视的深刻的认识根据,这个问题将再清楚不过了。叔本华曾亲眼目睹了他窗户外面的街头斗争的情形,这种直观的了解只会增加这位精神贵族对"十足的无赖"的厌恶。然而可以证明,促使他作出这一遗嘱决定的原因并不完全在于这些思想和观点,毋宁说在于:对在那场骚乱中为国殉职和致残者缺少照顾这一现象的愤慨。因此,这里再一次显露出他人性善的一面。这种善良也体现在遗嘱的其他规定中。人们可以细想一下:有如此多的遗产留下来,这归根结蒂取决于这位大思想家并不奢侈的生活作风,他在吃好、穿好这方面的个人需要基本上得到了满足,当然也归功于他的智慧,他靠智慧来管理他的财产,而且忠实于父亲的教诲,以父亲为榜样,甚至还使自己的财产翻了一番。在他的一生中始终充满了对父亲的崇拜,他把《作为意志和表象的世界》的第二版献给父亲的亡灵,他在前言中写道:"埃德勒,一个杰出的灵魂,我把自己的一切,我的存在和所作所为都归功于他。你预先的关心庇护着我,不仅提携我度过了无助的童年和默默无闻的青年时代,而且使我走向成年,并一直伴随我到今天。因为,你有我这样一个儿子,同时也就担心,他是否能在这样一个世界上生存和发展。"

叔本华在起草遗嘱时,已没有具有遗产继承资格的直系亲属。没有近亲但也有远亲,他甚至不时资助过其中的一些人。他在境遇忧闷时期认识的那些人,也只活着少数的几位了。他将一并非不重要的遗产判定给了一位已逝的表兄的孩子们。他对玛格丽特·施奈普多年为他服务的感谢是为她设定了一笔终身养老金。此外,全部的家具、衣服、床、洗涤用品和银器都归她所有。他还向玛格丽特追加了一笔额外的补偿用以收养他那条忠实的卷毛狗,如果她不愿意要它,那么,格威纳博士或者银行职员奥古斯特·加布里尔·基尔策将是这项善举的候选人;如果没人愿意接受这件令人烦恼的事,那么,"任何一个尊敬我的正直人士都会照料这个小动物的"。对于从前的柏林的情人卡罗琳·麦顿的遗赠在此之前就已经计划好了。遗属的执行人格威纳博士得到了所有的藏书,其余的朋友们则各自分得了一些纪念品。

在叔本华死后几乎不到一周,一个德国诗人,那个曾经提到过的卡尔·古兹科夫就感到忍无可忍了,他不顾一切礼节上的考虑,就因为这份遗嘱对这位刚刚去世的人进行了肆无忌惮的诽谤、猜忌和贬低。"这位青年德意志"——它的性质在真正革命的人物如海涅、黑贝尔和瓦格纳那里,由于了解底细而决不受到重视——的倡导者已成了最平庸的党派教条主义的传声筒,而没有意识到,他以及他的诽谤已经走上了歧路。而知识界对叔本华名望的了解也仅局限于表面现象,是的,也只能根据他们的偏爱去理解叔本华。然而,这个诽谤性的小册子居然也在轻松愉快的《家庭娱乐》上发表了,甚至还轰动一时,激起了那些没有创见的人的极大兴趣。不过,人们对此事的惊讶程度一点也不会亚于那个曾提出"我曾经损害了的虚荣在哪里呢?"的人。叔本华的一生无时无刻不在铭记着这样一条座右铭:人们不能同时即服务于世界又服务于真理。

康　德

康德——集大成者与开山人

凡读过哲学史的人,无不知道康德在哲学史上的地位。同样,凡读过哲学史的人,也无不知道康德生活的极端枯燥。从前者说,康德以发动哲学的"哥白尼革命"而综合近代各种学术思潮,是当时具有最敏锐意识、最先进思想的德国古典哲学开山人。从后者说,他的单调乏味的生活也如他的哲学一样给人们留下了深刻印象——以至于人们一提到康德,想到的首先就是他那枯燥的生活:

康德一生厌动。他生于哥尼斯堡,长于哥尼斯堡,成就并终老于哥尼斯堡,可以说一生未离开过哥尼斯堡一步。且不说古代中国的哲人孔墨荀韩周游列国,就是康德同时代的哲学家,如狄德罗、拉美特立、伏尔泰、卢梭、贝克莱、休谟、莱布尼茨与沃尔夫,或为传播学说、交流思想,或为逃避迫害,而纷纷在欧洲列国间游动,像康德这样一生终老于并不出名的一城的大哲学家,可说中外历史绝无仅有。

康德终生未娶。他活到 80 岁,一直单身。晚年有一叫做兰培的老仆照料生活。老兰培先是丧偶,又穿着从旧衣店买来的新衣服而再婚,直到也和他的主人一样衰老得不能料理自己了,才又换一新仆。哲学家过独身生活,在欧洲并不鲜见——甚至可以说在最有成就的哲学家中独身是普遍现象——这可以举出如柏拉图、笛卡尔、休谟、叔本华、尼采、克尔凯廓尔等一长串名字。但是,这些哲人不婚皆各有其因,也很可能他们不婚比世俗的结婚要更潇洒风光。例如,柏拉图不婚,是因为他从理念哲学的角度,认为精神之恋远远高于世俗的婚姻。再如,叔本华不婚,但却决不因此放弃情爱的欢愉,甚至为其风流享受大开方便之门。与前者不同,康德的不婚却是既与理论无关,又与生活上的自持一致,因此人们也常常只能将此与他的性格的单调枯燥联系起来,以至于好事的人们还为此编出了这样的故事,这一故事说,康德的学生们为其师是大哲学家而自豪,但同时也为其师一直不娶而遗憾。他们认为,哲学家是应该什么都懂的。其师不知女子风味为何物,毕竟是个问题。于是,他们设法弄来一个姑娘,晚上塞给康德,翌晨又问康德感受如何云云。这故事当然是杜撰。但由此却反映出人们对康德的独身生活的确是感到不好理解的。

康德的日常生活也非常刻板。他每天总是按时起床,按时用餐,按时散步,按时就寝,以至于邻居们常常是以他散步出行的时间来对表。

这样一个性情的哲人,人们就不难想像他的文风。这里非"晦涩干枯、单调呆板"几个字不能形容。翻开康德的著作,十行一句,以至十几行一句的长句比比皆是。一个甚有名气的哲学家曾给康德写了这样一封信:"您的《纯粹理性批判》成了我的健康情况的标志。每当我因精力有所恢复而感欣慰的时候,我就鼓足了勇气来研读您那本劳神费力的著作,而且我仍然没有丧失能在了此一生之前完全理解您这本著作的信心。"

作为哲学伟人,康德还有一些奇怪的癖好与习惯,如:不相信药物,认为药物对他脆弱的神经系统来说是毒药。要少睡觉,"床铺是病窝"。假如在睡不着的情况下,默念"西塞罗"一词便能驱散思想迅速入睡。不要吃流质食物,一日最好只吃一餐。散步时为避免冷空气进入身体,应当紧闭双唇,用鼻子呼吸。他认定独身生活有好处,未婚的或早已成为鳏夫的男人"能够更长时间地保持显得年轻的外貌",而成了家的人"则带有重累在身的痕迹"。

应当说,康德的这些癖好性情,大多是他的职业哲学家的生活所造成。而且,这也或许对他的生活确有益处。康德活到 80 岁,在那一时代确是高寿。这与他生活的严谨自持,与他为自己制定并得到了严格遵守的清规戒律,或许是分不开的。

不过,我们应当说康德与中国之李贽、金圣叹,西方之尼采、毕加索等奇才怪杰不同。后者多是思想史上的离经叛道者,其人狂怪,其说富异彩。而康德,其思想一直为西方思想史的正统,是公认的近代西方哲学的集大成者与德国古典哲学的开创者。其为人,除极端地自持自律外,亦无多骇世之行。因此,对康德,我们更愿意在"不世出"的天才这一意义上使用"奇才怪杰"一词。"奇才"与"怪杰"在严肃的意义上,本就不是指性格的怪异,而是指其超乎噩噩众生的不世出与伟大而言的。

我想,我们应该以这样的心情来阅读康德——我们阅读他,就是对他的学说与人格的崇仰。

时代与思想来源

无人不认为,康德哲学是艰深的。这艰深,与其说是来自其文字的写作风格,不如说更是来自其综合的思想材料的丰富和对时代精神把握的深切。这些,当然要到形成康德哲学的时代背景中去了解。

第一,经验论与唯理论是形成康德哲学的当时哲学的思想资料。

区别于古代哲学的本体论探索,认识论问题成为近代哲学的中心。与古代哲学急于勾画世界的整体图景不同,近代哲学则是这样地思考问题:人类是以什么思想工具去认识世界的? 人类有没有能力、有多大能力去认识世界,人类所言说的世界图景有多大的可靠性? 在这对本体论的认识论检查中,近代哲学分成了两派:一派叫做唯理论,一派叫做经验论。唯理论认为只有理性才能提供普遍必然的知识,人的感性则只能提供偶然的和并不可靠的知识。经验论则认为,一切复杂观念不过是"黄、白、热、冷、软、硬、苦、甜以及一切我们可感性质的观念"的储备、重复、比较与联结,理性并不能超出感觉提供的上述简单观念之外。所谓世界的规律与秩序,只是人们由经验习惯和联想构成的,客观上并没有这种秩序和规则。一切有关经验事实的科学知识都只是或然性的推论,不能保证有任何普遍必然的有效可靠性。唯理论认为由理性演绎可以得出普遍必然的真理,根本不能成立。没有什么放之四海而皆准的客观真理。

与此相反,唯理论则认为,人类真正配称为知识的,只能是理性所提供的普遍必然的知识。唯理论试图从"清楚、明晰"的原理推出一切知识来。他们认为,从感官知觉得来,不依理知秩序呈现的一般经验,是不可靠的、虚妄的知识,它们只能给人一些偶然的迹象,不能使人获得真理。

由于历史的原因,康德起先是莱布尼茨唯理论的信奉者。他相信可以由理性推出普遍必然的知识,以至可以由理性建构起实体、灵魂、上帝等观念。然而,经验论哲学家休谟的怀疑论打破了他的形而上学独断论的迷梦。由休谟他认识到纯粹理性的超越经验的使用是虚妄的、危险的。而同时,经验论者贝克莱的主观唯心主义、休谟的不可知论显然也结不出任何有价值的理论果实。如何解决感性与理性的关系问题?人类认识的科学形式是什么?这些问题的思考,是康德提出其批判哲学的最直接原因。

第二,伽利略、牛顿所代表的自然科学与卢梭所代表的启蒙思潮,是康德哲学形成的进一步的文化背景。

近代哲学认识论的任务是说明人类认识的可能性和内部的原理机制。而近代人类认识所取得的最大进展只能是自然科学。这里牛顿力学已经能够把苹果落地与宇宙行星的运行统一起来,看做是同一规律起支配作用的结果。而旧的形而上学本体论却犹如明日黄花,受到越来越多的人的唾弃与批判。自然科学为何能够得到普遍必然的知识?它所蕴涵的人类科学认识的机制是什么?这是当时科学家与哲学家共同关心的问题。康德不但是哲学家,而且在其学术活动的前期也是有重要贡献的科学家:载入科学史的康德一拉普拉斯星云学说——即现在的由行星与恒星组成的宇宙是由原始星云演化而成的学说,就是由康德最先提出的。可以说,在当时,最敏锐地意识到应从自然科学的机制与原理来解决哲学认识论问题的哲学家,就是康德。他的《纯粹理性批判》的核心命题"先天综合判断是如何可能的"这一根本提问,就是对近代自然科学实验与数学相结合而求得普遍必然规律的一种哲学释说。

近代社会思潮不仅是科学的,而且是人文的。根源于文艺复兴、启蒙运动的近代社会思潮对古代社会最根本的革命,就是相对于中世纪的等级制的、神权统治的观念而言,平等的观念、人权的观念、人格尊严的观念开始建立起来并深入人心。相对于中世纪的尊卑贵贱,自由、平等、博爱成为那一时代的基本口号。而卢梭,便是其中最激进、平民意识最强的思想家。卢梭是康德最崇敬、也是对康德影响最大的思想家。他因为读卢梭的《爱弥儿》而中断了平时散步的习惯。他的工作室里惟一的一件装饰品就是卢梭的画像。康德把卢梭比做"第二个牛顿"。如果说康德是借助牛顿公理来洞察无垠的星际,那么,卢梭的见解则帮助他去窥探人类心灵的奥秘。用康德的话说,牛顿第一次在以前被认为是无规则可循的纷繁复杂的现象中发现了秩序和规则,而卢梭则在复杂万端的人类中发现了人所共有的天性。卢梭的著作给康德带来的最大益处,就是使他得以摆脱书斋学者的许多成见,使他在思想上能与民众站在一起。康德说:"我自以为我的求知欲极为强烈……有时我想:这一切将给人类带来荣耀,因此我鄙视那些知识极端贫乏的庸俗之辈。卢梭纠正了我这种看法。炫耀自己的特长这种心情消失了:我学会尊重人,认为自己远不如寻常劳动者有用,除非我相信我的哲学能替一切人恢复其为人的共有的权利。"如果说牛顿科学为康德揭示出了必然因果链支配的自然世界的法则,那么卢梭则为康德揭示出了人类心灵的、感情的、道德的、人格尊严与意志自由的人类存在法则。这两个伟人揭示了为两种完全不同的法则支配的两个世界。牛顿与卢梭以及他们所代表的两种科学,对康德以后体系的建构发生了深刻影响。

第三,中世纪向近代的社会嬗变是康德哲学产生的更深层原因。

文化是社会的。在文化的嬗变背后总是有着更广阔深刻的社会嬗变。回应了从中世纪到近代人类社会嬗变所提出的理论问题,是康德哲学所以发挥了革命作用与获得持久影响的更深层原因。

从中世纪到近代社会的转化,在深层理念上表现为下述问题。

首先，中世纪是一个神学的世纪。神权的观念统治着整个社会。但是，启蒙运动的基本宗旨就是要把人从神的统治中解放出来，推翻神权而建立人权。法国唯物主义是无神论的。启蒙运动思想家伏尔泰至死拒绝神甫的祈祷。休谟在彻底经验主义哲学中，否认了世界的可知性，也否认了上帝的可知性。神、上帝这一支撑中世纪的社会理念在瓦解。那么，在一个怀疑甚至否认上帝存在的社会里，人们的基本生活理念应当是什么？

　　其次，启蒙运动又把中世纪看做一个愚昧的时代，而新来的时代则是"理性的时代"。启蒙运动者认为，理性的光芒将照亮一切，理性的法庭将审判一切。人类将在理性之光的照耀下获得真正的进步与彻底的解放。但是，理性果然如法国启蒙学者说得那样万能吗？英国经验论哲学在休谟那里，已经说明理性不但不能解决知识问题，而且也不能解决信仰问题。而最杰出的启蒙运动思想家卢梭，则事实上已开始了对启蒙运动意义的反思——他已经开始重新审查早期启蒙运动的信条——崇信理性万能。

　　将以上综合起来，从中世纪到近代社会的实质性变化就是这样：这是由一个"圣"的社会演化成一个"俗"的社会；是一个由形而上主导的社会演变成了一个只认形而下为实在的社会。圣奥古斯都曾写了《上帝之城与人间之城》的名著。在中世纪，人们普遍地把现世生活看做来世生活一种准备。人的世俗存在不过是以后进入天国的预备学校。而现在——经过启蒙运动，人们明白了，所谓"圣"不过是"俗"的一种歪曲的映照，天国与上帝都是虚幻的，惟有当下的尘世存在才是最真实的。同样的，哲学不但通过对神学的批判，同时也通过自身理性的认识论批判，产生了对实体、形而上学等的怀疑与否定——这些怀疑与否定与对上帝与天国的怀疑与否定一样，把人们的目光从天空拉回到大地，让人们扎实地立在脚下的土地上，生活得实际与实际地生活。

　　但是，神不存在了，君权与等级不存在了，人还是人——人的存在还是需要一个中心思想或一个生活理念。毋宁说，神向人、君权向民主的这种归落，使人更需要这种中心思想。但是，仅仅理性能提供这一中心思想吗？看来又不能够。那又是什么能提供这一中心思想，这一中心思想又应是怎样的风貌呢？这是康德时代社会精神的真正核心问题，是康德哲学产生的宽广深刻的社会背景。

我能知道什么

　　"三大批判"是构成康德哲学体系的三部主要著作。分别为：《纯粹理性批判》《实践理性批判》《判断力批判》。其中，《纯粹理性批判》是主要研究认识论的著作。《实践理性批判》是研究人的伦理行为的著作。《判断力批判》是研究美学的著作。因都有批判二字，故哲学史上常合称为"三大批判"。

　　《纯粹理性批判)是"三大批判"中影响最大的一部。它主要包含这样一些思想。

　　康德从那时的自然科学来剖析人类认识的内在机理。他把自然科学的认识原理，概括为"先天综合判断是如何可能的"根本哲学命题。所谓"先天综合判断"，简单些说就是先天的主观思维为认识提供认识形式，客观存在为认识提供认识材料内容，主观认识能力与客观认识材料结合统一而形成现实的认识。康德认为，自然科学的认识都是"先天综合判断"——自然科学提供的知识都包含了新材料，因此是"综合判断"。同时，自然科学所提供的知识又是普遍必然的，而必然性不会来于经验，只能是来自主体自身。这样，康德在认识论上就综合了经验论与唯理论两大学派，提出了包含更多真理性的新的认识论思想。康德认为，客体只提供感性材料，思维内在的范式、法则才是这些感性材料的能动处理者。因此，科学知识是人能动地提供的，"人为自然界立法"。认识不再是像过去那样被看做是围绕客观旋转，而是成了围绕主观旋转。这如哥白尼改写了星际的运行关系一样，被康德自称为是"哥白尼革命"。

同时，因为客体只为人类提供了材料，对客体的观念是人通过处理材料而得到的——因为这种处理已经打上了人的思维的印记，所以康德认为，人只能认识客体的现象，而现象背后的本体则不可知——一则是因为主观对客观的处理不免要歪曲客观，一则是因为本体也从没有为人类提供感性的现象。

以上的内容，我们不妨做如下的比喻。

佛教禅宗中有"磨砖做镜"的比喻。结论当然是磨砖不能做镜。为什么镜子能够映照人，而砖头就不行呢？因为，镜子与砖头有不同的资质。

又如，雷达能够发现空中的飞行器。而我们把随便一块铝板，或者即使我们把这一铝板制成钢精锅，也不能发现空中的飞机。道理也是同样的：铝板与钢精锅没有反映外物的内在结构。而雷达则有这种反映外物的内在结构。

电脑的道理也一样：我们知道，如果电脑的显像管是黑白的，你就不要指望能够看上彩色的图像。如果电脑没有安装处理汉字系统的软件，那么我们也决不能从中获得中文的文件。问题的结论是同样的：关键是里边有没有处理信息的相应程序。

从这里，我们人类认识的机理也就可以明白了：我们人类的大脑，只是"加工厂"，而不提供既成的知识。外物对我们映像，只提供"感性的材料"，也不提供既成的知识。二者结合统一起来，人类才能形成外物的知识。

康德认识论的基本思想，大体就是这样。而他在《纯粹理性批判》中对人类认识过程、阶段的论述，具体些说是这样进行的。

首先，认识的第一个阶段是感性阶段。认识感性阶段从外物说，是其直接呈现于人感性材料。从处理感性材料的内在主观形式说，是时间与空间，在人们看来，时间与空间是客观的，如何成了主观的"直观形式"？康德是这样论证的：没有空间，人们不能思考事物；但没有事物，我们可以思考空间。因此，空间是我们关于事物、关于现象世界的观念的必要的先决条件。只要是必要的先决条件，必定是心灵的先验的形式。这同样适用于时间。在此，我们要清楚的是：第一，康德的先验时空形式显然不同于个别的主观幻象，它虽然是"心灵的直观形式"，但它在康德哲学中的确是有不赖于某一主观的客观性或实在性的。第二，即使我们今天从唯物主义的立场把时空看做是真正客观的，但我们同时也应该理解，康德把它作为处理感性材料的感知工具的思想，仍然有着重大的理论价值——如果我们不把感性的杂多材料排列在时空的形式之中，那我们的认识的确只能是乱作一团的。

其次，认识的第二个阶段是"知性阶段"（或译"悟性阶段"）。

康德认为，仅仅时空中的对象不能产生知识。没有关系、联系的知觉不是知识。要运用概念范畴对感性认识进行综合整理，才能形成科学知识。而运用概念范畴进行判断推理的能力就是知性。康德提出了用以整理感性材料的、包括原因和结果的四组十二种概念范畴。

康德认为，以这些概念范畴对知觉进行加工，就可以提供科学的判断推理了。例如,仅有太阳与石头热的知觉,这并没有形成知识。将这两组知性纳入原因与结果的范畴中,便知"由于太阳照晒,所以石头变热",这便形成知识。使用知性范畴对感性知觉进行种种样样的加工整理,从而形成普遍必然的科学概念。

这里,看起来似乎没有什么问题,但是,事实上理论的艰深性,康德哲学的奥妙,正在这里。首先,思维有什么权利把自身放进对象之中,其充分的理由是什么?第二,这样以主观的范畴去"整理"感性对象,能保证所得出的知识的客观真理性吗?

关于第一点,康德认为,没有心灵以某种方式(空间与时间)知觉和以某种方式判断或思维,就不能有关于经验对象的普遍和必然的知识。范畴使经验得以成立,正是范畴为自己的用途而辩护的惟一理由。康德把心灵内在思维范畴引入经验,看做是近代科学成功的关键所在,同时这也就是他用知性范畴去处理感性经验的理由所在。

问题依然存在。如果进一步追问,为什么又偏偏是先验知性范畴,而不是别的什么使感性经验成了普遍必然的知识呢?在此,就涉及到了先天知性范畴的性质问题——它事实上是一种逻辑——康德也是把它作为一种逻辑来看待的——康德把它叫做"先验逻辑"。这种逻辑,有如数学:"笛卡尔说,数学的对象,虽不是实在的,而也不是乌有。它有'在',虽然不是实在。感觉没有这'普遍关连'的各种分子不能成立,我们的思想没有它们也不能成立。"

这里的核心思想我们可以大体把握:逻辑是一种不赖于个别意识而存在的"客观"的"理"。逻辑之"理"是一种"实在"——一种不同于"实在的"事物的"实在"。这一"实在"是理解"实在的"具体事物的基础。"实在并不是实在的,虽然一切实在的却离不开实在"。

由此,我们可以解开第二个问题:这样以主观的范畴去"整理"感性对象,能保证所得出的知识的客观真理性吗?亦即,这样由知性"塞"进感性材料之中去而得出的"先天综合判断",就是客观的自然律吗?

我们认为,近代自然科学的发展事实上已经回答了这一问题——科学家提出理论,总是先有设想、假说,然后再有实验,然后才确定统治自然界的规律是什么。总是先有逻辑之真,然后才有自然规律之真。逻辑确是有"实在"性的,是普适的。从认识论的、科学发现的角度讲,的确是郑昕先生表达的康德哲学的原理:"除开思想律,不能说自然律;除开吾心之理,不能言外物之理。"

第三,认识的理性阶段。

人类思维的使用总是趋向于没有止境的。这样,它就由知性阶段而进入到理性阶段。然而,纯粹理性的使用在科学认知中是没有积极结果的——这主要是因为感性并没有为理性提供相应的对象——理性所要求证的实体、上帝、灵魂等等,没有任何感性经验做它们可以成立的基础。于是,理性的超验使用就产生自相矛盾,其自相矛盾就表现为下述四个二律背反:

第一,世界是有限的,又是无限的。

第二,世界是单一、不可分的,又是多样的、可分的。

第三,世界是自由的,又是必然的。

第四,世界有初始原因,世界又没有初始原因。

这四个二律背反实质上是说,理性的超验使用是没有任何结果的。这事实上是提醒人——认识最好就此打住。在康德看来,理性在科学认知中只是起一个安全阀的作用。它似乎只是为认识树起了一个告示牌——军事禁区,非公莫入。

《纯粹理性批判》的成就是显而易见的：它把理性区分为与经验结合的理性与不能与经验结合的理性。从而使理性成为科学认识的积极条件，同时，又制止了理性的超验使用，挖了旧形而上学的根。这样，《纯粹理性批判》就成了古典哲学理性与近代哲学理性的分水岭。同样《纯粹理性批判》也把感性经验与理性结合起来，使在休谟哲学中只对认识起破坏作用的经验，成为科学认识的必要成分，从而揭示出经验对认识论的真正价值。可以说，它既是近代唯理论与经验论缺陷的克服，又是对它们的合理价值的承扬。它所开拓出的哲学认识论的新境界，一直是近代以来认识论研究的必经道路——到现在，《纯粹理性批判》仍然是哲学认识论的最权威经典。

物品有价格　人只有人格

与《纯粹理性批判》相比，《实践理性批判》就容易理解多了。实践本就比理论容易理解——这一点，康德与我们的看法是一致的。

第一，两个世界——必然与自由。

《纯粹理性批判》刻画出一个必然的世界。先天综合判断所论证的，就是自然规律的普遍必然性。康德哲学认为，自然界是为必然性统治的——它只有必然而不可能有自由：由星云向星体的演化是必然的。太阳照在石头上，因而石头发热是必然的。地球自转，因而潮汐运动是必然的。下雨因而地湿也是必然的。自然界是锁在必然性的因果链中的。

同样，人作为自然存在也属于自然世界。作为血肉之躯的感性人、自然人，同样也永远被锁在因果链中，只有必然而不可能有自由：人要生存，就必须吃喝住穿。人活着，必然要经历生老病死。要生活就必须汗流满面地劳作。要延续后代就必须娶妻生子。既娶妻生子，则必挈妇将雏、满面烟火，艰辛地挣扎于尘埃之中。"七月流火，九月授衣。一之日　发，二之日栗烈。"《诗·七月》不就是叙写的劳动的艰辛？"万里悲秋常作客，百年多病独登台。艰难苦恨繁霜鬓，潦倒新停浊酒杯。"杜诗写的，不就是人生的病苦？"欢乐极兮哀情多，少壮几时兮耐老何？"即使英雄如汉武，也逃不出自然律决定的衰老与死亡。

然而，康德认为，人作为有意志、有理性的人，却是可以摆脱必然而进入自由的：他可以选择，可以弃取，可以自己决定有所为或有所不为。人的理性存在是一个与感性世界不同的世界，在这一世界中，不是必然，而是自由，才是它的基本法则。

所谓自由，当然不是为所欲为，而是作为理性人的自由意志对感性世界的因果必然的拒斥与超越：这不是人为自然因果决定而是人自己决定自己。例如，动物都趋利避害，然而人却可以"不避刀钺，惟义所在"。例如，口之于味也，目之于色也，"人之大欲存焉"，然而，人却可以"非义不取"。颜子"一箪食，一瓢饮，在陋巷，人不堪其忧，回也不改其乐"。孟子描写的大丈夫"威武不能屈，富贵不能淫，贫贱不能移"。这些可以说就是人超越自然因果链的自由的表征。人可以贪生怕死，也可以舍生取义。可以"随波逐流"，也可以"江流不转"。这就是道德选择的自由，也就是惟有理性的人才能有的不同于因果必然世界的意志自由世界。

第二，意志自律。

不难看出，康德的这种意志自由，事实上就是意志自律。所谓自由的世界就是自律的王国。康德认为，自然中的一切都是他律的，惟有人才是自律的。在自然界中，因产生果,果产生于因,种瓜得瓜,种豆得豆,在必然的因果链中一切都是为他物决定而不是自我决定的。而在理性人的王国中,人却可以自己为自己立法。人的自由也就在于理性可以为自己立法。

在康德伦理哲学中,这种理性的自我立法,首先针对的就是以环境、幸福、良心、神意等等为道德动机的他律。例如,如果是神决定了人如何行动,那么,人对自身的行动就没有什么道德责任了。如果外在的社会环境就是人的行为的理由,那么,人也就同样不必为自己的行为负责了。同样,如果从快乐、幸福出发而行动,这同样也不是道德的——因为,快乐与幸福常常就是为人的感性欲望所驱使。

我们从西方伦理史的苏格拉底之死、基督之死,从中国伦理史的"孔席不暇暖,墨突不黔黑",的确不难看到这种道德的"理性自律"。

康德伦理学是严厉的。甚至于,从良心、同情产生的行动,康德也认为它们还不是道德——因为良心与同情仍然属于人的内在自然,也还不是人的立法的道德理性。

这种过度的严谨曾引起席勒的嘲笑,席勒写道:

我乐意为亲友们效劳,可是——唉! 这样我就有对他们偏爱之嫌了。

于是有一个问题折磨着我:我是否真有道德?

这里没有别的办法:

那就尽量蔑视他们,并心怀厌恶去做义务要求我做的事吧!

初创的康德伦理的过分严厉后来有所改变。他缓解了义务与幸福、义务与爱的对立,而试图把它们结合起来。但是,自律与义务自始至终是康德伦理学的核心。康德认为,人的自律意志既不是情欲(动物性)的奴隶,也不是神的工具,既不受快乐、幸福、欲望的驱使,也不受神意、天命、良心的支配。人不是物(只知服从),也不是神(只知立法),而是服从自己立法的主人。道德律令是绝对服从又法由己立。它以人为目的而普遍有效。这种理性自律,在康德哲学中体现了自然世界与理性世界的根本区别,是康德伦理哲学的基本观念之一。

第三,人是目的。

人是目的是康德伦理哲学的另一基本律令。人是目的,区别于人是手段。为什么人是目的而不是手段? 这首先是因为把人作为手段,在理论上是"自相矛盾"的:如果你把人当做手段,那你同样也会被人当做手段了。这就如现实中,官员把商人看做发财的手段,官员也同样成了商人致富的途径了。小姐把大款看做摇钱树,大款也把小姐当做金丝雀了。大家相互利用,大家也就都是手段。这种互为手段,相互利用,把人降到了物品或商品的程度,完全涂泥了人作为人的人格尊严。因此,人只能是目的,而不能是手段。

康德强调,物品有价格,人只有人格,他不能因对谁有用而获取价格。人作为自然存在,并不比动物优越,也并不比动物有更高价值可言,但人作为超越自然的存在,作为实践理性的主体,是超越一切价格的。人的价值是不能用利害功用计算和估价的,任何物质财富、珍宝异器都不能与人的存在相比拟。

人是目的是康德伦理学的普遍立法原则。它因为对人人有效因而对自己有效:要尊重人,同时要自尊。人作为人,人格平等。对别人采取你希望他对你采取的那种态度吧! "要这样地行为,使你意志的规范始终能够成为普遍立法的原则"。

可以看出,这是卢梭思想的伦理表现,是近代社会原则的伦理形式。从近代社会革命的背景,我们对康德这一伦理原则就容易理解了。

很显然，康德这里的作为目的的人，只能是理性存在的人而不是感性存在的人。只是这种理性存在，才使人获得人格，使人有物所不有的尊严，才使人超越自然，高出尘表。

在康德哲学中，这样的道德理性的人，不仅是人类本身的目的，而且似乎就是整个宇宙演进的目的。康德说，自然在为我们所作的聪明准备中，即在我们理性的构造中，其最终意向的确只是指向道德的。自然的最终目的是人的世界，是超出自然的道德的人。

康德在这里谈到了自然的最终意向。我们知道，康德在《纯粹理性批判》中拒绝理性的超验使用。但是，在《实践理性批判》中，人既然有超越自然因果链的存在，说明人比感性自然有更深刻的存在。这一存在是什么呢？它或可就是感性自然背后的实体、上帝等形而上存在。当然，这里不是纯粹理性，对此"只可思之，不可知之"。

对康德伦理学有种种批评，如非历史、形式主义等等。然而，我们也不难看出，正是康德伦理学，而不是历史主义之类的伦理学，才真正以纯粹、尖锐的形式，揭示出了道德伦理的根本特质。

自由和谐的最终达成

《判断力批判》是康德的美学著作。

《纯粹理性批判》为我们勾画出一个为必然因果律统治的自然世界。《实践理性批判》为我们勾画出一个理性自我立法的自由世界。人既是自然世界的一部分又属于理性世界。这二者的联系是什么？如何将二个世界统一起来？这便是《判断力批判》要解决的问题。

从上文我们已经看出，康德的思想方式就是能够以最尖锐的方式指出研究对象的性质。对美也一样，《判断力批判》明确地指出了美的性质：美就是"非功利而生愉悦"。美不是与对象的内容有关，而只是与对象的外表形象（形式）有关，因此审美愉悦与生理的愉快和道德的愉快不同：后二者都与内容的存在有关，而审美乃是超脱了任何利害关系，对对象存在无所欲求的"自由的"快感。

第一，纯粹美与依存美。

就美的形式，康德首先指出了纯粹美与依存美。

纯粹美就是花、鸟、贝壳、自由的图案画，"框缘或壁纸上的簇叶装饰"，以及无标题、无歌词的音乐等等。这是纯粹的形式美。它充分体现了康德定下的美之为美的标准，最符合康德关于美的分析的几个要点，如非功利、无概念、没有目的等等。

依存美则表现为形式与目的的一致。康德认为，自然美不只是形式美，而且同时也包含了对大自然合目的性的赞美，包含了自然景物对道德观念的类比。如，白色象征纯洁，红色象征热烈。由此，康德作出了"美是道德的象征"的著名定义。康德认为，艺术的本质是依存美而不是纯粹美。其理由就在于纯粹美很难，而依存美则可以提供出"美的理想"与"审美理念"。而后者，则是艺术欣赏与艺术创作的关键。

艺术是在有限形象里展示出无限的理性内容。虽然，它是形象而非确定的概念，但是，它"言有尽而意无穷"，不是认知对象，不是知性范畴、概念所能穷尽或适用，而是指向超经验、超自然因果的道德世界。

由此，依存美之高于纯粹美、艺术之高于自然美，就是可以理解的了。

第二,优美与崇高。

康德另一深入分析了的美的形式是优美与崇高。

康德认为优美的东西使我们爱慕,崇高的东西则使我们激动。他列出了一大串优美与崇高的审美现象,如:白天是优美的,夜晚是崇高的。女人的智慧是优美的,而男性的智慧是崇高的。多血质的人常常是优美的,而抑郁质的人则属崇高之列等。

在优美与崇高中,康德认为崇高比优美更深刻地体现着美。崇高或表现为体积上的庞大无垠,或表现为力量上的无比威力:"乌云密布、挟着雷电的天空。带着毁灭力量的火山。飓风带着它所摧毁的废墟。惊涛骇浪的无边无际的大海。"康德认为,在对崇高的审美中,一方面想像力无力适应自然的对象而感到恐惧,另一方面要求唤起人的理性理念的力量来掌握和战胜对象,从而由对对象(自然)的恐惧、避畏的痛感转化而为对人自身的尊严、勇敢的快感。这也就是在感性中实现出理性理念,显现出道德、伦理、人的实践理性的力量。

第三,无目的的合目的性。

无目的的合目的性就是说审美对象总是在一种看似无目的形式中,隐含着某种目的性。

艺术作品,就形式说看似是无目的的。康德说:"一个对象,一片心境,甚或一个行动……并不必然地以一个目的表象为前提。"艺术品"非功利而生愉快","无概念而趋于认识"。也就包含了其无目的的意思。就审美对象说,它与功利、欲望无关。就美学创作说,一段舞、一幅画,似乎就是一场游戏,而与目的无关。自然美,就更难以看出它的目的性。

然而,作为想像力与知性趋向于某种未确定概念的自由协调,审美又具有一种合目的的性质。审美对象言有尽而意无穷,在有限的形象里展示出无限的理性。艺术家要去捕捉和表现既具有理性内容又不能用概念来认识和表达的东西,以构成审美理念,创造美的理想。而自然美,也不仅是形式美,它也包含了对自然存在本身的知性感受,从而超越审美的主观合目的性而趋向自然的客观合目的性——这,我们从康德对崇高的分析,就可以清楚地看到了——自然美的实质,似乎就是要在否定感性的人的同时,让人看到深层的理性人的自觉与尊严。

这样,"无目的的目的"这一艺术基本特征表现的,仍然是感性与理性、规则与自由的统一。

康德美学,要实现的是自然世界与伦理世界的连接。而这种连接,我们已经在康德对美的各种分析中看到了——自然,不仅是认知的对象,而且是审美观照的对象。人的道德理念,不但可以作为人的伦理行动的律令,而且可以表现在感性对象之中。因此,世界在感性现象上虽不统一,但可能在更深存在的本体世界是统一的。这就是《判断力批判》所要表达的基本观念。

体系及影响

很容易看出,康德哲学的构造形式是真、善、美。真,由以解决认识论问题。善,由以解决伦理学问题。美,由以释说不同于前二者的认识领域。这些任务,就是在上述三大批判中完成的。

将真、善、美作为人类的根本价值,在西方历史久远,这可以追溯到苏格拉底。但是,在西方哲学史上,又从没有人像康德这样,把真、善、美作为哲学体系的主构造,而建成哲学的理论大厦。对真、善、美所体现的人类根本价值作出深刻论证,是康德哲学的重大贡献。然而,康德哲学的深度又不仅在于他论证了这些根本价值,而且在于他对这些价值的每一个领域的论证——对每一哲学领域的论证都极其深刻、体现了当时哲学的最高水平。

从认识论说,康德综合了当时唯理主义与经验主义两种理论,区分了理性与经验的有效使用与无效使用,科学解释了认识是一种能动的建构。康德的认识论学说,一直是以后哲学认识论的经典,康德到现在也是这一领域的顶尖宗师。

在伦理学领域,康德提出了意志自律、人格至上、人是目的等根本命题,揭示出人的存在与物的存在的根本区别,尖锐地凸现出道德伦理的最根本特征,其警策深刻,决不亚于其认识论领域的贡献。

美学在哲学中的地位一直不高。但是,自康德以来它却获得了原来所没有的重要性。它不仅是康德建构体系的需要。在康德美学宇宙的"目的"、"合理"概念中所蕴涵的宇宙与人类存在的和谐性的观念,在现代文明条件下正日益获得人们的重视。

康德在晚年曾提出,哲学的问题可以归结为"我能知道什么? 我应当做什么? 我能希望什么? 人是什么?"四个问题。在这四个问题中,康德又把前三个问题归结为最后一个问题。可以说,康德哲学就是对人是什么的问题的回答,人的问题是康德哲学要回答的根本问题。

康德哲学为什么要以人的问题为核心? 这我们从本文提供的时代背景已经可以得到解答了:中世纪是一个笼罩在"上帝之城"的光环中的世纪,而文艺复兴以来人类却发现人事实上不过是居住在"人间之城"。问题的发展以后就越来越清楚了:康德去世大约四十年后,孔德实证主义出现,公开提出了反对形而上学的口号。又以后不久,尼采就更惊人地宣告:上帝死了。物欲横流,金钱丁当作响。在这样一个没有上帝的世界里,人应当怎样生活? 什么才是人生价值的终极坐标? 从历史的深远背景上看,康德哲学解决的正是走出中世纪以后的近现代人的根本生活理念问题。国内似乎尚无人从这一层面来研究康德哲学。然而,问题的实质正是这样。

康德哲学也正是因为对这一问题的杰出的回答,而成了哲学史的一个枢纽。近现代以来,似乎没有哪一个哲学家比康德的影响更大:

康德是德国古典哲学的开创者,其中几个主要人物都受康德的影响,如:费希特直接受教于康德,其体系由康德哲学脱胎而来。而黑格尔,一方面几乎在每一部著作中都要批判康德,另一方面他也承认:"康德哲学应成为新哲学的基础和出发点,任何离开康德立场的倒退都是不允许的。"

康德去世以后,其学说分裂为两个学派:马堡学派与弗莱堡学派,并产生了种种的新康德主义思潮。现代西方哲学分为科学哲学与人文哲学两支。在科学哲学中,逻辑实证主义与康德哲学的关系,是不言自明的。而作为人文哲学主潮的存在主义,认为知识与信仰分属两域,极言"人被抛入自由中","人不得不自由",这不是来于康德又是什么?

现代以来不绝如缕的"回到康德去"的口号也颇能说明康德的影响。列宁在《唯物主义与经验批判主义》一书中表达了对这一口号的愤慨。而近年对海德格尔哲学的批评,竟也是在重复这一口号:"汲取海德格尔的教训,别无他途……那就是——回到康德去。"

西学东渐,本世纪中国人也开始知道康德的名字。最早介绍康德的是国学大师王国维。他写下了著名的《汗德像赞》(即《康德像赞》),其中有"谷可如陵,山可为薮;万岁千秋,公名不朽"的句子;中国共产党的早期领导人罗章龙1924年赴欧工作,曾专程经哥尼斯堡拜访康德故居。毛泽东的岳父杨怀中先生对康德的伦理学十分推崇。郑昕先生自20年代始,在北京大学授康德哲学40年。1946年出版的郑昕的《康德学述》和1979年出版的李泽厚的《批判哲学的批判》,则是中国人研究康德哲学的重要专著。

　　中国文化的发展正在与世界接轨。中国正在走向一个市场经济的新时代。在这一新时代来临的时候,也许镌刻在康德墓碑上的哲人的这一传遍世界的名言将会引起更多人的共鸣:

　　有两种伟大的事物,我们越是经常、越是执著地思考它们,我们心中就越是充满永远新鲜、有增无已的赞叹和敬畏,那就是我们头上的灿烂星空和我们心中的道德律。

伏尔泰

"法国启蒙运动公认的领袖和导师。"

"十八世纪欧洲思想界的泰斗。"

"科学和艺术共和国的无冕皇帝。"

……

这些崇高的荣誉和称号都是属于伏尔泰的。

伏尔泰是 18 世纪法国启蒙运动的开拓者和巨擘。他生于 1694 年,卒于 1778 年,享年 84 岁。高寿使他几乎伴随启蒙运动历史发展的全过程,有幸亲眼看到法国封建王朝的苟延残喘和新兴资产阶级的蓬勃兴起,并以六十余年的毕生精力,致力于揭露和打击封建专制制度,致力于轰轰烈烈的资产阶级思想革命运动。他才华横溢、学识渊博,在哲学、史学、文学、社会政治等领域都取得了卓越的成就,留下了大量的著作。18 世纪末编辑的第一部《伏尔泰全集》,8 开本有 70 卷之多,12 开本竟达 90 卷,仅他那内容丰富、文笔俏丽的书信就编了 10 卷以上。

伏尔泰奋斗时间之长,斗争范围之广,著作数量之多,思想影响之深,在 18 世纪的法国赢得了广泛的声誉。他赞成什么,反对什么,整个社会都倾听他的意见,他能使每一句新的言论变为信条,使启蒙运动的思想变为群众的财产和行动的准则。伏尔泰的成就和威望,是同时代的任何人都无法比拟的。当时"所有高尚的天才都追随着伏尔泰。沉思的卢梭自称是他的学生;热情的狄德罗是他的信徒中最热诚的一个。"同时代的杜威尔纳在评论伏尔泰时也指出,任何国君也不能有与此类似的威望来控制舆论。伏尔泰不仅是不可争辩的哲学泰斗,他作为欧洲 18 世纪的时代象征也是毫不过分的。

伏尔泰对人类思想和社会进步的巨大贡献,使他不愧为世界著名思想家之一。

封建叛逆

正当法国封建专制发展到顶峰、社会矛盾日益激化的社会大变动时期,伏尔泰来到了人世间。出身于第三等级的伏尔泰,天资聪慧,自幼受到诗和戏剧艺术的熏陶,受到以哲学为中心的怀疑原则的感染。他目睹人民的疾苦和现世的不平等,于是,便以笔为武器,反对封建专制,反对天主教会,成为现实社会的叛逆者。

(一)人世间

1694 年 11 月 22 日,在巴黎新桥附近一个布置典雅的住宅里,一位身着紧身皮袄的中年男子在过道上焦急地踱来踱去。产妇一阵紧似一阵地呻吟,使他头脑发涨,心房紧缩。突然,婴儿"哇"的一声啼哭,他那绷紧的神经终于松弛了,急忙向房间那边奔去,但房门依然反扣着。正当他无奈之际,产婆把门拉开一条缝,探出头来说道:"是个男孩,可弱得像只瘦猫,恐怕只能活一个小时。"

这个小生命姓阿鲁埃,取名弗朗索瓦——玛利,他已经是这对夫妇的第五个孩子,也是最末的一个孩子了。小阿鲁埃先天不足,体质非常纤弱。按照当时基督教的规矩,须由神甫或牧师往来世者的头部洒些水,让水从额上缓缓流下,以赦免"原罪"和"本罪"。这样的洗礼,赢危的小阿鲁埃是无论如何也经受不住的,只好免了这一"圣事"。

一来到人世间就没有循规蹈矩的阿鲁埃不是别人,就是后来蜚声整个欧洲的伏尔泰。

伏尔泰来到人世间,正值"太阳王"路易十四亲政的第三十四个年头。

路易十四亲政时,由于他采取各种措施加强王权,推行重商主义政策,称霸欧洲,使得法国空前强盛,封建专制制度发展到了顶峰。

路易十四为了增加国家的经济实力,兴办了许多大规模的手工工厂——"王家工厂",这些工厂享有巨额的政府津贴,拥有各种贵重设备,雇佣了很多工厂。煤矿开始采掘了,冶金工业在大力发展,一些部门的经济专业化也逐渐发展起来。许多内地关卡的取消,道路的修建,以及地中海和大西洋运河的凿通,使税率大大降低,促进了国内市场的成长。为了扩大对外贸易,法国设立了享有特权的垄断公司,如东印度公司、西印度公司、北方公司、列万特公司等,还建立了一支可供商业和军事需用的大舰队。重商主义政策的实施,使大量金银流入国库。

路易十四采取各种措施强化封建王权。他亲自主持国务会议,听取大臣们的报告,亲自签署一切国事公文。亲自向各郡派出具有财务、司法、警察、行政和军事权力的行政官员,任命各市主要官吏。对地方兵力实行集中管理,直接由各郡郡守和国王派遣的监督官统辖。

路易十四凭借其强大的经济政治实力,为了收复失地,争夺欧洲优势、海上霸权和殖民地,多次进行对外战争。先是利用三十年战争后的有利形势,发动了对西班牙的战争。1672 年又与荷兰进行了七年之久的战争。1679 年至 1683 年间,路易十四责成法学家调查了在历次条约中法国被割去的城市和地区,并在"收复"的借口下,于1681 年突然占领了斯特拉斯堡。法国的强盛,导致了由荷兰、奥地利、西班牙、瑞典、萨瓦、意大利和德意志一些小邦的君主参加的奥格斯堡联盟。不久英国又加入了这个反法联盟,并在其中占据了重要地位。从此,反法联盟同法国进行了顽强而持久的争夺殖民地的战争。

天主教在法国本来就是植根极深的国教,在路易十四时代,也是封建专制统治的组成部分和精神支柱。法国的僧侣和封建贵族一样过着极奢侈的生活,一些高级僧侣在政府中身居要职,与宫廷贵族紧密勾结、相互利用,以维护封建专制制度。一方面,天主教会依据《圣经》和圣徒的"言行录"颁发无数教义、教规,并严密控制官方舆论工具,大肆传播"天启"、"神迹",以束缚人们的思想,支配社会的文化生活,为封建专制制度涂洒灵光圣水。天主教会还竭力推行蒙昧主义,愚弄、欺骗、麻醉人民。他们鼓吹"上帝创业"、"原罪"、"灵魂不死"等谬论要人们忍受现世的苦难以换取来世的幸福,要人们服服帖帖地做封建专制制度的驯服工具。另一方面,国王、贵族也很少违背教会的旨意,因为他们懂得,要维持自己的政权,就必须依仗教会的力量,王朝政府把教义视为国家法令,违者要处极刑。正如恩格斯所指出的:那时候"教会教条同时就是政治信条,圣经词句在各法庭中都有法律的效力。"

路易十四执政时期,法国是空前强盛的。伏尔泰在他后来的著作中曾写道:"路易十四从整顿多年惨遭破坏、因而紊乱不堪的国家财政着手。国库恢复井井有条,军队纪律整饬一新。阔绰豪华以及端庄礼仪使宫廷更加美化。甚至娱乐消遣也生辉放彩。所有技艺都受到提倡鼓励,并为国王和法国光耀门楣。"然而,也正是在这种表面强盛之下,法国的社会矛盾日益激化,封建制度开始没落。

路易十四统治时期的法国,虽然很强盛,但是对于人民来说却是一个灾难深重的时期。当时的法国还是一个农业国,国家的主要收入靠农民经营土地。封建贵族牢牢控制着这一经济命脉,20万贵族占有全国土地的三分之一,14万僧侣占有土地四分之一,而2000多万农民占有的土地还没有20万贵族占有的土地多。全部农民几乎都依附于封建贵族而受其奴役和剥削。连年不断的对外战争和社会上层的盘剥,迫使农民要把每年收入的一半以上交给国库、教会和地主,人民苦难深重,农民暴动和城市平民的反抗斗争不断兴起。

早在1662年,奥尔良、布尔热、蒙彼利埃等城市就发生了平民起义。1664年,加斯科尼郡爆发了奥迪若领导的农民起义,起义农民同政府正规军作战,坚持数月,汇成大规模的农民战争。1674年至1675年间,在第戎、布列塔尼等地区也先后发生农民起义,起义队伍攻打城堡,袭击税吏,要求取消封建贡赋和捐税。直到七十年代末,在路易十四的军事镇压下,人民的反抗斗争才暂时趋于低潮。

尽管如此,路易十四并没有能阻止封建王朝开始走下坡路,相反,他对百姓的镇压、榨取和一系列强化封建专制的措施,却直接或间接地、有意无意地对封建制度的灭亡起了推波助澜的作用。事实上,封建统治阶级为了增加政府收入所采用的一系列发展工商业的措施,在客观上增加了社会经济中的资本主义成分;专制王朝推行的保护关税以及阻止外商的侵入,大大强化了国内工商业;商船队的建立,为工业品开辟了广泛的国外市场;封建领主大肆强占土地,又迫使农民不得不到城市做工,为工商业的发展提供了自由的劳动力。工商业的初步发展,使当时的法国更明显地划分为三个等级:第一等级是贵族;第二等级是僧侣;包括资产阶级、农民、城市平民和工人在内的广大人民属于第三等级。

伏尔泰的家庭不是名门显贵,而属于第三等级的市民阶层。伏尔泰的父亲当过皇家顾问,做过巴黎夏德莱区的法律公证人,后来担任审议院的司务。伏尔泰的母亲玛甘莉德·杜马尔,娘家颇为景气,与名声显赫的贵族素有来往。这对夫妇共生有四男一女,长子和三子早年夭折,次子后继承父业,女儿嫁给了一个伯爵,成了享有盛名的贵夫人。上了年纪的父母,并没有把这最末一个男孩的出世作为乐事。因为伏尔泰自幼就不是一个恭顺的孩子,常常惹事生非。这使刻板的父母十分讨厌。

但来访的客人却都很喜欢他,因为他自幼活泼伶俐,爱动脑筋,喜欢观察周围的事物,聆听别人的交谈,常常问一些大人都难以回答的事情。他那大胆、早熟的顽皮性格,使人们都管他叫机灵鬼。伏尔泰体质虽弱,但颇具天资,他的精力旺盛,智慧过人。刚满三岁时就能在教父德·夏托纳夫的指导下,背诵拉封丹用讽刺笔调描写当时社会的寓言诗,并开始练习作诗。伏尔泰在幼小时期就对诗产生了浓厚的兴趣,同时也被诗人戏剧性的生活所吸引。在他幼小的心灵里,诗与鞭笞时弊似乎是同一个东西。

(二)放荡不羁的中学生

伏尔泰十岁时,进入大路易中学接受最初的教育,这所学校是耶稣会为贵族子弟开办的,是当时巴黎的名牌中学之一。学校里经常举办拉丁语或法语的戏剧表演,这使得伏尔泰在一定程度上接受了文艺复兴时代进步传统的影响,同时也在心目中种下了爱好戏剧艺术的幼苗。但是，这所学校恪守着封建专制的等级制度，在这里就读的那些大臣、贵族的纨绔子弟们，带着仆人住在单独的舒适的房间里，而资产阶级的孩子们只能是挤在公共寝室里。这种依财富、门第区分贵贱的习俗，渗透到课堂教学以及学校生活的各个方面。年少的伏尔泰对此忿忿不平，在他那天真纯洁的意识里，埋下了抗议社会不公平的种子。

当时，大路易中学采用规范化的传统教育方式。伏尔泰在这里读拉丁文，背诵修辞学，崇尚古代的史诗和悲剧。他曾严厉地谴责过这所学校教给他的知识实在太少——"我甚至不知道我出生的这个国家；我不懂得任何根本法和我的祖国的任何需要；我不知道数学中的任何东西，对于正确的哲学是什么也不懂。我只知道拉丁文和愚蠢。"他常常凭着自己的小聪明跟老师捣乱。学校里，总是要等到教堂的圣水缸里结了冰，才肯给学生们生炉子。伏尔泰常常把院子里的冰块悄悄拣来，扔进圣水缸里，以表示不满。

伏尔泰对学校规定的课程从不肯下功夫，却喜欢看些课外书籍。在对待课外读物上，他与同龄的学友不同，不是热衷于中世纪的冒险传奇，而是读一些适合于成人的书籍。在上中学的时候，伏尔泰读了不少伊壁鸠鲁的著作，他对伊壁鸠鲁的思想十分推崇。尤其是毕耶尔·贝尔的著作，更是一直吸引着他。

贝尔出身于法国一个新教牧师家庭，早年在土鲁斯大学和日内瓦大学读书，以后在色当的新教学院任哲学教授。这个学校被路易十四封闭后，贝尔离开法国，到荷兰鹿特丹大学任历史教授。后因反对教会，被荷兰当局免职。贝尔是法国资产阶级启蒙运动的先驱。他继承了法国蒙台涅和笛卡尔的传统。以怀疑论为武器反对经院哲学，反对天主教会。在其著名的著作《历史和批判词典》中，他运用大量事例，论证了教会的卑鄙、贪婪、残暴，以及天主教教义的虚伪性。贝尔认为，必须把哲学和宗教分开，把哲学从中世纪作为神学婢女的地位中解放出来，把哲学归还人类。在贝尔看来，宗教是荒谬的，是凭借上帝的权威强迫人们去盲目信仰。不能用哲学、理性证明宗教教条的真理性，相反，只有用哲学、理性才能揭露宗教的荒谬性。

贝尔去世的时候，伏尔泰年仅十二岁。少年的伏尔泰，虽不能完全理解贝尔著作中所阐述的思想内容，但是，贝尔以哲学为中心的怀疑原则和向宗教挑战的精神，却对伏尔泰产生了深远而有益的影响。伏尔泰在中学时代所表现出来的那种桀骜不驯、敢作敢言，在很大程度上正是来自贝尔的先进思想。

中学时期的伏尔泰，交往非常广泛。他结识了许多乐于助人的良师益友和知名的自由主义者，保雷·度纳曼、杜利埃教士等，就是其中的好老师。由教父的介绍，伏尔泰认识了法兰西大修道院院长菲力浦·德·望笃姆，这位院长虽然深居巴黎著名的教堂圣殿，但他阅历很深，眼界开阔，并同当时一些进步的文学家、艺术家自由结成了一个"圣殿集团"。伏尔泰常常出入其间，耳濡目染，深受启迪，进一步萌发了反宗教的思想意识。

在大路易中学一次激烈的争吵中，伏尔泰向与他同龄的一个孩子叫道："滚开，否则我会把你送到普鲁通（希腊神话中的一个恶魔，类似中国神话中的阎罗王）那儿去烤火！"他的伙伴反驳说："为什么不送到地狱去？"伏尔泰一本正经地说："谁见过这些，它们是不是真的存在啊！"还有一次，大路易中学的教员廖日长老，被伏尔泰讽刺性的反驳搞得恼火了，他跑下讲台，一把抓住伏尔泰的后衣领，声嘶力竭地叫嚷："见鬼！你总有一天会变成法国自然神教的宣传者！"当时谁也不曾料到，这位耶稣会长老的训斥日后却能变为现实。

放荡不羁、踌躇满志的伏尔泰,由教父介绍还认识了当时巴黎的才女妮依·德·朗克鲁夫人。这位年逾八旬的老太太,对年少的伏尔泰十分溺爱和赏识,称他为神童。朗克鲁夫人知道自己已不久人世,便于 1704 年 11 月 19 日立下一份遗嘱,给伏尔泰一笔为数一千里弗尔的赠款,作为购书之用。1705 年,这位好心肠的老人便与世长辞了。伏尔泰本打算用这笔钱买一些图书、资料,开辟一个有精神养料的知识小天地,但是由于法国和西班牙的战争而落空了。

法国在西班牙哈布斯堡王朝的末代国王死后想吞并西班牙,这就使得所有靠近西班牙的国家,甚至欧洲所有的国家都感到恐惧,因而他们结成了联盟反对路易十四。战争从 1701 年开始,一直延续十四年之久。法国连吃败仗,用于军事的费用逐年剧增,造成国库空虚,物价飞涨。这迫使伏尔泰不得不用这笔款买些面包果腹度日。

伏尔泰反对这场祸国殃民的战争,同情人民的疾苦和战争伤残者。一次,他写了一首题为《圣热纳维埃夫颂》的小诗,对一位战争伤残者的痛苦命运表示同情。后来,这首诗传到了凡尔赛宫,并引起了王太子的注意,王太子果真赏给这位伤残者一把金路易(有路易十三头像的法国旧金币)。

可见,在中学时期,伏尔泰那天资聪慧的心灵上就留下了创伤,种下了反抗封建特权的种子。他不甘忍受现世的不平,在一条反对封建秩序和教权主义的人生道路上,已经开始起步了。

(三)逆子

1711 年 8 月,十七岁的伏尔泰结束了在这所子弟学校的学习生活,他向父亲声明要做一个诗人。对此,父亲十分震惊,生气地说:"你想成为一个对社会毫无益处的家伙,生累父母,死于饥饿!"当时,摆在非贵族出身的伏尔泰面前有两条路,一是背圣经,做教士,走教会的道路;二是读法律,当法官,走政界的道路。伏尔泰早对读圣经、穿教袍深恶痛绝,父亲只得将他送进一所法科学校,让他将来好接替自己主持的公证人事务所,成为法官,耀祖光宗。

伏尔泰被迫进了法律学校。那一本本用僵死拉丁文编成的法典简直像天书一样晦涩难懂,呆板的生活使伏尔泰厌倦,他有时怠工,有时干脆逃学。伏尔泰的父亲对这个不成器的孩子伤透了脑筋。

就在这个时期,国家由于在西班牙继承王位的战争中连连失利,财政匮竭,开始了卖官鬻爵。1711 年国库就因这笔收入得到了一亿二千七百万里弗尔。第三等级的一些人可以买到贵族头衔的职位了。

伏尔泰的父亲想用金钱给儿子买下一个荣誉官职,以装点门面,可是遭到了伏尔泰的坚决反对。他对父亲说:"买来的荣誉我不要,我自己会得到荣誉。"他认为,有钱也许能购买到官职,但不一定能当诗人,诗是一种天才的创造,是无法用金钱买到的。

伏尔泰不当官,也不上学了,他同上流社会的子弟混在一起。这时的伏尔泰,挥霍无度,放荡不羁,以锋利的谈吐和俏皮的警言出了名。与此同时,伏尔泰出入"圣殿集团"也更加频繁了。父亲很快察觉了这一情况,他担心儿子继续与"圣殿集团"来往会惹出事来,给家庭带来灾祸,便设法想找一个安逸的环境,把儿子教养成安分守法的顺民。

1713年,正巧伏尔泰教父的弟弟德·夏托纳夫侯爵出任法国驻荷兰大使,伏尔泰便以随员的身份被带到海牙。年方十九的伏尔泰,聪明伶俐,一表人材,身上穿着有镶饰的华丽外衣,身佩宝剑,如同天使一般。他在法国驻海牙的使馆中担任大使秘书的工作,大家都简单称呼他阿鲁埃先生。

伏尔泰的父亲哪里知道,当时的荷兰是欧洲著名的自由之邦。在这里,伏尔泰反而获得了更多的自由。他能够读到在法国禁止的报刊和书籍,并热衷于搜集这类读物,其中一份名叫《精华》的小报引起了他的注意,这份小报通篇充满了对法国国王和宫廷的非议,于是他很快认识了这家报纸的编辑。

办《精华》报的是一位法国新教徒,她叫迪努瓦埃夫人。由于路易十四废除了保障新教徒信仰自由和同旧教徒受同等待遇的南特赦令,并派大批龙骑兵威逼新教徒改信旧教,才迫使迪努瓦埃夫人带着小女儿夏令珀·居诺瓦耶流亡到了荷兰。

夏令珀·居诺瓦耶十分美丽、质朴、纯真。伏尔泰痴情地爱上了她,亲昵地称她为潘贝特。"对,亲爱的潘贝特,我永远地爱着你。那些朝三暮四的家伙也会这样讲,但是,他们的爱情跟我可不一样,我对你的爱是建筑在完全尊重你的基础上的,我爱你的容貌,更爱你的品德。"伏尔泰每逢在街上发现潘贝特,总是尾随着她。他俩第一次约会是在一个鞋店里,伏尔泰非常殷切,潘贝特也并不冷淡。于是,双方关系日趋火热。

迪努瓦埃夫人很快发觉了他们在相爱。她虽然器重伏尔泰,但坚决反对伏尔泰向自己的女儿求爱。起初是阻挠,后来大发雷霆,甚至动手打了潘贝特,以示儆戒。更糟糕的是,这位冷酷的夫人,三番五次痛不欲生地跪在德·夏托纳夫大使面前苦苦哀求。这使得大使先生非常恼火,于是把伏尔泰软禁在使馆中,准备遣送回法国。

伏尔泰在软禁中为解相思之苦,便设法送给了潘贝特一套雅致的宫廷侍卫服。之后,每当夜幕降临,使馆出现一个秀丽迷人的青年骑士走来走去。姑娘的乔装终于露了马脚,在海牙闹得满城风雨。母亲气得暴跳如雷,当即向大使馆提出抗议。夏托纳夫大使决定立即打发伏尔泰回国。

1713年12月18日上午8时,年轻的大使秘书由一个使馆人员押送,登上了开往法国的轮船。

伏尔泰被革职回到巴黎,父亲恼羞成怒,扬言要把他送到美洲以示惩戒。后来,伏尔泰被送到了一位检查官手下当文书。他囿于一间阴暗的房子里,终日埋头整理卷宗,心里很不是滋味。幸得结识了对诗歌很感兴趣的蒂埃里奥,两人情趣相投,常在一起切磋诗韵。二十岁的伏尔泰,血气方刚,气质高傲,性格幽默,以写讽刺即景诗为起点,开始了文学创作生活。他的诗言辞锋利,惯用警语,那些贵族子弟们也乐意邀请伏尔泰到他们圈子里助兴。1714年,伏尔泰写了一首题为《泥潭》的诗歌,向传统的道德发出了挑战。人们称赞他是"反政府诗人"。父亲得知后,惟恐儿子闯下大祸,便把他关禁起来。后经家里的一位老朋友调解,伏尔泰才被放出来,并随这位说情人到巴黎郊外去居住。伏尔泰觉得,埋头创作的时候已经到了,便开始构思长诗《亨利亚特》和《俄狄浦斯》,他想借此一举成名,获得法兰西学士院的文学奖。

(四)囚徒

法国王朝政府的腐败在急剧升级。

法国和奥地利争夺西班牙王位的战争爆发之后,英国深恐西班牙的海外殖民地被法国夺走,于是联合荷兰加入了奥方,使这次战争演变成为英法争夺海上霸权和殖民地统治权的大规模冲突。战争一直延续到1714年。对于法国来说,其后果是极其悲惨的。在乌特勒支和约中,路易十四之孙虽被承认为西班牙国王,但法国和西班牙不得合并;法国还割让一些地方给奥地利和荷兰;英国夺走了地中海的咽喉——直布罗陀,并取得了与西班牙所属美洲殖民地通商和进行奴隶专卖的权利。战争结束时,法国民穷财尽,政府的财政赤字高达二十五亿里弗尔。

除连年不断的战争消耗和损地折兵之外,宫廷官员贵族的恣意挥霍也是惊人的。当时,法国两千四百万人口中,仅贵族和僧侣就有三十四万,在他们的府邸里,处处洋溢着奢侈淫靡之风。

就路易十四的膳食而言,仅为这位君主办饮食的就有三百二十四人。

路易十四的穷兵黩武和宫廷官员、贵族们的挥霍无度,使得人民的疾苦空前加深。特别是农民,他们要被迫到皇家军队服兵役。在西班牙王位继承战争期间,大批农民落入招兵人的圈套,他们被绝对秘密地关到地窖里,得不到饮食,直到受不住煎熬"同意"服役为止。每当庄稼收割之后,在法兰西的大小道路上,常常看到犹如被罚作苦役的奴隶一般可怜的人群,他们面色苍白忧郁,遍体鳞伤,戴着手铐,两人一对地被拴在一起,在枪托的威逼下被压往皇家军队。农民还负担着各种封建义务,例如,他们夜里常常要在小河边、池塘边用树枝木棍打击水面,制止青蛙的鸣叫,以防蛙声吵醒领主。除此之外,农民要向国家和教会交纳什一税、人丁税、盐税等苛捐杂税,要被领主勒索租地继承捐、婚丧受洗捐、桥梁通行捐以及烘炉、榨酒房、磨坊使用费等。名目繁多的捐税迫使一个农民要把每年收入的百分之六十交纳给国库、教会和地主。

所有这些沉重的负担,再加上宗教迫害,灾荒侵袭,兵役重压,使农村普遍凋蔽:丰年满目疮痍,荒年饿殍遍野。

18世纪初期的法国,农民起义出现了新的高潮,其中规模最大的一次是"卡米扎尔"(意为穿白褂的人)起义,起义农民捣毁机关,攻打城堡,焚毁了四百多个乡村,与政府军坚持战斗达两年之久。

1715年,残暴的国王路易十四在怨声载道中崩殂。伏尔泰亲眼看到了乡间的小酒店里顾客盈门、人们开怀畅饮的情景。巴黎的社交活动顿时勃兴起来,"圣殿集团"也得以恢复。伏尔泰亲自体察到渴望自由的巴黎人民舒了一口气,深深感到自由精神的可贵。由于举国上下群情激愤,宫廷治丧处只得趁着月昏夜黑,偷偷为"太阳王"出殡。

当时,路易十五年仅五岁,根本不懂世事就继位了。王室宣布由其堂兄菲利浦·奥尔良公爵摄政。

伏尔泰对摄政王的卖官鬻爵、生活腐化深为不满,随即写了两首小诗,讽刺摄政王及其女儿裴利公爵夫人。这些小诗虽然没有署名,但怀疑很快落到了伏尔泰的头上。伏尔泰触怒了摄政王,被王朝视为大逆不道,于1716年5月被逐出巴黎。

伏尔泰先是被流放到巴黎西南、距巴黎四百六十四公里的居勒,继而又流放到巴黎南方,大约离奥尔良四十二公里的舒里。不久,摄政王大发慈悲,把他召回巴黎。但他仍不收敛,于次年春天又写了一首题为《小孩的统治》的讽刺诗。这首小诗以"我见过"的连续排比形式,历数他所见所闻的宫廷种种丑事和阴谋。诗的最后一句是:"我见过这些灾难,我还不到二十岁,却见识了这些罪恶。"摄政王对此大为恼怒。

1717年5月16日早晨,警察局长亲自闯入伏尔泰的卧房,把他从床上揪起来,投入了巴士底狱。

伏尔泰后来在小说中描写了被抓进去的情景："卫兵们不吭一声，像抬死人进坟墓似的，把他抬进牢房……随即用大锁锁上，牢门十分厚实，装着粗大的栅栏。他就此和整个世界隔绝了。"

伏尔泰在巴士底狱里，好像若无其事，甚至出于虚荣和天真而喜形于色，认为这样一来，倒使他的名声更大了。他觉得，对一个作家来说，坐牢是一种极好的机会，既不受人打扰，又可避开各种社交活动。于是，伏尔泰叫人送来维吉尔和荷马的诗集，他称这两位古典诗人为"家神"，认为他们的著作是英雄诗，是值得称羡的杰作。在这些优秀诗集的启发下，他下决心动笔创作酝酿已久的史诗《亨利亚特》和《俄狄浦斯》。这些很快被狱卒发觉了，他的羽管笔、墨水、纸张被统统没收，幸亏留下了一支铅笔，才得以在其他书籍的边页上继续写他的史诗和悲剧。

经过十一个月的囚禁，伏尔泰终于于 1718 年 4 月出狱了。

谁是"救世主"

谁是"救世主"？

伏尔泰信奉牛顿、洛克的哲学思想，认为上帝自从创造这个世界之后，就不再干预世事了，从而认为上帝不是救世主。基督教只不过是"最卑鄙的混蛋所作出的各种最卑劣的欺骗"的产物；伏尔泰极端推崇英国的君主立宪制，十分怀念路易十四的光辉业迹，认为，只要一个具有理性的统治者主持国家，就能避免混乱，保证社会的平等和自由。伏尔泰赞成开明君主制度，把依靠开明君主进行自上而下的改革，当作达到消灭等级制度和封建特权，实现自由、平等和理想王国的基本手段，这当然是历史唯心主义。但是，他主张"转世主"不在天上，而在人间，这在当时无疑是非常革命的。

（一）荣誉　金钱　牢房

按照当时法国的司法惯例，伏尔泰出狱后还得再流放一个时期。他到了离巴黎六公里的夏德东·马拉勃里隐居，这里是他父亲的故乡。

出狱后，伏尔泰极力想把他的《俄狄浦斯》搬上舞台，只因剧中没有爱情场面，演员们拒绝排练。伏尔泰只得权衡利弊，用柔情蜜意削弱了一些不大适合演员口味的情节。在双方让步之后，这个悲剧总算付排了。

《俄狄浦斯》是以古希腊著名悲剧诗人索福克勒斯的同名悲剧为题材的。古希腊神话相传，忒拜城国王拉伊俄斯和王后伊俄卡斯生了一个儿子，根据太阳神阿波罗的预言，这个小王子要犯"杀父娶母"之罪。国王和王后为此十分恐惧，命令他的牧羊人把王子两脚的脚踝用钉子刺穿，尔后抛入荒山之中。牧羊人可怜这孩子无辜，便在深山里偷偷送给了科任托斯国王波吕玻斯的牧羊人。由于当时波吕玻斯国王无子嗣位，便把这个婴儿留下来作为他的养子，取名为俄狄浦斯。

波吕玻斯和王后像亲骨肉一般对待养子，所以俄狄浦斯从未怀疑过他不是他们的亲生儿子。当俄狄浦斯十八岁时，有一个醉汉偶然辱骂他并非波吕玻斯亲生之子，俄狄浦斯不相信，并为此亲自到阿波罗神坛请求神喻，以辨真伪。太阳神没有正面回答他提出的问题，只是说："你将杀父娶母。"这一预言使俄狄浦斯大为震惊。为了避开厄运，他离开了科任托斯，向忒拜城走去。

途中，遇到一辆马车向他急驰而来，车上坐着一个老人，一个使者，一个车夫和两个仆人。在狭窄的路上，车夫急于赶路，推挤步行的俄狄浦斯。俄狄浦斯冲到车夫跟前辩理。这时，车上的老人便举棍朝他打来。俄狄浦斯夺棍反击，哪知一棍落下，车上的老人仰面朝天跌下车来，顷刻致死。其余的，两人被杀，一人逃命。这个生还者恰巧是当年为忒拜王弃婴的牧羊人，而被他打死的老人，就是他的生身父亲——忒拜城的老王拉伊俄斯。

俄狄浦斯继续进发，来到了生他的故乡忒拜城。这时忒拜城正被狮身人面的女妖斯芬克斯所虐害，全城上下没有一个人能猜中女妖的疑难之谜。俄狄浦斯执意要拯救众人，便自告奋勇去降伏这一妖物。那女妖果然要他猜谜，问道："什么东西早晨四只脚，中午两只脚，晚上三只脚？"俄狄浦斯问答："这是人呵。"因为人的婴儿时期在地上爬行，好像四只脚；到了成年，犹如中午时分，只用两只脚走路；到了老年，要借助拐杖行走，又像是三只脚了。这样，谜底被一举揭穿，斯芬克斯羞愧万状，便纵身跃崖而死。

深受感动的忒拜人都推举俄狄浦斯为国王。由于先王被人打死，王后伊俄卡斯便嫁给了他，这王后正是他的亲生母亲。婚后他们生了二男二女。这时忒拜城发生了瘟疫，一时间横尸遍野，民不聊生。俄狄浦斯为搭救这个城市，遣人到德尔福请求神喻，以谋除灾之法。太阳神说："只有及早找到杀害先王的凶手，才能制止瘟疫。"这时，有人建议请教先知、预言家蒂里西斯，先知只是说："我虽然保守秘密，事情总会水落石出。"在国王的严厉威逼下，先知才说出玷污这块土地的正是国王俄狄浦斯自己。俄狄浦斯不信，认为这是蒂里西斯对他进行陷害。王后伊俄卡斯只好出来调解，说出先王是在途中被害致死的，有牧羊人作证。牧羊人原原本本地讲了当初的真实情况，证实杀父娶母的正是俄狄浦斯自己。

俄狄浦斯真相大白，随即刺瞎双眼，被逐出境，伊俄卡斯也悬梁自杀。

伏尔泰笔下的俄狄浦斯，是一个为民除害、敢于向厄运抗争的英雄。他竭力想逃脱神灵的不祥之兆，但最终还是逃避不了神的捉弄。剧本对神灵恶意愚弄人民提出了严正的抗议，作者借主人公之口喊道："残酷的神呵，我的罪孽完全是你们造成的，而你们却要根据这些罪孽把我处死，"这响亮的声音告诫人们："祭司的力量，正是建筑在我们的愚昧无知上面。"

1718 年 11 月 18 日，《俄狄浦斯》在巴黎法兰西剧院首次公演，伏尔泰亲临剧场观看。演出获得了巨大的成功，落幕时，观众喝彩雀跃，纷纷向伏尔泰涌过来，连连鼓掌表示祝贺。

该剧共演了四十五场，这在当时是极少有的。一时间，印发的剧本很快成了热门货，表示赞扬和反对的小册子也相继出笼，弗朗索瓦·阿鲁埃的名字变得尽人皆知。人们一致认为，这位初露头角的年轻人，作为法国古典主义剧作家创始人高乃依的继承者，是无可争辩的，作为法国的第二个拉辛也是当之无愧的。

曾经下令关押过伏尔泰的奥尔良公爵也出来捧场，这位摄政王为了"驯服"伏尔泰，授予他巨额奖金和津贴。伏尔泰表示感谢，并恳求摄政王不要再为他寻觅巴士底狱的"住宅"了。

为了进一步对摄政王表示感激，伏尔泰写了《巴士底狱》一诗，诗中非但没有发泄半点怨恨，反而认为流放和坐牢只是一场误会。摄政王对这首小诗深表满意，在官邸客气地接见了他。伏尔泰受宠若惊，以为自己当作家的愿望和攀附权贵的想法终于实现了。从此，他开始以"伏尔泰"作为自己的笔名。

在荣誉、地位的推动和诱惑下，伏尔泰潜心于戏剧创作了。当他的又一个悲剧《阿尔泰米尔》完成之后，巴黎各剧院的名流纷纷要求主演，伏尔泰也充满信心。可是首场演出就以观众的喝倒彩而告失败，他连忙把演出海报给撕了下来。其他几个剧本搬上舞台后也均未获得成功。

伏尔泰思索着观众的非议、嘲笑，感到莫大的羞愧和烦恼。但他没有就此罢休，他搜肠刮肚，编写了又一出悲剧，企图引起共鸣。尽管主演的女演员将自己的全部智慧、才能和热情倾注到了剧情和角色之中，但该剧非但没有使观众感动得掉泪，反而引起哄堂大笑。伏尔泰终因过分的悲伤和忧愁，卧床好几个月才恢复了元气。

这一巨大的打击，使伏尔泰改变了主意，他由写悲剧转为写喜剧。这一招还算是灵验，喜剧《冒失鬼》竟得到宰相波旁公爵的情妇的赏识，通过她，伏尔泰居然应邀参加了路易十五的婚礼，并得到王后赠送的一千五百里弗尔的年俸。他尝到了甜头，为了报答知遇之恩，打算以后专为王后写剧，而且将写出的剧本也献给了她。

伏尔泰当时认为，要想奢华、丰裕、自由，不仅要有荣誉地位，而且还必须有钱。他循着"要挣钱糊口，就得干活；要变成富人，就得另想办法"的论调开始为钱而奔波了。

此时的法国政府，为了解决路易十四遗留下来的庞大的国债和经常性的财政赤字，起用了大银行家兼投机商约翰·劳进行财政改革。约翰·劳兴办了一所国家银行，任意发行纸币，并以银行纸币清偿大量公债。轻易致富的诱惑在巴黎引起了空前的投机和热潮。宫廷显贵、资产阶级和稍有积蓄的人，都从事股票活动，使巴黎交易所的投机活动十分活跃，大量金银流入银行，一些宫廷贵族和大投机商也得到了丰厚的利益。伏尔泰趁此机会，也采用了投机倒把、转移资本、低价购进、高价售出这种资产阶级发财致富的卑劣手段，在1720年至1722年间，使自己的资本翻了十番。1722年初，伏尔泰的父亲去世了，他虽然没有留下多少难忘的印象，但却留下了一笔可观的遗产，伏尔泰便成了一位富豪。

父亲的去世和财富的丰厚，使伏尔泰获得了更大的自由。1722年夏秋时节，他偕同女友德·吕贝勒蒙德夫人赴欧洲各国游历。这位夫人是个自然神论者，她对伏尔泰有深刻的影响。同时，他们在游历中，看到了荷兰等国在宗教上的宽容。所有这些都对伏尔泰的哲学宗教——自然神论产生了积极的作用。伏尔泰写道："神住在何处，它是住在一个地方呢，还是处处都有、不占据一定的空间呢？这一点我丝毫不知道。它是不是用自己所有的实体来创造一切东西呢？这一点我也完全不知道。它是不是无边无际，既无空间性，又无质量性呢？这我一点也不知道。"伏尔泰的"哲学宗教"是他无神论的掩盖物。他极端蔑视教会人士的鬼话，决心去撕掉各种迷信的面罩，让人民得到智慧。

1723年，路易十五亲政，他沉溺于凡尔赛宫中荒淫奢靡的生活，一切为女宠所左右。他的情妇德·朋巴杜夫人私自耗费国库经费竟达两千六百万里弗尔。路易十五曾无耻地说，他这一辈子已经足够了，"死后管他洪水滔天。"当时许多新税如五十分之一税等不断加征，政府还进行了粮食投机，使人民的负担更加沉重，许多城市相继发生暴动。与此相适应，宗教迫害也加强起来，大批的胡格教徒被迫移往国外。伏尔泰已经比较清醒地认识到，宗教、教会是封建王朝的精神支柱和帮凶。他模仿诗人卢德的《摩西》、肖利尼甫的《自然神论者》，写了长诗《给于拉尼的信》，后来诗题改为

《赞成和反对》。这首长诗痛斥了教会的欺诈,抨击了上帝的无能,揭穿了宗教机构宣称的上帝至善至美和赐福给人类的荒诞性。诗中问道:

"如果上帝是至善的,为什么世界上还有邪恶?"

他在谈到基督教的上帝时写道:

"他胡里胡涂的施恩,他胡里胡涂的逞凶,他费尽全力创造人类,他又马上给他们送终。"

这里无疑是说,既然牧师们承认是上帝创造了人,那么上帝就应该对人们的所谓罪过负责,为什么反而要把世人处死呢? 后来,伏尔泰匿名出版了这首诗,当他被带到警察局受审时,他便推诿这是已故友人所作,警察局终因找不出惩办的证据,又把他释放了。当时有位官员恼怒地说:"必须把伏尔泰关在一个永远没有笔、没有墨水、没有纸张的地方去。"

对宗教的反对情绪,更明显的表现在他的史诗《亨利亚特》中,伏尔泰写这部史诗,一方面是要献给祖国一首有价值的民族性的史诗,以填补法国民族史诗的空白;另一方面是要宣扬启蒙主义的理性原则,歌颂亨利四世为消除宗教纠纷的献身精神,击溃宗教狂热。史诗于1723年秋季在里昂秘密刊印了两千册,后来悄悄运回巴黎,在大街小巷流传开来。

《亨利亚特》原名《神圣同盟》,叙述的是亨利四世通过战争成为国王,之后颁布敕令,提倡宗教自由,最终被宗教狂热分子所杀害的故事。这部史诗虽然算不上精品佳作,但由于题材重大,规模宏伟,仍然引起巨大反响。伏尔泰被宣称为法国最优秀的诗人,人们把他看得比荷马和维吉尔还高。

正当伏尔泰乐而忘忧之际,一场厄运再次降临到他的头上。

1725年12月的一天,三十一岁的伏尔泰正在他的情妇、法兰西剧院女演员阿德里安娜·勒古芙蕊家里聊天解闷,突然,一个相貌丑陋的家伙怒气冲冲地闯了进来,盛气凌人地责骂伏尔泰。伏尔泰不堪受辱,两人便动起手来。阿德里安娜见势不妙,佯装昏倒后,那家伙才收起手杖,愤然离去。来者是一个小贵族,名叫德·洛昂。

三天后,德·洛昂假借伏尔泰在中学时的同学絮利的名义,邀请伏尔泰赴宴。这位纯真直爽的诗人信以为真,当他执约赴宴时,只见絮利官邸的门外停放着两辆马车,前边一辆车子里有两人招呼伏尔泰,要他过去。伏尔泰不知缘由,当他走到车前时,冷不防当头挨了一顿闷棍。德·洛昂坐在第二辆车子上,一边奸笑一边指挥着打手。几分钟后,打手跳上车子扬长而去。

伏尔泰被打得衣冠狼藉,身上青一块紫一块。他艰难地从地上爬起来,急忙找絮利公爵诉说,要求公爵到警察总监那里为他作证。絮利公爵虽然认为袭击事件发生在他的门口,有损于他的光彩,但他拒绝陪伏尔泰去警察局提出申诉,因为在他看来,这毕竟只是一位贵族揍了一位诗人罢了。

伏尔泰虽有雄辩之才,但上流社会的大小人物官官相护。他昔日的"朋友"怕是非沾身,也都一个个疏远了他。伏尔泰为了报仇雪耻,开始向武术师请教剑术,伺机对这个无赖进行报复。

1726年4月,伏尔泰要求与德·洛昂骑士格斗,德·洛昂佯装应诺,却暗地里买通上层人物,并得到了路易十五的袒护。17日夜晚,伏尔泰以聚众闹事的罪名被拘捕,再次成了巴士底狱的囚徒。5月1日,摄政王以不再和德·洛昂格斗为条件,下令释放了伏尔泰,并勒令将他驱逐出境。

这件事从表面看来,纯属个人纠葛。但伏尔泰从自己的痛苦经历中,开始认识了封建王朝的真面目。从此,他的思想由反对教会和宗教神学进到直接反对法国的封建专制制度。伏尔泰深感自己在法国的地位甚至人身安全没有保障,于是,便忍气吞声,怀着对上流官员、贵族的愤恨,乘船前往英国。

(二)英国之行

1726年8月,伏尔泰在英国伦敦附近的格林威治登岸,受到了当地各界人士的热烈欢迎。

当时的法国,正值路易十五执政,他在竭尽全力维护摇摇欲坠的专制,沉闷、压抑、窒息笼罩着法国大地。而当时的英国,已经完成了资产阶级革命,建立了与新贵族妥协的资产阶级政权,为资本主义在英国的自由发展开辟了道路。相比之下,英国的政治比较开明,经济更为繁荣,公民有更多的自由。伏尔泰一踏上英国的疆土,便感到空气清新、心旷神怡。他极端推崇英国1688年"光荣革命"后确立的君主立宪政治制度,感到英国是"自由"的化身,是一个令人神往的共和国。在伏尔泰看来,任何一个英国公民,首先享有的是人身和财产的全部自由,法律保障他不会半夜三更从妻子的怀抱中被拖出去押入城堡,而当他清晨醒来,可以看到他的财产如同昨天一样,没有丝毫的变动,这是一种最大的幸福,是在其他国家不会有的特权;任何一个英国公民,也享有用笔向国家提意见的自由,他们自由地发表议论和自由地出版并受到法律的保障;任何一个英国公民还享有"只能在一个由自由人所组成的陪审委员会面前才可受刑事审问的自由;不管什么案件,只能按照法律条文的明确规定来裁判的自由。"

伏尔泰到英国之后,首先结识了富商福尔克纳,此人酷爱艺术和哲学,并对伏尔泰颇有好感,他让伏尔泰在伦敦近郊的一块领地住了下来。

在伦敦,伏尔泰的运道的确好多了,不仅很快结识了一批文人学士,就连政界的头面人物,也愿意同他交往。这个"自由"之邦给了他浓厚的兴趣。为了便于社会交往,考察英国的社会政治制度和研究英国的科学成就,伏尔泰在一位教师的指导下,很快学会了英文,并能听懂英文的戏剧演出和讲演,读英文书刊,用英文记笔记、写文章、作诗。最使伏尔泰兴奋的是,他在伦敦享受到了某些政治和宗教上的自由;他可以与名流权贵分庭抗礼甚至展开争论;可以常到德卢里巷剧院欣赏莎士比亚的艺术,不必像巴黎那样时时提防戒备。他的《亨利亚特》在法国只能偷偷摸摸印刷,而伦敦的知名人士却公开集资将它刊印出来,就连名声显赫的高卢公主,也乐意接受作者的献词。所有这些,使得伏尔泰因不能生为一个英国公民而时常懊丧。

有一次,伏尔泰在街上闲逛,人们看到这个身着异国服装的青年都大为惊异,有的嘲笑,有的叱逐,围观者不计其数。伏尔泰见逃之不成,便干脆登上一条长凳,兴高采烈地用英语喊道:"英国的好汉们,我不能生为英国的人,不是已经够可怜了吗?"他的话赢得了观众的热烈掌声,人们用肩膀抬着这个曾被嘲弄、起哄过的人,一直送到他的寓所。

在英国期间,伏尔泰最感兴趣、最为崇拜的是牛顿和洛克。他对牛顿的自然科学发现和洛克的哲学作了深刻的研究,这对他的哲学观点乃至整个世界观的形成和发展,产生了巨大的影响。恩格斯说:"伏尔泰、卢梭、狄德罗和达兰贝等阐明的那些思想,不是首先产生在英国又是产生在哪儿呢?"

伏尔泰在一封信中称赞："牛顿把他的工作推到人类思想从未达到的最大胆的真理。"他看到牛顿浩繁的著作，犹如发现了新大陆，正如他在后来的《牛顿哲学原理》一书中所写的那样："我们简直站在大洋的岸边，还有多少东西有待于发现啊！"的确，牛顿利用英国资产阶级革命成功后的良好社会条件，在数学和物理学等领域进行了创造性的研究，为经典力学规定了一系列概念，提出了运动三定律，提出了万有引力学说，证明了地球上的物体和天体无一不是服从普遍一致的运动规律的。牛顿用严密的数学方法，精密地勾画了整个宇宙体系是按照固有的规律运动的和谐图景，从而使神秘遥远、错综复杂的天体运动现象，可以科学地理解和预测了。就连以往象征灾难、神秘莫测的彗星，也能够给它描绘出运动的轨迹，这对宗教神学是一个致命的打击。牛顿的工作，使经典力学成为一个完整的理论体系，标志着人类对自然界认识的一次大综合，是继伽利略之后的又一座丰碑。他使人们对世界物质统一性和物质运动规律性的认识进一步建立在科学的基础上。

伏尔泰在英国极渴望见到牛顿，可是未等这一愿望实现，八十五岁高龄的牛顿在他到达英国的几个月之后便离开了人世。尽管伏尔泰无缘见到这位饮誉整个欧洲的伟大科学家，却有机会参加了为牛顿举行的场面浩大的葬礼。英国对学者、诗人和艺术家的如此尊重，使伏尔泰大吃一惊，与法国相比，他感触甚深。

在政治思想和哲学理论上，当时英国的哲学家洛克对伏尔泰的影响最为显著。洛克的思想恰巧就是伏尔泰在以往批判法国天主教会和形而上学中所渴求的。按照马克思和恩格斯的说法：正当"感到需要一部能够把当时的生活实践归结为一个体系并从理论上加以论证的书。这时，洛克关于人类理性的起源的著作很凑巧地在英吉利海峡那边出现了，它像一位久盼的客人一样受到了热烈的欢迎。"

洛克作为英国新兴资产阶级利益的代表，在他的《人类理解论》著作中，系统地阐述了唯物主义经验论哲学，建立了比较完整的唯物主义经验论的认识论体系。他对当时流行的笛卡尔的"天赋观念"论和公开复活的柏拉图的唯心主义理念论进行了尖锐而详尽的批判，并给这些替宗教神学和君主专制制度辩护的唯心主义以沉重的打击。他以自己的"白板"学说，阐发了唯物主义的认识论，认为人的观念和知识都是从感觉经验中得来的。他对认识的起源过程和获得知识的途径，进行了系统论证，指出人从周围环境所获得的经验，决定了人的全部品格。洛克的经验论，为伏尔泰反对法国教会和封建专制的统治，提供了有力的思想武器，成为伏尔泰唯物主义哲学的直接理论来源。

在英国期间，伏尔泰一部分一部分地研究了牛顿和洛克的著作，成了牛顿和洛克学说的忠实信奉者、热情传播者和通俗的解说者。谈到伏尔泰在传播牛顿学说中的功绩，不能不提及"苹果落地"的故事：1665 年至 1667 年间，牛顿因伦敦鼠疫流行，大学停闭，回到了他的家乡。一个月明星稀的秋夜，年轻的牛顿在自家的一棵苹果树下坐着沉思。忽然间，一个苹果从树上掉下来落在他的面前。这便引起了他的沉思——苹果为什么落在地上而月亮却不会落下来呢？经过一番思索，牛顿终于发现了万有引力。后来那棵苹果树倒了，英国人便把它砍成若干块，作为珍品保存起来。这个人们熟知的故事，就是在伏尔泰所写的有关传记中最早出现的。实际上，在伏尔泰之前，牛顿和洛克在法国是不著称的，正是由于伏尔泰的传扬和解说，他们的学说才在法国思想界、科学界广泛流传开来，并日益征服人心，成为向宗教神学作战的犀利武器，成为法国启蒙运动兴起的理论支柱。伏尔泰的一个同代人曾经说过："牛顿，伟大的牛顿,据说躲藏在敢于出版他的作品的出版者的书店深处。牛顿测量、计算、称天平,但牛顿不说……终于,出现了伏尔泰先生,于是大家立刻听到了牛顿的话;牛顿的名字震动了整个巴黎。"伏尔泰自己也认为:"我最先敢于用明显的语言向我国人民解说牛顿的发现。当我称赞洛克时,一个既反对我又反对他的浪潮掀起来了。"例如,牛顿认为地球赤道处的引力比两极附近的引力小,因而地球呈椭圆形。这一见解经伏尔泰介绍到法国后,在巴黎科学院引起了激烈争论。莫泊丢由于怀疑牛顿的说法,便和一些人组成了远征队,到拉普兰和秘鲁测量当地一度径线的弧度,结果证明牛顿的见解是正确的。莫泊丢从此成了牛顿学说的热情提倡者。

三年的英国生活,给伏尔泰留下了深刻的印象。同法国相比,伏尔泰看出英国有公民的自由,看出英国在政治经济生活方面有许多优点。同时也发现,英国职位很高的投机商和骗子仍然占据着统治地位,平民和劳动者的痛苦和法国的情形一样,大地上完全没有自由。

1729 年 3 月,在政治、哲学、文学、才智等方面趋于成熟的伏尔泰,胸怀为进步、科学和平等而奋斗的大志,化名为桑松回到了法国巴黎,在一个理发匠家里暂住下来。

(三)《哲学通信》

《哲学通信》是伏尔泰流亡英国期间,广泛了解社会生活的各个侧面,深入研究牛顿和洛克的科学与哲学著作的成果,是伏尔泰的一部政治、哲学著作。这部著作,把英国资产阶级革命后的情况,比较详细地介绍到法国,是 18 世纪法国思想界接受英国影响的滥觞。

《哲学通信》共由二十五封信组成,其中前七封信论述的是英国的宗教信仰情况。他在信中说:"这是一个宗教派别林立的国度,每一个自由的英国人都可以沿着他所喜欢的道路走向幸福,要是英格兰只有一种宗教,可能就要闹专制;要是在那里只有两种宗教,他们之间也可能互相残杀;但是那里有三十多种宗教,而他们就能和平共处了。"伏尔泰通过赞赏英国的宗教信仰自由来反对法国宗教专制;以英国神职人员言行的谨慎,抨击了法国天主教会的放荡和阴谋。正如他在第三封信中所说的那样:法国"宗教的狂热好像是一种可以传染的病症。"

第八和第九封信,他把英国的议会政府同罗马、法国进行对照,论述了英国的政体机构。伏尔泰在第八封信《谈议会》中说:"英国是世界上抵抗君主达到节制君主权力的惟一的国家,他们由于不断地努力,终于建立了这样开明的政府:在这个政府里,人民心安理得地参与国事。"接着在第九封信《谈政府》中写道:"下院是地地道道地代表着全民族。"这里所说的下院,主要是以资产阶级为代表的。伏尔泰所推崇的是由资产阶级掌握下院的英国君主立宪制。

第十封信伏尔泰论述的是英国的商业成就。他说商业使英国的国望升高,公民富裕,实力强盛。相比之下,法国人瞧不起商人,只知道做侯爵,挥霍钱财。伏尔泰发问:究竟是哪一种人对国家有用,是假发上扑粉的贵族,还是为国致富的商人?

伏尔泰在第十一封信中,阐明了种牛痘的好处。他认为,中国人一直就有给小孩种牛痘的习惯,这是世界上最聪明、最讲礼貌的一个民族的先例。英国妇女很早以来就懂得给小孩种牛痘,因而免除了天花,可法国人反而认为他们这样做是疯子。

第十二至第十七封信,介绍了哲学家和科学家培根、洛克、笛卡尔、牛顿。伏尔泰说:"我们都是牛顿的学生;我感谢他独自发现和证实宇宙的真实体系。""洛克阐明人类的悟性，就好像一位最好的解剖学家解剖人体各部的关键一样，伏尔泰自认为："我跑了许多很不幸的弯路，疲惫困顿，寻找了许多真理，所找到的只是许多空想，深觉惭愧，我又回到洛克这里来了，就像一个浪子回到他父亲那里一样。"

在第十八和十九封信中，评论了悲剧、喜剧和莎士比亚。伏尔泰在英国的时候，曾被莎士比亚的戏剧所吸引，他虽然认为莎士比亚是"喝醉了的野蛮人"，但还是一直为莎士比亚的天才和成就所倾慕。他后来在写给贺拉斯·窝尔波尔的信中说道："你大约向你的国民说过我蔑视莎士比亚吧。我还是第一个向法国人推荐莎士比亚而且早在四十年以前就翻译了他的许多片断的人哩。"

第二十封至二十二封信，介绍的是英国诗歌和小说家。

在第二十三封和第二十四封信中，伏尔泰介绍了文学家在英格兰的地位，以及英国朝野对文艺天才的敬仰。在第二十五封信中，伏尔泰列举并驳斥了帕斯卡《思想集》中的五十七条谬误，这也是全书的附录。

《哲学通信》所涉及的几乎遍及人文科学的各个领域，但它首先是一部以唯物主义哲学构造起来的哲学著作。其中的每一封信所介绍和评论的每一个侧面，都严格地遵循了作者的唯物主义路线。

伏尔泰的哲学著作主要有《哲学通信》、《形而上学论》和《牛顿哲学原理》。《哲学通信》虽然不是他的最好的作品，但毕竟是一位不平凡的三十五岁的人的成熟的第一部哲学著作，是他建造他的庞大的精神大厦的基础。他的政治主张、宗教观点、美学理论、文学成就、伦理观点以及历史和社会学思想，从来没有背离过这部著作中所阐述的哲学信仰。

伏尔泰认为，宇宙是一架机器。在他看来，牛顿的万有引力定律证实了宇宙是一架庞大的协调运转的机器，一切都是按照力学规律运动的。然而，宇宙运动的根源是什么？伏尔泰既不同意天主教神学的观点，也不同意无神论的观点。他认为，如果制造一架机器需要机匠，那么宇宙这架机器也就需要机匠制造出来，这个机匠就是上帝。上帝创造了宇宙，制定了宇宙的规律，并给宇宙以第一推动力。但是，必须指出，伏尔泰心目中的上帝，是在给世界以最初的推动之后，就不再干预世事，而听任自然规律去支配一切。这根本不同于基督教宣扬的具有许多神秘性质并主宰一切的上帝。可以看出，伏尔泰对上帝所作的这种抽象肯定、具体否定"不过是摆脱宗教的一种简便易行的方法罢了。"对这种自然神论，马克思主义创始人早已有过定论，认为自然神论是唯物主义的一种形式，自然神论就是唯物论。恩格斯针对启蒙时代法国唯物论的表现形式作了这样的概括："唯物主义就以其两种形式中的这种或那种形式——公开的唯物主义或自然神论，成了法国一切有教养的青年的信条。"伏尔泰以自然神论的形式表现出来的唯物主义，不仅有力地抨击了基督教神学，而且在反对16世纪的形而上学，特别是在反对笛卡尔的二元论和莱布尼茨的"单子论"中发挥了积极的作用。

伏尔泰承认外在世界的客观性。他指出，有人怀疑外在对象的客观存在，以为外在对象是人的想象力造成的，这也就否认了有一个社会和一些对象在我们之外，那么就谈不上人们之间的任何交往。伏尔泰认为，他在与怀疑论者讨论问题之前，首先必须承认这些先生的客观存在；尽管对父母无法作出几何上的证明，但决不能怀疑双亲的客观存在。伏尔泰还根据洛克的唯物论，驳斥了贝克莱认为的物体是人的颜色、声音等各种主观感觉的结合，指出，物体的本质并不在于物体具有颜色和声音，而在于它具有广袤和不可入性。因此,一个又聋又瞎的人,凭其触觉也决不会怀疑他感触到的那些坚硬的东西的存在。由此可见,伏尔泰的哲学思想是以承认世界的客观实在性为前提的,这是他的哲学的出发点。

伏尔泰在承认物质世界客观性的前提下,进而论证了一切观念都来自感觉。他继承和发展了洛克的经验主义原则,克服了洛克两种经验中"内省经验"的不彻底性,同时批判了贝克莱的主观唯心主义和笛卡尔的"天赋观念",认为,感官是我们认识外界的必须门户,感觉是以外界对象为前提的,感觉愈多,观念也愈多。人的头脑惟一具有的能力,只是对感觉得来的观念进行组合和整理。伏尔泰比喻说,人从外物获得感觉和观念,正如我们吸收身外的物质,让其变成我们自身的物质来营养身体一样。

但是,伏尔泰是一个旧唯物主义者,他的哲学思想有着明显的缺点和错误,即机械性、形而上学性和历史唯心主义。这首先表现在他不理解物质与运动不可分割的统一,这就必然认为上帝是曾把运动加之于呆滞的物质的终极原因。其次是他不能理解从感性认识到理性认识的辩证过程,因此又不可避免地陷入了不可知论。尽管伏尔泰的哲学思想有明显的局限性,但他在《哲学通信》中奠定的这条唯物主义路线,在当时的法国启蒙运动中,还是起到了重大的推动作用。卢梭在他的《忏悔录》中写道:伏尔泰的《哲学通信》问世了。"当然,尽管它们不是他的最好的作品,但正是它们,比其他所有的作品更有力地把我引向科学,从那个时候起,这种萌芽起来的热情,就从来未在我心中熄灭下去。"

《哲学通信》于1733年由洛克曼译成英文,以《关于英国民族的通信》为题,在伦敦出版。次年,法文版在里昂出版。由于伏尔泰在书中赞赏英国的信仰自由和政治自由,介绍牛顿和洛克的先进思想,推崇英国的文艺成就,而批评、揭露法国政府和天主教会,使法国政府大为震怒。高等法院下令将出版商若尔投入了监狱,并立刻没收了书铺的全部存书,于1734年6月10日,在法院大厦的台阶上当众撕毁焚烧。伏尔泰当然也成了通缉的对象,他被迫逃到了罗林省避难,《哲学通信》也不得不转移到荷兰去出版。但是,这是一部威力非凡的著作,愈是对它禁锢,就愈促使它"爆炸"。仅在一年之内,它一连出版十次,均很快销售一空。

(四)法兰西出路何在?

英国之行,伏尔泰大开眼界,受益匪浅。回国后,他决计要为本民族的英雄们树碑立传,从而激发起整个民族的斗争精神和向往自由、正义的风尚。

正当伏尔泰为启迪人们的正义激情而奔波的时候,1730年3月20日,他昔日的情妇、法国当时著名的女演员阿德里安娜·勒古芙蕊被情场对手毒死。天主教会认为这是一桩丑闻,不许神父为她做临终弥撒,不让举行宗教葬礼。这个可怜的女人被装入棺材,又偷偷抬到塞纳河畔,撒上几铲土了事。伏尔泰满怀悲愤,为此写了一首抗议的短歌,题为《勒古芙蕊小姐之死》,用来抨击天主教会这种卑劣的行为。短歌中写道:"在希腊,人们会为她建造祭坛;在法国,人们现在却不肯将她埋葬。"这首短歌迅速传开,惊动了教会,伏尔泰不得不到里昂暂避。

在里昂的日子里,他愤恨、烦恼,思索着法兰西一桩桩的宗教迫害,思索着英国的宗教宽容和信仰自由,更加清醒地认识到,宗教是法国封建专制的精神支柱,是法国解脱苦难的绊脚石,教会所散布的蒙昧主义是一切社会罪恶的根源。要拯救民族的危亡,必须歌颂民族英雄,唤起人民的民族自信心,但尤其要对教会和宗教迷误给予无情的揭露。在这种思想指导下，他创作了长诗《奥尔良的少女》和悲剧《查伊尔》。

《奥尔良的少女》是伏尔泰模仿 17 世纪法国诗人让·夏普连的《处女》而写成的喜剧性英雄事迹长诗。

少女贞德，生活在 15 世纪英法百年战争的年代里，英国一连几代国王都想从经济上压制法国，最后夺取法国王位，因而战争连绵不断。惨不忍睹的饥饿、贫困、萧条和田野荒芜遍及法国。颠沛流离的人民向往和平，希望有超自然的神奇力量来帮助摆脱多年的战祸。这时，神奇的少女贞德出现了。她是一个虔信宗教、忠贞爱国的农村姑娘。她相信梦境，相信那引起她激动的奇异幻觉，自称负有使法国免于外敌入侵的使命。对战胜英军已经绝望的国王，怀着溺水者抓住一根稻草救生的心情，给贞德穿上一副白色的骑士甲胄，发给她一面绘着象征国王的百合花的白旗，并把自己的军队交给了她。士兵们把贞德看成是从天而降的天使，热情地跟随着她，绝对地服从她。贞德在对英军的斗争中，披坚执锐，跃马领先。她的英雄行为鼓舞了奥尔良城内城外的法国将士，历经数度激战，接连收复失地，直到最后被敌军俘获，以使用妖术的罪名当即被处以火刑。贞德死时还不满二十岁。她那愉快的笑容永远留在法国人民的记忆里。她是大公无私、为国捐躯的典范，是法国民族的骄傲。

《奥尔良的少女》颂扬了这位法国民族英雄的斗争精神，痛斥了法国神甫的伪善，倾吐了伏尔泰对宗教偏执和教会残暴行为的憎恶。长诗出版以后，被法国政府当众焚毁，甚至排印这首长诗的印刷工人也被罚服苦役。

悲剧《查伊尔》是伏尔泰仅用二十二天写成的，这是他一生所写的十五个悲剧中惟一的一个爱情悲剧。剧情同莎士比亚的《奥赛罗》相似。

此剧以耶路撒冷一个苏丹宫廷为背景，在十字军东征中，通过善良多情的苏丹奥洛斯曼纳和他美丽的女俘查伊尔的爱情悲剧，强烈谴责了灭绝人性的宗教狂热和宗教偏执。剧中女俘的父亲和兄弟，由于对基督教上帝的盲目信仰，极力阻止查伊尔与一个伊斯兰教徒相爱，他们折磨她，摧残她，宁可把她引向死亡，也决不让她背弃自己的上帝。这个悲剧向宗教偏见提出了强烈的抗议和愤怒的控诉。此剧情节曲折，悲凉悱恻，感人肺腑。1732 年 8 月在巴黎上演，很受观众的赞赏，就连一贯反对戏剧的卢梭，也不得不承认它非凡的艺术魅力和对观众的感染力。剧本的最后一幕尤其发人深思：奥洛斯曼纳和查伊尔毁灭了，被绑的骑士亲眼看到如此令人伤心的悲剧，他向神问道："全能的主啊，我不知道是应该颂扬你的愤怒，还是应当在悲痛中对你进行控诉。"由于这个悲剧自始至终贯穿着爱情，国王也准许在宫廷演出。三十八岁的伏尔泰因此被奉为法国舞台无可争议的大师。

对现实严重不满，并处于压抑气氛中的伏尔泰，在为落后的法国苦苦思索中，颇为怀念路易十四的光辉业绩，他要以对前朝的讴歌来讽喻当前的政局和社会状况。1733 年，伏尔泰决定通过描绘路易十四执政时代人们的精神面貌、才智、风俗和文化技艺来陶冶人们的性情，诱发人们的智慧，激发人们对说谎、愚昧、虚伪、迷信、宗教狂热和暴政的憎恶，引导人们去热爱道德、学术和祖国的事情。这时他开始着手撰写历史著作《路易十四时代》。

《路易十四时代》共分三十九章，其中政治军事占了二十五章，内政两章，科学文艺四章，宗教四章。本书不仅是写一个人，而是写一个伟大的时代，写有史以来这一开明时代的精神面貌，写人们在精神文明方面的进步。这是有别于前人之处的。正如狄德罗所说："其他的历史学家叙述事实，只是为了向我们说明这些事实，您却是为了使我们从内心激起对说谎、愚昧、虚伪、迷信、宗教狂热和暴政的憎恨。"

在《路易十四时代》中,伏尔泰反对封建专制制度,要求取消加在农民身上的一切封建业务,取消各地封建领主设立的无数关卡;要求废除卖官鬻爵制和官职世袭制;他反对宗教狂热,反对君权神授说,反对关于神的意志推动历史前进的观点。但是,由于唯心史观,他的写作宗旨在书中并没有贯彻得很好。他主张开明君主制度,认为只要有一个具有理性的统治者主持国家,就能实现他所制定的全部改良纲领。他把法国的希望寄托在"开明君主"身上,希图利用王权使法国摆脱天主教会的神权统治,至少通过强大的专制政体,达到抑制教权主义,避免教会染指和控制政权的目的。这种政治主张,在他1731年出版的第一部历史著作《查理十二史》中就已经有了萌芽,在《路易十四时代》中又作了进一步的发挥。

在《路易十四时代》中,伏尔泰夸大了这位国王的德政、智慧和作用,把文化繁荣、人才荟萃、文物鼎盛归功于君主个人的提倡和保护。圣西门笔下路易十四极端丑恶的真实形象,在伏尔泰笔下却成了照亮整个世纪和促进科学与艺术繁荣的伟大国君。伏尔泰对于他所写的时代的评价也有言过其实之处。

不过,应该顺便说明的是,伏尔泰在这部史书中,对编纂历史的方法作出了独特的贡献。在伏尔泰以前,史学家多半以希腊和罗马为楷模,以纪传体为主,突出政治和军事兼论帝王将相。伏尔泰一反以前的写法,摒弃了编年史的方式,截取封建王朝的各个横断面,逐一加以评述,这样就把人物放在了广阔的时代范围内。在对待史料方面,法国以往的历史著作完全不尊重客观事实,不重视实地调查,往往只凭作者个人的好恶,将历史事件编得像小说、童话一样有趣。伏尔泰弃绝旧恶习,遍访欧洲各国,去勘查搜索真实可信的史料,并用自己的哲学理论对史实加以解释。这样把哲学放在历史的档案库中,使史料起到了时代教科书的作用。《路易十四时代》第一次把人类精神的进步摆到了应有的地位,是阐述人类文明的最初尝试,开历史文化史的先河。

现代法国的新史学派,把历史放在广阔的范围内去考察,不仅跨学科,而且把现代科学的方法广泛地运用到历史研究之中,提倡写全面的历史。这种史学方法,就其根源来说,是受伏尔泰历史思想影响的。

卑鄙的"圣王明君"

正当伏尔泰无地安身之际,他受到了德·夏德莱夫人的盛情邀请,俩人在密林深处的别墅里居住下来。安逸舒适的环境和优越的条件,使伏尔泰能够静下心来研究学问,分析世事。他思索着国王大臣、主教神甫、法官狱吏们的一幕幕丑剧,满腔愤恨,决定把矛头直接对准权力至上的国王。特别是在同普鲁士国王的直接交往中,他看清了这个君主卑鄙的真面目,认为现实的君王都是一些专横跋扈、是非颠倒的昏君,而根本不是什么救世主。就在这个时候,伏尔泰开始和一大批启蒙运动者交往起来,并以激动的心情和诚恳的态度参加了《百科全书》的编写。他同启蒙学者一起切磋理论和政治问题,用文学形式歌颂民间的正义精神。

(一)在与夏德莱夫人相处的日子里

伏尔泰本来就路途坎坷,缺少学业知音,现在又落得个四处漂泊,无地安身。先前巴士底狱的苦味尚未消失,而今焚烧《哲学通信》的烟火犹存,他时刻面临着被捕的威胁。

就在这时,夏德莱侯爵夫人挺身而出,帮助他逃往自己设在密林深处的别墅——西雷。西雷地处法国与瑞士交界地带的法国洛林省内,但当时不属法国管辖。这所破旧不堪的大宅第,断壁残垣,屋顶坍塌,花园荒芜。伏尔泰以贵族式的高雅气派,支付了所需的四万里弗尔进行修缮。从此,西雷变成了小凡尔赛宫。四十岁的伏尔泰和二十八岁的夏德莱夫人在这里愉快地度过了十四个年头。

夏德莱夫人是前宫廷礼宾官、伏尔泰先前一位好友布雷德伊·普特伊利家的千金,名叫埃米莉,小时候就与伏尔泰相识。她二十岁时,嫁给了国王军队的少将夏德莱侯爵,生有一男一女,因对婚后生活不满,有意追求名声显赫的伏尔泰。

夏德莱夫人热情好学,颇有文化素养,是当时法国最有学问的才女之一;熟悉拉丁文、英文和意大利文,精通数学、物理学和天文学,还懂一点哲学。她也懂得爱情,对唱歌跳舞、梳妆打扮,甚至对钻石、女人的衬裙也都感兴趣。

夏德莱夫人脾气暴躁,伏尔泰容易激动,两人长期相处难免发生口角,一旦争吵起来,彼此会大喊大叫。如果有客人在场,他们便用英语对骂。好在事后都不记仇,瞬即烟消云散。在西雷,他们自己建造了一个试验室,装备了数学、物理、化学、天文学等方面的仪器。他们各自干自己的事情,完成自己的题目,经常互不见面,互不通气。他潜心写他的《路易十四时代》、《回头的浪子》、《穆罕默德》、《海洛普》;她精心杜撰她的《论代数》。他们有时不约而同地研究同一个课题,遇到高深的难题,两人整晚整晚的共同讨论工作累了的时候,就一起翻译莎士比亚等人的作品,作为消遣。

在西雷的岁月里,伏尔泰深感环境舒适,条件优越,无忧无虑。他以极浓厚的兴趣,进行了多方面的研究,完成了大量的作品。其中有:

哲学著作《形而上学论》(1734)和《牛顿哲学原理》(1738)。

这两部著作进一步把他的哲学思想加以深化和条理化,明确地阐述了他的哲学主张,这些从他在《形而上学论》一书中所论述的题目,就可以明显地表现出来:"第二章,是不是有一个神";"第三章,论一切观念都通过感观而来";第四章,论实际上有外界对象";"第五章,人是否有一个灵魂? 灵魂能够是什么?"……伏尔泰在《形而上学论》一书中,首先以肯定物质世界的客观性为前提,进而论证了一切观念都来自感官对外界事物的感觉,指出:"我们的最初的观念乃是我们的感觉",感觉是观念的惟一来源,人的头脑具有对感觉得来的观念进行组合和整理的能力,通过对一个孤立的观念或知觉进行加工,就产生出人的全部广阔的知识来。这样,伏尔泰就克服了洛克唯物主义感觉论的不彻底性,即克服了洛克全部哲学的唯物主义经物论与其唯心主义的"反省观念"的矛盾。

同时,伏尔泰在这两部著作中,还比较集中地阐发了自己的伦理思想。他认为,首先,人类有共同的道德行为准则,尽管不同的人所处的时代、民族、历史条件可以不同,但人类对善与恶、正义与非正义的概念却是一致的。这是因为人有共同的善良的人性。其次,社会公道、利益是道德评价的标准。他说:"在任何地方,美德与恶德,道德上的善与恶,都是对社会有利或有害的行为;在任何地点,任何时代,为公益作出最大牺牲的人,都会被人们称为最道德的人。"由此可见,"社会的福利的的确确是道德上的善与恶的惟一标准,因此,我们不得不根据需要改变我们对义与不义所形成的各种观念。"他举例说:"一个父亲与自己的女儿睡觉,这种事情我们是大为愤慨的;兄妹通奸,我们也要给他加上乱伦的罪名;可是,在一个新开辟的殖民地,如果只剩下了一个父亲和一个儿子两个女儿,我们就会改变看法,认为这个家庭为了不致灭种而作出的那种考虑是一种非常之好的行为了。""一个人杀自己的兄弟是大逆不道的,可是如果一个人没有别的办法来拯救自己的祖国,只得牺牲自己的兄弟,那就是一个神圣人了。"伏尔泰的这些伦理观点是有许多合理因素的。

悲剧《穆罕默德》(1740)和《海洛普》(1743)的上演也曾引起轰动。

这期间,伏尔泰还写作了哲理诗《关于牛顿哲学的诗简》(1736)和哲理小说《查第格》(1748)、喜剧《放荡的儿子》(1736)和《纳尼娜》(1749),以及向妇女介绍牛顿哲学的读物《世界的多重性》(1735)等。

在西雷的岁月里,伏尔泰还与各界名流进行着广泛的交往。

1736年8月,伏尔泰收到了普鲁士太子腓特烈二世进行请教的来信。次年,又收到了太子对他的作品的赞语等。在这一年里,腓特烈太子给伏尔泰来信达三十七封之多。1740年1月,伏尔泰接到太子寄来的《反马基亚维里》书稿,便随即进行润色、撰写序言、交付出版商。太子登基后,又感到这一书稿与自己的地位不相称,于是嘱咐伏尔泰收购全部印本。伏尔泰向出版商交涉未成,又未索回原稿,只得任其流传。太子一直与伏尔泰保持着频繁的通信联系,把伏尔泰捧为"当代最伟大的诗人"、"真正的柏拉图",还多次邀请伏尔泰到普鲁士作客。唯因夏德莱夫人的劝阻,伏尔泰不忍心离开她,才没有去成。

1739年,伏尔泰和爱尔维修建立了通信联系,爱尔维修当时才二十三岁。伏尔泰热情地指导他写作,诚恳地鼓励他。第二年,他们在巴黎相遇,两人进行了诚挚的交谈,伏尔泰表示欢迎他到西雷作客。后来爱尔维修成了18世纪法国著名的唯物主义者。

当时,法国三十五岁的唯物主义者狄德罗,匿名发表了小说《不谨慎的小宝贝》引起轰动。次年,即1749年4月,又发表了《论盲人的信札,供明眼人参考》。6月,他和伏尔泰取得了联系。不久,狄德罗被捕,囚于郊外万森城堡地窖。正好管万森监狱的是夏德莱侯爵,后经伏尔泰和夏德莱夫人的疏通,狄德罗于初冬获释。

伏尔泰还和达兰贝、卢梭等人保持着经常的联系。

当时凡来洛林的人,没有不到西雷逗留的。客人中有活跃风雅的人物,也有浅薄轻浮的小人;有达官显贵,也有平民百姓,有的是来拜师求学,也有的是想借伏尔泰的荣光炫耀自己。伏尔泰的威名吸引来了众多的来访者。

在西雷期间,夏德莱夫人给了伏尔泰各种恩惠和帮助,帮助他得到了宫廷的青睐,受到大臣和庞妃们的保护,又帮他登上了英国皇家学会会员、法国皇家历史编纂员、法兰西学院院士和俄国科学院名誉院士等宝座。

1744年,伏尔泰还算幸运,他过去的学友达让松出任法国作战部部长的要职;他的主要政敌——路易十五的大臣佛鲁列主教去世了;他的莫逆之交阿尔曼·黎塞留公爵在国王面前也颇有影响。黎塞留劝伏尔泰写戏献给国王,于是伏尔泰写了《纳瓦尔公主》,经黎塞留亲自修改,又由当时著名的音乐家菲利浦·拉莫谱了曲。次年1月,伏尔泰在凡尔塞的维尔鲁瓦旅馆亲自监督彩排。2月23日,在王太子的结婚典礼上正式演出。此剧连演八天,路易十五倍加赞许,随即封伏尔泰为法兰西史官,年俸为两千里弗尔。

1747年10月,伏尔泰带着夏德莱夫人进了宫廷。一天晚上,夏德莱夫人跟王后赌起钱来,顷刻间输掉了四百五十路易,伏尔泰心疼极了,可是为了体面,他还是不情愿地又掏出了二百个路易,但眨眼功夫又输光了。在旁作参谋的伏尔泰看穿了王后的诡计用英语喊了一句:"快停止! 你的对手是一伙骗子!"没料到,那帮贵妇当中有人能听懂英语。这还了得,竟把她们说成是骗子! 王后当即发火,扬言要给伏尔泰一点颜色瞧瞧。伏尔泰拖着夏德莱夫人赶紧驱车逃走,他的天堂失掉了。

回到西雷,伏尔泰思索着近几年同上流社会的交往,脑海里涌现了国王大臣、主教神甫、法官狱吏们的一幕幕丑剧。他满腔愤恨,决定拿起笔,揭露上流社会,批判封建贵族,把锋芒直接对准权力至上的国王。

1748 年,伏尔泰的哲理小说《查第格》出版了,它由许多篇围绕同一主角的短篇小说组成,以古代东方为背景,运用假借古代、贬斥时弊、声东击西的手法,对法国宗教职业者的贪色淫乱以及路易十五这个不开明的国王,进行了影射与嘲讽。

小说的主人公是古波斯巴比伦一个叫查第格的青年,他长得很漂亮,而且聪明伶俐,知识渊博,才能非凡,生活经验极其丰富。他品德纯洁,真诚正直,清心寡欲。特别是他从来不以为自己的意见绝对正确,"能够尊重别人的弱点"。在伏尔泰的笔下,他是启蒙精神的化身。

查第格自己忖度:"我的知识、诚恳和勇敢,往往都只是我不幸的源泉。"的确,查第格的聪明才智,并没有给他带来幸福。他为了保护自己的未婚妻,受到了权贵的伤害,当医生认为他的眼睛可能失明时,那姑娘却避开了他;他从沙地上留下的痕迹中,鉴别出了母狗和御马的大小高矮,但由于不知它们的去向,便被怀疑为贼;狗和马都找回来了,还要他交罚金;他保护一个女人,使她免于被一个男子杀害,但这个遇难女人给他的却是一顿辱骂;他编了四行打油诗写在石碑上,以颂扬国王,后因石碑断开,诗意被歪曲,险些被处砍头之罪;因王后的拖鞋与他的拖鞋颜色相同就要被绞死。凡此种种,都说的是是非颠倒,善有恶报。查第格命运的悲剧性,使人们领略到时代的窒息感,这就是 18 世纪法国封建专制时代气息的写照。

后来,查第格得到了国主的信任,但国王轻信谗言,猜疑王后与查第格私通,要谋害王后和查第格。后因抓王后抓错了人,把泼妇弥苏弗押进宫廷,国王一见弥苏弗别具一番姿色,便娶她为妻。由于国王宠信这个泼妇,把国事败坏得一塌糊涂,国王变成暴君,引起全国叛乱,互相残杀,民众苦不堪言。明眼人一看便知,这是对路易十五的影射。

随着时间的流逝,伏尔泰来到西雷已经是十四个年头了,他切身感受到,埃米莉·德·夏德莱是他所热爱的惟一的女人,也是他在世五十五年来遇到的惟一真挚、聪明、敏感的女友。这时,夏德莱夫人发现自己又要做母亲了。1749 年 9 月 4 日,孩子在吕内维尔堡诞生了。伏尔泰对埃米莉说:"我们要把这个宝贝作为你各种作品中的杰作。"伏尔泰迅速将这件事通知各位亲朋好友,他在给老学友达让松的信中写道:"先生,夏德莱夫人通知您,昨天晚上,她在写字台前抄录牛顿的某个公式时感到要小解,小解时便生下一个女儿,然后人们把这个女孩放到一本四开本的几何书上了。而我,生产《卡蒂利娜》这部悲剧比这位幸福的母亲要困难百倍……"可是,仅过了六天,夏德莱夫人因产褥热病去世了,时年四十三岁。

伏尔泰沉痛地经受着这一不可弥补的损失,觉得一切都荡然无存了。他异常的孤独,他不由自主地在别墅里乱走,那里的每一件东西都仿佛使他又看到了埃米莉。然而,昔日欢乐而舒适的西雷却变得沉闷而空虚了。他万分悲痛,热泪纵横,实在太伤心了。

在绝望与痛苦的思念之中,伏尔泰又回到了巴黎。

(二)别了,普鲁士的"开明君主"

普鲁士国王腓特烈二世早年对伏尔泰的邀请,之所以未能如愿,皆因夏德莱夫人的关系,现在她已经去世,腓特烈的邀请也更加殷切了。他在给伏尔泰的信中说:"我尊敬您,尊敬您这位口若悬河的老师。我爱您,爱您这位善良的朋友。您到这个国家里来,就如同在您的祖国,在一个怀有崇高的心的朋友的家里一样地会受到器重,您在这儿还怕什么奴役、什么不幸和什么改变呢?"

在如此恭维和谄媚的诱惑中,伏尔泰忘记了法国封建专制政权给他的那些教训,忘掉了路易十五的淫威和丑态,忘掉了巴士底狱的迫害和动荡漂泊的痛苦。他决定到一个比当时的法国更黑暗、更残酷的专制政体的国家去投奔"开明君主"。1750 年 7 月 10 日,伏尔泰到达柏林。

后来普希金在一篇文章中评论伏尔泰这段经历时,沉痛地问道:"柏林有什么吸引他的呢? 为什么一个毫无权利强迫他这样做的外国君主的顽固恩典会换取他的独立身份呢?"实际上,伏尔泰的这种抉择,一方面是腓特烈二世的谄媚对他发生了作用。他自己也承认:"我们的兄弟、作家们通常不得不向国王献媚,但这一位国王,他本人却自顶至踵无所不至地赞扬着我。"另一方面,是由于他天真地相信天地间可能存在着开明君主制的王国,相信腓特烈二世这种哲学家式的国君,能够为本民族的强盛进行脱胎换骨的社会改革。伏尔泰认为,自己应该义不容辞地履行国王教师的使命为推翻封建专制、解脱苦难的民族而作出应有的贡献。

伏尔泰初到普鲁士王宫的时候,受到了腓特烈二世的厚礼相待,每年得俸金两万法郎,并被任命为高级侍从。

腓特烈二世之所以需要伏尔泰,是因为伏尔泰是当时欧洲思想界之主宰,是享有盛名并受人尊重和信任的知名人士。邀请这样的名流入宫,可以点缀普鲁士宫廷,掩盖其黩武好战、残暴野蛮的侵略本性。在腓特烈二世看来,这无论如何是对自己极为有利的。马克思对此曾经写道:"世界史上不会有第二个抱着如此卑鄙目的的国王。"

腓特烈二世的这种目的,在一定程度上说并没有落空。伏尔泰当时的态度是:"他尊称我为神一样的人,我尊称他为所罗门。"所以,他一度对腓特烈二世信赖至极,以百般的殷勤和华美的颂词,从舆论上给这位君王戴上了"开明君主"的桂冠。在伏尔泰的渲染下,连当时德国资产阶级的历史学家,也把德国的启蒙时代称作是"腓特烈二世时代"。就在这一年,即 1751 年,伏尔泰在普鲁士完成了他的又一部历史著作《路易十四朝纪事》,在这部著作中,伏尔泰的"开明君主"思想也表达得更为明显和完整。

正当伏尔泰热衷于"开明君主"的时候,法国唯物主义者们的启蒙思想代表作——《百科全书》(A 字条目)在巴黎出版了,编者是一个文人团体,领头的是狄德罗和达兰贝。伏尔泰得知后,立即和团结在《百科全书》周围的年轻一代启蒙运动者密切交往起来了。他首先积极地和该书的编辑者通信,对他们的工作予以高度的称赞,尤其是突出地赞赏了《百科全书》的全民族意义。他在给达兰贝的一封信中写道:"你和狄德罗先生在创作为法国增光的作品。"紧接着,伏尔泰便以无比激动的心情和诚恳的态度开始了为《百科全书》准备材料和写文章,他在给达兰贝和狄德罗的信中说:

"每当我把论文寄给你们的时候，我总是颤抖着……凡是您们不喜欢的，请统统烧掉吧。"在这里，不免回想起德国政治家和历史学家梅林的一句公正的评价："伏尔泰虽然是一个宫廷人士，但却始终是资产阶级的先进战士。"

不久，伏尔泰觉察到，自己名为高级侍从，实际上只不过是为国王修改蹩脚的法文诗稿、整理装点门面的"哲学论文"罢了。他又联想到每天只供给的六只蜡烛，不得不作出这样的结论：腓特烈对我是严格控制的。于是，他如梦初醒，对腓特烈的专横暴虐、穷兵黩武以及其他所作所为开始厌恶起来，两人的矛盾也日益激化了。

有一次，腓特烈二世对身边的人谈到伏尔泰，说："我需要他顶多还有一年，桔子汁挤干了就得把皮扔掉。"伏尔泰得知此话之后在一封信中说："我发觉他们正在挤压桔子，必须考虑把桔皮抢救出来。"

1752 年，腓特烈二世写了一本不署名的小册子讽刺伏尔泰，伏尔泰非常气愤，随即编了一本《君王用的小词典》进行还击，其中写道：

"我的朋友"作"我的奴隶"解。

"我将使你幸福"的实际意义是"当我得到你的时候，你将吃苦"。

"今晚您和我一起进膳"等于"今晚我要使您难堪"。

伏尔泰对这位君王完全失望了，认为在启蒙运动的事业中，是不能期待腓特烈二世有什么作为的。于是，他需要很快将自己对普鲁士的态度公布于世。伏尔泰严厉谴责了普鲁士的国家制度："这种特殊的驾驭方式，这些更为古怪的性格，这种斯多葛主义、伊壁鸠鲁主义、严格的军纪和宫廷放荡生活的矛盾的结合；这些在书房内伴随自己消遣的书僮，在君王窗下和当他的面被赶着通过三十六道夹棍的士兵，论高尚道德的演说和放荡无羁的淫乱——所有这些构成一幅当时只有少数人了解的奇怪的图画。"

正值当时，柏林科学院院长莫贝尔都依写了一本极为荒唐的书，书中借用医生阿加基亚之口，建议建立这样一个城市：在城市的地面上打一个洞，一直通向地球的核心；全城的市民只准使用拉丁语；在医治病人时，必须在病人的身上涂上树脂，以防止消耗他们的生命力。还建议在这个城市中，解剖印第安人中巴塔哥尼亚人的脑子，以便研究灵魂的特性等等。这就是柏林科学院院长笔下的荒谬绝伦的方案。

当这本书还没有引起人们注意的时候，伏尔泰对准了这个活靶子，当即写了一本题为《阿加基亚医生的驳论》的小册子，以绝妙的讽刺手法，对其进行了无情的嘲讽，把腓特烈二世的这位宠臣及其伪科学挖苦得淋漓尽致。莫贝尔都依丑名远扬了，连同普鲁士官方科学的堡垒——柏林科学院也成了笑柄。既然这种"科学发现"发生在腓特烈二世世袭的领土上，这位"开明君主"也当然地包容在可笑的行列之中。

腓特烈二世对此大发雷霆，他下令毫不留情地将伏尔泰这本小册子一一收集起来，堆放在伏尔泰寓所的窗下，付之一炬。

窗外，升腾起焚书的火焰，房间里，伏尔泰胸中的怒火烧得更旺。他决定以非礼还其非礼，便把宫臣称号的一切徽记——侍从房门的钥匙和勋章，退还给普鲁士国王，并附上一封简短的信，以示辞别。腓特烈二世由于害怕由此引起舆论的非议，拒绝接受，伏尔泰却头也不回地扬长而去。

1753 年 3 月 26 日，伏尔泰要了一辆马车，套上六匹壮马，火速离开柏林。临行时，腓特烈二世只是礼节性的说了一句："祝您一路平安"，其冷落的情景与欢迎伏尔泰的热烈场面形成强烈的对照。5 月 31 日，伏尔泰在法兰克福城病倒了，正当他遭受病痛折磨之际,腓特烈二世派人追来,强行索要国王交给他修改的一些诗稿,伏尔泰执意不从。他之所以需要这些拙劣的诗作,并非其中有什么可借鉴之处,而是想把它在法国公布于世,使这位君王丑恶、肮脏的嘴脸,在全欧洲人士面前亮相。腓德烈二世深知其中利害,便指使警察侮辱性地将伏尔泰拘留了五周,直至将诗稿全部抢走,并索要坐牢费后,才放他出境。7月,伏尔泰总算离开了普鲁士的国土。

(三)愉园并非乐园

三年的普鲁士宫廷生活,给伏尔泰的教训是沉痛的,他深深感到"开明君主"的恩典不可靠,寄人篱下更是苦不堪言。

伏尔泰回到巴黎后遇到的又是君主的冷面孔,路易十五对他的宠妃朋巴杜夫人这样说:"我不愿伏尔泰回到巴黎来。"这时的伏尔泰已经预感到,要想在巴黎栖身,是绝对不可能了,他决计寻觅一块自由的乐土,以便摆脱专制暴政的扰乱和控制。

1754年12月,伏尔泰怀着定居的愿望,取道里昂,到达日内瓦,在洛桑附近的蒙里翁租借了一所破旧的别墅。当时正值严寒季节,他在此苦熬了一个冬天。次年春,他又在日内瓦附近的圣·约翰买下了一所房子。这里房舍宽敞,空气清新,景色迷人,使他感到格外愉快。伏尔泰觉得这是一个理想的定居点,便给它取名为"愉园"。

在愉园里,伏尔泰着手的第一件工作就是编写悲剧《中国孤儿》。这个悲剧是以我国的元剧《赵氏孤儿》为蓝本改写的。叙述的是我国春秋时期,晋灵公的武将屠岸贾,为报个人私仇,杀害了大臣赵盾一家的三百余人。为了捕杀仅幸存的一个孤儿,屠岸贾竟下令将晋国所有与此年龄相仿的婴儿杀掉。程婴为使孤儿免遭此难,并拯救晋国无辜的婴儿们,与老臣公孙杵商定,愿以己之子冒充孤儿顶死,并要公孙杵去屠岸贾处告发。公孙杵则以自己年老,甘愿承担隐藏孤儿的罪名,让程婴前去通报,以免程婴受害,也好日后抚养孤儿。程婴之子被当作孤儿杀害了,公孙杵亦触阶而亡。二十年后,孤儿学成文武技艺,程婴点破了身世,终于报仇雪恨。《赵氏孤儿》歌颂了拯救无辜的正义精神,表现出了一种壮烈的悲剧美。

《赵氏孤儿》是1722年至1723年间传入欧洲的第一个中国剧目,伏尔泰从巴黎的《水星杂志》上看到了剧情介绍,后来又在法文《中国通志》里读到了《赵氏孤儿》的译文。这个具有中国民族风格的戏剧,当时就深深吸引了伏尔泰。加上他细读过法译的中国儒家经典,爱好中国的政治和教育思想,认为儒家诉诸道德而不宣扬神迹,是符合人文主义思想的,很值得西方借鉴。所以,伏尔泰当时就决定改编这个剧目为"五幕的孔子伦理学"。但由于他处在长期动荡不安的状态之中,这个计划未能实施,直到年逾六十,来到愉园后才开始动笔。

伏尔泰对中国戏剧艺术的传统,并没有进行过深入的研究。在戏剧创作的艺术形式上,对他影响最大的是欧洲古典主义的"三一律"。他追求形式的完美、和谐,强调戏剧描写在时间、地点和情节上的一致性,即全部故事情节所进行的时间不超过一昼夜,而且情节发展必须在一个地点,服从统一的主旨。伏尔泰以这种欧洲古典主义的规则对《赵氏孤儿》进行剖析,认为该剧的缺点就在于时间行动上的不一致,它远不能和当时法国的悲剧相提并论。于是,他花费了一番苦心,把故事的背景从公元前五世纪的春秋战国时期,往后推移了一千七八百年,又把一个诸侯国家内部文武不和的故事,改编为两个民族之间的文野之争。在艺术上,他按照"三一律"的法则,把剧情、动作的时间,从二十多年缩短到一昼夜,删掉原剧中的弄权、作难、搜孤、除奸、报仇等情节,突了托孤、救孤两个情节,再插入一个爱情故事,布局成五幕悲剧《中国孤儿》。

《中国孤儿》于1755年8月公演,获得了广泛的好评。这种把中国故事搬上法国舞台,在中法文化交流史上,还是前所未有的一项创举,它直接激发了英法等国的戏剧艺术家们对中国剧作的兴趣,并唤起了不计其数的追随改编者。

伏尔泰卓有成效的改编,也给自己带来了极高的声誉,当时的《爱丁堡评论》曾写到:"伏尔泰先生也许是法国最有名望、最有才华的作家……在他最近的悲剧《中国孤儿》里,他的创作天才尤为突出。我们读了这本作品,一方面觉得高兴,一方面又觉得奇怪,因为他把中国道德的严肃与鞑靼野蛮的粗犷一齐搬上法国舞台,而同时与法国人最讲究的严谨细致的种种规矩毫无抵触之处。"

继《中国孤儿》获得成功之后,伏尔泰从事戏剧工作的兴趣更浓了。他专门在愉园里建造了一所小剧场,排演自己的剧作。每当新戏上演,都会招来许多周围的群众,使整个愉园热闹非凡。

那时候,日内瓦是禁止戏剧娱乐的,伏尔泰的行动直接违反了政府的规定,当局即发出禁令严禁日内瓦居民到愉园看戏,并勒令伏尔泰停止戏剧活动。伏尔泰不甘缄默,奋起抗争,采取了一系列报复行动。

这时候,正当达兰贝来愉园进行五周的访问,向伏尔泰请教《百科全书》中关于"日内瓦"条目的撰写问题。伏尔泰直接授意达兰贝在编纂这一条目时,写上应在日内瓦建公共剧场的要求。这表面上好像对日内瓦教会人士的推崇,实质上则是对其挪揄嘲讽,达兰贝按照伏尔泰的旨意撰写了。

由于启蒙思想家内部有分歧,卢梭便在愤怒之下,以激烈的言词写了《达兰贝谈戏剧书》一文,驳斥达兰贝的观点。伏尔泰与卢梭展开辩论,卢梭又用《中国孤儿》剧作攻击伏尔泰。于是,以此为导火索展开了一场针对当时社会实质性问题的、遍及整个法国的大论战。

18世纪法国的启蒙思想家,他们在辛辣地批判宗教神学,尖锐地揭露和抨击现实的封建制度,发出要求社会变革的强烈呼声等方面表现出了一致性。但他们在政治观点和哲学理论方面还是有分歧的,席卷法国的关于"自然人"与"文明社会"关系的大辩论就是证明。

启蒙思想家卢梭认为,原始的未开化的"自然状态"的人,是善良的、高尚的、纯粹的。在"自然状态"中,没有农业、工业,没有语言,没有住所,没有私有财产和私有观念,没有战争和竞争,没有奴役和统治,没有法律,没有道德上的善恶观念,天赋人权给人们以广泛的平等和自由,人在自然面前具有自由主动者的资格。

卢梭认为,这种"自然状态"下的人,由于具有自我完善化的能力,为了保存自己,克服种种困难,"不得不与自然界作艰苦的斗争。在斗争中,他们增长了才智,发明了绳索和钓钩,制造了弓箭,认识了火,学会了调制食物和用兽皮护体。随着工具的发明,他们能够建起小屋,享受到了安乐。而冶金和农业两种技术的发明,则引起了一场巨大的社会革命,导致了私有制的产生,"自然状态"的结束,把人类推进到"社会状态"。随之,人类天赋的自由和平等消失,人与人之间以妒嫉、暗害、诡诈和残酷的行为满足贪得无厌的奢望,社会邪恶便由此产生。于是卢梭提倡生活简单化,主张"回到自然去"。

对此伏尔泰认为,卢梭精心描绘"自然状态",意在寻求人的纯粹的自然本性,并借以论证当时法国的封建专制统治决不是什么永恒的自然规律,而是违背人的自然本性的。他以生产和技术的发展来说明社会的重大变革,也是合理的。他的"回到自然去"也并不是要真正恢复到原始的自然状态,而只是为了借此激起人们对现实专制制度的憎恨,唤起人们对自由和平等的向往,以便动员人们为建立一个符合自由和平等原则的社会而斗争。这不仅具有重大的现实意义,而且从理论上也非常成功地运用了否定之否定的矛盾辩证法。对此,伏尔泰尖锐地指出,卢梭把"自然状态"和"社会状态"绝对对立起来,美化前者谴责后者,把"自然状态"美化为体现完美人性的人类黄金时代,这显然是反历史主义的。卢梭把产生社会恶习的一切罪恶都强加于科学、艺术和文明的头上,说什么科学和艺术日益进步,可是人变得愈来愈坏了;辨别善恶的树长大了,可生命之树却枯萎了;人的自我完善化能力正是人类一切不幸的源泉。这都是十分错误的。

伏尔泰对卢梭的错误观点给予了无情的批驳,他歌颂理性,推崇文明,强调科学技术、文化艺术和社会生产的发展有利于社会历史的前进。他在给卢梭的一封回信中说:"还不曾有人花费这么多的智慧来使我们变成畜类;读了您的大作以后,就会渴望四足爬行。但是我脱离这种习惯已经六十多年了,遗憾得很,我感到我已经不可能再恢复它了。"伏尔泰还把卢梭和教会神甫相提并论,一概斥之为"可怜虫"。这直接引起了日内瓦当局的蛮横干涉,顿时酿成轩然大波。

这样一来,伏尔泰感到愉园并非乐园,他不得不营谋狡兔三窟,决定租下了度尔奈伯爵的领地,同时又打算在离日内瓦不远的地方建造费尔奈庄园。

全面出击

随着岁月的流逝,面对残酷的现实,伏尔泰越来越清楚地认识到人间苦难的根源在于腐朽反动的封建经济制度、政治制度和反动教会的精神统治。他拿起笔,完成了大量的戏剧、小说和著作,嘻笑怒骂的笔锋触及社会的每一个领域,横扫社会的每一个黑暗角落。他尤其注重教导人们用智慧启迪愚昧,用科学武装头脑,用理性的阳光驱逐现实的黑暗。他清醒地认识到,反对神权统治,反对宗教迷信,批判信仰主义和蒙昧主义,打碎天主教加诸法国社会的精神枷锁是推翻封建专制统治的前提。于是,他以罕见的胆略,公布了天主教教士梅叶的《遗书》,让其现身说法,使反动教会受到了毁灭性打击。

(一)"先天和谐论"的灭顶之灾

1755 年 11 月 1 日,是基督教一年一度的诸圣瞻礼节。这一天,教堂门庭若市,主教、长老、神甫、牧师以及众多的其他神职人员和教徒,为纪念得救升天的所有"圣徒",在为自己的上帝歌功颂德——

主啊,你按照自己的意愿和全能的力量创造了世界,你安排的永恒和谐,把万物引向尽善、尽美、普遍幸福……

就在这时,突然地动山摇,葡萄牙京城里斯本从欧洲的版图上抹掉了。仅在九分钟内,一场大地震引起了漫天大火,造成了三万多人的死亡和无数伤残者。

这场发生在宗教节日的大灾难和由此发生的社会动荡,引起了欧洲各国社会的极大震惊。特别是教会的活动更是异常猖獗,他们不顾人民群众的生命安危和财产的巨大损失,反而用"上帝惩罚人类"来恐吓群众;他们叫嚷是无神论者激怒了上帝,鼓动人民追捕和围攻启蒙思想家;他们举办功德会,用活活烧死无辜百姓来奉祭天神,以期灾害不再发生。然而,"上帝"偏不作美,12月间又一次地震发生了。宗教人士惊慌失措,他们的罪恶活动也更加惨不忍睹了。

一幕幕悲惨的现实,使伏尔泰感到惊骇,他脑子里显现的尽是遇难者的惨痛、死里逃生者的挣扎、幸存者又遭教会的残害……他夜不成寐,伏案一口气写成了哲理诗《里斯本的灾难》,抨击"上帝惩罚"的邪说,驳斥所谓"上帝专心一意地保护幸福而公正的世界"等谬论。伏尔泰反问,难道里斯本人的罪孽反而会比耽于淫乐的巴黎人或伦敦的居民更为深重吗?

不,至善至美的造物主不可能创造祸灾,谁也不能创造,如果他是创世主。

祸灾永远存在,天下事多么悲哀!

伏尔泰认为基督教会所信奉的那种上帝并不存在,里斯本惨剧的根源,应该到自然规律中去寻找。伏尔泰写道:"自然就是这样,我服从它的规律。"

《里斯本的灾难》对启蒙思想的阐发,对教会粉饰太平的谎言和对假乐观主义者的批驳,比地震的威力还要大,在整个欧洲引起了强烈反响。

这场地震,也使伏尔泰进一步惊醒了。在残酷的现实面前和痛心的思索中,伏尔泰领悟到,既要反对正统天主教的谬论,又必须剥去天主教会的一切哲学外衣,所谓安于现状、忍辱求生、知足常乐的盲目乐观主义哲学,都是教会的"先天和谐论"的哲学,它是制造愚昧、欺骗人民的又一种形式。于是他把莱布尼茨的乐观主义、卢梭的天意论以及乐天派波林勃洛克、蒲伯的哲学等统统纳入了他的横扫之列。伏尔泰要以他那嘻笑怒骂的笔锋,从德国到英国,从法国到西班牙,扫遍整个欧洲,触及社会的各个方面。

基于这种动机,伏尔泰开始酝酿哲理小说《老实人》。

《老实人》完成于1759年,共三十章,它既包含了作者早年一些哲理小说的思想,又包含了《里斯本的灾难》所阐述的哲理,是伏尔泰所有哲理小说中成就最高的一部中篇。在这部小说里,启蒙思想特点表现的尤为集中和深刻。

《老实人》以贬斥时弊嘲讽盲目乐观的"先天和谐论"哲学为主题,通过老实人在巴黎的见闻,使这个荒唐国家里的政府、法院、教堂、舞台等无一不受到指责。

小说的情节是这样的:

在德国威斯发里的一家男爵府邸里,有一位正直纯朴、年少天真的养子,人称他为"老实人"。

男爵有财有势,有一个十七岁的女儿,是本地有名的美女,名叫居内贡。

为了教育女儿和养子,主人特地请来了一位家庭教师,名叫邦葛罗斯。

邦葛罗斯热衷于一种乐观学,他教导学生说:"万物皆有归宿,此归宿自必为最美满的归宿。岂不见鼻子是长来戴眼镜的吗?所以我们有眼镜。身上安放两条腿是为穿长裤的,所以我们有长裤。石头是要人开凿,盖造宫堡的,所以男爵大人有一座美轮美奂的宫堡;本省最有地位的男爵不是应当住得最好吗?猪是生来给人吃的,所以我们每年吃猪肉。"

老实人从幼年便接受了这种乐观哲学的思想,认为这个世界是最完美的,自己能天天看到这个美丽无比的居内贡小姐不正是如此吗!

邦葛罗斯和老实人开始游历了,他们来到了葡萄牙的里斯本城。一进城,便觉得地震了。房屋倒塌,三万多男女老幼都给压死了。

邦葛罗斯说:"那是定数,……因为物之所在,不能不在,一切皆善。"

里斯本有道行的人捕逮了邦葛罗斯和老实人,老实人被打完屁股受了赦免,邦葛罗斯被绞死,还有两个葡萄牙人被烧死。教会说这是替民众举办功德会,说这是阻止地震的万灵秘方。

功德会后,又来了一次惊心动魄的地震,老实人吓得魂不附体,他对自己说:"最好的世界尚且如此,别的世界还了得?"

老实人开始怀疑这个世界是不是十全十美了,但他还是抱着一线希望去寻找新大陆,后来终于到了黄金国。那里地上到处是黄金、碧玉和钻石;那里的人民都过着幸福生活;那里没有僧侣和弄权者,没有把人活活烧死的;那里没有法院和监狱,没有受到欧洲殖民者的侵略。但却有一个非常大的科学馆,摆着数学和物理学的仪器。老实人游历了这样一个国家之后,更加深了他对欧洲社会的不满和失望。

离开黄金国后,老实人亲眼看见了欧洲殖民者对南美洲劳动人民惨无人道的杀害和掠夺,他眼看地上躺着一个黑人,这黑人左腿断了,右手没了,身上只穿了一条破烂的蓝短裤。老实人问他为什么被弄成这般惨状,那黑人回答道:我们在这里付出这样的代价,你们欧洲人才有糖吃。老实人对欧洲社会的合理性和完美性更加怀疑了。

老实人到了巴黎,遇到了一个神甫,被那个神甫骗了许多钱,还受到那个神甫的陷害和诬告,几乎被捕坐牢。

老实人在威尼斯一家普通客店里,遇见了六个退了位的国王,其中一个穷得分文没有,受到了老实人的施舍。

最后,老实人在君士坦丁堡郊外买了一小块田地,开始劳动耕种。他说:"种咱们的田园要紧。"这就是伏尔泰所提出的改造社会的方案,他想通过劳动来改造世界。

虽然《老实人》的情节荒唐离奇;虽然作者提出的改造世界的方法是各人照管自己的田地,而不是依靠人民群众的力量来彻底推翻旧社会,建立新社会,因而具有消极的和空想的性质。但是,它仍不失为一部伟大的现实主义作品,它深刻地反映并且批判了当时整个欧洲的社会黑暗,激发了读者对残酷的封建统治的仇恨,启发了人们的革命觉悟;抨击了为封建专制制度辩护的"先天和谐论",粉碎了乐观主义哲学的幻想。

当时欧洲盛行的唯心主义乐观主义哲学,认为恶是暂时的,善是永久的,现实中的一切都会走向更完善更崇高的和谐,走向普遍的幸福。这种哲学鼓吹安于现状、忍辱求生、知足常乐,为现存的封建秩序服务。它是另一种形式的愚昧主义,是束缚人们头脑的一种新的精神枷锁,严重阻碍着反封建斗争的深入发展。

伏尔泰以老实人的经历为线索,把唯物主义的科学思想同反对现存的封建专制和教会的反动统治紧密结合起来,给了"先天和谐论"以毁灭性的打击。

在小说里,伏尔泰如实描述了里斯本大地震。两个无辜的异教徒被活活烧死,可地震照样发生。这是对教会的神权邪说和肆意迫害无辜的绝妙讽刺。这一情节启示人们:自然规律是不受人的善恶观念驱使的客观规律,决不能把某些自然现象看成是神灵对人类的惩罚。

在小说里,六个退了位的国王,简直是一幅封建阶级没落的画像。在这里,伏尔泰预言式的指出了封建国王的下场,是整个封建制度没落和灭亡的象征。

伏尔泰在小说中,让老实人亲自游历和实地考察,来不断纠正自己的错误意识,不断丰富自己的认识,最后得出具有真理性的看法,这无疑具有重大的认识论价值。

小说的最末一句："种咱们的田园要紧"，不仅是新兴资产阶级务实、进取精神的体现，而且其中包含着极为深刻的哲理，它旨在说明，现实社会并不美好，要改变现状不能靠天赐，而应靠自己的实际行动。

（二）费尔奈庄园里的老翁

伏尔泰面对现实，为了进退自如，得到某种程度上的独立和生活上的自由，他花了七万五千法郎，在法国和瑞士边境上的费尔奈买了一块地皮，建起了一座别墅。1761 年下半年，又先后在这里建了一个教堂和一所剧院。从此，伏尔泰在这所拥有别墅、教堂、剧院三大建筑的费尔奈庄园里长期居住了下来。

在别墅里，伏尔泰每天会收到来自四面八方的大量信件，他利用这种通信的方式，宣传反专制反教会的启蒙思想，讨论各种社会问题。据统计，仅保存下来的伏尔泰的信件就有一万多封，和他通信的计七百人之多。在这里，他还经常热情地接待来自五湖四海的各界知名人士。费尔奈庄园顿时变成了人们朝圣的地方，变成了欧洲舆论的中心。伏尔泰曾风趣地称它为"欧洲的客栈"。而伏尔泰本人，也被当时的进步人士尊称为"费尔奈教长"。

在教堂里，亚当神甫每天要给伏尔泰做弥撒。他们还经常在这里下棋，每当神甫要赢了，伏尔泰就推翻棋盘，并高声嚷道："花了两个小时来移动这些小小的木块，不如去演一场悲剧。"如果神甫处于劣势的时候，伏尔泰就要一直坚持下去，直至最后取胜。

在剧院里，伏尔泰常常亲自登台演出他编写的剧本，有时也邀请法国、英国的名流演员前来助兴。

凡去过费尔奈庄园的人，无不感到自豪，无不觉得是获得了很高的荣誉。凡来拜访过伏尔泰的人，都留下了深刻的印象。著名的英国演员来访后，曾向本国报道："我从一个伟大人物的家里写给你们，我想要从我们光荣的伏尔泰（在他这个园子里我度过了平生仅有的最有价值的和最愉快的八天）这里向你们报道……这是位什么样的人啊，这位写下了《亨利亚特》的天才！"瑞士艺术家让·古柏尔来访后，留下的是一幅抒发自己感想的图画，这幅图画表现了伏尔泰的日常生活：早间端着一杯咖啡，热情地接待客人。俄国诗人普希金也曾给伏尔泰描绘出一幅绝妙的肖像：

……有着光秃秃的头顶，

亮炯炯的眼睛，那是动摇不定的思想的照耀镜，

抿住的嘴唇，露出一丝笑纹。

此时的伏尔泰，已经赢得了广泛的声誉，人们尊敬他，称赞他，认为他是不容争辩的伟人。当时法国一个邮政支局在整理信件时发现一封信，信封上这样写道："寄诗人之舌、人民的哲学家、欧洲的保护神、祖国的喉舌、国王的历史学家、英雄的歌颂者、风雅事物的最高鉴赏家、艺术的保护者、惜才的善人、天才的知己、一切迫害的谴责者、宗教狂的对头、被压迫者的救星、孤儿的慈父、富人学习的榜样、穷人的靠山、善人的典范。"尽管收信人的名字没有写上，邮递人员却毫不犹豫地将此信寄给了伏尔泰。在他们看来，只有伏尔泰才配得上所有这些尊称。

伏尔泰作为欧洲伟人的形象，就是在费尔奈时期定型的。这时，他已年逾花甲，头顶光秃秃的，显得十分苍老。伏尔泰在给讷克夫人的一封信中风趣地写道："据说毕伽耶先生要来塑我的肖像。可是，夫人，要我有一副脸相才行啊！人家简直猜不到

我脸部的位置。我的眼睛凹进去有三公分深;我的面颊是粘在东倒西歪的骨头上的羊皮纸;所有的少数的牙齿都落光了。"但是,伏尔泰的精力却是极其旺盛的。

凡是熟知伏尔泰年少时身体状况的人,谁也不会估计到他会超过花甲之年,而且还会顽强地活下来。直到"耄耋"。伏尔泰幼年几乎夭折,童年体质纤弱,少年病魔缠身。他二十六岁时就得了严重的胃病,消化不良,疼痛难忍,人变得瘦弱不堪,甚至有时无法坐在书桌前写文章,只能躺在床上构思或者吟诗。年近三十岁时又染上了天花,喝了八副催吐剂,放了两次血,险些一命呜呼,从此同药物结下了不解之缘。他先后服用过多种药物,还吃过一位时髦医生所极力吹嘘的助消化特效药——细铁砂。这种以洗刷脏瓶子的方式来治疗胃病,当然治不好伏尔泰的消化不良,反而害得他在服用铁砂后的一个月内,连续吃了八种其他药物,灌肠十二次。伏尔泰还服用过大量近乎于毒品的斯达尔丸,不久,他的牙齿便开始脱落,两眼发花,听力下降,声音沙哑,头脑晕眩,不断发烧,有时竟腹痛得打滚。

可是,伏尔泰不仅活下来了,而且一直保持着蓬勃的朝气和对生活的浓厚情趣,一直没有丧失理智和记忆力。年迈的伏尔泰还是经常每天工作二十小时。如此惊人的活力,不能说与他的养生之道没有直接关系。伏尔泰具有一种当时少有的习惯,即注意饮食和卫生。这种习惯过去就一直保持着,到了费尔奈庄园则更加讲究了。

伏尔泰爱吃肉馅饼和甜食,以大量的咖啡助消化,有时一下午就喝二十杯咖啡。他也爱吃小扁豆,爱吃自己家里烤的带干皮的面包,爱喝味道鲜美的汤,略吃点羊肉,适当的喝点酒。他对糕点和过分油腻的食物不感兴趣。伏尔泰惟一的正经饭是晚上九时或十时的晚餐,晚餐后马上就寝。他只睡四到五个小时,不过要在床上躺十七、八个小时。他的枕边彻夜燃着三支蜡烛,床头堆满了书籍,在伸手可得之处放着一张雅致的桌子,上面摆着矿泉水,牛奶咖啡、写有编目索引的纸张和文具盒。

在庄园里,伏尔泰喂养了许多动物,他特别喜欢养猴子,并用他的四个政敌的名字来给它们命名为:弗莱隆、博麦尔、农诺特、弗兰克·德·庞比尼昂。伏尔泰天天亲自喂它们,而后赏它们一顿拳脚,拧它们的耳朵,用针刺它们的鼻子,踩它们的尾巴,给它们戴神父的高帽,用最难以想象的残酷方式对待它们。费尔奈的这位老翁需要用这些猴子来发泄肝火,消仇解恨。

在这里,伏尔泰邀请了两位侄女前来帮忙做饭,共养活着三十口人,饲养十二匹马。他重新穿起了三十岁时穿过的服装,躬耕田地,种植花草树木。他关心农田的生产和马匹的驯养,做过改良马种的试验。他还创办丝袜工场和花边手工工场。伏尔泰的这种努力,是因为目睹周围人们的贫穷,想把费尔奈这个荒僻的地方,改造成一个繁荣的小城镇,使人们富裕起来。这显然怀有变革现实的目的。为此,他收罗了日内瓦的几名对老板不满的钟表匠,资助他们兴办钟表业,制造出了法国的第一只手表;他组织农民开荒垦地,排干沼泽,为耕种者建造住宅,并以低廉的价格将自己的一部分房屋转让给他们。当费尔奈的农民因收成不佳、衣食无着时,他主动解囊相助,替他们交纳什一税。他觉得这样做,即使把自己搞穷了,也是无所谓的。他坚信,一个人决不会由于正义的事业而破产。繁忙的工作,使伏尔泰复活了青春,他说:"我愈是在生活的道路上前进,我愈是需要工作;久而久之,它成了我最大的快乐。"

伏尔泰在费尔奈庄园里,一方面注意改善人们的物质生活,另一方面又以主要精力谋求人类精神的解放。最使他日夜关注的是法兰西黑暗的专制统治、天主教会的倒行逆施和人们的悲惨处境。他密切注视着欧洲的局势,为领导声势浩大的法国启蒙运动,更加勤奋地埋头伏案写作。在这里,他相继完成了哲学著作《哲学词典》;哲理小说《天真汉》、《有四十金币的人》、《让诺和科兰》;历史著作《议会史》、《彼得大帝统治下的俄罗斯历史》;哲理戏剧《奥林匹亚》、《三头政治》、《西特人》;鞭笞教会、反对宗教狂热、抗议宗教迫害的《论信仰自由》、《记骑士拉巴雷之死》、《三个骗子》、《阿拉斯法院的谬误》、《米诺法典》以及《中国情况入门》、《一个苏格兰女人或自由之家》、《向欧洲各国人民号召》、《一个公民的感触》、《无知的哲学家》、《终于得到解释的圣经》等。

费尔奈庄园的二十多年,是伏尔泰战斗的新阶段。在这里,他进一步密切了与年轻一代启蒙思想家的联系,为《百科全书》的编纂和出版工作作出了卓越的贡献,有力地推动了启蒙运动的蓬勃发展,成为18世纪法国启蒙运动的领袖和导师。

(三)《百科全书》和《哲学词典》

由狄德罗和达兰贝主编的《百科全书》(全称为《百科全书,或科学、艺术和工艺详解辞典》),是18世纪法国的一部规模浩大的典籍,其中收集了哲学、自然科学、理性、人道等等广泛的条目。全书共三十五卷,从1751年第一卷问世,到1780年完成补遗和索引,陆续出版了三十年之久。为其撰稿的大都是当时进步的哲学家、自然科学家等知名人士,除狄德罗任主编,达兰贝任副主编外,有伏尔泰、卢梭、霍尔巴赫、魁奈、杜尔等一百六十多人参加了编写。

《百科全书》反映了18世纪法国唯物主义者的思想,并把这些先进思想同解决现实问题联系在一起。书中,除某些为了转移书报检查机关的视线而刊载的文章以外,其他一切文章——从长篇大论到供参考用的短文,全部充满了向陈旧的、腐朽的封建制度进攻和传播资产阶级的自由主义的精神。《百科全书》把一大批启蒙思想家和优秀的学者团结起来,形成了广泛的反封建的统一战线——《百科全书》派。百科全书派的成员在政治倾向和哲学观点上虽不尽一致,但他们都批判天主教会、经院哲学和封建专制制度,提倡理性的批判精神和公开的唯物主义或自然神论。恩格斯对此曾评价说,百科全书派的影响是巨大的,他们没有把批评局限于宗教信仰问题,而是扩大到所遇到的每一个科学传统或政治设施,为了证明他们的学说可以普遍应用,选择了《百科全书》作为工具,把他们的学说应用于所有的知识对象。

正因为如此,专制政府和天主教会一直把《百科全书》作为无情打击的对象,或者对主编和作者进行重压、围攻、迫害,或者对出版进行查禁。1745年到1748年之间《百科全书》计划和细节的酝酿,就引起了宗教界的仇视。1752年2月国王的议会,终于以业已出版的两卷《百科全书》中一些论点对皇权和教权采取敌对态度为理由,禁止其再版和出售。

伏尔泰把《百科全书》称作是为法国增光的空前巨著,称作是法兰西民族的纪念碑。他认为,法国的启蒙者们,为编纂这部卷帙浩繁的科学、艺术与工艺的典籍而不懈地努力,把当时法国最优秀的知识分子团结在这部丛书的周围,大举向陈腐的封建专制进攻,这无疑是一件很有意义的事情。

早在1751年,伏尔泰还在普鲁士的时候,他就对《百科全书》"A"字条目的出版予以高度的赞扬,并热情地为这部巨著准备材料和撰写稿件。到费尔奈庄园后,他将大部分精力和时间投入到了《百科全书》条目的编纂和对其出版工作的支持上。当时,正值狄德罗遭到政府和教会的迫害,达兰贝也受到法国反动当局的围攻和重压。伏尔泰立刻以正义的呼声,热情地无条件地支持他们。他在写给这两位负责人的信中说:"勇敢的狄德罗和吓不倒的达兰贝,你们赶快去攻击那些狂热者和恶棍,反驳他们愚笨的空谈,揭露他们的诡辩、历史的谎话、矛盾、无止境的妄诞,你们不要让那些思想健全的人变成没有理性的人的奴隶;新生的一代将因为他们所获得的权利和自由而感谢你们。"

伏尔泰与百科全书派之间的信件来往极为频繁,他们共同交流观点,传递动态,怒斥"败类",或者用战斗的口号共勉。

尤其是伏尔泰以极端热忱的态度参加到编写《百科全书》条目的行列中,并以为该书撰稿为荣。他说:"当我身上还有着生命的火花时,我是会为《百科全书》光荣的工作者们效劳的。如果我能够将自己的微末贡献投到这个最伟大、最美丽的民族和文化的纪念物中去,我将引以为自己崇高的荣耀。"伏尔泰为《百科全书》撰写了大量的条目,他那敏锐的思想,渊博的知识,以及犀利而幽默的语言,都大大加强了该书的战斗性、号召力和启迪作用。伏尔泰所写的条目,不仅显示了这位大思想家的独到见解,而且内容非常广泛。

其中有:

自然法——"就是那种使我们知道正义的本能",它的基本原则是"既不在于使别人痛苦,也不在于以别人的痛苦使自己快乐"。在伏尔泰看来,"每一个精神健全的人心里都有自然法的概念",这个概念的含义就是"正义"。尽管不同的国家、不同的历史时期所制定的法律、人为的习惯和风尚不断变化;尽管历史上也充满了谎言、诽谤、掠夺、谋杀、欺骗、迫害等非正义的行为,但是,基于人的本质的东西是永远不变的,"正义的观念"是"始终继续存在"的。"自然法"是法律的基础,只有符合正义原则的法律才是合理的法律。只要启发人们的理性,发扬理性的权威,这种合理的法律就会建立起来。

自由——就是"试着去做你的意志绝对必然要求的事情的那种权力",是人的神圣不可侵犯的天赋权利,包括人身自由、言论自由、出版自由、信仰自由,特别是拥有财产的自由。在伏尔泰看来,自由并不意味着人人都拥有财产,对于社会上绝大多数的劳动群众来说,自由只在于"他们将自由地把自己的劳动出卖给出价最高的人"。

伏尔泰的这种观点虽然具有明显的资产阶级性质,但就当时法国历史条件而言,是顺应了历史发展潮流,有极大的进步意义的。这种观点意味着反对专制暴政和宗教迫害,意味着痛斥社会上层人物任意掠夺人民的财产,践踏人民的权利,意味着谴责天主教会煽动宗教狂热。伏尔泰的这种自由,能够唤醒广大群众的反封建意识。

形而上学——"……我们把自然理解为物质,而形而上学的就是非物质的:

例如,你那种既不长、又不宽、又不高、又不硬、又不光的推理;

你那个不为你所认识、产生出你的推理的灵魂;

各种总是被谈到、曾经长期被赋予一种精细到不再是形体的形体、最后被去光形体的任何影子、而不知还剩下何物的精灵;

这些精灵的那种并无五官作梗的感觉方式;它们的那种不用头脑的思想方式;它们的那种不用言语也不用手势的传达思想的方式;

最后是我们凭着创造物而认识的、而我们的傲慢却要求加以定义的神;我们感到权力无边的神;与我们隔着无限的鸿沟、而我们的胆敢窥测其本性的神;

这些都是形而上学的对象。

人们还可以再加上各种数学原理，没有广袤的点，没有宽的线，没有高的面，无限可分的单位，等等。

……"

对于"形而上学"，伏尔泰曾开玩笑式地评述道，如果听话的人听不懂人家在对他说些什么，说话的人不懂自己在说些什么，那么这就是形而上学。伏尔泰把形而上学的全部体系称作形而上学的长篇小说，因为它不去研究自然界而始终从事于抽象的、思辨的臆测。

……

伏尔泰的《哲学词典》就是对他为《百科全书》所写的主要条目的汇编。全书内容极其丰富，涉及文学、艺术、哲学、美学、以及社会科学的各个领域。所有条目按学科分列单位，按词首字母排列，它是一部工具书，也是一部哲学著作。《哲学词典》文学色彩浓厚，颇有趣味，是宣传启蒙精神极好的一份资料。

（四）苦难的人啊，这是为什么？

18世纪后半叶，法国的封建专制彻底走向反动。

当时的法国，资本主义商品经济已经在封建社会的母体里孕育起来。在农业上，东北部出现了英国式的资产阶级化的地主，建立起以雇佣劳动为基础的大农场。在商业上，进出口贸易比本世纪初增加了近两倍。在工业上，虽然占统治地位的仍是行会手工业，但资本主义手工工场已经得到发展，用大型机器生产的企业开始出现。当时一位有名的英国旅行家杨格说："从里昂到勒阿弗尔与其说是农业区倒不如说是工业区。"与此相随，全国的资产阶级（包括手工工场主、船主、包税人、商人、银行家和资产阶级知识分子）总人数已超过二十万，工场手工业工人五十多万，手工业者和行会帮工近二百万。

但是，处于垂死挣扎中的法国封建专制制度，仍然严重阻碍着资本主义的发展，落后的生产关系同新生产力发展的要求处在尖锐的对立之中。

封建专制政体在竭尽全能维护其统治地位的时候，其一切反动腐朽的特征也暴露无遗了：工业条规林立，苛捐杂税繁多，行会制度、关卡制度、商业专卖权空前强化，货币和度量衡更加混乱，君主的独断专行、宫廷奢华挥霍、贵族的专横跋扈、僧侣的精神控制等都达到了登峰造极的程度。

18世纪后半期，法国人民的处境极度悲惨，他们除了政治上精神上的重压之外，还加倍负担着领主、教会和国家漫无止境的封建捐税、贡赋、义务等。他们不仅要交纳大量的实物地租和货币地租，而且还要被勒索一系列的捐税，如房产土地转卖税、遗产继承税、葡萄收获税、炉灶税、烟筒税、渡河税、捕鱼税、出产税、徭役税，农民的牲畜在大道上扬起尘土应纳尘土税等等。种种租税和横征暴敛抽去农民收入的百分之七十至八十。农民还负担着被嘲弄的义务，如领主离开领地时要农民出来送行，并且要吻庄园里每扇门上的锁；在复活节的第一天农民要跳水使领主开心；农民结婚要取得地主许可并付出一定的款项……

处于绝望境地的人民纷纷外逃，全国的乞丐近十万。一位目击者说，法国的贫苦人民"吃野草，啃树皮，像苍蝇一样地死亡"。就连号称"花都"的巴黎也有五分之一的人沦为乞丐。有文献记载说，那时的"巴黎简直满城是乞丐。不论你在哪里停住，马上就有十几个乞丐从四面八方包围着你。"

苦难的人啊,这是为什么?

伏尔泰要揭开这个谜——是因为腐朽反动的封建经济制度、政治制度和反动教会的精神统治?是因为自己的愚昧?伏尔泰决计要从各个方面彻底抨击现实的黑暗社会,要教导人们用智慧启迪愚昧,用科学武装头脑,他连续写了抨击现行经济政策的论文《有四十金币的人》,揭露教会丑态的小说《巴比伦公主》和矛头直指法国专制政体、宣扬文明必然战胜愚昧的哲理小说《天真汉》。

《有四十金币的人》一方面描述了一个每年只有四十金币收入的人,但纳税要付出其中的一半;另一方面又描述了一个富翁,他每年有四十万的收入,却从不交纳半分钱的税。伏尔泰运用如此强烈的对比,对当时法国的苛捐杂税制度给予尖锐的揭露和讽刺。他写道:"有一个人,想规定出一种'聪明税',他说,每个人都会愿意交纳这种税的,因为谁也不愿意被人家叫做傻瓜……另一个人却主张抽一种歌唱和欢笑的联合税,因为我国人民是世界上最愉快的、而且是喜欢在歌唱中寻找安慰的人民。"

这一著作印发后,在法国民众中引起了强烈的反响,同时也触怒了封建王朝。皇后玛丽要求国王惩办伏尔泰,国王回答说:"您要我怎么办呢?夫人,假如他在巴黎,我倒会将他赶到费尔奈去的。"法官们听说后心领神会,最高法院很快作出决定,把所有的《有四十金币的人》全部搜来,当众焚毁;把凡是出售过该书的人一律处以枷刑。

同年,伏尔泰还写了一部小说《巴比伦公主》。作者把教会统治下的一幅幅黑暗场面展现在读者面前。

伏尔泰的中篇小说《天真汉》,把矛头直接对准了贵族上流社会的种种恶习,对准了封建专制制度的凶残与黑暗。

天真汉原是一个法国人,他从小流落在美洲印第安人的一个部落中,长大后又来到法国,寄宿于巧遇的叔父、圣母修道院院长特·甘嘉蓬神甫家中。

天真汉年轻、健壮、漂亮,他记性很好,头脑清晰,心地慈善,并习惯于从事物的本质进行观察和评价。他来到法国后,觉得这里的许多东西都是不可理解的,是荒谬的、反常的。从他改信基督教开始发生了一连串的冲突。

一次,他爱上了特·圣·伊佛神甫的妹妹伊佛小姐,并想和她结婚。这位小姐也喜欢他并同意嫁给他。但是,小姐又认为,这件事应由双方的家长来定。天真汉觉得太可笑了,他说:"我想吃饭、打赌、睡觉的时候,从来不跟别人商量;我知道为了爱情,不妨征求对方的同意。但我决不爱上我的叔父,也不爱上我的姑母,当然不用去请教他们。"

由于天真汉向他自己受洗礼时的教母求爱,他的叔父十分恼火,认为"这是不可能的。她是你的教母,教母同干儿子握手就犯了天大的罪孽,至于结婚,那是教内教外的法律所禁止的。"天真汉被这种荒唐的说法激怒了,他为了能娶这位年轻美貌的小姐,宁可宣布洗礼作废。

由于他们的爱情违反了宗教习俗,受到了教会、法官的干预。圣·伊佛小姐被送到了幽禁少女的监狱——修道院。

后来的一天,天真汉在同入侵的英国人交战时立下大功,并拾到英军失落的一个装满钱币的荷包。于是他便搭了驿车,到凡尔赛宫受赏。他觉得,这起码可以得到与圣·伊佛小姐结婚的准许状。途中,他见到人们满腹牢骚、四处奔逃,见到了许多因受宗教迫害而流落他乡的人,天真汉同这些受害者一起非议了教会,为五万个逃亡的家庭鸣冤叫屈。这番议论,被乔装的教会特务听到了,天真汉刚到凡尔赛,便被公安大队的几个骑兵抓走,投进了巴士底狱。

在狱中,天真汉与高尔同老人同囚一室,他对老人说:"我认为我命里只有恶魔捣乱。美洲人的同乡永远不会对我这样野蛮,他们连想也想不到这些呢。人家叫他们野蛮人,其实是粗鲁的好人;这里的确是文明的恶棍。"

两个囚犯在狱里共同读史书,讨论星辰、原素、上帝,天真汉的各种知识,特别是关于人的学问,都有了长足的进步。他认为,历史只是一幅一连串罪恶与灾难的图画,在那里安分守己与清白无辜的人,一向没有立足之地。所谓大人物,不过是恶毒的野心家,历史犹如悲剧。

一年之后,天真汉的叔父想通过教会的门路营救天真汉出狱,虽经四处奔波求救,却连连失败,无可奈何。

刚从修道院出来的圣·伊佛小姐,得知天真汉被囚于狱中,便打定主意搭救他。

一天,小姐到凡尔赛宫去找国王的秘书,那秘书一见美人便说道:"我没有力量做什么好事;我所有的权力只限于偶尔做几桩恶事。"

小姐又去找一个大臣的表弟、心腹,即趋炎附势、法力无边的圣·波安越先生,这位先生的条件是:只要能献出她的贞节,就可撤回密诏,将她心爱的男人营救出狱。

小姐找到万事灵神甫,听到的却是一个古代的故事:一个可怜的人,因还不起欠下的债,被判了死刑,正当罪犯的妻子四处讨钱搭救丈夫时,一个有钱的人答应给她一块金洋,条件是让她犯那个不贞之罪。她觉得,要救丈夫性命,那也就不能算作坏事了。

小姐去向一位阔太太求救,这位太太更露骨地说:"出名的宫廷中,很少事情是不经过这一关的。从最低微到最重要的职位,大半要用人家向你勒索的代价去买的。在外省当督抚的,甚至带兵的将领,你以为他们官运都是凭功劳得来的吗?许多是仰仗他们夫人的大力⋯⋯至于你,大家只会对你喝彩,说你因为德行超群才失身的。"

面对这一个个陷阱,圣·伊佛小姐悲愤地嚷道:"什么德行啊,德行,想不到患难之中只有把我玷污的人才肯帮助我。"她为了拯救心爱的年轻人,做出了最可怕的事情:她顺从了一个大官的强求。但她不能含羞忍辱,最后倒在痛苦得发狂的未婚夫——天真汉的怀里,死去了。

天真汉嘴唇哆嗦,浑身发抖,要杀死仇人而后自杀,无奈受人监视,无法动手。

后来天真汉成了优秀的军官,被称为不屈不挠的哲学家。

伏尔泰在这部小说里,十分鲜明地暴露了当时法国社会统治者的邪恶和人间的悲惨。封建专制制度和教会势力是制造黑暗的罪魁祸首;贵族阶级、大圣徒实际上都是无恶不作的淫棍。然而他们的卑劣行径都是以愚昧主义为基础的,只有发挥理性主义对启蒙教化的巨大作用,才能使人摆脱愚昧,解脱苦难。

天真汉就是一个理性主义的化身。他的成长道路,是一个运用知识启迪蒙昧的过程。他初入法国,还是一个无知的原始人,发现这里的一切都是那样荒诞可笑。尔后,遭到一系列不公平的境遇,开始觉察到当权者便是文明的恶棍。进尔,天真汉接受了欧洲启蒙教育,对古今的历史、哲学、文学作出了鉴别,懂得了用理性去思索,终于脱胎换骨,变成文明的新人。在伏尔泰笔下,天真汉的成长道路是以时代的文明精神启蒙教化的过程。而反动教会则是这种时代的精神不共戴天的仇敌。

(五)"消灭败类"

"消灭败类",是伏尔泰的书信上经常出现的一句格言。所谓败类,伏尔泰指的是教士。这一格言,是他全部活动的纲领,他号召一切社会进步力量同宗教作斗争。

教会从未遇到过像伏尔泰这样顽强和厉害的对手,伏尔泰是教会不共戴天的仇敌。在伏尔泰看来,基督教就是建立在"最下流的无赖编造出来的最卑鄙的谎话"基础上的,是"最卑鄙的混蛋作出的各种最卑鄙的欺骗"的产物。宗教迷信和教会统治是人类理性的大敌,蒙昧主义是一切社会罪恶的根源。他认为,全部教会史是充满迫害、抢劫、谋杀等罪行的历史,是教会僧侣煽动宗教狂热和宗教偏见的罪恶史。他说:"自从圣处女的儿子死后,恐怕没有一天没有人不因他而被杀。"

伏尔泰始终不渝地运用各种形式与教会和宗教狂热作斗争。他用撼动人们心灵的悲剧的力量驱逐弥漫法国社会的宗教秽气,向人民群众灌输对教会和宗教偏见的仇恨,宣扬理性、科学、信仰自由和宗教宽容思想,在启蒙运动中发挥了巨大的战斗作用,产生了深远的历史反响。他用史诗和即兴讽刺诗揭露讽刺和嘲笑教士的伪善、卑鄙和荒淫无耻,常常引起社会共鸣和反动势力的惊慌不安。他运用自己的哲学武器,集中批驳在 18 世纪已经走向反动的形而上学思辨体系,从理论上启迪人们的思维,打击宗教的嚣张气焰。

不仅如此,伏尔泰积极参与现实事件,抓住正在发生的宗教罪恶,揭露宗教的反动性,抨击教会和僧侣的罪行,伸张正义,平反冤案,教育群众。他时刻关注着人民在宗教迫害下的苦难命运,为那些惨遭不幸的人们据理抗争。

1761 年 11 月 13 日,土鲁斯城菲拉蒂埃街的一个住家里,发生了一场骇人听闻的惨剧。

这家的主人让·卡拉是颇受人尊敬的信奉新教的商人。他的儿子马克·安东因为父亲信奉新教,既不能继续攻读法律,又不愿去从商,长期情绪忧郁,沉默寡言,仅喜欢翻一翻莎士比亚的《哈姆雷特》。

这天晚上,全家在一起陪客人吃饭,马克·安东饭后比其他人先起身离开饭桌,进了厨房。女仆对他说:"来烤火吧!"他说:"啊!我在发烧呢!"而后就到楼下的店堂里去了。当卡拉的二儿子送客后穿过店堂时,发现哥哥吊在一扇店门上,已经气绝身亡,便急忙招呼家人,割断绳子,放下尸体。邻居们闻讯也赶来了,其中有人议论:"马克·安东是被他父亲杀死的,因为他选择了天主教。"这种假设性推断竟被教会当作了真凭实据。于是,教会当局将马克·安东宣布为神圣的殉道者,并将尸体抬进教堂,念念有词地道念神灵将使尸体复活。这当然是自欺欺人。

案件提交土鲁斯最高法院审理,检查官迪库觉得,一个头发斑白、年近古稀的卡拉,怎能吊死一个年轻力壮的小伙子?"谋杀"之罪难以成立。他大义凛然,出庭为老卡拉辩护,却被宣布停职三个月。律师絮德尔陈述事实真相,反倒被法官认为是无能。审判长滥用权力,逼迫卡拉供出同谋,卡拉义正辞严,断然说:"我没有犯罪,何来同谋?"

事实上,马克·安东这位二十八岁的青年学过法律,一心想当律师,但因父亲信奉的是新教,无法弄到天主教徒的证明书,被迫丛事商业。他想从父亲那里得到笔钱作生意,遭父亲拒绝,失望之余,便天天到咖啡馆借酒消愁。后因债务缠身,更感到前途渺茫,一念之差便寻了短见。

法院一不容申辩,二不作现场调查,最后以八票对五票通过,将老卡拉以谋杀、反对天主教的罪名判处车刑。卡拉的二儿子皮埃尔处放逐,其他人被释放。

1762 年 3 月 11 日,善良的卡拉在土鲁斯广场被车裂处死,尔后当众焚尸。在临刑前,卡拉对身旁的神甫说:"我已经说明真相,我死得无辜……"

卡拉老汉的悲惨遭遇,激起了伏尔泰对教会和司法当局的无比愤慨,认为无论是天主教还是新教,都是无耻之徒。

他利用各种渠道,沉着冷静地亲自调查和搜集各种证据。他慷慨地收容了卡拉一家,并将流放到日内瓦的皮埃尔召来费尔奈。根据他们提供的详细情况,他发表了卡拉家的供词,写了揭露这起惨无人道的冤案的小册子,并为卡拉太太提供一切费用,把她送到巴黎,以引起舆论的注意,把整个欧洲的舆论吸引到正义这边来。

1763年2月3日,伏尔泰亲自写了上诉书,作出"我敢肯定这一家人无辜"的结论,并坚决要求当地议会和法国最高法院重新侦讯,动员优秀的律师为卡拉辩护。3月7日,枢密院下令重审此案,蒙受不白之冤的卡拉及其一家终于得到昭雪。政府撤销了土鲁斯法院的判决,为死去的卡拉老汉恢复了名誉,死者的家属也获得了自由,国王在强大的正义呼声的压力下,给卡拉的遗孀三万六千里弗尔作为赔偿。

事后,伏尔泰写了《论宗教宽容》一文,猛烈抨击反动教会的宗教迫害和专制政体草菅人命的黑暗社会现实,倡导捍卫人民的权利,尊重人格的尊严。他说:"如果你想做个像耶稣基督那样的人,就要做一个殉道者,而不要做刽子手。"伏尔泰为被迫害者仗义执言,在整个欧洲引起了回响,人们都称他是"卡拉的恩人。"

1766年,法国阿贝维耶城又发生了一件宗教迫害惨案:十九岁的青年骑士德·拉·巴尔和他的朋友德塔龙德被处以火刑。这两个青年遭此磨难,是由于他们玷污了阿贝维耶城一座桥上木制的基督教会钉死像。天主教会将巴尔的舌头割掉,砍掉他的右手,然后把他捆在该城广场的一个柱子上用烈火烧死。行刑时,刽子手们还从这个青年身上搜到一本伏尔泰的《哲学辞典》,这也成了巴尔的一大罪证。

伏尔泰得知后,气得浑身发抖,他怒骂反动教会竟残忍到如此程度,痛斥上帝的子孙还不如野兽。他大声疾呼,为在宗教狂热下牺牲的巴尔辩护。但由于法院的判决是路易十五批准的,辩护未成功。

伏尔泰借此愤怒地写道:"这些小花脸!吃人者!……你们从跳舞的篝火场边和从演滑稽歌剧的格瑞甫广场赶来;车裂卡拉,烧死这可怜的青年,我简直不愿意同你们呼吸同一种空气。"

惯于戏弄、嘲笑和说俏皮话的伏尔泰,在杀人凶手面前,在一桩桩血淋淋的事实面前,变得深沉严肃了。他觉得,现在根本不是开玩笑的时刻,在严峻的斗争中,要启迪民众,让他们自觉地起来同愚昧的宗教习俗作斗争,需要的是钢刀一般锐利的语言和令人信服的材料。

实际上,就在伏尔泰为接连不断的宗教迫害案打抱不平的同时,他还做着一项给反动教会以致命打击的工作——整理、公布梅叶的《遗书》。

让·梅叶,出身于法国香槟省一个农村纺织工人家庭,早年在宗教学校学习,毕业后顺从父母的意志,成为天主教会的一个乡村教士。他目睹农民遭受的种种苦难,开始觉察到自己向民众宣传的那套教义,全是欺骗人类正常理智的胡言乱语。他运用自己的知识和智慧,孜孜不倦地、秘密地进行着暴露教会内幕的工作,还有时对教会和贵族表现出某种不规。于是,经常和大主教发生冲突。但他没有力量和勇气向人民公开承认自己在讲坛上的说教是谎话,为此一直痛苦万分。长期内心痛苦的折磨和对现实的强烈不满,再加上晚年视力丧失,他于1729年绝食身亡。自杀前,他了结一生的心愿,指望在自己死后人民能认清教会的真相,便利用不眠之夜写下了他的忏悔。这就是梅叶留给后人并震惊世界舆论的《遗书》。

在《遗书》中，梅叶现身说法，他写道："当我因向你们传道而说谎时，我的内心是多么的痛苦啊！你们的轻信引起我心中多少悔恨。千百次我准备当众忏悔，但是我力不能胜的恐惧心理阻挡了我，使我不得不缄默下来，直到我的死亡。"他虽然经过宗教学校的学习，但自己却不信那一套说教。他说："我从不轻信，更不肯迷信；我从来没有愚到认为宗教的神秘和狂妄有任何意义。"他虽然担任神职工作，但是他内心非常痛恨这个荒谬的职务，自认为完全是在做违反他本意的事。梅叶认为，宗教是"世间无数滥用职权行为和残暴行为的原因和根源，也是暴政本身的原因和根源。暴政使世间这么多的人民在痛苦地呻吟着，而外表堂皇、内容虚伪得令人可恨的宗教竟胆敢为暴政打掩护。"宗教也是人们"所有一切祸害、苦难、忧愁和灾殃的决定性的原因。"如果不彻底批判宗教，人们就不能从暴政中解放出来。梅叶认为，世界上穷人的各种迷信及偶像崇拜的欺骗时间已经够长了，富人对穷人的掠夺和压迫时间也已经够长了，现在该是打开穷人的眼界，向他们说明全部真相的时候了。所以他在《遗书》中既揭露了宗教的虚伪性和欺骗性，又批判了宗教为封建专制服务的反动性。正如他在《遗书》的"序言"中说："我的目的，是要尽我的力量使你们睁开眼睛（虽然晚了一点），看一看我们所有的人（我们有多少人啊！）不幸的诞生和生活在其中的那些荒唐的谬误。"

梅叶死后，他的《遗书》一直以原稿的形式被伏尔泰保存了三十三年。如今，伏尔泰再也忍不住内心的愤恨，疾速整理了《遗书》的一部分，并公诸于世。一年内，他刊印了两次四处散发。伏尔泰的这一行动，犹如一颗重型炸弹，使专制政府和天主教会的淫威一败涂地，它不仅震撼了法国封建王权的一切建筑，而且轰动了整个世界。

伏尔泰以罕见的胆略和不懈的斗争精神，为不幸的人们据理抗争，为愚昧的人们启蒙。他的声望愈来愈高。费尔奈成了欧洲舆论的中心，这是法兰西民族的骄傲。法国人民踊跃捐款，由国内最优秀的雕塑家为"费尔奈教长"塑一座像。相反，深恶痛绝的路易十五再也无法阻止这位启蒙思想家频频上升的声望和荣誉了。人民大众对封建专制和反动教会的仇恨、反抗情绪与日俱增。

启蒙泰斗

始终不渝地对教会和宗教迷误进行无情揭露、嘲讽和批判，是伏尔泰全部启蒙活动的主要内容。伏尔泰是宗教和教会不共戴天的仇敌。恩格斯说："在法国为行将到来的革命启发过人们头脑的那些伟大人物，本身都是非常革命的。"伏尔泰正是这样的伟大人物，他代表了法国广大群众反对封建秩序的时代精神，是法国启蒙运动的领袖和导师。

（一）巴黎沸腾了

伏尔泰在费尔奈的生活还算富裕舒适，但他时时惦念着法兰西的首都巴黎。因为那是他成长的摇篮，是他初露头角的地方，碧波荡漾的塞纳河常常激起他的联想，伏尔泰指望有朝一日能够回巴黎探望。可是，凡尔赛宫有不许伏尔泰回巴黎的禁令，致使他的愿望一直难以实现。

1774 年 5 月 10 日，法国历史上少有的凄怆景象在凡尔赛宫发生了。路易十五躺在二楼的寝宫里,已经奄奄一息。因为患的是传染病,王储和王储妃不能靠近,只好在宫殿一侧的房间里等候消息,等待着国王咽下最后一口气。这时,只见点燃在路易十五窗户上的一支蜡烛熄灭了,朝臣们一窝蜂似的涌向新国王路易十六。

专横暴虐的路易十五死去了。刚继位的路易十六,虽然承袭了对伏尔泰的仇恨,可他沉醉于淫乐,不问政治,再加上国家财政枯竭,宫廷政事混乱,群众怨声载道,路易十六已经阻挡不住伏尔泰的步伐了。1778年2月10日傍晚,八十四岁高龄的伏尔泰,由侄女儿德妮夫人等随从,凯旋式地返归巴黎,在塞纳河畔博内路口维莱特先生的家中住下。这位一代大师的骤然降临,轰动了整个巴黎城,妇孺老幼,奔走相告。在咖啡馆里,公园里,街道上,伏尔泰成为人们谈论的中心。什么战争消息、宫廷私情,什么皮奈尼派和格吕克派的论战,统统被人抛置脑后。维莱特侯爵的府邸车水马龙,成千上万的居民从四面八方汇集拢来,都想亲眼看一看诗人的风采,亲自喊一声对诗人的敬意。顿时博内路口成了巴黎城的中心。

各界知名人士也络绎不绝,纷纷前来拜访,一致认为,没有哪一位济世救国者受到过这样的尊敬,这样的推崇。按照惯例,法兰西学院只接待来访者,但不拜访任何人的,现在也破例派了两位院士去拜谒伏尔泰,尔后又有十来个院士自动参加了拜谒行列。当时出使法国的美国科学家富兰克林带着他的小孙子也来了,他让小孙子跪在伏尔泰面前,请求赐福。于是,伏尔泰一面向这个小教徒伸出双臂,一面祝福道:"上帝,自由,宽容。"接着他扶起小教徒,亲昵地拥抱他。挤在屋内的二十几个人目睹这一场面,被感动得啜泣不已。名门淑女们也走上前来拜见伏尔泰,她们像花环一般簇拥在老人周围度诚地吻着他的手,还有的偷偷从他的皮衣上拔下一两根毛,留作圣物。

当时,报刊、小册子连篇累牍地报道描述了伏尔泰受到的这种特殊荣誉,认为,人的数量之多,持续时间之长,场面之热烈,在法国史上是罕见的。

德妮夫人和维莱特先生是这次自发"朝圣"的主持人。德妮夫人虽然形象丑陋,病魔缠身,且又胖得像只酒桶,但是她作为她的叔父伏尔泰的继承人,当然地分享到了伏尔泰的荣誉,身价顿高。维莱特也无耻地故意向外界透露他是伏尔泰的儿子。他神气活现,借伏尔泰的光荣使自己名声远扬。他们二人一心只想从伟人身上大捞好处,却无视医生的一再请求,坚决不同意把这位年逾八旬的老人护送回费尔奈。

伏尔泰终因过于激动和劳累,再加上尿毒症发作,自感难以支持下去了,但他仍然坚持口述最后一部五幕诗体悲剧《伊兰娜》。2月25日,伏尔泰在辅导韦斯特莉夫人排练他的《伊兰娜》时,奔忙过度,开始吐血。当时血是从伏尔泰的嘴里和鼻子里猛烈喷射出来的。全宅第的人都惊恐不安,以为"费尔奈教长"要与世长辞了。人们挤在屋子里,总想再多看一眼这位德高望重的老人。

一个星期后,伏尔泰居然康复了。可怜的老人还想显示一下自己精力的充沛,他写书信、警语,还即兴赋诗。全巴黎人都为之兴奋和传诵。当时,医生对伏尔泰三番五次地苦苦规劝,让他务必回费尔奈,以避开这紧张劳累的生活。但是,伏尔泰不听医生劝告,维莱特和德妮夫人也绝不让他走。伏尔泰继续在巴黎滞留下来。

3月16日,巴黎法兰西剧院隆重上演伏尔泰的悲剧《伊兰娜》,剧场盛况空前,王后也前来观看演出。伏尔泰本想去观看这个首场,唯因身体不适,未能如愿。

3月30日,伏尔泰出席了法兰西学士院大会,并当选为该院院长。当时,伏尔泰尽管风烛残年,但他自己依然认为不减当年的活力。他拟定了宏伟的计划,激励学士院作出了编纂法语大字典的决定,并亲自担负编写"A"的一卷。当天晚上,伏尔泰到法兰西剧院观看《伊兰娜》的演出。当人们发现伏尔泰入场时,全场观众欢声雷动。演出结束后,演员们在舞台上抬出一座戴有桂冠的伏尔泰的大理石半身像,为他举行加桂冠的仪式,顿时场内爆发出雷鸣般的掌声和欢呼声。散场了,人们仍然依依不舍,他们聚集在剧院门口,无一不以目睹这位伟大诗人的风采为荣。他们欢呼着护送伏尔泰回维莱特的府邸。归途中,最有趣的是热情的妇女们,她们有的扶着他,有的搂着他,后来甚至把他抬了起来。伏尔泰实在难以招架,笑着说:"女士们,你们让我高兴得连生命也要送掉了。"人们用欢呼声回答:"伏尔泰万岁!"

不出所料,伏尔泰没有经得住如此热烈的感情震动,真的病倒了。他在病床上,已是力不从心了。但为了提神应付工作,他一天要喝十八杯咖啡,这样一来,后果更是不幸。伏尔泰预感到自己不会久留人世,于是,他回顾了自己一生所经历的道路,满怀对教会的仇恨和对后世的担忧,写下了一首简短的《辞世词》。

伏尔泰这样写道:
在光荣的世界舞台上,
我们所起的作用都不大,
我们全部迂回曲折地走去,
我们都要受到世人的嘲骂。
在向这个世界告别的时候,
大家都同样地痛苦和悲愁;
大主教、司法官,
拘于礼节的乡愿。
让看守圣器的人在感到临终的征兆后,
高举着铃铛,
匆匆跑到床旁,
让主任司祭为受了委屈而迷惑的灵魂,
做临终的祈祷——
这样庄严的样子对人们说来真是滑稽可笑;
他们在任意诽谤中伤之后,
整个一天都说些无聊的闲话,
而到了明天他们就会把你忘掉,
丑剧也就在这儿完结了。

这首抒情诗,是一个伟大的思想家对自己一生的哲理剖析和概括总结。他享有崇高的荣誉,但不居功自傲;他对社会进步做出了突出的贡献,但没有夸大个人的历史作用;他意识到即将永辞人世,但仍不放弃对反动教会的揭露和嘲讽。

(二)宝刀虽老 雄风犹存

伏尔泰一病不起,塞纳河沿河路上一直聚集着肃穆沉痛的群众,他们仍然期待着伏尔泰康复,盼望着还能受到伏尔泰的接见。

然而,与外面群众纯真的感情相悖,可怜的老人却被放置在宅院后面的一间小屋子里,受着病痛的折磨,坠入了绝望的深渊。德尼夫人和维莱特不仅不许旁人随意探望,而且对伏尔泰的病情守口如瓶。德尼夫人只留意一件事:伏尔泰的遗嘱。她担心老人万一撤销了她的遗产继承人身份。维莱特也只考虑一件事:怎样处理伏尔泰的遗体。万一教会拒绝把伏尔泰埋在教堂墓地,将把他埋在何处? 教会人士也心怀鬼胎,想利用伏尔泰的威望抬高自己的身价,从中捞点油水。

一天,一个神甫鬼鬼祟祟溜进伏尔泰的病房,要求伏尔泰作临终忏悔。伏尔泰深知这位神甫的来意,毫不客气地把他打发走了。

过了几天,又有一位修道院长重演故技,伏尔泰见他进来便问:

"神甫,您从何处来?"

"啊,先生,我从上帝那里来!"

"真的? 您能给我出示上帝的诏书吗?"

伏尔泰虽重病在身,但仍以清醒的理智,以特有的辛辣讽刺,把这位披着僧衣的豺狼搞得灰溜溜地逃走了。

1778 年 5 月 12 日,伏尔泰不住地咯血,他体温急剧上升。自觉得全身灼热,腹内如焚。他痛苦的大声吼叫,闹着要跳进冰水池。一直住在维莱特家中的老元帅黎塞留公爵不忍看到自己的老朋友这般受苦,给他送来了阿片酊。伏尔泰在痛苦之中一下子把这些药效显著的镇静剂全喝下去了。此后,他便处在时而清醒,时而昏迷的状态。

5 月底的一天,神甫又闯了进来,待伏尔泰稍微清醒后便问:

"我的孩子,您是否相信耶稣、基督的神性呢?"

伏尔泰没有回答。

这时,伏尔泰的朋友德·维耶威尔应特尔萨克的请求,在这个临终病人的耳边大声重复了一遍神甫的问话。伏尔泰说:

"谁问这个?"

原以为是在同一个死人说话的德·维耶威尔,被伏尔泰的反问震惊了,他连忙答道:

"是戈特长老,您的忏悔师。"

伏尔泰生气了,嘴里反复地说:

"唉! 这是戈特长老,我的忏悔教士,请向他传达我的恭维话吧。谁和他在一起呢?"

"您的主祭司,特尔萨克先生。"

伏尔泰听了这句话,使劲地挣扎着半坐在床上,把手伸给特尔萨克,让他吻着。伏尔泰说:

"那么劳驾——让我安静吧。"

意思是警告祭司,不要再唠叨了。

可是,不知趣的祭司还是赖着不走,他觉得既然来了,是不想轻易向这个弥留之际的人投降的。他重复地问:

"我的孩子,您是否承认耶稣·基督的神性呢?"

伏尔泰再也忍耐不住心中的怒火,骤然伸出手,张开手掌叫道:

"让我安静地死吧!"

主祭司大为失望了。什么时候伏尔泰对基督妥协过呢! 这个祭司不识时务,还一再坚持要伏尔泰回答。

伏尔泰发怒了,他用尽平生最后的一点余力,用拳头敲打着,呼喊着倒下去了。

在临终时,他说的最后一句话就是:"请永远不要向我谈到基督。"

1778 年 5 月 30 日晚上 11 时,伏尔泰因患的是摄护腺癌,与世长辞。反动教会对这位亵渎宗教的宿敌恨之入骨,不准按宗教仪式在巴黎埋葬,下令连夜将他的尸体运出巴黎,弃之荒冢。是人民群众将伏尔泰的遗体秘密地运到香槟省,安葬在色利埃礼拜堂内。

(三)"他培养我们热爱自由"

伏尔泰与世长辞了,但他的思想火花仍在猛烈燃烧,他的形象已深深铭刻在人们心中,他的著作将作为启蒙思想的宝库,源源不断地为人们提供精神动力。

对于伏尔泰的死,人民悲痛,但并不觉得空虚;专制政府和教会幸灾乐祸,但并不感到安然。

伏尔泰生前,不少有心、有志之士,就开始了筹备整理出版伏尔泰全集的工作。伏尔泰死后,首先由博马舍将伏尔泰的全部作品编成了一套丛书,共七十卷,于 1784 年刊印出版。这套著作在法国资产阶级革命前夕出版,无疑是对革命事业的一项重大贡献,在当时起着特别的宣传鼓动作用。法国专制政府和天主教会对这一点也是十分清楚的,他们认为,早先零散的伏尔泰作品对于国家和宗教的危害,不如现在将它们编辑在一起更厉害。所以,政府和教会极力反对博马舍,十分害怕伏尔泰对群众精神影响的力量。

1785 年,巴黎大主教在主教咨文上,以冒犯"神怒"来恐吓一切要读"不信上帝的"伏尔泰作品的教徒们。同年,法国政府的财政大臣卡隆纳,向牧师们吁请从教会基金中拨出两千万里弗尔捐给国库,一向吝啬的神甫们同意给政府一千八百万里弗尔,但有个条件,那就是要国王颁布一道禁止伏尔泰全集出版的法令。这个条件,对于当时的法国政府来说是求之不得的,如此一举两得的好事何乐而不为?7 月 3 日,政府迅速颁布了禁止出版伏尔泰全集议会决议。决议的原文四处张贴,在该书的编纂和出版者博马舍住宅门上还贴了双份。

伏尔泰的思想,之所以被革命人民衷心地敬仰和推崇,使反动势力极端的仇视和害怕,是因为他的思想顺应了历史潮流,导演了一场波澜壮阔的思想解放运动。他的思想处处洋溢着正义、知识、智慧和光明。

伏尔泰把腐朽反动的封建专制制度视为漫漫的长夜,他崇尚理性,呼唤用理性的阳光驱逐现实的黑暗、消灭君主专制、消灭特权和不平等现象,实现政治民主、权利平等和个人自由,建立起"理性的王国"。

伏尔泰反对蒙昧,提倡科学和文化。他简明通俗地传播科学文化知识,广泛吸收自然科学所取得的最新成果,阐发以自然神论形式出现的无神论世界观,反对神权统治,反对宗教迷信,批判信仰主义和蒙昧主义,向以天主教会为首的宗教反动势力发起勇猛进攻。

伏尔泰遵循的是一条唯物主义思想路线。他继承了英法两国历史上的先进思想,特别是继承了洛克的唯物主义,批判了 17 世纪的形而上学,并把这些先进的思想材料,结合法国当时的社会实际和科学条件加以改造和发展,凝结出了 18 世纪时代精神的精华。

伏尔泰是当时法国第三等级中各阶层的思想代表,他的思想是第三等级各阶层进步思想的大汇合。伏尔泰作为资产阶级启蒙思想家,其理论是以本阶级的利益为根本宗旨的。但是在当时的历史条件下,法国革命的根本问题是破除农村的封建生产关系,反封建是第三等级中各阶层共同的斗争目标。资产阶级为了自身的利益,也在一定程度上同情农民的疾苦,发出解放农民的呼声。列宁指出,资产阶级启蒙运动的特征之一"是坚持人民群众的利益,主要是农民的利益(农民者和启蒙者时代还没有完全解放出来,或者只是处在解放之中),他们衷心相信农奴制度及其残余一经废除就会有普遍幸福,而且衷心愿意促进这一事业。"所以,伏尔泰当时是以"全民利益"代表的面目出现的,他必然得到广大人民群众的爱戴和尊敬。

伏尔泰是思想敏锐、学识渊博、智勇兼备、富于牺牲精神的巨人。他在众多的学科领域,都表现出了非凡的才干,提出了破旧创新的独到见解,大大推动了科学事业的革新和发展。他面对封建专制和反动教会的残酷压迫,对自己的事业忠贞不渝,抱着对真理和正义的热诚,坚韧不拔地进行斗争,随时准备献出自己的生命,体现了资产阶级上升时期那种生气勃勃的革命精神。正如恩格斯所说:"在法国为行将到来的革命启发过人们头脑的那些伟大人物,本身都是非常革命的。"

尽管伏尔泰许多政治口号的内容具有深刻的资产阶级印记;他的唯物主义从本质上讲还是机械唯物主义,还没有摆脱形而上学思维方式的支配;他关于社会历史方面的理论也仍是唯心主义的。但是,他对这些领域的探索无一没有新的贡献。举世公认——伏尔泰为声势最浩大的、最彻底的法国资产阶级大革命作了思想上和理论上的准备。

对此,伏尔泰自己也是深信不疑的。他虽然没有亲眼看到大革命的洪流,但他在生前就已经预言革命的风暴即将到来。伏尔泰生前给友人的一封信中这样说:"我所看见的一切,都在传播着革命的种子,革命的发生将不可避免,不过,我怕是没有福气看到它了。"伏尔泰对自己为启迪法国人民的觉醒所作的努力而自豪,为启蒙运动的胜利而骄傲。"他生前曾觉得只有这样,当有朝一日倒在法兰西疆土上的时候才会心安理得,才会无愧于下一代。伏尔泰把未完成的事业寄托给了年青一代,将即将到来的胜利的喜悦也留给了青年人去分享。他说:"法兰西凡事都落后,但是现在总算是赶上了。这光明已散布在远近各处,时机一到,革命立刻就要爆发。那时候,该多么热闹呀! 年青人真幸福,他们将会看到不少的大事。"

伏尔泰的预言灵验了,就在他逝世后十一年的 1789 年,席卷法兰西每一个角落、荡涤一切污泥浊水的法国资产阶级大革命终于爆发了。

伏尔泰的口号和战斗檄文,成了成千上万的法国人民奋起斗争的强大思想武器,巴黎上空响起了革命的警钟,巴黎人民群情激奋,纷纷拿起短刀斧头涌上街头,同宫廷武装部队交战。他们从政府的军火库、残废军人院夺取枪支,攻克象征封建统治的顽固堡垒——巴士底狱,控制巴黎局势。各地农民也立刻拿起武器,攻打领主庄园,焚烧封建契约,烧毁教堂寺院,摧垮封建专制的基础。

进尔,在伏尔泰思想理论的直接启示下,资产阶级制定出革命的纲领性文件《人权宣言》,宣布了资产阶级自由平等的民主原则,把以伏尔泰为首的启蒙学者所阐述的思想用法律的形式肯定了下来;提出了在权利方面,人们生来是而且始终是自由平等;在法律面前人人平等;私有财产是神圣不可侵犯的等一系列与封建专制制度相对立的原则。

紧接着,奋起的法国人民处死了封建君主路易十六,废除了封建所有制,推翻了吉伦特派的统治,平息了吉伦特派的叛乱,粉碎了欧洲君主国的武装干涉,颠覆了雅各宾专政。革命势力锐不可挡,仅用了短短五年时间,便在法兰西国土上摧垮了自公元 5 世纪以来的漫长的封建制度,建立起第一个资产阶级专政的共和国。法国资产阶级革命的胜利,不仅为法国资本主义的发展开辟了道路,而且也沉重打击了欧洲的封建体系,推动了拉丁美洲的民族独立运动。列宁曾评论说:"这次革命给本阶级,给它所服务的那个阶级,给资产阶级做了很多事情,以至整个 19 世纪,即给予全人类以文明和文化的世纪,都是在法国革命的标志下度过的。"

18 世纪法国资产阶级革命的成功,固然离不开经济的、政治的、社会历史的前提,而伏尔泰等启蒙思想家的思想解放运动,却是这次政治革命的先导。对于这一点,法国人民在斗争实践中体会得尤为深刻。革命愈是进入高潮,愈是接近胜利,他们也愈是怀念启蒙导师伏尔泰。正是在大革命热潮中的 1791 年,起义的法国人民将伏尔泰的遗骸隆重地由香槟省运回巴黎,葬入国家名人公墓。在运送灵骨的枢车上,写着这样的题辞:"他为卡拉、拉·巴尔、西尔文和蒙巴里洗刷了耻辱。他是诗人、哲学家、历史学家,他使人类的理性迅速发展;他培养我们热爱自由。"这一题词,是处在激烈斗争中的法国人民的心声,是对伏尔泰公正的评价,它道出了伏尔泰的启蒙活动对法国资产阶级革命的思想准备所起的巨大作用,证明了伏尔泰的思想与革命事业之间的联系。

以伏尔泰为领袖和导师的 18 世纪法国启蒙运动,留下了丰富的思想文化遗产。启蒙运动中所形成的比较系统、完备和成熟的资产阶级革命理论,从一开始就在封建势力笼罩的欧美各国迅速传播开来。近代各国在资产阶级革命之前,往往都经历了一个启蒙运动的思想变革过程,它们同法国的启蒙运动都有着内在的思想联系。在德国有"狂飙运动";在俄国有普希金、拉吉舍夫反对封建农奴制的思想斗争和十二月党人的活动;在意大利,不少启蒙团体的主要领导者,都自称是法国启蒙思想家的信徒和学生。

以伏尔泰为领袖和导师的 18 世纪法国启蒙运动,是人类思想史上的一个重要环节。它在 17 世纪与作为马克思主义直接理论来源的 19 世纪的欧洲思想中,是承前启后的中间环节。德国古典哲学,是以改造法国启蒙思想为出发点的。费尔巴哈的人本主义,就是仿佛向法国唯物主义的回复;英国古典政治经济学是吸取和改造了法国启蒙运动中的重农主义而建立起来的;19 世纪初的空想社会主义理论原则,也是来自法国启蒙运动,恩格斯指出,圣西门"是法国大革命的产儿"。

以伏尔泰为领袖和导师的法国启蒙运动,为社会主义思想的发展提供了重要的资料。从源流上看,归根到底,在伏尔泰等启蒙思想家那里能够找到科学社会主义初始的源头。恩格斯指出,就现代社会主义理论形式来说,"它起初表现为 18 世纪法国伟大启蒙学者所提供的各种原则的进一步的、似乎更彻底的发展。"马克思曾明确地指出:"成熟的共产主义也是直接起源于法国唯物主义的。"

二百多年来,伏尔泰的名字一直为人们所传颂,他的思想也一直为后世所借鉴。1978 年,法国费尔奈镇在伏尔泰逝世二百周年时进行了为期两周的纪念活动。现在,伏尔泰灵骨安放在法国伟人墓地先贤祠。他的心脏装在一只精致的小盒子里,保存在国家图书馆,盒子上写着伏尔泰生前的一句话:

"这里是我的脏,但到处是我的精神。"

培　根

高远的志向

一个没有雄心壮志或不能终身为其百折不回地努力奋斗的人，在历史上是不可能有任何重大建树的。弗朗西斯·培根所以能取得如此辉煌的成就，就是由于他从小就立下了一个宏伟的志愿，并且终身始终目标如一地奋斗不止。

弗朗西斯·培根的故事是毕生致力于一个伟大理想的故事。这个理想在他的儿童时代就已经抓住了他，随着他的一生的各种经历而不断增长，在他临终之际，还占有着他。这对培根是一种很确切的概括。

培根的私人秘书维廉·劳莱博士回忆说，培根曾亲自对他说过：他在上大学时，大约在 16 岁的时候（这里肯定是劳莱弄错了，因为培根是 1573 年 4 月进入剑桥大学的三一学院的，当时他才 12 岁，当他于 1575 年圣诞节结束学业时，离 15 岁还差一个月呢！）就厌恶亚里士多德的哲学学说了。他之所以厌恶亚里士多德哲学，并不是认为亚里士多德的为人没有什么可取的地方，相反，他认为亚里士多德本人有很多高贵的品质，是令人崇敬的，只是因为他的方法没有什么用处。他常说，亚里士多德的哲学供争论和辩驳有余，却不能产生出为人类生活谋福利的实践结果。他一直到死都保持着这一信念。

弗朗西斯·培根英文版全集的编者及部分著作的译者、《培根传》的作者劳莱非常重视这个史实。他说："我认为应该把这件事看作他一生中最重要的事情。这件事对他的性格和未来的道路所发生的影响较其他任何事情所发生的影响都大。"本来，在有了一些学问而又还不太丰富的青年知识分子中，特别是在有才华的知识青年中，轻视前贤是常有的事。在培根这里令人吃惊的是，他对亚里士多德这一权威的不满情绪竟产生得这么早和他之所以不满的理由以及他这一信念的持久性。他所以不满是因为亚里士多德哲学没有实用价值，"缺少为人类生活谋福利的实践效果。"这表明，历来被人奉为经典的亚里士多德哲学的信仰在培根那里已经开始动摇了，创立一种能为改善人类生活指出方向的新学说的志向在他心中已经萌发了。

培根有这种思想的时候，事实上才是一个十四、五岁的孩子。他何以这样早就立下了终身不渝的大志了呢？这就只有从他生活的时代背景、他的家庭出身和他少年时代所走过的生活道路去寻找答案了。

（一）英雄时代的伟大产儿

在欧洲，在人类历史上，这是一次胜利的进军，是一次光辉灿烂的日出，是一个需要巨人也产生了巨人的群星灿烂的英雄时代。弗朗西斯·培根正是这个英雄时代的一个伟大产儿。

在漫长的中世纪的黑暗的专制统治下，生产力的发展是十分艰难、缓慢的，但它毕竟还是顽强地发展起来了。

如果说,在人类的历史上,生产力的第一次根本性的变化是由原来主要依靠劳动者的体力和灵巧向体力由机器代替转变的话,欧洲从 14 世纪起就出现了这种转变的先兆。先是发明了上击式水车,后来又加以改进,使用风力推动,从而使一贯依靠畜力和人力的动力技术发生了巨大的变化。而动力领域的变化则导致了采矿工业规模的扩大和高炉冶金的出现。这种冶炼技术大大提高了金属的产量,反过来又促进了生产工具的发展。15 世纪末发明了脚蹬式纺车,改进了织布机,从而大大提高了纺织生产的劳动生产率。

生产力的提高,合乎规律地引起了生产关系的变化和社会经济的繁荣。早在 14、15 世纪,地中海沿岸的一些城市就开始出现了资本义生产方式的最初萌芽。意大利由于历史条件的特殊性,在中世纪,它的封建王义相对地说是比较虚弱的,这使它成了当时欧洲最无进的国家。在这里,最先出现了生意兴隆的贸易,原先的手工业迅速地得到了发展。随着生产技术的进步,社会劳动分工的扩大,商品生产的增长和市场的形成,农民大量涌入城市,城市急剧发展。这样,就从中世纪的农奴中分化出了最初的从事小商品生产的城市市民。而这些小商品生产者又因竞争而进一步分化。一部分行会师傅富裕起来,成了作坊主。他们同商人、高利贷者和银行家一起,成了最初的资产阶级分子的广大阶层。而大多数帮工和学徒,则沦为受剥削的雇佣劳动者,成了无产阶级的早期队伍。这时,封建主义所特有的手工业生产在这些地方也逐步过渡到资本主义生产的手工工场。商人、高利贷者和工场主对工人和手工业者的剥削,在意大利的这些沿海城市造成了财富的集中。

在农村,由于商品经济的发展,一些封建主也开始在自己的领地上进行资本主义经营;同时,农民中分化出一部分租地农业家,从事小规模的资本主义农业生产。

从此,封建社会的自然经济基础逐步解体,资本主义生产关系就这样从封建社会内部随之发展起来。

资本主义在西欧国家的进一步发展,是同 15 世纪末至 16 世纪初的伟大的地理发现联系在一起的。

商品货币关系的发展,引起了欧洲商人和封建主对东方财富特别是黄金的强烈渴望。而这种掠夺财富的强烈欲望,又成了早期资产阶级为打通西欧各国通往东方的传统商路、不惜冒险探寻新航路的内在动力。

15 世纪末至 16 世纪初,葡萄牙和西班牙等国先后进行的三次著名的冒险远航,分别到达了印度西南海岸、中南美洲和菲律宾群岛等地。欧洲直通东方新航路的开辟,美洲大陆的发现,环球航行的成功,为欧洲新兴资产阶级开拓出了新的广阔的活动场所,他们在那里建立起了血腥的殖民统治,疯狂地掠夺那里的财富,进行罪恶的奴隶贩卖活动。就这样,他们为欧洲资本主义的发展加速了资本的原始积累,提供了广阔的市场和廉价的劳动力。这时在西班牙的一些沿海城市以及德南部和法国北部,都出现了资产阶级经济发展的新的中心。如果说,工场手工业在 14 和 15 世纪,还只是在意大利北部一些城市刚刚出现并开始得到发展,还具有局部的性质,而且规模也不大的话,那么,到了 16 世纪初,在这些地方则已相当普遍,并且有了不可比拟的规模,同时以一种不可抑制的势头迅速地向西欧各先进国家普及。

在尼德兰(现在是荷兰、比利时、卢森堡等国与法国东北的一部分)和英国,资本主义生产关系发展得尤其迅速。15 世纪末,世界新航道开辟后,国际贸易中心逐渐从地中海沿岸转移到大西洋。英国正处于这一世界贸易航道的要冲,海外贸易活动的范围迅速得到扩大。呢绒纺织品的出口使英国捞到大量的好处。而资本主义呢绒手工场的发展,又引起了对羊毛需求的激增。贵族地主为了牟取暴利,便用暴力手段圈占农民的公共用地和耕地,把它联成一片,放牧羊群。就在这一历史上有名的圈地运动中,整个整个的村庄被平毁掉,大批农民成了无家可归的乞丐和流浪者。原来为个体农民所分散使用和占有的土地集中到少数新贵族和商人手里。这些大土地所有者,或者把土地出租给租地农场主,或者由自己经营资本主义农场。资本主义很快在英国农村占领了地盘。大批个体农民被逐出家园,家庭手工随之被彻底铲除,他们丧失了一切生计,只好在最苛刻的条件下接受雇佣劳动的剥削。农村的圈地运动为城市资本主义工业的发展生产汀源源不断的工业原料和廉价的自由劳动力,并提供了可靠的国内市场。这一切有力地推进了国家经济生活的发展,导致了农业和工商口的繁荣。到了 16 世纪中期,英国在特别兴旺的呢绒业的基础上又诞生了许多新的工业部门,如造纸、火药、玻璃、制糖、军工、造队棉织业等,采掘、冶金等原有的工业部门,也由于采用外国先进支术和工艺得到了发展,煤和铁的产量都增长了 5 倍以上。一般的手工工场工人都已达到几十人到几百人,个别工场雇佣工人多达几千人。到16 世纪末、17 世纪初,也就是培根生活的时代,英国在资本主义发展的规模和速度方面已成为西欧的主导国家。这时,英国不仅地在航海方面奠定了自己殖民帝国的基础,在对外贸易方面出现了许多巨大的垄断公司,如负责经营波罗的海沿岸贸易的东陆公司,专门经营奴隶贸易的非洲公司和垄断了对东方各国的贸易的东印度公司,等等。而且资本主义的工场手工业也较西欧其他国家更早地迅速代替了封建行会手工业。英国几乎所有的大的和中等的土地占有者几乎都参与了商品货币关系,成了所谓的"新贵族"。

随着资本主义因素的迅速增长,资产阶级的势力和影响一天天扩大。他们不再安于自己无权的地位了。他们向封建贵族发起了一次又一次的冲击。德国的马丁·路德和瑞士让·加尔文先后发起的宗教改革运动,就是新兴资产阶级在神学争论的幌子下反对以罗马天主教为代表的封建专制统治的政治斗争。它们为资产阶级夺取政权开辟了道路,同时,也为早期资产阶级革命提供了思想武器。德国在宗教改革过程中,于 1524—1525 年爆发的反对封建制度反对天主教会的大规模的农民战争也具有这样的性质。16 世纪中期,尼德兰爆发的资产阶级革命,最后终于以建立基本上是资产阶级的共和政体这种胜利而告终,更是极大地鼓舞了欧洲其他国家的资产阶级。同时表明,欧洲各国的资产阶级已经带着夺取政权的要求走上历史舞台,资产阶级革命的时代就要来到了。

这时,培根的祖国,阶级关系和阶级力量的对比也在发生急剧的变化。封建势力日益腐败,他们加紧对新生资产阶级和广大劳动人民的搜刮,各种矛盾日益激化。首先是由于圈地运动使大批农民成了无家可归的"流浪汉",英国统治者为了使这些农民接受雇佣劳动的残酷剥削,制定了一系列血腥的法律。农民为反抗统治阶级的政治迫害和圈地运动,不断发动起义。1549 年罗伯特·凯特在圈地最早和最剧烈的东部地区领导的起义,武装农民达 2 万人,攻占了诺里季,并与城镇上的平民联合起来沉重地打击了圈地者。再就是,这期间,伴随着资本主义因素的发展,封建统治阶级内部发生了分裂。一些旧贵族依靠传统的封建地租维持日益奢侈腐化的生活,常常人不敷出，债务越来越重，只好不断出卖土地，领地日益减少。在这种情况下，他们只好利用他们控制的封建国家机器加强对其他阶层的剥夺。所以他们买卖羊毛、粮食和其他农产品，并从事冶炼、采矿和掠夺殖民地等活动，进行资本主义的经营，变成了所谓的"新贵族"。王室和封建贵族因经济上的亏空而变卖的土地主要就落到新贵族手里了。1561—1640年间，王室的地减少了百分之七十五，封建贵族的地减少了百分之五十，而新贵族的地产却增加了百分之二十。但是，新贵族的大部分地产是依据骑士领地制占有的。按规定，他们不能自由支配领地，还必须向国王履行各种封建义务。在王室财政日益枯竭的情况下，专制政府就通过骑士领地制加紧勒索新贵族。这就使新贵族成了资产阶级反对封建势力的同盟军。从16世纪中期到17世纪中期，英国政府强加到农民头上的各种费用在许多地区增加了几十倍。农民也迫切要求废除封建制度，把世袭份地变为自己的财产。这使农民成了英国资产阶级进行革命的主力军。

特别是1603年苏格兰的斯图亚特王朝詹姆士继承英国王位后，实行高额关税政策和工商业垄断制度，使英国工商业陷入了极其萧条的状态，广大中、小资产阶级的利益受到了严重损害。詹姆士的统治还引起了广大农民、手工业者、工场工人和短工群众的强烈不满，他们多次爆发起义和骚动。英国人民的广泛斗争，标志着革命风暴已经逼近了。事实表明，16世纪末至17世纪初这一历史时期是"英国革命的序幕"。

任何一个伟大思想体系的产生，总是以原有的思想体系已经不能满足社会发展的需要为前提的。新兴资产阶级无论是发展工业、经营商业，还是向封建地主阶级夺权，都迫切需要有脚踏实地的理论武器。而弗朗西斯·培根正是适应这一伟大历史时代的需要产生出来的思想巨人，是英雄时代的伟大产儿。作为唯物主义者的培根，他本人也清醒地意识到这一点。他自己就总是坚持要人们不要把他的哲学看作是他个人的天才的产物，而要看作是他的时代的产物。因此，当他第一次拟定他的著作的主旨时，他就把他的著作定名为《时代的最伟大的产儿》。

（二）"小掌玺大臣"

弗朗西斯·培根于1561年1月24日（现在一般研究者都这样认为，但关琪桐译的《新工具》一书附的威廉·劳莱写的《培根传》用的是1560年——作者）生于英国伦敦泰晤士河岸边临河街的约克宫里。当时英国已经摆脱了封建的欧洲，正在变成一个拥有国家教会的民族国家。作为反教皇、反僧侣的改革的一部分，亨利八世分了修道院的土地。由于这次改革是由国会中的非僧侣阶层的力量发动的，所以结果使大部分地产从僧侣手中转到非僧侣的手中。与此相呼应，国家各重要机构的权力，也从教士手中夺过来交给了新兴的阶级，即非僧侣的政治家。

弗朗西斯·培根的父亲尼古拉·培根爵士就是这种俗家出身的新大臣之一。原来弗朗西斯·培根的祖父只是伯里·圣·爱德蒙资大寺院里僧侣的管家，并没有什么社会地位。尼古拉·培根就是依靠自己的父亲当管家的关系上剑桥大学，获得研究法律、参与政治的机会的。后来，他在弗朗西斯·培根降生的前几年成了英国女王伊丽莎白的主要顾问，当上了掌玺大臣，成为帝国的第二根支柱、一位勋爵，并在英国反教皇和僧侣的改革过程中，把他父亲担任管家的那座大寺院的几处庄园买了下来。在当时，尼古拉·培根在英国宫廷里以智慧、干练、中庸、清廉著称。

弗朗西斯·培根的母亲安尼是安东尼·科克男爵的女儿。而科克男爵在当时学识渊博是闻名的。他曾经当过英王爱德华六世的老师。安尼是科克男爵的三个女儿之一,从小受到良好的教育,是一位很有教养的品德高尚的夫人。她的虔敬、德性和学问,当时在英国上流社会的圈子中都是很有名的。她熟练地掌握希腊文和拉丁文。她用希腊文写过信,还用英文翻译发表了玖埃尔主教以拉丁文写的《辩解》一书,这在当时是很著名的一部为英国教会辩护的书。

培根的父母不仅都很有教养,他们组织起来的家庭学术空气也很浓,十分和睦、美满。这从培根的父亲长期患病,在爱妻的精心服侍下恢复健康之后给培根母亲写一首诗可以看出来。诗是这样写的:

> 最亲爱的妻,我心中想起,
> 你怎样多次在忧患里,
> 明智的言词,愉快的风度,
> 使我那沮丧的面容变为欢悦;
> 还记得,你曾用多大的巧思,
> 为我读那悦人的名著,
> 就此缩短了那闷人的空闲,
> 这个举动的益处我俩都很明白;
> 若是著书的古人能说话,
> (就是你的塔莱和我的塞尼喀)
> 他们也必能为我们作证;
> 我每天都亲眼看到,
> 在我长期的重病中,
> 如何照料我的身心,
> 费尽心血使我恢复健康;
> 必须凭良心说,
> 的确尽到了贤妻的责任。

从这首诗里可以看出,培根的父母互敬互爱:父亲长期有病,心情不好;母亲体贴入微,照料他的生活,安慰他,给他读各种名著,振作他的精神。两个人常常讨论问题,而且都能从事创作:丈夫写诗抒情,妻子则把拉丁文名著译成英文。很显然,这样的家庭具备了把孩子培养成大学者的条件。

培根的母亲安尼,是培根父亲尼古拉·培根的继室。尼古拉共有五个儿子。其中两个是他和安尼生的。弗朗西斯·培根是尼古拉的最小的儿子,也最为父母所钟爱。他的同胞哥哥安东尼比弗朗西斯大两岁,也是一个极聪明的孩子。弗朗西斯与安东尼十分友爱,小兄弟俩学习时始终在一起。

培根的父母对子女的爱是充满理性的,他们很重视对孩子的教育,对孩子要求很严格。这从他父亲挂在饭厅里的一幅画的题词可见一斑。这幅画下边的题词是这样的:"教育造成进步"。培根的母亲安尼是一个笃信加尔文教的清教徒,而"加尔文教是当时资产阶级利益的真正的宗教外衣"。加尔文教的新教徒大多数都更关心科学与进步,更重视教育。这样的母亲对她的两个心爱的儿子是不能听其自然发展的。事实上,安尼对两个儿子的管教就很严。直至安东尼和弗朗西斯长大成人,离开身边走向社会时，她还以紧张的不放心的心情注意着他们，惟恐他们放松努力或与她所不能容许的人来往。在她给他们的信里，常常是充满了理性爱的责备多于温柔的爱。一次，当她听说安东尼病了，并在公务上用了一个信仰可疑的人作亲信仆人时，就立即给他写了这样一封信："我说不出是你的痛风病还是和他为伍这件事是更坏的消息。"在信末还加了这样一段："你既已到过宗教改革的地方（指安东尼曾到过日内瓦），我希望你同你的仆人们每天作两次祈祷，一次也不要忽视。你弟弟对这事是太不经心了。"当时，安东尼已经是 30 多岁的人了。培根一生笃信宗教，这与受他母亲的影响直接有关。

培根家当时有两处住所，一是伦敦的约克府，一是哈佛州的高阑城的别墅。弗朗西斯·培根小时候就是在这两个地方度过的。培根从小体弱多病，但十分聪明好学，喜欢研读较他的年龄应读的书更为高深的书。所以他显得比一般孩子要成熟得早得多。他常常到父亲尼古拉·培根的图书室里翻看各种各样的书。有些是他当时能看懂的，有的是他当时还看不太懂或完全看不懂的。他最爱看的是科学发现如何引起技术进步、导致人类物质生活改善方面的书。这些新奇的故事深深吸引着他。他在少年时代就读了大量的书，这就使他较一般儿童要懂得多得多。

如果说，好深入地思考问题是一个人成为思想家的必要前提，是一切思想家的共同特征的话，那么，弗朗西斯·培根从小就养成为一个好沉思默想的习惯。这一习惯他终身都保持着。这从培根母亲安尼给安东尼·培根的信中可以看出来："我确实相信，你弟弟的消化不良是由于不按时就寝和在入睡之前要默想一些毫无意义的东西造成的和使其加剧的。"他仅好沉思，在沉思时还非常专注，常常是集中在一个题目上。就从他自己留下的文中也可得到证明。在他的给他姨夫博莱的信曾提到他的"巨大的默想"，而所以作这种默想的目的则在于"颂扬学术"。这表明他当时已经培养了对学术的浓厚兴趣。

弗朗西斯·培根爱他的母亲爱得极深。他母亲安尼于 1610 年 8 月辞世时，他的父亲和哥哥都已经去世。当时培根已经 49 岁了。他在给朋友迈克尔·希克斯爵士的信中说："我衷心希望在星期四下午为我母亲进行葬仪时您能光临……如果您能在我处住两三天，我将以较多的安慰度过这悲伤的时期。"此外，培根在遗嘱中决定自己死后葬在圣米奇列教堂他母亲的身旁，这也足见他对自己的母亲的深情。培根从小就比较听母亲的话，深受自己母亲的熏陶。他的志向认真、严肃、执著追求的精神，就是得之于他的笃信加尔文教的母亲的。因为加尔文教把世俗生活神圣化，它所注重的不是圣餐礼，而是以一丝不苟的正确精神来完成自己的工作。

培根由于父亲在英国宫廷中的高位，使他得到了一般的人不可能有的，特殊的得天独厚的成长条件——能与许多上层人士，特别是有学问的人直接接触，能听到许多英国各地乃至世界上的其他地方发生的重大事件，能见到一般人见不到的东西。这无疑在开阔他的视野，促进他的早熟直至帮助他立志和为实现自己的壮志而奋斗方面都起了积极的作用。据记载，培根还在童年的时候，他父亲就经常带他到宫廷中去。由于他聪明过人而又懂得很多，深为大臣们，特别是伊丽莎白女王所喜爱和重视。此外，据历史记载，伊丽莎白女王还曾多次巡幸到尼古拉·培根高阑城的别墅里。在这座富丽堂皇的别墅中，在古老的橡树、榆树林中，女王也许多次听过培根的祝词。女皇很喜欢同小弗朗西斯·培根谈话，并常用一些问题考他，他回答问题时常常表现出一副较他实际年龄大得多的人的庄重神态和成熟模样。因此,女皇称他为"小掌玺大臣"。一次女皇问他多大年岁了,他没有直说,却很聪明地答道:"我比女皇幸福的朝代小两岁。"女皇对他表现出的机智十分惊讶。伊丽莎白女王对他始终很欣赏、很器重。在他长大成人之后,都可以常常进到皇宫里边见到女王。女王还常常同他私下自由地交谈,甚至把一些重要的国事提出来和他商量。培根记忆力极强,聪明过人,这也是他后来在科学上能取得重大成功的一个因素。据他自己说,他在从法国回国后,虽以法律为职业,从事法律研究,可主要兴趣却不在法律上。尽管如此,当时他写了几篇法律方面的论文,在法律的根据和对法律深刻涵义的理解上,当时也是无与伦比的。他还因此被任命为女王的博学评议会中一个特殊的会员。获得这样的荣誉在伊丽莎白时代是很少见的。

(三)立志

在弗朗西斯·培根儿童时代生活于其中的高阑城的别墅里,在饭厅的壁炉上边挂有这样一幅图画,画着谷类女神席利斯在教导世人如何播种五谷。不难推测,对于每天吃饭都会看到的这幅席利斯的神像,好奇心和求知欲都极强的小弗朗西斯·培根早就注意到了,而且有教养的父母则也先告诉他这是什么。等他稍大些之后进一步告诉他,这一文化史上的伟大发明怎样造成了人类物质命运上的第一次飞跃。可以想见,就从这个时候起,科学应用于实践能给人类的命运带来怎样意想不到的巨大好处,这个题目在少年培根的心中引起了怎样的兴趣,如何深深地印入了培根的脑海——就像一颗丰收的种子播在了少年培根的心田上。后来,他在《伟大的复兴》一书中,在谈发现时还谈到了这一点:"发现可以算是重新创造,可以算是模仿上帝的工作,正如词人说得好:

> 脆弱的初民不知道耕种庄稼,
>
> 雅典人首先播种真伟大,
>
> 从此生长出绿油油的禾苗,
>
> 改造了我们下界的生活。"

中世纪末期,东方的科学和哲学成就就像洪水一般地涌进西欧,在西欧各国的宫廷里受到了热烈的欢迎和支持。谈论科学发现及其在现实生活中的应用所带来的巨大好处。成了当时宫廷里和上层人士家庭中谈话的一项重要内容。这在培根出生前后及其成长的时代,在英国伊丽莎白执政的年代仍然如故

在16世纪,对于一般的人来说,最重大的发明要数印刷、火药和指南针了,科学技术应用于实践引起惊人进步的领域莫过于工业。军事和开辟新航路的探险事业了。

13世纪,磁针罗盘在欧洲出现,到15世纪,佛兰德的罗盘制造商又进一步纠正了罗盘所指北方与真正北方之间的差异。这一技术运用于航海事业上,加之这时已经能够造很大的船,并且发明了船的尾舵、牙樯,这就使得要横渡大洋,再也不需要像早期那样沿海岸航行了。这就为大规模地进行航海探险提供了可能性。

12世纪,中国的印刷术就已传到欧洲。13世纪末,欧洲已有了木版印刷。到14世纪末、15世纪初,欧洲已有了活字体和金属版印刷。到15世纪中期,早期的近代印刷术已经完善了。

火药于13世纪初最先在欧洲出现。14世纪欧洲已经有了火炮。这种火炮先是一种瓶子式的设计,射出一个有箭头的炮弹。后来,随着其他工业技术的发展,火炮采用了浇铸的方法,先用铜,后来又改用铁,而英国,在亨利八世的统治时代,造船技师们又把重炮装到战舰上去。就是由于有了这种能发出"连珠炮"的武器,才使新教的英国不仅免受天主教的西班牙的强权的欺凌。而且在弗朗西斯·培根的时代还把海上霸权由西班牙转到英国手里,最后确立了英国海上霸权的时代。

15—16世纪的海上探险热,是当时西欧各国王宫、贵族和新兴资产阶级最关注的事情之一。首先是欧洲直通印度洋的新航路的开辟和几乎与此同时的哥伦布航抵"新大陆",接着是麦哲伦环球航行的完成。16世纪中叶,英国也试图从东北方向另辟通往印度的新航路。1553年,威罗贝爵士率领三支商船向北航行,绕过了斯堪的纳维亚半岛。虽然他后来和两只船上的水手都冻死在俄罗斯边境了,但还是有一只船到达了白海,并在阿尔汉格尔斯克登陆,和俄罗斯建立了贸易关系。特别是1573年8月,培根上大学时,第一个看见太平洋的英国人弗兰西斯·德雷克从他的一次航行归来。后来,伊丽莎白女王还下令把德雷克乘的航行世界一周的那支船——"金鹿"保存起来。

炎药使用,枪炮的发明,导致了军事领域的革命性变革,使得骑士阶层的军事作用几乎等于零,而指南针也非同发常地扩大了航海的可能性,给西欧各国带来了意想不到的巨大殖民地和源源不断的大量财富;印刷术则以中古时代做梦也想不到的速度和规模迅速地把各种知识传到各地。这些科学知识运用于实践带来巨大好处的事情要生活在那个时代、那种圈子中、像培根这样好学的少年不知道简直是不可能的。有些事他在很小的时候就听人作为富有传奇色彩的故事讲过,后来还在这个基础上读过父亲图书室中收藏的有关这方面的书;有的,他就亲眼见过,如德雷克和他的船。他也像同时代的人那样,深深地被这些实用的发明对人类命运所发生的影响所打动。

无疑,在中古时代的后期,由于技术发明日见频繁,同时它在实践中造成的影响也日益重大,在当时已经使有识之士产生了利用科学和技术从根本上改变人类生活的幻想。培根与别人不同的地方在于,他在接触到这一切之后,在幼小的心灵上朦胧地产生了将来就是要研究这些问题的志向。这就是他后来在生活中逐步明确、具体、贯彻终身的大志的种子。他的一生将要利用他的渊博的学识对这个主题作出历史性的说明。事实上,在他那个时代,没有一个人像爱思考的弗朗西斯·培根那样,对这个问题想得那么认真,那么深入,那么持久,并真正得出了比较科学的结论。这从他后来所写的著作中也可以看出,他对这些发明创造印象是何等的深刻:"我们还应该注意到发现的力量、效能和后果。这几点是再明显不过地表现古人所不知,较近才发现,而起源却还暧昧不彰的三种发明上,那就是印刷、火药和磁石。这三种发明已经在世界范围内把事物的全部面貌和情况都改变了:第一种是在学术方面,第二种是在战事方面,第三种是在航行方面;并由此又引起难以数计的变化来;竟至任何帝国、任何教派、任何星辰对人类事物的力量和影响都仿佛无过于这些机械性的发现了。"由于他认为,发现之利可以恩泽整个人类,并永垂千秋,而不会给任何人造成伤害和痛苦;治理国家的民事之功仅及于个别地方,持续不过几代,而且还常常要通过暴力与混乱才能实现,所以觉得在人类的一切活动中,著名的发现应居于首位。因为他有了这样的认识,所以认为,这种野心是卑鄙的、堕落的。第二是要在人群之间扩张自己国家的权力和领土，这种野心虽有较多的尊严，却非较小贪欲。但是如果有人力图面对宇宙来建立并扩张人类本身的权力和领域，那么这种野心（假如可以称作野心的话）无疑是比前两种较为健全和较为高贵的。而说到人类要对万物建立自己的帝国，那就全靠方术和科学了。而他自己则毅然决然地选择了第三类——进行能支配自然的科学研究。培根一生虽也不断地努力为自己谋求高位，其实这不过是为了能更好地实现改造学术、造福人类的大志。当然，这已是培根后来完全成熟以后的思想了。

培根出身和成长的时代，英国正值嗜利多谋的伊丽莎白女王执政。在16世纪初叶，英国在经济上和军事上的力量也还都不如法国和西班牙。伊丽莎白即位之后，千方百计要与西班牙争夺霸主地位。她大力推行重商主义政策，保护和奖励工商业和航海业，借以增强国力。在伊丽莎白即位初期，她甚至不惜利用一些称为"海狗"的冒险家进行海盗和走私活动，借以扰乱西班牙航路。从1562年起，豪金斯、德雷克等人即常在海上拦劫西班牙运载金银的船只，到西班牙的美洲殖民地走私或贩卖奴隶，有时还袭击港口。他们把劫掠所得和女王分赃，女王则封他们为海军大将。

当时，不论通过什么途径获得的财富——对西班牙财宝船只的劫夺，寺院土地的重新分配，或新兴的赚钱的黑奴交易——都投资到工业上，英国的工业进入了一个飞速发展的时期：采矿、冶金、纺织。酿酒、制糖、肥皂、明矾、玻璃和食盐的制造都正在迅速扩张中。而为了进行这些活动，人们贪婪地追求着各种有用的知识。因此，阿哥瑞考拉、毕龄古乔等人的著作受到当时英国知识界的普遍重视，因为这些书最能说明这个时期所发生的技术革命的情况，从这些书里最容易找到对发展工业最有用的知识。

德国人阿哥瑞考拉用拉丁文写成、于1556年出版的《冶金学》一书，全面阐述了关于采矿和冶金方面的知识。该书还有几百幅描写各种过程所用的工具和机械的插图。《冶金学》问世后立即被公认为当时最重要的著作之一。法国历史学家让.波旦1566年发表文章评论这本书时说：在它的领域里，它使亚里士多德普林尼显得无知。

这本书不仅是技术性的，它还发挥了这样一种哲学思想："如果金属不为人类服务，则保护和维持健康以及供应一个文明生活方式的一切工具都将消失。没有金属，人类将过一种与野兽的生活水平相似的野蛮而又贫困的生活。他们将回到林中去寻觅橡实和浆果以为生。"从中可以看出金属的发现和使用对人类历史的重要性。

当时，培根作为一个好学而又早熟的少年，会对人们所推崇的这些著作发生兴趣，积极吸取他所生活的那个社会的时代精华的。他对阿哥瑞考拉的《冶金学》这本书是很熟悉的，后来他在自己的著作《论学术的进展》中提到这本书，承认它在实践上的重要性，赞扬它的一切优点。显然，这不仅表明他重视《冶金学》所讲的采矿与冶金技术方面的知识，也包括它强调金属的发现和使用对人类社会进步的重大意义的思想。

意大利人万诺乔华龄古乔是一位精通采矿和冶金技术的人，是工业资本主义的先锋。他的著作名为《烟火书》，出版于1540年，是冶金学方面的第一本著作，是当时的名著之一，出版后立即由伊丽莎白的宫廷要员托马斯·斯密司爵士携至英国。在培根诞生之前，这本书的大部分已被译成英文，收到两本英文书中。

对于毕龄古乔的著作，他在少年时代是否读过没有确切证据。不过一些事实表明，他很可能也是读过的。该书在当时很有名。里查德·伊登于1555年出版的《新世界的几十年》这部书就翻译了《烟火书》的头 H 章。彼得·怀特郝思于 1560 年出版的《统兵作战方略数种》一书，也有来自《烟火书》中关于地雷、炸弹、硝石与火药方面的全部知识。在当时崇尚科学的气氛中，作为帝国第二号人物而对科学也很感兴趣的尼古拉·培根自己就弄到了这些书，并在家中和有知识的夫人多次谈到这些书也是很可能的事。而少年培根在父亲的图书室里看到这些书，听父母谈起过这些书也完全是可能的事。

证明培根读过毕龄古乔的《烟火书》的有关内容的另一个证据是，矿业工程师布谢尔在晚年一再宣称他的采矿理论来自培根。布谢尔在 15—30 岁期间曾是培根的仆人和秘书。他说他是从培根那里学到毕龄古乔和阿哥瑞考拉书中关于采矿的理论的。对这种说法我们是没有理由怀疑的。

总之，早在上大学之前，在少年时代，培根对那些能直接应用于实践，增强人类对自然界的支配能力以改善人类生活条件的科学已经有了好感。当他 12 岁时和比他大两岁的哥哥安东尼一起被家里送到他们的父亲曾经读书的剑桥大学三一学院上学时，当他在该院院长辉特基夫特博士的指导下系统地研究亚里士多德的逻辑学和形而上学以及圣·托马斯的神学时，这时由于经院哲学利用亚里士多德的理性逻辑技术证明各种非理性的神学"真理"，而把亚里士多德的逻辑引进了死胡同，使它变成了不能用来指导认识自然和人的工具。在这种情况下，少年培根感到了一种幻灭的痛苦。对经院哲学讨论在一根针尖上同时可容纳几个神跳舞这类无聊的把戏就更不用说了。当时英国正在迅速发展生产力，朝着工业革命的目标奔跑。人们迫切希望能从山里挖出各种矿物用于各种事业。在这方面，旧逻辑完全是无能为力的，而毕龄古乔、阿瑞考拉等人的著作却能帮助人们。它们确实懂得从何处挖出矿石，又怎样把它们冶炼成金属并根据需要把金属变成大炮或机器。所以，培根这时决心要彻底抛弃旧哲学，创立出一种能直接为人类服务的新哲学来。由于对经院哲学与神学没有兴趣，在上大学期间他就把精力集中到艺术与科学上来。他读了大量这方面的书，在这些方面表现出了他的超乎寻常的广博和深刻，表现出了他的惊人的智慧。他从自己的理想出发，要重新审查整个人类的文化，研究它为什么在实践上产生的结果是如此之少，又怎样才能改善它。

他在剑桥住了三年，离开的时候"他是带着这么一种心理走的。对剑桥的学科深为轻蔑；对英国的学校教育制度坚决地认为根本有害；对亚里士多德派的学者虚耗精力于其上的'学问'有一种应有的藐视；对亚里士多德本人也没有多大的尊敬。"要把人类对于自然的知识重新组织起来，以便利用它来改善人类的处境，培根在大学时代萌发的这一理想的幼芽后来成长为宏伟的大志，并随着他一生的各种经历越来越坚定、明确和具体。

（四）旅法生活

1575 年圣诞节，培根结束了在大学的学业，和哥哥安东尼一起开始研究法律，并于第二年 6 月进入葛莱律师公会以高级生的身份研究法律知识。不过在他从葛莱律师公会毕业之前，他得到了一生中第一次也是最后一次出国考察的机会。他父亲想栽培他，使他获得治国的本领，利用自己的高位，派他赴法国任英国驻法大使阿斯·鲍莱爵士的随员。不久，他奉鲍荣之命把一些消息、报告送回国内给女王。这次任务他完成得很出色，深受赞许。事毕又返回法国。在法国两年多时间里，他除了住在巴黎,还曾到各省去旅行。法国给他留下了深刻的印象,对他进一步坚定自己的意向也起了很大的作用。这期间,他还学会了法语。

当时的法国,也在经过和英国差不多的经济变化过程。法国的工业进步,主要得益于改行技术和改造手工业的形式。制陶师波纳德·巴里西的事业就是这种进步的典型事例。巴里西起初给一个玻璃匠当学徒,以后转学制陶业,他对白珐琅的秘密潜心加以探求,最后终于获得了成功,并得到了法国朝廷的赞助,一举成名。据说,在他成功之前差一点破产,以致他不得不把自己家里的东西拿出来做烧窑的材料。当时他的事迹在法国是一个很流行的话题。

巴里西不仅是个艺人,他还曾钻研过许多不同的科学学科,并在如化学、地质学、农学、造林等方面有自己的成就。他所以能在制陶业上有那么突出的成就,与他具有多方面的科学知识有关。

培根到法国时,巴里西已是法国的名人,并在法国宫廷里任职。那时,他常常给显赫的听众作公开演讲。虽无文字可考,但十分可能在巴里西任职的宫廷附近住了两年多、对科学充满兴趣、求知欲极强的培根就曾听过他的一些演讲,还参观过巴里西办起来的用以证明自己思想的一个自然博物馆。关于这个博物馆,巴里西曾在他所著的《奇谈》中说道:"亲爱的读者,我可以向你们保证,在几小时以内,在头一天,你就能从这个博物馆所展览的物件中学到比用 50 年的功夫研究古代哲学的理论所得到的更多的自然的哲学。"至少可以肯定,对于巴里西的事业,培根是很清楚的。此外,从所引的巴里西的这段话可以看出,他轻视经院哲学,重视应用科学,主张知识应与实践结合的思想与培根的看法也是完全一致的。培根也反复强调过科学应与工业结婚的思想。

培根著作中这样一段话也能直接证明培根与巴里西的关系。"各种科学的真正的与合法的目标,简单说来就是用新的发现和能力来丰富人类的生活。大多数人对于这一点没有感觉。他们的思想永远不会超乎赚钱和他们本行中的日常工作的范围。不过有时也会发生这类情况:一个特别聪明的和有志气的手艺人致力于一项新的发现,而一般说来,就在这个过程中倾家荡产。"巴里西正是历史上一个致力于新发明而在其过程中几乎倾家荡产的聪明而有志气的手艺人的最著名的范例。从这段话可以看出,第一,在赚钱和把科学应用于实践争取有所发明的关系上,培根更看重后者。由此可见,培根的心志是何等的崇高和坚定;第二,表明他已经认识到,要创造一门在实践方面富有成效的科学,就必须克服轻视工匠的心理。因为他懂得,要在真理上得到进步,就必须直接求教于自然界而不应该求教于书本。他曾经指出,主要的发明,大多数都是在人类还没有很多书本知识的远古时代作出的,"当唯理智的和教条主义的科学开始的时候,正是有用处的实践方面的发现终止的时候。"在较远古的年代,所以有较多的发现,就是因为那时人类与自然界有较多的直接的接触。所以,培根呼吁"复兴"意志与事物之间的交易,并把这种"交易"称为人间的事物中最可宝贵的。而我们知道,正是在意志与事物的交易中,工匠要比一般士大夫阶级的知识分子直接得多,做得好得多。所以,培根并不轻视工匠。而在这两点上,在当时,培根确是超出了他的阶级局限性的。

法国给培根的影响还不止这些。培根立法国的那段时间里,巴黎和法国各省的省会都涌现出一批宣传新思潮的新式学者。这些人主要是一些受过法学训练和具有行政经验的人。他们经常非正式地聚会讨论各种新观点。当时这在这些人中已成为一种时尚。培根在巴黎期间很可能就出席过这样的聚会。在30多年后,当培根考虑用什么方法把他伟大的思想传达给世人的时候,他在他的《各国哲学批判》中所动用的就是当年巴黎聚会讨论新观点方式——即一位哲人对一个智者集会的假想的演说。他所虚构的哲学家作演说的背景,完全是对当年巴黎这类集会的回忆。他写道:"大约有50个人出席,其中没有一个年轻人,而都是上了年纪并且每个人脸上都带有尊严和荣誉的标记。有一些是曾经做过官的,另外一些是上院议员,也有著名的教士和几乎来自社会各阶层的要人,也有来自不同国家的外国人。他们互相亲切地交谈,不过都是有秩序地一排一排地坐着,好像在等待某人似的。不一会儿,有一位安详沉着但惯于表现怜悯之状的人走到他们中间。"书中说,这个人就是来讲解培根哲学的主要特色的。

当时,在法国宣传新思潮最有名的新法学者要数差不多比培根大30岁的人文主义思想家蒙田。虽然培根旅法期间,蒙田主要是埋头从事《随笔集》头两卷的写作,不过在培根1579年回国时,蒙田的《随笔集》前两卷已基本写完(这两卷于1580年出版),而且这期间蒙田还常去巴黎法院办事,涉足政界;他还担任过国王亨利三世和纳瓦尔国王亨利的侍从。很可能蒙田就参加过当时在法国已成为时尚的那种学术沙龙,并在那里宣传自己的思想,而培根也很可能在这种场合听过蒙田的演说。培根深受蒙田的影响是众所周知的,后来他把自己一生的呕心沥血之作也叫做《随笔集》(又译《论说文集》),而且里边有些篇名也接近或一样。

蒙田所宣传的是一种怀疑主义,在占统治地位的宗教意识形态和经院哲学把自己的原理说成是绝对的极终的真理,不仅自诩为人类智慧的最高标准,而且自诩为人类行为的最高准则的当时,蒙田宣传怀疑主义就是反对它们的。他把神学看成是把完全不能证明的论点企图加以证明的"假科学",他力图证明包括经院哲学的无可争议的权威——亚里士多德哲学在内的一切哲学体系都站不住脚。他说不可能再说出任何一句还没有被某一哲学家说出过的荒谬的话来了,从而反对任何教条主义。蒙田还特别关心人的问题,认为人是最可宝贵的。

很显然,这些思想与培根的思想是完全合拍的。当时法国流行不仅冲破了禁锢人们思想的封建神学和经院哲学的藩篱,给人成为巨人以胆量和勇气,也为培养自己时代的巨人准备了精神食粮。蒙田的思想实际上也反映了对数多人文主义者在当时恢复古代哲学学说的某种失望情绪。它发生了这样一种信号,告诉我们,一种新的需要正在产生,即需要其他更加完美的进行科学哲学认识的方法,以及与这些方法相适应的解释世界的原则。而这些方法和原则将不同于古代所提出的那些方法和原则,尤其不同于经院哲学所固有的那些方法和原则。

蒙田的终点正是培根事业的起点。如果说,培根实际改造旧哲学的大志,在他幼小的心灵上已埋下了种子,到大学时代已开始萌发,那末这时可以用他自己的话说,已"如此固植于我心中,以致无法去掉了。"此后便是他在对人生的探索中,使自己的大志更加坚定、更加具体和更实际地为这一志向奋斗了。

艰难的岁月

不经过艰难困苦的磨炼,就不知道珍惜生活,就不可能有坚强的意志,超群的才干,也很难成就大业。我国有句古语:"天将降大任于斯人也,必先苦其心志,劳其筋骨,饿其体肤,空乏其身。"培根的生平与事业也证明了这一点。

在培根一生中,有20来年时间过得很艰难。经济窘迫,政治上不顺利,一度还陷入了极为危险的境地。然而,困难只有对懦夫来说才是拦路虎,对有志的强者,它却是前进道路上的阶梯。培根正是在艰难的岁月中更加坚定了自己的心志,一步步为实现这种大志而奋斗的。

(一)为实现理想而求官

培根本来打算在法国住几年,后来因奔父丧于1579年2月提前回国。父亲的死,对他无疑是一个很大的打击,这不仅使他政治上失去了强大的靠山,还使他经济上陷入了困境。这是他人生的一个转折点。据说,尼古拉·培根生前曾把自己所特意贮存的一大笔款子收集起来,打算买足够的田产以供他的最小的儿子生活用。因兄弟5人,当时还只有弗朗西斯·培根没有自己的可靠的生活保障。不过,由于尼古拉·培根是突然死亡,这一购买田产的计划在他死前未能实现。因此,弗朗西斯·培根在分家时所得到的只是兄弟5人平分的不多的一份。又由于培根从小过惯了舒适的生活,花钱无度,于是他很快成了一个穷人。并且,这种贫穷的生活以后在很长时间内都一直伴随着他。直到1595年艾塞额赠他一所庄园,1601年他的哥哥安东尼死后,高韩堡垒那块领地归他,情况才有好转。

但是,艰难的岁月丝毫没有改变培根要把人类对自然科学知识及其应用重新加以分类和组织,以便利用它们来改善人类生活条件的大志。

1591年,培根向身居高位的姨父博莱写信请求帮助时说:"我的年岁已经相当大了,引岁已是很多的时光。……我一向希望尽忠于女皇陛下,因为生逢英主,自无不愿竭力效忠之人,……同时我家道寒微,确实使我为难;因为我虽无须以浪费或懒惰自咎,但我的健康却经不起消耗,而我的前途也不能专以发财为目的。"这表明,他所以这样竭力希望自己能爬上高位,是因为:第一,他很愿意为女皇效劳;第二,经济困难,希望通过这条路能改变自己的状况;第三,即使在这种情况下,他的最终目的也不是为了发财,而是另有它图。他想干什么呢?紧接着他就阐述了他的哲学志向:"最后,我承认我在默想着一个巨大的目的,犹如我有一些普通公民的目的一样;因为我已经把一切知识当作我研究的领域;如果我能从这个领域里把两种游民清除出去(一种人以轻浮的争辩、互相驳斥和废话,另一种人以盲目的试验,用耳闻的传统和欺骗的手法造成了很多的损害,我认为我能带来一些勤勉的观察、有根据的结论和有益处的发明与发现。这样,就是那里领域中最好的情况。这个希望不管是好奇心也好,虚荣心也好,天性也好,或者(如果人们善意视之)仁慈也好,已经深刻地印人我的心中而不能忘怀了。"

1592年,培根在艾塞克斯为纪念女王诞辰所举办的庆祝晚会上发表的一篇演说更具体地谈到了这一点:"千百年来的一切学问,是否曾经作出了一些小小的发明而使我们增加了福利呢?工匠的勤劳使发明出来的东西得到小小的改进;有时在试验中的机会使我们碰到某种新的东西。但学者的一切争论都未曾揭示出一个前人所不知的自然界的现象。"

"现在为大家所接受的自然哲学,不是希腊人的哲学,就是炼金术士的哲学。希腊人的哲学以词藻、炫饰、反驳、宗派、学派和争论为基础；炼金术士的哲学以欺骗、传说和隐晦为基础，一个总在增加词汇，另一个总在增加黄金。

"（我们需要的不是这类游民），而是人类的智力和事物的天性之间的愉快的婚配。从这个高贵的婚配中会产生出什么样的后代，那是不难想象的，印刷术是一种粗浅的发明；在我们时代已经使世界有了多大变化！一个在学术上，另一个在军事上，第三个在财宝、商品和航海上。而这些发明。我说只是偶然碰上的，是由机会造成的。如此说来，人类统治万物的权力肯定是深藏在知识之中的。在知识里蕴藏着许多东西，这些东西是帝王的财宝所不能购买，他们的势力所不能指挥的。他们的情报员得不到这些东西和消息，他们的海员和探险家也不能驶向这些东西的生长之地。现在我们在议论中统治着自然界，但是在需要中却受着自然界的奴役。不过如果我们在发明方面能接受它的领导，那我们在行动上就可以支配它了。"

这表明，这期间他无论干什么，他心里时刻所关心的中心问题始终是实现自己改造人类知识的大志。

如果说，在这之前，培根主要还是表现为立定志向，逐步使自己的大志明确和具体化，并开始为实现自己的抱负准备各种条件的话，那么，他在1594年为葛莱公会庆祝圣诞节所演出的一个节目而写的剧本中，则已经拟定了如何着手进行研究的大纲，在为实现自己的理想直接呼吁王室支持他的事业了。他在剧中选了一个幻想的王子，对这个王子一共进行了六篇演说，其中一篇就是他利用节日气氛来表达自己心中最关注的那件大事的：

"但愿殿下能用智力中最好和最纯洁的部分，并取得最无邪和最有价值的胜利，那就是征服自然。为达到这一目的，谨向殿下建议四项主要的事业和功勋。第一，建立一个最完备、最广博的图书馆，以便收集人类的智力所曾经作出的一切有价值的书籍，不论它们是古代的，还是近代的，是印刷的还是手写的，是欧洲的还是其他地区的，是属于一种语言的或是属于别种语言的，使它们能有助于您的智慧。

其次，建设一个宽敞的奇妙的花园，在这个花园里，适合于各种气候和光照下的植物，来自各种土壤的植物，不论是野生的，还是由人类栽培出来的，都可以得到能够繁荣滋长的那种照顾，因而使这个花园茂盛。这个花园四周还要多盖一些房屋，在里边豢养一些珍禽异把适当种类的鱼放在相应的湖里。这样，对于大自然你就可以有一个私有的小规模的模型。

"第三，建设一所美丽的陈列室，在里面可以分类陈列任何由人的手用精妙的艺术或机器所造的在材料、形式、运用方面有其特异之处的东西；任何由事物的变异和混合而产生的奇怪的变态的东西；任何由大自然造成的无生命而又可以保存的东西。

"第四，要有一个工厂、工具、熔炉、器具的实验室，要够得上作为安放点金石的王宫。"

培根认为，要行好事就非有权有位，有一种居高临下之势不可。他深深地懂得，自己关于促使科学与工业结婚以造福人类的伟大理想，涉及到的面是如此的广泛，以至只有首先得到国王的许可、政府的赞助，尔后再进一步得到整个欧洲，乃至全世界的学者和有势力的人的支持，才有可能付诸实行。而要做到这一点，自己就必须有某种待遇优厚的高位。

培根自父亲死后，就为谋取高位不懈地奋斗，并为此走了一段很长的艰难曲折甚至是屈辱的路程。

他于 1603 年写的《论对自然的解释》一文谈到了自己之所以千方百计地要谋求高位的原因:"由于我的出身和教育使我适合于为国家服务。由于舆论(当时我还年轻)有时使我踌躇。由于我认为一个人的祖国远较世界其他各地对他有更多的要求。又由于我希望如果我在政府中能够升到尊贵的地位时,我就会有一个较大的权力,能够动员更多的劳力和才智来帮助我的工作。因为这些缘故,我就一方面努力学习政府工作,一方面又在廉耻和诚实所许可的范围之内尽量自荐于那些在政治上有力量的朋友们。我这样做还有另一个动机:因为我感觉到我所谈过的那些事情,大的也好,小的也好,都不会超越这几间的一生的性质和教养的程度。因此我就抱着一种希望(当时的宗教的情况是并不顺利的),如果我能在政府中担任职务了我也能为人们的灵魂做一些好事。"这里讲得很清楚,他所以要这样孜孜以求地争取高位,确有借高位实现自己在科学事业上的崇高理想和直接为祖国人民服务的想法。但由于出身和社会影响,他身上也还有那个时代的人的庸人气,当大官的名誉、地位和巨大的物质利益,对他还有一种极大的诱惑力。

父亲去世后,在经济生活十分窘迫的情况下,培根不惜借债去继续完成了团赴法而中断的法律学业。修完法律后,于 1582 年通过考试成为一名正式律师。经过努力,他又于 1584 年被选为国会议员,1586 年又当选为葛莱法学院的首席会员之一。当时他住在葛莱法学院,一面研究法律,一面到处为谋求高位而活动。首先是,他不厌其烦地不时写信或直接找他的位居财政大臣、权倾朝野的姨父博莱和在朝廷任枢密大臣的表兄弟伯尔特·西塞尔,指望他们为自己谋到高位。为此,连培根的母亲安尼也为培根向博莱请求过。接着是依靠女王的宠臣艾赛克斯伯爵在女王面前为自己求官。后来又投靠包金汉公爵,倚仗他的势力往上爬。与此同时,他还向国务秘书、掌玺大臣、乃至女王本人直接写过信。总之,为谋求一个高位,他费尽了心机,托了一切能托的人。此外,他还常常写文章,发表政见,为面对各种难题的君王出谋划策,以表达自己对王朝的忠诚,显示自己超越的才华,甚至直接为君王歌功颂德(他于 1592年 11 月 17 日写的《对知识和女王的赞美》就是这类文章之一),指望能因此讨得君王的欢心,从而得到垂青、重用。

培根生活的时代是英国宗教争论很激烈的时期。当时英国国家教会与清教徒各派之间的斗争尤为激烈。国家如何对待这些宗教争论,直接关系到国家能否有效地维持政治上的安定。因此,如何对待宗教争论,是当时君王很关心的一个大问题。培根在这方面连续写了好几篇论文,如他于 1589 年发表的《关于英国国教的争议》等最早的一些文章。在这些文章中他反对争论,鼓吹一种"中庸主义",主张君权与民权之间要相互兼顾。在教派的纷争中,主张对反对国家教会者采取一种宽容的态度。不过后来,由于这种争论最终酿成了内战,查理一世还因此被杀,培根改变了自己的观点,由一个抱宽容的自由主义者的立场转变为一个比较温和的王权拥护者。这种立场充分体现在他后来写的《论工权》一文中。再如,由于培根旅法时正值法国内乱:天主教和新教徒之间的斗争非常激烈,并因此发生了许多残酷的事件。他为使英国接受法国的惨痛教训,避免重蹈法国的覆辙,就写了《论党派》一文。他写道:"为帝王者务须小心,不可偏向一方,以至俨然成为某党、某派的党徒。国内的党派总是于王权不利的。因为这些党派常向党员要求一种义务,这种义务简直与臣民对君王的义务差不多,并使君王变为'吾辈之一'。这就像法兰西'神圣同盟'的情况那样。"这种见解在政治上不能说不深刻。他这种在大事上自觉为君王操心的精神也不能说不感人。

培根一生所写的这类希望能引起国王的注意、得到赏识的文章不少,单是收在《论说文集》中像《论王权》、《论谏议》、《论殖民地》、《优司法》、《论交易兴亡》、《论党派》等直接为君王出谋划策的就多达近20篇,约占总数的三分之一。在这些文章中,他对国王的无限忠诚充斥字里行间。本来,为君主者看到这样的文字是应该受感动从而对他垂青的。可是,培根的这些努力,在很长一段时间里又似乎没有收到什么效果。

他的姨父和表兄,虽然对培根很长时间不能得到重用表面上也表现出很同情、很焦急的样子,但由于嫉妒培根的才华,唯恐培根得到重用后再也显不出自己了,实际上在背地里千方百计地压制他,阻止他的升迁。另一个重要原因是,由于培根当国会议员期间拥护民权,曾攻击过朝廷强迫下院与上院直接会商筹款问题的企图和反对过增加国家开支的要求,引起了女王对他这种"目无朝廷"的行为的严重不满。而事后他又没有向女王作深刻的反省。所以,培根屡次请求重用,都不是被漠然搁置,就是被婉言拒绝。再一个更深刻的原因就是,培根实际上是主张要改革当时的制度的,在思想上他明确反对炼金术士和经院哲学家。所有这些,在当时无论是在女王看来,还是在他姨父博莱看来,都不仅不能接受,而且是极其危险的。

就这样,虽然培根作为前掌玺大臣的儿子、当朝重臣博莱的外甥,本人又才华出众,而且女王对他很了解,在苦苦求官奋斗了近20年,却始终未得到女王的重用,直到1589年女王才给了他一张空头支票:答应待星法院——即当时英国的民事法院的书记之职出缺后由他提任。这个职位待遇不错,一年大约有1600镑的收入,不过这个职位后来过了将20年才落到手里。后来培根在谈到他当时的处境和对这一职位的期待时说,这就好比一片与他的房屋紧挨着的别人的土地,它虽然能改变他视野中的景色,却不能充实他的谷仓。培根在伊丽莎白执政期间,始终未能获得他梦寐以求的官爵,只是到1596年才成为女王的私人特别法律顾问。这个头衔虽然名声不错,可并没有多少实权,经济上也没有多少实惠。

培根是一个饱尝仕途之苦的人。他的许多文章都流露出了其中的辛酸。

他在《论高位》中说:"一切上跻高位的行动都是像登一条迂回曲折的楼梯一样,""要升到高位上,其经过是很艰难的。但是人们却要吃许多的苦以取得更大的痛苦;要升到高位上,其经过有时是卑污的,然而人们却借着卑污的手段达到尊严的地位。在高位上留居是很难的,其退步或是覆亡,或者至少是声名狼藉——那是一件很可悲的事。"他在《论善与性善》中也说:"过度地追求权力的欲望使天使堕落。"在《论幸运》一文中则说:"极端的爱国或爱主上的人向来总是不幸的,而且也是不能够幸运的。因为一个人把他的思想放在自己身外之后,他所走的就不可能是自己的道路了。"显然,这既是对自己无限忠于君王,而女王却不领情、不重用自己的命运的悲叹,也是对女王忠奸不分,不提拔自己发泄的不满。

后来,培根知道了自己迟迟得不到升迁正是由于自己亲戚从中作梗,对此十分气愤。据说,他写的《论残疾》一文就是揭露其表兄罗伯尔特·西塞尔的为人的。西塞尔就是一个残疾人。

(二)《论说文集》

仕途的不顺利,促使他更加努力地学习,更深入地思考各种问他在去法国前,曾在当时已经很有名的葛莱法学院里盖过一幢房一这就是后来的所谓培根勋爵的寓所。为了学习和研究上的方他就住在这里,就是后来当上大官后,他也经常在这所房子中读书。

平时,培根非常注意抓紧时间,可是他又不是那种只知死读书的。他无论是读书还是写作,都十分讲究实效。当读书、写作累了的时候,他就适当地休息,使自己的精神及时得到放松和恢复。他或者到户外散步,或者乘马车到树林里或野地里去呼吸新鲜空气,或者和别人聊聊天、玩一会儿,休息一会之后就又立刻再读书、工作,而决不使时间白白浪费掉。培根从青年时代起就养成了这样一个习惯,对生活中遇到的有重要意义的事情总要想了又想,而当思考有所得之后,总要把它写出来。

由于培根从小就经常出人宫廷,对宫廷的礼仪非常熟悉,对宫廷里人们如何相处留有深刻的印象,加上他对什么事情都不只要知其然,而且要知其所以然。所以他在很年轻的时候就写出了《论礼仪》和《论荣华与名誉》这样的文章。他在《论礼仪》中提出了一个人对上对下和对待同辈应持态度的原则和讲究礼仪应注意的分寸:"全要讲求礼仪,就等于教别人也不要讲求礼仪,结果是使人对自己减少都敬之心。""有些人的举动好像一行诗,其中每一个音节都是数过电,这样一个过分分心在小节上的人如何能理大事呢?"在《论荣华与名誉》一文中,培根论述了取得荣华与名誉的途径,并对有为人君阳臣民的荣誉划分了等级。这在当时确是参透世情之作,这种作品出自一个青年之手尤为难得。

他这个时期的大部分研究成果就收集在他于 1597 年出版的《论说文集》中。这个集子的第一版共有 10 篇文章,除已经提到的《论礼仪》、《论荣华与名誉》外,还有《论党派人》、《论学问》、《论辞令》。《论从者与友人》更深入地思考各种问题。他在法国前,曾在当进已经很有名的葛莱法学院里盖过一幢房子——这就是后来的所谓培根勋爵的寓所。为了学习和研究上的方便,他就住在这里,就是后来当上大官后,他也经济在这所房子中读书、写作。

《论说文集》于 1612 年再版。这一版收人的文章增加到 38 篇。初版时的 10 篇文章再版时全部作了很大修改,其中有几篇还重新写过。培根本人也很看重这个《论说文集》初版直到培根死,作者总是把这个文集随身携带,并随着自己人生经验的改变不断地增删修改。如《论请托》、《论党派》等篇后来每次再版都作了重大修改。《论友谊》篇在再版之后,出第三版时又全部重新写过。培根《论说文集》前后三个版本,忠实记载了培根的一些思想的产生、形成和发展的过程,是研究培根历史,特别是研究他的思想发展史不容忽视的珍贵材料。

《论说文集》第三版于 1625 年问世,这也就是当今世界上流行的《培根论说文集》。这一版共收人文章 58 篇,此外还有一个残篇——《论谣言》。书前是呈英吉利海军大将巴金汉公爵的献书表。

《培根论说文集》内容相当广泛。从大的方面说,一类如前所述是直接为君主统治出谋划策的;另一类是属于待人接物、修身养性方面的东西。这类东西大致又可分为这样几种:一种讲与自身有关的问题:如《论养身》、《论学问》、《论自谋》、《论困厄》、

《论人的天性》等等；另一种讲与他人的关系：如《论父母与子女》、《论友谊》、《论青年与老年》、《论从者与友人》、《论交涉》、《论请托》等等；第三种讲人与自然、物质财富等等的关系：如《论花园》、《论建筑》、《论财富》、《论消费》、《论放债》等等。

虽然培根在1625年以前从来没有提到过法国人文主义思想家米谢尔·蒙田的名字，但培根曾经读过他的书，很喜欢他的著作，还听过他的讲演，深受他的影响，而且培根《论说文集》的写作和出版就直接受到蒙田的启发，蒙田对他的影响是很大的。蒙田于培根的《论说文集》问世的17年前也出版过三卷本的《论说文集》（又可译作《随笔集》）的前两卷。在培根的《论说文集》中，有许多文章的题目也与蒙田的《论说文集》中的题目差不多。如蒙田的《论说文集》中有一篇《论朝见的礼仪》，培根也有一篇《论礼仪》。蒙田有两篇文章，一篇为《论光荣》，一篇为《论虚荣》，培根也有一篇《论虚荣》；蒙田有《论书籍》，培根有《论学问》。培根《论友谊》一文中一段话的开头——"我们看到伟大君王对于我们所说的这种友谊之效果如何重视，也不免觉得惊异"，这句话就是直接从蒙田的《论友谊》篇中引来的。

但是，培根的《论说文集》绝不是从蒙田那里抄袭来的。不错，培根的《论说文集》没有一个题目是新的或别人没有遇到和思考过的。培根的伟大恰恰在于他就在这些成千上万的人都遇到并思考过的"司空见惯"、"习以为常"的事情上，思考得比别人更深入、更正确，发现了别人没有发现，而对世人又很有意义的东西。其实，培根的论说文集又何止受蒙田的影响？它不是还引了历史上大量名人名著中的名言吗？不是有人看了培根的《论说文集》之后说它是马基雅弗利主义的文章吗？培根的《论说文集》之所以这么有价值，正在于作者是在吸取整个人类文化史的精华的基础上写出来的，是博采众长而又加人了他的新贡献的结果，所以，它能作为他所论及的问题在思想发展史这面大网上的一个纽结而永彪史册。

蒙田是当时世界上杰出的思想家之一。他的《论说文集》也是一本很出色的书。在这本《论说文集》中，蒙田对社会问题的感受比较丰富，探索人生的范围也比较广泛。此外，他那把老生常谈的道理说得好像新鲜非凡的才能也是无与伦比的。但培根在自己的《论说文集》中表现出的知识的渊博，直达事物本质的能力，以及他所提出的许多宝贵的新思想，却是蒙田所没有的。

培根的《论说文集》虽不是什么鸿篇巨制，各篇文章之间也没有多少内在联系，但凡细心研究他这些文章而对他的生平又有所了解的人都会发现，没有一篇文章是与他的生平无关的。这些文章，每一篇都是作者自己生活经验的结晶，都是他用心血、脑汁冶炼而成的，确是"世事洞明、人情练达"的杰作，而且溶他作为政治家、法学家。哲学家。科学家、历史学家和文学家等多种特点于一炉，最好地体现了作者的真正的多方面的天才。在《论说文集》中，作者对事物的鞭辟人里的分析，丰富而又深刻的思想，严密的逻辑，贴切的比喻，警策的语言，都是前无古人的，至今还闪耀着智慧的光芒，使人从中吸取到养分、受到启迪，由于它论及的许多问题几乎是每一个人都会遇到的，而谈得又是如此的深刻、精辟，对人有如此巨大的意义，这就使它成了少数人生教科书和"世界书"之一，成为划时代的名著。如如今世界，世界上一切文明国家几乎都用自己的翻译了它，它的读者随着人类的世代更替还在与日俱增。不少人的性格都受到熏陶。其中许多精彩的议论至今仍被人们当作格言和座右铭引用。1985年，这本书还被美国公众选为最喜爱的十本著作之一。有人曾经说过，培根即使没有留下别的著作,只有这本书,也会使人们永志不忘。

还是让我们来看看培根《论说文集》本身吧!《论学问》在它第一版时是第一篇文章。这篇文章一开头就讲:"读书为学的用处在于娱乐、装饰和增长才识。在娱乐上学问的主要用处是陶冶性情,丰富精神生活;在装饰上学问的用处是辞令;在增长才干方面学问的用处是对于事务的判断和处理,……在学问上费时过多是偷懒;把学问过于用于装饰是虚假;完全依学问上的规律而断事是书呆子的怪癖。""学问陶冶天性,而其本身又需经验的陶冶。人的天赋有如野生的花草,它们需要学问的修剪。而学问本身若不受经验的限制,则其所指示的未免过于抽象。""多诈的人蔑视学问,愚蠢的人羡慕学问,聪明的人运用学问。""学问本身并不教人如何运用它们,运用它们的方法乃是学问以外、学问以上的一种智能,是由观察体会才能得到的。"对于读书,他说:"有些书需要浏览一遍,有些书只需知道一个梗概,对于不多的几部好书,则需深入钻研、仔细揣摩,将其消化吸收……"还说:"阅读使人充实,会谈使人敏捷,写作与笔记使人精确……"再接着就是这样一段胜炙人口、广为流传的名言:"历史使人明智,诗歌使人灵秀,数学使人周密,博物使人深沉,伦理使人庄重,逻辑与修辞使人善辩……就像肉体上各种病患都可以用适当的运动来治疗一样,精神上的缺陷没有一种是不能由相当的学问来弥补的。"

这样的书,你读起来怎能不爱不释手?这些独到的见解,精彩的议论,动人的话语,当你读到的时候,怎能不情不自禁地把它摘录下来?这里只是以《论学问》为例,而《论说文集》中的其他文章也都是这种字字珠玑的珍品。

当然,培根的著作只是他那个时代的产物。一切都从功利的观点出发,作为资产阶级思想家所特有的这一特征和他那个时代所难免的各种历史局限性,在培根《论说文集》的每一篇文章中体现得也很充分,这是不待说的。

(三)培根与艾塞克斯

就在培根屡次求官而得不到升迁、逐步认识到自己的亲戚不肯帮忙的时候,结识了艾塞克斯伯爵,并很快与他成为至交。

艾塞克斯于 1581 年从剑桥大学毕业后,1584 年,以一个 17 岁的青年入宫为官。第二年,他随女王伊丽莎白的宠臣莱斯特伯爵远征荷兰,并在祖特芬战役中立下功勋。回国后深得女王垂青,红极一时。

艾塞克斯为了保住自己的地位,迫切需要一个年长的足智多谋的朋友的帮助。培根大艾塞克斯 6 岁,在交往的过程中,艾塞克斯感到培根聪明过人,所以对培根格外敬重。而培根,由于认识到想依靠亲戚在政治上有所作为的无望,也迫切需要有一个有权势的朋友支持和帮助自己。于是,两人很快成了最亲密的朋友。

艾塞克斯倚仗女王对自己的宠爱和自己的地位,不厌其烦地在女王面前为培根谋求要职。先是请女王让培根当检察长,遭到女王拒绝后,又请求女王把审判长的职位给培根,又遭到拒绝后,就再请求女王让培根担任案卷司长,等等。艾塞克斯这样三番五次地为培根求官职,后来把女王也弄烦了,要他"谈别的问题"。艾塞克斯在为培根屡次求官而未能如愿以后,竟把自己在退肯哈的价值两千镑的大庄园赠送给了培根。这对长期处于经济困难中的培根无异于雪中送炭。艾塞克斯对培根情谊的深重由此也可见一斑。

对于艾塞克斯的深情厚意,培根也是感恩戴德,尽量报答的。他与艾塞克斯过从甚密。艾塞克斯的郊游活动,他常常参加作陪。有一次,培根还为助伯爵和参加者之兴,写过一本宫剧剧本。培根还以艾塞克斯的忠实朋友和私人顾问的身份,给了艾塞克斯以许多有益的指导,使艾塞克斯因而免遭不幸,他自己就说过:他曾经花了许多时间研究怎样使伯爵成为女王和国家的一个善良的仆人。在这件事上,他所花的时间比在他做过的其他任何事情上所花的时间都要更多。

伊丽莎白女王一生未婚。在艾塞克斯21岁那年,她让艾塞克斯继莱斯特伯爵作了自己的宠臣。而当时女王已经是60岁左右的人了。据记载,一次,艾塞克斯由于自我失去了控制,对女王表现出了不耐烦和厌恶。为此,他还受过当众吃耳光的屈辱。在女王对朝臣有权根据个人的好恶随意升黜的情况下,艾塞克斯在朝廷的地位也因此受到了威胁。在这种情况下,是培根及时给艾塞克斯出了主意,帮他渡过了难关。再有,1599年艾塞克斯出征爱尔兰失败而归,受到朝中政敌的大肆攻击,在这种情况下,培根也曾多次替艾塞克斯向女王求过情。虽然培根的求情并没有能使艾塞克斯免于失权失宠,并受短期拘禁,但这表明,培根对艾塞克斯的恩情也是努力报答的。

艾塞克斯因征爱尔兰失败受到拘禁,虽然第二年即蒙释放,但并没有能恢复过去女王对他的宠信,女王只是让他乡居。艾塞克斯因此心怀怨愤。后来,又因某项专卖权请求延期的事,受了女王挫辱。因此,艾塞克斯由心中对女王的怨恨燃起了反叛的烈火。他外结苏格兰、爱尔兰,内连失意的天主教徒和清教徒,带了不多的武器侍从直扑伦敦,以清君侧为名,发动了旨在推翻王室的谋反,结果失败,被捕入狱。

培根作为女王当时的法律顾问,奉王命也不得不参加到对他的朋友、恩人的控诉中。艾塞克斯两次受审培根都参加了。在艾塞克斯第二次受审时,他还表现得相当积极地为皇室卖力。艾塞克斯举出一些理由想把自己的谋叛说成是一种比较可以原谅的犯罪行为。可培根当即予以驳斥说:"我还没有在任何案子中看见有过把这样的恩惠给予任何犯人:这么多的题外话,这样片片断断提出证据,以及对这样重大的罪恶昭彰的案子而用这样空洞的话来辩护。"结果,艾塞克斯于1601年2月25日被处死。在艾塞克斯被处极刑后,培根又奉命起草了他的罪状。

为此,培根受到当时和许多后人的极为严厉的斥责。麦考莱说他"是人世间最聪明而又最卑鄙的人。"连黑格尔也认为培根这样做是犯了忘恩负义的极大罪恶,玷污了自己的名誉。也有不少人不同意这种看法。以司佩丁为代表的不少人对培根这一做法给予了肯定。他在《四万哲字文平》一文中,逐条驳斥了麦考莱的观点。罗素也持这样的看法。他在《西方哲学史》中写道:"里机·斯揣奇在他与的《伊丽莎白与艾塞克斯》里,把培根描绘成一个忘恩负义的大恶棍。这十分不公正。他在艾塞克斯忠君期间与他共事,但是在继续对他忠诚就会构成叛逆的时候抛弃了他;在这点上,并没有丝毫甚至让当时最严峻的道德家可指责的地方。"

我们也认为,把文塞克斯对培根的深情厚意和他在受审过程中培根对他的态度,从广泛复杂的联系中割裂出来、孤立地看待它们,从而认为培根忘恩负义,是不科学的、不公允的。

培根是一个极重友情的人,他所写的《论友谊》便是见证之一;他也是一个崇尚道德的人,在《论善》中就说过:"过度的求权力的欲望使天使们堕落;过度的求知的欲望使人类堕落;但是为善的欲望是不会过度的。"

事实上,要从培根的历史中找出他对朋友不忠,恩将仇报的事例是不可能的。恰恰相反,培根对人总是非常宽厚。他经常住在葛莱法学院的寓所里,由于他平素待人宽厚礼让,所以深受院中教师和给绅们的敬重。此外,凡跟他共过事的人,无论是他的同僚,还是他的从者——秘书、仆人等等,也都很少有对他不满意的。甚至他对罪犯也是如此,培根的秘书劳莱博士在《培根传》中就说过:在培根任皇家检查官时,有时因责任所在,不得不检举某种犯罪之人。这些人或者是平常的犯人,或者是大逆不道、罪大恶极者,而培根对他们都是甚为温和有礼,从无盛气相向之事。因为他认为"应当以严厉的眼光对事,而以悲悯的眼光对人"(《论司法》)。

就是对艾塞克斯本人,正如前面已经提到,培根对于他给予自己的恩惠,也曾报以过同样的忠诚。很明显,在艾塞克斯公开反叛女王的前后,培根对艾塞克斯的态度发生了根本的转变。不难想象,这一转变对他来说是一个极为痛苦的过程。有女王的命令,他不能不参加对艾塞克斯的审判。在审判过程中,如果站在国家和王室的立场上(当时,英国的资本主义经济发展极为迅速,已经成为西欧的主导国和维护伊丽莎白及其王室的统治,对维护英国的社会的稳定、促进英国的社会进步,是有利的),对犯有如此重大的叛逆之罪的艾塞克斯将意味着什么,谙熟法律的培根当然心里在是很清楚的。而艾塞克斯对于重友情、重感情的培根又是一位恩重如山的挚友。这样做,人们会骂自己以怨报德、忘恩负义,从而声名狼藉,这对于聪明过人的培根当然也是不可能预料不到的事;如果站在私人交情的立场上,在审判中为艾塞克斯辩护、开脱,这将使法律受到多么严重的轻蔑,给王室和国家带来多么严重的后果,这也是不难想象的。因为他知道:"一次不公正的判决比多次罪行为祸犹烈。因为这些罪行不过是弄脏了水流,而不公正的判决则把水源也败坏了。"(《论司法》)再有,这样做对自己将意味着什么,这也是明摆着的。虽然当时并没有人告培根与艾塞克斯是同党,但他与艾塞克斯的亲密关系在朝中是尽人皆知的。就在这感情与理智的激烈冲突中,作为思想家的培根最后还是毅然地选择了理智。因为在他看来,女王与国家高于一切。这正如他后来在为自己这一行为申辩时所说的:"我的辩护不需要冗长和繁复,就是关于那个案子和审讯过程中我所做的一切,都是出于我对女王和国家的职责和义务的,在这样的事情上,我是决不为世界上的任何人而表现虚伪和胆怯的。因为任何诚实而居心端正的人都会宁愿舍弃他的国王而不愿舍弃他的上帝,宁愿舍弃他的朋友而不愿舍弃他的国王,但宁愿舍弃任何尘土的利益,还有在某些情形下宁愿舍弃自己的生命而不愿舍弃他的朋友。"

最终培根虽然那样做了,可这一抉择最终还是给他心灵上留下阴影。后来他所以要做如上申辩,这本身就是自己内心矛盾的一种反映。此外,他讲要升到高位有时是卑污的。再有,1607 年他在改写《论友谊》一文时加进了这样一段话:"世间有些人,他们的生活好像永远是在舞台上度过的。这种生活对于别人是掩饰起来的,唯有自己是可以明了的。然而永远地掩饰是痛苦的,而一个只顾荣华,不顾天性的人可算是一个十足的奴才……"(这段话是在 1912 年再版的《论说文集》中有,但 1925 年第三版时删去了)这些话,也可能是他为自己在审讯艾塞克斯时不能依自己的真实感情办事的一种自责吧!

培根为求高位想尽了一切办法,可给他的却是一次又一次的失望。到 1579 年他的《论说文集》第一版出版时,看来他对自己的这种生活已开始有些厌倦他在《论说文集》给哥哥的献词中说道:"我有时希望你的疾病能转到我的身上,以便女皇陛下能得到一个这样积极的和能干的人来服务;同时我也可以有借口专心致志于我所适合的这些思考与研究工作。"艾塞克斯被处决后,培根不仅失去了一位积极为自己谋取高位的人,他在对待艾塞克斯问题上的行为还遭到了社会上的普遍严厉的非难,这时很可能进一步加强他这种放弃从政生活、专心搞学问的情绪。不过不久,伊丽莎白的侄儿苏格兰王詹姆士被确定为王位继承人,这又点燃了培根在新王朝中谋到高位的希望。因为詹姆士是一个比较有学问的人,也比较尊重有才识的人。于是培根又给那些能接近新国王、影响新国王的许多人写了大量的信,其中甚至包括在艾塞克斯案子中受到牵连、作为同谋被审判关押、在詹姆士继位后被释放并获得任用的人。然而这次努力也与过去无数次努力一样,并没有能从新国王那里得到自己所期望的高位。1603 年 7 月,他只从詹姆士那里弄到了一个爵士的封号,而这不过是那次受封的 300人之一;不仅如此,他的名字在新国王第一次委任的顾问名单中也被去掉了。这时培根已经对自己要在英王朝谋到高位很失望了。所以他在给西塞尔的信中说,看来我的雄心只能放在笔头上了。

培根这种决心放弃仕途追求而把精力集中到学术研究上以实现自己的伟大抱负的想法,在他 1603 年写的带有自传性质的文章——《关于自然解释的序言》中表达得尤其明显。

在这篇文章中作者给科学的发明和创造以很高的评价,"在所能给予人类的一切利益之中,我认为最伟大的莫过于发现新的技术、新的才能和以改善人类生活为目的的物品。因为我见到在原始时代的野蛮人中间,那作出了一些粗陋的发明和发现的人们都被尊崇而列人诸神之中。很明显,那些城市的创造者、国家的立法者、'人民之父',消灭暴君的人和这一类的英雄们,他们的功业所及,只能达到狭小的地区,也只能存在很短一段时间;而发明者的成就,虽然不如前者那样的堂皇,却是到处被人感觉到而且是垂诸永久的。

"不过最主要的,如果一个人能做到的不是作出某种特殊的发明,不这种发明是如何有用,而是在自然界里燃起一线光明,这一道光将在它上升的过程中触及并且照亮一切围绕着我们同有的知识的边缘地区。然而在这样一点一点地向前扩展过程中,不久就可以把世界上最隐秘的东西揭露出来,使人们能看得见,那个人(我想)才真正是人类的恩人——是人类对宇宙统治权的建立者,捍卫自由的战士,克服困难的英雄。"

培根在讲了一切科学发明中最重要的还是发现新的思维方式,提出新的哲学、新的方法之后,紧接着进行了自我解剖:

"至于我本人,我发现最适于我的莫过于研究真理,因为我的头脑其敏锐和'多方面'足以觉察事物的相似之处(这是主要之点),同时它又能很坚定,足以分辨出事物之间的比较微妙的区别,因为我天生的有一个探索的愿望,怀疑的耐心,思考的爱好,〔并且我是〕慎于判断,勇于重新考虑,在安排和建立次序时也很小心;同时也因为我是既不爱好新事物也不羡慕旧事物,并且憎恨一切欺骗行为。所以,我想我的天性与真理有一种接近,一种联系。"

培根说自己最适于研究真理,等于承认自己缺乏在政界混的才能,这实际上是他

多年求官不遂的回响,接下去就是我们在这部分的开头引的那段话,是他对自己过去为什么要在官场孜孜以求的解释。接着他说:

"不过我发现我的热忱被人误解为野心,我的一生已经到了一个转折点,我的不良的健康提醒我不能再迟延了。同时我考虑到把我自己所能做的好事放下不做,而从事于没有别人的帮助和同意便不能做的一种工作,这在我实在不能说是在履行我所肩负的义务,——于是我就把前面所说的那一些想法都放在一边,而遵照我的老决心,以全副精神来从事目前的这件工作了。"这里,"自己所能做的好事"就是指研究真理,改造哲学;"没有别人帮助和同意便不能做的工作,"就是指当官;"前边所说的那一切想法",就是指通过追求到高位以达到为人类谋幸福的想法。这段话表明,这时培根已放弃了在英王朝中追求高位的想法,并已全力以赴地开始从事他的科学研究和著述活动了。

《伟大的复兴》

从1603年到1609年,这是培根全力以赴从事科学研究和著述活动的时期。在这段时间的后期,培根的命运也开始好转,在仕途上出现了意想不到的转机。这期间,他硕果累累,先后写出了《关于自然解释的序言》、《时代的勇敢产儿》、《自然的解释》、《自然界的大事》、《赌宫的线索》、《论事物的本性》、《论人类的知识》、《论学术的进展》、《几种想法与几条结论》、《各家哲学批判》、《宇宙现象》、《思想界的描绘》、《天体论》、《论古人的智慧》等。培根思想的发展逐步接近了他一生最主要的传世之作——《伟大的复兴》。

(一)最初的几个残篇

培根1603年写的《关于自然解释的序言》,是他关于自己生活道路发生转折——放弃在英王朝中谋求高位,以全副精神从事科学研究的声明。而1603年写的《时代的勇敢产儿》、《自然的解释》,1604年写的《论事物的本性》、《论人类知识》和写作时间虽然不明,但从内容上看很可能也是这期间写的《自然界的大事》、《迷宫的线索》等作品,就是培根得到的最初的研究成果。

培根的这些著述和他于1607年写的《几种想法与几条结论》。1608年写的《各家哲学批判》等,在他生前都未公开发表,其中不少都是未完成的东西,在内容上重复之处也很多,这些著作中的思想后来大部分都被纳人到他在世时所发表的几部著作的这一部分或那一部分去了。

他的一段笔记曾经透露了这期间他写作要采取的方法:第一,"在这种性质的论文中要有更大的信心和权威感。"好像满怀自信并且好像居高临下的样子;第二,"以轻蔑的态度论述希腊人的哲学";第三,要以演说的形式,"使人欢悦"而又"庄严"应该是一个老年人对他的生徒说话的口气,并且应该写得娓娓动人,有吸引人。从这期间培根写的东西看,他的确贯彻了这些原则。

劳莱博士在《培根传》中曾说,培根写作,最注重的是如何鲜明准确地表达自己的思想,总是刻意避免华丽的字句、轻浮的幻想,他认为这些是主题之外的枝蔓,只会减少文体的分量和尊严。不过我们也不能忘了,培根的语言能力使那些即使是语言大师的人都惭愧他的著作,行文总是那么严谨,语言总是那么恰到好处,这表明他也曾在语言文字方面下过苦功夫,恐怕读过培根作品的人都会有这种看法的。

《时代的勇敢产儿》,这一书名让人一看就感到作者既谦虚又自信。他要人们不要把他的成就看作是他个人的天才的产物,而要看作是他那个伟大的变革时代的产物和精华。这本书就是以长者对生徒讲话的特殊形式撰写的,其中对旧哲学的批判则采用了法庭审讯的严厉形式。从全书拟定的题目看,作者原来打算写三编。第一编写心智的改进与指导;第二编是自然的光亮与解释的公式;第三编写阐明的自然或事物的真实。而实际上作者只完成了两章,这两章的基本思想是要使人的认识从沟通人与自然的关系,恢复人对自然的统治,对妨碍这样做的错误理论加以清算。

在这部著作中,他以长者的身份对生徒们说:"我是真正来把你引向自然和它的一切产物,使你支配它,使它成为你的奴隶,并为你服务。""你是否以为当心智的一切被深深嵌人的最膝胧的幻象所缠绕和阻塞时,心灵的镜子仍然保持清楚和明亮的表面?仍然能反映事物的真正的自然的光亮?"他提出,不清除"作伪的哲学家","让他们仍然在背诵那些我们宁愿它们湮没了的公式","让他们仍然奴颜卑漆鼓噪他们那些矛盾的推理",败坏人的心智,人们就无法获得真理。

《时代的勇敢产儿》鲜明地表达了培根哲学提倡什么,反对什么的基本倾向和要阐述的主旨,实际上是培根哲学的序言,是他的最主要的著作《伟大的复兴》最初的雏型,该书的副题就是《人对宇宙统治权的伟大的复兴》。

《论事物的本性》指出了古人在运动问题上的过失,培根所提倡的活动的科学与古人的思辩的科学之间的差别,认为研究运动是获得积极的自然哲学的条件,强调掌握事物活动的原则,即事物是由什么力量、以什么方式组合在一起的。他提出不能光研究事物是由什么东西组成的静止原则,这除了为谈话和论辩提供材料外再没有别的用处,而应该研究事物的欲求与倾向,它们才能引起并成为我们在工作中看到的所有各种影响、变化和技术。这些思想实际上就是后来培根在他的《伟大的复兴》的主要部分《新工具》中所阐述的形式学说和运动学说的萌芽。

在《论人类的知识》中,培根探讨了有关新型的自然史的问题,强调哲学若不建立在自然史的基础上就不会稳固,而且不会给人类的需要和哲学的健康发展以任何帮助,相反还会产生诡辩和谋这样两种弊病。前者是指在一定的观察的基础上凭自己的推论构造理论体系,后者是指以自己的研究领域统率其余的知识领域,把哲学史变成想象的世界。在这个残篇中,培根对德漠克利特关于不要在个人的小世界,而要在伟大的公共的世界里寻求科学的名言大为赞赏。培根认为自己把哲学建立在自然史上的主张正是德漠克利特这一名言的具体体现。培根表示,他当时尚无能力建立这种新哲学,但要为此而努力。后来培根在这方面的确做了大量的工作。

根据思想内容和培根的思想发展来看也是他在这期间创作的《迷宫的线索》,是以提出一些想法,接着对一些预料中的不同意见可能提出的问题作解答,然后经论证作出自己的结论的方式写成的。《迷宫的线索》进一步批判了先前的权威和经院哲学,阐述了自己关于真正的哲学应当是一种什么样子的思想,是《时代的勇敢产儿》的进一步发展,也是后来写的《伟大的复兴》的一个更明确、更具体的不同体裁的早期蓝图,它体现了培根思想由《时代的勇敢产儿》向《伟大的复兴》的接近。

要创立一种新的思想体系,就必须对先前占统治地位的思想体系进行彻底的批判,而且这种批判难免有过火之处,这几乎成了思想发展史上一条带有规律性的东西。培根一生为之奋斗的事业的核心就是要给人类提供一种科学的世界观和方法论,使人们能正确地认识自然,从而恢复人对自然界的统治权。他认识到,要做到这一点,就必须对被抬得很高、实际上不仅毫无用处而且十分有害的经院哲学教条,特别是它的主要代表人物及其思想进行彻底的批判。这个时期培根写的著作的中心内容就是对旧的传统哲学的批判。

早在《时代的勇敢产儿》中,培根就对柏拉图、亚里士多德、盖仑、帕拉塞尔苏斯、希波克拉底等人给予了极严厉的批判,对他们使用了尖刻乃至粗暴的语言。他把被人们奉为"圣人"的亚里士多德说成是"可怜的诡辩家",给人的理解力设置了重重的障碍,使人成为语言的奴隶;说亚里士多德豢养和指使一批讹诈和轻浮的人,躲避自然和历史的光亮,编造了无数的诡辩;指控亚里士多德从隐蔽的洞穴里,带来了阴暗的幻想;把他的《逻辑学》说成是一本"疯病手册",把他的《形而上学》说成是一个在很少的事实基础上建立起来的毫无价值的蜘蛛网。对柏拉图就更不客气:"其次我们要传讯柏拉图这个狡猾的诽谤者,浮夸的诗人,见鬼的神学家。柏拉图,你的哲学只是些'第二手'知识的片断,刮垢磨光而后串连起来的,你的智慧是你通过伪装愚昧而造成的冒牌货。你以模糊不清的归纳法来诱惑人的意志,但从不曾把人们带到超过这些模糊的东西的地方。不过你至少有向文化的和有经验的人提供饭桌上的话题的功绩,而且甚至于有使日常的谈话文雅而有风趣的功绩。可是当你错误地断言真理可比作人类头脑中的土著而不是外来的落户者的时候;当你引导我们的心智,使它离开观察和事物的时候(对于这两件,人的心智是永远不会注意得很充分、遵从得很彻底的);当你叫我们把自己的心智转向自身并在静观哲学的名义下,向我们自己一些盲目的和昏迷的偶像乞怜时,你的确给了我们一个致命的伤害。也不应忘记,当你把自己的愚说'神化'并胆敢以宗教的后盾来支持你的可卑的想法时,你这种罪恶并不比上述的罪恶为小。"

培根的这种批判曾引起不少议论。有人认为培根傲慢狂妄,有的认为他太无知了,有的认为他当时的批判并非是认真的,等等。培根的批判当然不是没有缺点,如理论本身的分析不够,言辞过于尖锐等,不过这一批判的方向却是无可指责的。因此,他也从来没有动摇过。在《迷宫的线索》和与它几乎一样、不过是它的拉丁文的译文。于1607年写的《几种想法与几条结论》中,培根写道:"如果有人由于全力从事于静观哲学而对于我对实际活动的再三赞扬听起来感到刺耳的话,我可以向他担保,他是他自己的所欲的敌人。在自然哲学中,实际的结果不仅仅是改进人类福利的手段而已,它们也是真理的保证。在宗教里也有一条正确的原则,就是一个人必须以他的实践来表明他的信仰。在自然哲学中这条原则也是适用的。科学在人的心目中的价值也必须由它的实践来决定。真理之被发现和确定是由于实践的证明而不是由于逻辑或者甚至于观察的证明。由此可以得出结论:人类的生活以及智力的改进是同一件事情。"对于柏拉图、亚里士多德等哲学家,他认为并不是他们没有才能,而是由于他们走偏了方向。他说:"如果有人不承认他们是人类中智力非常伟大的人物,那就不是愚蠢就是不公平。"他写道:"人们必须了解,当我们否认他们的结论时,我们只是攻击他们的意见,并不是攻击他们的天才,也不是攻击他们的努力。事实上,一个人越是有才,越是勤勉,如果他忽视自然界所供给的启示,放弃研究工作,并且对事实的证据置之不理的话,他只能是更为彻底地迷失在他自己的幻想的迷宫里了。"培根还进一步从历史的角度把机械技术与哲学比较,批判旧哲学是落后于生活的死的东西:"机械的技术日趋完善,好像被赋予了生命的活力一样。而哲学则好像是一个雕像,它吸引着大批的人来瞻仰,可是他本身不能行动。机械技术在它们的最初的发明者手下是粗糙的、笨拙的、累赘的,不过,它们继续得到了新的力量和能力。哲学在其最古的著者手下是有活力的,不过以后就表现出衰落了。对于这两种相反的命运的最好的解释是,在机械的技术方面,许多人的才能集合起来产生一个单个的结果,而在哲学方面,一个人的才智把许许多多的人的才智给毁灭了。许许多多的人都臣服于一个人的领导,忠心耿耿地为他担任卫兵和贱役,因而不可能再给哲学增添什么新的东西了。因为哲学一旦从它所出生的经验中的根株割断了以后,它就变成一个死的东西了。"这时,批判已表现为更多的是说理,更全面,因而也显得深入了。

他旧的传统哲学的批判在培根的著作中是贯彻给终的。后来,在他 1605 年出版《记字本的进展》一书中义用整整一卷的篇幅进行这种批判。接着可能是因他感到自己在这方面的认识又前进了,原来写的这方面的东西都显得不够了,于 1608 年又专门写了《各家哲学批判》。而在 1620 年他出版是《伟大的复兴》中,"破坏部分"就是对旧哲学的批判。其实,对旧的传统哲学的批判,随着文艺复兴运动的兴起,早就开始了。15 世纪前半期罗马语言学家和哲学家洛伦佐·瓦拉就写过《对亚里士多德的辩证驳斥》一书,激情满怀地批判了经院哲学的三段论法。佛罗伦萨的马尔西略·费奇诺也于 15 世纪后半期认为"古人的哲学无非就是有学问的宗教。"法国蒙田对传统哲学的批判培根是很熟悉的,差不多与培根同时的大多数自然哲学家对经院哲学和亚里士多德派对自然的解释都持严厉的否定态度。文艺复兴时期最勇敢的战士布鲁诺对经院哲学的教条主义的批判更为彻底就更不待说了。培根本人也早在大学时代已对亚里士多德学说极为不满了,只是他的这种批判,后来更加彻底深入罢了。这主要表现在,逐步由对个人及其著作的批判转到对产生这些学说的时代条件的分析,由主要是批判、否定变成也重视他们思想中的合理因素,而且把对旧哲学的批判,与创立新的哲学更好地结合起来了。培根的批判始终坚持从方法论的高度进行,而不是纠缠某些具体问题,在这些方面有不少地方超过了前人。培根对旧的传统哲学的批判,归结起来主要表现为提倡面向自然、探索自然规律,反对柏拉图的唯心主义,坚持唯物主义经验论;反对亚里士多德把自然屈从于逻辑,使经验屈从于理性,以及向唯心主义的动摇;反对经院哲学脱离实际,根本隔绝人与自然的关系,宣扬权威主义、教条主义、蒙昧主义的做法和其方法上的烦琐哲学、形式主义。

1603 年到 1605 年期间培根虽有不少手稿,可大多数都未写完,而且都未公开发表,究竟是什么原因现在不得而知,很可能这些东西他主要是整理自己的有关思想,在为写一部更全面、系统的著作作准备。而如果是这样的话,这部著作就应当是《论学术的进展》。

(二)《论学术的进展》

培根用英文写的于 1605 年川月出版的《论学术的进展》(中文还有译作《崇学论》、《广学论》——作者)一书,是培根关于知识论的著作。这部著作的第一卷提出知识作为君王和大臣的一种事业是十分高尚的;作者在第二卷中力图指出现有知识的缺陷,并提出补救这些缺陷的方法。在这部著作中作者批判了贬损知识的蒙昧主义,从多方面论证了知识的巨大功能和价值,为以后提出"知识就是力量"的著名口号打下了基础。在这部著作中,培根还根据记忆、想象、理性这三种人类理性能力把科学相应地分为历史、诗歌和哲学三大领域,并进一步对人类全部知识作了系统的划分,在人类思想史上第一次勾画出了科学百科全书的提纲。

在黑暗的中世纪,知识只是信仰的奴仆。文艺复兴运动虽然批判了鄙视知识、摧残科学文化的蒙昧主义,但在培根的时代,这种蒙昧主义还有各种表现形式和很大的势力,如宗教神学还坚持"知识即罪恶"的谬论。作为伟大改革家的培根认识到,要倡导科学,利用科学改造人类物质生活条件,不批判这种蒙昧主义,让人充分认识到知识的功能与价值,就做不到这一点,所以他在《论学术的进展》一书中差不多以整整一卷的篇幅专门论述了这个问题,此外,他在《论说文集》和后来的《新工具》中也反复谈到这个问题。在《论学术的进展》中他讲到,在古代,人们历来就把有利于人生的发明家尊为神,这是对人所能给予的最高荣誉,而对建邦联国、造城合市以及立法家、推翻暴君者、有功于民众者则不过给予英雄或半神的称号。培根认为古人的做法非常正确。因为后一种人的功绩有着时空的限制,如同甘雨似的,虽施惠降泽,然只能在一季和一片地方发生效力;而前一种人的功绩,却如上天的德化,是永久的,遍于大宇的。把科学技术发明看作是高于一切的事情,培根对知识的价值和功能的这样的高度评价是前无古人的。在科学诞生的早期,就能有这样的远见卓识确是非常了不起的事。这是科学观上的革命。《论学术的进展》还提出知识对于文治武功、安邦定国具有重要意义。因为君王不论如何耽于情欲、乖于常规,只要有学问的光耀,就可"免于无恶大错,而不至败亡国家,纵然顾问同仆役默不作声,而所学所闻就能时时耳语,加以警告"。"学问使人心和雅仁厚,易于治理,而愚昧则只能使人粗野蛮横,易于叛乱。"这里虽然不免有英雄史观、知识万能的味道,但在权力就是一切,统治者肆意孤行的时代,提出知识对治理国家的意义,无疑是有其进步性的。

在《论学术的进展》中,培根还谈到知识是人的自我完善的重要手段,认为"除了知识同学问而外,尘世上再没有别的权力,可以在人的心灵同灵魂内,在他们的认识内、想象内、信仰内建立起王位来。""真理和善的区别,有如印章与它的印痕的区别。因为真理就是道德的善的印章。"

培根不仅认为知识是促使社会发展的革命力量,人性自我完善的动力,更重要的还认为,知识是认识自然、驾驭自然的力量。他从来就深信,人类统治宇宙万物的权力深藏在知识之中。他论述得最多的也是这一思想。在培根看来,知识是以对事物及其发展规律的研究。发现和解释构成的。后来他在《新工具》中进一步明确提出,在思考中作为原因的东西,在行动中便构成规则,如果不知道原因,结果也就不能产生。发现了规律之后,我们就可以在思想上得到真理,在行动上得到自由,从而得出:"达到人的力量的道路和达到人的知识的道路是紧挨着的,而且几乎是一样的"结论;从而为提出"知识就是力量"的口号作好了一切准备。而这一口号,这种科学观,不仅激起了对他所处的那个奋发有为的社会进行观察、实验、研究的热潮,而且在尔后的至少200年内成了占统治地位的科学观,对科学的发展起了推动作用。就是在400年后的今天,仍在激励人们刻苦学习,为探索自然与社会的奥秘努力奋斗。

培根在那个时代就能这样高瞻远瞩,独具慧眼地看到知识如此巨大的作用,并深信科学能不断为人类征服自然提供新方法、工具和途径，帮助人类减轻痛苦、获得幸福、改善人类的处境，引起人类物质生产和社会生活的根本变革。这是他的天才之处，也是他的一个巨大的历史功绩。在人类思想史上，培根是第一个揭示了知识的真正意义的人。

既然知识如此重要，那么我们就应当把一切知识都视为珍宝了。当然，在培根看来，并不是一切知识都具有认识自然、征服自然的价值与功能的，以往的知识更多的只是流于空谈而不能生产，只可供争辩而不能带来实际的效益。因此他提出必须进行一场科学革命。他批判了人们对已有的知识的迷恋与满足，认为这种满足是科学技术进步的最大障碍。后来他在《新工具》的序言中尖锐指出：有人以为自然规律是已经被人发现、被人掌握了的东西，这种观点在哲学科学方面危害极大，它"压抑和阻碍了人们的探讨，摧残和停止他人的努力。"培根还指出当时学术界的弊病是引证、注释、评述前人的东西，很少作独创性的研究。他通过审视当时的科学，最后得出结论："现有科学不能帮助我们创造新的工作，现有的逻辑不能帮助我们建立新科学。所以会这样，根本原因是认识脱离经验、脱离事实、脱离了供应其浆汁和力量的自然界，阻塞了认识与事物属性沟通的道路。"因而他提出，必须找到新的知识基础、新的科学原则、新的科学认识方法，以取代现行的基础、原则和方法。培根提出的这一科学革命的思想，对促进科学技术的发展起了积极的推动作用。

《论学术的进展》的另一个重大贡献是提出了科学分类的原则和知识体系的新结构。

培根关于科学分类的新原则在《论学术的进展》中提出来之后，后来在《智慧之球的描述》、《论科学的价值和发展》等著作中又作了专门的、更为详尽的论述。

培根强调：科学是一个统一的知识体系，"把知识的各个部分，只可当作全体的线索同脉络，不可当作各不相谋的片断同个体"，因此，"要把知识的连续性与整体性永久保存起来"。他认为，把各种学科各自独立起来，割裂开来，脱离其公共源泉、公共父祖，是各种学科所以肤浅贫瘠、谬误的原因。他提出了根据人类理性特征进行科学分类的原则，根据人类理性具有记忆、想象和理性三种能力，他相应地把科学分为历史、诗歌和哲学三大领域。不过培根自己也强调，科学分类的原则不是绝对的、惟一的，人们依照自己的不同的需要，以及认识的不同角度，可以采取不同的分类原则。他在提出自己的科学分类时同时声明："不要以为我所不用的那些分类是我所不赞成的"。事实上他也提出过按别的原则进行科学分类的思想，这就是可以按照事物的本质，或按照事物的功能，即按被研究对象自身的特点来进行分类的客观性原则。只可惜他未能对这种原则作进一步的发挥和阐述。

在这之前，一直延用的是亚里士多德对科学的分类，即把科学分为理论哲学、实践哲学、创造哲学。这样的分类彼此完全脱节，割裂了统一的科学的内在的必然联系。培根提出上述分类原则，是真正意义上的科学诞生后第一个提出的划分科学的原则。这种划分虽然缺乏客观性，但毕竟在一定程度上反映了人类认识由感性到理性的发展顺序，所以较之亚里士多德的分类原则还是前进了一大步。事实上，他提出的科学分类原则曾产生广泛的影响，对近代科学分类起了先导作用。18世纪法国的狄德罗、达朗贝在编纂百科全书时就接受并运用了培根的科学分类原则。

《论学术的进展》还在对科学作新的分类的基础上建立了统一知识体系的新

结构。

　　培根的历史又包括自然史、政治史、教会史和学术史。其中自然史又根据自然自身的力量和条件分为包括天文学、动物学、植物学等等的自由的自然历史，和包括怪异史、奇变史的失误的自然历史，以及包括技艺史和机械史的被束缚的自然历史。政治史在培根那里就是记述人生事变，以及给予人们教训的事件的历史。它又按体裁被分为纪事杂录、完全历史、古史零简等。而它们又各包括若干方面；教会史又分记载教会发展过程的普通教会史和记述预言本身及其经验、与所谓的上帝的旨意的预言史。培根认为学术史是世界史的眼睛，又是当时还不曾有的科学，认为应全力写的。作为学术史必须把学术的起源、学派、发明的传授、研究程序、实施步骤、兴旺之因、衰弱之原、失没之由、变迁之迹等等融合在一起，按照年代的顺序加以记述。这样使学者有所借鉴，达到更善于运用学术、更精于研究学术的目的。

　　培根把诗歌分为作为历史模本的叙述诗，又把历史再现给人们使人能见到的戏剧诗和表达某种特殊目的和观念的寓言诗。

　　对于哲学，培根根据思维研讨的方向，有的是深入神蕴，有的是观察自然，有的是反省自身而分为自然神学、自然哲学和人类哲学三类。不过培根认为在这三种哲学之前、之上还有一个公共父祖，他把这种更普遍、更根本的哲学叫做第一哲学。

　　在《论学术的进展》中培根指出：第一哲学"专门研究各种学科所共有的那种普遍的原则和公理"，"凡哲学或科学的特殊部分所不能完全包括的那些较普遍、较高级的有效观察和公理，都可以归在第一哲学以内。"

　　在培根那里，通过观察和思维上帝所造的万物——自然来承认上帝的全智全能的学问就是自然科学。他认为在不少作者手里这种学问已经被搞得"太无稽"、"太恶谬"了。

　　培根着重论述了自然哲学与人类哲学的结构。他把自然哲学分为理论部分和实践部分。理论部分是所谓的"观察的自然科学"，是研究原因的。实践部分是所谓的"致用的自然技术"，是产生结果的。理论自然哲学又分物理学和形而上学。对于实践自然哲学，他在《论学术的进展》中又分为实验的、哲学的和幻术的。后来到《新工具》和《论科学的价值和发展》中改为依据理论来源把来自物理学的叫作机械学，来自形而上学的叫作幻术。

　　对于人类哲学，培根把它分为人类个体和人类群体两部分。人类个体包括对人的身体和心理的研究，人类群体包括道德哲学、处世哲学，而它们各自又包括许多更详细的分支。

　　培根的知识体系的新结构，实际上是为人类提供了一张当时科学发展的知识体系全图。不仅如此，他还根据实际生活及科学发展的需要提出了许多带有科学预见性质的"尚付阙如"的学科，这就如同科学方面的门捷列夫化学元素周期表那样，这对科学的发展无疑是难能可贵的一项重大贡献。

　　培根在《论学术的进展》第二卷中还专门研究了历代帝王在对待学术方面的经验教训，并在这个基础上提出了他认为是最好的科学组织管理方法。首先他虽然接受国家机构的权威至上说，不过对压制舆论却十分憎恶。在学术上，他则更是主张应当用学术的方法而不是用行政的办法管理学术，强调学术自由，反对用行政的办法或用权威意见或世俗偏见粗暴地干预学术研究；其次，培根提到国家要给学术研究以物质上的保证,特别是要尊重学者,提高学者的待遇。他认为学者是灌溉科学的人,要想促进科学的发展,就一定要使学者"有安适的生活状况,丰厚的生活费用",这样才能使学者"竭其精力,尽其一生,专心从事学术的探讨和学子的培植"。不仅如此,还要使人认识到学者的意义,提高他们的社会地位。因为"不受人尊敬的东西,当然不会兴旺。"他本人就给学者的作用以很高的评价:"若无穷篓学子扶植人类文明,维系人类的尊严,则王公大人们的安乐奢侈,早使人类复返草昧、返归野蛮了。"当时虽然科学尚处于收集材料的阶段,个人的观察和实验起主要作用,但培根已从科学的整体性、复杂性与个人精力的有限性的矛盾中预见到科学工作社会化的必要性,看到了组织起来"共同劳作"的重要性,强调以个人"勤劳操作"为基础的分工。培根甚至还提出了国际间学术交流的思想:"全欧洲的学校要是比现在更能声应气求,学术上不是更能发展么?"

培根生活的时代,是一个社会前进、新兴资产阶级发展迫切需要科学的时代。由于培根抓住了现实,比任何人都更早地感觉到了科学发明在人类历史中的重要性。他的《论学术的进展》从多方面对这一主题作了历史性的说明,为科学技术的飞速发展奠定了思想基础,他本人也因此成了一个新的伟大时代的思想先驱。《论学术的进展》在当时和后世都曾引起广泛的注意,给人以巨大的激励和启迪。它在欧洲乃至世界学术史上都占有十分重要的地位。

不用说,《论学术的进展》作为历史上的一部著作,也不无时代的局限性。首先,科学技术不仅能造福人类,弄不好也会给人类带来巨大的灾难。对此,培根论述得是不充分的,因为当时科学还刚刚兴起,这方面表现尚不是特别明显。但有人认为培根根本没有看到这一点,也是不符合实际的。后来他在《论古人的智慧》一书中的有关狄德勒斯或"机匠"的那篇神话中,在论述了机械之学对于一般生活的培养所作的贡献之后,就说过:"不过从同一来源也出现了淫欲的工具和杀人的工具。因为(且不谈那些拉练的技术)最巧妙的毒品以及枪炮和类似的毁灭性的利器,都是机械发明的产物,而且我们十分明白这些东西在残酷和破坏性上如何地超过了故事中的人身牛头怪。""机械之学可以两用,既可以救人,也可以害人。"其次,很有意思的是,培根大声为之疾呼科学,他本人并不是严格意义上的科学家。实际上他讲的科学更多的是指应用科学、技术科学,对基础科学他懂得很少,亦重视不够,这无疑也是欠缺的。而且对这时发生的重大变革他采取了与他的基本立场相反的立场。他对待哥白尼的学说的革命意义根本不了解,并且采取了否定的态度。对他的同事、王室御医哈维创立血液循环理论他也不以为然,这些都是很奇怪的。在他的论述中也带有明显的知识万能论的倾向,在正确地强调知识的重大作用的当时,对知识这种作用的发挥是受社会制约的,缺乏深刻的了解。至于决定(包括知识在内)社会发展的,归根到底是社会实践,是物质的生活方式,培根就更不知道了。此外,在论述中也还有不少其他的具体错误。所有这些都是我们不能苛求于前人的。

培根自己也非常重视《论学术的进展》。为了扩大它的影响,后来他在剑桥一些学者的帮助下把它译成了拉丁文,扩充了不少材料,同时也删去了可能会使罗马主教们接受不了的一些内容。这一增订的拉丁文本共9卷,以《论科学的价值和发展》为题于1623年出版。

培根在拉丁文本的《论科学的价值和发展》中曾说:"我们这个时代好像是学术第

三次来访人间的时代，……当我看到这一切时，不禁希望大增，以为我们这个时代将在学问方面远远地超过希腊和罗马的时代。"由此可见，他所以要把自己的主要著作定名为《伟大的复兴》的原因。事实上，《论学术的进展》就是他的《伟大的复兴》的庞大计划的一部分，用他自己的话来说是开启《伟大的复兴》之门的钥匙。

这时创作《伟大的复兴》一书的计划在他头脑中已开始酝酿。不过，在这之前他还有一些别的事要做，还想写一部类似《论学术的进展》这样的为自己的宏伟计划铺平道路的著作，而且不久，他的命运又发生了意想不到的转折。

(三)《论古人的智慧》

《论学术的进展》出版时，培根已40多岁了。这时，由于先后有了艾塞克斯赠送的价值二千镑的庄园和安东尼哥哥死后归他的高韩堡垒那片领地，一向债台高筑的培根经济上的窘迫情况已有所缓解。《论说文集》和《论学术的进展》两部著作的问世又给他带来了好名声，现在他需要、也有可能结婚，组织一个家庭了。

培根所以直到45岁才结婚，恐怕还有许多别的原因，这从他的《论结婚与独身》和《论恋爱》中也许可以看出一些端倪。我们知道，培根是一个事业心极强的人。而他又认为，"有妻与子的人已经向命运之神交了抵押品了，因为妻与子无论是对于大善举还是对于大恶行，都是阻挠物。最好，最有功于公众的事业是出自无妻或无子的人的。""在人生中，'恋爱'只是招致祸患，它有时如一位惑人的魔女，有时是一位复仇的女神。你可以见到，一切真正伟大的人物（无论是古人、今人，只要是其英名永铭于人类记忆中的），没有一个是因为爱情而发狂的人，因为伟大的事业抑制了这种软弱的感情。"还说："无论任何人若过于重视爱情，则自将放弃财富与智慧也。"他甚至很赞赏古人这样的话："要恋爱而又要明哲是不可能的。"由此可见，培根所以迟迟不结婚，很可能是由于怕成了家影响自己的事业。他在早年是否还产生过独身的思想亦未可知。然而，"妻子和儿女对于人类毕竟是一种训练。""妻子是青年人的情人，中年人的伴侣，老年人的看护。"所以一个人有娶妻的理由。

1606年5月，培根与市参议员、骑士后补人巴韩姆的女儿阿丽丝·巴南结婚。培根曾说过阿丽丝"是一位漂亮的少女"，"我很喜欢她"。一封保存下来的当时写的私人信件曾提到培根的结婚："弗朗西斯·培根爵士昨天在马瑞本教堂和那位小妮子结了婚。他从头到脚都是紫红打扮。他和他的夫人都是盛装，金银线锦，富而非凡。这些衣装大概把她的陪嫁吃掉了不少。"阿丽丝是她娘家的财产继承人之一。结婚时她给培根带来了相当丰厚的嫁装，婚后每年还可得到200镑。在阿丽丝的母亲死后，每天又增加140镑，这对进一步改变培根的经济状况也起了不小的作用。据培根的秘书劳莱博士回忆，婚后他们没有子女，但培根对妻子很好，很尊重，曾送给妻子不少贵重的礼物，夫妻感情不错，过了大约15年相亲相爱的生活。但在培根失势后，夫妻感情破裂，直到培根死，两人的感情始终未得到修复。后来培根在自己的遗嘱中把他夫人的名字也删掉了。在培根死后，他的夫人又改了嫁。

虽然培根婚后家庭生活很幸福，但他决不是那种沉溺于小家庭生活的人。他可能是由于考虑到自己原来写的《迷宫的线索》，不仅对本国读者有意义，而且对世界上所有的人都是有意义的。于是，这期间他又把《迷宫的线索》译成了当时在知识界作为国际语言通行的拉丁文，并定名为《几种想法与几条结论》。接着，可能是由于他考虑到,自己在过去写的文章中虽已不厌其烦地对旧的传统哲学作了批判,但还有一些应该讲的话未讲。为了把这个问题突出地加以强调,还有必要对这个问题作专题阐述。于是他又于 1608 年写了《各家哲学批判》。这一著作是以一个陌生人在巴黎的一次学术沙龙上对听众发表演讲的形式写成的。但是他如此重视的这两部著作,生前都未公开发表。《几种想法与几条结论》后来是在 1653 年才由哥鲁特出版的,而《各家哲学批判》则一直到 1734 年才得以问世。所以会出现这种情况,主要是由于这两部著作所阐述的思想在当时都很激进,措词都很尖锐。而那时英国思想界保守势力还占上风。培根的好友托马斯·博德利在给培根的信里曾讲到,他和学院里的任何清醒的意见都不赞同培根的看法。可能是培根考虑到这种现实,因而未坚持在自己生前公开这两部著作。

为了保证自己写的著作能公开发表,他决定用一种叫当时的人可以接受的方式来写一本新的著作,在这一著作中要阐述一种"新的想法与旧的想法的混合物",形式就是通过分析寓言故事来宣传自己的新思想。这是当时培根思想发展的必然产物。培根在人类思想史上的地位可以说是文艺复兴运动和后来启蒙运动的中介。一方面,他往往把科学理解为世界上一种十分新颖的东西,并不把它看作是向某个黄金时代的返回。他曾经认为科学不可能在几年内完成,而需要一代一代不断发展、完善。这无疑是一种新的重要的历史观。可是,同时,旧的思想方法在他的头脑中仍占有一定的地位。有时他又天真地相信在几千年以前人类曾经对宇宙有过控制权,他所要做的事情,不过是对那个时代的一种"复兴"——即恢复或更新。他确信人能够得到这种知识,因为他曾经有过这种知识。他甚至曾经幻想这样的事情在不多的几年内就可以做到。由于他认为在某个远古时期曾经有过一种真正培根式的科学的存在,而这个假想的过去就反映在一些古希腊的故事中。所以,在他看来,通过中肯的精辟的分析,可以透过这些故事发现已失落了的古人的智慧。于是他要写的一部新的面向未来的著作就采用了生动的、引人入胜的说明过去寓言故事的形式。这就是他于1609 年出版的以拉丁文写成的《论古人的智慧》(他所以要用拉丁文写,是为了使这部著作与世长存。因为他认为当时的各种语言,包括他自己祖国的语言在内都不可能长久存在,将来有一天会"招致书籍的破产"一书。

《论古人的智慧》是培根生前公开出版的第三部著作。他把书题献给剑桥大学和在此时担任剑桥大学校长的他的堂兄弟罗伯特·塞西尔·萨里斯伯爵。在献词中说,这些寓言是一块圈域,其中贮藏着珍贵的科学思想,他希望学者们能从他的劳动中领受并增添一些东西。

在《论古人的智慧》一书中,培根一共选取了 31 个优秀的神话故事进行了解释。他以自己丰富的想象、深造的哲理、精巧的才思从中抽引出自己的宗教的、政治的和科学的思想。班加明·法灵顿所重视的也是这一点,正如他在《弗朗西斯·培根》中所正确指出的那样:"在培根的解说里,值得钦佩的并不在于他好像找到了神话的真正的原始的意义——这样的事情是根本不可能的——而是他那种能从这些故事之中抽绎出他所需要的教训的巧思。"

培根在谈到这些神话故事时说:"它们既不应视为诗人的创造,也不应认为是属于他们的时代,而应当作神圣的造物和从比较优越的时代所吹来的曲调,这是从更古老的民族的传习中得来,而被收入希腊人的笛管中的。"这里,明显透露出培根关于古希腊也经历了一个漫长的发展过程,有其自身古老的起源的历史主义思想,这在当时无疑是很可贵的。

在培根看来,古人借用寓言神话来发议论,正像前人用像形文字书写一样。因此,"任何一个有学问的人必然毫不犹豫地承认,这种教导方法是严肃的、认真的,而且是非常有效的,有时在科学上还是必须的。在通俗意见之外的一切深奥的新发现里,这种方法正是打开通向人类理解力的容易的和熟悉的通道。因此,在一些如今看来都是平凡和普通、而当时看来都是全新或鲜为人知的人类理性的一些新发现和新结构里,都有着许多的神话、寓言、隐喻、比喻和暗示。这些不是为了隐藏而是为了告知和教授。当人们的心灵仍然很原始,对于敏锐和思辨的事情未熟练甚至无耐性时,在某种意义上,是不可去接受那些不能直接刺激感官的事物的。"培根认为,直到当时,这种方法仍有意义:"即使到今天,我们要以新的光亮照耀人类的理解力,既要克服偏见,而又不至于引起争辩、敌意、反对或骚动,也必然循着这同一的道路,即求助于寓言、隐喻或暗示的类似的方法。"这实际上道出了作者所以要用这种形式写作的另一个原因。

培根在《论古人的智慧》的序言中写道:"也可能我对上古时代的崇敬把我带着太远了,但真理正是在这里面的某些寓言和故事的组织和结构里,……我发现它们与事物的意义的关系和相符是如此的紧密、明显,以至人们无需帮助就能相信这样的含义是从一开始已经设计和想到的,并且是故意隐藏起来的。"

在《论古人的智慧》中,有许多对自然哲学的解释,如标题大胆地定为《爱神或原子》的神话。在这一神话中,培根简述了在希腊神话中爱神是众神中最早出生的,除了开天辟地的"混沌"外,爱神也是一切事物中的最古老的,并且它是没有父母的。接着培根对这一神话作了阐释:"这个神话讲的是寓意极深的自然的发生和开端的时期,这里所讲的'爱',我把它理解为原始事物的趋向或本能。或者更直接地说,就是'原子的自然的运动'。这种东西确实是那种用物质构成的一切事物的原始的特殊的力量。这东西确实是没有父母的,就是说,没有'因'的,因为'因'就好像是'果'的父母。可是原子的运动这种力量在自然界里更无他'因'(上帝当然要永远除外)。在它以前没有东西,因此没有构成它的'造因',也没有比它更为原始的东西,因此它没有品类也没有形式。"在这里,培根惜爱神最古老而又无双亲的故事就表达了自己关于物质自因的唯物主义思想。这篇寓言中关于原子的概念显然是对德漠克利特思想的发展。

在《论古人的智慧》中,培根还讲了《亚特兰特与希波曼尼斯或利益》这个他很欣赏的故事:亚特兰特与希波曼尼斯赛跑,如希波曼尼斯赢了,可娶亚特兰特为妻,输了就要丧命。亚特兰特跑得飞快,她已击败并毁灭了无数参赛者。因此,希波曼尼斯只好求助于计策。他把得到的三个金苹果带在身上。比赛开始后,亚特兰特很快超过了希波曼尼斯,希波曼尼斯把一个苹果扔到亚特兰特跑道前,好奇心和苹果的美丽诱使亚特兰特离开跑道俯身拾取。这时,希波曼尼斯就超过了亚特兰特。由于亚特兰特跑得快,很快又追了上来,再次跑到希波曼尼斯前面。希波曼尼斯又抛出第二个金苹果,然后又同样抛出了第三个金苹果,最后终于赢得了胜利。

培根认为这个故事包含着技艺与自然竞赛的寓意:亚特兰特代表技艺,只要剔除了它前进道路上的障碍物,它就能比自然——希波曼尼斯更快地达到它们的目的。

"技艺这种特权和非凡的效力却被某些金苹果所阻碍,从而给人类生活带来了无穷的损害。因为没有一种科学和技术能真正持久地坚持它的路程直到结束,它们经常有持续的、短暂的中止,放弃进程,转到一边寻求一时的利益和方便,非常像亚特兰特,因此,毫不奇怪,技艺不仅没有战胜自然,而且依照竞赛的条件,相反地,要作为他的妻子,要服从于它。"这里表达了培根关于理论研究与实用研究,用他自己的话来说就是光的研究与果的研究的关系。他反对目光短浅只满足于有限范围的新发明的机械之巧,他强调要有方法论意义的理论的发明、发现,以便新发明、新发现是"一串串、一堆堆"地出现。

通过题为《普罗米修斯》的寓言所阐述的思想,培根哲学的内容和精神得到了更好的表达。这篇东西宣传了"不满现状"的神圣和必要。在故事中普罗米修斯是代表人类"现状"的。培根说:"所有的人们都应该明白,对自然和学术鸣不平是诸神所喜欢的事,并且因此可以从神圣的慈悲中得到新的施与和恩惠;对普罗米修斯所提的控诉——尖锐的激烈的控诉——比较这过多的祝贺与感恩更为严肃而有效。人们应该懂得幻想中的富裕正是匮乏的主要原因之一。"

很显然,培根具有这样一种信念,如果要使人们有勇气与进取精神向下一阶段迈进的话,必须先使他们具有一种新的心理状态。他知道,除非把人们从习以为常的忍受中拉出来,他们是既不能改善他们的科学也不能改善他们的物质生活的。

《论古人的智慧》文笔优美、生动,构思新颖、巧妙,想象丰富。奇特。这一切使它像一部散文诗。培根著作最早的编辑者之一托马斯·谭尼森博士说过:"在这本书里,由于培根对古代的贤人的神话作了非常巧妙的说明,他使得这些人好像比实际上更明智得多了。"难怪它曾被人列在文学作品中。可惜的是,培根用拉丁文写作这一点估计错了。拉丁文版原作销路一代不如一代,到了今天几乎没有人读它了。这本书虽然早已有了译本,不过没有一个译本是译得很好的。这就严重影响了这一著作的流传和人们对它的学术价值的估价。这种情况直到1948年富尔顿·安德逊的著作出版后才开始有所好转。

对培根的《论古人的智慧》一书,培根思想的研究者安德逊曾有过一个公正的评论:"毫无疑问,这是英国思想史上对哲学作了最有意义的贡献的著作之一。"《论古人的智慧》与《论学术的进展》一样,这部著作的写作,为他主要著作——《伟大的复兴》的创作铺平了道路。《伟大的复兴》要阐述的主要思想和它的未来轮廓这时在培根头脑中已经形成。然而,要这一著作问世为时还早,一因为就在这时,培根的命运戏剧性地发生了根本的转折。从此,他不能全力以赴地来完成自己的崇高理想——改造旧哲学,创立新哲学——创作《伟大的复兴》了。

突来的转折

生活喜欢捉弄人,有时你想进人这个房间,它却偏偏让你进到另一个房间,即使是一些很有权力的伟大人物和伟大的思想家对此亦不能避免。

培根于1603年就下决心放弃对高位的追求而潜心于学术研究,并于此后的几年中真是把主要精力放在著述上了,而且硕果累累。正当他全力准备写自己的主要著作《伟大的复兴》的时候,他的命运突然戏剧性地发生了转折:他过去长年追求而未得到的那些高位,这时英王詹姆士一个一个地相继给了他。他成了英王朝中的核心人物。他不得不因此拿出自己许多的宝贵时间和精力去应付那些并非自己志趣所在的事情。然而,他并没有因此放弃自己改造旧哲学的大志。他在从事繁忙的国务活动期间,不忘抓紧时间研究和创作。在这种情况下,《伟大的复兴》一书虽然较计划大大地推迟了,而且后来出版的《伟大的复兴》也远没有原来设想的充实,但于培根在学术界沉默了整整 11 年之后毕竟还是出版了。

(一)时来运转

伊丽莎白女王在位时,培根为求高位曾苦苦奋斗了 20 多年,并在自己良心所允许的限度内做了许多违心的事,可是并没有得到自己所指望的那些职务。后来他把目光转向新国王,通过一段紧张的努力未见效果。这时他有些失望了,决定放弃对高位的追求,"以全副精神"从事学术研究,以实现自己改造学术的大志。然而,话虽这么说,像培根这种出身,又苦苦为之奋斗了 20 多年的人一下子完全放弃争取高官厚禄的思想是太难了。事实上也可以说,他从来就没有彻底放弃在朝中争取高位的想法和努力。

培根最初在詹姆士身上作的努力未见效。他意识到,可能是由于,艾塞克斯是曾经力主詹姆士继承王位的人,而詹姆士又是一个既不忘记朋友,也不忘记仇人的人。培根自己在对艾塞克斯的起诉中则落得了一个恩将仇报的小人的坏名誉。因此詹姆士不喜欢自己。但他并没有完全灰心,放弃在詹姆士的王朝中争取高位的努力。培根的哥哥安东尼生前是始终拥护詹姆士继承王位的。培根在通过人向詹姆士要官时,就突出这一点。不过因此,培根也只是得到了每年 60 镑的赏金(这笔钱的名义是詹姆士为纪念安东尼拥戴他继承王位有功)和年俸 40 镑的皇家法律顾问的头衔。培根得到詹姆士垂青的主要还是由于下述原因:

首先,他力主苏格兰和英格兰两王国合并。他在国会里用口舌,在国会外用笔墨不遗余力地加以宣传。他于詹姆士继位的头一年就写了《简论苏格兰英格兰王国联合》一文。在这篇文章中,他用不少历史和科学方面的材料论证这一主张。他说,自然的规律与真正的政治的规律有吻合之处,前者是治世之道,后者是治国之道。这种合并论甚得詹姆士的欢心。詹姆斯于 1604 年 10 月尊号为"大不列颠王",据说这个尊号就是培根想出来的,显然,这些为转变詹姆士对培根的看法起了不小的作用。

其次,培根作为国会议员在下院的支配能力,在上院、下院之间的调停能力,也深得詹姆士的赏识。在处理当时英国教派之争上,他为国王出的主意也为詹姆士所赞许。这无疑为詹姆士后来任用他打下了思想基础。

再次,当时英朝廷中的状况,正如对伊丽莎白朝廷有研究的人所说的,"诡谲、谎言、谄媚与美貌,这是宫廷获宠的四大道路,若不信奉这四者,就请退回老家去吧!"詹姆士也是一个极好虚荣的人。面对这种情况,培根对詹姆士极尽阿谀谄媚之能事。1605 年,他出版《论学术的进展》一书时,就是把书题献给詹姆士的。他在献词中说:"再说到陛下的智慧方面,亦是一样地才学兼优,天禀资质既优美绝伦,学问造诣又淹贯博通。我敢说,自从基督降生以来,世上的君王,论文艺的优美,论学问的宏博,不论在神学方面、俗学方面都赶不上陛下的精通豁达;并且我相信这话并不是故为铺张,漫无根据,实在是确有所本,立言得体。人们如果觉得这话难以置信,那么我请他们精勤探索、仔细考究罗马历代的帝王,其中最有学问的,有在基督以前的大执政情撒、马可·安东尼;其次可降而寻希腊以及西方历代帝王;再其次可考求法兰西、西班牙、英吉利、苏格兰等国家的历代帝王,他们一定会看到我的判断,实系至情,毫无矫饰。因为君主们只要能略为采取别人心力的精华,显示一点学问的虚饰浮影,或者奖励扶掖学术的昌明,学子的培植,那已经是难人所能了。何况身生帝王之家,犹能痛饮学术之源泉,甚至己身都具学术的源泉呢?那还不足神奇吗?更有奇者,不论神圣典籍、世俗学艺、陛下都博综明练、融会贯通,就是一般人所敬仰的海明,他所有的三绝,陛下都兼增其美,有国王的权力与富贵,有僧侣的睿智与光辉,有哲学的博学与远见。陛下这种特质,既系天禀,且是绝世,不独值得令当代各国景仰,不独值得后来历史的叙述和歌颂,更当有一种不朽的著述永久的纪念,千古的柱石,来表扬大王的权力,来镂刻大王的奇异,来刻画大王的恩志。"

苍天不负苦心人,培根终于时来运转,开始飞黄腾达了。詹姆士终于于1607年把20年前伊丽莎白女皇拒不给他的副检察长的职位给了他,这一升迁,立即复活了他差不多已放弃了的追求高位的政治野心,副检察长虽然地位已经不低了,可培根对此并不满足,于是他又开足马力全力为自己争取更高的地位。

培根深知,要想谋到更高的位置,没有对国王最有影响力的人的帮忙是不行的,开始他巴结詹姆士的宠臣桑末塞伯爵。当他看到桑末塞伯爵已出现了覆亡之兆之后,就立即与他断绝往来,转而投靠了当时正在英朝廷走红、后来被封为包金汉公爵的乔治·维里尔兹。培根全力帮助乔治·维里尔兹,使维里尔兹扶摇直上,在桑末塞伯爵失势后成为英朝廷中权倾朝野的人物,成了詹姆士的宠臣。

为了爬上高位,培根还昧着良心做了许多讨好上司和英王的事。如赞成詹姆士对怀疑反对自己继承权的若莱爵士处以极刑;在主张与西班牙的敌国荷兰签订攻守同盟的同时,又顺着国王的意思赞成国王和其幸臣与英国人民极其憎恶的西班牙联盟;听任包金汉公爵干预司法;特别是在关于专利权的问题上,这是保证宫廷朝臣和食客集团取得最高利益而又妨碍和扼杀资本主义发展的陈腐制度。国会在1597年就开始反对专利权的斗争,这是争取资本主义自由发展的一个重要方面。培根是站在人民一边,主张扶持资本主义的发展的。为此,他在伊丽莎白时代曾反对过增加国用的要求,并因此得罪了女王,使自己长久不能升迁。可到了詹姆士时代,他却吸取了从前的教训,转而站到詹姆士一边,维护王室关于专利的特权,违心地肯定它是加强王国经济的有效办法。

对所有这些一切正派人所不齿的做法培根竟做贼心虚地辩解说:"这种服从强权,委曲求全的办法,我们万不能深恶痛绝。因为在表面看来,这种行为虽不免卑鄙,但是考之实际,我们只应当看他们是服从情势,不是服从个人。"然而卑鄙毕竟是卑鄙,即便别人不骂,也难免受到自己良心的谴责。他在《论高位》一文中就曾透露出自己的这种心态:"要升到高位,其经过是艰难的,但是人们却要吃许多的苦以取得更大的痛苦;要升到高位上,其经过有时是卑污的,然而人们却借着卑污的手段达到尊荣的地位。"

培根帮了包金汉公爵的忙,包金汉公爵在詹姆士面前也大力保荐培根,为使培根谋升迁竭尽全力。但培根当了副检察长之后,公务繁忙,虽然这时创作《伟大的复兴》的计划已经拟定,可是能用到这上边的精力和时间实在太少,况且这时培根的精力已不如过去那么充沛。学术界长久地听不到培根的声音。对此,培根也十分着急。这时,他放弃高位,为人类能控制自然、全力研究学问和争取更高的职位这两种思想的斗争可能尖锐到了极点。看来最后还是后者占了上风。不过他这时想当官主要是希望得到"人才与笔杆"的支配权。因为,他深切感到得到支配"人才与笔杆"的权力对于实现自己伟大的理想是太重要了。这首先是由于,他要创作的《伟大的复兴》本来就不是一个人所能完成的任务。另外他从亚里士多德的身上也认识到了这一点。亚里士多德的《动物学》所以材料那么翔实,写得那么好,不就是由于他有自己的学生亚历山大王全力支持他搞科学研究,派了许多人帮助亚里士多德收集动植物标本供他研究的吗?因此他希望能受命作一个学院的院长。他意想中的学院是威斯敏斯特、伊顿·曼彻斯特大学、剑桥大学的三一学院,或圣约翰学院,或牛津大学的昌德林学院。如果得到这样的地位,他将鼓励自然哲学的研究。他要为发明者设立一所学院,这个学院要有一切必要的设备。他计划要实行一种奖赏成功人员和罢免无能力人员的制度。他还看到了两种大规模调查的必要:一种是调查自然界的珍奇,另一种是调查机械技术的历史。他希望能资助 4 名青年学者来作必要的研究工作,还要捐些款作旅行的费用,同时将与外国的大学组织交换情报工作。

培根在英朝廷对詹姆士是一个"最勤勉、最深情、最热诚、最殷勤、最忠实、最谦虚的仆人"。他的长期的出色的工作,他自己为谋取高位积极的活动:大量联络、自荐于国王身边的人,或直接向国王要官,也由于国王的宠臣包金汉公爵的大力帮忙,培根在官场终于开始青云直上,飞黄腾达了,只不过所得到的不是他当时所希望得到的某一学院院长的头衔罢了。可是,官位比院长还高。先是在他当上副检察长的 6 年后的 1613 年,他曾经梦寐以求的检察长的职位终于到了手;1616 年,培根又被委任为枢密院顾问;随后,由于布莱克爵士退休,1617 年 3 月,培根又接替他担任了掌玺大臣;1618 年,在朝廷中所能当的最大的官,也是官阶的最后一步,培根终于也升上去了,他成了英格兰的大法官,同时被授封为维鲁兰男爵。1620 年,他又被授封为圣阿尔本斯子爵。掌玺大臣与大法官这两种职位,论权威和权力是相同的,但就特权论,就崇高论,就国王的恩宠论,它们又是不一样的。自培根时代起,从来就没有人得到过大法官的头衔!至此,培根也达到了他仕途的巅峰。在哲学史上,培根成了很少有的具有高官显爵的哲学家。

这时培根在经济上收入丰厚(1608 年收入已达到 5000 镑,而到了 1618 年则多达 16000 镑),政治上红极一时,家庭生活也十分阔绰排场。他在大法官任上时,光是雇佣的男仆就有 40 名,此外还有成比例的其他仆人。1620 年 1 月,是他的 60 大寿,人们为他举行了隆重的庆祝活动。当时美国的一位著名诗人也参加了庆祝会,并给培根献了贺诗。

由于培根把许多精力和时间都花到谋求高官厚禄的努力上,浪费在繁忙的公务上了,虽然他在自己平步青云、身居要职之后,仍念念不忘复兴科学的大志,并始终不息于著述,但科学研究的速度显然地放慢了。这期间除了于 1612 年出《论说文集》的修订版增加了不长的一些新作和留下的政治法律方面的文章外就再无其他了。而有关这些文章,正如法灵顿所说,如果培根的一切遗著都只是对法学的贡献的话,后人是不会感到很大兴趣的。虽然培根只要不在朝廷的时候差不多每一分钟都花在写上,他创作《伟大的复兴》一书的工作一刻也未停止,但毕竟因时间和精力所限,这一伟大著作问世的时间大大推迟了。显然,高位浪费虚耗了他许多的时间和精力,对他从事学术研究,实现自己的大志,是一种很大的冲击。不然,这位适于"研究真理"的人一定会为人类拿出更多更好的东西,而不至于为自己要建造的大厦仅仅勾画一个轮廓。

虽然这期间培根也不是没有产生过动摇,他也曾考虑放弃仕途生涯,潜心于学术事业,但他终未能抵御住名誉和利禄的诱惑,所以始终不能摆脱仕途。不仅如此,他还对给了自己宠信、尊荣、高贵和高位的人——詹姆士一世感激涕零。他在给詹姆士国王的一封致谢信中说:詹姆士是升擢过他九次的一个人主,三次是在爵位方面,六次是官职方面。此外,国王还从另外两种官职内给了他别的恩典与赠予,二者合到一起总数每年达 1800 镑之多。对于帮助自己在谋求高位方面出过大力的包金汉公爵培根也是感恩戴德的。他把著作中"最流行者"——《论说文集》就呈献给了英吉利海军大将包金汉公爵。他直到晚年,贿赂案发之后才认识到自己的才能用到最不适宜的事情上了。他在自己病危时的一段祷告文中曾后悔地对神说:"我在你面前承认,我感谢你给我的才能,这个才能我既没有埋没,也没有如我所应作的付诸可能使它得到最大的利用的交易者,但却把它误用在与我最不适宜的事物之上,所以我可以老实地说,我的灵魂在我的人生旅途上是一个陌生者。"

(二)《伟大的复兴》

1620 年,正当培根在仕途达到巅峰状态时,他终生苦心孤诣地为之奋斗不息的新思想,经过长久的思考和艰苦的创作历程,终于在他自己比较满意了之后问世了——这就是他的主要代表作、享誉人类思想史的《伟大的复兴》一书。培根的秘书劳莱博士在回忆中曾经生动地讲到培根辛勤写作《伟大的复兴》一书的过程:

"我总是有这种想法,如果有一道知识之光由上帝那里落到现代任何人的身上的话,那就必然是落在他身上的。因为他虽然是一个博览群书的大读书家,可是他的知识不是来自书本的,而是来自他本身的理性和见解的;不过,这些东西他是小心谨慎地吐露出来的。他的著作《伟大的复兴》(他认为这是他的最主要的著作),并不是他头脑中无价值的空想,而是一个固定了的、深思熟虑的观念,是多年辛勤劳作的产物。我本人至少看见过《伟大的复兴》的 12 个不同的本子,都是年复一年地修改过的。这本书的结构、次序,就是这样一年又一年,一遍又一遍地经过修改、补正,然后才达到付印时的那种样子的。就像许多动物舐自己的小兽一样,一直等到它们的肢体发育得强壮起来。"

劳莱博士所讲的《伟大的复兴》有 12 个稿本究竟指哪些,我们不得而知,但从培根现有的著作和他的思想发展的脉络来看,已佚失的《时代的伟大产儿》很可能就是《伟大的复兴》的最初胚芽。因为培根本人曾宣称,这是他向哲学开的第一炮。而《时代的勇敢产儿》、《几种想法与几条结论》、《各家哲学批判》则是它的早期形态。从 1585 年他的《时代的伟大产儿》出版算到《伟大的复兴》一书出版,中间长达 35 年时间,培根为此付出了多少心血和汗水由此可见一斑。何况自 1607 年以后,他一直身居高位,公务繁忙。在这种情况下,他能写出《伟大的复兴》一书又是多么的不容易!

《伟大的复兴》一书的封面有一幅经过仔细选择代表作者寓意的插图:一支三桅船正在扬帆前进,遥远的前方(意为世界尽头——作者)有两根相隔不远的柱子。对此，作者在序言的开头作了说明：人们对他们的现状估计过高，而对于他们改善现状的能力却估计过低；这就是两根不祥的柱子，它们好像注定了要把人们封锁在一片被陆地包围的内海中，使他们永远不敢到知识的大洋上去。插图下边的铭语小框中是用拉丁文书写的引文："有多人来往奔跑，知识就必然增长。"书的正文解释说，《圣经》上的这个预言简直就是说，知识的增长将与因横渡大洋的航行而全球互通往来的时期相吻合。封面下面有一个小框，里边的题词就是培根从小在席利斯像下边看到的那句话："教育促成进步。"

接着是一个简短的说明，培根解释拉丁文"复兴"一词的含义，实际上是讲他为什么要把自己的主要著作叫作《伟大的复兴》。他说，世界上的事情最主要的莫过于把意志和事物的交易恢复到原有的完善的程度或者至少有所改进。作者强调了为何不能凭借旧哲学来达到这个目的，并宣布把科学、艺术以及人类的一切知识整个地加以改造的必要性。

再接着就是致国王詹姆士的书信体献词。在献词中他希望国王能提倡并资助一部关于自然及技术的百科全书的编辑工作。若没有这部书，他深知自己的计划是无成功的希望的。他写道："最后我还有一件请求，……愿陛下……资助一部自然和实验的历史的搜集材料和编辑成书的工作；这部历史要真实严肃，不受文学和书本知识之累，以便成为哲学的基础——这部书应该成为什么样的一部书将在适当的地方加以描写：此书若成，则若干世纪以来哲学和科学在空中飘浮的情况即可结束。它们可以建立在各种经验的牢固的基础之上，而这些经验都是经过很好的检查和衡量的。为了这件事我已经提供了工具，但是资料必须从自然界的事实中搜集起来。"这表明，他所要做的是"一项一位千手千眼的人来做的工作，"这不是一个臣民的工作，而是一位国王的工作。因为他所想做的"是决定于一部清楚而全面的自然史的。"他后来甚至认识到，他计划中的这种规模的著作，只有由世界各国成千上万的人在统一领导下通力合作，通过若干年甚至若干代人的努力才能完成。

献词之后是序言。献词向国王进了言，序言是向人民讲的，其中有教育、引导，也有规劝和警告。对于那些相信旧逻辑的人说："逻辑学决不能精细到足以应付自然的进步"。他表示最重要的是要以什么样的精神来对待工作："最后，我向大家作一个普遍的忠告，就是大家要考虑知识的真正目的何在，希望大家追求知识既不是为了自娱心志，也不是为了争论取胜，或是为了凌驾于他人，或是为财、为名、为权力，或是为了任何这些卑下的东西；而是要为了人生活的利益和用途；并且要以仁爱的精神充实和使用知识。因为我们知道，有些天使们被打入地狱是由于权力的过分欲望，人类的被逐出乐园是由于对知识的过分欲望；但说到仁爱，那是永无过分之事的，也从来没有一位天使或一个凡人因为仁爱而遭到危险的。"

序言中还有这样一段脍炙人口的名言，很好地表现了作者的崇高品质和他对自己的事业的看法："关于我自己我不想说什么，但关于所谈到的对象，我则希望人们不要把它看作是一种意见，而要看作是一项事业，并且相信我在这里所做的不是为某一宗派或理论奠定基础，而是为人类的福祉和尊严奠定基础。……最后，希望人们满怀善良的愿望参与此事，并且在自己的脑子里和想象中，不是把我们的复兴想象为某种无限的、超过人的能力的东西，其实我们的复兴乃是无限谬妄的真正终结和界限。"法灵顿说得好，"不要把它看作是一种意见，而要看作是一项事业。"这表明培根希望像他后来在《新大西岛》这部小说中所生动地描写的那样，能看到各种研究机构成立起来，技术和工艺都能推陈出新。所以培根的真正目的不仅仅是写一部学术著作，他所要写的《伟大的复兴》这本书实际上是要勾画出一个新世界的蓝图。

序言之后，培根公布了《伟大的复兴》一书的工作计划。如果《伟大的复兴》这本书能完成的话，它将是包括下述六个部分的一部巨著：

1.科学的分类。

2.新工具，或关于自然解释的指导。

3.宇宙现象，或作为哲学基础的自然和实验的历史。

4.智力的阶梯。

5.先驱者，或新哲学的先锋。

6.新哲学，或能动的科学。

培根告诉我们，他在第一部分中要沿着已有的艺术和科学的海岸来一次巡视，也就是要对人类已有的知识作一个概括性的叙述。在陈述科学分类时，不仅要阐述那些已经发明、已经知道了的东西，还要叙述那些应当有而当时还没有的东西，以便引导人们以后去进行探索。培根说这部分还是空缺着的，不过他于1605年出版的《论学术的进展》一书可以暂时填补这一缺陷。

第二部分是《新工具》，共两卷，是《伟大的复兴》一书的主体。在这部分，培根要给人们解释自然的一种新的艺术和方法，从而为人类的认识开辟一条与以往所有的认识方法完全不同的道路，使人能达到对自然界的规律的更深刻、更正确的洞察，从而使人能够在事物的本性上行使它所固有的权威。对于这种认识和解释自然的新艺术、新方法，培根所以称之为《新工具》，这是针对亚里士多德的《工具论》中的旧方法而言。在"著作的计划"中，培根强调了他的逻辑学与亚里士多德的传统的逻辑学在目的、方法、起源等方面的本质不同。

《伟大的复兴》的第三部分原定为《自然和技术的百科全书》，这部分培根打算阐述作为新哲学基础的自然与实验的历史。培根认为，再精美再完善的解释自然的艺术也不能给理智提供知识的材料，而这必须到自然界去探索。而如果写成了这部百科全书，哲学就有了一个可靠的经验事实的基础。这部分培根虽然也没有写完，但在书中对写作这部分的目的、内容和原则作了简短的描述，这个说明叫"节日前夕"，是从拉丁文的新约圣经中借用来的，意思是为安息日作准备的一天。培根用这个名字的意思是，当这一伟大的《百科全书》编成的时候，人类将开始一个新时代，一种安息日。这部分培根完成了的有《自然与实验历史的准备》和《专题目录》。

因为完成这部分需要大量的劳作和许多的时间，也许需要几代人的共同努力，所以培根准备接着在《伟大的复兴》中写第四部分——《智力的阶梯》。这部分究竟讲什么虽然作者在书中未讲，不过它的目的已很清楚，就是要把《新工具》中提出的方法扩大地、详尽地运用到解释第三部分中所列举的一些特别重要的领域和具有典型意义的事情上。

在培根称之为"先驱者"或"新哲学的先锋"的第五部分，按作者的说明，这是在他的新哲学完成之前，把他在走向"新哲学"的道路上新发现的东西让人先睹为快。显然，这部分是准备阐述一些阶段性成果，但这些成果到底是指什么，由于这部分根本没有开始写，就是在计划里也未能展开论述，因此它的内容我们很难知道。

关于第六部分"新哲学"或"能动的科学"，作者本人作了明确的说明："我的著作的第六部分是一个主要的部分，其他部分只是给它作准备的。它将显示出我所传授的和准备好的那一套合理的、纯洁的、严肃的调查研究方法所产生的那个哲学。不过要把这最后的一部分彻底完成是一件我力所不及的，也是我所不敢希望的事情。我希望我以前所做的，是一种不太微不足道的开端。结果如何将由人类的命运提出，这个结果也许是人们以他们目前的生活状况和他们的理解力不容易掌握和衡量的。因为与问题有关的不仅是一种精神上的满足，而且是人类幸福的真实性和人类行动的一切力量。人是大自然的助手和说明者。人的行动和理解只能以他对自然进行工作和观察时所看到的自然的组织安排为范围，超过了这个范围，人是既无知识又无权力的。因为没有一种力量能打破这种因果的锁链；要征服自然，就只有靠服从它的规律这个方法。因此，这两个双生的目标，人类的知识和人类的权力，在最后是要合而为一的。要是不了解原因，那末就要在行动中失败。"

这就是《伟大的复兴》一书的整个写作计划，它的大部分在出版时都没有写出来。从整个计划的角度看，培根后来写出来的也不多。出版时真正完成的仅是第二部分——《新工具》。后人常常把《新工具》抽出来作为独立的东西，以单行本发行，使人误解为培根曾经写过《新工具》这本书，而对培根所要写的书是《伟大的复兴》反而不知道了。

《伟大的复兴》批判了传统哲学脱离实际的有害倾向，揭露了妨碍人们获得真理性认识的各种心理障碍和错误观念，用科学的归纳法取代了当时盛行的思辨的推理方法。它阐述了经验论的认识论原则，开近代唯物论的认识论的先河。其中关于科学分类的思想后来成为狄德罗编纂《百科全书》的指导原则。1662 年英国皇家学会就是根据培根的以观察和实验取代抽象的思辨推理的思想成立的。

《伟大的复兴》的出版，使培根作为一个结束以神学为依旧的经院哲学的旧时代破坏者和开创以经验为手段研究感性自然哲学的新时代的开拓者、杰出的唯物主义哲学家、全部经验哲学的首领的地位得到了确立。马克思也对培根在哲学史和科学史上的重要作用给予了很高的评价，把他誉为"英国唯物主义和整个近代实验科学的真正始祖。"由于培根有这样的著作，连唯心主义者黑格尔也不得不承认培根是"万古留名"的。

《伟大的复兴》的出版，使培根得到了广泛的好评，获得了很高的声誉。伏尔泰曾把培根说成是"凭真理的力量统治人心"的"伟大人物"；笛卡尔在给一个人的信中也高度赞扬了培根在实验方法方面的贡献："你想知道如何做有用的实验，在这一点上我对维鲁兰是没有什么可增加的了。"他还表示希望一些科学家按培根的方法从事天文学研究；伟大的科学家、思想家达尔文在从事他的物种起源的研究的笔记中说，他完全是按照培根的学说的原则行事的，"唯采集事实不厌繁多。"莱布尼茨认为培根比笛卡尔高出很多，在自己的学说中吸取了不少宝贵思想；康德认为培根是"近代最伟大的哲学家之一"。而霍布斯·洛克在认识论上，更是循着培根开创的方向前进的。后来法国的百科全书派狄德罗和达兰贝更是尊培根为"挣断了许多铁索的伟人"，是最完全、最万能的自然哲学家。他们把按培根思想编纂的《百科全书》的巨大荣誉献给培根，在序言中郑重宣布："我们任此大任而有所成，当归功于培根。"按培根思想成立起来的英国皇家学会更是把培根称之为"自然王国的统治者"、"物理学的伟大复兴者"、"实验历史的伟大建筑师"、"实在的哲学和坚定的学问的倡导者"。有人还就他提出的崭新的科学分类方法和研究的新方法把他说成是"近代的亚里士多德"。罗素也把培根誉为"近代归纳法的创始人","给科学研究程序进行逻辑组织化的先驱",认为培根在人类思想史上"占有永不倒的重要地位"。当然,无庸讳言,对培根《伟大的复兴》一书的学术价值,贬低甚至诋毁的人也不少。但实事求是地看,作为那个时代的人的一部著作当然难免有缺限,不过它在思想史上的崇高地位恐怕是否定不了的。

作为朝廷的一位主要国务活动家又念念不忘要完成自己的创作计划的大学者,培根生活之紧张、严肃,是不难想见的。但他也不是一个全然没有谈话情趣的人。他经常喜欢和别人一起吃饭,在饭桌上变换谈话的题目。他很健谈,而且他的深刻、精辟的思想,高超的表达能力,也使人极愿意听他聊天。很多与他一起吃过饭的人都感到,与他共同进餐,不单是奖励嘴和胃,也是奖励耳朵,不仅滋补身体,还能愉快精神,是一种双重的高级享受。也许是由于他能以理性的天平把要表达的意思衡量好,也许是人们平时都敬仰尊重他的缘故,别人都感到他的话具有折服人的力量,就跟神示一样。所以人们一般都不与他争辩,饭后还常常赶紧把他讲的话记下来。不过培根也很懂得谈话艺术,他并不一个人包揽话题,总让自己成为交谈的主角。在交谈中,他从不争强好胜、使人难堪。他常常是赞许和培植他人的才能,让别人也可以自由发表意见,引别人谈他所擅长并愿意谈的题目。由于培根语言功夫极深,他在谈话时还表现出一种特殊的能力,就是人们常常看到,当他需要复述别人的话时,原来说话的人看到,自己的话已被他大加修改,不过实质仍在,而且变得更精辟、传神了,从而十分佩服。

不朽的丰碑

《新工具》是《伟大的复兴》的第二部分,也是培根勾勒出的这张新世界的蓝图中最完整的一部分。因为它最完整、最多,所以也就成了这部未完成的著作的主体部分。它本身并不是一部独立的著作,必须把它放到培根创作《伟大的复兴》的整体计划中才能得到正确的理解。

《新工具》是《伟大的复兴》的逻辑部分,全书共两卷,均以箴言的形式写成。第一卷有130条箴言,第一卷有52条。第一卷是绪论性的,培根本人把它叫做"破坏性部分"。这一卷主要是批判旧的传统哲学的各种弊端,实际上是我们前边已提到的他写作的那些残篇的思想的一种系统化和最终的定稿形式。此外,在这一卷中培根还揭露了妨碍人们获得真理性认识的几种心理障碍,提出了自己的幻象学说。第二卷是培根的建设性部分,这是他阐述自己的方法论的部分。不过,《新工具》的第二卷也是未完成的东西,培根列举了他的方法的九个方面,可在这一卷中实际上只阐述了其中之一。在《伟大的复兴》出版后培根虽然还活了6年,并且写出了大量的著作,可是却从未把其他八个方面写出来,甚至也未能以大纲的形式指出他的要旨。从《新工具》的写作情况看,第二卷可能是在第一卷定稿以前写成的,因为在第一卷的结束时作者曾明确表示,他要终止逻辑学的探讨,因为这部分内容与另外一些部分相比,处于次要地位。可在第二卷结束时,作者却许下了要把它完成的诺言:"现在我必须进而探讨归纳法的论据和修正,然后讨论具体的事物,'潜在过程','潜在位形'等等,——如箴言 21 中所依次列举的:这样做的结果我就可以像一个忠诚老实的监护人一样,把人们的财富交给他们,因为他们的理解力得到解放了,变得好像成熟了;从这种解放及成熟而来的只能是人类生活的改善和人类驾驭自然的力量的增长……"

培根在《新工具》这一部分阐发了经验论的认识原则,奠定了近代归纳学说的基础,为恢复人们对自然的统治权开辟了一条与以往完全不同的道路,这使他成了近代唯物主义经验论的真正鼻祖。为了使读者对培根的生平与思想有一个比较全面的把握,就不能不在除了前边已经提到的思想之外对《新工具》在人类思想史上的另一些主要贡献作一个介绍。

(一)唯物主义哲学家

培根通过对以往一切学术的审视发现,以往"哲学的传统不过是一些老师和门弟子的前后相继而不是发明者和发明的改进者的前后相继。"用它们来辩论是有效的,而它们对实际生活却没有任何补益。早在 1608 年培根在笔记中就曾谈到他想"降低学究式研究的价值"。而培根所要干的则是恢复人对自然的支配,使人能控制、改变和改善自然。他曾说过:"我所谓的自然哲学就是指的那种不会消失在玄妙、崇高的思辨的乌烟瘴气之中而是对于减轻人生疾苦会发生效果的那种哲学。这一种哲学不但会起一时的良好作用,……并且对事物的原由和科学规律的研究也一定会发出比迄今照耀人类的光更真实的光明。"培根创作《伟大的复兴》正是要为这一伟大目的服务,其中逻辑学部分则是要为恢复人们对自然的统治权提供方法——即工具。因这一工具与亚里士多德《逻辑学》所提供的工具根本不同,故曰"新工具"。

培根认识到,要恢复人对自然的统治权,就必须让人们重新与自然直接接触,以新的眼光来观察事物,通过观察与实验得出关于事物的规律性知识,而不能还像以往的旧哲学那样,总是从书本到书本,搞文字游戏。这就必须坚持走一条新的获取知识的路线,这样,他就提出了一条全新的唯物主义的认识路线,同时开创了以认识论为中心的哲学研究的新时代。

我们知道,在古代,哲学主要是研究本体论问题;中世纪哲学是神学的婢女,论证宗教教义,宣扬盲目信仰是它的中心任务,培根从对以往科学的研究中认识到,脱离事实,脱离经验,脱离自然,造成了科学的不景气。而要促进科学发展,就必须使科学成为真正有用的知识,这就必须使认识符合实际,人何以能认识自然界? 有哪些方法可以保证做到这一点? 这样他就开创了哲学在近代以认识论研究为中心的新时代。这是新兴资产阶级为了促进生产,强烈要求正确认识自然、发展科学技术在人类思想史上的反映。

认识论的根本问题是人能不能认识世界的问题,这是两千多年来耸立在欧洲哲学大门口的一个大问题。对此各哲学派别有着严重的分歧。但是生活又不能等待这个问题的解决。培根在这个问题上采取了一种全新的态度。他认为,在哲学上以我们知识的可靠性这个问题为"开端"是一个错误,这个问题也许就是我们可能"结束"之处。这个问题必须不用争论,而用尝试来解决。其实他是坚信人能认识真理,不过他认为"在实践上最有用的,在理论上就是最正确的"。而要取得这种正确的认识,关键是要让实践力与理解力复婚。"从这场婚姻中我们可以希望能产生人类的助力,并也可以产生一家一族的发明,这些发明将在某种程度上克服人类的贫乏与痛苦。"

培根通过对以往哲学的剖析，认识到，人们所以不能正确反映客观世界，这是由于他们本身具有获得真理的心理障碍。他依据这些心理障碍的不同性质把它们区分为"种族幻象"、"洞穴幻象"、"市场幻象"、"剧场幻象"，力图通过对这些幻象的分析、探索，揭露人类认识产生谬误的根源。这就形成了他的有名的具有独创性的幻象说。

"种族幻象""是从人的天性中来的"，他说，"人的理智就好像一面不平的镜子，由于不规则地接受光线，因而把事物性质和自己的性质搅混到一块儿，使事物的性质受到了歪曲，改变了颜色。"具体地说，这种幻象的产生"或者是由于人的精神的实体气质相同，或者是由于它的成见，或者是由于它的狭隘性，或者是由于它的无休止的运动，或者是由于一种感情的灌注，或者是由于感官的无力，或者是由于印象产生的方式。"培根认为，要达到"符合尺度的真理"，就必须剔除这种幻象，其途径就是科学实验。

培根所讲的"洞穴幻象"是指每个具体的人由于从自己的性格、爱好、所受教育和所处环境出发来观察事物，因而歪曲了事物的真相这种情况。培根认为"每一个人都有自己的洞穴，使自然之光发生曲折和改变颜色。"培根在这里实际上是要求人们在认识事物时考虑到主体自身特有的特征对认识所发生的影响。

培根认为"市场幻象"是由人们在交际中由于语言概念的不确定、不严格而产生的认识谬误。在他看来，这种幻象最难消除。这是因为，语言作为交流思想的媒介物，要想畅通无阻，就必须有适合于一般人的理解能力的确定含义。可是人的思维，特别是科学家的思维决不会满足于此，"当一个更敏锐或更勤于观察的理智要改变这些界限来适合自然的真正划分时，语词从中作梗，并且反抗这种改变。"因此培根要求语言、概念的涵义必须清晰明确，而且必须是真实地从事物中抽象出来的。

关于"剧场幻象"，培根有一个明确的表述："最后，还有那些从哲学家的各式教条中移产入人类头脑中的幻象。我们把它称之为'剧场幻象'，因为在我看来，哲学中一切已经成立的体系都不过是一些舞台上的戏剧而已。它们都是些幻想的世界，由它们的作者以自己的更高的想象力而创造出来的。"这就是说，由于不加批判地盲目崇拜传统的或当时流行的各种科学和哲学原理及权威而发生的错误，这实际上是揭露了神学的唯心主义以及一切谬误的根源，正在于以虚幻的世界取代了真实的世界。这种虚构的舞台虽然看上去比真实世界更真实，但却远离了客观真理。

培根提出幻象说在当时具有重大的理论与实践意义。首先它有力地反对了迷信权威、崇拜教条的倾向，这在当时对解放思想、摧毁封建主义思想堡垒起了重要作用。其次，在当时培根就看到了人们认识脱离被认识对象在认识过程本身是有原因的，这确是很深刻的。这为后来马克思主义正确揭示唯心主义产生的认识论根源提供了可资借鉴的宝贵资料。此外，培根在幻象学说中还接触到了认识论中一系列复杂问题，如主观与客观、感性认识与理性认识、思维与语言等等的对立统一关系问题，启发了后来的哲学研究。

培根的幻象说也与他的其他思想一样具有不少错误，如他在谈论人在认识事物时各种主观因素所产生的消极影响的同时，把认识主体在认识过程中的创造性也等同于幻象，放在排除之列，从而忽视了认识的能动性，陷人了形而上学的机械反映论；把真理与谬误绝对地对立起来，也是培根幻象说的一个缺陷。但是，瑕不掩玉，培根幻象说的意义是很大的，它对错误产生的根源的揭露具有永久的价值，所以一直受到人们的重视。

培根在理论上排除人们获得真理性认识的心理障碍之后,进一步提出了唯物主义经验论的认识原则。

在中世纪,自然界历来被看作是只具有有限的、非本质的意义的东西,因而对它的研究也被看作是卑贱的、渎神的。宗教改革和文艺复兴运动使这种看法有了一定的改变。培根正是在这种思想发展进程中进一步明确提出了"人是自然的仆役和解释者",把感性自然、客观存在的经验事实说成是认识的对象。培根指出,如果认为感性自然过于卑下、污浊而不愿研究,那么他们就不可能成为自然的统治者,而只能成为它的奴隶。在培根看来,人们也绝不会因为认识和研究自然界的现象而玷污自己,"正像太阳照耀着宫殿,也同样照耀着阴沟,而并不损其灿烂的光辉。"他坚信"凡值得存在的,就值得知道"。培根的唯物主义哲学正是在认识论上以坚决承认客观存在的感性自然是认识的对象为前提的。

在确认感性自然是人们的认识客体的基础上培根进一步提出了自然的本源性问题。他坚持认为只有通过自然界自身才能说明自然界,人必须按自然界的本来面目接受自然界的影象。这就是说,人只能依据自然界自身对它作出积极的规定,而绝不能以想象的幻梦来代替现实。培根说,"知识就是存在的映象","存在的真实同知识的真实是一致的。两者的差异亦不过如同实在的光线同反射的光线的差异罢了。"从而明确提出了人的认识活动是一种反应活动,感性的自然、客观的物质存在是认识和经验的源泉。

培根对人能认识世界抱着乐观的态度,认为只要循着、凭借着事物的证据,用经验事实去回答问题,事物的一切原因就可发现出来。在谈到认识过程时,培根提出一切认识都始于感性知觉,他再三强调知识的全部路程应由感官的原始知觉开始:"全部对自然的解释由感觉开始,由感官的知觉沿着一条径直的、有规则的、谨慎的道路,达到理智的知觉,即达到真正的概念和公理。"这就明确认为概念和公理来自感性认识。所以他坚决反对有人把概念和公理的认识说成是"人类头脑的土著",是生而有之的。

在谈到认识真伪的判别时,培根认为,我们不应仅仅以逻辑上的一致为准,而应该以这些概念在行动上的功效为准。为此,他提出了科学实验证实的原理。他说:"一切比较真实的对于自然的解释,乃是由适当的例证和实验得到的。感官所决定的只接触到实验,而实验所决定的则接触到自然和事物本身。"这就是说,科学实验可以纠正弥补感官的局限,帮助我们发现事物的本质,并证实认识与规律的一致。

这样,培根就在人类认识史上第一次提出了一条完整的经验论的认识原则:这就是要认识自然就必须与自然密切接触,通过经验、依据经验找到具有普遍性、必然性的知识。

培根所以能提出这种唯物主义经验论的认识原则,不是没有前人思想资料的。动摇于唯物主义和唯心主义之间的亚里士多德就有不少这方面的思想,不用说培根是很熟悉的;文艺复兴以来,也有许多著名思想家在这方面阐发了不少思想,如当时最杰出的艺术家、科学天才、杰出的唯物主义思想家列奥纳多·达·芬奇就曾把实践、经验看作是科学论断的真理性的主要指标。他说过:"那些不是由经验——一切可靠性之父产生的,不是在实地经验中完成的科学,也就是说,那些在开头部分、中间部分或结尾部分都没有通过五官中任何一个感官的科学,是空洞的并充满了谬误。"
"经验是一切确实性的母亲,凡是不从经验产生而又没有经过经验检验的科学都是虚妄的,充满着错误的。"库萨的尼古拉在认识论方面也认为人的头脑在认识过程中能无止境地完善,认为理性能像多角形接近圆那样接近真理。他还把认识区分为感觉、理性和理智三个阶段。16 世纪意大利自然哲学家肖特勒也号召人们依据经验,首先是依据我们的感觉器官所提供的材料对自然进行细心的研究。由于他认为"思维不如感觉完善",所以认为真理的标准仅在实验中。康帕内拉更是认为感觉的客体不依赖于感觉的主体,并提出全部人类认识,包括最复杂的判断和推理,不仅来自感觉建立在感觉之上,而且都无非是感觉的变化形态。布鲁诺也提出了在认识论方面不能把感觉与理智对立起来的思想。至于说到培根的祖国大不列颠,更是具有悠久的唯物主义传统。早在 13～14 世纪,在唯名论与唯实论的论争中,英国就一直作为唯名论思潮的重要阵地而闻名于世。罗吉尔·培根、邓斯·司各脱、威廉·奥康这些唯名论的代表人物都是英国人。所以马克思恩格斯说:"唯名论,唯物主义的最初形式,主要是存在于英国经院哲学家中间","唯物主义是大不列颠天生的产儿"。对他们的思想,培根无疑是很熟悉的,他的经验论的认识原则的提出受到上述思想的启发,吸取了其中的有用成分是无疑的。但是,这绝不是说,培根的经验论的认识原则,只是古人思想的一种综合和复杂,对人类认识史没有意义。事实上,培根在新的历史条件下强调了经验在认识中的地位与作用的思想,对于克服当时从思维的内容到形式,都崇尚超自然的东西,鄙视感性的东西、抽象空洞的思辨和烦琐的逻辑推理还占统治地位的学风是一种沉重的打击,从而在思想界把一向受鄙视的感觉经验上升为一种科学原则,这是对当时的认识原则和认识方法的一种革命变革,这为后来科学的迅速发展奠定了思想基础,这一意义是不容低估的。另外在理论本身,特别是在对经验的概念的理解上,培根也较前人有了不少发展,经验在培根那里已不再是简单的感官体验,因为他强调作为认识依据的经验必须是"经过审定","经过仔细考察和衡量",并非自然获得,而是通过作为经验的认识形态的观察方法、实验方法求得的。显然,在这里关于经验概念的内涵已比前人要充实、丰富、科学得多了。

　　培根虽然强调经验论的认识原则,可他也并没有把自己囿于经验的领域。他对感觉的局限性已有了认识。他告诫人们,"感觉虽然了解一切事物,可是他的了解是不可靠的",认为"人类理解力的最大障碍和纷乱,还是起于感官的暗弱、无力和欺骗。"他还指出了感觉所以不完全可靠的原因:有些物体过于庞大或过于纤小,运动或太缓或太快,或距离太远,所以感官对它们不能作出反映。有些物体或现象太习以为常也容易被忽略。但培根并没有因感觉有这些缺陷而否弃感觉。他认为"感觉的缺点是可以补救的,它的欺骗亦是可以改正的。"仍坚持"人们若非发狂,一切自然知识都应当求助于感官。"同时他又专门探讨了如何补救感官缺陷的方法:在"门户的例证"中他提出了加强、加大或改正感官的直接动作未使视觉看到不可见的物体、远隔的物体,或者看得模糊不清的变幻清楚、精确些。在"传唤的例证"中提出了可使不可感的变为可感的,用明显的东西把不能直接知觉到的东西显现出来。由于感官的欺骗,培根认为这需要用"理性和普遍哲学来救济它"。这里的理性和普遍哲学实际上就是指他的归纳方法和实验方法,特别是后者。他说过,在他为改正感官的错误所寻求的种种方法中,他"依赖实验者多,依赖于工具者少,因为实验的微妙作用,要比感官在受了最精确工具的帮助所具有的微妙性还要大"。在这里,培根把实验作为感官与客观事实的中间环节在认识史上是一大进步。

培根的认识论不囿于感官经验还有很重要的一点,就是他强调"发现一种性质的形式……正是人类知识的工作和目的"。他说,"我的主要目的在于供给一些光明以求把原因发现出来"。而原因、性质、形式是感官不可能直接把握的。由于感觉具有局限性,而认识又要以事物的内在的形式、规律为目的,所以培根明确认识不能在"经验上颠簸",而必须从感觉进到理论进到公理。正是在这种情况下,他针对历史上理论研究与经验研究相割裂的状况,提出了经验与理性婚配的问题。他认为自己提出的经验归纳法强调大量收集经验材料,然后通过理性的概括、推导,得出一般的概念和公理,这就是感性和理性结合的典范。如能遵循他所倡导的方法,就在经验能力与理性能力之间建立了真正合法的婚姻了。

培根关于感性与理性结合的思想无疑是十分重要的。可惜的是,由于他对理性的理解过分狭窄,由于他对扬弃了感性形式的抽象思维持不信任、不放心的态度,所以他本人并没有能像自己所希望的那样,真正避免"这一方或那一方的片面性"。

值得指出的是,培根在论述认识过程中曾大量提到实践的问题,虽然培根的实践概念与马克思主义的实践概念还不尽相同,但在他那里实践已远非单纯的饮食起居,甚至也已不仅是指科学实验活动,在不少情况下已包括了物质生产活动。培根反对把知识的寻求当作"自娱心志"、"争论取胜"、"为财"、"为名"、"为权力"这些卑下的东西,他说,"要进入建立在科学基础上的人类王国,与进入天堂无多大的区别,而天国是只有成为一个赤子的人才能够进去的。"培根认为认识的目的就在于运用于实践,即根据对事物的认识从而产生和形成一些新的物体,或发现和造成一些从来未产生过的效果。一句话,就是认识必须为人类谋福利。这无疑是对的。二是,培根已经接近认识到实践是认识的基础和源泉的思想。他已经认识到,科学并不单是观察自然的结果,而是干涉自然的结果;它不是单纯地从思考而来的,而是从研究由行动所暴露出来的东西的那种思考中来的。这在当时确是一个很了不起的深刻思想,是对于认识研究的一个重要贡献。最后培根还一反当时哲学界认为是否真理主要要看逻辑上是否有矛盾来检验的看法,提出了"果实和工作正好像是哲学真理的保证","在实践上最有用的,在理论上就是最正确的。"

培根在当时就能提出这些思路,是十分难能可贵的。它们无疑为马克思主义科学实践观的形成提供了极为宝贵的启发。

由于培根坚持经验主义的认识原则,这就保证了他能得出比较符合实际的世界图景。

首先,培根继承、发展了古代唯物主义关于物质是万物的本源的思想,认为世界和一切事物都是由物质构成的。培根很欣赏德谟克利特的原子论,虽然他并不同意德谟克利特关于虚空和物质不变的假设。培根本人也肯定物质就是许多微小分子的集合体,又称物质的最小单位为"基本的分子",显然,这些思想就是对德谟克利特思想的继承。不过培根认为这些分子不是被虚空隔开,而是彼此互相精妙地适应着。培根不仅把"基本的分子"看作是物质的最小单位、纯粹量的规定,还赋予它以"质的规定性",认为它们具有物质的"原始感情"和"欲望"。这里所谓的原始感情和欲望实际上就是指物质的自然属性。培根还进一步明确认为物质是自因的,在自然哲学里是没有第一原因的。他把爱神与原子看作是一样的东西,并认为爱神是没有双亲的,以此来说明自然界不是由其他东西产生的,是从来就有的。培根还认为运动是物质的根本属性。在《新工具》中,他明确指出,"我们所见的一切物质,无论全体或部分,都没有真正的静止,只是表面上有静止罢了。"培根还提出了物质是永恒的、不灭的思想。他说:"任何火,任何重量即压力,任何强暴,以至任何长时间,都不能把物质哪怕是极小极小的任何部分化为无。"培根还进一步强调并论证了物质与运动不可分,并把运动看作是物质的固有属性中最重要的特征。为此,马克思曾把培根作这种理解的物质生动地说成是"物质带着诗意的感性光辉对人的全身心发出微笑。"

培根在强调物质运动是绝对的基础上,在《新工具》第 2 卷中还用了不少笔墨集中讨论运动的多种形态。他强调对运动要从它的原因、它所揭示的发展来考察,并据此提出了 19 种主要运动形式,如反抗的运动、连结的运动、自由的运动,等等。培根关于多种运动形式的学说,由于受当时科学发展水平和培根本人科学修养的限制,有不少错误,但也包含有不少辩证法的因素。这就是它肯定了运动与物质的不可分割性,强调了运动都是物质自己的运动,表达了运动形式的多样性。不过培根把各种运动形式看作是互相孤立、彼此不能转化的,也具有形而上学的缺陷。

培根在对运动形式的论述中,还透露出物质运动是有规律的思想。因为培根在很多情况下讲的形式就是指物质运动规律。如他说:"在自然中真正存在的东西,虽然除掉个别物体按照一定的规律进行纯粹个体的活动之外,没有什么别的……而当我说到形式的时候,我的意思讲的也就是这种规律及其所包含的部分。"但培根也强调形式是永恒的、不变的,而且最后把物体归结为有限的简单性质及其形式的组合,这就又陷入了形而上学的机械性。

培根作为唯物主义者,一反当时盛行的用目的论解释一切的做法而主张因果决定论。他明确指出,不能依据目的论来考察自然。从物理学的角度看,说睫毛的存在就是为了保护眼球,下雨是为了润湿土地,树叶是为了保护果实,云彩是为了浇灌地球,地球所以坚固是为了供动物的居住等等,都是愚蠢的。他说目的论"总是和人的本性有关,和宇宙的本性是没有关系的。"在培根看来,对自然界作目的论的考察只能"败坏科学","并不能推进科学"。培根坚决认为自然规律是客观存在,一切现象都具有必然的因果联系。人只要懂得了事物的因果联系,就能控制自然、征服自然。他真诚地相信,只要掌握了事物的一定形式、性质等等,就可以设法创造出这个事物来。他的归纳学说、形式学说就都是以他的因果决定论的思想为依据的。不过,在这个问题上培根也具有不彻底性罢了。

总的说来,培根开了英国近代唯物论的先河,为人类认识的发展作了重大贡献,不愧是一位伟大的唯物主义哲学家。但在他提出的经验主义的认识论和认识方法上也有很大的局限性,对此我们必须有所了解。这种局限主要表现在下述几个方面:第一,他对人类理性的巨大潜能缺乏必要的理解和估计,忽视了抽象思维在认识过程中的巨大的能动作用;第二,由于培根的经验主义的认识原则规定一切认识都必须从感性经验出发,即从单一的东西出发,这无疑是对的,但他主要是重视归纳法。可是我们知道,归纳总是不完全的。经验自身并不能充分证明必然性,不能完全保证归纳的有效性。所以,知识的普遍必然性问题是培根所没有解决也不可能解决的。第三,培根的认识论和方法论重点都放在保证思维内容的可靠性上,这当然是对的。但在这一过程中他也忽视了对思维形式、认识结构的考察,对思维形式。认识结构在认识过程中的重要作用缺乏应有了解和阐述。同时他也未能注意到,人们对思维内容的把握不是直接的,而是间接的,是通过作为思维形式的概念与概念的相互联系的形式反映的。不过,我们同样应当看到,当时科学还刚开始诞生,主要是通过实验、观察、分析的方法对单个事物进行研究。所以,忽视理论思维的作用不是培根个人的失误,而是时代的局限。

(二)《新工具》

在培根看来,"文明人与野蛮人之间的区别,几乎是神与人之间的区别。而这个区别不是从土壤来的,不是从气候来的,也不是从种族来的,而是从学术来的。"可是当时的学术,都是一些在行动上没有效果的东西。所以培根决心要在学术上来一场革命。他要使学术对改变人类生活有用。而要做到这一点,除了必须坚持经验主义的认识论原则外,很重要的一点就是要改变认识的方法,以保证人们能获得可靠的知识。培根把科学方法比喻为"心灵的工具",认为理性需要"心灵的工具",就如同在机械事务方面,赤手空拳的人需要机械工具的帮助一样。他举例说,这犹如要搬迁一座雄伟巨大的纪念碑,若从事工作的人,不凭借任何工具,只应用他的赤手,即使他们挑选了最强壮者,而且一再增加人员,甚至模仿角力者,在他们的手臂筋肉上涂抹药油,然而一切都是徒劳的,不会成功的,这只能说明他们精于疯狂,工于疯狂而已!在培根看来,同样,在人类理智方面,仅凭个人机智敏慧,或借名人的机智的集合积聚,以求成功丰功伟业也是不可能的。要航行于大洋,发现新大陆,就必须有罗盘导航,仅凭肉眼对星辰的观察,就只能沿大陆的海岸行驶。

在培根看来,这种"心灵的工具"之所以必要,这是由认识的主客体双方的情况决定的。首先认识对象无限复杂,对于人类理性来说就如同一座迷宫,仅凭人类的机智而不借助任何科学方法的指导就很难得到对它的正确认识。其次,由于理性和感官自身的局限,听凭自然也极易陷入谬误。

亚里士多德曾经制定了逻辑这门学问和艺术的两大部分,这就是归纳法与演绎法。他认为用归纳法我们就可以由个别的感觉上升到一般的概念。而演绎法教导我们如何从这些一般的概念得出正确的结论,认识新的个别。培根对亚里士多德关于演绎的规律除了批评未提出自己相应的理论。对亚里士多德的归纳法,他进行了根本的改造。他曾明确指出过自己的方法与亚里士多德的方法之间的区别:"两种方法都是从感觉和个别的事物出发而达到最高的概括,但它们之间的区别是无限的。因为前者对于经验和个别事物只是顺便看一看,而后者(培根用以指自己的归纳法——作者)则有步骤有系统地来研究它们。"由第一种方法只能产生"对自然的预测",那是不能成为真正而积极的科学的基础的。因为培根认为,"即使把各历史时代中所有的聪明才智之士都聚会在一处,让它们共同努力,互相观摩,他们也不能凭预测在科学中有什么大的进展的。"

培根的方法论是在批判旧逻辑方法的基础上建立起来的。培根认为传统的逻辑发现思想中的矛盾,而不能帮助发现新的科学,所以它只是一种争辩的艺术,而不是发明的艺术,不能用来帮助我们正确地认识和把握自然。在这种情况下,培根在人类历史上第一次向逻辑提出了提供认识手段和方法的要求,使逻辑成为帮助进行科学研究的艺术,这是他的一大历史功绩。

　　培根还激烈地批评了旧逻辑的三段论法,指出三段论所据以进行推理的大前提自身,是不能用三段论给予证明的。这就使得用三段论推理,只能保证形式上的对错,而不能分辨内容上的真假。所以培根认为"三段论不能应用于科学的第一原则,只是徒然应用于中间公理"罢了。另外,三段论的中词也是无法用三段论证明的。对此培根指出:"我们纵然承认人们推得了一些正确的原则和公理,但是,关于自然现象,我们仍不能说,中段命题是可以借三段论法从这些原则演绎出的,仍不能说,在借中名词把这些大原则演绎为小原则以后,就可把中段命题推出来。"最后,培根认为三段论的整个基础是不牢固的。因为三段论是由命题组成的,命题又是由语词构成的,而语词不过是概念的符号,可是作为所有这一切的基础的概念有的本身就是混乱的,是从事实中轻率地抽象出来的。培根认为,由于三段论无论就其前提、中词,或其基础细胞——概念都是不可靠的,所以通过三段论的推演由一般再发展出各种结果,就只能把人们由一般接受的概念为基础的那些谬见更加固定化和扩大化。他自己的归纳方法正是针对亚里士多德的三段论创立的。

　　培根还指出了旧逻辑中用简单列举的方法进行归纳的严重缺陷。他认为根据简单列举来进行归纳是很幼稚的,它只是根据少数,并且只是那些手边的事实来作结论,因而其判断是不稳固的,只要碰到一个与之矛盾的例证,便会发生危险。培根明确指出,"只根据特殊事物的列数,而没有相反的例证以资反证。则所有推论,将不成其为推论,只是一种猜想罢了。"因此,这种归纳是"粗疏简陋"的。培根在此基础上把归纳发展到一个新的水平,提出了科学的归纳法。

　　培根在揭露了妨碍人们掌握自然的幻象,剖析了可能把人的认识引向歧途的旧的逻辑方法之后,认为已"把人们认识的障碍清除干净了",现在可以把自己的经验主义的认识原则具体化,"进而讨论解证自然的艺术和规则"了。

　　培根在《新工具》第二卷中着重论述了他的经验主义的方法论,这就是他的科学归纳法。这种方法论就是通过对一类对象的许多个别事物的观察、实验的研究,推出这一类对象的一般性结论,从而实现认识由个别到一般的过渡,以求得对事物的规律性认识。在培根看来,这就是寻求科学发现的艺术。这种方法的实质是要解决演绎推理的大前提是否真实的问题,以保证认识的确定性。

　　培根在阐述他的科学归纳法时反复强调他的方法的目的是要帮助人发现事物的形式,把握客观真理:"我的逻辑学的目的,……是要使理解力凭着真理来解析自然,来发现物体的性质和作用,以及在物质中所具有的确定的法则。"

　　鉴于旧逻辑特别是三段式的弊端,培根还强调了他所创立的科学的归纳逻辑的两条基本原则。一是暂时抛弃传统的概念,二是不一下子作最高层次的概括。

　　培根说:"无论在我们的逻辑学或物理学中,我们的概念简直一点也不可靠。'本体'、'性质'、'作用'、'性欲'甚至于'本质'——这些概念也是不可靠的。至于物理学上的一些概念,如'重''轻''浓''稀''湿''干''发生''腐化''吸引'、'排斥'、'元素'、'物质'、'形式'等,那就更不行了。这一切都是荒诞不经、定义不明的",根本不能拿它们来反映客观事物。所以对这些概念我们必须慎重,待对它们作重新审查断定后才可使用。

　　概念是思维的起点和细胞,是判断和推理的基础,概念本身虚假,判断推理就不可能正确。培根强调对概念采取审慎态度无疑是正确的。但是怎样才能获得可靠的概念,培根对此并没有作阐发,看来他自己也并不清楚。

培根还十分强调公理要循序地形成,不能越级。要由较低的公理进行到普遍性较大的较高的公理,不能从感性个别事物出发一下子就飞到最高公理,从而又进入判断,来形成和证实中间公理。培根十分反对那种掌握了一点材料就下结论,特别是作具有很大普遍性的结论的那种做法。他认为这种方法看上去是简洁的,但它"会使人猛然摔倒,而永远不能把人引导到自然。"为此培根提出了"中间公理"的新概念。他认为从个别判断到最高公理,这中间必须经过"中间公理"。因为最低的公理过于简单,几乎与经验没有多少区别,而现有的最高的公理又过于抽象、概括,往往不牢靠。培根认为只有从最低公理出发,通过中间公理向上探寻,最后达到的最高公理才不会是不可靠的。因此他认为只有中间公理才是"真正的、坚固的、活的公理",是各门科学中最重要的,"人类的事务和幸福都是以它为依据的"。遗憾的是,培根对什么是中间公理,它在认识过程中怎样限制最高公理等等,也没有作进一步的阐述。但培根提出中间公理的概念,强调归纳必须遵循渐进无疑是唯物主义的,具有反对经院哲学纯思辨方法的进步作用。

接着,培根提出了他的科学归纳法的基本程序。

第一步:收集材料。

这是培根归纳法的准备工作,也是开始进行归纳的一个先决条件,培根非常重视这一工作。收集材料要依靠观察和实验,在运用观察的方法时,培根强调要有目的性、计划性,注意观察的客观性、全面性和准确性,认为科学观察不能听凭机会,粗疏从事。培根更重视依靠实验的方法收集材料。他提出把实验和归纳结合起来,通过人工控制自然现象,再现现实生活中的某些现象,这是培根的独创。但是,在培根那里,把收集材料与依据材料进行研究割裂开来,使观察与理论分析脱节是不对的。

第二步:三表法,通过例证列表、整理感性材料。

培根认为,收集来的具体材料复杂纷繁,容易使人的理解力迷乱。所以在材料收集齐全后必须对其加以整理、分类,使理智易于处理它们。由此培根提出了他的著名的"三表法"。首先把那些实质虽极差,但却具有某种同一性质的例证列成一表,他称其为"本质和具有表"——即"肯定表"。如在研究热时,培根把太阳光,特别是夏天和中午太阳光之热,被反射被聚集的太阳光之热,天然温泉之热,物体磨擦之热……一共 28 项,一一列入"本质和具有表"内。接着他又根据当给定的性质存在时形式也存在,当它消失时形式也消失的原理,把与上表所列物体相近但却缺乏这种性质的例证列入"接近中的缺乏表",即"否定表"。如在热的研究中,他把不具有热的特征,但与具有热特征的物体十分相似的那些物体列成表,如与太阳相似而又不热的月亮,与火焰相似但不能发热的磷火,等等。最后培根把所研究的性质表现出的各种不同的程度列成"程度表",亦称"比较表"。如在热的研究中,把那些只具有发热或受热能力,但热情还不能为感觉感知的物体,和热度能为感官所感知的物体,以及这些物体热的不同程度等一一列入"程度表"内。通过"三表法",培根使自己的归纳建立在分析法的基础上,这是培根科学归纳法的又一大特征。培根说,有了否定例证的列表,我们的结论就可以"不虑有未曾发觉之例外,而立论更易臻巩固。"这样通过"三表法",在第三表中就能比较明显地展现出事物的前提与结果之间的关系,这对探寻事物的因果必然性大有帮助。

第三步：排除法，即通过概括与排除，淘汰非本质的规定。

在培根看来，三表法既整理了正反两方面的例证，又整理了不同情况下不同程度的例证，在这个基础上真正的"归纳本身便开始工作"了。这就进行了他认为自己引进逻辑的最有价值的排除法。培根认为，要发现事物的形式就是要在对"三表"整理的例证进行综合分析、比较的基础上把与形式无关、非本质的性质挑出来，加以剔除。这里是指这样一些性质，有它们在事物并没有某种特定的特征，或者它们虽不多，而相应特征却很突出，它们增加，相应的特征反而减少这样一些性质。培根认为，只要把这些性质加以排除，"一切轻浮的意见便烟消云散，而最后余留下来的便是一个肯定、坚固、真实和定义明确的形式。"

第四步：初次收获，尝试着解释自然。

培根强调排除只是建立"真正归纳法"的基础。只有"达到了肯定的程度以后，归纳法才算真正地完成了。"这就决定了培根归纳法的最终目的是要作出肯定的结论，要在肯定方面试探着解释自然。对此他称作"初次收获"或"解释初步"。

在培根看来，通过收集事实、列表法、排除法把非本质的性质剔除了，这时便能以收获的形式肯定结论了。这里要遵循的规则就是：一物的形式，必须在该物的每一个例证和一切例证中都能找到，不能有任何相反的例证存在。在培根那里，满足了这些条件的性质，也就是该物的形式了。如在对热的研究中，把一切不属于热的本质的规定性都排除了，最后即可看到"热是一种性质的一种特殊情况，这种性质就是运动"，这就是培根关于热的形式的第一次收获，进一步得出热的本质规定性的结论是："热是一种澎湃的、被约束的，而在其斗争中作用于物体的较小分子之上的运动。"

培根通过他的归纳法最后得到的肯定的结论实际上还是一个有待继续证实的东西，所以他把它叫做"初次收获"、"初步的解释"，这也表明培根并没有对他的归纳法的功效犯绝对化的错误。

培根不仅倡导了科学的归纳法，还具体地规定了归纳的目的、原则和基本程序，从而给了归纳逻辑新的内容、新的生命，为归纳逻辑的进一步发展奠定了基础。从这个意义上说，培根被誉为"近代归纳学说之父"是当之无愧的。事实上，他的科学归纳法在当时科学进行收集整理事实材料方面也起了很大的作用。

分析的方法在培根的科学方法论中也占有重要的地位。其实科学归纳法的很大一部分工作就是分析的工作。当时占统治地位的还是古代自然哲学家那种笼统、模糊的总体观点。培根对此很不满意，认为用这种观点去认识自然只能在自然的外庭徘徊，不能深入到自然的内室。所以培根说："我们的目的不在于把自然归纳为一些抽象，而是在于把它分解为许多部分。"培根确信，"论到实际事物，细微得往往可以发现伟大的，而伟大的却少可以发现细微的。"因此他坚持认为要把握自然，就必须对自然加以分离和分解，把事物分解成它的组成因素去加以认识。例如，他认为要探寻黄金的形式，就要把它分解为如黄色、重量、韧性、固定性、可溶解性等各种简单性质的形式。在培根看来，愈接近事物的简单性质，事物就愈变得明显和易于把握，因为事物已经从复杂变成简单，从不可通约变成可以通约，从不尽根变成有理量，从无限和不清楚变成有限而确定，如同字母系统中的单个字母和乐谱中的音符一样。

当时自然科学正在用实验的方法把要考察的对象从世界的总联系中抽取出来，

分门别类地加以研究。培根的分析方法实际上是对当时自然科学的实验方法的一种哲学概括。人的认识只有把组成整体的各个部分相互联系暂时切断，把被考察的因素从整体中抽取出来加以研究，才能深入了解它的各个组成部分，从而进一步把握整体。培根提倡分析法，从对自然的混饨的整体观进行对自然的解剖、分析，这是人类认识史的一大进步。但培根的分析法把对全体的认识归结为只是对全体的各个组成部分的孤立的考察，这样全体就成了部分的机械总和，从而忽视了各组成因素之间的相互联系、相互转化，从而陷进了形而上学。所以恩格斯说，当时自然科学分门别类收集整理材料这种特有的方法后来被培根、洛克移到哲学上，就成了近代特有的形而上学思维方式。

当然，培根并没有完全排除综合的方法，他甚至对分析与综合的相互关系及其在认识过程中的作用已有所认识。他说："我们的理解力在发现了许多特殊的形式以后，虽然可以把所研究的性质区别了，分化了，但却不能满足而停留在这种分别，它应当进一步来合法地发现出较大的形式，它不应当承认那种性质本来就是繁杂的、分歧的。因此，它不应当把那种性质的进一步加以联合的工作视为多余的精细和倾向于抽象而加以拒绝或抛弃一旁。"还说，"我们若只思维自然的物体的简单形式，则足以使人的理解力破碎消逝；反之，我们若只思维它们的概括组织和形象，则足以使人的理解力虚玄迷离。"他认为，分析与综合两种方法"必须交替为用，才能使人的理解力又能深入又能综合。"能有这种认识当然是很了不起的，不过对这些宝贵思想在培根那里只是一闪即逝的东西，并未坚持，他所推崇的还是分析法。

培根在阐述了他的科学归纳法之后，还感到不够，于是又提出了九个方面作为解释自然、进行归纳的辅助性方法。这九个方面是：1.优先权的例证；2.归纳的凭借；3.归纳的改正；4.按对象的性质改变研究方法；5.研究对象的先后程序；6.研究的极限；7.实践中的应用；8.研究的准备；9.公理上升和下降的阶梯。在这九个方面的辅助方法中，培根只论述了优先权的例证。

培根所以用优先权这一名称，是为了强调这一例证的重要，理性对它应特别注意，只有很好地注意它，才能有效地防止认识为谬误。培根在《新工具》第2卷中几乎用了三分之一的篇幅来阐述优先权例证，列举了它的27种形式，并冠以各种有趣的名称。如"孤立的例证"、"转移的例证"、"组成的例证"、"相契合的例证"或"相似的例证"、"单一的例证"和"反常的例证"、"邻近的例证"、"指路标的例证"、"门户的例证"、"传唤的例证"、"道路的例证"、"数学的例证"或"度量的例证"，在"数学的例证"中又分为"测竿或尺度的例证'，"进程的例证"或"流水的例证"与"分量的例证"，等等。培根对这些例证的阐述，所提供的虽然并不是成体系的方法，而且其中有不少是不科学的东西，但同时也给人们提供了许多有用的方法论指导。表明他在提倡归纳法的同时，也已经注意到类比、求同和数学等方法对人认识自然的方法论意义。

如"孤立的例证"，意思是指撇开其他现象的干扰而出现的一种现象。这就好比我们所要研究的客体被我们单独抓住一样。假设我们研究颜色的性质，自然界充满了带颜色的东西，颜色又是和其他的性质搅合在一起的，这就给研究工作造成了困难。如果我们能把颜色孤立出来，研究起来该多方便！于是就用一个三棱镜把一道光线分解为虹的各种颜色，这就使我们能够更方便地研究颜色本身，观察它是怎样产生的。是三棱镜把光这种现象孤立起来了，这就是一种"孤立的例证"。这里显然是说,求同的逻辑推论有助于发现事物的因果联系。再如,"转移的例证"说的是被研究性质是变化的,在变化过程中形式或隐或现,或多或少,掌握这些变化,观察事物形式在转移过程中必然地传达过去或必然地消失,这都有助于对形式的排除和肯定。培根举例说,水和玻璃在天然状态下都是透明的,但玻璃成碎末,水被搅起泡沫后就都不透明而成了白色。通过观察这一变化过程可以发现白色是由于玻璃和水分裂成细小部分,并与之完全混合后由于不平均的光线曲折而产生的。在这里培根强调要掌握事物所发生的转化,从变化中把握被研究事物的性质,这对归纳概括事物的形式无疑是有帮助的,等等。

培根对自己在《新工具》中为人类提供的这套认识方法是十分自信的。他曾经这样说过:"我给科学发现所提供的方法是这样一种方法,它给才智的敏锐性和力量留下很少的用武之地,而把一切才智和理解力都放在几乎是同一水平上。因为正像在画一条直线或一个圆圈时,假如只是用手来画,那末画得好坏,就主要决定于那只手的稳定和熟练程度。可是如果画的时候借用尺子和圆规,那就很少或者根本无须依靠手的稳定和熟练程度来决定了。"有人认为在这里培根把科学方法的作用夸大到不适当的地步,否定了创造性思维,从而否定了聪明才智对于科学发现的重要性。其实,我觉得如果对它不是作绝对化的理解,把它看作是培根认为只要掌握了他所提供的科学方法,即便才智并非出众的人,也可以在科学上有所发现恐怕更符合培根的本意。

培根不仅深信自己提供的这套"新工具",对研究自然、从事科学发现有效,甚至认为对研究社会也同样有效。他说:"人们也许要问,我的意见是说这个方法只可用于自然哲学呢,还是说其他的一切科学,如逻辑学、伦理学、政治学也应当以这个方法来进行呢?我的意思确是指它的全部说的。"这在当时确是一个非常了不起的思想,它实际上隐约地透露出培根已经开始意识到社会生活也是有规律可循的。

《伟大的复兴》虽然是一部未完成的著作,但它为人类思想发展史增添的这么多价值连城的奇珍异宝,它对世界学术事业的发展产生的这样大、这样深远的影响,在世界学术史上确是罕见的。毫无疑问,《伟大的复兴》的出版,是人类思想发展史上树起的一座丰碑。培根即使一生其他什么事情也没有干,仅创作了这部著作,也会名扬四海、万世流芳!无怪乎培根本人为此也聊以自慰:"在所有与我同时代的人中,我是为了国事而比谁都忙的,而又体力不佳(因此损失很多时间),并且在我的道路上,我完全是一个开路先锋,既未循任何人的先例,也未和任何人商讨共议,但是我由于坚决地走真正的道路并使我的精神服从事业,我敢说,我已取得了一些进步!"

逆境的美德

这是培根生命的最后几年,也是他生活得最艰难、最顽强、最卓有成效的几年。

(一)遭弹劾

1620年,《伟大的复兴》出版,培根已达到了自己命运的鼎盛状态,在朝中的官爵已升到了高得不能再高的地步;而自己要改造学术、使人类命运发生革命的伟大理想,也终于写成一本书与世人见面了,尽管这本书还不完备。这时他的名声和影响也越来越大,深受人们的爱戴和崇敬。连学识渊博、才华出众的剑桥国王学院的柯林博士都感到自己读了培根的《论学术的进展》之后,好像以前的读书时间都白费了,现在才开始读书。他的著作开始被译成各种文字在世界上到处传播。欧洲大陆一些有身份的人读了培根的书以后还渡海专程来求见他,其中还有一个人向他要了一张全身照片带回法国,以便让他祖国的人们在了解培根思想的同时也能瞻仰到他的容貌。至于说培根经常收到国外一些从事学术研究的人给他的书信,高度颂扬他所取得的成就,这就更不用说了。过去他还曾经抱怨自己不该当官,因为公务占去了他大量的宝贵时间和精力,而现在他可能感到,自己毕竟还是对了,因为自己总算什么也没有耽误。然而好景不长,命运所给他的这一切成功和欢乐,仿佛就是为了让他更深切地体会到痛苦与屈辱的滋味似的,不久他就开始交厄运了。

其实危机早就潜伏下来了。专利权是保证宫廷朝臣取得最高利益而妨碍和扼杀资本主义发展的一种特权。国会反映资本主义向前发展的要求从 1597 年起就开始了反对专利权的斗争。詹姆士继位后,由于他来自没有议会民主的苏格兰,他总是把议会看作是王权的敌人,反对议会讨论他的内政和外交政策,命令议会把国事交给惟一有权掌握国事的国王枢密院。他还宣称,臣民辩论国王所做的任何事情都等于煽动叛乱。詹姆士的这一切倒行逆施激起了议会的强烈不满。议会针锋相对地提出它有权讨论一切有关臣民的权利和地位的事务。因此议会后来被詹姆士解散。而培根在这场代表新兴资产阶级利益和要求的议会与代表封建贵族势力的国王詹姆士的冲突中,他虽然本心是主张扶持资本主义发展的,可实际上采取的态度却是站在国王一边,主张维护王室对专利权的要求,也正是由于这个原因他才得到国王的赏识和重用的,而这却使他得罪了议会。

议会自被詹姆士解散后就再也没有召集过。到了 1621 年,詹姆士由于筹款困难不得不召集议会,这使恢复后的议会一开始就重又陷入了与王室的尖锐的矛盾。议会不顾国王让它恢复的初衷,头一个举动就是要求改革专利权法案。由于议会不便直接把矛盾对准国王,又由于培根在对待专利权上的态度和他在英王朝中的地位,所以议会在培根宿敌爱德华·科克的鼓动下,首先把矛盾对准了司法界,他们列举了司法界的 28 条罪状,这些罪状事情虽不大,可影响却不小。进而他们又要求弹劾大法官培根,理由是他受贿。

对此培根也很快地有了耳闻,不过开始他根本没有把它当作一回事。他在给包金汉公爵的信中说:"我知道我有两只干净的手和一颗纯洁的心,同时我敢说,我有一所可供朋友和仆人居住的干净的住室。不过约伯本人(约伯是圣经旧约《约伯记》讲到的一个公义的人,他敬畏神明,不近邪恶。——作者)或任何人作最公平的法官,如果遇到有人对他们搜求罪状一如人们对我的时候,那他们也会暂时显得很丑恶的,特别是在一个矛头指向高位、控诉成为时髦的时代为甚。"他当时给国王的信也透露出对自己忠而被谤的情况感到冤屈和愤恨。他说他自认为自己还不是一个无节制的忠告者,不是一个贪婪民众的压迫者,也不是一个傲慢的、不能忍受的可恨的人。他说他从他父亲那里就没继承下天生的憎恨,相反,倒是天生的善良的爱国者。既如此,那么对他的这些打击是为什么呢?

他很快找到了答案,意识到事发的政治背景,看到了问题的严重性。这时他曾提醒英王詹姆士:"现在打击您的大法官的人,恐怕将来也会这样打击您的王冠。"培根的这一说法是完全正确的。28年后，詹姆士的儿子果然被议会所杀，使培根的这一说法得到了应验。不过培根当时说这种话是为了以此请求国王对议会采取坚决的抵制态度，帮他过关。詹姆士也明白这一斗争的含义，因此大力为培根奔走。他亲自跑到议会，要求议会停止对培根的追究，并囚禁了这件事的幕后策划者科克。看到还是平息不下来，继而又指望干预审判。他要求成立一个经他挑选的包括下院12人、上院6人的委员会来处理培根案，但又未行得通。议会强调他们具有对罪犯审判的权威性。包金汉公爵为此曾建议索性解散议会，但詹姆士出于种种考虑没有采纳他的建议。

培根接受馈赠确有其事。不过这在当时确实根本算不了什么是人们习以为常、司空见惯的事。因为第一，行贿受贿甚至索贿这种事，当时上自国王，下至一般的小官吏，在腐败的英国朝野十分风行。詹姆士本人对西班牙大使就说过，如果他对在他那里服务的所有受过贿的人都解职，那就无人能留下为他的王国工作了。培根接受的馈赠比起人家的受贿来，确实算不了什么，他在这方面的确还算廉洁的；第二，事实正如他本人在法庭上辩护时所说的，有些馈赠，不是他本人亲自接受的，而是由于对仆人们管束不严，仆人们代为接受的，他自己根本不知道；而他又要创作，又忙于公务，也实在没有多少时间过问家事；不过在这方面他也不是没有责任的，或者责任仅仅是疏于防范。因为培根在生活上一向是不加节制，很讲究排场阔绰的。他在大法官任上时，家里雇了很多仆人，虽然每年收入甚多，可是钱还是不够花，仍缺钱欠债。正如法灵顿所说，他每次财富的增加，只是为新的借款提供了保证，他需要钱，可从来不细查钱是怎么来的。不少馈赠他的人也正是利用了这一点；第三，他并没有因接受贿赂而"贪赃枉法"，并没有发现他在任何案件的审理中因接受人的馈赠而偏袒谁的事例。据说，就是在他案发下台后，他经手判的案子也没有要求平反的。

但是接受了馈赠这毕竟是事实。这尤其是对于一个大法官来说，在有些情况下是无法解释的。对此他自己曾有一个分析。如果是依照社会习惯按时送礼以表示崇敬，这种礼物或许可算作没有什么别的意思，并且也许是难以谢绝的。如果是在一个案子判决后胜诉者送礼，那就大可怀疑了。那是对审判公允表示的感激呢，还是作为对有利于自己的判决的一种报酬呢？他认为一个严谨的人是不会使自己处于这样的嫌疑之间的。可是，如果礼物是在等待判决时送的，那就无论在道德上或法律上都无法为之辩护了。作为法官也许可以辩白说，他的判决并未因接受礼物而受影响。他这话可能是符合事实的，不过，他仍然处于一种无法辩解的地位，而在培根身上恰恰也出现过这种情况。

当培根看到搞他的人非要把他的案子进行到底不可，再也无法阻止，而且很可能要对他判罪时，他开始更深刻地考虑自己的行为。他作为一个大法官，觉得法律应当是一种神圣的东西，大法官本人应当带头依法、执法。正如他在《论司法》中所说的："司法的处所乃是一个神圣的地方，所以不仅是法官的坐席，就连那立足的台，听证围栏都应当全无卫事贪污的嫌疑才好。""最要者节操乃是他们（法官们）的本份和应有的美德……一次的冤判比多次罪行为祸尤烈，因为罪行不过搅污了水流，而冤判则搅污了水源。"另外，他作为一个新兴资产阶级的思想代表，想有所作为的政治家，也不能不看到英王室的腐败，不能不对自上而下的贪污受贿之风感到不满。在这种情况下，他于1621年4月21日致书国王，希望国王运用各种影响来帮助他。他将以认过、忏悔,并交出国玺来取代对他的起诉和判决。他认为这种在全面忏悔的基础上交出国玺,就已是 400 年来最严厉的惩处了。第二天,他又通过查理王子呈交给议会一封"悔过与恳求"的信。他在信中说,"现在我只有毫无掩饰地承认,我在得悉对我的控诉的详情后(这些详情不是正式从上院而是从旁得知的,但这足以激发我的天良,促醒我的记忆了),我发现有足够的材料使我放弃辩护,并请求各位贵族对我加以谴责和申斥。"但同时也提醒议会,"各位贵族不会忘记,这是不仅有我个人的过错,也还有时代的过错。"为此他提出,"我谦恭地恳求各位贵族,以我的忏悔认过作为对我的判决,交出国玺作为对我的惩处,而你们则不要作任何进一步的宣判了。"

在等待审讯和判决期间,培根卧病在床。这时他写了最后一个遗嘱,在遗嘱中他决定将"灵魂交给上帝","遗体要不事铺张地埋葬",他的名字则留给后代和外国。此外,在一篇祷文的结尾还流露出了对自己把宝贵精力用到不适宜的事情上的后悔。这反映了他当时思想上的极度痛苦。

培根的这封信于 1621 年 4 月 29 日在上院宣读。据说,读后会场长久地沉默。后来包金汉公爵和查理王子表示接受这一忏悔,但以前艾塞克斯的同谋舒桑顿则提出,培根是以受贿罪被指控的,但在他的认罪书中却没有任何关于腐化的忏悔。1621年 4 月 30 日,培根又用信件承认了他曾从未决诉讼当事人中接受过金钱的罪行。

1621 年 5 月 3 日,上院终于在只有包金汉公爵坚决反对的情况下通过了对培根的宣判,并正式公布了宣判结果:

1.圣阿尔本斯子爵、英国大法官须付罚金和赎金 4 万镑。

2.圣阿尔本斯子爵须监禁于伦敦塔内以候王命。

3.在国家或联邦中永不雇用,不担任任何官职。

4.不得任国会议员,不得进入宫廷范围内地区。

就这样,培根实际上是作为议会与王室斗争的牺牲品被赶下了政治舞台。

对于国会的判决,培根在给包金汉公爵的信中说:"我承认判决是公正的,为了改革,这是合适的。"他甚至说对他的判决"是近二百年来国会中最公平的谴责。"但同时他也坚持认为,他是"自尼古拉·培根以来,已更迭五任的最公正的法官。"

实际上,培根在伦敦塔只关了两天就被释放了,罚款也被国王豁免了。为此,培根于 1621 年 6 月 4 日致函国王,感谢国王给他以自由,并且提到,国王在他麻烦产生之初曾为他的际遇掉过泪,对此他十分感激,希望今后国王仍然一如既往地给他以恩宠,并表示活着就要为国王服务,否则生命就没有意义了。同一天他还给包金汉公爵写了信,对他表示感激,但同时也提出,除非他能继续为国王、为公爵服务,否则他的身躯虽出狱了,但其精神却仍在牢狱中。这说明,培根在政治上虽受了如此大的打击,但尚未最终放弃在政治上东山再起的幻想。事实上在他刚下台的时候,他就努力寻找过政治职位。如他想谋伊顿学院院长的职位。培根虽遭打击而仍抱幻想不是没有理由的,因为过去,上至伊丽莎白·博莱,下至目前控告他的上院的不少贵族就都曾因各种不同的原因在伦敦塔被监禁过,就是他的宿敌科克也曾遭贬过,后来不是个个又都在重要职位上了吗?可是培根的政治生涯从此彻底结束了,并没有能出现他所期望的那种情况。

(二)逆境的美德是坚忍

培根遭到的挫折是多方面的。政治上受到沉重的打击,彻底无望了;这时与自己共同生活了 15 年之久的妻子与他的感情开始破裂；由于失去了收入丰厚的高位，他的经济状况再度陷入了困境。

不过，无论是"身败名裂"的沉重打击，还是家庭生活的不幸，经济上的困扰，都没有能把培根摧垮。他很快从一连串的挫折中振作起来，全力以赴地转向了学术著述之路，真正开始了自己一生中最有价值的历程。为了减少与人的来往，也是为了能节约经济开支，用他自己的话说就是"为了安静，并且更能简单"。受贿案审判后，培根重又住到葛莱公会的老地方。这期间他写了一篇《论厄运》的文章，真实地反映了他这时的心态："好的运气令人羡慕，而战胜厄运则令人惊叹，这是塞尼卡得之于斯多亚派哲学的名言。确实如此，超越自然的奇迹，总是在对厄运的征胜中出现的。塞尼卡又曾说：'真正的伟人是像神那样无所畏惧的凡人'。这是一句宛如诗歌一样美的名言。幸运所需要的美德是节制，而厄运所需要的美德是坚忍；后者比前者更为难能可贵。……在圣诗中，哀歌是与歌颂相伴的，而圣灵对约伯所受苦难的刻画比对所罗门财富的刻画更要动人。一切幸运都并非没有烦恼，而一切厄运也并非没有希望。是美的刺绣，是以明丽的花朵映衬于暗淡的背景，而绝不是以暗淡的花朵映衬于明丽的背景。从这图象中汲取启示吧！人的美德犹如名贵的香料，在烈火焚烧中散发出浓郁的芳香。正如恶劣的品质可以在幸运中暴露一样，最美好的品质也正是在厄运中被显示的。"

培根的这种精神诚然是很可贵的，不过他毕竟已经是 60 开外的人了，加上身体一向就不算好。尽管作为思想家的他，比谁都更深刻地懂得健康与事业的关系；作为重视自然科学的一贯倡导者和一向体弱多病的人，从来就非常注意自己的饮食起居和卫生（据劳莱回忆说，他年轻的时候极爱吃鸡鸭之类的精美清淡的肉食，后来又喜欢吃猪肉牛肉一类较强的肉食，因为他认为这样的肉食有利于把自己的身体养得健壮结实些）。此外，他每天早晨在稀热的肉汤内总要加一点硝石，这样一直持续了 30 年，直到他去世。每隔 6—7 天的功夫他还要用大黄的溶液融化在白酒和麦酒中，等半个小时，在临吃饭前喝。他认为这样既可把体内的废物排泄掉，同时又不会像出汗似的减少体内的精气。他不轻易用药，他有一个治痛风症的药方，每次一发病，用此药两小时即可治愈。后来他把这一药方写到《自然史》中来了，这时精力也已大不如前，而且常常闹病，不过头脑还十分清楚。

培根就在这年迈、体弱、多病的情况下，以惊人的毅力和速度，在他垮台后的几个月内完成了被后人称为"近代史学著作里程碑"的《亨利七世》。对此法灵顿说过："这虽然是培根第一部关于政治历史的尝试，但书写得很出色。作者完全掌握了写这样的书所需要的材料。更可贵的是作者还能深入到事实中所隐藏的原因里去。让人看了他的书，就像绕过许多世纪回到史学发源的第五世纪的希腊里去了。格罗蒂斯·雨果和洛克都称赞过这部著作是富有哲学意味的史学著作的楷模。马克思在写作《资本论》时也曾援引过它。接着他又开始写《亨利八世》，并写出了《大不列颠史》的大纲，同时还为准备写作《英格兰和苏格兰法律提要》做了笔记，还写了一篇《神圣战争对话》鼓励欧洲各国联合一致消灭北非沿岸的海盗与土耳其人。

培根所以突然转到写政治历史方面的著作，原因可能与培根在受贿案宣判前曾许诺过要写这些著作有关。1621 年 4 月 21 日，培根上书詹姆士国王请求他帮助自己免于起诉时曾提出："受贿赂的人也易于给人以贿赂，……假如陛下给予我安宁和闲暇,上帝给予我健康,我将献给国王一部好的英国历史和较好的你的法律的提纲。"

不过,这时他更念念不忘的还是他的《伟大的复兴》计划的完成。首先他为了给科学与实验的历史作准备,开始研究具体自然现象的历史,计划每月出一种,并于1622年11月出版了《风的历史》。既要保证质量,又要每年出12种,显然是不可能的。第二种《生与死的历史》虽然推迟了一个月也还是出版了,不过这也是培根这一计划中所能完成的最后一种了。

这里特别值得提出的是,培根为了科学事业,自己甘当小工的精神。为了能完成《伟大的复兴》的写作,他自觉地作了大量收集材料的工作。他在后来的《论科学的价值和发展》一书第7卷给国王的献词中说过:"至于我,我的最伟大的国王,我可以忠诚地说,不论在本书中或在我以后要发表的著作中,为了努力增进人类的利益,我将清醒地和有意识地把我的令名和才思(如果我真有这种东西的话)都抛在一旁;我也许更适于做一个哲学和科学方面的建设者。但是,我不惜做一个普通工人、挑夫,诸如此类的为大家需要的人,把许多非做不可,而别人由于天生的骄傲因而规避或拒绝作的事情亲自负担起来,亲自去执行。"培根不仅能为实现自己的崇高的理想始终抱着坚忍不拔的执著追求,而且能克服时代和贵族特有的偏见,不顾心灵上的重大创伤,脚踏实地、勤勤恳恳地为促使科学的"伟大复兴"做每一个具体工作的精神是十分感人的。它成了激励后人献身科学的一种伟大力量。18世纪法国的狄德罗为了编纂《百科全书》有关实用的工艺、技术及其工具、机械制造和操作等词条与附图,就曾学习培根亲自到现场向能工巧匠请教、学习、收集资料。

也许是这方面的研究工作使他认识到要完成这一任务需要大量的时间和精力,而他当时更应当把主要精力集中于《伟大的复兴》的各个主要部分的写作上。所以他中断了这方面的研究,1623年全年,他的主要精力都放到《伟大的复兴》的第一部分上了。他的意图是把这部分作为一项关于"科学分类"的著作,一种知识世界的地图。过去他曾想以《论科学的进展》来担当这部分的任务,现在他感到《论科学的进展》还远远不够,可完成这个题目的新著作又无希望,于是就决心修改《论科学的进展》以补空缺。在修改过程中他增添了大量的新材料,把原来的两卷扩充为九卷,并且全书都是用拉丁文印的,翻译部分的工作有些是他亲自做的,有些是请别人译的,不过这也是在他的亲自监督下进行的。修订本取名为《论科学的价值和发展》,于1623年10月出版.这样大的一项工程,不是废寝忘食、日夜兼程地往前赶,一个体弱多病的老人能在这么短的时间内完成是不可想象的。

培根在《论科学的价值和发展》整理完毕后,可能是考虑到《伟大的复兴》一书根本不可能由某个人完成,而需要社会的力量通过长时间努力去完成,所以他考虑到如何把自己实现科学伟大复兴的一切设想加以集中,加以理想化写到一本书里,以便后人们来接着完成它。为了使这本书能拥有更多的读者,他采用了一种更为生动、通俗的特殊体裁。这是培根的一部乌托邦的著作。在这部著作中培根描述了一个他理想中的科学主宰一切的社会图景,其中渗透了培根一系列关于科学哲学的思想和社会伦理观念。培根于1623年写作的《新大西岛》也是一部未完成的著作,劳莱博士于培根死后的第二年即1627年把它发表。

培根的《新大西岛》对当时的社会制度没有作什么批判揭露,还是肯定的。他描述的本色列国里,仍有"陷于贫困",需要"予以解救和生活帮助者",有地位很高的元老、首长，有可以享受特惠权、特免权的特殊人物，也有服役于人的佣人和侍者；金钱在这里仍具有巨大作用。在政治制度方面，本色列人实行的仍是君主制，不过突出了国王以人道主义精神治理国家。显然本色列国的社会制度和政治制度不过是培根时代英国社会政治制度的写照。

《新大西岛》的乌托邦性质及其意义主要反映在它所描述的"所罗门宫"及其在本色列社会中所起的巨大作用上。

"所罗门宫"是本色列国里一个占有特殊地位的组织，是国王所罗蒙那的一项最辉煌的业绩。它是专门为研究自然和人类建立的，"目的是要探讨事物的本质和它们运行的秘密"。所罗门宫实际上是一个科学研究机构。这里拥有各种必要的设施，进行着各种各样的科学实验和研究。

有植物园。这里种着各种各样的树木花草，人们将它们嫁接、改良使之"产生出各种异乎寻常的新品种，并能使一种树或一种植物变为另外的一种。"

有养着各种奇珍异兽的动物园。在这里除了对它们作各种医学上的解剖外，还繁殖、培育新品种。"用各种技术使它们长得异常高大，或者相反地使它们特别矮小或者停止生长"，或者"使它们有特别强的繁殖力，或相反使它们失去繁殖能力，不能繁衍。"此外还使不同种类的鸟或兽杂交，以便产生新种。

有很大的淡水湖、咸水湖，养着鱼和各种水禽，还做使海水淡化，把淡水变成咸水的试验。

有光学馆，可以制造各种光学仪器，使各种光方面的实验，可以通过光学仪器把小物体放大，使人看到凭肉眼看不到的东西；还能使近视者远，远视者近，造成虚假的距离。

有音乐馆，可以做各种声音和发声试验，可使轻微的声音变为宏大低沉，使宏大的声音变得悠扬高亢；还可以制造助听器，使人大大提高听觉能力；还可以把声音传到不同的方向和不同的距离。

有各种高塔，利用它们作暴晒、冷却、保存和观察风、雨、雪、雹等突变的气象。还有可作降雪、降雹、降雨研究及实验的宏伟宽敞的建筑。

还有保持各种热度的高炉，靠运转即能生热的器械，以及利用太阳热能及地热的设施。

还有机器馆，可制造各种各样的机械装置、机器人、机器兽、机器鸟、飞行器，以及可以潜入水底并抗击风浪的船只和枪炮弹药等。

其实，很明显，这不过是我们在前面提到的 1594 年圣诞节他编的一个宫剧里呼吁国王支持他事业思想的进一步发展和具体化。

为了强调科学研究与它的实际应用不能脱节，培根描写的所罗门宫不仅拥有作科学试验的必要设备，还拥有从事物质生产的各种设施和条件。如拥有可以提供许多动力的"奔放的河流和汹涌的瀑布"；有可作多种操作的各种不同的热动力；还拥有可开发利用的天然矿物和生产人造金属的矿场；拥有可生产纸张、布匹、丝绸、羽毛制品、染料等的工厂；拥有可生产果汁酒、米酒、药酒的酒厂；还有生产各种富有营养、使人长寿的面包房、肉食加工厂等等，其中有些工厂生产的产品是"专供大众用的"。

所罗门宫具有很大的权力，对自己的研究成果有些还可以不向国家报告。他们还可巡视全国主要城市，在各处公布对它们有用的发明，并教导民众如何对自然灾害实行防御和救济。

所罗门宫在本色列国里被认为是"国家的眼睛"、"国家的指路明灯"、"世界上一个最崇高的组织"。培根还赋予所罗门宫元老——即大科学家以与国家元首相同的崇高的社会地位。他在描写所罗门宫元老的隆重的入城仪式时写道：元老入城，七天前就通知城里的行政长官作欢迎准备。进城时，元老高坐在一辆极豪华的车子里，由两匹披着蓝色绣花的天鹅绒的马，一前一后地把车子驾起来，车子完全由柏木制成，涂着金漆，镶着宝石和翠玉，车子前边有 50 名穿戴讲究的青年侍者，另有两名各执一个由檀香木和柏木制作的十字杖和牧杖，车子后边跟随着全城的官员、首长。老百姓则倾城而出，或整齐地排列在街道两旁，或站立在路边建筑物里的窗子里边。前进时，元老举起一只手，为民祝福。

所罗门宫非常尊崇在科学上有建树的人。它有两个美丽的长廊，一个陈列着有价值的发明的模型和样品，另一个则陈列着重要发明者的雕像。这些雕像既有历史上的发明家，也有当今每一个有价值的发明的发明家。对于当代本国的发明家，除给至高的荣誉奖赏外，还直接给予优厚的物质奖励，并把这种奖励确定为一种制度永远坚持下去。

培根说所罗门宫里的工作方式也有严格规定，整个科学研究以有组织的分工合作的方式进行。

有专门收集资料的，其中有 12 人专门到国外收集世界各地最新的科学技术的发明创造方面的资料，把国外的新的书籍、论文、器皿及各种实验模型带回国；有 3 人专门收集各种书籍所记载的实验；还有 3 人专门收集有关机械工艺和高等学术的实验及各种实验的操作方法。

有专管做实验和整理的，从事认为有用的新的实验或专门对各种实验制作图表，以便从中得出知识和定理。

有专门做概括的，专门从同伴们的实验中提出有助于说明事物本质、性质和构造的新发现。

至此研究工作并未结束，而是另一个更为扩大深入的上升阶梯的开始。所罗门宫在上述工作基础上举行各种会议讨论已做过的各种工作后，其中有人专门从事进一步的新的更高级更深入自然奥秘的试验，然后又有人专门执行这种试验，并作出报告。最后再有人把以前试验中的发现提高为更完全的经验、定理、格言。其实这里培根所讲的科学研究的组织方式不过是对当时工场手工业生产方式的一种概括。

在培根的时代，双重真理说还是促使科学和哲学从宗教监督下解放出来的一种比较好接受的形式。按照这种理论，科学的真理与宗教的"真理"这两种真理是完全彼此独立的，一个有学问的人似乎可以毫无矛盾地抱着对世界的科学看法，同时又相信宗教所确立的原则。培根这个一生大力提倡科学的思想家，实际上终生所奉行的就是这种二重真理论。他曾经说过，"稍微懂点哲学使人忘了上帝，哲学懂得多了，却又使人返回到上帝。"也可能与他从小受到的家庭影响有关。正如劳莱博士在《培根传》中所说的，培根是富于宗教性的。他只要健康，就总要到教堂做礼拜，听讲道，参与圣礼，吃祝福的体，喝那祝福的血，并且他临死时还固守着英国教会的真正信仰。

培根的这种二重真理说也反映到他的《新大西岛》中。本色列国，培根的这一理想社会一方面是科学主宰一切的社会，另一方面又是一个虔诚的皈依基督教的国家。

它通过耶稣基督门徒巴多罗买神奇的使徒的福音,而使这块土地从不幸中拯救出来,成了"天使的国土"、"神圣的乐土"。本色列国虽然实行宗教宽容的政策,允许国内犹太人信奉自己的宗教,但外邦人却只有基督徒才能登岸。宗教一直深入到家庭,作为科研机构的所罗门富当然也不能例外。元老在介绍情况时说:"我们有赞美诗和乐曲,每天歌颂和感谢我主和上帝的奇妙的创造,我们有各式主祷文,恳求主帮助我们,赐福给我们,使我们的劳动更为辉煌,成为神圣而有用的事业。"不过在所罗门宫宗教也不干预科学研究。教会在本色列国家事务中也占有重要位置,如掌握部分对外工作的外邦人宾馆馆长就是由教会的牧师兼任的。

劳莱博士说过,也可能是由于培根信奉基督教的缘故,当时他在很多方面还是一个很注重道德品质的人。他对人从无恶意,对整过他的人也不以牙还牙。如果他不是这样的人,那么他的地位是可以使他泄忿的。但他不喜欢把人家攻击下台,看到人家的覆没与败亡。他从不在国王面前讲别人的坏话。一次一个大政治家刚死,国王问他对那位去世的勋爵怎么看,培根回答说,"他不会使陛下的国政改良了,不过他的确曾使国政不落于更坏的地步。"这就是他对那位政治家所说的最坏的话。对劳莱这种抽象的说法当然是需要具体分析的,但说培根在当时也是很崇尚道德的,这恐怕是不会错的。培根理想社会的又一个重要特征就是道德高尚。本色列社会把道德看得很高,认为它的重要性仅次于宗教。他们认为一个人的"自尊自重是克服恶的首要条件",而本色列社会正是一个人人自尊自重的社会。在这里公共利益至高无上,大家都能自觉服从它。

本色列民族是一个没有荒淫污秽的十分纯洁的民族,是"全世界的童贞女"。这里没有妓院、妓女,他们还反对把婚姻作为一种权势的结合,或者作为取得丰厚妆奁的或者名声的某种以获利为目的的交易。他们赞赏夫妇间的忠诚结合。在这里不准一夫多妻,不准男女双方见面不到一个月就结婚或订婚,未得父母同意的婚姻仍然有效,但继承方面要受罚。……

本色列国的官吏都很清廉,从不接受自己薪金以外的金钱馈赠。本色列人富于人道主义精神,宽厚仁慈,热情接待和照顾遇难的外邦人,给他们以慷慨的帮助和救治,使他们感受到像到了"天使的国土"。本色列人中虽然也有"为非作歹""趋于堕落"的,但总的来看它的社会道德水平远在欧洲其他国家之上。

培根认为本色列这样的国家是很完美的,这个国家的兴盛繁荣,以及人民的幸福都是无以复加的。在这里一切崇高远大的目标都已实现,剩下要做的就是如何保持住这种已获得的幸福了。

培根于1623年创作的这一著作未完成又放下了。所以中断这一著作写作的原因,也可能是为了把他这一段感受最深的东西写出来补充到他一生都很珍视的《论说文集》中去。因为1625年培根又出了《论说文集》第三版,这次增加了20篇文章,对原有的也作了不少修改。

放下《新大西岛》的创作后,除了修改增补《论说文集》,培根生命最后的其他时间看来都被他用到发扬"挑夫"和"小工"精神,继续为自然与实验的历史收集所需要的材料上了。他把自己辛勤获得的主要是有关古代及近代的自然史资料不加选择地汇集成包括两百多个简短的专史的《林木集》。1625年培根的健康情况已经不佳,这时他在给一位友人的信中说,自己已不能完成自然史的写作了,但他已经把这项工作清楚明白地向人描述了,就如同把任务嘱托给后人一样。他深信《林木集》至少会有助于《伟大的复兴》的第三部分,即自然与实验的历史所需材料的整理。

(三)在热烈的搜求中静静死去

培根曾经希望能够"在热烈的搜求中静静死去"。他的实际去世过程可以说是满足了他的这一愿望。

1626 年 3 月底的一天。天气很冷,培根乘车路过当时伦敦北郊的海盖特地区,见积雪覆盖着大地,想起了什么,立即下了车,决定在此做一次试验。原来,这期间冷与热的问题不论在理论上还是在实际应用方面都使他入了迷。为此他还曾经把冷的防腐功能列为他的一项研究课题。雪是否和盐一样能起到防腐作用?现在机会来了,他哪能放过?他从乡下一位妇女那里买了一只母鸡,请她宰了,取出鸡的内脏,并亲自帮忙把雪填满了鸡的肚子。这时,培根突然感到一阵寒战,他着凉了。他再也无法回葛莱公会的住处去了,只好到阿伦德尔伯爵在海盖特地区的别墅里去住。主人不在家,仆人们热情地接待了他,把他安置在室内最好的一张床上。可是这张床有近一年未使用过,床潮湿而冰凉。在既未弄热又未好好透透气的情况下培根在上边睡了一夜,于是加重了病情。但一开始培根并没有把病当作一回事,因为他正沉醉在试验的激动之中。他还给主人阿伦德尔伯爵写了一封感谢信,兴奋地告诉主人,他用雪冷冻母鸡的试验获得了成功,同时还风趣地把自己为科学真理而甘冒风寒的举动与老普林尼要在维苏威火山附近观看它的爆发相比。培根的这一比喻确是很贴切的。他与老普林尼都是伟大的科学史家,不仅在对自然史的强烈兴趣和执著追求方面有许多共同之处,最后致死的原因也一样。当时他这样写道:"我有着类似老普林尼的命运,由于企图要作关于维苏威火山的实验而丧失了自己的生命。"培根的戏言不幸变成了现实。他所得的风寒远比自己所想象的更为严重,风寒又进一步引发了支气管炎的复发,最后于 1626 年 4 月 9 日凌晨窒息而死。培根作为一位身体力行、大力提倡实验科学的思想巨人,就这样牺牲在为科学而作的"挑夫"、"小工"的岗位上了。

培根在临去世前还念念不忘科学事业的发展。他在遗嘱中除指明把部分遗产留给他的管家仆人外,还规定了一个总数作为大学设置自然哲学和科学讲座的基金,以及 25 个名额的学生奖学金。而对自己的妻子在遗嘱中却没有留下她合法利益之外的任何别的东西。不过实际上,培根在去世时负债总数已达 2 万多镑,而他财产估定的总价值仅 7000 镑。因此他要捐赠大学的说法未能兑现。

培根的遗体葬于圣阿尔本斯的圣迈凯尔教堂。这是他在遗嘱中为自己指定的埋葬处所。他所以要选择这个地方,一是因为他慈爱的母亲就埋葬在这里,他希望自己死后能在母亲身旁得到安息;二是这个教堂是旧维鲁兰境内所剩的惟一教堂,这也反映出培根一生笃信宗教的立场。现在教堂中的大理石的弗朗西斯·培根纪念碑是曾当过培根秘书的托马斯·米奥蒂斯出于对培根的爱戴和感激建立的。碑上是培根坐着的雕像,劳莱博士认为这雕像逼真地表现了培根凝神沉思的样子。碑文是当时才华出众的亨利·寓登爵士用拉丁文撰写的。

碑文是这样的:

弗朗西斯·培根,维鲁兰男爵,

圣阿尔本斯子爵,如用更显赫的头衔,

应称为"科学之光"、"法律之舌"。

常常这样坐着。

他，当他谙熟了自然哲学，

和人类历史的一切神秘之后，

他本人完成了大自然的旨意，

让化合物都溶解。

时在我主 1626 年，

享年 66 岁。

托马斯·米奥蒂斯

是爱他生前，

敬他死后的人，

特立此纪念碑，

以纪念这位伟人。

  劳莱博士在他的《培根传》中说得好，培根虽没有子嗣来传他的令名和事业，可是他却有别的子嗣来完成这件事，他有大脑所产生的子嗣，在这方面他是幸福的，为人所羡慕的。

  事实确是如此。在他死后，首先是他的忠诚而又能干的劳莱博士本人把尽量为后世保存培根的思想成果的事情作为自己的责任而自觉地担负了起来，并在 1627 年—1661 年之间陆续出版了培根许多未面过世的著作。培根生前指定的他的遗著的保管人之一波斯威尔先生也于 1653 年在荷兰出版了包括有培根 19 篇哲学著作的一个集子。接着出版培根全集的工作也开始了。至今培根的著作已不知用多少种文字出了多少种版本了。值得提出来的是司佩丁·艾里斯·赫司主编的 1857—1861 年的 14 卷本的《培根全集》，这是学术界公认编得比较好的，也是最流行的一种版本。

  随着培根著作的出版与广泛的被翻译，培根的思想在世界各国得到了广泛的研究和传播，日益深入人心，并产生了巨大的影响。人们按照他的教导钻研科学技术，改造人类的物质生活，使科学技术在近代得到了飞速发展，人类对自然界的统治能力有了很大的提高。在英国，人们在培根以观察和实验取代思辨推理的思想的影响下，于 1662 年建立了以提倡自然知识为宗旨的英国皇家学会，从而使培根生前梦寐以求的科学组织变成了现实；18 世纪，法国的狄德罗、达兰贝等人在培根科学分类原则的指导下，在他从事科学研究精神的鼓舞下，在培根科学研究工作的基础上，终于编辑出版了举世闻名的第一部《百科全书》，完成了培根一心想完成而未能遂愿的事业。一个为人类付出了艰辛劳作、作出了贡献的人，是永远也不会被历史忘却的。所有这些都是培根思想的伟大纪念碑。1961 年，在培根诞生 400 周年的时候，世界各地千千万万的人隆重悼念了这位世界文化名人。可以肯定，这位一生都在为改变人类命运而奋斗的思想巨人，只要人类还存在，他的英名就永远也不会被忘却。

哥白尼

时代呼唤

欧洲的 15、16 世纪,是从封建社会向资本主义社会的过渡时期。当时,整个欧洲政治上还相当黑暗。封建割据,造成许多小城邦,严重地阻碍了资本主义的自由发展。

资产阶级为了自己的生存和发展,不断掀起如火如荼地反对封建贵族的斗争。

当时,波兰也正经历着巨大的变革。从 12 世纪初,波兰就形成了封建割据的严重局面,仅三十万平方公里的国土,被分割为几十个封建领地,大、小贵族控制着国家的一切,无力抵抗外来的侵略。到 15 世纪初,即哥白尼诞生的前夕,波兰和立陶宛合并。波兰、立陶宛和俄罗斯联军在格伦瓦尔德附近的战役中,彻底击败了野蛮、残暴的条顿族骑士团。波兰得到波罗的海沿岸的部分土地,重新获得通往波罗的海的出口。哥白尼的故乡——托伦,也在这个时候划归波兰。

至此,波兰国家统一大业基本完成,社会安定,经济迅速恢复和发展,波兰也进入了它的光辉时期,出现了前所未有的繁荣景象。生产的发展,经济的繁荣,也推动了科学文化和教育的发展。克拉科夫大学成了全国学术中心,为波兰和欧洲各国培养了一批批数学、天文学、史学等方面的卓越人才。

为了适应政治、经济变革的需要,新兴资产阶级在意识形态领域里掀起了历史上著名的反封建、反宗教的文艺复兴运动的风暴。

文艺复兴运动,发源于 14 世纪的意大利。不久,逐渐波及到波兰和欧洲其他一些国家。哥白尼生活的年代,文艺复兴运动进入了高潮。

文艺复兴运动的结果,不仅造成了欧洲近代文学和艺术的繁荣,而且也造成了一批时代的巨人。这是一个"需要巨人而且产生了巨人——在思维能力、热情和性格方面,在多才多艺和学识渊博方面的巨人的时代。"同时,也促进了科学的进步和发展。自然科学家不仅从古代人那里找到了自己学说的萌芽和种子,而且使他们摆脱了传统观念的束缚,勇敢向宗教神学及其所保护的学说挑战。哥白尼就是这样一个在产生巨人时代,英勇向教会权威挑战,揭开宇宙奥秘的巨人。

从 15 世纪起,西欧各国,由于新兴城市的出现,商品经济的发展,需要寻找新的市场。可是,那时土耳其人在西亚和地中海一带称霸,控制着东西方贸易的重要商道,迫使西欧人必须另外寻找一条通往东方的新航路。

在欧洲率先进行新航路探险的是葡萄牙和西班牙。1492 年 8 月 9 日,意大利航海家哥伦布(1451—1506)在西班牙国王的资助下,率领三艘船、八十七名水手,从巴罗斯港起航向西驶去。在哥伦布死后多年,科学家们才弄清楚哥伦布实际上开辟的是一条通往阿美利加洲(简称"美洲")的新航线,发现的是美洲新大陆。

早在哥伦布发现美洲新大陆之前,葡萄牙人已经积极开展了航海活动,不断进行新航路的探险。在哥伦布之后引人注目、功勋卓著的是葡萄牙航海家麦哲伦(1480—

1521)的环球航行。

新航路和新大陆的发现,从实践上有力地证明了大地为球形的学说,丰富了人们的天文和地理知识。同时,也向天文学提出新课题:航海业的发展,亟待解决在广阔无际的海洋上如何确定船只的位置,如何计算时间,如何精确测定天体的方位、计算天体运行的轨道,并编制出航海历书,帮助航海家测定时间和纬度。这一切问题只有进一步探索宇宙天体的奥秘,并揭示其运动的客观规律性才能解决。

无疑,实践中提出的这些重大课题,对哥白尼创立日心说新思想的酝酿、形成有着巨大的影响作用。

家庭和童年

1473年2月19日,尼古拉·哥白尼诞生于波兰托伦城。托伦城位于美丽的维斯杜拉河畔,北临波罗的海。它是波兰一个繁华的贸易中心和进出口的重要港口。

哥白尼祖籍西里西亚,大约14世纪迁居波兰,先居住在克拉科夫。他的父亲是个商人,经商极有才干,很快致富。1458年,全家搬到托伦城。不久,哥白尼的父亲被选为托伦议会的议员。哥白尼的母亲巴尔巴娜是托伦市富商瓦兹洛德的女儿。哥白尼有两个姐姐,大姐出家作了修女,二姐嫁给了克拉科夫的一个商人。哥白尼还有一个哥哥安杰伊·哥白尼。尼古拉·哥白尼是兄弟姐妹中最年幼的一个,天资聪明,特别得到父母的钟爱。

哥白尼的父亲作为托伦议员,一边经商,一边参与管理城市,工作和生活十分忙碌和劳累。为了换换环境,解除疲劳,常常带全家到乡下葡萄园休假。为使假期过得更有兴趣和意义,有时也邀请一些文化名人一起去。他们在一起欣赏音乐,谈论文学,探索科学。在这种气氛的熏陶下,哥白尼从小就慢慢喜欢上了科学,他立志要做一个有学问的人。

童年时代的哥白尼,和哥哥两人一起上小学、中学,一起玩耍。放假的时候,结伴旅行,欣赏大自然的美景,考察古迹,增长知识,开阔眼界,度过了一个个愉快的假期。哥俩也常常到维斯杜拉河边去玩。成群结队的进出口的帆船在河中来来往往,一片兴隆景象,常常令哥白尼流连忘返。这些景象,在他幼小的心灵里,留下了美好的记忆。

哥白尼十岁的时候,父亲不幸去世,不久母亲也去世了,从此全家生活发生了很大的变化。他和哥哥一起被送到乌卡什·瓦兹洛德舅舅家里抚养。

哥白尼的舅舅瓦兹洛德于克拉科夫大学毕业后,曾留学意大利,在博洛尼亚大学以优异的成绩获得教会法博士学位,回国后在托伦办学,不久到教会供职。因为他学识渊博,才能出众,被迅速晋升。哥白尼来到舅舅家的时候,瓦兹洛德早已升任弗龙堡大教堂的神甫。后来去罗马,经教皇钦命选举他担任瓦尔米亚地区大主教。当时"政教合一",主教除司理教务外,还兼管政事。瓦兹洛德是一个人文主义者,他和进步的知识界来往极为密切。当时在波兰避难的意大利革命家、人文主义者和诗人卡里马赫是他的挚友。

瓦兹洛德是个热心肠的人,对外甥哥白尼兄弟两人的前途十分关心。他从自己切身的经验中,深知在那个年代,在教堂里工作有较高的社会地位,薪给优厚,被人看作是一种很好的职业。他期望哥白尼长大以后也能和自己一样，担任神职工作，成为一名主教。

因此，他先后把哥白尼送到当时最好的托伦和海乌姆诺学校读书。哥白尼在中学读书的时候，瓦兹洛德经常带他去参加人文主义者的聚会，从人文主义者那里，哥白尼接受了当时进步思想的重要影响。

舅舅的辛勤培育，使哥白尼从小受到良好的教育，这对哥白尼后来从事天文学事业，取得划时代的科学成就起了很大作用。

大学与选择

哥白尼十九岁从海乌姆诺学校毕业，进入首都克拉科夫大学读书。

哥白尼之所以要到克拉科夫大学读书，首先，因为他对克拉科夫大学怀有特殊的感情。当时托伦城的富家子弟中学毕业，一般都要到克拉科夫大学、莱比锡大学和布拉格大学去读书。但是，哥白尼和他哥哥安杰伊要到克拉科夫大学读书，是因为这里是他父亲的故乡，舅舅也曾在这里读过书，学校里有许多舅舅的老师和同学，姐姐家也住在这里，有许多亲戚朋友可以来往，随时能够得到他们的帮助和照应。其次，因为当时克拉科夫大学条件比较优越，在全国、全欧都享有盛名。克拉科夫大学前身是1364年卡西米尔三世所创办的一所皇室大学，当时是波兰全国最高学府和全欧的学术中心。匈牙利、意大利、瑞士和瑞典等国家许多学生都纷纷来这里留学。同时，当时克拉科夫又是波兰的首都，是全国政治、经济和文化中心，又是东欧和西欧的交通要道和国际贸易中心，驰名欧洲。这样，位于首都的克拉科夫大学和全国其他大学比较起来，有着得天独厚的优越条件，在这里学习能够学到更多的科学文化知识。这也是哥白尼进克拉科夫大学读书的一个重要原因。

1491年秋，一个天高气爽的日子，哥白尼和他哥哥告别了舅舅，离开托伦，到克拉科夫大学报到。

按学校规定，哥白尼首先到文学院去注册。因为传统的欧洲大学都分为文、理两个学院。不管将来从事什么专业，一年级时总在文学院注册。在文学院奠定坚实的基础知识，才能顺利完成大学专业课的学习任务。

哥白尼的大学生活开始了。大学生活对于一个追求知识、决心献身科学的青年来说，是一生的黄金时代，它对于一个人世界观的形成，生活道路的选择，有着特殊的意义。哥白尼的大学的学习生活，既艰苦又充满了乐趣。

进大学之后，他首先集中精力学好学校规定的主要课程。当时，克拉科夫大学规定的主要课程是拉丁文经典著作，数学和天文学也是必修课，并以天文学的出色讲授闻名欧洲。按照学校的规定，哥白尼读完了全部标准课程，其中主要包括：天文学、几何学、地理学、占星术和哲学等有关的自然科学和社会科学知识。

那时，许多书籍都是用拉丁文写的，为学好学校规定的课程，将来能继续深造和从事研究，哥白尼刻苦学习拉丁文，经过努力，很快便较熟练地掌握了拉丁文。他不仅能较快地阅读拉丁文原著，而且能够用拉丁文撰写天文学的论文和著作。他的巨著《天体运行论》就是用拉丁文写成的。

哥白尼在克拉科夫大学读书期间，由于受文艺复兴运动的影响，开始自觉接受人文主义思想。哥白尼生活的时代,由意大利兴起的文艺复兴运动的浪潮已经波及到波兰。在克拉科夫大学里,经院哲学派和人文主义学派的斗争非常激烈。两派学生经常进行面对面的辩论,有时因为争吵激化,在大街上发生格斗。由于哥白尼早在中学时期受到舅舅和一些人文主义者思想的影响,到大学后,随着文艺复兴运动的深入发展,在一些具有人文主义思想的老师和同学的帮助下,使他进一步解放了思想,对人文主义思想又有了进一步的认识,并决心献身天文学的伟大事业,来向自然事物方面的教会权威挑战。

哥白尼在克拉科夫大学读书期间,就对天文学产生了浓厚的兴趣。他努力学好学校规定的全部课程,但是,对数学和天文学尤其偏爱。从现在还保留着的哥白尼的一些藏书里,可以看到在克拉科夫大学期间,他搜集了许多亚里士多德和托勒密等世界著名天文学家的著作。他对这些著作反复进行了研究,在书的空白处写了许多注解,还贴上了他所作的一些计算草稿。

那么,为什么哥白尼会对天文学产生如此浓厚的兴趣,要矢志献身天文学事业呢?主要是由于受给他讲授天文学课的老师的影响。往往某位老师的一门课讲得出色,对学生有很大的吸引力,就会使学生对这门课产生浓厚的兴趣,甚至立志终生从事这门科学的研究。哥白尼之所以对天文学产生这么浓厚兴趣,并矢志献身天文学事业,就是由于他在克拉科夫大学期间,给他讲授天文学课程的勃鲁泽夫斯基对他的影响起了很大作用。

沃依切赫·勃鲁泽夫斯基当时是波兰著名的数学和天文学教授。他学识渊博,治学严谨。他对亚里士多德和托勒密的天文学有很深的研究。他思想解放,激烈反对经院哲学的教条。天文学课他讲得生动、活泼,既有知识性,又有趣味性,对学生有很大的吸引力,很受学生的欢迎。哥白尼经常去听勃鲁泽夫斯基教授的演讲,课余时间也常到教授家去请教。在这位著名天文学教授那里,哥白尼不仅学到了许多关于天文学的理论知识,学会了使用天文仪器去做天文观测,而且培养了科学的治学方法和求识的科学精神。在导师的谆谆教诲、熏陶和鼓舞下,哥白尼坚定地选择了终生从事天文学事业的道路。

哥白尼坚定地选择终生从事天文学事业是和他对天文学有深刻的研究分不开的。哥白尼认为在哺育人类智慧的多种多样的科学和艺术中,天文学是最高尚的科学,是一切科学中最完美、最美妙的科学。"这种科学研究神妙的宇宙旋转、天体运行,研究天体的大小、距离、升落以及产生其他天象的原因,最后还要阐明宇宙的全貌。""它几乎以整个数学科学为依据。算术、几何、光学、测地学、力学以及其他一切科学都同它有关。"虽然,天文学研究困难很多很大,但只要经过长期坚持不懈地观察和研究就一定能办到。因此,哥白尼决心把自己一生的全部精力用来研究最美好、最有意义的天文学科学。他自豪地说:"天穹异常完善,许多哲学家叫它是可见的上帝","什么能比包括一切美好事物的天穹更美妙呢!Caelum(天穹)和Mundus(宇宙)这两个名词本身就说明这一点,后者包含着纯洁、美好的意思,而前者包含着明晰的意思。"

哥白尼从事天文学研究并不是为了个人的名利。他生前几乎默默无闻,没有戴上科学家的桂冠。他终生从事天文学研究的目的就是为了追求真理,为了国家的利益和荣誉,为人类做出无私的奉献。在他看来,从事天文学研究可以使人类智慧得到极高的享受,经过经常的、简直成了习惯的深入天文观测之后,会进入理性的完美境界。哥白尼强调指出,天文学研究的重要作用是为生产和生活服务。他引证古希腊著名哲学家柏拉图的话说,天文学研究的作用在于使"全国生产以时,作息有节"。他认为一个人如果没有关于太阳、月亮和其他星体的必要知识,那就是最大的无知。

哥白尼宇宙新体系科学思想的提出经历了长期的孕育、形成、发展的过程。一方面是他长期对托勒密地心体系研究、继承、改造的结果。另一方面又是他长期进行天文观测,在科学实践的基础上才逐渐建立起来的。

从哥白尼理论研究来看,他对托勒密的地心体系的认识经历了一个从不认识到认识、从相信到怀疑、从企图修补到彻底改造的长期过程。哥白尼作为文艺复兴时代的天文学革命巨人,开始的时候,并没有认清托勒密地心体系的实质。与此相反,他接受了托勒密地心体系的思想,托勒密学说中有许多东西对哥白尼有着深刻影响。这从哥白尼《天体运行论》中可以看出来,在这部巨著中,他仍然用托勒密地心说中本轮、均轮和偏心圆的概念牵强附会地去解释行星运动的不均匀性问题。哥白尼认为托勒密地心体系从总体上来说,还是令人满意的,只是个别细节上存在问题。因此,哥白尼曾企图重新修补这个在欧洲统治一千四五百年的唯心主义地心体系。

那么,托勒密的地心体系的基本内容是什么呢?

托勒密是古希腊著名天文学家。他从公元前 127-151 年在埃及的亚历山大城进行天文观测。在继承亚里士多德、阿波隆尼和喜帕恰斯等人天文理论和自己天文观测实践的基础上,托勒密写成十三卷本的《天文学大成》(又译《至大论》),提出地心说(又称地球中心说)。他认为"地球是宇宙的中心",静止不动,所有天体,包括太阳在内都围绕地球运转。最接近地球的是月亮。按照距离地球从近到远的其他天体的排列顺序是水星、金星、太阳、火星、木星、土星、恒星以及宗动天。

托勒密用均轮、本轮和偏心圆等概念对天体运动作了理论说明。所谓"均轮"是指太阳和行星绕地球运动的圆周轨道;所谓"本轮"是指在均轮上加一些小的圆周运动的轨道;所谓"偏心圆"是指太阳沿圆周绕地球运行,地球上的位置偏离圆周中心。为了牵强附会地说明天体运动,在本轮外又加辅助的本轮,最后附加的本轮达八十之多。

由于托勒密的地心说主张大地为球形,起初教会也反对这个学说。但是,由于这个学说认为地球居于宇宙的中央,这点又符合《圣经》的说教,所以,后来托勒密的地心说为宗教所利用,把它作为《圣经》创世说的一个例证,把它加以神化,成为中世纪宗教神学的重要理论支柱。

"现象引导天文学家",这是哥白尼的一句名言。天文学研究的任务,就是通过观测茫茫宇宙天体的客观现象,记录事实,加工制作,从中找出天体运动发展的内在规律的。

几千年来,千姿百态、奥秘无穷的天体,引起古往今来多少人观测探索的热情。然而,对天文现象的观测不同于对自然界其他事物现象的观察。宇宙广漠,变幻莫测,大的天体硕大无比,小的天体用天文望远镜放大百亿倍,也难以用肉眼看得分明。速者来去匆匆,慢者千年不变,有的天天相见,有的百年难逢。矢志献身天文学研究的年轻大学生哥白尼深深地为变化多端、浩瀚无垠的宇宙现象所吸引。为了探索宇宙奥秘,哥白尼在克拉科夫大学读书期间,一方面研究托勒密的地心体系,"从理论上搞清它的来龙去脉及其实质,另一方面又开始了天文观测实践的研究,他利用学校的"捕星器"、"三弧仪"等天文观测仪器,观测过奇异的月食和众多的天体运动。

理论的研究,观测的实践,使哥白尼越来越多地看出托勒密地心体系的破绽。哥白尼开始认识到这个体系并非完美无缺,而是有些支离破碎,甚至混乱不堪了。

哥白尼通过对传统的亚里士多德——托勒密地心体系作长时间研究之后,他发现他们的理论和实际观测存在着许许多多多矛盾,对许多天文现象无法解释,使他对亚里士多德——托勒密的地心体系渐渐产生了怀疑。他尖锐地指出:首先,他们在日月运动方面的研究就是不可信的。他们甚至不能观测或计算出回归年的准确长度。其次,他们在测定五大行星运动时跟他们研究视运动和运转时用的不是同一个原理和假说。用同心圆、偏心圆和本轮去解释,都没有得到满意的结果。因此,不能建立一个同观测一致的完满的体系,他们"虽然能使所计算的视运动与观测结果一致,可是所用的前提违反了运动的均匀性这一基本原理。更重要的是,按照他们的理论无法推断宇宙的形状及其各部分永恒的对称性。"

哥白尼对亚里士多德、托勒密等哲学家、天文学家主观臆断制造混乱的地心体系非常不满。他形象地说:托勒密的宇宙体系。就像一个艺术家"要画一张画,从不同的模特儿临摹了手、脚、头和其他部分,然后不成比例地凑合在一起,尽管每部分都画得极好,结果各部分不协调,画出来的不是一个人而是个怪物。我们发现,在数学家所谓 μεθοοσν(研究、探索)的过程中,他们不是忽略了一些必不可少的细节,就是塞进了毫不相干的东西。"

哥白尼从天文观测的实践中,不断发现托勒密的理论和观测实际相矛盾,用托勒密体系计算出来的行星位置与实际观测的偏差越来越大。为了使实际迁就理论,于是,就主观地随意增加本轮的数目,圆上加圆,弄得地心体系越来越复杂,令人难以置信了。

总之,哥白尼认为托勒密这个千疮百孔的地心体系,不是修修补补所能解决问题的,而应该从根本上把它加以改造。他深信天体运动虽然眼花缭乱、变化莫测,只要坚持理论和观测相一致的原则,透过现象,抓住本质,一定会找出隐藏在天体运动之间的客观规律。他为发现宇宙结构的新体系,创立科学的天文学理论,付出了极其艰苦的劳动,花费了毕生的心血。

勇于探索真理是人的天职。哥白尼为发现宇宙结构的新体系,创立科学的天文学理论,首先要探索的问题是大地(地球)的形状。这个问题我们可以从哥白尼《天体运行论》写作的思路和逻辑中看得很清楚。他在这部著作第一卷的前三章《论宇宙之为球形》、《论大地同样之为球形》、《大地和水怎样构成统一的球》中提出这个问题,并作了探索。这个问题之所以重要,因为它是建立宇宙结构新体系的基础。

535 年,有人按照教皇的旨意,编造出《基督教宇宙地形学》一书,说什么宇宙是个类似长方模样箱子,箱子底是大地,它有四个角,圆形的穹隆状盖子是天空,它固定在箱子的四壁上,大地分为南北两部分,北部有人居住。在天空的上方是天海,天海的上方是"天国"。这就是当时占统治地位的基督教神学对大地宇宙形状的描述。

当时西欧的许多地理学家和天文学家对地球表面的海陆分布情况也不大了解,只知道欧洲、亚洲和非洲是全球最大的大陆,其他都是岛屿。因此,哥白尼认为对大地形状问题进行科学探索是十分必要的。

哥白尼从古希腊哲学著作中发现古代许多学者早就对大地形状、宇宙形状进行过长期的探索,特别是毕达哥拉斯学派明确地指出:球形大地悬挂在空中,并不是静止不动,月光是太阳的反射光。在古代,这种观点确实是惊人的创见。

第一次科学地论证大地为球形的人是古希腊最伟大的思想家亚里士多德。他总结前人长期观测所积累的资料,提出了"大地和其他天体都是球形的"看法。他根据自己的观测和考察提出了最有说服力的论据是:当一个人从北向南,或者从南向北旅行时,在他前方的地平线上会不断出现某些以前看不见的星星,某些星星则逐渐消失在后面的地平线以下;驶入大海的船只,无论它们朝什么方向行驶,船身总是先从观察者的视野中消失;在月食的时候,月亮出现的地影是圆的,这些都雄辩地证明大地为球形。

亚里士多德从理论和实践中得出大地为球形的看法是正确的。但是,他同时认为这个球形大地是宇宙的中心,而且静止不动,显然就是错误的了。

哥白尼从古代哲学家、天文学家对大地、天体研究探索的理论和实践中吸收了许多合理有益的东西。同时,他又进行了大量的实际科学考察和天文观察工作。他指出,由于地上有高山和深谷,乍看起来大地并不像一个标准球,实际上山谷不能使大地总体的圆球形状有多大改变。他列举了许多令人信服的论据说明这个问题。

论据之一:当我们无论从哪个方向向北走的时候,天球旋转的北极渐渐升高,同时南极降低。靠近北极的星星永不下落,而南面的一些星星永不升起。在意大利可以看到波江座诸星,在较冷的北方则看不见。当我们向南走的时候,与上述情况恰好相反。

论据之二:哥白尼指出人们观察日月食的情况也证明大地为球形。哥白尼说,当欧洲傍晚发生日月食的时候,我们东边的居民看不到,而在我们西边的居民却看不到我们这儿早上发生的日月食。中午的日月食,我们的东边居民要比西边的居民看到的时间晚些。

论据之三:为了证明大地为球形,哥白尼曾经对大海中航行的船只出没情况作过仔细的观察。他曾经请求一个船长帮忙,在桅杆上放一个明亮的东西,他注意观察当船远离海岸的时候,岸上人能看见亮点渐渐降低,最后慢慢沉没下去,看不见了。当船驶向海岸的时候,我们先看见桅杆,然后才渐渐看到船体。

但是,当时人们提出一个问题,如果大地为球形,那么大地和水如何构成统一的球一起运动呢?对此,哥白尼作了科学地回答。他指出"地同水具有共同重心,并同地球的容积中心相重合","大地跟环绕它的水结合在一起","不仅地上的水跟着地球一起运动,而且一部分空气也跟着地球一起运动。"后来哥伦布、麦哲伦等人新航路和新大陆的发现,从实践上有力证明了哥白尼关于大地为球形的观点是完全正确的,也有力驳斥了基督教关于主张大地为球形,必定有头向下的对蹠人存在绝对不可能的谎言。因此,哥白尼认为反对大地为球形的人们可以休矣,不要因为地球的大陆上存在着对称点和对蹠人而感到惊奇了。

从此以后,大地为球形的理论才逐渐为人们所接受。它为哥白尼进一步探索宇宙结构的新体系奠定了基础。这是哥白尼创立日心说迈出的可喜而重要的一步。

留学深造

哥白尼从克拉科夫大学毕业后,瓦兹洛德主教为外甥未来前途着想,推荐他到弗龙堡大教堂去当一名神甫。起初没有成功,后来经过一番周折,哥白尼的名字正式列入弗龙堡大教堂神甫会候补名单之中。为了将来在教会里能够胜任工作,必须精通管理教会的法律。于是,舅舅又送哥白尼到意大利博洛尼亚大学去学习教会法。

1496年夏,哥白尼从瓦尔米亚启程,越过阿尔卑斯山的布尔山峡,前往文艺复兴的摇篮——意大利。

意大利是一个文明古国,历史悠久,是西欧教会和政治生活的中心,首都罗马西北的梵蒂冈是罗马教廷所在地,从8世纪起成为天主教的中心。罗马教皇对教会的管理拥有最高权力。每年世界各地来罗马朝圣的人络绎不绝。哥白尼来到意大利的时候,文艺复兴运动正进入高潮阶段,人文主义风起云涌,在这里不仅产生了具有远见卓识的文艺复兴运动的领导人,而且也像雨后春笋一般出现了一批成就卓越、多才多艺的艺术家:达·芬奇、拉斐尔、米开郎琪罗、安特莱·但尔·沙多、弗拉·巴多洛美奥、乔乔纳、铁相、塞巴斯蒂安·但尔·比翁波、高雷琪奥。因此,意大利成为人们,特别是富有人文主义思想青年向往的地方。

哥白尼沿途游览参观了意大利许多著名城市、美丽的风景区,心旷神怡,大开眼界。他来到地处意大利通往北欧商道上的纽伦堡仪器制造中心,这里集结了一大批技术高超的技术专家和手艺人,他们制造的精密的天文学仪器驰名全欧,这使哥白尼特别感兴趣。在这里,他特意拜访了当时的著名天文学家和天文仪器制造者瓦特尔。

哥白尼按期到博洛尼亚大学法律学院报了到。博洛尼亚大学是欧洲一所古老的名牌大学,它吸引了从欧洲各国来的许多留学生在这里求学深造。

博洛尼亚大学由学生推选一名学监来管理,任期两年,在董事会的监督下处理学校的日常事务。教师要服从学监,认真备课,有事缺课要向学监和学生请假,否则,便会受罚或被剥夺教书的权利。

博洛尼亚大学的学习生活是紧张而又自由的。每天黎明教堂钟声敲响之后,学生们便立即起床去作礼拜。早饭后,7点钟开始上两小时课,上午其余时间自修。午饭后,下午又上课,连续三个半小时。当时哥白尼的专修课是教会法。除学好法律标准课程外,还有专题报告会和课堂讨论。在课堂讨论中,师生之间、同学之间可以就课堂所学有关内容进行自由辩论。

中世纪的大学生们,离乡背井到国外去留学,便失去了原来居住地的市民权,会感到很大的不方便,处处都会受到当地政府的种种限制。大学生们为了维护自己的权利,便纷纷组织各种团体,迫使当地政府给他们以特殊的优待权。法律学院的学生们按照所在国的国籍组成许多同乡会、同学会。哥白尼入校后不久就参加了当时学校中人数最多、势力最强的"德国同乡会",这使他结识了许多朋友,得到他们不少的帮助。

哥白尼在博洛尼亚大学法律学院学习教会法三年半没有毕业,于1501年回到了弗龙堡大教堂,这时他已经成为一名正式的神甫了。但他无意立即担任这个职务。这一年,他又继续请假去意大利留学。这次他来到了意大利著名的帕多瓦大学攻读法律和医学。在那里他完成了法律的学习任务,但是,没有在那里毕业。后来,他又转入裴拉拉大学,经过学位考试,于 1503 年 5 月 31 日,终于取得了这所大学的教会法博士的学位。

中世纪博士学位考试和颁授学位的仪式是特别隆重的。考试那一天,哥白尼由推荐他的导师伴随着,按时来到了考场,身着礼服的主考教授们已经坐在那里了。

开始,主考教授指定两节教会法叫哥白尼去准备。下午,哥白尼来到了考场,对两节教会法作了圆满回答。接着,主考教授提出各种问题,令哥白尼答辩。答辩结束后,主考教授们便开始了无记名投票。结果,哥白尼顺利通过。

接着,哥白尼由他的导师和同学们陪同到大教堂去出席隆重的博士授予仪式。哥白尼先作了一篇讲演,然后端端正正坐在椅子上,学位授予人给他戴上一顶教士四角帽,发给他一张法律博士文凭,另外还有象征学海无涯的一本书和一个象征思想和行为纯洁的金戒指。哥白尼正式取得了教会法博士学位。这时他的导师、同学们来到他身边,和他亲吻、拥抱、握手,表示良好的祝愿。随后新博士哥白尼设宴盛情招待他的导师、同学和亲友。至此,颁授博士的隆重仪式才在一片欢乐的气氛中结束了。

虽然哥白尼在意大利获得的是唯心主义的教会法博士学位,但是,他在意大利留学期间把大部分时间和精力都放在天文学研究上了。他在继续探索宇宙结构的新体系问题。

哥白尼在克拉科夫大学证明大地是球形的问题之后,接着又考虑地球的运动,以及地球在宇宙中的位置问题。他深深认识到这两个难题不解决,"就不能得出可靠的天象理论"。

为了解决这两个难题,哥白尼翻阅了许多天文学资料,但是,都是一些亚里士多德——托勒密地心体系的理论,有意义的东西极少。怎么办呢? 这时,哥白尼想起了勃鲁泽夫斯基教授,正是在这位恩师谆谆教诲和帮助下,他才矢志献身天文学事业,开始天文学研究,并取得了对大地为球形的新认识。于是,哥白尼决定请教老师,争取他们的帮助。意大利各大学有许多著名的数学家、天文学家和学者,从他们那里一定会学到许多新东西,受到重要的启迪和教益。于是,哥白尼抓住在意大利留学的难得机会,求师访友,不耻下问。这使他学到了许多书本上学不到的知识,也增长了才干,受到了鼓舞,明确了天文学变革的方向。

哥白尼在意大利遇到的第一位良师是博洛尼亚大学著名天文学教授达·诺瓦拉。诺瓦拉是文艺复兴运动的领导人之一,他精通古希腊的学术思想,受毕达哥拉斯学派影响很深,十分钦佩这个学派的治学精神。他是一位实践的天文学家,曾亲自测量过南欧一些城市的纬度,发现这些纬度的数值或多或少同托勒密所得出的结果有差别。他还测量过黄道的倾角,发现黄道的倾角在逐步地变化。所有这些天文测量的实践,使他对托勒密的地心体系产生了很大的怀疑。

哥白尼对诺瓦拉渊博的知识、实践的才干、严谨的学风、变革的思想,非常崇拜。他向老师介绍了自己在探索宇宙结构新体系中遇到的一个个难题和自己的一些想法。诺瓦拉教授听了之后,十分感动,看出哥白尼是一个难得的人才,决定把哥白尼请到自己家里来住,把自己的全部知识和思想都无保留地传授给哥白尼。诺瓦拉不仅耐心地给哥白尼讲授天文学理论,还和哥白尼一起观测。1497 年 3 月 9 日,师生两人进行了一次著名的天文观测。那天晚上,夜色宁静,繁星闪烁,一弯新月浮游太空。

他们站在圣约瑟夫教堂的塔楼上,仔细观测金牛座中亮星"毕宿五"怎样被移动的新月渐渐所遮掩。当"毕宿五"和新月相接,还有一些缝隙的时候,"毕宿五"很快就隐没起来了。他们对整个过程、确切的时间作了详细的记录,并作出了科学的解释。他们还一起讨论、研究怎样用简单的几何图形和数学表示宇宙的结构和规律,用以改进和简化托勒密的地心体系。这些对哥白尼的思想和理论研究产生了很大的影响,后来哥白尼对天文学的伟大变革就是沿着诺瓦拉所指的方向前进的。

不久,哥白尼离开博洛尼亚大学,来到帕多瓦大学。在这里,他又遇到了著名的天文学教授弗拉卡斯多罗。他是一位精通哲学、医学和天文学,具有广博知识的学者。他在哲学、医学和文学研究上都曾作出具有重大革新意义的贡献。

哥白尼非常高兴地去拜访这位当时在学术界很有威望的著名科学家。这位教授为哥白尼多年来潜心于天文学研究,敢于向传统的宗教神学挑战的精神所深深感动。他决心帮助哥白尼打破托勒密的地心体系。为此,他建议哥白尼重读古希腊罗马哲学著作,这对解决地球的运动和地球的位置问题,定会受到很大的启迪。事实正是这样,哥白尼后来重读古希腊罗马哲学著作,进一步推动了自己对天文学的研究。

哥白尼在意大利期间还曾经去拜访过那个时代意大利大画家、大数学家、力学家和工程师达·芬奇。达·芬奇比哥白尼大二十一岁,他多才多艺,学识广博,是文艺复兴时代的骄子。名画《最后的晚餐》《蒙娜丽莎》是他的代表作。他冲破传统绘画的清规戒律,使绘画艺术真实地反映现实生活,被誉为"科学的画家"。他蔑视宗教神学,反对教会特权,公开指责教会是贩卖欺骗的店铺。

哥白尼对绘画也颇为爱好,至今还保留着他的一幅自画像。他去拜访达·芬奇,不仅是为了学习这位大画家的绘画艺术,主要是想听听达·芬奇对天文学研究的意见。因为他听说达·芬奇对天文学也很有研究,特别是对托勒密的地心体系有许多看法。

达·芬奇虽然是那个时代一个名人、艺术大师,却热情地欢迎了当时还无名的一个外国年轻学者的访问。

当哥白尼向达·芬奇请教对天文学研究的意见时,他毫无保留地谈出了自己的看法。他认为托勒密的地心体系不符合宇宙天体客观实际,应该重新探索宇宙结构的新体系问题。当他知道哥白尼正在进行这个问题的研究时,显得非常高兴。他对哥白尼说:搞科学研究,不仅要重视实践,而且要重视理论,懂得实践和理论统一的重要性。他形容醉心实践而看轻理论的人就好像一只没有舵和罗盘的领航人一样,永远不知道船航行的方向。

达·芬奇的热情帮助、宝贵经验、卓越见解,给了哥白尼以重要的启迪,使他对建立宇宙结构新体系充满了信心。

哥白尼为了摆脱传统观点的束缚,解决地球运动与地球的位置这两个难题,接受了导师的建议,开始了对古希腊罗马哲学的广泛研究工作。他希望能找到在天体运动的各方面有跟传统观点不同的假说,把创立宇宙结构的新体系的研究工作进一步推向前进。

哥白尼不辞辛苦地重读了古希腊罗马哲学著作,真的发现了与地心天动理论相反的见解——日心地动说。毕达哥拉斯学派的费罗斯认为球形的地球同太阳、月亮一样,在一个倾斜的轨道上绕着(中心的)火运动。"但是这火不是太阳,这毕竟是关于地球运行的第一个推测。"

在天文学史上第一个明确提出以太阳为中心和地球绕太阳运动的精辟见解的人是公元前3世纪初出生在希腊塞莫斯(又译萨湾斯)岛的阿里斯塔克。他是一个很有独到见解的伟大学者。他正确提出:地球和行星都以太阳为中心作圆周运动。地球每年绕太阳公转一周,同时,又每日绕轴自转一周,从而产生天体的周日和周年变化。他指出恒星离地球比太阳离地球要远得多。所以,地球绕太阳所画的圆周,其大小比起恒星所在的天球来说要小得多。

对阿里斯塔克的日心说,恩格斯作了高度评价。他说:"塞莫斯的阿里斯塔克早在公元前270年就已经提出哥白尼的地球和太阳的理论了。"阿里斯塔克在哥白尼之前十七个世纪就提出了日心说,可以不夸张地说,他是"古代的哥白尼"。然而,他的卓越的见解太激进了,没有被同时代人所接受。

阿里斯塔克的理论来源于他对天体的实际观测。他在天文学史上是第一个试图测量太阳、月亮和地球相对距离的人。他在《论日月的大小和距离》一书中,详细地记述了测定两个天体距离的巧妙方法,开创了人类用科学方法研究天体大小和距离的历史。由此,他提出大的太阳不可能围绕小的地球运动,而是地球围绕太阳运动,宇宙的中心不是地球而是太阳。阿里斯塔克的光辉思想,对于哥白尼提出科学的日心说起了重要的启发作用。

哥白尼为自己从古希腊罗马哲学中找到了创立宇宙结构新体系的理论假说而高兴。然而,他也深深知道古人的哲学思想,还只是一种理论的推论,是一种天才的猜测而已,要把这种天才的思想变为现实,成为一种科学的学说,还需要进行大量的天文学观测和艰苦的理论论证工作。

"在古希腊哲学的多种多样的形式中,差不多可以找到以后各种观点的胚胎、萌芽。因此,如果理论自然科学想要追溯自己今天的一般原理发生和发展的历史,它也不得不回到希腊人那里去。"这是恩格斯对哥白尼以来近代自然科学发展的科学总结。哥白尼开创了自然科学探索和哲学研究相结合的正确道路。哥白尼之后,许多富有开拓精神的自然科学家,为了把自然科学推向前进,不断解决前进中的困难,在自己的科学实践中,总是自觉地把哲学研究和创立科学理论的探索结合起来,使他们能摆脱旧思想束缚,视野更加开阔,从而提出新理论,在科学上有所建树。正如爱因斯坦所说:"物理学的当前困难,迫使物理学家比其前辈更深入地去掌握哲学问题。"

虽然古希腊哲学家毕达哥拉斯学派和阿里斯塔克等人早就提出过"地动"的思想,可是,在长达一千四百多年的黑暗的中世纪里,占统治地位的亚里士多德——托勒密的地心说,坚决反对"地动"的观点,而主张"天动",认为地球是宇宙的中心,静止不动,日、月、星辰都围绕地球转,指责地动说是"滑稽可笑的"。

他们是怎样论证地球居于宇宙中心静止不动的呢?根据有两条:一是地球上一切有重量的物体都向地球中心运动,在到达终点后必然静止。地球收容一切落体,地球由于本身的重量最重而静止不动。二是所谓关于运动的一个假想性质。亚里士多德说,每一种简单的运动不是向中心(即朝下)就是离中心(向上)或是绕中心(圆)运动。只有大地和水是重元素,应该向下运动,趋于中心。托勒密则说,如果地球有运动,除非有坚固的夹具,否则快速旋转的物体就要飞散,云云。

后来,经院哲学家和神学家按照教皇的旨意,篡改亚里士多德——托勒密的地心说,宣称上帝选择地球作为宇宙的中心,把创造出来的人放在不动的地球上,而处于各个天层上的太阳、月亮和行星都围绕着地球旋转,上帝统治着整个宇宙。"僧侣主义扼杀了亚里士多德学说中活生生的东西,而使其中僵死的东西万古不朽。"宗教神学把亚里士多德——托勒密地心说神圣化了,不许任何人怀疑。尽管如此,经过文艺复兴运动风暴洗礼的人们,早就对亚里士多德——托勒密的地心说产生怀疑。

哥白尼认为"天动"还是"地动",这个问题并未解决,有必要作广泛而深入地研究。哥白尼是如何从理论和实践上说明在人们感觉中不动的大地是运动的呢?

哥白尼根据数学、天文学和物理学的基本原理,详细地论证了"地动"说,驳斥了所谓"天动"说。他首先指出,由于大地和一切天体为球形,所以,地球和天体必然作圆周运动,这种运动是球形所固有的性质和特点,它既没有起点,也没有终点。所以,"只有圆运动能回复物体原先的位置。例如,太阳的圆运动的复合使昼夜交替不绝,四季周而复始。"

进而,哥白尼根据物体运动的相对性原理对"地动"说又作了进一步科学解释。他说:"无论观测对象运动,还是观测者运动,或者两者同时运动,但不一致……如果假定是地球在运动,也会显得地外物体作方向相反的运动。"他用行进中的船和岸上景物的关系作了形象说明:"我们离港向前航行,陆地和城市后退了"。船动,而船里的人觉得自己是静止的,船外的景物慢慢向后移动。哥白尼进而指出:"天体的周日运动也是这样。人们假定地球不动,天体每天绕地球由东向西转一周,同时,地球本身每天绕自己轴心在从西向东昼夜不停地运动。

哥白尼指出:"天比地大,其大无比"。天穹包容万物,为什么要把运动归于包容者而不归之于被包容的东西呢? 这就是说,既然承认整个宇宙天体运动,那么,为什么地球作为整个天体的一部分不运动呢? 由此哥白尼得出结论:地球作为天体的一部分也要参与整个天体的运动。地球是一个有大小的"体",并不是一个纯粹的"点"。

哥白尼从理论和实践上对"地动"作了科学说明之后,又对托勒密等人鼓吹"天动",非难"地动"的种种奇谈怪论作了有力地驳斥。

托勒密说,地球和地球上一切物质会由于高速旋转时受到离心力的作用而飞散和崩溃。哥白尼认为这种担心是没有根据的。他说,如果说地球由于本身的转动会因为受离心力作用而有飞散、崩溃的危险,那末,你们主张"天动",整个天体以比地球高得多的速度旋转,为什么倒不担心它会飞散呢? 照你们的逻辑看来,整个天体也应该是静止的了,这和你们的"天动"说不是自相矛盾吗?

托勒密还说,地球上一切物质会因为地球的高速旋转而被抛到地球的后面去。对托勒密的这种论点,早在 14 世纪,法国人奥雷斯米根据力学原理作了驳斥。他以飞箭的运动作了说明。一根由地面垂直向上射出的飞箭,存在着两种运动:一是飞箭离弦而垂直向上飞行,二是飞箭随地球和它表面上的空气一起,由西向东转动。在站在地面上与地球一起转动的人看来,飞箭仍旧向上飞行,而决不会飞到后面去。哥白尼对奥雷斯米的观点十分赞赏。哥白尼认为,地球和地球上一切事物运动都有其客观规律性。"它们遵循同地球一样的自然法则。"因此,天空中的彩云和飞鸟,以及地球上一切物体都跟着地球一起运动,决不会像托勒密所说那样,被抛到地球的后面去。

由此,哥白尼得出结论:"地动"是确定无疑的。那末,地球有哪些运动呢? 哥白尼考察证明地球有两种运动：一种是"地球自西向东绕轴昼夜自转"，一昼夜转一周。由于这种运动，使整个宇宙看起来，像顺着"回归年"即赤道作相反的运动。另一种运动，是地球的公转，地球带着月球同其他行星一起绕太阳运动。正是由于地球的这种运动，才有春、夏、秋、冬四季之分。

哥白尼通过在意大利求师访友，重读古希腊罗马哲学，经过长时间的研究和观测之后，基本上弄清楚了地球运动的问题。这样，就把他创立宇宙结构新体系的研究工作向前又推进了一大步。

天体运行

1506年，哥白尼从意大利留学回到波兰后，没有立即到弗龙堡大教堂去任职。他的舅舅瓦兹洛德主教年老多病，需要外甥留在自己身边协助料理教区事务。哥白尼也决定报答舅舅的养育之恩，照顾好舅舅的晚年生活。同时，他也希望有一段充足的时间，继续他的宇宙天体结构新体系的研究，整理他在留学期间所搜集的大量天文资料，进一步总结自己的研究结果。因此，哥白尼便以主教的秘书和私人医生名义，在瓦尔米亚主教官邸利兹巴城堡里住了下来，并正式开始了《天体运行论》的写作工作。

利兹巴城堡在弗龙堡大教堂西南六十四公里一个风景优美的乡村。这座城堡外边有坚固的防御工事，内部有华丽的装饰陈设，好像当时的帝王宫殿一样。

1512年，哥白尼随舅舅瓦兹洛德去克拉科夫参加国王的婚礼，在归途中，舅舅不幸病逝。处理完舅舅的丧事后，哥白尼就离开瓦尔米亚主教官邸，到弗龙堡大教堂去任职。

弗龙堡位于瓦尔米亚北部海滨地区。城内有一个小丘，市民的住宅都聚集在小丘的周围，丘上矗立着一座建于14世纪的巍峨教堂。在其四周筑有高大的城墙，城墙上建有箭楼，从箭楼可以眺望蔚蓝色的波罗的海。

哥白尼在弗龙堡定居后，就买下城堡西北角的一座箭楼作为他的宿舍兼作天文观测台。箭楼有三层，三角形的楼顶向前倾侧几乎伸到城墙的外边。楼顶的最上层有三个窗口，那里是哥白尼的工作室，有门通往城垣的平台。从最上层的窗口可以向四面八方观测天象，平台适宜作露天的观测。哥白尼住在这里一直到他去世。

从17世纪以来，这座箭楼被人们称为"哥白尼塔"，并作为天文学的圣地保存下来。至今，那里还悬挂着哥白尼的巨幅画像。

哥白尼在弗龙堡建立起箭楼天文观测台后，"开始从事更准确的观测"。然而，弗龙堡并不是观测天象的好地方，因为它纬度偏北，行星常出现在南方地平线上，很难观测。而且，弗龙堡地处波罗的海的海滨，阴湿多雾，星象模糊，容易造成误差。

只有严寒的冬天，天气晴朗，才是观测天象的大好季节。每逢这种季节，哥白尼总是不怕寒冷，拿着仪器来到外面的露台上，通宵达旦地进行观测。哥白尼所用的观测仪器都是自己动手制作的。一种是测量行星距离的"三弧仪"，一种是测定太阳中天时高度（即太阳在地平线上最高的角度）的"象限仪"，再一种是测量天体在天空任何处的高度的"三角仪"。这种"三角仪"在哥白尼去世后四十年还保留在弗龙堡。后来，这种仪器送给丹麦著名天文学家第谷·布拉赫。第谷死后，奥国皇帝卢多耳夫二世收藏了这件仪器。可惜的是哥白尼这件有历史纪念意义的三角仪在宗教战争里下落不明了。

虽然,哥白尼自制的观测仪器是十分粗糙和简陋的,他的观测技术也无法与现代人相比。可是,他观测结果的精确性是十分惊人的。他测得月亮与地球的距离是地球半径的六十点三倍,现今公认值是六十点二七倍。

哥白尼坚持观测天象,几十年如一日,是为了使自己创立的新学说符合客观实际,用他观测所获得的第一手材料,来充实、修正自己的学说,并验证它的正确性。他观测的内容非常广泛,仅《天体运行论》一书记载就有日食、月食、火星冲日、金星冲日、木星冲日、土星冲日、黄赤交角、春分点的移动等将近五十种观测记录。

理论来源于实践。天象观测的实践,使哥白尼对宇宙天体结构的规律性有了新认识。哥白尼在长期的观测中发现,火星、木星和土星几个外行星,在晚上升起的时候离地球最近,这时它们与太阳相冲。换句话说,地球正处在这些行星与太阳之间;这些外行星在晚上下落时,行星离地球最近,行星与太阳相合,即太阳在行星与地球之间。通过这些观测发现,哥白尼进一步认识到,所有行星即外行星和内行星应该有共同旋转中心,这个中心不是地球,而是太阳。

哥白尼观测天象中的新发现,为他写作《天体运行论》,探索宇宙结构的新体系,提供了大量准确有价值的材料。1515年秋,当哥白尼继续更准确进行天文观测,全面展开《天体运行论》写作的时候,盘踞在波兰北部的条顿族骑士团经常进犯波兰边境。教会借重哥白尼的声望和才学,委派他去管理屡遭敌人进犯的奥尔什丁和皮耶宁日诺两个地区庄园,以对付大军压境的危机。

哥白尼反对战争,热爱和平,是个杰出的爱国者。他认为抗击骑士团是每个公民义不容辞的责任。大敌当前,国家处于危难之时,他没有半点犹豫,立即听从祖国的召唤,离开弗龙堡,去履行自己的公民义务。他说:"没有任何义务比得上对祖国义务那么庄严,为了祖国而献出生命也在所不惜。"

在战争的岁月里,哥白尼仍然没有中断他的天文观测和写作工作,他随身带去了一些必要的资料,在奥尔什丁堡的哨塔上,布置了一个简易的观测台,仍然坚持天文观测工作。由于敌人常来进犯,哥白尼全力以赴去对付敌人的挑衅和骚乱,《天体运行论》的写作进展较慢。

哥白尼在奥尔什丁堡任期三年后,回到弗龙堡,他准备集中精力加快《天体运行论》的写作。可是,这时战争已经爆发,弗龙堡陷入条顿族骑士团重围之中。敌人烧杀掠夺,断绝粮草,企图迫使城里的守军投降。教堂的神甫们都一个个逃跑了。哥白尼仍然留在城中,同居民们一起全力支援守军作战。哥白尼还亲自设计修建水闸和水磨,同居民们一起修筑运河,兴修水利,发展生产,对支援战争和振兴经济起了重要作用。

1520年秋,在极端困难的条件下,教会再次委派哥白尼去奥尔什丁堡管理庄园。这时条顿族骑士团已经侵占了附近许多城堡,直逼奥尔什丁堡。

哥白尼亲自部署防务,登城督战。当敌人用燃烧弹攻城,妄图以火攻取胜的时候,哥白尼毫无惧怕,同军民一起用浸湿的被子捂灭敌人的燃烧弹。经过五天五夜的激战,城堡始终没有被敌人攻下。

敌人恼羞成怒,派人到弗龙堡教堂把哥白尼的许多藏书、书稿和天文观测仪器放一把火烧毁了,妄图以此迫使哥白尼屈服。但是,敌人的阴谋没有得逞,哥白尼和全城军民共同抗敌,城堡始终没有陷入敌人之手。敌人只好撤军休战。

战争结束后,波兰国王齐格蒙特论功行赏,选举哥白尼为瓦尔米亚专员,受到特别嘉奖。因为他管理政务有方,不久,又推举他为瓦尔米亚主教区行政总管。到任后,哥白尼立即帮助人民发展生产,医治战争创伤,重建家园,深受人民的爱戴。

哥白尼作为杰出的管理者,担任瓦尔米亚主教区行政总管后,对关系到人民经济生活的货币问题十分关注。他虽然没有在大学里学习过经济学,但他从自己管理教区政务的多年实践中,深切了解货币价值的涨落对群众生活和国家经济都会发生直接的影响。

哥白尼早在奥尔什丁堡管理教会所属庄园的时候,波兰、普鲁士和骑士团。甚至像托伦、革但斯克等大城市都大量制造货币。货币的发行量超过它象征代表的金或银的流通量,并且在其发行的货币里熔入愈来愈少的金或银,结果造成货币贬值,物价高涨,广大群众的实际生活水平大大降低,而且直接影响了国家的对外贸易。因此,外国商人不愿意甚至拒绝用他们的货物去换取无价值的货币。正是由于货币的这种"疾病"如此严重,才促使哥白尼在紧张撰写《天体运行论》的过程中去研究货币问题。

哥白尼认为和宇宙天体运行是有其客观规律一样,充当一般等价物的特殊商品——货币也是有其客观规律可循的。

1519年,面对各国货币异常混乱的情况,哥白尼通过自己长期的研究,提出成立"货币同盟"的积极主张:在参加"货币同盟"的各个国家里,只流行一种货币,由一个机关发行,发行的数量应有一定的限制,规定每个货币含有一定份量的金或银,同时,将以前各国发行的贬值的货币一律收回销毁,不得再进入流通领域。

哥白尼阐述的这一卓越思想,在经济学上称为"劣币驱逐良币定律",指实际价值不同而名义价值相同的货币同时流通,实际价值高的货币——良币,被实际价值低的货币——劣币所取代,这样就可以防止由于货币贬值而造成通货膨胀现象。

一般认为这个定律是英国女王伊丽莎白一世的顾问、金融家格雷欣最早发现的,所以,这个定律又称为格雷欣定律。

实际上,早在格雷欣才刚刚诞生的那一年,哥白尼就发现了这个定律,作了科学的说明,并用德文写成一本书。1522年,哥白尼作为瓦尔米亚主教区行政总管出席过普鲁士货币改革代表大会,在会上宣读了《论货币的信誉》论文。在这个基础上,1528年,哥白尼又用拉丁文写成具有很高学术价值和实践价值的专著送交普鲁士贵族代表大会讨论。哥白尼对货币改革的新理论,得到了国会议员们的普遍赞同。但是,政府当局仍然肆意从货币混乱中去取利,不肯采纳哥白尼的正确主张。因此,哥白尼的货币理论没有取得实际效果。

然而,哥白尼在紧张写作《天体运行论》的同时,积极研究关系到千百万人民群众疾苦的货币问题,并做出了自己的重要贡献,人们是永远不会忘记的。

从1521起,哥白尼利用战后寂静的时间,全力展开了《天体运行论》的写作。这时写作进入了重要阶段,哥白尼遭到的一个最大难题:宇宙的中心问题。这个问题是哥白尼宇宙天体结构新体系——日心说的核心和灵魂。他认为在成功地探索大地的形状、地球的运动等问题之后,又经过在弗龙堡开始的更准确的观测,占有大量材料的基础上,再攻克这个最大难题就迫在眉睫了。但是,这个问题比较复杂,难度也相当大。

"地心"还是"日心"两大天文学派、两种世界观的斗争由来已久。

公元前4世纪,亚里士多德提出唯心主义的"地心说"的宇宙观念,认为地球是宇宙的绝对中心,静止不动。他的主要依据有两条:一是假定地球在空间运动,和地球一起运动的观察者应该看到天球上恒星位置的移动。可是,当时并没有看到这种现象。这种现象直到18世纪才被发现。所以,亚里士多德这种错误的观点,在他以后两千多年的漫长岁月里,被用作证明地球静止不动的最有力的证据。二是他把由于地球自西向东自转而产生的所谓恒星每昼夜绕地球旋转一周的视运动,用来证明地球静止不动。亚里士多德的宇宙观念,在古希腊奴隶社会里,一直占据着绝对的统治地位。

到了公元2世纪,托勒密在继承亚里士多德等人宇宙观点的基础上,从感觉经验出发,建立了托勒密的地心体系,坚持地球是宇宙的中心,认为日月星辰之所以不能趋向宇宙中心,是因为它们固定在各自的天球上。

从亚里士多德到托勒密都主张地球是宇宙的中心,所有的行星、太阳、月亮以及众恒星都围绕地球运转。一直到哥白尼,前后14个世纪,"地心说"牢牢地占据着统治地位。要打破这种传统观念,提出新见解,会被看成是荒唐的举动。

这就需要哥白尼格外谨慎,需要把自己长期研究成果进一步概括,写成专著。这是一件很困难的事情,它不仅需要作者有渊博的知识、深厚的理论,而且需要作者有丰富的想象力和创造力,要有打破传统观念的勇气和开拓新道路的革命精神。哥白尼决心摆脱那些违背真理的传统的错误意见,深入去探索"宇宙中心"这个天文学研究中最重大的课题。

对古希腊罗马哲学有很深研究的哥白尼认为,整个世界是个相互联系的统一整体,任何事物都不能孤立地存在。自然界的事物是这样,宇宙天体也应该是这样。在攻克宇宙中心问题过程中,他从观测宇宙天体现象入手,透过现象,抓住本质,努力去探索宇宙天体的规律。

他认为,宇宙天体的联系是客观的,人们认识宇宙天体,使主观符合客观,就能发现宇宙天体之间联系的客观规律。

哥白尼是如何科学地论证宇宙的中心不是地球而是太阳的呢?

首先,他根据行星视运动的不均匀性证明了地球并不是宇宙的中心。人们从地球上看,行星的运动是不等速的,但是,"我们假定地球不正好在中心,而是离宇宙中心有一段距离。"然后,假定行星的运动是匀速的,是围绕着地球以外的某一个中心运动,那么,行星运动的不均匀性立刻就可以得到合理说明。哥白尼通过观测,从行星运动与地球运动的联系上科学地说明了行星运动的不均匀性。

为什么行星的均匀运动会显得不均匀呢?这里有两个原因:"地球的运动以及行星本身的运动"。他根据地球和其他行星的相对运动,解释了行星的顺行(由西向东)、逆行(由东向西)和留(停留不动)的现象。他说,这种现象是住在地球上人的一种错觉,这种现象不是由于行星本身的运动,只是地球运动的反映。因为地球不仅自转,而且围绕着太阳运动,各个行星也都有各自的轨道,围绕中心太阳运动。

哥白尼发现各个行星都有三种共同的周期运动:一日一周、一年一周和相当于岁差的周期运动。如果把这三种运动都归于地球就可以消除托勒密体系里的不必要的复杂性。"这样,我们就把行星、太阳不均匀运动的原因认为是它们绕别的中心(不是地球!)均匀运动的结果。"

其次,哥白尼根据行星与地球之间的距离有变化的事实,科学地证明地球并不是宇宙中心。行星与地球距离有变化,二者距离有时近些,有时又远一些。这里有两种情况:可能是行星相对于地球运动;也可能是地球在相对于行星作运动。这就说明地球并非是所有行星旋转的中心。如果行星在以地球为中心的同心圆上旋转,那么,行星与地球间距离的变化就无法解释了。所以,哥白尼说:"地球肯定不是行星轨道的中心。"

再次,哥白尼证明了地球重心或重力不能成为宇宙中心的依据。所谓重心是指物体各部分所受重力的合力的作用点。重力是什么?从广义上讲是指任何天体使物体向该天体表面降落的力。在哥白尼看来,"重力并不是别的,而是造物主赋予物体使之联合为球形状的一种自然倾向"。然而,这种重力性质并不是地球所独有,太阳、月亮和行星也有这种性质。正是由于这种性质,使它们成为球形,并有各自的重心或重力。因此,哥白尼认为地球的重心问题不能成为宇宙中心的依据。

综上所述,哥白尼基于前人和自己的观测实践,并进行了深入的研究之后认为,如果说地球还有别的运动,那就一定是跟其他行星一样的运动,即围绕太阳中心的运动。由此,他得出了一个新结论:"太阳是宇宙的中心。正如人们所说,只要'睁开眼睛'正视事实的话,就会看到星体合理的秩序与宇宙的和谐。"

哥白尼在确定"太阳是宇宙的中心"的问题之后,接着他考虑的是天体围绕太阳运动的顺序的问题。他首先研究了托勒密体系中行星的秩序。他发现由于托勒密把地球作为中心,使其天体顺序破绽百出,破坏了整个宇宙和谐的统一性。托勒密的行星轨道排列是按运动周期长短设计的。把行星分为内外两组,太阳处于这外行星和内行星之间。外行星包括火星、木星和土星,内行星包括水星和金星。所谓理由是"太阳处在视位置可远离太阳的行星和不能远离太阳的行星之间"。哥白尼指出,这种说法是不可信的。月亮视位置可离太阳很远这一事实,就暴露了这种说法的谬误。

哥白尼对此提出了一系列的质疑。问题分歧集中在金星、水星如何安排上。托勒密把金星、水星的均轮放在太阳轨道之内,认为金星、水星"附日而行",它们的本轮总是共同处在日地连线上。哥白尼认为托勒密的这种安排完全是主观臆断,不符合客观实际,他指出:"把金星排得比太阳近,再次是水星,或者安排别的什么顺序,可以讲出些什么道理来呢?为什么金星、水星不同其他行星一样遵循同太阳分离的路径呢?"

哥白尼认为,必须认真考虑《百科全书》作者马丁·卡佩拉和一些拉丁学者的朴素的观点;"金星和水星像其他行星一样,不是绕地球旋转,而是以太阳为中心旋转,所以他们的视位置离太阳不能远于轨道大小所允许的程度。除了说明这些行星轨道中心近于太阳之外还能意味着什么呢?所以,水星轨道必定在金星之内,金星轨道比水星轨道大两倍。"

哥白尼在进行理论研究的同时,并且通过观测实地测定了行星的公转周期,重新安排了太阳系诸天体的排列顺序。他指出,太阳系的行星在各自的圆形轨道上围绕太阳旋转,它们的轨道大致处在同一个平面上,它们公转的方向也是一致的。哥白尼按照周期同轨道大小或正比的观点,重新安排了天体从远到近的顺序:最远的是恒星天球,它是其他天体位置和运动的参考背景。在行星中土星离太阳的位置最远(当时尚未发现天王星、海王星和冥王星),水星离太阳最近,它们从远到近的顺序是:土星、木星、火星、地球、金星和水星。

太阳傲然坐镇,普照宇宙。在这个华美的殿堂里,太阳好像是坐在统率着围绕它的行星家族的王位上。

这样,哥白尼就正确解决了宇宙中心这个最大的难题,使宇宙天体的新体系——日心说或太阳中心说基本确立起来了。因为这个学说立足在地球绕日运动的基础上,人们又称为日心地动说(简称地动说)。哥白尼的伟大在于他把地球从宇宙中心地位拉下来,降为一颗普通的行星了。地球不断自转并围绕太阳运行,这样,就彻底推翻了托勒密的地心说,粉碎了上帝创造世界的神话。这是人类天文学史上一场翻天覆地的大革命。

19世纪,俄国的著名学者和诗人罗蒙诺索夫曾写过一首打油诗,批驳了托勒密的地心说之荒谬,赞扬了哥白尼日心说之伟大。诗是这样写的:

有一次,两个天文学家在席间相遇,他们争论得脸红脖子粗。

一个说:"地球一面自转,一面绕太阳运行"。另一个说:"太阳率领月球行星绕地球转。"这两个人,前者是哥白尼,后者是托勒密。厨师站在一旁,用极妙的譬喻解决了这场争端。

主人问:"你懂得天体运行吗?

告诉我,你对他们的争端意见如何?"

厨师回答说:"我虽然没到太阳上去过,也能证明哥白尼的话一点不错。

请问,叫炉灶绕烤肉厨师转的有谁见过!"

由于宇宙中心难题的攻克,哥白尼写作《天体运行论》的步伐大大加快了。

哥白尼不是一个职业天文学家,他主要担任教会的神甫工作,他写作《天体运行论》都是在完成教会神职工作之后,利用业余时间进行的。由于教会事务繁忙,常常干扰他的写作,时间得不到保证。可是,他并没有被种种困难所吓倒,放弃自己的写作。他见缝插针,废寝忘食,以惊人的毅力坚持写作。他虽然在1506年从意大利留学回国之后,就正式开始了《天体运行论》的写作,但由于种种原因写作一直没有完成。大约到1530年左右,《天体运行论》的手稿才基本完成了。

哥白尼在完成《天体运行论》手稿之后,没有急于发表,因为还需要修改、补充,使其不断完善。他应朋友们的要求,并想征得他们的意见,作进一步的修改。他把手稿的基本观点抽出来,用拉丁文写出了《天体运行论提纲》,送给他的一些朋友和天文学家,并和他们一起讨论这个《提纲》。

哥白尼在这个《提纲》中,第一次以书面的形式提出了日心说。他正式宣布:所有的天体都围绕太阳运转,太阳附近就是宇宙的中心所在。地球也和别的行星一样绕着圆周运转。它一昼夜绕地轴自转一周,一年绕太阳公转一周。

哥白尼在《提纲》中概括了宇宙天体新体系的基本思想和大致轮廓。这种新奇的思想在朋友中间,一方面受到欢迎和重视,另一方面也引起担心和疑问。哥白尼认为这种担心和疑问都是不必要的。他引用古罗马伟大诗人和哲学家西塞罗的话说:"没有什么东西赶得上宇宙的完整,赶得上德行的纯洁。"哥白尼认为宇宙是完整的、对称的、和谐的,是具有可以理解的规律和秩序的。

哥白尼《天体运行论提纲》的传抄,使欧洲不少天文学家都逐渐了解了哥白尼日心说的基本思想,在社会上引起了反响。

哥白尼这个《提纲》经过再次修改,直到 1540 年终于在革但斯克公开发表,引起天文学界的更大轰动。

《提纲》的问世,奠定了哥白尼伟大学说的第一块基石,就是在这块基石上牢牢建起了他的天文学的宏伟的理论大厦。

哥白尼写作《天体运行论》花费了漫长的岁月,修改手稿比写作所花费的时间和精力更长、更多。

1525 年秋,哥白尼在弗龙堡箭楼全面展开《天体运行论》写作和修改工作的时候,来了一位女管家安娜。她出身名门,容貌漂亮,性情娴淑,心地善良,对人体贴,非常能干。她对哥白尼渊博的学识,卓越的思想,高尚的品德,超人的毅力,勇于向传统观念挑战的精神,由衷地敬佩。

安娜来了之后,亲眼看到哥白尼独身一人,整天废寝忘食,夜以继日,不辞辛苦地观测和写作,与天文学的研究牢牢结下了不解之缘。最难能可贵的是哥白尼虽居荣华富贵的环境中,他却视荣华富贵如粪土,对荣誉和地位并不感兴趣。他对神职工作远不如对天文学研究那样虔诚。这一切使安娜深受感动,并产生了爱慕之心。她想,哥白尼工作繁忙,生活孤单,多么需要有人帮助和关心啊!因此,安娜毅然抛弃世俗和传统观念,和自己衷心爱慕而被教会剥夺了结婚权利的哥白尼同居了。

安娜的到来,不仅使哥白尼摆脱了日常事务的负担,节省了许多宝贵的时间从事写作,而且在精神上给哥白尼很大的安慰和鼓舞,他决心加倍努力,把书写好,改好,实现自己的夙愿。在安娜热心帮助和照顾下,哥白尼手稿修改工作速度大大加快了。

另外一个对哥白尼写作给以很大帮助和鼓舞的是修士斯吉尔捷特。他虽是个修士,却信奉无神论,对哥白尼向宗教神学的挑战十分敬佩,两人很快成为知心朋友。这引起了波兹南的宗教裁判官霍兹乌施和新任主教扬·丹提谢克的嫉恨。他们要哥白尼和斯吉尔捷特断绝往来。当这一提议遭到哥白尼的严词拒绝后,斯吉尔捷特遭到罗马教廷的拘捕。

进而,丹提谢克主教根据瓦尔米亚神甫会大教堂教长的告密,强迫哥白尼和安娜脱离关系。这时哥白尼和安娜同居已经五年,有了很深的感情,他怎么能同意安娜从自己身边离开呢?他向丹提谢克主教提出强烈抗议。但是,丹提谢克哪里肯罢休,他胡说安娜已使哥白尼"失魂落魄",为了他的"灵魂得救",勒令安娜立即迁出弗龙堡。哥白尼非常气愤,几次扬言要还俗。安娜也悲痛欲绝。但是,为了使哥白尼能实现自己的终生夙愿,使《天体运行论》能尽快修改好出版,她忍痛离开了箭楼,离开了自己十分敬慕的哥白尼。

安娜走后,哥白尼生活十分孤独。但是,他并没有被教会的肆意迫害所屈服,放弃改造天文学理论的决心。他坚持对《天体运行论》手稿作了进一步的修改。

哥白尼修改《天体运行论》大致做了两个方面的工作:一个是理论上的推敲,使理论符合各观实际,具有科学性,得到人们的公认;另一个是进行天象观测。虽然古人有许多观测数据和资料,但是很不精确,并有不少错讹,需要做一番考订、核实工作。还有一些数据是过去所没有的,需要亲自去测定。这样,才能为新理论提供可靠的论据。

　　虽然，在哥白尼生活的时代科学已有一些进步，但是，天文观测的仪器和手段仍然是十分落后的。那时，天文望远镜、石英钟等先进仪器还没有产生，只能应用简陋的仪器，凭肉眼去观测。可以想象，哥白尼的观测工作是很费劲的。再有，有些天文现象又不是短时间所能测准的，而需要几年或更长的时间。这也是哥白尼《天体运行论》修改之艰难而又漫长的一个重要原因。例如观测彗星就是这样。彗星并不是每年都出现，它的出现有周期性。1533 年，当大彗星出现的时候，哥白尼就抓住时机，及时做了认真的观测，并做了详细的记录。他和当时的一些天文学家讨论了那颗彗星运行的方向以及为什么与行星运行方向相反的问题。这样，就为手稿的修改提供了新的数据。

　　《天体运行论》的手稿，哥白尼经过三次大的修改：第一次是在他居住弗龙堡的早期，可能是他在完成《天体运行论》初稿之后，进一步作了修改。第二次是在波兰与条顿族骑士团战争平息、安娜来了之后，他有了较充足的时间，对手稿又进一步推敲、升华和完善。第三次是 1540 年，在他的学生和挚友的帮助下，又对手稿作了最后修改、定稿。

　　由于哥白尼的《天体运行论提纲》在一些朋友和天文学家中间流传，日心说的基本思想已为社会上不少人所知晓，使罗马教廷十分震惊。教皇克雷蒙七世千方百计要把哥白尼的手稿弄到手，控制起来。1536 年，在教皇的授意下，一个红衣主教写信向哥白尼索取手稿，哥白尼坚决拒绝了。

　　哥白尼从 1506 年开始写作《天体运行论》，到最后定稿出版，手稿写了一遍又一遍，改了一次又一次，反复加工，精益求精，付出了极大的艰苦劳动。

　　近百年来，发现了哥白尼《天体运行论》的几个手稿。但有的手稿已被人篡改，内容有较大出入。幸运的是 1873 年在布拉格重新发现了《天体运行论》的完整手稿，1953 年终于完璧归赵，归还了它的祖国——波兰。在纪念哥白尼诞辰四百周年的时候，这个手稿重新付印。至此，哥白尼伟大日心说的基本思想，才原原本本与人们重新见面，为人们所真正了解。

日心学说

　　《天体运行论》定稿之后，哥白尼没有立即拿出去公开出版，踌躇了很长时间，用他自己的话说："在贮藏室里搁了不只是一个九年，而是四个九年的时间的著作。"为什么哥白尼长时间踌躇而不公开出版这部著作呢？对这个问题说法很多，主要认为哥白尼担心著作一出版，立即会引起一帮人的轻蔑、非难和攻击，遭到教会的残酷迫害。

　　哥白尼对自己公开出版《天体运行论》的后果及自己的命运，是作过认真考虑的。对这个问题，我们可以从哥白尼从事天文学研究的根本目的和他的整个生平看得很清楚。

　　《天体运行论》的出版会遭到来自各个方面的非难和攻击，哥白尼是早已预见到的。这种非难和攻击来自两种人：一种是顽固的哲学家，他们坚持亚里士多德、托勒密的说法，把地球当作宇宙的固定中心；另一种人是教士，他们说日心说是离经叛道的"异端邪说",因为《圣经》上明确指出"地是静止不动的"。这两种人对数学、天文学一窍不通,只会摘引《圣经》章句,高谈阔论,装作权威,去嘲笑"大地是球形的人"。哥白尼丝毫不怕引起这类非难和攻击。他说:"如果有人要同样嘲笑我的话,我的支持者也毋须感到惊奇。"

至于有人说哥白尼踌躇的主要原因是害怕教会迫害。这种说法有一定道理,但值得认真分析。

确实,哥白尼生活的时代,教会对宣传违背《圣经》的所谓"离经叛道"的"异端邪说"的科学家和进步思想家都进行疯狂的迫害。哥白尼早在意大利留学期间,教皇亚历山大六世就重新颁布"圣谕",禁止印发未经教会审查的书籍,一切可疑的书籍一律烧毁。

哥白尼从意大利回国后,也亲眼看到宗教裁判所活活烧死那些主张"异端邪说"的人。哥白尼本人也经常受到教会的威胁和迫害。不仅如此,哥白尼的亲戚朋友也遭到株连,被他们看成是眼中钉,恣意迫害。新教首领马丁·路德认为自己比旧教更虔信《圣经》,他公开指责哥白尼学说违背《圣经》,是个"叛教者",也千方百计对哥白尼实行迫害。哥白尼对教会的种种迫害是很了解的,并身受其害,对此,他感到无比的愤慨。

然而,我们并不能由此得出结论说,哥白尼之所以踌躇不出版《天体运行论》就是因为害怕教会对自己的迫害,怕被活活烧死。这是不符合客观实际的。不管持这种观点的人主观意识如何,它在客观上有损于哥白尼作为近代科学革命的先驱者的光辉形象。

我们认为,哥白尼虽然对教会的迫害有过担心,但这种担心主要并不是考虑自己的命运如何。他踌躇的主要原因是考虑自己所创立的日心说的命运会如何。

哥白尼从创立日心说那天起,就向教会提出了挑战,就是想离《圣经》之"经",叛教会之"道"。他清楚自己的日心说是一种全新的天文学理论,在教会看来是"异端邪说"。因此,《天体运行论》的出版,必然会遭到反动教会和封建保守势力的坚决反对。他们会大叫大嚷,群起而攻之,千方百计地阻止它的出版;即使出版,后果也是不堪设想的。

哥白尼看到教会对一切科学和进步思想家的疯狂迫害,十分担心自己"费尽千辛万苦才获得的宝贵研究成果"被扼杀在摇篮里,而不能实现自己的终生夙愿,把自己辛勤劳动的果实奉献给祖国,奉献给社会,造福于人类。

对于"在藏贮室里搁了不是一个九年,而是四个九年的时间的著作"这句话应如何理解?按照传统的说法,哥白尼的《天体运行论》完成后,似乎真的在贮藏室里搁了四个九年的时间,迟迟未出版。从《天体运行论》写作出版过程看,事实上并非如此。从1915年开始写作,经过反复修改、补充,大约到1530年完成手稿。从1530年到1543年出版仅仅十几年时间。罗马诗人霍拉第斯说过:"作品需搁置九年方可问世"。可见,哥白尼说的"四个九年",其意是《天体运行论》是经过反复修改、升华和完善之后,才正式出版的,并非指手稿在贮藏室里放了九年。

哥白尼正是基于这些考虑,才迟迟未出版自己的著作。后来,在朋友们的敦促和劝说下,才消除了疑虑。他为了追求真理,摒弃谬误,使人们从传统的观念的束缚下解放出来,对《天体运行论》这部巨著是继续搁置还是出版,终于选择了后者。他相信真理会战胜谬误,正义会战胜邪恶,进步会战胜反动,这是历史发展的必然。他充满信心地认为这部巨著的出版会驱散迷雾,得到那些有真才实学的天文学家、数学家和一切追求真理的人们的欢迎和支持。他说:"我毫不怀疑,有真才实学的数学家,只要他们按照科学的要求,深入地而不是肤浅地了解和鉴定我立论的依据,就会同意我的看法。"

1539 年春,正当哥白尼踌躇出版《天体运行论》的时候,从德国来了一位青年学者拜哥白尼为师,学习他的新创立的日心说。

这位二十五岁的青年学者是德国威丁堡大学的数学教授雷蒂克。他才华出众,在数学上有很深的造诣,二十二岁就晋升数学教授。他是慕名而来,深深为哥白尼所创立的日心说所吸引,为他几十年如一日进行天文学新体系研究的精神所感动。他是哥白尼日心说的积极拥护者。

雷蒂克是冒着很大的风险到波兰来的。因为德国由于实行宗教改革,已经成为新教(路德教)的发源地。而当时的波兰仍然是在罗马教皇统治下的旧教区。新教和旧教矛盾很大。雷蒂克从新教区到旧教区来,可能会遭到旧教的迫害。这对于哥白尼,也可能会带来很大的麻烦。他接受这位新教徒,可能会受到教会的干预和反对。但是,由于哥白尼被这位从外国远道而来的年轻教授的千里求师的精神所深深感动,他冒着很大的风险,热情地接待了这位青年学者。于是,雷蒂克就和哥白尼生活在一起,虚心向哥白尼请教,一起研究问题,成了哥白尼的高足弟子。

雷蒂克原来打算在弗龙堡只住半个月就回去。由于学习内容很多,师生二人又相处很好,一住就是二年多。雷提克在这二年多的时间里,他首先悉心研读了哥白尼《天体运行论》的全部手稿,在哥白尼热心帮助下,使他对日心说有了深刻的理解,成为第一个熟悉哥白尼新学说真谛的学者。

这位热情而虚心的学者,对哥白尼及其学说产生了由衷的敬佩。他特别欣赏哥白尼宇宙天体结构新体系的简洁和完美。他在读到地球运动问题时无限赞美地说:既然看出这一运动能解释无数现象,难道就不应当承认大自然的创造者上帝具有普通造钟匠的技巧吗?因为造钟人都很谨慎地避免在钟的机件里加进多余的轮子,或者只要稍微改变另一个轮子的位置,其机能就可以发挥得更好。

雷蒂克在研读手稿之后,和哥白尼一起,对手稿中有关问题作了详细而认真地讨论。雷蒂克对某些问题大胆地提出了自己的看法和修改意见。有些看法是别有见地的,哥白尼很是欣赏。

雷蒂克为《天体运行论》这部巨著写了一个概要——《初讲》,扼要地介绍了日心说的主要内容。征得哥白尼的同意后,寄给他在威丁堡大学的老师绍内尔教授。在这位教授的帮助下,于 1540 年发表。这是哥白尼宇宙天体结构新体系最早而又最可靠的详细报告。《初讲》只叙述了哥白尼日心说有关地球各种运动的部分内容。在《初讲》之后,雷蒂克本打算再写出续篇,因为哥白尼在朋友们的请求和劝说下,准备将手稿全部付印,所以没有再出续篇。

不仅哥白尼的学生雷蒂克满腔热情地支持和敦促他出版《天体运行论》,他的挚友蒂德曼·吉兹对他的帮助也是很大的。

吉兹曾在意大利和德国几个大学留学深造,学识渊博,胸襟开阔,能容忍不同意见。他曾做过海乌姆诺和瓦尔米亚地区的主教,但他反对教会对教徒的残酷迫害。

吉兹与哥白尼在神甫会里相处二十多年,哥白尼到弗龙堡来时,吉兹已去管理奥尔什丁堡的庄园,他回来之后便成为哥白尼最亲密的朋友。

1539年,吉兹主教由于住在沼泽地染上虐疾病,哥白尼经常去为他看病,哥白尼并不是一个职业医生,但他曾在意大利有名的帕多瓦大学学习过医学。当时他想,如果通晓一点医术,回国任职之后,能够在所管教区内给朋友、居民们看看病,减少一点他们身心的痛苦也是件乐事。同时,那个时代人们认为天文学和医学有着某种联系。中世纪的欧洲人和我国古代人主张"天人合一"的思想一样,认为"人身是一个小天体",人体的器官和宇宙的天体一一相对应。哥白尼曾在一本书里,把人的大脑比作恒星的天球,眼睛比作太阳和月亮,耳、鼻、口等比作五大行星。这些占星术遗留下来的迷信,在哥白尼时代还有一定的影响。

哥白尼时代解剖学还没有产生,哥白尼学习的都是中世纪古希腊罗马和阿拉伯的旧医学。他的医术并不十分高明,但是由于他勇于实践,经常热心为所在地区的主教、教士和贫苦人看病,挽救过许多危急的病人的生命,从而享有盛名,人们尊称他是希腊的神医——"阿卡拉斯第二"。

吉兹主教的虐疾病经常发作,哥白尼千方百计为他诊治,经过半年多的精心治疗,吉兹恢复了健康。他对哥白尼充满了无限感激之情,从那以后,每年都邀请哥白尼和他的学生雷蒂克一起到自己的住地海乌姆诺去度暑假,一住就是五个多月。

哥白尼的晚年生活非常孤单,他少年时代的朋友逐渐凋零,惟有他的挚友吉兹与他继续保持着密切关系。吉兹经常请求和敦促哥白尼尽快出版《天体运行论》。

当时,哥白尼的处境非常困难,教会指使一些人上演了一幕闹剧,讽刺一个装腔作势的天文学家把自己的著作锁在柜子里,满嘴胡言乱语,最后被魔鬼套上大车,送进了地狱。教会采取这种卑鄙的伎俩来影射哥白尼,对他进行公开侮辱。在这种情况下,吉兹为了哥白尼的安全,曾主动邀请哥白尼和他的学生雷蒂克到他那里去住,集中精力作好《天体运行论》出版前的修改工作。

尽管环境险恶,哥白尼没有妥协。在学生和挚友的请求下,他最后下定决心把花费了毕生心血写出来的著作《天体运行论》付印出版。正如他自己所说:"在他们的说服之下,我终于同意了朋友们长期以来的要求,发表这部著作。"

雷蒂克帮助哥白尼做好了出版前的一切准备工作,并一起商量了出版工作如何进行等问题,于1541年秋,离开弗龙堡。为了感谢恩师哥白尼的巨大帮助和谆谆教诲,雷蒂克离开时,送给哥白尼许多书籍,其中有那时才刚刚从希腊文翻译成拉丁文的《欧几里得几何学》和希腊原本的《托勒密集》等。哥白尼死后,这些书籍和其他哥白尼藏书一并保存在弗龙堡大教堂图书馆里。后来在三十年战争时这些书籍被送到瑞士去,直到1953年波兰纪念哥白尼诞辰四百八十周年的时候,才由瑞士送还哥白尼的祖国——波兰。

哥白尼的学生雷蒂克离开弗龙堡回国之后,就立即联系出版《天体运行论》。他在纽伦堡找到一个出版商,同意出版这部著作。雷蒂克准备亲自负责这部著作的出版工作。可是不巧,这时莱比锡大学聘请他去教书,无奈他只好将出版工作交给新教士奥塞安德尔负责。

哥白尼考虑到当时教会对所谓"异端邪说"的残酷迫害,为使自己辛勤劳动的成果能够顺利出版,他想出了一条"妙计":在书的前面写了一篇给教皇的献词——《致最神圣的教皇保罗三世》,作为全书的序。

哥白尼这篇《天体运行论》的原序是研究哥白尼生平及其学说的很难得的宝贵材料。从这篇原序中,我们可以清楚地看到哥白尼日心说酝酿、写作和出版的基本线索和基本思想。

哥白尼在这篇原序中,向教皇陈述三个问题:

第一,哥白尼说,《天体运行论》是自己几十年费尽千辛万苦获得的宝贵研究成果。由于这个理论很新奇而又难于理解,担心被不学无术的庸人轻蔑和扼杀,经过长时间的踌躇之后,在朋友们的敦促和劝告下,才奉献给教皇陛下。

第二,哥白尼希望教皇陛下了解,自己所以要提出日心说,另寻计算天体运行的新方法,是因为在以往的天文学家、数学家的理论研究中存在着种种矛盾。哥白尼指出,首先他们在日月运动方面的研究是不可信的,甚至不能观测或计算出回归年的准确长度。其次,他们在测定五大行星运动时跟他们研究视运动和运转时用的不是同一原理和假说,不能自圆其说。

关于行星运动的理论,在哥白尼之前已经有了两个:一个是亚里士多德的,一个是托勒密的。亚里士多德认为自己的理论有坚实的物理基础。但实际上,这种理论很空乏,人们不能根据它去编算星表,预推行星的运动。托勒密的理论虽然可以作为编算星表的根据,但是又和当时公认的物理理论发生矛盾。更重要的是这些理论所设计的天文学体系是混乱的,没有规律性。因此,哥白尼早就产生了怀疑,研究、思索了很长时间。哥白尼在献词中说:对于这些人"不能对造物主为我们造成的美好而有秩序的宇宙机构提出正确的理论而感到气愤。"所以,哥白尼才研究古希腊罗马的哲学。结果,在西塞罗和普鲁塔尔赫的著作中看到毕达哥拉斯学派一些人关于日心运动的玄想。这些天才的思想启发了哥白尼开始考虑地球的运动问题。

因此,哥白尼向教皇说:"前人既可随意想象圆周运动来解释星空现象,那么我更可以尝试一下,是否假定地球有某种运动能比假定天球旋转得到更好的解释。"哥白尼把古人搬出来是说明自己提出的日心地动说是有科学根据的。因为哥白尼认为教皇保罗三世是个开明的教皇,对科学有研究,希望教皇陛下能对他的学说加以庇护。哥白尼说:"我之所以要把这部著作奉献给陛下而不是别人,是因为在我所生活的地球一隅之中,由于您的教廷的尊严和对科学和数学的爱好,陛下乃是至高无上的人。"

第三,哥白尼认为自己的研究成果会对教皇为首的教会的历法改革做出贡献。哥白尼时代欧洲所用的历法是公元前46年所制定的儒略历。这种历法是以太阳在天球上连续两次过春分点所需要的时间间隔为基本单位,历年长度为365.25日,比回归年的长度365.2422日,要差0.0078日,这个误差年年积累下去,128年便会差一天,到了16世纪初,这种误差就更大,原来规定的3月21日为春分节,会提前十天来到。这必然造成生产和生活的异常混乱。因此,罗马教皇才在人民的呼吁下,于1514年决定历法改革。

当时,历法改革委员会曾经向哥白尼发出邀请,要他参加这一工作,他提出了自己的改革方案。由于种种原因,他没有直接参加这一工作。历法改革会议上发生了争论,会议没有就改革历法问题做出决定,惟一原因就是对年月的长度和日月的运动尚不能准确测定。结果,这次历法改革流产了。

但是,哥白尼并没有放弃自己改革历法的工作。他在当时主持编历事务的辛卜罗尼亚地区保罗主教的鼓励之下,开始从事更准确的天文观测工作。他测定的恒星年和回归年的长度,是相当精确的。他测定的恒星年是 365 日 6 时 9 分 40 秒,只比实际数值大约长 30 秒。哥白尼这一测定结果成为改革历法的基础。因此,他在给教皇保罗的献词中欣慰地说:"我把从中得到的结果提交给陛下和有学识的数学家去鉴定。"哥白尼想,自己的天文观测和理论研究能对历法改革作出重要贡献,也许能得到教皇陛下的欢心和支持,从而使《天体运行论》的出版得到保护。

可是,那时教会对改革历法已经搁置不提了。直到 1582 年,哥白尼逝世四十年之后,教皇格雷高里十三世才采用哥白尼对回归年和恒星年实际测定的精确数值,重新对原来的儒略历进行改革。

遗憾的是,哥白尼的献词被人用偷天换日的卑鄙手法抽掉了,用《谈谈本书的假设》代替了原序。这篇伪序是由哥白尼的学生和挚友雷蒂克委托负责出版工作的奥塞安德尔写的。当时哥白尼虽然重病在身,但对出版工作仍十分关心。他曾经写信给奥塞安德尔,询问出版事宜。奥塞安德尔回信说,可以把日心说看作一种假说,一种臆断,只是提供给学者们计算天体运行的数据,这样"就不会引起主张地心说者的非难","神学家们就会心平气和了"。他极力阉割哥白尼学说的唯物主义的内容,妄图使科学迁就神学。哥白尼十分生气,断然拒绝了奥塞安德尔的无理要求。

然而,奥塞安德尔置哥白尼的意见于不顾,借口为了使这部著作能安全发行,背着哥白尼终于抛出了他的这篇肆意歪曲原著的伪序,并把它放在正文的前面。他声称书中的理论不一定表示行星在空间的真实运动,而是为了编算星表、预推行星位置而臆想出来的一种人为的设计。

1543 年 5 月 24 日,当印好的《天体运行论》送到哥白尼病榻的时候,哥白尼已到了弥留之际。当书放到他的被子上时,他用手摸了摸,一个小时后就与世长辞了。

奥塞安德尔的伪序完全改变了作者的观点,"序"里说了许多称赞哥白尼的话,细心的读者很容易发现这是别人写的。然而,这个"迷人的沙子"起了很大的作用,多少年来,它骗过了许多人。另外,有人对书中一些字句也作了删改,初版本和原稿对比起来有相当大的出入。

哥白尼逝世后,当他的学生雷蒂克和挚友蒂德曼·吉兹看到偷换了哥白尼的原序的《天体运行论》的时候,大为震惊,曾向纽伦堡议会控告出版商背信弃义的行为,要求重印卷首的几页,补进原序,增加作者的小传,要求彻底揭发出版商的卑劣行径。可是一切努力都失败了,致使《天体运行论》带着遍体鳞伤在世上流传了三百多年。

由于奥塞安德尔的伪序未署名,当时及后来很长一段时间,人们不明真相,都误认为是出于哥白尼的手笔。所以,1566 年的瑞士巴塞尔版本、1617 年的荷兰阿姆斯特丹版本、1854 年的波兰华沙版本都是按带着伪序的 1543 年纽伦堡第一版重印的。

直到 19 世纪中叶,才在捷克布拉格一家图书馆重新发现了哥白尼的原稿。据说这个原稿是雷蒂克从纽伦堡印刷厂要回来的。雷蒂克和他的学生保存了哥白尼的原稿,辗转流传,经过许多人的手,精心而完好地保存下来,后来归还波兰。1854 年,哥白尼诞辰四百周年的时候,波兰首次在华沙出版了哥白尼的著作。这个波兰文版附有原拉丁文书名,并把歪曲和篡改的内容剔除了。这时《天体运行论》才以它本来的面目重见天日。

哥白尼从 1491 年上大学立志献身天文学事业,到 1543 年逝世和终生为之奋斗的《天体运行论》出版,在五十多年的日日夜夜里,始终坚持天文观测和理论研究。他不畏劳苦,勇于探索,耗尽了毕生的心血,直到他临终前,才如愿以偿,把他辛勤劳动的果实奉献出来。

哥白尼奉献给人类的《天体运行论》是近代科学史上一部划时代的巨著。它不仅使人类对宇宙的认识产生了一次新飞跃,而且,也宣布了近代科学革命的开始。

哥白尼在《天体运行论》里,根据前人和自己辛勤得来的大量的观测材料,运用科学的理论思维,透过现象,抓住本质,正确揭示了宇宙天体运行的客观规律,从而推翻了托勒密唯心主义的地心天动说,系统而详细地论述了日心地动说,使人类第一次认识了太阳系的真面貌。

哥白尼的日心说(太阳中心说)的主要内容是什么呢?概括起来,基本要点如下:

(1)地球是运动的。哥白尼从理论和实践上证明大地有限,并为球形。地球不是一个静止不动的天体,它不在宇宙的中心位置上。它仅仅是行星家族中的一员,是颗普通行星。地球一方面绕轴自西向东自转运动,这样才有昼夜的变化;另一方面地球又围绕中心天体太阳公转运动,这样才有春、夏、秋、冬四季的更替。

(2)月亮是地球的卫星。哥白尼认为月亮离地球最近,两者关系最亲,我们不能把月亮同地球分开,地球带着它的"侍从"(卫星)——月亮,沿着一定轨道绕太阳运行。

(3)太阳是宇宙的中心。这是日心说的本质和灵魂。哥白尼认为宇宙的中心不是地球而是太阳。太阳是宇宙之灯,宇宙之心,宇宙之主宰,它普照着整个宇宙。太阳的任何视运动都可以由地球运动而得到科学说明。水星、金星、火星、木星、土星等行星都围绕着太阳运转。

(4)天体的排列和运动是有规律的。哥白尼认为宇宙天体的排列不是杂乱无章的,更不是人为的主观设计。哥白尼在长期观测和理论研究的基础上,科学地揭示了天体的排列顺序和它们运动的规律。当时,除地球外,已经发现五颗行星,按照它们距离太阳远近顺序和运动的规律是这样的:土星离太阳最远,三十年绕太阳转一周;第二个是木星,十二年转一周;第三个火星,二年转一周;第四个是地球和它的卫星月亮,一年一周;第五个是金星,九个月转一周;第六个是水星,八十天转一周。离太阳最远的是恒星天球,它在所有行星的最外边天层,包罗一切,本身是静止不动的。

中央是太阳,周围是行星,太阳统率着所有的行星,从而构成了整个宇宙天体结构体系。

这就是哥白尼所创立的日心说的基本内容。

《天体运行论》全书共六卷。

第一卷是全书的概观,概括地介绍了日心说的基本内容,是全书的中心,全书的精华之所在。它叙述了太阳是宇宙的中心,地球和其他行星皆绕它运行和各行星的轨道位置及宇宙总体结构。卷首有一段引言,简洁地说明了天文学研究的对象和意义。本卷共十四章,前十一章中心阐述日心说的基本思想。后三章讨论了三角学,最后附有一个星表。

这里需要说明的是,在原著的第一卷,哥白尼为了证明大地为球形,曾经用唯物主义的原子学说观点作了论证,《天体运行论》纽伦堡初版时被删去了。四百年后第四版时才补进。

第二卷，哥白尼运用三角学原理研究天体的视运动问题。哥白尼对三角学有很深研究。据说关于平面三角和球面三角的演算方法都是哥白尼首创的。他对推动数学的发展做出了贡献。

第三卷到六卷，哥白尼叙述了日、月、行星的运动及与地球的关系，把其他星体运动都和地球运动联系起来，从而说明其他行星和天球的运动和现象。

历史命运

《天体运行论》的出版，立即在社会上引起了巨大的反响，不仅使他的朋友和学生欢欣鼓舞，而且受到了那些追求真理、勇于向传统的宗教神学挑战的天文学家、特别是青年学者们的热烈欢迎。

科学无国界。《天体运行论》出版之后，立即在欧洲各国迅速传播。当时在英国、德国、法国和意大利等国家中，哥白尼学说都有了许许多多热情的支持者。广大的青年学者首当其冲，成为哥白尼学说的积极传播者。

在德国，威丁堡大学青年数学家埃莱斯姆·莱茵霍德根据哥白尼的日心说编制了一本行星运行表——《普鲁士表》。这个星表出版后，受到了人们的欢迎，为各方面普遍采用，流行八年之久。《普鲁士表》是哥白尼日心说在天文实践上的具体运用。因此，这个星表的使用和流行，在客观上起到了宣传哥白尼日心说的作用。

哥白尼的日心说在英国传播得很广泛，早在16世纪末、17世纪初，英国一些天文学家不仅公开宣传哥白尼的日心说理论，而且把哥白尼的日心说理论应用于历法改革。1516年，约克夏的学者费尔特出版了一本根据《普鲁士表》制定的历书。他说："在编制这本历书的过程中，我遵循了尼古拉·哥白尼和埃莱斯姆·莱茵霍德等权威。他们的著作早已被公认了，而且是建立在真实、可靠和可信的论证的基础上的。"1576年，英国学者迪格斯出版一本天文历书，在这本书中有一幅哥白尼宇宙结构体系图。这幅图和哥白尼的原图有很大不同。哥白尼原图是把"恒星天球"画在最外层的一个大圆圈上，而迪格斯图上的恒星是向四面八方的空间无限伸展的。虽然他仍然把太阳放在宇宙的中心，可是从这幅图中可以看出一个新思想：宇宙是无限的。这个思想对后来天文学的发展是很有启发的。

意大利作为文艺复兴运动的发源地，人们对哥白尼的日心说是普遍欢迎的。如果说《天体运行论》刚刚出版时，还没有引起人们的普遍重视的话，那末，随着哥白尼天文学革命日益深入人心，积极的支持者就愈来愈多了。

与此同时，《天体运行论》的出版也引起了教会与日俱增的仇视和恐惧。当《天体运行论》还在印刷的过程中，神学家们就开始向日心说疯狂进攻了。

新教首领马丁·路德是日心说的死敌。他从维护《圣经》信条的反动立场出发，"早在《天体运行论》出版前，就对哥白尼的学说进行了恶毒的攻击。他指责哥白尼说："这位新奇的天文学家，企图证明旋转着的是地球，……只有傻瓜才想把整个天文学连底都翻过来。"他以《圣经》为根据反驳哥白尼，妄图否定哥白尼的日心说。

路德的门徒、新教神学家梅兰斯顿写了一本书，也肆无忌惮地攻击哥白尼的日心说。他挖苦地说："天体在空中二十四小时旋转一周，我们的双眼就是见证，但是某些喜欢猎奇和卖弄聪明的人，却得出了地球运动的结论。"

然而,路德和梅兰斯顿的指责和攻击是软弱无力的。因为他们所依据的只是作为神学谎言的《圣经》,而不是真理。

　　在意大利一些顽固坚持地心说的反动教会和封建势力,对哥白尼日心说的日益传播深感不安,无法容忍。因此,便采取各种手段,开始对日心说猛烈地攻击。神学家们写了一本又一本著作,妄图推翻哥白尼的日心说。

　　虽然《天体运行论》出版后最初的七十年间在欧洲各国遭到了反动教会和封建势力的反对、诬蔑和攻击,但总的说来,罗马教廷的统治者还没有完全意识到哥白尼学说的革命性。同时,由于哥白尼《天体运行论》是用拉丁文写的,很少有人看得懂,在市民阶层中影响不大。因此,罗马教廷对哥白尼学说基本上采取了所谓"不闻不问"的态度,还没有采取赤裸裸血腥镇压的手段。

　　但是,后来拥护哥白尼学说的人越来越多,这引起了反动教会的密切注意。1616年罗马天主教会议决定把《天体运行论》列为禁书。从此,反动教会对哥白尼的日心说及其宣传者、支持者和捍卫者的迫害也愈演愈烈了。

　　严冬过去是春天。在经过长达一千四百多年的中世纪的黑暗统治之后,哥白尼日心说的诞生,吹响了科学革命的号角,迎来了科学的春天。

　　然而,在科学的春天里,并不是一切都那么美好,仍然有污泥浊水,充满着矛盾和斗争。科学的世界观和宗教的世界观展开了大决战。许多科学家为宣传、捍卫和发展日心说,争取科学生存的权利进行了艰苦的斗争,付出了血的代价。

　　第一个奋起捍卫哥白尼日心说的人是意大利杰出的思想家布鲁诺。他十岁进修道院,接受哥白尼日心说之后,很快成了宗教的叛逆者,遭到教会的迫害,逃出意大利。在长期的流亡生活中,他以大无畏的精神宣传日心说。他先后到过瑞士的日内瓦、法国的巴黎、英国的伦敦、德国的威丁堡等十几个著名城市。他到处写文章、作报告,用他的"笔"和"舌"热烈颂扬哥白尼的学说。他在《哥白尼的光辉》一首诗中写道:

　　　　你的思想没有被黑暗世纪的卑怯所沾染,
　　　　你的呼声没有被愚妄之徒的叫嚣所淹没,
　　　　伟大的哥白尼啊,你的丰碑似的著作
　　　　在青春初显的年代震撼了我们的心灵。

　　1584年,布鲁诺出版《论无限宇宙及世界》,提出宇宙无限的思想。他吸收了哥白尼把地球作为一个普通行星围绕太阳运动的思想,把太阳是宇宙中心的观点,发展为无限宇宙不可能有中心的思想。他认为宇宙是物质的,从而进一步发展了哥白尼的日心说,严重地打击了宗教世界观。

　　由于布鲁诺坚决捍卫和发展哥白尼的日心说,引起罗马教廷的极端仇视。教廷把他看成眼中钉、肉中刺。1592年,布鲁诺被一个朋友出卖,被诱骗回国,在威尼斯被捕入狱。宗教裁判所的审讯长达八年之久,在酷刑面前,布鲁诺坚贞不屈。临刑前,罗马教廷还奢望他屈服,向他提出,只要忏悔,就可以免刑。布鲁诺拒绝了。他坚决地回答:"我愿做烈士而牺牲。"他听完宣判后说:"你们宣读判词,比我听到判词还要恐惧。"1600年,布鲁诺在罗马鲜花广场被活活烧死。

　　哥白尼日心说出版后第三年,在丹麦诞生了一位著名天文学家第谷·布拉赫。他是一个出色的天文观测大师。1576年,他在丹麦王腓特烈二世的资助下,在汶岛修建了一座宏大的天文台,坚持对行星、恒星二十多年的观测,积累了大量的观测资料。

第谷对哥白尼的工作是很尊重的。他称赞哥白尼的日心体系是"美丽的几何结构"。他说,"我承认,只须假设地球运动,五个行星的运行便容易加以解决。哥白尼把我们从过去数学家所陷入的矛盾中解放出来,而且他的理论更能满足天象。"

第谷一生获得大量观测数据,为哥白尼学说提供了可靠的根据。临终前,他把自己全部珍藏的丰富的观测资料遗赠给他的助手、青年天文学家开卜勒。

开卜勒的一生是在极端贫困的环境中度过的。由于他发表拥护哥白尼的观点和演说,教会把他当作危险分子而不被录用。他因出版《宇宙的秘密》一书而受到第谷的赏识,应邀到布拉格附近的天文台作研究工作,成为第谷得意的助手。虽然第谷是一个出色的观测大师,但很难说他是一个出色的理论家。开卜勒由于视力不好,天文观测不太高明,然而他有非凡的数学才能和正确的理论思维。

开卜勒在天文学上的最大成就,就是用很长时间对第谷遗留下来的资料进行分析研究,结果发现了行星运动的三定律。行星运动定律的发现,进一步补充、完善了哥白尼的学说,为其理论化铺平了道路,使哥白尼的学说从此奠定在经过数学验证的基础上,同时为经典天文学(天体力学)的发展奠定了基石,导致了数年后万有引力定律的发现。

与开卜勒同时代的著名物理学家和天文学家伽俐略(1564—1642)对宣传和发展哥白尼日心说也做出了巨大贡献。

他作为近代实验科学的奠基人,根据折光原理,自己动手制造出世界上第一架天文望远镜,他利用这架望远镜观测星空,结果惊奇地发现:所有恒星和数目随着望远镜倍率的增大而增加;银河是由无数的恒星组成的;月面上有崎岖不平的现象;金星也有圆缺变化,太阳上有黑子。

使人更为惊异的是伽俐略第一次发现了木星的四颗卫星。据此,伽俐略认为像地球带着自己的卫星——月亮绕太阳运行一样,而这四颗卫星同时绕木星运行,宛如太阳系的一个缩影。这样,就为哥白尼学说找到了有力的证据。

伽俐略这一系列的重要发现,轰动了整个欧洲。人们说,哥伦布发现了新大陆,伽俐略发现了新宇宙。伽俐略把自己这些重要发现写成《星空使者》、《关于太阳黑子的书信》,对宣传、巩固哥白尼日心说体系起了极重要的作用。

伽例略的发现,沉重地打击了教会和经院哲学,引起他们越来越大的恐慌和仇视。他们把望远镜斥之为"渎神的玩具"、"魔鬼的发明"。伽俐略再三邀请他们观测天象,他们不但拒绝,而且反诬伽俐略是骗子。伽俐略在给开卜勒的信中气愤地说:"对于这些人来讲真理用不着到自然界中去寻找,只要从古代著作中就可以得到。"

由于伽创略的新发现,使哥白尼的学说的传播越来越深入人心,使宗教的教义受到致命的威胁,惧怕真理的宗教法庭警告伽俐略:"从此不以任何方式、语言或者著作去支持、维护或宣传这种意见。"

1623年,新罗马教皇乌尔本八世即位,他是伽俐略的朋友,有所谓"好学重才"名气。伽俐略去罗马,希望取消对《天体运行论》的禁令,没有达到目的。但是,教皇允许他写《关于托勒密和哥白尼两大世界体系对话》一书。伽俐略从1624年起用了九年时间写成了这本书。在书中,他批驳和嘲弄了亚里士多德和托勒密体系各种陈词滥调,有力论证了地球自转和绕太阳公转的运动。这部书在1632年出版后,更加激怒了罗马教廷。1633年,教廷把年已古稀的伽俐略传到罗马进行审讯,宣判他有罪,并责令他忏悔,放弃自己证明了的哥白尼日心说。这位热爱真理、坚强不屈的科学家,由于年老多病,支持不住,最后在别人拟就的悔罪书上签字认罪,受到终生监禁,《对话》也被禁止发行。

反动教会法庭的种种野蛮行径,并没有阻止日心说的传播,在艰苦曲折的斗争中,哥白尼的伟大学说,一步步走向胜利。

牛顿万有引力定律的发现,对哥白尼日心说的决定性胜利起了重大的作用。

真理是不可战胜的。布鲁诺、第谷、开卜勒、伽俐略、牛顿等科学家为宣传、捍卫和发展哥白尼的日心说同宗教神学进行了无私无畏的斗争,经过三百多年的艰苦努力,终于迫使罗马教廷解除了对《天体运行论》的禁令,承认了日心说。

直到牛顿以万有引力定律描述太阳系天体运动状况之后,哥白尼学说仍然没有得到人们的普遍承认,反对的人抓住一个主要问题是恒星视差还没有找到。他们大叫大嚷说,千百年来没见过星辰位置的变化,怎么能说地球绕太阳运动呢? 反对者这个论据是有力量的。哥白尼本人曾经找过,后来伽俐略、开卜勒等著名天文学家也寻找过这个证据,始终没有找到。原因有两个:一个是恒星离地球太遥远,另一个是当时的天文观测仪器太落后,观测技术不精确。

什么叫视差呢? 所谓视差是指观测者在两个不同位置看到同一个天体的方向之差。地球绕太阳公转,地球上的人观看远处天穹上不动的恒星,应该看出移动现象。这恰如坐在车上的人观看远处物体的位置,随着车行而发生移动一样。

18世纪初期,英国天文学家、格林威治天文台第三任台长布拉德雷也是热心致力寻找恒星视差的学者之一。但他花费很大精力同样没有获得成功,却意外地发现了光行差,为哥白尼学说提供了一个强有力的新证据。

什么叫光行差呢? 所谓光行差是指在同一瞬间,运动中的观测者所观测到的天体的视方向同静止观测者所观测到的天体的真方向之差。遥远的恒星射来的光线,在运动的地球上看,恒星的光仿佛迎面而来,宛如无风下雨,我们走动,雨点不是垂直下落,而是从行进的前方斜射过来的"雨行差"一样。1725—1726年,布拉德雷在格林威治天文台从沿直方向装置的望远镜中,观测到天龙座 r 星有以一年为周期的 20 弧秒微小位移。无疑,它是地球绕太阳运动的结果。开始布拉德雷猜不透是什么原因。这个谜久久萦绕在他的脑际,一天他忽然注意到船舶上旗帜飘动方向不但决定于风向,还与船舶前进方向有关,这就启发他正确地解释了这种效应。他把恒星这种位移称之为"光行差"。

"光行差"的发现,鼓舞各国天文学家继续对恒星视差的研究。到19世纪上半叶,光学理论有了新进步,天文学仪器也得到了改进,恒星视差终于被几个天文学家几乎同时测出来了。

1835—1836年,俄国学者斯特鲁维观测织女星(即天琴座 α)恒星的周年视差,即地球绕太阳周年运动所产生的视差,所得的视差为 $0''.125 \pm 0''.065$。这是世界上第一个恒星视差测定结果。1838年,德国天文学家贝塞耳测定天鹅座61恒星周年视差,所得视差为 $0''.31$。这个数值也是很小的。与此同时,英国人亨德森在好望角也测得了离太阳最近的一颗恒星半人马座 α(南门二)星的视差。

光行差和恒星视差的发现,是地球绕太阳运动的光辉例证,彻底地驳倒了反对日心说人的论据,从而使哥白尼的学说不仅从数理上作出了论证,而且为天文学观测的反复实践所证实。

理论来源于实践,并指导实践。著名英国天文学家威廉·赫舍尔从 1781 年 3 月 13 日开始,用他自己磨制的口径 16 厘米、焦距 2 米的望远镜,并配上放大 227 倍的目镜作巡天观测时发现双子座内有一颗小新星,又用放大 460 倍的目镜观测,连续观测了几个晚上,发现这颗小新星的位置有微小移动,他认为可能是颗彗星,把它公布于世。这时,许多天文学家都竞相观测这颗新发现的"彗星"。在众目睽睽之下,天文学家们弄清了它的真实身份,断定它是土星之外一颗新行星。按照神话传统,把这颗新行星定名为"天王星"。

1846 年,海王星的发现,誉为"科学上的一个勋业",成为哥白尼日心说彻底胜利的重要标志。

天王星发现之后,天文学家编制木星、土星和天王星三大行星的星历表,有一桩怪事使天文学家大伤脑筋:木星、土星的运动,理论计算同观测资料完全吻合,惟独天王星,两者总是对不上号,发现天王星有摄动。天王星这种"越轨行为",使哥白尼—牛顿的学说面临一场严峻的挑战。大多数天文学家认为可能天王星轨道外边还有一个未知的行星吸引着它,使它造成摄动。于是,寻找这颗未知的"天外"行星,便成了当时天文学上亟待解决的课题。

茫茫星海,到何处去寻找这颗未知行星呢?像赫舍尔发现天王星那样,用望远镜去搜索天空吗?那无异是大海捞针。因为未知行星要比天王星更遥远、更暗淡,用"挨户搜查"的办法很难找到它。

惟一办法是依据以哥白尼学说为基础而建立起来的牛顿天体力学原理去进行科学的计算。在当时,从已知行星去计算它所施加给另一个行星的摄动效应,还是不难解决的。现在问题是要从已知摄动效应去找引起这一摄动的未知行星的位置,这是很困难的。这项非常困难的计算却被两个不知名的年轻人——英国的亚当斯和法国的勒维耶几乎同时解决了。

新行星的发现轰动了世界,这一"笔尖上的发现",在当时简直是个奇迹。

这颗新行星定名为海王星,它是太阳系的第八颗行星。

本世纪初,美国天文学家洛威尔根据类似的计算,预言海王星之外还有一颗新行星。1930 年汤鲍在照片底片上发现了这颗海外新行星,定为冥王星。它是太阳系的第九颗行星。

历史评价

哥白尼学说的诞生,是天文学上一次伟大的革命,它标志着自然科学的独立,宣告了宗教神学世界观的破产,推动了人们的思想解放,为科学发展开辟了广阔的道路。

首先,它描绘了一幅太阳系结构的科学图景,彻底改变了人们对宇宙的看法。

当然,哥白尼日心说也存在许多不足之处。哥白尼仍然用托勒密地心说中一些概念牵强附会地去解释行星运动的不均匀性问题;他认为"太阳是宇宙的中心",这种提法今天看起来,也是不科学的。因为科学发展证明,宇宙广漠无边,太阳只是太阳系的中心。关于宇宙有限还是无限问题,哥白尼也没有作出明确回答,他说把这个问题留给物理学家去解决。这种局限性是由哥白尼所处时代生产和科学发展的条件所决定的。当时资本主义机器大工业还没有产生,还不能为哥白尼提供更精密的天文观测仪器去揭示宇宙的秘密。

其次,哥白尼日心说的提出是自然科学发展史上的一个重要里程碑。因为中世纪的自然科学依附于神学,是神学的婢女,只能按照上帝的旨意和《圣经》的教条去解释一切,否则就要被指责为"异端邪说",甚至遭到宗教裁判所的残酷迫害。

哥白尼日心说指出,地球及其人类并不居住在宇宙中心,把地球连同地上居住的人类——"天之骄子"搬出了宇宙中心,这就等于宣布上帝在设计宇宙体系时犯了严重错误。显然,这是教会所不能容忍的。哥白尼学说不仅有着重大的学术价值,更重要的是它对反对宗教神学有着重要作用,使自然科学冲破了神学的桎梏,摆脱了宗教神学婢女的可悲地位,开始独立,并为自然科学的发展开辟了广阔的道路。

哥白尼日心说诞生之后,自然科学在普遍革命中飞跃发展。19世纪的细胞学说、能量守恒和转化定律、达尔文进化论三大发现是近代自然科学全面繁荣的重要标志。进入20世纪以来,现代自然科学有了突飞猛进的发展,正酝酿着新的突破。人类对宇宙的认识,已经追溯到一百亿年前的时间,扩展到二百亿光年以上的宇宙空间。当代自然科学在高度分化和高度综合基础上,正走向整体化,发展成为一个庞大的科学体系。

再次,哥白尼日心说的提出是向教会权威的挑战,它有力地推动了人们的思想解放。

恩格斯在评价哥白尼学说时曾经指出,《天体运行论》不朽著作的出版是"向自然事物方面的教会权威挑战,从此自然科学便开始从神学中解放出来。"中世纪的欧洲,人们的思想被宗教神学紧紧束缚着,宗教教条支配一切,人们只能按照《圣经》和神化了的亚里士多德、托勒密的学说去想问题、发议论。

哥白尼日心说向人们表明,传统的天文观是可以改变的,一切信条是可以怀疑的,一切学说都不是亘古不变的绝对真理,从此再不能像过去那样神云亦云,人云亦云。人们思想解放的潮流像决堤的洪水一样势不可挡,它改变了几千年来人们的旧观念,从根本上动摇了中世纪宗教统治的思想基础。正像爱因斯坦在纪念哥白尼逝世四百周年的大会上曾经指出的那样:哥白尼学说对于西方摆脱教会统治和学术枷锁的精神解放所作的贡献几乎比谁都大。

哥白尼的学说不仅对自然科学的发展具有重大意义,而且也推动了人类对宇宙天体认识的新发展,具有重要的哲学意义。

从15世纪下半叶开始,西欧处于从封建主义向资本主义过渡的转折时期。在生产实践的推动下,和近代自然科学相联系的资产阶级哲学——唯物主义在反对唯心主义和宗教神学的斗争中,促进了人们的思想解放,对指导人们观察自然、研究自然,提供了比较正确的世界观和方法论。

哥白尼作为一个天文学家之所以能够卓有成效地进行科学探索,在天文学研究中取得划时代的成就,这和他关心哲学、研究哲学、熟悉哲学,重视理论思维在自然科学研究中的重要作用是分不开的。

哥白尼早在大学时代,刚刚起步从事天文学研究的时候,就对哲学发生了浓厚的兴趣。他把对天体的探索和对哲学的研究结合起来,这对于他后来提出日心地动说的新思想,建立宇宙天体结构的新体系起到了重大作用。

哥白尼是怎样对哲学产生浓厚兴趣的呢?这是与哥白尼在天文学研究中遇到困难分不开的。当哥白尼对托勒密的地心说长期研究、思索之后,发现这个体系存在许多严重问题,百思而不得其解时,为了正确解决这些疑难问题,打开自己的思路,他想看看古代称之为"科学之科学"的哲学家们是怎样看待这些问题的。

于是,他反复学习和研究古希腊罗马许多哲学家们的著作。后来哥白尼在回顾建立日心说经过的时候,曾经提到这一点,他说:"我不辞辛苦重读了我所能得到的哲学著作"。结果,他发现了古代哲学家们关于日心地动的卓越思想,启发他去考虑地球运动,决心改造托勒密的地心体系。

纵观哥白尼《天体运行论》及其学说,我们可以看到哥白尼的哲学思想主要表现在以下三个方面:

(1)哥白尼严格遵循天文理论和观测事实相一致的唯物主义原则。

欧洲中世纪经院哲学是一种空洞的烦琐哲学,它反对从实际出发去研究自然,只进行纯粹的神学论证,脱离实际,钻牛角尖,从既定的教条出发,推演出荒谬的结论,这种唯心主义哲学严重地阻碍了科学的发展。哥白尼作为近代自然科学革命的代表人物,坚决反对经院哲学的烦琐神学论证,摒弃了以往天文学家不注重观测,按照"随意想象"来解释星空现象的主观唯心主义思维方法。他严格遵循天文学理论和观测事实相一致的唯物主义原则。他认为,天文理论来源于客观天象,必须使理论和实际相符合,天文学家应该注重天文观测。在准确观测、获得大量实际材料的基础上,进一步概括、分析、研究,才能从中发现天体运行的客观规律,得出科学的结论。他对托勒密的地心说产生怀疑,就是因为他通过长期大量的天文观测,发现托勒密的理论与天文观测事实不相符合。因此,他从事天文学研究几十年,始终坚持从客观的天文事实出发,如实反映天体运动变化的实际情况,而不附加任何自己主观的东西,使自己的认识同客观实际统一起来。这就是列宁所说的从物到感觉和思想的唯物主义认识路线。

(2)哥白尼正确遵循了现象和本质相联系的辩证思维原则。

科学理论的真正价值,就在于它能够揭示和说明现象或事物之间的联系,透过现象去把握事物的本质,从而发现事物的客观规律性。

现象引导着天文学家。哥白尼十分重视对天文现象的观察。他从搞天文学研究的第一天起,就坚持对天象的认真观察,获取了大量第一手观测资料。然而,他并不局限于表面现象,他仅仅把现象看作是入门的向导,通过认真分析研究,努力去发现天体运动的本质和规律。

关于行星运动的顺行、逆行和留的所谓"兜圈子"现象,自古以来许多天文学家断言是行星本身运动造成的。哥白尼通过长期的天文实践和研究,认为这个结论是错误的。他把整个宇宙天体看作为一个互相联系的整体,认为每一个天体和现象都是整个普遍联系中的一部分。所谓行星的"兜圈子"是一种假象,是一种特殊的现象,是住在运动着的地球的人们根据肉眼观察所产生的一种错觉。他指出行星本身在太空中并不会"兜圈子",住在地球上的人们看到这种假象,归根到底是因为地球绕太阳运动,是地球运动的反映。

正是由于哥白尼遵循了宇宙天体一切事物都是普遍联系的和本质与现象相联系的辩证思维的原则,经过长期的观测,验证、计算、思考,从而发现了整个宇宙天体运动的客观规律,创立了科学的太阳系理论——日心说。

这样,哥白尼就又开创了近代自然科学研究的新方法——辩证思维的认识方法。这种有效的方法,有力地推动了近代自然科学的研究,也丰富了近代唯物主义哲学内容。

(3)哥白尼日心说的提出并为实践所证实,是人类对天体认识的一次新飞跃。

天是什么?天和地是什么关系?日、月、星辰到底是些什么东西?大地在宇宙间的地位如何?这是自古以来人们进行探索并渴望得到解答的问题。

在哥白尼之前,人们虽然已经初步认识了日、月、地形状,通过观测和测量已经认识了地球和天体的大小,但是,对于日、地在宇宙中的地位问题并没有搞清楚。中世纪宗教神学长期以来束缚着人们对宇宙天体认识的发展。

哥白尼日心说的提出向反动教会和旧观念打响了第一枪,解放了人们的思想。地球不是宇宙的中心,它只是太阳系的行星之一,是颗普通的行星,月球是地球的卫星,使人们对日、月、地在宇宙中所处地位的认识产生一次新飞跃。

由此可见,哥白尼日心说的创立是人类对天体认识的一次巨大变革,它大大推动了人类对天体认识的新发展,是唯物主义认识论的伟大胜利。

然而,我们必须看到哥白尼的唯物主义和辩证法思想,从本质上说,还是自发的、不彻底的和形而上学的。他虽然把地球驱逐出宇宙的中心,可又认为,太阳是宇宙的中心,并"把太阳看成是静止的"。这种观点不仅从科学上说是错误的,不符合宇宙天体的客观实际,而且从哲学上说也是形而上学的。任何天体都处于不断运动之中,静止不动的天体是没有的。事实上,今天科学发展已经证明,太阳带着整个太阳系参与银河系的运动,绕银河系的中心不断旋转着。哥白尼还认为离太阳最远的恒星天球包罗一切,是上帝所在的最高天层。这样就为上帝留下了地盘。他把自己所创立的宇宙天体结构的新体系看作是上帝创造的。他无限赞美地说:"神圣的造物主的庄严作品是何等的伟大啊!"这样,就使他的学说多多少少带有唯心主义和神学的色彩。

这是因为哥白尼由于受家庭、舅舅的影响,学校的教育,成为终身神职人员,和教会有着千丝万缕的联系。他作为反潮流的伟大战士,坚决反对教会对科学家的残酷迫害,在科学领域里他是一个唯物主义者;他作为一个虔诚的基督教的教徒,又对教会尽职尽责,抱有幻想,采取妥协的态度。这种阶级的局限性,不可能使他的日心说与托勒密的地心说实行彻底的决裂,他的学说必然夹杂着一些唯心主义的东西。

总的来说,哥白尼日心说中闪烁着唯物主义和辩证法的光辉思想,开创了唯物主义哲学与科学相结合的新道路,在近代科学的兴起和发展中起了重要作用。但是,他的哲学中的形而上学观点,对后来机械唯物主义哲学的产生也有一定的影响。

哥白尼在《天体运行论》出版之前曾预言:"当我的《提纲》的解释公开出版之后,就会驱散奇谈怪论的迷雾,得到承认,并且使人佩服。"不朽著作《天体运行论》出版四百五十多年来,受到进步人类的由衷欢迎。举世公认哥白尼是近代天文学的奠基人,是近代自然科学革命的先驱,他毕生的辛勤劳动为开阔人类对宇宙的认识有着不可估量的影响。

哥白尼的伟大学说经过长期艰苦曲折的斗争,终于取得了最后的胜利。

1757年,罗马教廷被迫宣布解除对《天体运行论》的禁令,准予印行。

1782年,哥白尼的母校克拉科夫大学及欧洲的许多高等院校开始公开讲授哥白尼的日心说。

1830年,在哥白尼的祖国波兰首都华沙斯塔锡茨广场前竖立起哥白尼的纪念像。"欢迎啊,欢迎啊,大地的儿子!……"广场上响起了波兰民族剧院艺术家们悦耳的歌声。这歌声表达了千千万万波兰人民和世界各国人民对哥白尼全部真挚的感情和对他所做奉献的高度评价。

1859年,我国清代著名天文学家李善兰也在《谈天》一书中,正确介绍了哥白尼的日心说,并作了正确评价。从此,哥白尼的日心说在我国开始正式传播,

1973年,哥白尼诞生五百周年的时候,世界各国人民广泛开展纪念哥白尼的各种活动。《天体运行论》第一卷中译本在我国公开发行,受到中国天文学家和人民的热烈欢迎。

哥白尼不仅是伟大的天文学家,还是数学家、经济学家、有威望的医生、政治活动家和杰出的爱国者。他才华横溢,是一位多才多艺、学识渊博的时代巨匠。

牛　顿

求学时代

伊萨克·牛顿(Lsaac Newton1642—1727)是 18 世纪英国伟大的数学家和物理学家。他度过了不平凡的一生,但是童年却非常的不幸。

牛顿出生时是瘦弱的遗腹子,父亲早逝,母亲又改嫁。他度过了孤寂的童年。牛顿从小喜欢独立思考、钻研发明点什么,中学时代又养成了专心读书的习惯。他靠勤工俭学读完了大学。在剑桥大学三一学院,牛顿巧遇恩师巴罗教授,受到了特别的教诲。

(一)孤寂的童年

伊萨克·牛顿生于 1624 年 12 月 25 日,这一天正是圣诞节。因为是早产儿,牛顿出生时体质虚弱瘦小,体重只有 3 磅,他的母亲说他瘦小得可以装进一个一夸脱大的壶里。

牛顿的故乡是英国林肯郡的一个偏僻的小村镇武耳索普村。他的父亲是该村的一个不大不小的农庄主。虽然父亲身体健壮,但因患感冒并发流行性肺炎,新婚才半年,就过早地逝世了,年仅 37 岁。因此,弱小的牛顿就成了遗腹子。

牛顿的舅舅詹姆士·埃司可夫牧师,是剑桥大学毕业生,他应牛顿母亲汉娜的要求,给牛顿命名。汉娜在丈夫死后,更加把希望寄托在牛顿身上,盼他长大以后能像父亲那样有结实的身体,勤劳英俊不摆架子。

牛顿的母亲是个贤慧能干的女人,自己耕种田地,收获粮食,自己牧羊剪羊毛,自己养牛挤奶,自己做乳酪编织毛衣。严冬过去,春满山丘;酷暑过后,迎来秋收的季节;接着又是令人愁思的冬天。一年又一年的过去,汉娜咬紧牙关,细心抚育牛顿慢慢长大,心中充满了期望,也饱含着心酸和担忧。因为牛顿快 4 岁了,还看不出像个聪明的孩子,他言语迟钝,拖拖拉拉。

汉娜年轻美丽又聪明能干,在牛顿 4 岁时,经人说媒,嫁给了邻近教区的一个老牧师巴巴纳斯·史密斯。史密斯牧师是个地主,终生无子,丧妻后,汉娜与他结婚,又生了一个儿子、两个女儿。牛顿只好由外祖母养大,经济上依靠母亲留给他的庄园,每年可以收入 30 英镑,再加上史密斯牧师割让给牛顿的一块每年可以收租 50 英镑的土地,经济上可以过得舒服些。史密斯牧师是个精打细算的人,他这样做是为了使汉娜改嫁到他家时,不带去幼小的牛顿,又能安心与他过日子,因而不得不做出这种安排。牛顿母子二人伤心落泪后依依惜别,强忍痛苦,过早地骨肉分离了,牛顿与外婆主要靠租佃收入过活,外婆也要干些农活和饲养牛马鸡羊等农畜家禽,因而牛顿常常是耐着寂寞一个人玩、一个人想,渐渐地养成了沉默寡言、胆小腼腆、孤僻的性格。他不喜欢与别的孩子一起玩耍,也很少有笑容。但是幼小的牛顿很愿意动手干木工活,也爱沉思默想一些自然现象。

牛顿生活的时代是英国从封建社会向资本主义社会过渡的时期,新型的生产关系和生产力正在崛起,经济变革伴随着随之而来的政治革命,英国早期的资产阶级革命取得了胜利。1644、1645 年这两年,克伦威尔指挥下的资产阶级军队在反对王党军队的战争中节节胜利。1649 年,英国国王查理一世被处决,英国宣布成立共和国。后来又经过了君主立宪制的复辟与反复辟的激烈斗争。政治上日趋成熟的资产阶级努力从政治上和经济上摆脱封建的桎梏,同时越来越注重发展自然科学和数学。所以在牛顿的孩提时代,英国就已经有了中学和大学。进入中学的,主要是贵族子弟,或想出任神职的人,或想作能看药书配药的药剂师。所以,在那个时代,庄园主、牧师或药剂师的儿子,通常都要念私塾。私塾类似于现在的私立小学,但不大。教学的科目只有读、写、算三科。教职员多半是办学人的眷属。牛顿到了 6 岁,也被舅舅詹姆士牧师和外祖母送到两家私塾去念书,往返要走三公里的路。老师挥着教鞭,目光严厉。胆怯的牛顿慌张地回答不好问题,还要挨鞭子,因而对学校很厌倦,上课时总是心不在焉,成绩上不去,常常列为劣等。下课又不跟人交朋友,也不会顽皮,一心等待着放学回家。老师和同学们都把他看作是"迟钝的呆子",而牛顿从不理会这些印象。放学回到家里,专注于喜爱的各种劳作,其中自有一番说不出的乐趣。

牛顿与众多的孩子不同的,是喜欢沉思默想和富有好奇心。他不仅勤于思考,还总愿意动手做点什么。从学校回来,拿起锯子和锤子,就显得格外生气勃勃。起初做些箱子、架子等简单的东西,以后又想作会转动的四轮车。牛顿把仅有的一点零用钱都用来买各种材料:木板、支柱、铁钉、螺旋头等等。他常常劳作到深夜,竟然真地做成了。后来他又迷上了写生画画,画苹果树,画白石小屋,画攀缘在墙上的葛藤,细心地涂上各种颜色。在画苹果树时,已经注意到了影子的移动。后来他又在地面上直立地竖起一根树枝,细心观察影子的变化和时间的关系。然后又改用木板,使它倚墙斜立于地面,进行观察。入冬以后,他冒着严寒,继续观察和思考,并在墙壁上画上刻度。即使在他 9 岁那天的圣诞节,母亲和继父来看望他共进丰盛的晚餐,也未能使他感到高兴,他依然若有所思,沉默安静。太阳光下的影子会随着时间的变化而移动,这一现象启发了牛顿去做一个日晷——一种根据测日影以定时刻的仪器。这个石制的日晷的圆盘边缘有刻度,中间竖一根小棍,由小棍的影子所指示的刻度,可以知道时间。后来这个日晷仪放在教会保存着。

牛顿 12 岁时,进入格兰萨姆的皇家中学就读。当时还没有发明汽车、火车和电车,只是偶尔有长途的驿马车。牛顿只好租房居住在克拉克药局的二楼,以便就近上学。药局夫人的弟弟是该中学的数学老师。但是牛顿不喜欢学校,只喜欢做机械、木工活之类的事情,也喜欢绘画和作诗。他画的风车机械图、水车图博得了人们的好评。他做的水车放到小溪流中,真的能飞快地旋转起来了,他非常的高兴。但是,他不把学校的功课放在心上,喜欢独自沉思默想,所以这里的同学们仍然把他叫做"呆子"。调皮捣蛋的同学,看到他软弱可欺,就把他当做恶作剧捉弄的对象。只有史托克校长和克拉克夫人的弟弟认为牛顿是个优秀的少年,常常鼓励和督促他好好学习。

人,只要奋进,就不可能永远是弱者。牛顿不可能永久忍受顽童们的欺侮。终于有一天他勇敢地奋起抵抗了。那一天,学校中有名的捣蛋鬼又来欺负牛顿,并且用脚猛踢牛顿的肚子。牛顿双手抱腹,疼得弯下了身子。然而,他迅即使尽了全身的力气,用右手对准顽童的下巴飞起一拳,打得他口角流血;牛顿又发狂似地抱住他的双脚,把他撞倒在地,用力把他的脸压向木栅,弄破鼻子,血流如注。牛顿痛痛快快地发泄了一肚子长期郁积的闷气。但是胜利并未带给牛顿什么愉快,他反而很难过,因为他讨厌打架。他想:"再没有比和人争执更讨厌的了,以后不要与人结仇,不再种下争执之因,也不要卷入争执之中。"从此之后,牛顿发奋图强,心情也有了改变,开始和班里的同学交往谈话,认真学好功课,成绩越来越好,不久便名列前茅,再没有人叫他"呆子"了。他还帮助许多同学做了提灯。黎明前的格兰萨姆镇出现了学生们的提灯行列,照亮了他们上学校去的路,也照得他们心里亮堂堂的。那一年,正好天上出现了彗星,当时的村民们都认为是凶兆,家家惶恐不安,纷纷关闭门窗,垂下厚厚的窗帘,躲在屋子里。只有牛顿有自己独特的见解,他把多余的提灯绑在风筝上,悄悄地放到夜空中去。这个假彗星使村民们好几个晚上恐惑不安。牛顿的恶作剧受到克拉克夫妇的愤怒责备,他却冷静地回答说:"彗星到底会对人类发生什么影响呢?真正的彗星就跟这些提灯一样,绝不是什么不祥之兆,何必迷信?"

牛顿还惦记着想作风车一事。几经努力把风车作成了,样子很漂亮,但转不动。后来牛顿又为克拉克的养女史托丽的白老鼠做了一个像小型水车似的笼子,白老鼠在里面不停地跑,它便不停地转。史托丽真是高兴极了。白老鼠转动的车吸引了孩子们的兴趣,牛顿抓住了孩子们的心,他成了受欢迎的小小发明家。后来,他又制做了连接吻合的齿轮,用白老鼠转动的车带动风车也转动起来了。

牛顿的好奇心、善于思考和钻研的精神,随着年龄的长大,知识的增多而迅速地发展,他又成功地设计和制作了一个水漏时钟。

当时的格兰萨姆没有工厂,村民们日出而作,日落而息,只有驿马车在出发前吹喇叭,学校上课或教堂开始礼拜时才鸣钟通知。计时工具非常简陋,时钟多半用的是砂漏时钟。砂漏时钟是将装有砂子的容器上下叠置而成。砂粒通过两容器间的细管,从上面的容器落入下面的容器内。每天早上听到学校的钟声一响,就把下面容器内的砂全部倒进上部容器内,让砂开始流动,在下部容器的刻度上表示出时间。

克拉克药局也有一具砂漏时钟。牛顿仔细观察后发现了它的缺点。他想,砂漏时钟很难使砂流的速度维持不变,上部容器内砂量的多少会影响砂流的速度;砂粒间的相互强力挤压也影响砂粒流入细管内的运动。这样一来,砂的流动会越来越快,时钟就不可能准确。如何解决呢?牛顿想到可以用水来代替砂,水漏时钟会比砂漏时钟更准确,只要开一个尽可能小的洞,水的流量容易保持不变。主意一定,牛顿就开始制作。他向克拉克夫人要了木箱,把木箱竖起来,在箱内较低的地方做了上下重叠的两个水槽,上水槽底开一个小洞,上槽装入水,水就一滴一滴地滴入下水槽中。再加上带动时针指示的数字圆盘的装置,这个时钟就能正确地指示时间并精确到"分"的程度。

水漏时钟使牛顿在村镇上的名声大震。赶集日那天,附近乡里的人们,络绎不绝地来观赏白老鼠风车和水漏时钟。这一天药局的生意也空前兴隆。牛顿做梦也没有想到,他在这个时期的砂漏和水漏时钟的研究,会在三年以后被杂志公开的介绍。

这个时期,在安静幽闲的时候,牛顿继续写诗作画,山水画、人物素描画贴满了墙壁。

(二)辍学与复学

在格兰萨姆皇家中学,牛顿学习了两年。在克拉克药局居住时也常作些实验和小的发明。可是好景不长,新的不幸又一次降临。牛顿14岁时,继父史密斯去世了。母亲带着两个年龄幼小的女儿和一个儿子又回到了武耳索普村。由于家庭人口增多了,只靠一个男佣人汤姆干活儿,生活不易维持。母亲只好让牛顿弃学回家务农。

牛顿把水漏时钟和风车留给克拉克药局的史托丽小姐。自己随母亲回到家中,辛辛苦苦地干起农活。夏季,汗水不停地流。手上长起了泡,锄头还要不停地挥,水泡破裂,阵阵疼痛。农闲的时候,牛顿仍然爱动脑筋思考问题。1658年9月3日,牛顿在暴风雨中做了他的第一次物理实验。狂风中,牛顿跑到庭院中央,从雨点的方向可以看出风的方向。牛顿脚下放个苹果,先是顺风猛跳,落脚点再放上一个苹果;两个苹果之间记录下自己顺风跳的距离。然后再从第二个苹果,逆着风向第一个苹果猛跳,但跳不到第一个苹果。牛顿希望从顺风跳远和逆风跳远的距离之差,求出风力。因为风力越强,差距越大。牛顿湿漉漉地跑进屋子,用铅笔把距离数字记下来,再跑出去试验。

牛顿在中学养成了读书的习惯。他抓紧一切时间看书学习。有时他和佣人汤姆一起去赶集,当马车离家远了,看不见白石小屋了,牛顿就让汤姆一个人去镇上买卖东西,自己跳下马车坐在一棵大树下读起书来,并且对汤姆说:回家的路上,你可以在这里找到我。在牛顿放羊和喂鸡的时候,也常常手不释卷。失职的事屡屡发生。喂完了鸡,常忘了关好鸡舍的门,鸡跑出去吃光了田里的小白菜或萝卜。牧羊时有一次约有七只羊跑进邻居家的玉米地,糟踏了庄稼,事后还要赔人家的钱。

在牛顿两年农夫生活中,妈妈看到他只爱专心读书,却不能很好地做一个农夫,家中又没有余力送牛顿去念大学,妈妈心中很难过,便和哥哥詹姆士牧师商量。詹姆士是念过大学的,他看到牛顿喜欢读书,又勤于思考,有钻研精神。他认为,既然牛顿长大之后不能成为一个好的农夫,这一定是神的意志,应当为牛顿着想,让他走另外一条路。他劝妹妹,忍一忍家中的困难,让牛顿出去念书吧,将来他或者会成为一个学者,或者成为一名牧师。没有钱当然很难进大学。当时幸好剑桥大学的三一学院有工读生制度,这给他们以一线的希望。

在舅舅的劝说下,再加上格兰萨姆中学校长斯托克先生愿意在经济上给些资助,牛顿的母亲又让他回到格兰萨姆皇家中学继续读书。复学后,牛顿以更大的热情在那里又攻读了三年。他很快成为一名模范生。他仍然住在克拉克药剂师的家里,与他们的女儿成为要好的朋友。药店本身就类似于一个化学实验室,药店里的环境培养了牛顿热衷于科学实验的习惯。这时的牛顿,心中还惦记着家中母亲的日夜操劳,在生活的各方面都尽量的节俭。

从牛顿青少年时代的笔记本里可以看到,牛顿对日常见到的自然现象以及有关的自然知识,早就有了整理分类的爱好。他在中学时代,已对颜色的调配、几何问题、太阳时钟以及哥白尼日心说,发生了浓厚的兴趣,这也为以后的大学学习打下了基础。

格兰萨姆的皇家中学是文法学校,着重教授拉丁文。那时英国通用的是拉丁文,大学讲义、学术书籍、公文、圣经,都是用拉丁文书写。所以做牧师、学者、官员,都必须先进文法学校。文法学校的学科,除拉丁文以外,还有神学和数学。神学是讲授关于基督教的神的学问,数学主要是几何学,训练学生合理地思考和证明。那时候的文法学校还没有理科课程,因为自然科学还没有发展到足以设科进行教授的程度。哥白尼 1543 年发表的《天体运行论》宣布自然科学从神学中解放出来。自然科学刚刚走上艰难发展的道路，牛顿所能学到的只能是一些零散的科学知识。

1661 年 6 月 5 日，18 岁的牛顿受格兰萨姆皇家文法学校校长的推荐，成为剑桥大学三一学院的工读生。

（三）巧遇良师

剑桥大学创立于 1209 年，是英国最古老最有名望的大学之一。三一学院设立于 1546 年。

剑桥大学的校园像个公园，漂亮的建筑，绿油油的草地，茂密浓荫的大树，清澈的小溪水波如镜，映着庄严的大门，梦境般的绮丽。

当时的剑桥大学正如整个英国，出现了有利于科学发展的思想舆论条件和文化气氛。

牛顿所处的时代，正是社会大变动的时代。1649 年，英国资产阶级革命取得胜利，建立了资产阶级与新贵族联合专政的国家，资本主义由上升到确立统治地位。这个时期也是新旧思想交替的时代。受到意大利文艺复兴和德国宗教改革的影响，英国从 16 世纪也开始宗教改革，它是在国王的直接领导下，自上而下进行的。1533 年，英国国王亨利八世断绝了与罗马教廷的联系，创立了英国国教。1534 年，英国国会通过了《至尊法案》，把英国国王奉为教会的最高首脑，宣布英王拥有任命各种教职和解释教义的权利，使教会脱离了罗马教皇的管辖。改革后的新教，就是英国国教。但是，国教只在组织系统上改变了，旧教的主要教义和宗教仪式都沿袭下来，它不能适应新兴资产阶级的需要，所以又出现了一个新的派别——清教。清教主张进行彻底的宗教改革，清除国教中的天主教残余。剑桥大学也是资产阶级革命初期清教徒活动的中心。1648 年，剑桥大学进行改革，清除了一批保守派，削弱了学校的宗教神学势力，逐渐成为崇尚科学的名师聚集的地方。一些教授认为，应该打破天主教的古典思想，探究真理，作出新的发现，反对不问正确与否一味遵从古典和圣贤。这样的环境，对牛顿的成长和发展，起了重要的作用。

当时的三一学院开始创办自然科学讲座。章程规定讲座的内容是，轮换讲授地理学、物理学、天文学和数学等各种学科。第一位主持讲座的是伊萨克·巴罗教授。巴罗于 1644 年进入三一学院，18 岁就得到学士学位。巴罗教授博学多才，撰写过《数学讲义》、《几何学讲义》等等，在光学、几何学、圆锥曲线等方面颇有研究，造诣很深。他还先后担任过希腊文、哲学和数学教授，被誉为"欧洲最优秀的学者"。牛顿进入大学后，先是被安排跟随蒲列因教授学习古典文学、希腊语、哲学和数学。牛顿感到乏味又无聊，要求去听巴罗教授的几何学课。善于求师是牛顿后来迅速成才的关键。良师巴罗教授的指导，对于牛顿在求学阶段就在科学上有所创造，有所建树，起了重要的作用。这里明显地表现了师承效应。

巴罗教授不墨守成规，除讲授几何学外，还讲了光学问题，不仅讲授自己的观点，还介绍各种假说的争论情况，以启发学生的智慧。例如关于光的本质，有的学者认为光是物质，有的认为光是物质的性质，或者是运动状态。光在空气或玻璃等介质中，是连续的传导，还是每逢冲击自己就倍增扩散的粒子般的东西？这些光学问题在当时尚未弄清楚，只有猜测和争论。与光的本质有关系的，是颜色理论。颜色是怎样发生的？也是众说纷纭,假说林立,而假说不等于真理。这些都是牛顿过去未曾听说过的,大开了他的眼界。巴罗教授还讲到伽里略的实验如何推翻了亚里士多德的运动论,他的天文观察如何论证了哥白尼的地动说,而伽里略对真理的追求却被罗马教廷宣布为异端,被宗教裁判所严厉制裁,差点儿送了性命。巴罗教授指出,如果是发生在英国,一定会受到许多人的赞扬。他启发学生思考新的理论,要敢于推翻旧的理论,他向学生介绍陈旧怪异的理论,是为了使他们通过反驳旧理论而产生新理论,推翻旧理论。巴罗教授的这些教诲,对牛顿有着重要的启迪作用。

巴罗教授比牛顿大12岁。遇到恩师巴罗,对牛顿的一生,是极大的幸事,是巴罗教授把牛顿引向探索自然科学真理的征途,是巴罗教授最早发现了牛顿的才华。他很快发现牛顿对当时的自然科学和数学的最新成就有着惊人的理解力,是难得的人才,于是给他以格外多的教诲和指导,这使牛顿进步很快。

牛顿受到巴罗教授的特别教诲,打开了思路。他无限的感慨,思绪万千。他回忆着如何离开了那狭小的田园农舍、耕牛、鸡舍和羊群,生平第一次搭驿马车来到剑桥,与巴罗教授谈话。置身于以学为友的学生群中,住宿在已经有三百年历史的古老房屋中,大学的教堂,粗制的木椅,石砌的高墙,这里的气氛像是中世纪的寺院,严肃而沉闷。亨利八世所创立的这所学院,就像一座桥梁,它负有把中世纪引向近代、把旧教引向新教的历史使命。在尚未脱离中世纪学院气氛的时代,牛顿在思索着、寻找着自己的道路,虽然起初并不太明显自觉,但的确是在一步一步地走着。1664年,牛顿在一本题为《一些哲学问题》的笔记本中写道:"柏拉图是我的朋友,亚里士多德是我的朋友,但我最好的朋友是真理。"后来的事实证明,牛顿的确走上了探索真理、发展真理的道路。

牛顿不同于那些富有的贵族子弟,他必须靠自己的劳动来维持上学期间的清贫生活。从入学当天的晚饭时开始,就开始了工读生的工作。他与老工读生一起,腰系围裙,在开饭前先布置好餐桌,点燃蜡烛,提盘子和面包篮子,端汤锅,送勺子,每天如此,每餐如此。后来,他的工作由餐厅服务改为替个别的同学服务,例如,清理、打扫房间,洗涤衣物。牛顿做这种种杂活儿,并不以为羞耻,毫无怠惰。但是因为他总是专心用功和思索,所以常常会灰尘和脏衣服堆积很多。幸亏那位被他伺候的同学大大咧咧,还可以相处下去。

在课堂上,牛顿专心致志的听讲、思考;课后,到图书馆借书、读书,然后再思考,这是他在剑桥大学期间生活的主旋律。欧几里德的几何学,笛卡尔的《几何学》,巴罗教授的《讲义》,开卜勒的《光学》,以及瓦里士的《无穷小级数》,牛顿都细心地研读,并且加以比较思索,再形成自己的看法。他还买些望远镜、眼镜、透镜、棱镜等等,通过实验钻研光学问题,同时更多地思考数学问题。他思考着用什么办法计算一下被曲线包围成的图形的面积。他设想,如果用无数的平行线把曲线包围的图形分割成一个个细细的长方形,计算出长方形的面积并不困难,再将如此做成的无数多的长方形的面积加起来,它的和不就接近于所要求的面积了吗?用这个求积法,牛顿计算了双曲线围成的面积,计算精确到52位数。这一切使牛顿得到一种愉快,这是一种内心的享受,他不想发表,也不对任何人说。四年多的大学生活,牛顿全神贯注地钻研学问,特别是数学。他犹如生活在一个紧闭着城门的坚固城堡之中,精心耕耘着自己开辟扩展着的数学花园,别人无法窥视其中的奥秘。但是数学绝不是他的惟一爱好,他把数学仅仅看作是一条揭穿大自然秘密的道路,他探索着寻找一条捷径,寻找简便的、新颖的解法。

1664 年,牛顿经过考试被选为巴罗教授的助手,同时也开始了自己的科学研究事业。

潜心研究

(一)返乡 18 个月

1665 年至 1667 年,伦敦流行鼠疫,剑桥大学暂时关闭,牛顿回乡 18 个月,潜心研究,取得了重要的进展,奠定了他一生科学事业的基础。

1665 年 4 月,牛顿大学毕业,他和剑桥大学的二十五位同学一起获得文学学士学位。巴罗教授为他谋得了一个大学选修课研究员的职位,他开始领到一定的津贴。

这一年,直到 1667 年春季,伦敦流行可怕的鼠疫。这是一种急性传染病,又名"黑死病",自 14 世纪以来多次在欧洲和英国蔓延,曾使成千上万的人丧生。有人说这是神在发怒。1665 年 6 月至 8 月,仅仅三个月内,就使伦敦的人口减少了十分之一。有的全家人死光,生者门窗紧闭。人们不敢外出,街上静悄悄不见人影。鼠疫由伦敦向外蔓延,剑桥居民纷纷用马车装载着行李,疏散到乡间去。到处是一片混乱和恐怖的情景。剑桥大学的管理人员也决定暂时关闭学校,把学生疏散到外地去。正在专心思考颜色理论的牛顿,再也不能安心实验和研究,于学校关闭前一两个月就逃离疫区,回到林肯郡的老家去了,在家乡总共住了 18 个月。

牛顿回到家乡,母亲和三个弟弟妹妹亲切地欢迎他。他神采奕奕的学者风度,使弟弟妹妹对他倍加尊敬。牛顿住在家中楼上的一间小屋里。这是个安静得与世隔绝的环境。在这里,牛顿有足够充裕的时间,集中精力和才智,从容地思考他从剑桥带回来的各种最新科学思想,并精心地进行实验和计算,从此开始了他所热爱的科学事业。当时,近代自然科学刚刚起步,科学研究工作不像现在要那么多的复杂设备和多学科的人员协作。对牛顿来说,作科学研究工作,在学校和在家乡都一样。他在自己的房间里,打开包袱,取出锤子、烧瓶、磁铁、磁针、雕刻刀、砥石、棱镜、凸透镜、凹透镜、平面镜、球面镜、方解石、望远镜、显微镜等等,还有各种书籍,便开始了勤奋的研究工作。在这里,牛顿度过自己 23 岁以及 24 岁的大部分时间,这是他青年时代创造力最旺盛的时期,也是他一生中最富有科学成果的时期。他的许多科学思想是在这个时期酝酿出现的。他集中研究的主要是三个方面的问题并取得了辉煌的成就:即创立了微积分,发现了万有引力,进行了分解日光的实验。这个时期的实验和思考,奠定了牛顿一生的研究方向的基础。但是,牛顿迟迟不公布他自己做出的科学成果,大部分成果是在以后一二十年间进一步完善后才陆续公布的。因为他有一个突出的性格是不喜欢把自己做的事情告诉别人,只有很少的一点笔记可以告诉我们,他那时在想些什么,做些什么。他一生不喜欢公开自己尚未完成的计划和发现。

(二)奠定了一生的基础

微积分的创立,是牛顿在数学方面最为重要的贡献。它是在前人的数学研究基础上做出来的。首先是笛卡尔等人创立了解析几何,把代数学和几何学结合起来,把数和形统一起来。笛卡尔把几何学问题转化为代数学问题来解决,同时把变量和函数也带进了数学。他把几何图形(如直线或曲线),看作是依照一定的函数关系运动的点的轨迹,这些点的坐标值是随着另一个坐标值的变化而变化。笛卡尔的变量是数学中的转折点,有了变量,运动进入了数学,辩证法进入了数学;有了变量,微积分的创立也就成为可能。牛顿在笛卡尔等人的工作基础上,于17世纪60年代创立了微积分。1665年5月20日,牛顿开始有流数术的记载,这是他创立微积分的最早记载。他把自己的微积分方法叫做流数术。正式的《流数术》一书写于1671年,而到1736年才出版,已经是18世纪的事了。离返乡躲避鼠疫的1665年,已过去六十多年了。流数术的基本原理是把数学中的量看作是由连续的轨迹运动而产生的。牛顿把生长中的量叫流量,流量的增长率叫做流数,流数在无穷小的时间间隔内所增加的无穷小部分叫流量的"瞬"。牛顿看到有两类问题,一类是已知诸流量之间的关系,确定这些量的流数的关系,即微分问题。一类是相反的问题,即积分问题。这两种运算之间是互逆。运用这些方法可以解决求极大值和极小值的问题以及求曲线上任一点的切线。其他物理学所研究的自然界的各种变化的量,也都可以用微积分来研究。牛顿运用他的流数术解决了许多力学问题,特别是在开卜勒定律的基础上最后总结出万有引力定律。

发现万有引力定律,是牛顿的一项极其重大的科学发现,直到今天,人造地球卫星、宇宙火箭、宇宙飞船等运行轨道的计算,都仍然以它为依据。

这个定律的发现过程也是在1665年至1667年间在家乡躲避鼠疫时期开始的。但是精确的科学研究却经历了一个长久的过程。从受到伽里略、开卜勒的启发开始思考到初步发现引力平方反比关系,从确立引力的万有性到精确的定量表述,从以实验测量数据来验证,到最后正式公布万有引力定律,经历了长达20年之久的研究历程。由于在取得满意的结果之前,牛顿不愿意公布自己各阶段上的研究结论,这个漫长的历程的详细线索,到19世纪末才被人们所了解,这是在朴茨茅斯伯爵于1827年将牛顿的大部分遗著交给剑桥大学图书馆,《伊萨克·牛顿爵士著作和藏书目录汇编》一书于1888年编成以后,人们对牛顿的遗著进行了全面了解以后才了解到的。在这之前,关于牛顿发现万有引力,传播很多很广的就是"苹果落地"的故事。这个故事至今在有些著作中还作为佳话广为传颂着。但是说法不尽相同。

这个故事是说,1665年秋天,当牛顿坐在家乡的果园里沉思时,忽见一个苹果落地,引起他想到使苹果落地的地心引力,从而引导他发现了万有引力定律。据法国作家、哲学家伏尔泰回忆,这是牛顿的外甥女巴顿夫人告诉他的。牛顿晚年的一位密友斯多克雷也明确提到,在1726年4月的一天,他和牛顿共进晚餐后,一起来到牛顿的后园并在苹果树下喝茶,在谈话中牛顿告诉他说:"正是在过去同样情况下,注意引力的思想出现在我的脑海里,那是在一棵苹果树下偶然发现的,当时正处于沉思的冥想之中。"还有牛顿晚年的另一位朋友潘伯顿在追忆牛顿的著作中,也谈及因苹果落地而引起验证引力平方反比关系的故事。

上述故事说法很不一样,但这个故事流传得很广。所以,牛顿故居后园里的那棵苹果树,后来一直被精心地保护着,前去瞻仰牛顿故居的参观者,都要去欣赏这棵树。1820年,这棵树被大风刮倒,还被分成了好几段,分别在英国皇家学会等几处地方作为纪念品保存起来。而在这之前,早已用接枝法分植于世界各地。不管上述故事是否真实,牛顿确实是在 1665 年在家乡期间思考过引力问题,这是肯定的。

牛顿看到,地球上的物体都会从高处落下,这是因为有重量。为什么有重量呢?因为受到地球的引力。最深的矿井和最高的山顶,都可以感受到地球的吸引力。那么,地球的引力作用可以延伸到多远呢?月球是否也受到地球的引力作用呢?牛顿的思考,从地球对地上物体的吸引,扩展到地球对天空中天体的吸引,从对苹果的吸引,联想到对月球的吸引,以至对行星、彗星、卫星等等天体的吸引。是什么力量把这些天体吸引在轨道上呢?还有,对月球的引力与对地面上物体的引力,是不是同一种力呢?如果是同一种引力,为什么月球不像苹果那样落到地面上来呢?为什么月球也不沿着直线远远地飞离地球而去呢?为什么月球总是绕着地球转,行星总是绕着太阳转?它们为什么都不沿着直线远远地飞出太阳系?牛顿回忆说:"那一年,我对引力的考虑,开始扩大到月亮的轨道问题……"为了回答这些问题,他已研读了哥白尼、第谷、开卜勒、伽里略、笛卡尔、布里阿德等人的著作。他逐渐形成了一个观念:使苹果、石头下落和使月球等天体运动的原因是共同的,都是受到同一种力,即重力的作用。是地球的引力使月球绕地球运动,月球连续不断地绕地球运动就是一种不断地朝向地球降落的运动。这样他就把作用于月球的"天文学上的力"和作用于我们日常物体的"地球上的力"联系起来加以比较和计算,寻找它们共同的原因和所遵循的共同规律。

牛顿认为,自然规律必须用数学加以精确的表述和论证。他进一步研究地球引力的大小与距离的变化有什么关系呢?经过多次计算,牛顿认为,物体离地球的距离越远,地球的引力会越弱。那么,应当怎样精确地计算它呢?他首先从简单的圆形轨道算起,近似地计算出地球对月球的引力差不多和它们的距离的平方成反比,这是在发现万有引力定律方面迈出的重要一步,它奠定了以后研究的基础。

牛顿也喜欢光学。在牛顿所处的时代,实验科学蓬勃兴起,光学仪器的制造扩大了人们的眼界。光学较早地成为近代物理学的一个分支。17 世纪初发现了折射定律。望远镜的发明以及伽里略开始用它观测天象,得到惊人的发现,更扩大了人们的兴趣。牛顿在三一学院时听了巴罗教授的光学课程,自修了开卜勒的《光学》一书,这促使他自己动手磨制透镜,观察天象。1666 年,牛顿设法弄到一个三角棱镜,便用来做光学实验,这导致了重要的发现。他写道:"……把我的房间弄成黑暗,在百叶窗上开一个小洞,让适量的太阳光照射进来,把我的棱镜放在光线进入处,光线就透过棱镜折射到对面的墙壁上。开始,这是一件很愉快的消遣。"但是牛顿很快发现,这是一个很重要的光学现象。当光线通过棱镜后,便分成了多束颜色鲜艳的光线。那一条长条形的彩色光带,宽度为原宽度的大约五倍,而且形成的颜色又是有规则地排列的。靠近棱镜顶角的一端是红色,折射最小;靠近棱镜底边的一端是紫色,折射最大;中间的颜色次序是橙、黄、绿、蓝、靛。牛顿喜出望外,对这个现象抓住不放,反复实验、观察和思索。为什么白色的日光通过三棱镜以后会出现美丽的七色光带?牛顿百思不得其解,便查阅一些书籍,但是各种书的说法不同。一本书上说,因为棱镜靠近棱一端的玻璃较薄,暗度较小,所以通过这里的光呈红色。相反,靠棱较远的一部分,玻璃暗而厚,所以通过这里的光呈紫色,因为暗度上的光是紫色。另一本书上说,棱镜形成的色带,是由光从太阳的不同部分出发,以不同的角度进入棱镜而成的。这些不同的说法,都是把彩色光的出现错误地看作是光变态的结果。牛顿没有停留在这些书本的议论上,他思索着,反复地做多种实验观察和验证自己的看法,最后形成了重要的判断:白光并不是单色的同一种光线,它是一种最令人惊奇的奇妙的复色光,是按一定的比例混合成的。用我们今天的科学语言来说,就是每种颜色的光束都有自己特定的波长。对颜色的研究是牛顿对光学方面的最主要的贡献,这项研究也是在乡间的 18 个月内开始的。

当时,研究光的颜色,不是牛顿的最终目的,他的目的是要做出比伽里略望远镜有更大倍数的望远镜。

总之,在伦敦鼠疫流行期间,牛顿返乡十八个月。在安静的环境里,牛顿开始了他的科学研究事业。他的爱思考的头脑更加活跃。他一生中的重大发现,如万有引力定律、力学三定律、光的分解、二项式定理、微积分的创立等等,都是发轫于此期间。这十八个月内所获得的成就为他以后的科学工作打下了基础。以后所做的科学工作,不过是对他在乡间形成的思想进一步加以完善和发展。在科学史上难以找到第二个人,在这样年轻的时候,在这样短的时间内,形成如此辉煌的独创思想。这些独创的思想使牛顿成为科学史上的巨匠,使他在数学和几门自然科学中都做出了杰出的贡献。正如恩格斯所说:"牛顿由于发明了万有引力定律而创立了科学的天文学,由于进行了光的分解而创立了科学的光学,由于创立了二项式定理和无限理论而创立了科学的数学,由于认识了力的本性而创立了科学的力学。"

瘟疫过去,牛顿带着丰收的喜悦,返回剑桥。

巴罗让贤

牛顿大学毕业后留校任教,26 岁就接替巴罗教授升任卢卡斯讲座的教授,同时他顽强探索,刻苦勤奋,严谨治学,科学研究硕果累累。但是这一切,应当首先感谢巴罗教授。

(一)恩师慧眼识良才

1667 年初,英国广泛蔓延的鼠疫已经过去。3 月 25 日,牛顿从家乡返回剑桥。这时剑桥大学的学术气氛已经消失,威严的建筑物空空荡荡,神圣的礼堂变成了老鼠窝。伦敦十几万人丧生,教授和学生有的死了,有的去乡间打发无聊的日子。而牛顿与众不同,他在乡间这 18 个月,是最大丰收的季节。他满载着这些闪光的思想,迈着坚实的步伐,回到了剑桥大学这座学术王国。

10 月,牛顿成为"选修课研究员"而进入剑桥大学教师团,可领年薪两百英镑,从此告别了工读生的困苦生活,担任指导两个学生的工作,房间也搬到正门上面的三楼。从乡间回到大学,牛顿没有把自己的重要发现和发明告诉别人,即使是对巴罗教授,牛顿也不愿意把自己尚未彻底弄完善的科学成果公布出来。他还要继续研究。

1668 年,牛顿被选作巴罗教授的助手,协助他整理完成了光学和几何学讲义,牛顿自己也撰写了光学和数学的部分论文,都得到巴罗教授的好评。

3 月,牛顿成为"主修课研究员"。

7 月,牛顿获得硕士学位。

这一年,牛顿制造了第一架反射望远镜。

巴罗教授看到牛顿的进步,十分欣慰,1669 年 10 月,他坦率地宣称,牛顿的学识已经超过了自己,便主动地让出自己的教授讲座席位,让牛顿接替自己,担任卢卡斯讲座的数学教授。他自己则去伦敦担任皇家教堂的教司。巴罗教授不仅把自己渊博的学识传授给他,以敢于创新勇于探索的治学态度和方法教导他,而且及早地大胆选拔牛顿到重要的岗位上担任要职。恩师慧眼识良才,使牛顿年仅 26 岁,就成为数学教授,让他在精力充沛、才华横溢的青年时代,就登上重要的教学岗位,为牛顿的科学生涯打通了道路。天才学生遇良师,青出于蓝而胜于蓝。良师甘为人梯,喜看自己的学生超过自己。这位"欧洲最优秀的学者"又成了发现天才的天才。巴罗让贤被传为科学史上的佳话。在剑桥大学三一学院,人们为伟大的科学家牛顿立了雕像;在牛顿的雕像附近,也立了巴罗教授的雕像,他的远见卓识和无私的精神,永为世人所景仰。

1670 年,牛顿在剑桥大学的讲坛上正式授课。根据卢卡斯讲座的规定,牛顿教学的内容是光学、数学和力学。讲课的时数不多,每周讲课一次,出席讨论两次,解答学生提出的问题,并指导他们学习。在课堂上,牛顿讲授光学时,发表了自己的研究成果。与此前的光学不同,他不是以天才的猜测为基础,而是以自己的实验为基础。所以这位卢卡斯讲座第二任教授的讲课,是以实验的图解及其说明为主。他很少讲解基本知识,经常讲一些自己的最新发现,但是由于它太艰深新颖,与中世纪式的传统思想截然不同,他的新思想很少有人能理解。再加上牛顿那平平淡淡的催眠式的语调,低沉又缓慢,很难引人入胜。所以,听课的学生很少,有时甚至一个也没有,在这样的时候,牛顿干脆回屋去做自己的实验研究。牛顿对教学没有兴趣,他醉心于自己的独立思考、实验和深入的研究。

(二)不接受神职

卢卡斯教授的席位和三一学院主修课研究员这两个职务的收入,足够牛顿的生活需要了。他对待朋友是和蔼诚挚的,朋友有困难,他常借钱或馈赠给他们。甚至对陌生人,有时也肯助一臂之力。牛顿自己花钱也很随便,尤其舍得花钱增添科研设备。然而到 1675 年初,他在经济上遇到了威胁。那一年,巴罗被任命为三一学院的院长,他要整顿学校的不良风气和松弛现象,按照学院创建人的建院宗旨来管理学校。这就要影响到牛顿头上。因为按照学院规定,主修课研究员的任期是 7 年,7 年中他要全面学习宗教课程,最后获得神职而成为一名教士。但事实上,许多主修课研究员在大学任职超过了 7 年。牛顿的任职也快满 7 年了,还没有取得神职。如果严格执行校规的话,牛顿除非同意去取得神职,否则将失去主修课研究员的职位。牛顿在听了巴罗院长的委婉叙述后,非常烦恼。他认真思考了几天后答复说:"巴罗博士,我不能接受神职,别人也许应该走这条路;但对我来说,我相信,不受教堂的正式约束,我能为上帝服务得更好些。"牛顿不愿意接受神职,并不是因为他不信奉宗教,只是因为他热衷于自然科学的研究。这一点巴罗博士是十分理解的。他向国王写了一份申请书,同时把副本送给所有的有关当局,请求对牛顿这样一个杰出的人才作特别例外处理。为此事牛顿还专程去伦敦呆了五个星期,等待宫廷的决定。

在伦敦,熙熙攘攘的闹市景象,宫廷里王公贵族、夫人小姐们的华贵生活,肮脏街道上的流氓乞丐、市民劳动者的贫穷的甚至悲惨的生活,都不能使牛顿为之所动。他怀着忐忑不安的心情思虑着他的申请书是否会被国王恩准。他还惦记着在学校那些没有做完的实验。但是在他有所失的时候，也有所得。他利用在伦敦的机会参加了皇家学会每星期三的例会。学会书记亨利·奥尔登堡非常高兴，向他介绍了每一位值得认识的人。在这之前，牛顿虽然已是会员几个月了，但从未正式参加过皇家学会的会议。他越来越为自己的经济忧虑，甚至写信给奥尔登堡，要求退出皇家学会，借口说剑桥离伦敦太远，不便参加每星期的会。奥尔登堡向学会建议，免收牛顿先生每星期会费。结果，牛顿和其他几个人都被免收会费，其中也包括胡克。

最后，于1675年3月12日，牛顿获悉国王查理签发了一道赦令，允许牛顿在就任卢卡斯数学教授期间可以不受神职而保留三一学院主修课研究员的职位。牛顿感激之至，如释重负，高高兴兴地回到了剑桥，继续埋头于研究工作中去。同时，他由衷地感谢巴罗博士又一次在关键的时刻帮助了他。

(三)勤奋出天才

人们常说，诗言志。早在童年时代，牛顿就写了不少的诗。这些充满热情的诗句，表述了他的理想和抱负，表达了他的向往和追求。其中有一首诗，标题是：《三顶冠冕》，内容如下：

> 世俗的冠冕啊，我鄙视它如同脚下的尘土，
> 它是沉重的，而最佳也只是一场空虚，
> 可是我现在愉快地欢迎一顶荆棘冠冕，
> 尽管刺得人痛，但味道主要的是甜；
> 我看见光荣之冠在我的面前呈现，
> 它充满着幸福，永恒无边。

牛顿鄙视世俗的冠冕，愉快地欢迎荆棘的冠冕，他决心走一条充满荆棘和痛苦，同时也充满着幸福的艰深之路，坚信它将迎来光荣的冠冕。

牛顿的确充分地体会到创造性的科学工作带给他的幸福，也赢得了无尚的光荣。他大学毕业以后62年的生活，可以划分为两个阶段：52岁以前，有31年的时间，在剑桥大学担任教学和科学研究工作，硕果累累。以后的31年，他弃教从政，移居伦敦，执行公务，担任皇家造币局的局长，地位显赫，同时作为科学界的泰斗，担任皇家学会的会长，主持皇家学会直到临终。牛顿在科学上最富有创造性的贡献，主要集中在他毕业后的前十年，即22岁至32岁之间。以后是进一步的臻于完善，整理写作和出版。牛顿在几个领域都做出了辉煌的科学成就，他完成了经典力学的体系而奠定了近代物理学的基础；他确立了万有引力定律而奠定了近代天文学的基础；他成功地进行了把日光分解为光谱色的实验和解开了颜色之谜而奠定了近代光学的基础；他发明了微积分为高等数学奠定了基础。他总结了天体力学和地面上物体的力学的成就，实现了人类对自然界认识的第一次综合。他对力学和光学的贡献，使他成为科学史上最负盛名的科学家之一。他为人类认识自然所建立的功勋是巨大的。

那么，为什么牛顿能在短暂的时间内取得如此辉煌的重大成就呢？是不是因为他天资聪明而才能出众？牛顿并不以为是如此。他说"我只是对一件事情很长时间、很热心地去思考罢了。"这里一语道破了问题的真谛。天资聪明固然是他素质的一个方面，但是更为重要的、最主要的是牛顿那顽强的科学探索精神和孜孜不倦的勤奋实

践。在牛顿少年时代，人们看不出他有什么超人的天资，在学校里功课低劣，时常遭人白眼，只是动手能力比较强。但他在受人侮辱轻视之后，能发奋图强，勤奋读书，即使被迫辍学务农时也毫不松懈。到大学学习和工作以后，条件改善了，研究的问题精深了，牛顿更加勤奋了。他独自研究力学、数学、光学和化学，专心致志，常常勤奋到废寝忘食的地步。每当吃饭，总要催他多次才能上桌。巴罗教授常常在牛顿的房间里看到桌子上一份几乎还没有动过的晚餐，一杯还满着的饮料，到处是书和成札的笔记。牛顿终生没有结婚，过着典型的单身汉的生活。他对自己生活上要做的事，总是笨手笨脚。他大半生的乐趣主要埋头于科学研究工作。年轻时他从来不记得按时就餐，对自己的健康很不在意。但是喜欢饮用自己配制的药物饮料，其中包括用橘皮煮汤加糖代茶，在吃饭时服用。牛顿在晚间工作常常熬过午夜，常因睡眠不足而睡眼惺忪。在三十岁时他已经有了白发。牛顿很多时间都是在实验室度过的，他的外衣经常沾有做化学实验时沾上的污渍。据牛顿的助手说："他很少在深夜二三点钟以前上床，有时候凌晨五六点钟才睡觉。一天总共睡不到五六个小时，特别是在春天或落叶季节更是如此。"有时，牛顿忙得忘记了约会，甚至闹出一些笑话，影响到正常的社交活动。例如有一次，牛顿应约去赴宴，走出家门思想就转到正在研究的课题上去了，便在街上游荡起来，待到想起约会一事，时间已经来不及了，无奈何叹了口气，晚饭也没吃，回家继续搞研究去了。另有一次，牛顿请朋友来自己家中吃午饭，朋友来了，饭菜摆满餐桌，可是牛顿埋头实验迟迟不回来，仆人两次催促他也不肯离开。这时朋友便把一只鸡吃了，骨头留在盘子里。牛顿做完实验才想起有朋友来吃午饭，匆匆跑到餐厅，看到盘子中的碎骨头哈哈大笑地说："我以为我还没有吃饭，原来我已经吃过了。"这样的故事很多。许多传说都说牛顿漫不经心，有的竟像是编造出的离奇的笑话。例如有一个故事说牛顿家中养了猫和狗，房间的门上为猫出入开了一个洞，当猫生了三只小猫以后，牛顿让人在门上又开了三个小洞。

勤奋和专注，是许多科学家所共有的品质，在牛顿身上的表现尤为突出。这种品质使他能最充分地发挥出自己内在的潜能，最珍惜和最充分地利用时间，特别是充分利用一生中精力最旺盛、思想最敏捷、最富有创造性的青春年华。

治学严谨，力戒任何虚假和浮夸，是牛顿科学工作的又一特点。这种治学态度，特别表现在引力问题的研究中。他经过长期的反复的研究，才公开发表了对万有引力的发现。但是，关于万有引力的本质和原因是什么？在未作出深入的研究之前，牛顿始终谨慎地不作出任何说明，谦逊地抱着知之为知之，不知为不知的态度。他写道："直到现在，我还未能从现象中发现重力（引力）所以有这些属性的原因，我也不做出任何假设。……对我来说，能知道重力（引力）确实存在，并且按照我们所已说明的那些定律起着作用，还可以广泛地用它来解释天体和海洋的一切运动，就已经足够了。"对牛顿说来，发现万有引力定律并证实它的存在，已经耗费了大量的时间和精力，再进一步阐明引力的本质和原因，是不可能的了，他只有留给以后的人们去探明它。牛顿说："我之所以用提问的方式将它说出来，乃是因为缺乏实验，我对它尚不感到满意的缘故。""重力（引力）的原因是什么，我不能不懂装懂，还需要更多的时间对它进行考虑。"事实证明，这种实事求是的科学态度，是很明智的。

由此我们还可以看到，严谨治学的伟大科学家，也总是谦逊的。他们在认识自然的征途上，既勇于开拓、大胆探索，又能谦逊地估计自己研究的进展。因为他们认识得越多,对于尚未被认识的问题,了解也越多,越能够提出应该继续研究的问题,指出研究的方向。他们也就不容易满足于已经取得的成就。牛顿到晚年,虽然在科学上已经名声显赫但他仍然是个温和、沉默又谦逊的人。他生前有两段话,充分地表现了他谦虚谨慎的品格,也因为它蕴含着深刻的哲理,而成为人们传颂的著名格言。这两段话是:

如果我之所见比笛卡尔等人要远一些,那只是因为我是站在巨人的肩上的缘故。

我不知道世人对我是怎样的看法,但是在我看来,我不过像一个在海滨玩耍的孩子,偶尔很高兴地拾到几颗光滑美丽的石子或贝壳;但那浩瀚无涯的真理的大海,却还在我的面前未曾被我发现哩!

事实上,牛顿奉献给人类的,是从真理的大海中捞取出的一颗颗闪光的珍珠。他为我们今天这座华丽的科学大厦奠定了基础。

伏尔泰曾经说过:将世界的一切天才放在一起,牛顿应是他们中的佼佼者。

诗人亚历山大·波普(1688—1744)在牛顿出生的屋子里题辞说:

自然界和自然界的定律隐藏在黑暗中;

上帝说:"让牛顿去吧!"于是一切成为光明。

光学成就

牛顿是 17 世纪光学的集大成者。他在光学方面具有开创性的贡献主要是,1668年制成了第一架反射望远镜,他因此被选为英国皇家学会的会员。牛顿成功地进行了光的色散研究,提出了关于光的颜色的理论,他还发现了牛顿环现象……

(一)制成反射望远镜

制成反射望远镜,是牛顿早期光学研究中第一个公诸于世的科学成果。

牛顿在家乡躲避鼠疫期间,在研究颜色问题的实验过程中,对改进折射望远镜发生了兴趣。以前,只有折射望远镜,当时已经用它观测到土星的形状,但是它的明显缺陷是出现球面像差,成像模糊不清。因为折射望远镜的原理是:物体所反射的光线经过透镜(物镜)成像,这个像被第二个小透镜(目镜)放大,人的眼睛便在目镜后面窥视到物体。球面像差出现的原因是,当物线透过曲面镜后发生了折射,因而成的像,不像平面镜那样清晰逼真。牛顿试图改进透镜的球面形式以求得到清晰的像。但在改进研制过程中,他发现折射望远镜不仅有球面像差,而且还有色差,即在成像周围呈有颜色的花纹,干扰清晰度。伽里略和早期的天文学家用这种望远镜观测天象,很费力,据说伽里略晚年失明就与此有关。伽里略、开卜勒和笛卡尔都曾设法消除透镜成像的这两个缺点,但未获成功。牛顿在乡间通过对日光分解的研究,认为色差的原因在于光线的折射,折射总是伴随着色散。他后来在《光学》一书中指出:"通过折射体,由于杂色光而看到混乱的物像是起因于几种光线的不同的可折射度。"因此,在他看来,消除透镜的色差似乎是不可能的。他相当固执地坚持自己的见解。后来的实验表明,他的这个一般推论是错误的。假如用的是完全相同的玻璃,牛顿的看法才是正确的。现代镜头利用不同类型的玻璃恰当地组合起来,是可以消除因折射产生的像差的。牛顿对化学感兴趣,却没有想到棱镜的玻璃品种会起作用。这样他就失去了制成消色差透镜的可能性。

当时牛顿一方面认为透镜的色差不可能消除，另一方面想到如果提高折射望远镜的放大倍数，就要把它造得很大，那样就会操作很不方便。于是他另辟蹊径，转向反射望远镜的研究。他决心根据光的反射原理制造出新的望远镜。

牛顿并不是具有这种想法的第一个人。当时对反射望远镜的研究，是个相当受重视的科研课题，许多人都曾进行过探讨，但是都未制造出来或者没有动手制造。只有牛顿不仅画出了自己的设计图，而且克服种种困难，亲手制造出了这种望远镜。关键是他采用一个金属制的凹面镜来代替玻璃物镜，这样既可以增大物镜的直径，又可以避免像差。这个金属凹面镜所用的材料，是牛顿自己用铜、锡和砷混合制成的合金。牛顿做的大量化学实验都与他研究金属凹面镜的材料有关。

仪器是粗糙的，但牛顿的设计思想是新颖的。他在望远镜筒旁开了个小孔，并且在镜筒内焦面处装一个平面镜，与镜筒轴心成45°角，从而把影像反射出来，观察者利用望远镜旁边的目镜作观测。牛顿对反射望远镜的研究是很有意义的。现在观测遥远天体所用的天文望远镜，多为反射式的，最大的反射望远镜直径可达5米以上，不过比牛顿当时制的反射望远镜，已经做了重大的改进。

牛顿约在1668年制成了第一架反射望远镜的模型，全长15厘米，直径2.5厘米，观测放大倍数与当时长达2米的折射望远镜相同。用它观看夜空，看到了木星和它的四个卫星以及金星的盈亏现象，没有颜色条纹的干扰，影像清晰明亮。

从1669年至1670年，牛顿一直致力于改进他的望远镜。1671年，他的第一架望远镜不见了，便又制作了第二台。这一台望远镜的口径是2英寸，焦距9英寸。这台望远镜使牛顿在全欧洲享有盛名，今天仍然是皇家学会最珍贵的收藏品之一。当时，这台望远镜送到皇家学会检验。1671年秋季，又送到国王那儿，也得到了国王的赞扬，查理二世和一些官员都曾应用牛顿制作的望远镜窥视天象。由于这项发明，牛顿于1672年1月11日，被选为英国皇家学会的会员，他顿时成了当时英国最有名望的学者。当时他还不满30岁，这是他漫长的科学研究历程中迈出的坚实有力的第一步。从此，牛顿和英国科学界的领导机构有了联系，与正在兴旺发达的实验科学更紧密地联系起来。他作为科学研究家和著作家，终生都与皇家学会有着密切的联系。他作为一名有才华的新秀为皇家学会注入了新的血液，后来他作为皇家学会的会长，长期领导着皇家学会。

（二）颜色理论引起的风波

牛顿发明反射望远镜，是以新的更深刻的光学原理为基础的。牛顿被选入皇家学会后写的致谢信中说，他将献给会员们一篇在他看来是比反射望远镜更有价值的论文。他在1672年1月18日的信中写道："我不怀疑，这个报告将比那个对仪器的报道，更令人高兴。据我看来，这件事如果不是关系到极重大的发现，那也是关系到一项非常值得重视的发现，而这种对大自然作用的发现，不论什么时候都会发生的。"这封信里所说的重大发现，就是关于光的色散现象的发现和对颜色的理论研究。这篇论文于1672年2月6日寄给皇家学会书记奥尔登堡，宣读后于2月19日在皇家学会的正式刊物《哲学会报》上刊登，题目是《关于光和颜色的新理论》，内容是叙述他在家乡躲避鼠疫期间所做的光学实验，即用棱镜将一束日光分解为七种单色光，他发现白光由从红到紫的多种单色光混合组成，每种光都有不同程度的折射"能力"，并叙述了他由此找到了折射望远镜产生缺陷的原因，从而使他制造反射望远镜得以成功。

1665 年，年仅 23 岁的牛顿就已开始研究光学，这先于他在《自然哲学中的数学原理》一书中所叙述的在力学方面的工作。他不是靠无根据的假说，而是根据大量的实验。在乡间作的光色散实验，长期未对别人公开，返回剑桥后继续深入研究，最后终于引导到这样一个判决性的实验。牛顿写道："我用两块木板，将其中一块放在窗口处紧贴那棱镜的后面，使光能通过板上特制的一个小孔而射在另一块木板上，这后一块板放在 12 呎远的地方，板上也有一个小孔，可让入射进来的一些光通过。然后，我在这第二块木板后面放上第二个棱镜，使穿过两板的光也能通过它而在到达墙壁之前再被折射一次。这样安排好后，我把第一个棱镜拿在手里，缓慢地绕着它的轴来回转动，转动范围之大足以使投射在第二块板上的像的不同部分能相继穿过这块板上的小孔，而我可以观察到第二个棱镜把它们折射到墙上的哪些位置上。"结果牛顿发现，在第一个棱镜上被折射得最厉害的蓝光，在第二个棱镜上也受到最大的折射，红光在这两个棱镜上都被折射得最少。这样就弄清楚了那个像之所以会变长的真正原因。牛顿写道："这原因不是别的，正是由于光不是同类的或均匀的，而是由不同类型的光线组成的，其中的一些比另一些更能被折射，"或者说，"不过是由于光是由折射率不同的光线组成所致，这些光线无论其入射方向有何不同，都是按照它们折射率的大小而被传送到墙的不同部分上去的。"

紧接着，牛顿又做了另一个实验，用一块大的透镜把经过棱镜折射后的整个光谱收集起来，发现它们会重新聚成白光。这样，牛顿就通过实验完成了一个完整的科学认识过程，即把白光分解为不可再分解的单色光，又从这些单色光组成白光。

牛顿在接受巴罗教授的职务后，承担了每年写一份讲义的任务。他把对光学的研究作为第一份讲义的选题。三年后，他把讲义中有关上述实验、观察过程及结论的内容，都写入上交皇家学会的光学论文中。

在论文中，牛顿根据大量的反复的实验提出了重要的颜色理论，他写道："白色是光的通常颜色，因为光线是从发光体的各部分杂乱地发射出来的，而光本身是由带有各种颜色的这些光线所形成的一个混乱的集合体。"如果各组成都分相互间具有一定的比例，那么从这样一种混乱的集合中就会产生出白色；但是，如果有一种成分特别占着优势，那么光必定倾向于显现这种成分的颜色，例如硫磺火的蓝色，蜡烛火的黄色，以及恒星的各种不同的颜色。"他进一步指出："颜色不像一般所认为的那样是从自然物体的折射或反射中所导出的光的性能，而是一种原始的、天生的、在不同的光线中不同的性质。"因此，有两类颜色，一类是原始的、单纯的，另一类是由这些原始的颜色组成的，原始的或本原的颜色为红、黄、绿、蓝和紫绀。橙黄和靛青等只是一大堆不确定的中间层颜色。一切自然物体的颜色只是由于它们对某一种光谱色的光反射得更多些。

牛顿的这篇论文还指出了光的折射率与颜色的严格的对应性，最易折射的光是紫色，折射最少的光显现为红色。每一种颜色有一定程度的折射率，"对于同一大小的折射程度总是只有同样一种颜色；而对于同一种颜色也总是只有同一大小的折射程度。"

牛顿关于颜色的理论，特别是白色光中包含了颜色光的观点，不同颜色的光线具有不同的折射本领的观点,是光学中的重要突破。它的重要应用就是关于虹的理论,牛顿应用颜色理论正确地解释了下落的雨滴中为什么会出现彩虹的现象。他指出,彩虹是由于太阳发出的白光照射到云中或下落的微小水滴上,在进入水滴时被折射;它经过一次内反射和第二次折射后从水滴中出来,结果不同颜色的光线在离开水滴后就被散开成扇形。于是,地面上的观察者如果是背向太阳,就会看到在天空中的不同地方显现出不同的颜色。这时,我们所看到的实际上是被云中或落下的微小水滴所反射的阳光。

关于颜色的理论的这篇论文,是牛顿公开发表的第一篇论文,它深刻地改变了人们对于光和颜色的认识的传统观念。在那个时代,一般的人都认为白色阳光通过古老教堂的门窗上美丽的彩色玻璃,之所以变得五颜六色,就好像是白色的衣服放入不同染料的溶液里被染上了颜色一般。牛顿的实验研究告诉人们,白色的阳光是从红到紫多种单色光混合而成的。现在我们知道,人眼的视网膜中有三种感色神经细胞,分别对红光、绿光和蓝光有反应,当所有的谱色都按照它们在太阳光中那样的比例出现时,我们就可得到"平常的"或者所谓"白色的"光感觉。只有一部分谱色出现时,我们就可以得到不同颜色的感觉。人的视觉器官的这种感觉能力和特点,是在阳光照射的地球上,在阳光下经过千百万年的进化而发展起来的。

尽管牛顿关于颜色的理论在科学史上具有革命性的意义,尽管牛顿兴高采烈地向皇家学会介绍了他的科学发现,但是得到的反响却很不相同。

皇家学会认为牛顿的这篇论文在科学上具有突破性的重要内容,便立即组织了一个委员会审查这篇论文,以确定这项工作的价值。绝大多数委员都称赞牛顿的这项工作,但胡克却抱怀疑的态度。

胡克比牛顿年长 7 岁,是英国的物理学家、天文学家,又以大发明家著称。他有不少的发明,如空气温度计、雨量器、螺旋弹簧、改进了望远镜、显微镜、钟表等等,他还根据弹簧试验提出了胡克定律,为材料力学和弹性力学奠定了基础。胡克是知识渊博、多才多艺的能人,又是机敏的实验家。他兴趣广泛,想法太多,但是难以逐个地深入进行研究,再加上身体不佳,易于激动,性格又十分骄傲。对于别人的成就,凡是他不了解的,就表示怀疑;凡与他的思想相符合的,就认为是由他早已发现出来了。看到年轻的牛顿向皇家学会提交了出色的论文,便激起妒嫉之心。他认为牛顿的光学理论是和他对立的。除了个别地方,胡克指出了牛顿的缺点外,对牛顿的成就长期抱有成见,进行无端的指责,二者结下了很深的成见。起初,谈到牛顿的反射望远镜,胡克说他自己在 1664 年就制成了,那是一个只有一英寸长的窥管,效能超过 50 英尺长的望远镜。只是由于忙于别的事务,他未能去改进这个袖珍望远镜。胡克甚至说他怀疑伦敦的磨镜片匠"偷去了"他的秘密。一年以后,牛顿发表了光学论文,胡克虽然赞扬牛顿的实验是奇妙的,但不同意牛顿的结论,并且教训说,这位青年应当专心致力于制造望远镜,而把更为重要的关于光的理论研究工作让给年长者去做。后来,胡克索性说牛顿的某些可取的思想是由他本人早已想到了的,是由他首创的。

开始时,牛顿还能采取克制态度,对胡克比较客气,自己继续做实验研究。后来,牛顿被胡克的无端指责所激怒,便针锋相对的进行笔战,对胡克的反驳意见一一驳斥,他在一次答辩中写道:"胡克先生指责我的,是要我放弃用折射的道理来改进光学的思想。他一定知道一个人来规定另一个人的研究和学习是不适宜的,特别是这另一个人对他正在研究的问题的基础有着充分的了解时。"

除胡克以外,牛顿还受到其他一些人的抨击。例如,牛顿说一束白光经过棱镜折射以后,扩散了5倍。有位比利时人重复了牛顿的实验,发现实际上只扩散了3.5倍。双方各执己见争执不下,但谁都没有发现,他们的实验结果之所以不同,是因为他们所用棱镜的玻璃原料不同,而使光线的折射结果不同。另外还有一位法国传教士也批评牛顿,但经过几次通信以后,他对牛顿道歉说,是他曲解了牛顿的理论。牛顿很有礼貌的对这位批评者复信说:"我认为研究哲学(——这里指科学)最妥当的方法是,认真探讨事物的性质,再用实验方法证实这些性质,才能仔细而慎重地解释现象。"

最令人恼火的是,不学无术的比利时人莱纳斯也来无端地攻击他。牛顿憎恶这种无聊的争论,而最使他痛心的是有人竟指责他剽窃了别人的成果。这使他受到了严重的打击和伤害。1676年,在沉重的苦闷和烦恼的袭击下,牛顿气愤地写信给奥尔登堡说:"我明白,我使自己变成了哲学(科学)的奴隶,如果我能摆脱莱纳斯这家伙,我决定向他永远告别。从今以后,除了满足自己的意愿而工作之外,我绝不愿意别人知道我在做什么。如果你一定要发表我的论文,那么等我死后吧。否则,我便会成为维护自己的奴隶。"牛顿再也不愿浪费时间和精力去回答那些无聊的批评。他经常对别人说:我有很多东西要学习,没有空闲的时间去和别人争吵呀。在牛顿苦闷的时候,巴罗时常安慰和鼓励他,以前和他同居室的威尔金斯也非常关心他。他也经常回到老家去散散心,以消除精神上的负担。

(三)发现牛顿环现象

牛顿环现象,是牛顿光学研究中的又一精彩发现。这个现象就是:把一块凸透镜放在一块平板玻璃上面时,在接触点的周围就形成一组明暗相间的同心圆环。如果照射的光不是单色光,而是复色光(如白光),那么形成的就是彩色的同心圆环,而不是明暗相间的同心圆环。

下面引用牛顿的叙述来说明这个现象的发现。通过牛顿的叙述,我们可以看到他设计思想之精巧,观察和叙述之细微,也可以看到他严谨的治学态度和方法。牛顿写道:

有人曾经观察到,像玻璃、水和空气等等这类透明的物质,尽管在厚时显得是透明无色的,但当它们被吹成泡泡而变得很薄或被制成薄板时,就按厚薄不同而显示不同的颜色了。我在(本书的前面)曾避免讨论这些颜色的问题,因为它们考虑起来似乎比较困难,对于那里所讨论的确立光的性质问题似乎也并不必要。但是,为了完善光的理论,特别是与颜色或透明度有关的那一部分自然界物体的构造问题,它们也许会导致进一步发现;所以我决定在这里说明一下它们。

我取来两块玻璃体,一是14英尺望远镜用的平凸透镜,另一是50英尺左右望远镜的大型双凸透镜;而在双凸透镜上放上平凸透镜,使其平面一边向下,这时我慢慢把它们压紧,使得圆环的中心陆续现出各种颜色,然后我再把上面的玻璃镜慢慢抬起,使之离开下面的玻璃体……于是这些颜色又在圆环中心相继消失。在压紧玻璃体时,这色环会逐渐变宽,直到新的颜色在其中心现出,而它就成为包在新色环周围的色环。再进一步压紧玻璃体时,这个环的直径会不断增大,而其周边的宽度则减小，直到另一新的颜色在最后一个色环的中心现出；如此继续下去，第三、第四、第五种以及跟着的别种颜色不断在中心现出，并成为包在最内层颜色外面的一组色环，最后一种颜色是黑点。反之，若是抬起上面的玻璃镜使其离开下面的透镜，色环的直径就会缩小，其周边宽度则增大，直到其颜色陆续到达中心；后来它们的宽度变得相当大，我就比以前更容易认出和识别它们的色种了。我就用这种办法观察了它们如下的顺序和分量。

在透镜接触点处所形成的透明中心点之后，接着出现的是蓝色、白色、黄色和红色。蓝色的量很小，以致我无法在透镜所形成的环中认出它，紫色在环中也不太能识别出来，但黄色和红色都相当丰富，看起来与白色的程度差不多，比蓝色要强四五倍。紧接着包在这些色环外面的色环的颜色次序是紫色、蓝色、绿色、黄色和红色；这些颜色都很清晰鲜明，只是绿色的量很小，似乎比其他颜色显得模糊暗淡得多。在其余四种当中，紫色的量最小，蓝色又小于黄色和红色。第三组环的顺序是紫、蓝、绿、黄和红色；其中紫色似乎比前一组环中的紫色略带些红，绿色就显著得多了，别的颜色也一样鲜明而丰满；例外的是黄色，但红色开始变淡了，更接近紫色，在此之后，是由绿色和红色所组成的第四组色环，其中绿色十分鲜明丰富，一边现蓝色，而另一边现黄色。但在这第四组色环里没有紫色，蓝色也没有，黄色和红色很不完全，也不鲜明。以后的各组色环也越来越变得模糊不清了，到三轮以后，它们终于成为一片白色了。

牛顿进行了如此周密的观察，对他的工作和发现做了如此详尽的定性描述。在此基础上他进一步做了仔细的定量计算，从中找出规律性。他发现，亮环的半径的平方是一个由奇数所构成的算术级数，即 1，3，5，7，9，11……暗环的半径的平方是由一个偶数所构成的算术级数，即 2，4，6，8，10，12……，利用这个结论，在知道了凸透镜的半径以后，牛顿便算出了暗环和亮环出现的地点的空气层厚度。

牛顿环的发现，是光具有波动性的最好证明之一。因为它实际上是揭示了光波的一种干涉现象，即由于光波的迭加，而在迭加区域内形成空间各点强度的固定加强和减弱的现象。然而由于牛顿主张光的微粒说，反对光的波动说，认为光是一束通过空间高速前进的粒子流，因而提出一种古怪的理论加以解释，说光不是连续发射出来的粒子流，而是一种阵发式的簇射，即是一阵容易反射一阵容易透射的所谓"猝发"，这些运动微粒在周围的以太介质中激起一种振动，这种振动有时使光粒子被加速，有时使之减速，所以光粒子到达介质界面时，有的粒子被反射，有的微粒被折射，被折射的粒子由于受到界面的引力而在较密介质中速度加快。同理，当光线穿过形成牛顿环的两块玻璃之间的空气夹层时，由于它通过的距离不同，有的粒子被加速，有的粒子被减速，因而形成明暗相同的圆环。牛顿当时不可能也不愿意采用波动这一概念，但是他已经注意到了光现象的周期性。

此外，牛顿还研究了光的衍射现象。这种现象最初是由意大利物理学家格里马蒂于 1655 年首先发现的。他发现了极狭窄的光束，平常虽然走直线，但遇到障碍物时，就沿着障碍物的边缘而弯曲，所以物影比其由计算得出的几何影子更宽，形成有颜色的边缘。格里马蒂把这种现象称为"衍射"。牛顿重复并扩充了衍射实验，第一次证明了白光可以衍射成各种颜色的光，这样就获得了白光分解的又一方法。

牛顿也研究了光通过冰洲石晶体时所产生的双折射现象，但是，他又误认为这是反对光的波动说的一个证据。

（四）关于光的本性

在研究光的各种现象的基础上，人们进而思考光的本性究竟是什么？对这个问题有不同的看法，因而形成不同的学派，但总的说来不外乎是微粒说和波动说两种。牛顿的看法倾向于微粒说，而胡克、惠更斯则主张光的波动说。笛卡尔的观点介于二者之间，所以有人说他是波动说，有人说他是微粒说。他在牛顿之前就提出了光是微粒的解释。牛顿早期曾倾向于波动说，后来采用了微粒说。他根据光的直线传播的性质，提出光是微粒流的看法。他说："光线是否是发光物质发射出来的很小的物体？因为这样一些物体能直线穿过均匀媒质而不会弯到影子区域里去，这正是光线的本性。"牛顿认为，这些微粒从光源飞出来，在真空和均匀媒质内由于惯性而做匀速直线运动。他还以此观点较好地解释了光的反射和折射现象。

但是，牛顿的光学理论绝不是简单的微粒说，他不是根本不承认光的波动性。他在采用了微粒说时，仍保留着波动说的一些观点，并试图把二者统一起来。他在谈到光可能有微粒结构时，同时又认为以太振动的概念是必要的。例如他说："如果我们假设，光束是由发光物体向四面八方抛出的许多小微粒所组成，则这些微粒投射到折射和反射的表面上，就像往水里投以石头一样，同样不可避免地在以太中激起振动。"他还说："不同宽度的不同振动是否会产生不同种类的光，从振动宽度上看，这些振动激起不同颜色的光，几乎就像空气振动时因其宽度不同而引起不同的声音感觉一样。"这里所说的振动的不同宽度实际上就是波长。可见牛顿并未把微粒说和波动说绝对化。而牛顿的一些拥护者们在18世纪里并没有理解牛顿的深刻思想，把微粒说绝对化了，在相当长历史时期内阻碍了波动说的发展。

比牛顿年长13岁的荷兰物理学家惠更斯，是17世纪波动说的集大成者。他认为，发光体的每一部分都发出一个球面波，这些球面波同步地向四周传播，这些球面波的前端所连成的包络线形成一个大的球面波，就是光的波前。光的传播方向与球面波垂直，因而光是直线传播。在光传播过程中，波前上的每一点，都可以看成是一个新的波或子波的波源。新的波前位置就是这些小子波的包络线，这些子波是从原先波前上所有的点发出的。惠更斯说。光的一切特性以及属于光的反射和折射的一切问题，都能用这种办法从原则上加以说明。但是，惠更斯的波动说是不够完善的，它把光波看成是一种纵波，在解释偏振现象时遇到困难。因为事实上光的传播不是纵波，而是横波。也就是说，介质的振动不是像惠更斯所设想的那样，发生在传播方向上，而是发生在垂直于它的方向上。

牛顿主张微粒说，怀疑和反对惠更斯的波动说，但是牛顿并不是顽固地坚持他的微粒说是惟一正确的解释。据说当牛顿年迈的时候，有位朋友告诉他说观察到有些天文现象与牛顿的理论有矛盾，牛顿回答说："这很可能，事实和实验是不容争辩的。"

以牛顿和惠更斯为代表的微粒说和波动说进行了长期的争论。其争论的焦点之一是对折射现象的解释得出了不同的结论：微粒说认为，光密介质中的光速大于光疏介质中的光速，假如光从空气中进入水中，光速会变快。而波动说认为相反，密媒质中的光速小于光疏介质中的光速，假如光从空气中进入水中，光的传播速度会变慢。这个争论有待于测出在不同介质中的光速，才能判决出谁是谁非。但是由于当时实验条件的限制，虽然用天文观测的方法已经测定了光速，而在实验室内仍无法进行。

尽管惠更斯关于光的波动说比牛顿的微粒说有着明显的优点，但是它在长时间内得不到承认，其部分原因是牛顿在同辈人中的威望很高，惠更斯又没有用足够的数学严密性来发展他的观点，使它无懈可击，所以牛顿的微粒说占了上风。关于光的本性的问题搁置了一个世纪，直到1800年，由于英国物理学家托马斯·杨和法国物理学家菲涅尔的工作，光的波动说又重新活跃起来，并且占了上风。惠更斯与牛顿的终生争论，终于在他死后，取得了胜利，对波的概念的看法也有很大发展。杨原是一名医生，他主张波动说，作了有名的光干涉实验，根据偏振光现象于1817年提出光是横波的观点，纠正了惠更斯以来一直把光波看作是和声波一样的纵波这一传统观点。菲涅尔是19世纪波动光学的集大成者，他利用杨所提出的光波是横波的思想，解释了光的衍射、干涉和偏振，独立完成了光的干涉实验。他使波动说取得了很大胜利。

对于波动说战胜微粒说有决定意义的是对光速的测定，有许多人采用多种方法测定光速。其中傅科的测定证明了光在水中的传播速度小于它在空气中和真空中的传播速度，这个结果符合波动说的见解，反驳了微粒说。它决定性地判决了微粒说和波动说的争论。19世纪60年代，英国物理学家麦克斯韦的电磁场理论进一步揭示了光的波动性质，他预言光就是电磁波。1888年，德国物理学家赫兹用实验证实了电磁波的存在及其具有的反射、折射、干涉等性质，证实了麦克斯韦的预言。麦克斯韦的理论揭示了电、磁、光的统一性，实现了人类对自然认识的又一次大的综合，它标志着经典物理学的成熟，是牛顿之后物理学发展的又一个里程碑。

（五）重要著作《光学》

牛顿主要有两部伟大的科学巨著，一部是《自然哲学的数学原理》，一部就是《光学》。

《光学》于1704年出版，副标题是：《关于光的反射、折射、弯曲和颜色的论文》，其中大部分内容是在牛顿移居伦敦以前很早就完成了的研究工作，包括在剑桥大学时讲授的光学讲义，其中记述了1664至1668年的光学研究工作；1672年公开发表的《关于光和颜色的新理论》，还有《自然哲学的数学原理》完成以后所写的谈及光学问题的意见和信件等。在1717年出版的《光学》第二版中，增加了一些重要的"附录"，他在附录里列出了三十一条"疑问"。

《光学》这一科学专著迟迟在1704年才出版的原因，主要是因为牛顿与胡克二人之间的成见很深，凡是牛顿提出的论文，特别是在光学方面的，胡克总要非难，而且说他自己早已有过那种想法，这使牛顿非常恼火。为了避免无谓的争端，牛顿决意在胡克在世时不再发表任何论文。1703年，胡克病逝了。次年，牛顿决定发表他研究了三十八年的科学成果，把1666年至1704年间的成果汇集成光学巨著，并附上早年写成的一篇论文《曲线论》。牛顿在序言中写道："为避免对这些论点的无谓争论，我推迟了这书的公开发行，如果没有朋友们的敦促，可能还要推迟一些时间。"书中的光学部分是用英文写的，《曲线论》一文是用拉丁文写的。两年后，应牛顿的要求，《光学》又译成拉丁文出版，因为拉丁文是当时学术界通用的文字，而英文在欧洲大陆还很少有人掌握。

《光学》全书共分为三编，第一编主要是几何光学，阐述了光的反射、折射、太阳光的组成与反射望远镜。第三编，主要阐述光的干涉现象，即牛顿环等实验及其讨论，薄膜的颜色、自然物体的颜色与光的性质。第三编，主要阐述光的衍射、晶体内的双折射。在书的末尾论述了科学研究方法论，还对光学的一些基本问题提出了 31 个发人深省的"疑问"，并对这些问题进行了广泛的讨论，从中可以看到牛顿在当时对光学问题进行探索和讨论时思考的深度和广度，它对后来的研究是很有启发性的。例如，在疑问 5～11 中，牛顿谈到物体内部分的吸收和光转变为热的问题。他写道："物体和光相互间不发生作用吗？物体向四面八方发射光，也能使光反射、折射和弯曲。而光呢？可以使物体变热，并把热振动传给物体的各部分。"他还讨论了视觉和以太的性质，当时许多人认为光是靠以太媒质传播的。19 世纪末才弄清了以太并不存在。当时牛顿关于以太也有许多设想，但总的说来对待以太比较谨慎，他说"我不知道，这以太是什么"。在最后一个疑问中，牛顿又重新提出在自然界中发生作用的那些力的本性是什么。他写道："万有引力、磁力和电力能延伸到相当远的距离，因此可以直接用眼睛观察。但是，还可能存在另外一些力，它们只能延伸很短的距离，所以至今在观察中都被疏忽了。可能电引力传播很小的距离并且不用磨擦激励。"当时，人们只认识到磨擦起电，可是牛顿设想到，即使不磨擦，电的吸引力也会在很小的隔离内起作用。这是用电的作用来解释微小质点的相互作用的最早尝试。这微小质点就是后来的科学家所说的分子和原子。

在《光学》中，牛顿还总结了他的科学研究方法。在书的一开头，他写道："在书中我的意图不是用假说来解释光的性质，而是用讨论和实验来叙述和证实它们。为此我先讲下列定义和定理。"他又写道："我只打算进一步写出那些我认为是普遍适用的原则。这些叙述，对于非常聪明和有很好理解能力、但对光学缺乏经验的读者，作为入门是足够的了。"可见，他对自然界普遍适用的原则的叙述，是建立在实验的基础之上进行讨论的，而不是单纯的依靠臆想的假说来解释光的性质。13 年以后，1717 年在《光学》新版本中，牛顿又补充道："这些原则我不认为带有什么神秘性，而是使万物形成的自然法则。虽然人们还没有发现真理的原因，但真理却在用现象昭示人们。现象是客观的，但是引起现象的原因显得有点神秘。"这些叙述表明，牛顿在他的著作中所论述的不只是光学方面的具体知识，而是写出了普遍适用的自然法则，这些法则的得到，是通过观察客观现象以认识真理。在《光学》的结束语中，牛顿还概述了进行科学研究的普遍方法，即分析和综合的方法。牛顿的光学研究是他成功地应用分析和综合方法的典范。

总之，牛顿是 17 世纪光学的集大成者。他在大量实验的基础上，做出了新的发现和创造。他的科学巨著《光学》一书，总结了 17 世纪以前光学的发展，论述了"迄今为止光学中谈论过的一切"，也记述了他自己在光学方面的创造性活动和卓越贡献。该书于 1717 年、1721 年、1730 年连续再版。1931 年第四版重印，这时爱因斯坦为该书写了序言，高度评价了牛顿的科学活动及贡献。爱因斯坦这样写道：

幸运啊牛顿，幸福啊科学的童年！谁要是有闲暇和宁静来读这本书，就会重新生活于伟大的牛顿在他青年时代所经历的那些奇妙的事件当中。对于他，自然界是一本打开的书，一本他读起来毫不费力的书。他用来使经验材料变得有秩序的概念，仿佛是从经验本身，从他那些像摆弄玩具似的而又亲切地加以详尽描述的美丽的实验中，自动地涌溢出来一样。他把实验家、理论家、工匠和——并不是最不重要的——讲解能手兼于一身。他在我们面前显得很坚强，有信心，而又孤独；他的创造的乐趣和细致精密都显现在每一个词句和每一幅插图之中。

反射,折射,透镜成像,眼睛作用的方式,光的分解为各种颜色以及各种不同颜色的光再合成,反射望远镜的发明,颜色理论的最初基础,虹霓的初步理论,都历历在目,而最后出现的,是作为下一步理论巨大进展的起源的他对于薄膜颜色的观察,这一步要等一百多年以后由于托马斯·杨(Thomas Young)的到来才得以实现。

牛顿的时代早已被淡忘了,他那一代人的充满着疑虑的努力和痛苦遭遇已经从我们的视野中消失;很少一些伟大的思想家和艺术家的作品留下来了,这给我们以及我们的后代带来了欢欣和高尚的情操。牛顿的各种发现已进入公认的知识宝库;尽管如此,他的光学著作的这个新版本,还是应当受到我们怀着衷心感激的心情去欢迎,因为只有这本书,才能使我们有幸看到这位无比人物本人的活动。

万有引力

牛顿在晚年回忆说:如果说我比笛卡尔等人看得远些,那是因为我站在巨人的肩上。像其他伟大人物一样,牛顿的成就也应当部分地归功于他生活的那个时代,以及在同一领域中作出贡献的先驱者和同辈。牛顿对万有引力定律的发现,就是在哥白尼、伽里略、第谷·布拉赫、开卜勒等人工作的基础上,再加上自己的艰苦研究,才得以实现的;与同时代学者们的学术交往,也促进了牛顿思想的发展。

(一)从哥白尼到牛顿

从哥白尼到牛顿,是近代自然科学的革命时期。这期间,力学和天文学得到了既迅速又系统的发展。先是哥白尼率先实行革命,于1543年提出了太阳中心说,反对被宗教神化了的地球中心说。以这一革命性的思想为发端,经过伽里略、开卜勒等人的工作,最后导致牛顿做出近代自然科学史上的第一次大综合。

对牛顿力学影响最大的是伽里略和开卜勒。

伽里略是意大利的物理学家,是近代科学革命时期的杰出代表人物之一。他的逝世和牛顿的出生,正好在同一年。所以,1642年是科学史上重要的一年。在这一年,一颗巨星陨落了,另一颗巨星更高地升起。在一代接一代、一代高于一代的近代物理学发展史上,伽里略和牛顿,犹如这场接力赛中的两个接棒人。伽里略是近代物理学的先驱者、经典力学的开创者、实验科学之父。他一生崇尚科学,对实验,他精心设计,巧妙安排,边搞实验,边自制仪器,努力摆脱实验条件的束缚。他开创了把实验科学和数学结合起来的近代自然科学的优良传统。伽里略的科学贡献很多。他的著作猛烈地抨击中世纪经院哲学,反对经院哲学把亚里士多德当做偶像崇拜。他指出,亚里士多德是很值得尊敬的大学者,但他的观点中也有许多的错误。伽里略以实验研究为基础,纠正了亚里士多德以来的一系列传统的错误观点。伽里略以科学为武器反对宗教神学和经院主义的斗争,遭到了教会的残酷迫害。

亚里士多德曾把运动分为两大类,一类他称为自然运动,仿佛是自然发生的,如天体在天上的运动,石头向下掉落,火焰向上腾窜。一类他称为强迫运动,例如马在地上拉车,陶匠转动轮子来制造陶器。在这种运动中,物体在外力的作用下,才能保持运动,外力作用停止,原来运动的物体回归于静止。也就是说,力是速度的原因。

这种观点看来与对地面上物体运动的直观认识相符合,因为人们经常可以看到,物体的运动与对它的推、拉、提等动作相联系。亚里士多德还断言,自由落体在下落过程中,重的物体下落得快,轻的物体下落得慢,物体越重,下落得越快。

伽里略通过实验,也包括思想实验,又利用数学计算,研究了单摆运动、斜面运动、自由落体运动和抛物体运动,从而发现了摆的等时性原理、惯性原理、自由落体定律和运动的相对性原理;揭示了经典力学中十分重要的加速度的概念,论证了速度、加速度、力之间的关系。通过这些研究和发现,伽里略否定了亚里士多德关于重物比轻物先落地的观点,表明了力是加速度的原因,否定了亚里士多德关于力是速度的原因的观点。

伽里略的这些发现,构成了后来牛顿加以总结概括出的普遍有效的运动三定律的重要内容。

伽里略的这些研究,是对经典力学的开创性的贡献,它使自亚里士多德以来,近两千年内一直没有重大进展的力学研究,取得了重大的突破,标志着经典力学的真正开端,也为牛顿总结运动三大定律和万有引力定律,完成经典力学的体系奠定了基础。

开卜勒对牛顿的影响也很大,主要是他发现的行星运动三定律,是牛顿万有引力学说的最重要的前提。

开卜勒是德国天文学家,信仰哥白尼学说。大学毕业后,任天文学讲师,业余时间研究行星问题。他把当时的思考成果于 1596 年发表于他的著作《宇宙的奥秘》之中。他把这本书寄给丹麦天文学家第谷·布拉赫。他的数学才能得到第谷的尝识,后来成为第谷·布拉赫的助手。第谷 1601 年逝世,在临终前,把自己积累了二十多年的天文观测资料赠给了开卜勒。开卜勒应用这些丰富的资料,研究天体运动体系。他努力工作,力图编制出一个更好的行星运行表,并致力于使哥白尼的日心说更加完善。经过四年的计算,他发现,根据新的观测数据进行计算得出的火星轨道,与哥白尼式的图线正好差 8 分。开卜勒不相信第谷的观测数据,因为他生前精确地记录着行星的运动,其数据的误差往往只小于半分。经过反复的研究,他在 1609 年,终于得出了一个不同于哥白尼学说的结论:"火星绕太阳运行的轨道,不是圆形,而是椭圆形;太阳位于这个椭圆形的一个焦点上。"这个椭圆轨道与正圆轨道刚好只相差 8 个弧分。开卜勒高兴地说:"就凭这 8 分的差异引起了天文学的全部革新"。又经过十年的艰辛研究,他先后总结出行星运动的三个定律。这三个定律的内容如下:

第一定律(又称轨道定律):所有行星分别在大小不同的椭圆形轨道上绕太阳运行,太阳位于这些椭圆的一个焦点上。

这个定律只描述了行星轨道的形状,没有谈及该行星沿轨道运动时不断改变的速率,因而不能告诉我们该行星在什么时候处于什么位置上。

第二定律(又称面积定律):每一行星的矢径(即连接太阳中心与该行星中心的直线),在相等的时间内扫过相等的面积。

这条定律告诉我们,行星沿着轨道运行的速率在离太阳最近时最大,行星离太阳越远,速率就越小。

这条定律也适用于围绕地球的月亮的运动,或围绕任何行星的卫星的运动。

第三定律(又称周期定律):行星绕太阳公转的周期(即沿它的轨道运行一周所需

的时间)的平方,与它运行轨道的椭圆形的长半径的立方成正比。

这个定律揭示了各行星运动之间存在着的一个美妙和谐的简单关系。他高兴地写道:"……经过长时期不断的艰苦工作后,利用布拉赫的观测结果我发现了轨道的真正距离,最后终于找到了真实的关系……一下子消除了我心中的疑团,十七年来我对布拉赫观测结果的刻苦研究同我现在的这个研究是如此相符,以致我起初还以为是在作梦……"

开卜勒三定律打破了天体必然作等速正圆周运动的传统观念,修正了哥白尼的学说,也使它更为简化,只用几个椭圆轨道代替三十多个正圆。开卜勒因对天文学的卓越贡献而获得了"天空立法者"的尊贵称号。

开卜勒行星运动三定律,为引力问题的研究奠定了直接的知识基础。它描述了行星运动的现状,并没有说明行星为什么会按这三条定律运动,因而只是运动学的定律,尚未说明它们的动力学的原因。这就为力学研究提出了必须进一步解决的课题。它吸引了许多人思考和研究一个共同的问题,即为什么行星绕日运动?是什么力量支持着行星的绕日运动?开卜勒本人也在思考这个问题。起初,他设想在行星轨道的中心,即在太阳上有一个运动着的精灵,它发出直的力线,像轮辐一样,随着太阳绕其轴自转,这些直线力对各行星施加一种推力,使它们绕着太阳转动。后来,开卜勒想到,这个动力随距离的增大而不断地减弱,正如太阳光随着与太阳的距离增大而不断地减弱一样,便认为这种力必然是实的。他在1632年出版的《宇宙秘密》的新版本中,对他设想的"实在的力"又做了进一步的解释,他说:"我说实在的并不是按字面的意义,而是……像我们说光是实在的某种东西一样,意思是说:那是从实体发出的一种非实在的存在。"这时开卜勒已经前进了一步,用从实体发出的实在的"力"来代替"精灵"的作用,设想行星是由于某种起源于太阳的作用力而绕太阳运动。他并且正确地指出,行星运动的定律必定是某种更普遍的定律的结果。

开卜勒也曾考虑过重力的本性问题。他认为重力不过是物体之间相互结合之力,这种力有使物体结合在一起的趋向,类似于磁力。但是开卜勒没有认识到重力就是使行星在其轨道上运动的引力,也没有认识到引力与距离的平方成反比。1645年,法国天文学家布里阿德第一次提出平方反比关系,他推测从太阳发出的力应和到太阳的距离的平方成反比。牛顿受到开卜勒和布里阿德的启发,又从天文学的角度思考行星与太阳之间吸引力的关系。这时,牛顿的思想比当初考虑地球对地上物体的引力与地球对月球的引力二者的比较,又进了一步,这时他已经把地上的物体落地、天上的月球绕地球运动和行星绕日运动等过去看作毫不相干的现象联系起来,寻找他们的共同原因和所遵循的同一规律。这对于自亚里士多德以来把宇宙区分为天上与地上的观点,是一种大胆的突破。

总之,主要是哥白尼、伽里略、第谷·布拉赫和开卜勒,这四位分属于不同国度的科学家,共同促成了牛顿在近代科学史上实现第一次大的综合。

牛顿的贡献是巨大的。劳厄曾经正确地说:"没有任何东西像牛顿对行星轨道的计算那样如此有力地树立起人们对年轻物理学的尊敬。从此以后,这门自然科学成了巨大的精神王国,没有任何权威可以忽视它而不受到惩罚。"

(二)对引力的研究

牛顿在前人工作的基础上继续研究,认识不断深化,逐渐形成了这样一个观念:

是万有引力使行星不断地绕太阳作椭圆运动。

　　牛顿同时进行着多方面的研究：力学、光学、数学、化学等等。其中引力问题占据了他相当多的时间和精力，到最后公布他发现的万有引力定律，断断续续差不多历时二十年之久。这期间，牛顿对引力问题的探索和研究大致经历了如下两个阶段。

　　第一个阶段，自1665年至1669年，牛顿开始是从圆形轨道计算引力问题的。

　　这时期，年仅二十多岁的牛顿，大学刚毕业，就开始研究引力问题。他大量阅读了哥白尼、伽里略、第谷·布拉赫、开卜勒、笛卡尔和布里阿德等人的著作，从动力学角度反复思索，先是发现将月球维持在轨道上运行的引力与地球表面的重力极其接近，进而想验证平方反比关系。但是从乡间回到剑桥后，这些最初结果并未公布，而是长时间地搁置起来了。

　　为什么牛顿迟迟不发表他最初的计算结果？这在历史上是一个不解之谜，各家解释不一。概括起来主要有两种看法：一种说法是说，牛顿在1666年在乡间思考引力问题时，由于"缺少必要的资料"，他的记忆又出了差错，便采用了根据地球表面一度纬度相当于60英里的粗略估计，而得出的地球半径值。这导致计算上的严重误差，大约比他预期的数字大了百分之十五。奇怪的是为什么牛顿回到剑桥以后没有立即查找正确的数据并重新计算。直到1679年才由胡克的信使他又回到这个问题上来。其间，法国天文学家皮卡特于1671年在巴黎北面由精密的大地测量得出地球的纬度是一度六十九点一英里，不是六十英里，从而计算出了地球（看作球形）半径的较为精确的数值。后来皇家学会得知了皮卡特的改进数值。牛顿怎么没有注意到呢？1682年，牛顿在皇家学会的一次闲谈中谈到皮卡特的成果时，他才记下确切数值，重新修改了他的计算，得出的结果与理论值相符合。这才最后确认使苹果、石头落地的重力与使月球绕地球运动的力是同一种力。

　　科学史上的另一些人不同意这种说法。他们认为，牛顿从未说过他最初设想的地球半径是多少。1666年，地球半径已有好几种相当精确的估计值，牛顿很容易知道这些，即使不是在老家乡间，至少是在回到剑桥之后。所以他们倾向于认为，牛顿之所以推迟发表他的计算，是因为他在前进的路上遇到了几个障碍：第一，他的计算是以天体的圆形轨道为前提，这样极大地简化了论证工作，但开卜勒发现的天体轨道却是椭圆形的。如何使这一事实与根据圆形轨道计算得出的、和距离平方成反比递减的万有引力的假定相一致；第二，天体是实体，如何计算地球各部分对它表面附近的小天体的引力的总和？地球对它附近的小天体的吸引的有效距离，究竟应当从地球表面算起，还是从地心或是地球的某个点算起呢？对于这个问题，直到1685年，牛顿才能够证明地球吸引外部物体时，它就像一个集中在其中心的质点，即距离从地球的质心算起。第三，如果所有的天地是在相互吸引的，那么太阳、行星、月亮组成的体系就是一个运动着的、互相干扰各自轨道的错综复杂的体系，这样计算就要复杂得多。性格内向又治学态度严谨的牛顿，肯定会充分地估计到这些复杂的方面，逐个地加以解决。因此他不露声色地、踏踏实实地埋头研究解决这一系列的问题。这些大概就是当时牛顿把初步的研究结果搁置起来的原因。回到剑桥，他没向任何人透露他的重大发现。

　　第二个阶段，从1670年到1685年。

　　这个时期，牛顿的学术地位已经大大地提高了。他制成了反射望远镜，发现了太阳光是由单色光合成的性质,于1672年把这一发现报告了皇家学会,并在前不久被选为皇家学会的会员。这时与科学界的朋友们的联系增多了,与他们的学术往来、谈话、通信,使牛顿的注意力不时地回到引力问题上来。所以,除了先驱者们提供的知识条件和影响,牛顿也得益于同时代的一些研究家们的工作的启发和推动。当然,更重要的还有他自己那些创造性的研究工作,这一切促成了牛顿对万有引力定律的发现。

当时,在英国和欧洲各国,致力于引力问题研究的人数迅速增加。他们提出了许多有价值的见解。与这些学者频繁的学术交往,促进了牛顿思想的发展。

意大利学者博雷利(1608—1678)曾指出,行星的椭圆轨道是由两种相反的力合成的,一个是太阳对行星的引力,一个是行星离开太阳的离心力。但他只是一种猜测,没有做出数学论证。

荷兰物理学家惠更斯于1673年发表《摆钟论》,提出离心力定律。他的内容是:设有一个质量为 m 的物体,以速度 v 在半径为 r 的圆上运动,它像一个拴在一条直线上的石头旋转那样,必然有一个力向中心施加作用,那么这个力所产生的加速度 a,必等于 v^2/r,即 $a=v^2/r$。

牛顿在1666年也曾独立地发现了这个定律。但对于惠更斯先于自己公布这一成果似乎无动于衷。

与牛顿同时代的英国物理学家胡克根据吉尔伯特对磁力的见解,探讨物体之间的引力。1661年后,胡克曾在山顶上和矿井下做实验,通过测定不同高度所具有的重量,寻找物体的重量随着物体与地心距离而变化的关系。但是这在当时的条件下,通过这种办法是不可能找到的。1677年,他还根据观察指出,一切天体都有倾向于其中心的吸引力,越靠近吸引中心,其吸引力也越大,但此力的数量级在实验中尚未解决。胡克说:"我推测,我们所居住的那一部分宇宙的中心太阳的万有引力,对所有星球和地球产生一种吸引力,使它们围绕太阳运动;同时,这些星球中的任何一个又会产生一种相应的作用力……"1678、1679年,胡克和英国天文学家哈雷、数学家雷恩等人,根据开卜勒第三定律和惠更斯离心力定律所指出的向心加速度公式,推导出如果把行星的椭圆形轨道当作是圆形的进行计算,则维持行星运动的向心力和距离的平方成反比。所以在牛顿发表万有引力的著作出版时,胡克曾声明:平方反比定律首先是他发现的。

可见在70年代,不少科学家在研究引力问题,并且已经认识到,在天体之间存在着一种和距离的平方成反比的作用力,也认为开卜勒三定律是正确的。这就需要进一步证明,行星沿椭圆轨道运行时所受的吸引力,也遵从平方反比关系,以及它的逆问题,如果吸引力遵从平方反比关系,行星的运行轨道可能是椭圆形的。但是,当时没有一个人能够作出证明,包括当时最有名望的数学家、天文学家、物理学家,都不能做到。他们由于思路不对头或者数学上造诣不够,都遇到障碍。只有牛顿由于确立了机械运动的三个基本定律和制定了以变数观念为基础的新的数学方法微积分,才有了发现万有引力定律的强有力的手段。

以前,胡克和牛顿曾在光学问题上有过不愉快的争论。奥尔登堡逝世以后,胡克当选为皇家学会的书记,他主动与牛顿和解。1679年,胡克给牛顿的一封信使牛顿又重新回到引力问题上来。在胡克与牛顿的书信往来过程中,牛顿在答复了胡克的信之后，又向胡克提出了一个问题，请求解答，以示友好。牛顿提出了一个证明地球自转的事例，即如果地球不作自转，那么一个从很高的高处掉下来的物体就会呈直线下落；若地球存在自转，则物体下落的路线就不会是很直的，而将以逐渐收缩的螺旋线轨道下落，并且物体应偏离垂直方向而倾向东方。胡克收到牛顿的信以后，对这个实验着了迷，以前还没有人提供过地球转动的直接证据，人们只是用观察太阳和星星的位置变动来间接证明。仔细研究之后，胡克发现牛顿并不完全正确，如果石头是在地球赤道上的某个点的高处往下掉落，牛顿的观点是对的；然而假如石头是在北半球的一个点上，例如在伦敦，往下掉落，石头的落地点就不但是朝东一点，而且会稍南一点，即掉落在所在纬度的东南一点。胡克进一步指出，这一掉落的轨道不是螺旋形，而是椭圆形。牛顿的错误很快被胡克抓住，胡克不愿意错过这次胜过牛顿的机会，便向会员们指出牛顿在理解上的错误。但是，原来胡克和牛顿曾有约在先，不宣布他们之间的讨论。所以胡克的违约使牛顿非常反感，同时牛顿对自己计算上的疏忽也很生气。这种学术上的交锋却促使牛顿承认并改正自己的错误，更进一步深入研究引力问题。后来牛顿在回忆录里提到这件事时说："由于胡克改正了我提出的螺旋线的错误，使我在以后的研究里特别注意椭圆轨道……我应当感谢他的倒不是他在这问题上给我的教训，而是他把我从别的研究里拖出来，给我一个改换工作的机会……"当时牛顿正忙于制造反光镜面的一种合金。

胡克得到的胜利是暂时的。尽管实验表明胡克的说法是正确的，然而胡克不能证明自己所陈述的观点。这件事促使牛顿进一步独自研究，最终成为真正的发现者。因为牛顿在数学上比胡克高出一筹，他能提供数学上的论证。

牛顿又回到引力问题上来。以前在计算地球引力作用下的月球运动时，曾在计算上有 15% 的误差。月球怎样绕地球运动还不能做出正确的解释，又怎样能说明行星的绕日运动呢？这两者的原理必然是一样的。1666 年的初步计算放置了十六年之后，牛顿利用皮卡特改进了的地球半径值重新计算，高兴地发现新的答案是正确的。精确的结果证明了吸引苹果石头等物体从空中落到地面上来的重力与吸引月球绕地球运动的引力是同一种力，正是在这个时候，他也解决了在平方反比定律的力的作用下的轨道是一个以吸引体为一个焦点的椭圆这一问题。这样，行星的椭圆轨道就得到了一个合理的解释。接着牛顿又进一步证明了，反过来悦，围绕处于一个焦点的一个力的中心的椭圆轨道，必然意味着力的平方反比定律。这样，牛顿的计算与 73 年前开卜勒由天文观测所推得的结论相符合。他解决了当时天文学上的最重大的问题。但是，牛顿却又一次悄悄地把它放在抽屉里，既未与人谈起，也未及时通报皇家学会公布他的重要发现。

恰好有另外三个人也正在努力解决这个问题，这就是英国科学家雷恩、哈雷和胡克。雷恩是当时最知名的建筑师和数学家，哈雷是英国天文学家兼物理学家，对引力问题也有研究。他们根据开卜勒第三定律和惠更斯离心定律指出的向心加速度，得出了推论：如果把行星的轨道看作是圆形的，则维持行星运动的向心力和距离的平方成反比。但是他们不能从数学上完善地证明引力平方反比关系式。1684 年 1 月某日的下午，哈雷和胡克、雷恩会面时，哈雷又提出了这个问题；假如一个行星按照平方反比的关系在引力作用下运动的话，那么，它是否又能按照开卜勒第一定律那样在椭圆轨道上运行？

雷恩态度谦逊,自己虽有极敏锐的数学头脑而且也经常思考物体运行轨道问题,但是承认自己没有办法解决这个问题。聪明而又骄傲的胡克则夸耀自己早已证明了这个问题,但是说答案要保密一个时期才肯拿出来。雷恩见此情景,想出个友好又机智的办法,他建议友好地打一个赌,规定期限两个月,谁先对这个问题做出解答,并能提出数学论证,他不仅可以获得很高的荣誉,而且他将给获胜者以奖励,奖给一本价值四十先令的书。据说,这就是有名的"咖啡馆打赌"。当然其价值绝不在于这本四十先令的书。

　　时间过得很快,哈雷没有解决,胡克也仍然拿不出论证。到8月份,哈雷等得不耐烦了,决定去向牛顿求教,他亲往剑桥三一学院,向牛顿提出了问题:"先生,当一个行星受到太阳以和距离的平方成反比递减的力吸引时,它的运行轨道应是一种什么样的曲线?"

　　牛顿马上毫不迟疑地回答:"椭圆。"

　　哈雷惊喜地问牛顿怎样知道的。

　　牛顿简单地回答:"计算出来的。"

　　哈雷要求看牛顿的计算稿,但是牛顿已经记不清原稿放在哪儿了,他一时找不到,但是答应给他。牛顿根据记忆重新做了计算。三个月过后,牛顿履行了自己的诺言,将许诺的那份计算,题为《论运动》的论文副本托人带给哈雷。哈雷充分认识这份计算的重要价值,于1684年11月,再次去剑桥,说服牛顿公布这份科研成果。这篇《论运动》短文是发现万有引力定律的关键性文件。哈雷还要求牛顿把研究继续下去并请牛顿以后把研究成果寄给皇家学会,以便将它们及时登记备案,确立其优先权。此后,哈雷不断地向科学界宣传牛顿的成就,哈雷的诚恳和热情使牛顿很感动。牛顿欣然同意了他的要求。

　　在《论运动》一文拿出不久,牛顿又在《论物体在均匀介质中的运动》一文中定义了质量是物质之量,由体积和密度共同度量。文中并探讨了力与质量的关系,得出了"加速力等于质量乘加速度"的规律,这个定律的发现也是确立万有引力定律所需要的。1685年,牛顿还成功地证明了实心球体的引力恰等于球心处一个质点的引力。实心球体的全部质量都可以看作是集中在球心。这是又一个重大的突破。那一天,牛顿原安排接待一个委员会,但是出人意外的是在一次马车撞车事故中,整个委员会的成员都遇难了。牛顿怀着沉闷的心情在葡萄园中漫步,在他的脑海中这时出现了计算这个新问题的崭新方法。有了这个方法,牛顿把太阳、行星、地球、月球以及地面上的物体,不管它们的体积有多大,半径有多长,都简化为一个质点看待,这样使复杂的问题简化,从而把以前的计算更加精确化。

　　至此,牛顿完整地确立了万有引力定律。这个定律的内容是:

　　所有的物体(质点)都相互吸引,吸引力的大小跟两个物体(质点)的质量的乘积 $m_1 \times m_2$。成正比,跟它们之间的距离 r 的平方成反比,即:

$$F = G_0 \frac{m_1 \times m_2}{r^2}$$

　　式中 G_0 是万有引力恒量,经后人测定 $G_0 = 6.67 \times 10^{-11}$ 牛顿·米^2/千克^2,万有引力的方向是在两个物体的连线方向上。

　　概括起来,牛顿在万有引力定律的确立方面有两大贡献:第一,是他找到了万有引力定律的正确的数学表达式;第二,是他确立了这一定律的普遍适用性。他表明万有引力定律不仅适用于一切天体,还适用于地面上的一切物体,论证了地球上的重力与物体间的引力本质上是同一种力。在引力定律的研究过程中,牛顿还根据这一定律说明了多差、视差、潮汐的涨落,研究了天体的摄动和地球的形状。当时牛顿年仅42岁。

万有引力定律确定之后,牛顿当时没有去深入探讨引力的根源问题。他说:"我还未能从现象中发现重力所以有这些属性的原因,我也不作任何假说。"他只是说到:"可以肯定,这种力量只能来自这样一个原因,它能穿过太阳和行星的中心,而不因此受到丝毫的减弱。"这表明牛顿谦逊诚实的科学态度。

哈雷是牛顿所遇到的一位能够真正理解他的工作意义的青年。他本人是天文学家和数学家,不但本人科学造诣很深,而且能实事求是地、心悦诚服地承认别人和尊崇别人比自己更伟大。他不仅能够完全理解牛顿科学成果的重要性,而且力促和资助它尽快出版。在哈雷和皇家学会的其他委员的敦促下,1685年,牛顿开始用拉丁文撰写他的科学巨著《自然哲学的数学原理》。

数学原理

1687年出版的《自然哲学的数学原理》是牛顿的主要著作之一,也是自然科学史上的重要文献,它标志着经典力学体系的完成。它对自然科学和哲学,都产生了广泛而深刻的影响。

(一)写作过程

在皇家学会的一些会员,特别是在哈雷的热情关怀和敦促下,1685年,牛顿开始编写那部百世流芳的科学巨著《自然哲学的数学原理》(以下简称《原理》)。牛顿这部巨著的题名是针对笛卡尔的。笛卡尔在1644年出版了一本《哲学原理》,书中用假想的存在于物质微粒之间的力学关系来解释自然现象,只可说是一种描述自然的哲学。而牛顿则对自然界的规律进行了精确的定量的研究,用抽象的数学进行计算,并使之与观察和实验的结果相符合。

牛顿用拉丁文书写《原理》一书,从1685至1686年,用时十八个月;恰同牛顿在1665至1667年在家乡躲避瘟疫时,作出早期发现和发明所用的十八个月时间相同。牛顿在写作该书的十八个月里,专心思考,精确计算,严密论证,把他的重要发现写进科学巨著里。1683年,牛顿雇用了一位青年助手,名叫汉弗莱·牛顿,他帮助牛顿把杂乱不清的手稿抄写清楚,再送去付印。牛顿的写作紧张到废寝忘食的地步。汉弗莱记述了牛顿在这段时间里紧张工作的情形。他写道:牛顿的全部时间都用在工作上,很少运动和休息。他饮食很少,有时甚至忘了进餐。有些日子我走进他的房间时,发现他的膳食还没有动过,……他经常在半夜两三点钟上床,有时一直工作到天亮以后……当我提醒他忘记了吃饭时,他一下子惊觉过来,含糊不清地问道:"我真的没有吃过饭吗?"于是,他拖着懒洋洋的步子走近餐桌,但仍呆呆地站在那里,用手拿起一点儿食物。……我从来没有看见他坐在桌边吃饭,也没看见他喝过酒。口渴时只饮一杯清水。除非在节日的宴会,他很少到公共餐厅去。他常常忘记去聚餐。经我提醒之后,他须发不加梳理,鞋子没有穿正,便失魂落魄似地走出屋去。汉弗莱还写道,牛顿常常夜不成眠,有时连着几夜在房间里踱来踱去。他还常常在花园里散步,但是总是在沉思。有时会突然停下来奔回楼上去,匆匆记下他当时想到的东西。此外,汉弗莱还记述了牛顿既注重理论思考和数学计算,也重视实验观察。他写道:"那时期他呆在实验室里大约有六个星期,炉火日夜不熄,他守一夜,我守一夜,直到他做完化学实验为止。"

从这些生动细腻的记述中,我们可以看到牛顿如何进行艰巨的科学研究工作,他所取得的伟大科学成就,付出了多少艰苦的脑力劳动。在他编写《原理》感觉疲倦时,就到他的实验室去做些炼金术实验,也借此调剂一下紧张和疲劳。即使如此,牛顿的紧张工作还是使哈雷和雷恩为他的健康担心。

牛顿按照逻辑排列,将《原理》分为三编,第一部分是他早期写出的《物体运动论》的扩充,所以很快就写成了。第二编也于 1685 年写好。第三编遇到的困难较多,因为要运用天文观测资料。在 1686 年 4 月,哈雷向皇家学会宣布,牛顿关于运动的卓越论文即将写好,以备出版。其实,初次送到皇家学会的手稿先是第一编。学会认识到牛顿著作的重要性,请哈雷负责联系出版印刷的具体事宜,并且认为不应作为论文发表在《哲学会报》上,而应出版单行本。5 月,皇家学会又作出决定:"牛顿先生的论文应立刻付印。"可是经费遇到了困难。皇家学会的经费不够支付牛顿著作出版的费用。热情无私的哈雷不忍心看着牛顿的书稿再拖延下去,便欣然倾囊资助,独自支付印刷出版费。虽然哈雷自己当时经济并不富裕,又有家庭负担,但是他决心不惜代价,使牛顿的研究成果公诸于世。在哈雷的诚挚友谊的支持下,牛顿的科学专著得以问世。哈雷在科学史上也赢得了崇高的赞誉。

原稿送到皇家学会,胡克力加刁难。他向一些会员说,他在牛顿以前已经提出过万有引力定律的某些部分,有关万有引力定律的发现不把他的名字列进去是一种无礼的行为。哈雷热心从中斡旋,矛盾才得以解决。事实上,引力定律的基本思想的确是有好几个人各自独立的思索和探讨过。但是哈雷深怕胡克的表白会使牛顿不愉快,便和新任皇家学会秘书弗朗西斯·埃斯顿商量。后者也是牛顿的朋友,他们都深知牛顿的脾气,便决定暂不告诉牛顿。后来又觉得牛顿迟早会听说,还不如写一封委婉的信告诉牛顿。当他们这样做了之后,牛顿果然非常气愤。牛顿对于谁先发现了这个定律倒不十分介意,他不能忍受的是听人传说这个定律是他从胡克那里剽窃来的。牛顿回信详细地叙述了他发现定律的经过,以他和朋友们的往返信件作为证明,并且一如既往,逐点驳斥胡克的种种说法。哈雷努力缓和这场争论,阻止它继续扩大。他向牛顿解释胡克所希望的只是在《原理》的序言里适当地提到胡克的名字。这使牛顿更加激愤。牛顿不仅更猛烈地攻击胡克,并且再次写信给哈雷,措辞强烈,声称他不仅不能在第三编里提及胡克的"功绩",而且决定连第三编也不发表了。哈雷于是极力劝说,使牛顿情绪平静下来,著述按原计划继续进行。事后,牛顿也觉得他给哈雷的信太过于意气用事了。经过冷静的思考,他在著作中适当肯定了胡克和哈雷的贡献。对于哈雷所付出的辛劳和无私的支持帮助,牛顿在书中特别表示感谢。他写道:埃德蒙·哈雷,目光敏锐、博学多才的学者,为本书的出版付出了艰辛的劳动。他不仅为勘误和制版操劳,而且从根本上来说,他也是鼓励我撰写本书的人。因为正是他要我论证天体轨道的形状,正是他要我把这项论证呈报皇家学会,而皇家学会的作用则是鼓励我、要求我，使我开始想到去撰写这本书。

《自然哲学的数学原理》于 1687 年 7 月出版，版本 32 开，篇幅约 500 页。书中图文并茂，文字之外，还有许多木刻图表说明。负责编辑工作的哈雷愉快地写信给牛顿说："我终于将你的书编毕出版，我希望能使你高兴。我将以你的名义送给皇家学会，以及波义尔、佩吉特、弗拉姆蒂德三位先生各一册。如果城里（指伦敦）还有别人需要，你愿意由我代送，请告诉我，当自照办。随信奉上 20 册，你可分赠给剑桥的朋友们，大学书店的经理人会帮你办理的。"信中提到的三位先生，分别是当时的化学家、数学家和天文学家。

《原理》第一版很快就销售一空，有位苏格兰人无奈竟手抄了一本。牛顿在世时，共出了三版。第二版在纠正了若干错误后，由英国数学家 R·科茨于 1713 年出版。第三版于 1726 年出版。

牛顿的《原理》是一部不容易理解的著作，因为他编写时使用的方法是经典式的几何学方法。这部著作的拉丁文原版或英译本在通常的书店里已经买不到，只有很少的书店或大图书馆里才能找到。自这本书出版以来，用以表达科学知识的语言文字和表达方式，都已经发生了很大的变化。到 1934 年，《原理》经数学家卡乔里用当时的数学和语言文字改写出版。这部改写本的内容和牛顿的原著是一样的，现今所流行的《原理》一书的版本，便是这种改写本。

（二）主要内容

牛顿把自己的力学著作题名为《自然哲学的数学原理》，这里他所说的"自然哲学"是指的什么意思呢？牛顿在《原理》的序言中解释说："我讨论的是哲学，而不是技艺；我写的不是关于人手之力，而是关于自然力方面的问题。"这里牛顿把哲学和技艺加以区分，却没有把自然科学和哲学加以区别。可是从该书的内容上看，这里所说的自然力方面的问题，就是自然科学中力学方面的问题。所以，牛顿这里所说的"自然哲学"，就是指的自然科学。那么，为什么牛顿又把它称为"自然哲学"呢？这不是因为到了 17 世纪自然科学与哲学还没有分家，而是表现了名称的滞后性。大概在牛顿所处的时代那些自然科学大师们也觉得这个名称不那么好，与古代自然哲学不易区分开，所以有时他们又称自己的"自然哲学"为"实验哲学"。在皇家学会的宗旨中，也是称为"实验哲学"，以此表示他们所研究的学科是实验的科学。

1686 年 5 月 8 日，牛顿在为《自然哲学的数学原理》所写的序言中，对该书的内容做了如下的概述：

"由于古人（如帕普斯所告诉我们的）认为在研究自然事物时力学最为重要，而今人则舍弃其实体形状和隐蔽性质而力图以数学定律说明自然现象。因此，我在本书中也致力于用数学来探讨有关的哲学问题。古人从两方面来探讨力学，一方面是理性的，用论证来精确地进行；另一方面是实用的。一切手艺都属于实用力学，力学之得名就是因为这个缘故。但由于艺匠的工作并不完全精确，所以力学和几何学就此区分了开来，凡是完全精确的就称为几何学的，凡是不那么精确的就称为力学的。然而差错并不出在手艺，而是出在艺匠。凡是工作不太精确的，就是一个不完善的力学家，凡是工作得完全精确的，就是一个最完善的力学家……古人所研究的力学部分，只涉及到同手艺有关的五种力，他们认为重力（由于它不是一种人手之力）无非是这些在移动重物时所表现出来的力。但是我讨论的是哲学,而不是技艺;我写的不是关于人手之力,而是关于自然力方面的东西,而且主要是探讨那些与重力、浮力、弹性力、流体阻力,以及诸如此类不论是吸引或排斥的力有关的事物。因此,我把这部著作叫做哲学的数学原理。因为哲学的全部任务看来就在于从各种运动现象来研究各种自然力,然后用这些力去论证其他的现象。本书第一、第二两编中的一些普遍命题就是为了这个目的而提出的。在第三编中,我为此举了一个例子,那就是用它来说明世界这个体系;因为我根据前两编中数学上所已论证了的命题,在第三编里,我从天文现象中推导出使物体趋向太阳和几个行星的重力,然后根据其他同样是数学上论证了的命题,从这些力中推演出行星、彗星、月球和潮汐的运动。"

《原理》一书的内容极其丰富,它的主要内容是:第一编,首先提出并定义了一系列奠定力学基础的基本概念,例如质量、动量、惯性、力及向心力、绝对时间、绝对空间等等。然后系统地阐述了运动三大定律。接着提出天体力学的理论,论述了向心力和回转轨道之间的数学关系,并证明了这样一条中心定理:如果有一个同距离平方成反比的力起作用,一个物理就呈圆锥曲线(椭圆、抛物线、双曲线)运动,引力的中心就在圆锥曲线的一个焦点上。第二编,论述了物体在有阻力的介质中的运动,阻力和速度或速度的平方成比例。第三编,是运用第一编和第二编中推导出来的普遍规律来解释自然界中的一些实际问题。例如,根据当时测得的天文数据,研究了行星的运动、月球的运动、潮汐、岁差和彗星的运动等等。

由于牛顿的《原理》标志着经典力学体系的完成,而经典力学体系的核心是著名的牛顿运动三定律,它的基础是一系列物理概念,这些基本概念也是由牛顿给出了定义。所以我们在这里着重介绍一下在《原理》一书中所论述牛顿运动三定律和构成经典力学体系的六个基本概念。

这六个基本概念是:

(1)质量。是物质多寡之量度。牛顿定义为:"物质的量,是用它的密度和体积一起来量度的。"所以,空气的密度加倍,体积加倍,它的量就增加 4 倍;体积加 3 倍,它的量就增加 6 倍。因压紧或液化而凝聚起来的雪,细小的尘埃或粉末,以及由于其他原因而凝结起来的物体都是如此。用现代的语言来说就是,任何给定物体的质量,等于其密度和体积的乘积。

(2)动量。运动多寡之量度。牛顿定义为:"运动的量是用它的速度和物质的量一起来度量的。"这里所说的"运动的量",指的是机械运动的量,用现代的科学语言来说,就是"动量"或称为"机械动量",它等于运动物体的质量与速度之乘积。

牛顿解释说,整个物体的运动是其所有部分的运动的总和;所以,对于一个其量为 2 倍(质量为 2 倍)的物体,具有相同的速度时,运动(机械动量)是 2 倍,具有 2 倍的速度时,运动(机械动量)为 4 倍。

(3)惯性。牛顿定义为:"物质的惰性力或固有之力,是一种反抗的能力,由于这种力,任何物体,不论是静止的或是沿笔直的线(直线)均匀向前运动的,都要尽力维持其现状。"

牛顿解释时指出,这种力总是与具有核力的物体(的质量)成正比,而与物质的惰性毫无区别,只是说法不同而已。由于物质的惰性,物体要脱离其静止状态或运动状态是困难的,基于这种考虑,这种表示惰性的力可以用另一个最确切的名称,叫做惯性力或者惰性力……

（4）力。牛顿定义为："外力是加于物体上的一种作用，以改变其运动状态，而不论这种状态是静止的还是沿着笔直的（直）线匀速运动的。"

外力只存在于作用的过程中，作用一旦过去，它就不复存在。仅仅由于惰性，一个物体才可以保持它所获得的新的（运动）状态。但外力的来源可以不同，例如可来自碰撞、压力或向心力等。

这个力的定义已开始向近代物理转变，即认为力是运动状态改变的原因。也就是说，从力的效果上看，物体受引力的作用，就要改变自己的运动状态，即产生加速度或形变。这样，牛顿就结束了自古代和中世纪以来关于力的争论。自古代亚里士多德以来，人们一直认为力是运动速度产生的原因。

（5）关于时间。牛顿提出了绝对不变的时间概念，把它与相对的时间加以区分，并分别给出了定义。他写道："绝对的、真正的和数学的时间自身在流逝着，而且由于基本性而均匀地、与任何其他外界事物无关地流逝着，它又可以名之为'延续性'；相对的、表现的和通常的时间是延续性的一种可感觉的、外部的（无论是精确的或是不均匀的）、通过运动来进行的量度，我们通常就用诸如小时、日、月、年等这种量度以代替真正的时间。"

牛顿还指出，自然界中天然的每一日实际上并不都是相等的，虽然人们通常认为它们是相等的，并且用以作为时间的单位。所似天文学家要根据对天体运动的比较精细的研究，对这种不相等性做些修正。可供我们作为精确测量时间的标准运动，可能并不存在。所有的运动，可能是加速的或是减速的。但是，绝对时间的真正的或标准的流逝过程是没有变化倾向的，事物存在的延续性或持久性始终是相同的，不管运动是快，是慢，或者根本没有运动。这表明，牛顿所说的真正时间，即绝对时间，不依赖于任何物质实体，是与物质和运动无关的。它是惟一的、单向的均匀流逝。不管发生什么事也好，不发生什么事也好，绝对的时间总是在均匀地、不变地流逝着。

（6）空间。在空间问题上，牛顿的看法与对时间的看法类似。他写道："绝对的空间，就其本性而言，是与外界任何事物无关而永远是相同的和不动的。相对空间，是绝对空间的可动部分或者量度。我们的感官通过绝对空间对其他物体的位置而确定了它，并且通常把它当作不动的空间看待……"

"因此，我们就用相对的处所和运动来代替绝对的处所和运动，这在日常事物中并没有什么不便之处；但是在哲学探讨中，我们应该把它们从我们的感觉中抽出来，考虑事物本身，并把它们同只是对它们进行的可感知的量度区分开来。因为可能没有一个真正静止的物体可以作为其他物体的处所和运动的参考。"

这最后一句话，使人觉得似乎牛顿并没有明确地肯定是否有绝对空间。其实不然。牛顿在绝对空间问题上的观点，与在绝对时间问题上一样，也是认为，绝对空间不依赖于任何物质实体，它也是与物质和运动无关的、是永远不动的大容器。它是三维的，如同一个无限大的空无一物的空盒子。放进物体也好，取出物体也好，空间总是不动地存在着。宇宙万物就是容放在这个空间之中，物体的线度和体积就是它所占的空间的线度和体积。

牛顿还认为，绝对时间、绝对空间，不仅与物质、运动无关，而且彼此也毫不相干、互不联系。

为了论证绝对空间的存在,牛顿做了著名的水桶实验:使一个盛有水的水桶旋转,当桶开始旋转而水还未动时,水面是一个平面;几秒钟以后,当水随着桶一起旋转时,水同时沿桶边向上运动,水面就呈现出一个凹型曲面。根据这个实验,牛顿认为,根据水面的平或凹曲,可以判定水对绝对空间是静止或旋转。牛顿对绝对空间的论证,与绝对时间的观点一起,后来受到马赫的反驳。马赫说,这并不证明水向上的运动应归因于绝对空间旋转时所产生的力。他推测说,如果做这桶水处于静止状态而使"恒星"相对于水桶旋转,也应该观察到同样的现象。

牛顿三大运动定律是:

定律Ⅰ:"每个物体继续保持其静止或沿一直线作等速运动的状态,除非有力加于其上迫使它改变这种状态。

这第一定律,也叫做惯性定律。它表明物体在不受任何外力的影响时,由于惯性的作用,就做最简单的惯性运动,即静止的物体永远静止,做匀速直线运动的物体,其速度的大小和方向都不会改变。对此牛顿举例加以说明,例如抛物体,在没有空气阻力妨碍,或因重力向下吸引降落,就会永远保持在它原有的运动状态中。又如一个陀螺,其各部分由于内聚力的作用而不断离开其各自的直线运动,除非受空气阻力而减速,它决不会停止运动。行星和彗星等较大的物体,由于在较为自由的空间中遇到的阻力较小,所以它们能在更长的时间内保持它们的前进和环绕运动。

在我们的日常生活中,人们经常可以体会到惯性定律的作用。例如,我们坐在快速行驶的汽车里,当汽车忽然煞住时,如果我们不抓住扶手,上身便会向前倾倒。因为身体原来随车向前运动,当汽车突然煞住时,我们上身仍处在运动状态。在行进的汽车突然煞车时我们所感觉到的这个使上身向前倾倒的力,便是惯性的表现。物体的惯性就是物体保持原有的静止或运动状态的特性。每个物体的惯性大小不等。一个物体所具有的惯性的大小,与用以使物体加速或减速、停止或改变运动方向所需要的力成正比。

如果设想有一个玩具小车,在平滑坚硬的铁轨上匀速前进,那么,按牛顿运动第一定律,如果没有外力的作用,这个小车应当一直匀速地沿直线方向运动下去。但是,这只是理想的状态。因为这个小车在地球上,即使不人为的加给它力的作用,它也受到地球重力的作用,小车的车轮与轨道会发生摩擦作用,产生阻力。此外,还有空气的阻力等等。这些力的作用会使玩具小车慢慢地停止运动。所以,按照牛顿运动第一定律,物体自身在不受任何外来的影响时,就做最简单的惯性运动,速度的大小和方向都不改变。而如果看见一个偏离直线或沿任意方向作加速或减速运动的物体,那么,可以设想,必然有一个外力或几个外力的合力,作用于该物体上。但是这条定律不能帮助我们发现物体所受外力的大小和来源,它仅仅表明物体具有惯性,力是使物体速度改变的原因。

伽里略在同亚里士多德学派的经院哲学家们的传统观点做斗争时,已经有了这个思想,他第一个科学地区分了速度和加速度,指出不是速度而是加速度才与力的作用直接相联系。而亚里士多德学派的经院哲学家们认为,力也是造成匀速(非加速)运动的原因。他们错误地把力的作用和物体的速度直接联系起来,认为物体运动速度的有无和大小,是由于它是否受到力的作用以及所受力的大小直接决定的。

亚里士多德学派的观点与现实生活中不了解物理学的许多人的观点是相一致

的。这些人单凭直觉,看到摩擦力总是存在的,而且往往是对物体的运动起阻碍作用的真正的原因,因而自然而然地会认为,必须有一个外力才能使物体运动,进而把力定义为"持续运动的原因"。牛顿在伽里略研究的基础上继续前进。但是第一次把惯性定律明确地表述为普遍的运动定律的,是牛顿。

惯性定律只是对物体的惯性及力的概念作了定性的解释,表明惯性是物体的属性,要改变物体的运动状态,需要有一个外力的作用。但是还不能定量地确定力和惯性的大小。

定律Ⅱ:"运动的改变和所加的动力成正比;并且发生在所加的力的那个直线方向上。"

牛顿解释说,如果一个力产生一运动,则两倍的力产生两倍的运动,三倍的力就产生三倍的运动,而不论这个力是一下子加上去的,还是相继地逐渐加上去的。如果物体起先是运动的,那么,上述运动(其指向总是与产生这运动的力指向相同)就要加到先前的运动上或从其中减去,这要看它们彼此是同向还是反向的;如果它们的方向彼此倾斜时,就要倾斜地连合起来,而产生一个由两个方向共同决定的新运动。

这个定律表明了物体的运动状态的改变即加速度与物体所受的外力、物体的质量三者之间的关系。它不考虑力的性质和来源,而只考虑力的效应。

定律Ⅲ:"每一个作用,总是有一个相等的反作用和它相对抗;或者说,两个物体彼此之间的相互作用力永远相等,并且各自指向其对方。"

这个定律被后人概括地称为作用与反作用定律。它表明,两个物体之间的作用是相互的,作用力和反作用力在一条直线上,大小相等,方向相反,分别作用在两个物体上。牛顿曾举例解释说,不论任何物体拉引或推压另一物体时,同样也要被另一个物体所拉引或推压。如果一匹马拉引一块系在绳子上的石头,那么这匹马(如果我可以这样说的话)也被相等的力往后拉向石头。至于被拉紧的绳子,由于它同样有使自己松弛或伸直的倾向,将以同样的力把马拉向石头和把石头拉向马,并且它阻止其中前进的力量和推动前进的力量是一样大的。

那么,为什么人们看到的是马拉石头而不是石头拉马呢?这是因为它们对地面的摩擦力不同。和被马拉的石头比较起来,四只马蹄更有力地附着在地面上,如果不是如此,石头就会留在地面不动,而马蹄就会打滑。如果没有摩擦力,两个互相推或拉的物体的运动,也不会是一样的;除非它们有完全相等的质量,因为对于给定的力,加速度与物体的质量成正比。如果站在光滑的平面上,一个大胖子和一个瘦小的人面对面互相推一下,瘦小的人向后滑的速度就会比胖人大得多。

牛顿第三定律更具有创造性,更加深刻,它从相互作用的高度对力的概念作了完整的概括,从本质上说明了力的产生是两个物体的相互作用,每一个存在的力都有其镜象孪生力,一个孤立的点本身不能施力也不能受力。每一个物体对另一物体的推力或拉力,正如另一个物体对它的推力或拉力,我们可以选定其中的一个为作用力,另一个为反作用力,这种命名是任意的,实际上它们是同时发生的,并不是其中的一个产生另一个;它们的大小相等,方向相反,分别作用在两个物体上。

牛顿第三定律也已经被广泛地应用。如喷气式飞机、火箭、轮船等等,在制造过程中就都应用了反冲原理。

牛顿在《原理》中简明叙述的运动三大定律,并不是仅仅由牛顿一个人独立发现的。牛顿本人曾一再表示,他从前人和同时代的科学家那里获得了许多知识,如开卜勒、伽里略等人的工作为他的研究提供了必要的基础。牛顿第一和第二定律就是在伽里略所发现的落体定律和惯性原理的基础上,把它抽象地外推,使其带有普遍性,加以概括和综合的结果。第三定律则是牛顿的发现。牛顿不仅继承了前人和同时代人的研究成果,而且沿着伽里略的研究道路,把实验和物理学结合起来,把数学和物理学结合起来,从而能总结出力学中普遍的运动三大定律。只有牛顿深深地了解这些各自独立的理论知识之间的内在联系,把它们综合成为一个伟大的科学体系,并且用数学加以论证。所以,科学史上公认牛顿是创立运动三定律的科学巨匠,是经典力学体系的完成者。后人用牛顿的名字命名这三大运动定律,把它称为牛顿运动三定律。

(三)发表后的影响

牛顿的科学巨著《原理》可能是近代物理学史上最伟大的一部著作,它汇集了牛顿关于经典力学理论体系的研究成果。牛顿由于完成了经典力学的体系而奠定了近代物理学的基础。《原理》是人类关于自然知识的第一次大的综合,牛顿把伽里略关于"地上的"物体运动规律和开卜勒关于"天上的"星体运动规律完满地统一在他的力学体系之中。牛顿以他所确立的三大运动定律和万有引力定律为主线,由他所明确的质量、动量、惯性、力、时间和空间等基本概念为基础,依据他所提出的四条推理法则为基本方法,运用他所发明的微积分为工具,巧妙地构造了完整的力学理论体系。牛顿力学成功地解释了天上的行星、卫星和彗星的运动,也完满地解释了地上的潮汐以及一切物体的机械运动。它代表了 17 世纪自然科学发展的高峰。它对自然科学与哲学思想发展的影响是巨大的。

首先,牛顿的《原理》决定了后来力学发展的方向。后人把牛顿的质点力学推广到刚体和流体,并且逐步发展成严密的解析形式。到 18 世纪初,经典力学发展到十分完善的地步。

此外,由于牛顿力学体系的完美和不可思议的成功,牛顿的《原理》在 17 世纪、18 世纪、直到 19 世纪末以前,在相当长的历史时期内,又成为物理学在各个领域的研究纲领,成为科学家共同体中所一致遵循的"规范",它支配了整个自然科学发展的进程。它的影响是那样的深远,那样的广泛,那样的持久,这在科学史上也是少见的。

牛顿建立的力学大厦以及他的力学研究纲领所获得的成功,使科学家们认为牛顿力学是整个物理学,甚至是全部自然科学的可靠的最终的基础。他们形成了一种信念,认为自然界中一切现象都能用力学来描述,只要把牛顿力学的基本概念和基本原理稍加扩充,就能解释一切物理现象。在牛顿力学体系中,机械"质量"和机械"力"是两个最重要的基本概念,受到它的影响,仿效它的作法,当时的自然科学家们甚至企图用机械质量和机械力来说明其他一切自然现象,如解释燃烧现象的燃素说(1700年左右),认为燃烧现象是可燃物放出燃素的过程;解释热现象的热质说(18 世纪中),把发生在冷的和热的物体之间的热传导过程解释为热质(或称热素)的传递过程,热的物体失去热素,冷的物体得到热素,以达到热的平衡;解释电现象的电液说——单流质和双流质(18 世纪 30 至 50 年代)。在解释磁现象时有磁流说和磁分子说(1759 年);解释光的本质,有光的微粒说等等。但是,这些化学的以及热、电、光、磁的现象与牛顿力学所描述的机械运动毕竟是不同的。设想出这些特殊的"质"（素），都不具有机械质量所特有的"可权衡（称量）性"，于是，就牵强附会地称它们是"不可权衡物"，如认为热质是没有重量、没有体积的流质，它不能创造也不能消灭，但可以渗透到一切物体中去。物体温度的高低就取决于所含热质的多少。对于燃素，甚至荒谬地说它有"负重量"。因为可燃物在燃烧过程中因氧化而增加了重量，可是又要说它是失去燃素的过程，于是只好说失去的燃素具有负重量。

仿效机械力学设想出的这些"质"，虽然带有神秘的性质，但它是在近代自然科学初期，在高度发展的经典力学基础上，继续以自然界本身来说明自然界的一种努力和尝试，借助于它把上帝从自然界的各个领域驱逐出去，起了与神学争夺地盘的作用，并把已有的经验认识加以系统地整理和说明。这对当时自然科学的发展有一定的推动作用。恩格斯在谈到当时化学时曾指出："化学刚刚借燃素说从炼金术中解放出来"。英国物理学家布莱克从热质说出发，发现冰雪融化和水沸腾而变为蒸汽时吸收了大量的热而温度并不变化的情况，由此他发现了"潜热"即物质由一种聚集状态变为另一种聚集状态过程中所吸收或放出的热量。如物质从固态转变为液态所吸收的溶解热，物质由液态变为气态时所吸收的气化热，以及相反的状态变化所放出的等量的热。直到 1824 年，卡诺还根据热质说推导出重要的卡诺原理，对解决热机的效率问题做出了重要的贡献。它指出："所有工作于同温热源与同温冷源之间的可逆机的效率均相当，与工作物质的性质无关；工作于同温热源与同温冷源之间的不可逆机的效率不能大于可逆机的热效率。"

此外，还有许多科学成就是以牛顿力学作为科学研究工作的规范，在牛顿的科学方法的启示下取得的。电学和磁学的基本定律，当时就是按牛顿的模式建立的。如1785 至 1789 年间，法国物理学家库仑通过实验发现了静电和静磁的库仑定律。该定律指出：一切带电物体之间（或具有磁性的物体之间）都相互吸引或相互排斥，这种相互作用力的方向沿着它们的连线，大小正比于两个带电体（或磁体）的电量（或磁荷量）的乘积，而和它们之间的距离的平方成反比。库仑定律在形式上与万有引力定律类似，即静电力和静磁力都具有平方反比的性质。又如，在迅速发展的热学理论中，气体分子运动论也是建立在牛顿力学的基础之上的。气体分子运动论以气体中大量分子作混乱的无规则运动的观点为基础，依据牛顿力学定律和统计方法说明气体的性质，它把热的宏观物理量归结为与之相对应的微观分子运动的统计平均值，即把热现象归结为分子机械运动的平均结果。指出气体对器壁的压力是由于大量分子与器壁碰撞产生的；气体温度的升高是分子平均动能增加的结果。除了解释了气体的压强、温度等宏观物理性质，它还揭示了气体的扩散、热传导和粘滞性的本质。

总之，牛顿力学的内容和研究方法，对自然科学，特别是物理学，起了重大的推动作用。

但是，事物总是一分为二的。牛顿力学的巨大成功和牛顿作为科学巨匠的无与伦比的声誉，特别是由于自然科学发展水平的历史局限，使人们不可能清楚地认识牛顿力学的适用范围和界限，因而在很长的历史时期内，在接受和运用牛顿的科学成果的同时，不适当地夸大了它的适用范围，也接受了在他的力学体系中体现出来的形而上学的机械论的世界观。这对人们的认识也产生了一定的消极作用。

牛顿在《原理》第一版的《序》中曾谈到，自然界的许多现象"都是和某些力相联系着"的，"我希望能用同样的推理方法从力学原理推出自然界的其他许多现象"。他还把自然科学的工作概括为"从各种运动现象来研究各种自然力，然后用这些力去论证其他的现象"。牛顿在这里表述的把力学夸大地应用于一切自然现象的机械论观点，影响了将近三个世纪。直到 19 世纪中叶，1847 年德国物理学家赫尔姆霍兹（1821—1894）在《论力的守恒》中还认为"我们最终发现，所有涉及到的物理学问题都能归结为不变的引力和斥力"。"只要把自然现象简化为力，科学的使命就终结了"。所以，在物理学家中间出现了"把一切都归结为机械运动的狂热"。对各种不同的现象，都认为是各种特殊的实体的纯粹机械运动的结果。于是，不仅提出一系列特殊的、神秘的机械的"质"，而且设想出有各种各样的力，例如光的反射力、折射力、化学亲和力、电的接触力、生命力等等。总之，广泛地滥用"力"的概念，有多少种自然现象，就杜撰出多少种力，力这个字眼成了对现象和规律缺乏认识的避难所。这成了那个历史时期的时代特征。

这种把自然界多种多样的运动形式都归结为机械运动的倾向和做法，是牛顿力学作为共同规范的时代所特有的机械论的特点。这使 18 世纪的唯物生义只能是机械唯物主义。恩格斯曾经指出，马克思主义的辩证唯物主义和历史唯物主义产生之前的旧唯物主义，具有三个显著的特征，即机械性、形而上学性和社会历史观上的唯心主义。旧唯物主义的机械性和形而上学性的形成，一个很重要的原因就是 17、18 世纪自然科学发展的状况。从 15 世纪下半叶至 18 世纪，近代自然科学处于发展的第一个时期，恩格斯在总结这个时期自然科学发展状况时指出："新兴自然科学的第一个时期——在无机界的领域内——是以牛顿告结果的，这是一个掌握已有材料的时期，它在数学、力学和天文学、静力学和动力学的领域中获得了巨大的成就，这特别是归功于开卜勒和伽里略，牛顿就是从他们二人那里得出自己的结论的。"而自然科学的其他部门如化学、地理学、地质学、生物学，则刚刚建立，离初步的完成还相差得很远。正是由于 17、18 世纪自然科学中只有牛顿力学系统的完成并获得了很大的成功，而其他领域的自然规律还很少认识，所以人们很容易将力学规律的适用范围不适当地夸大，认为在各个自然领域都普遍行之有效。这就使机械论和形而上学的观点的产生，有一定的历史必然性。

恩格斯在分析机械论的观点时指出，"它用位置移动来说明一切变化，用量的差异来说明一切质的差异，同时忽视了质和量的关系是相互的。"而事实上，物质的运动形式是复杂多样的，各种运动形式有质的不同，有物理的运动形式，还有化学的、生物的、思维的和社会的运动形式；在物理的运动形式中，包括有机械的，还有热的、电磁的、原子的和原子核的、基本粒子的……等多种不同的形态。在自然界所有的运动形式中，机械运动，即在时间过程中进行的物体的空间位移，只是最基本、最简单的运动形式。在较高级的运动形式中，包含着比较简单的运动形式，更包含着最简单的机械运动的形式，即位置移动。但是任何较高级的运动形式，却不能归结为比较简单的运动形式，更不能都归结为最简单的机械运动形式。正如恩格斯所指出的："一切运动都包含着物质的较大或较小部分的机械运动，即位置移动，而认识这些机械运动，是科学的第一个任务，然而也只是它的第一个任务。但是这些机械运动并没有把所有的运动包括无遗。运动不仅仅是位置移动，在高于力学的领域中它也是质变。"

承认各种运动形式具有质的特殊性，承认高级的运动形式包含着较简单的运动形式又不能把它们归结为较简单的运动形式,这是辩证唯物主义与机械唯物主义运动观的一个原则区别。各种运动形式的质的特殊性,是各门自然科学之所以成为独立学科的客观依据。只有到了19世纪,各门自然科学有了更多的发展之后,这一点才有可能被哲学家和科学家所承认。

辩证唯物主义还认为,时间和空间是物质存在的基本形式,是物质的普遍属性。时间和空间不能脱离物质运动而存在。

一定的物质运动观总是与一定的时空观相联系的。牛顿虽然承认时间和空间的客观性,但却把时间和空间看作是脱离物质运动而独立存在的。牛顿的绝对时空观是他的力学观点的必然产物。因为牛顿经典力学的出发点是"惯性",即物体在不受外力作用时,或者保持绝对静止,或者作匀速直线运动。而物体的惯性运动要求存在着绝对空间和绝对时间。因为绝对静止是以绝对不动的统一空间为存在的场所;"匀速直线运动"则要求空间要绝对的"平直",时间要绝对的"均匀"。也就是说,惯性运动要求绝对静止、平直的不动空间和绝对均匀的时间。

在自然科学家中,率先对牛顿所提出的绝对时空观进行批判的,是奥地利的科学家、科学史家和哲学家马赫(Ernst Mach,1838—1916)。

马赫的唯心主义的哲学观点,在列宁的《唯物主义和经验批判主义》一书中曾受到严厉的批判。但是马赫在物理学和物理学史的研究中做出了重要的贡献,在生理学、心理学以及科学哲学方面进行了许多研究。他对牛顿力学中绝对质量、绝对时空观的批判,有力地打击了机械的自然观。1883年,马赫出版了他的《力学及其发展的批判历史概论》一书(简称《力学》),他在世时这本书先后再版六次。书中详细介绍牛顿力学的基本观点,充分肯定牛顿在力学上的巨大成就。他认为牛顿在力学发展上有两大贡献:第一,他通过万有引力的发现大大推广了力学的范畴。第二,他完成了现今所公认的力学原理的建立工作。马赫高度评价万有引力概念的确立,他说:"这个新观念是令人惊奇的,因为它抓住了一直是完全远不可及的对象;而同时是令人信服的,因为它包含了最为熟悉的东西。"它不仅解决了行星运动的千年之谜,而且使其他过程也成为可以理解的了。因此,"人们取得了物理概念的一种丰收和一种自由,这是牛顿以前所意想不到的。"关于牛顿第三定律即作用与反作用定律的建立,马赫认为,这也许是牛顿在力学方面最重要的功绩,比伽里略大大地前进了一步。他写道:"彼此相互影响的物体的运动问题,不可能单独由伽里略原理来解答,还需要一个确切确定相互作用的原理。……这样一个原理也就是牛顿的作用和反作用相等原理。"

马赫在肯定牛顿的巨大贡献的同时,还对牛顿的一些观点进行了批判。首先是关于质量的定义:马赫认为牛顿的质量定义(体积和密度的乘积)是一个"伪定义",是一种"循环论证"。因为牛顿把质量或"物质的量"定义为"密度和体积的乘积",那么,什么是密度呢?他在《原理》的后文中又把密度定义为"惯性"对体积的比值。在《原理》开始部分,他曾定义惯性是同质量成比例的。马赫认为,这种描述本身并不具备必要的明晰性,这样的质量概念无助于质量的实际测量。

马赫还批判了牛顿提出的绝对时空观。他认为,既无绝对空间,也无绝对运动,力学实验根本不能告诉我们任何关于绝对空间的事情,而"所有我们的力学基本原理都是关于物体的相对位置和运动的经验"。他认为牛顿所提出的那种脱离物质而存在的绝对空间和绝对运动的概念，是"没有自然科学意义的"形而上学观念。对于牛顿用以证明绝对运动的水桶实验，马赫认为："牛顿用转动的水桶所做的实验，只是告诉我们：水对桶壁的相对转动并不引起显著的离心力，而这离心力是由水对地球的质量和其他天体的相对转动所产生的。如果桶壁越来越厚，越来越重，最后到达好几里厚时，那就没有人能说这实验会得出什么样的结果。……"他认为，水对桶壁的相对转动并不能引起它的表面凹下去，这种凹面现象只可能是由于水相对于地球以及无数遥远天体的相对运动而引起的。

总之，马赫反对牛顿关于绝对时空、绝对运动的观点，坚持运动的相对性思想，认为能被确定的只是相对位置和相对运动。他指出："一切质量，一切速度，因而一切力都是相对的，并不存在有关相对和绝对的任何区别。"而在相对关系中，"加速度占有特殊的地位"。他认为一切运动都是相对的，包括惯性系、惯性质量、惯性力等等，都是相对的，是无数遥远天体对物体作用的结果，是物体相对于众天体有加速运动的结果。

爱因斯坦曾高度评价马赫的这些思想。他在 1916 年纪念恩斯特·马赫的悼文中说："……表明马赫已经清楚地看出了古典力学的薄弱方面，而且离开提出广义相对论已经不远。"虽然马赫在晚年并不承认自己是相对论的先驱，但是，在自然科学家中马赫率先对牛顿的绝对时空观的怀疑和批判，对爱因斯坦创立相对论，的确是发生了一些积极的影响。相对论的建立，突破了牛顿的绝对时空观的旧框框，揭示了时间空间和物质、运动之间的联系，也揭示了时间和空间之间的联系，它从新的高度，彻底否定了牛顿的绝对时空观。

爱因斯坦是现代科学革命的巨匠。他在 1905 年发表的《论动体的电动力学》一文中首先创立了狭义相对论，又于 1915 年建立广义相对论。他大胆地提出了许多新的思想，但是他从来没有把牛顿力学的被突破看作是科学的废墟。他认为新理论既指出了旧理论的优点，也指明了它的适用范围和局限性，同时提出更具有普遍意义的规律，而把原来认识的规律作为一个特殊部分合理地包括在新理论之中。爱因斯坦相对论表明牛顿力学只适用于、而且是近似地适用于宏观低速的运动过程，而不适用于高速运动过程。相对论力学则既能精确地适用于高速运动过程，又能精确地适用于低速运动过程，它比牛顿力学具有更大的普遍性。牛顿力学所反映的只是有限的、局部的、特殊的领域中的自然过程和规律，只是相对论的极限场合，即当物体的运动速度 V 远小于光速 C 时，相对论就等效于牛顿力学。这正如爱因斯坦和英费尔德把科学的发展比作登山时所说的那样，他说："若用一个比喻，我们可以说建立一种新理论不是像毁掉一个旧的仓库，在那里建起一个摩天大楼。它倒是像在爬山一样，愈是往上爬愈能得到新的更宽广的视野，并且愈能显示出我们的出发点与其周围广大地域之间的出乎意外的联系。但是我们出发的地点还是在那里，还是可以看得见，不过显现得更小了，只成为我们克服种种阻碍后爬上山巅所得到的广大视野中的一个极小的部分而已。"

哲学宗教

牛顿生活在 17 世纪教权衰落、科学抬头的时代，受到当时社会环境和文化的影响,牛顿在哲学和宗教方面的表现是矛盾的。他在自然科学研究中,坚持唯物主义的认识路线和科学的态度与方法。但是,由于自然科学发展水平的局限、机械论和形而上学的思维、宗教的社会影响以及牛顿本人的生活地位社会环境,使牛顿还是让上帝作"第一次推动",但是禁止他进一步干涉自己的太阳系。

(一)教权衰落,科学抬头

牛顿在自然科学领域中的成就是辉煌的,在哲学方面也产生了深远的影响。牛顿在哲学方面的表现与他在自然科学方面成就的取得,一方面是植根于他本人严肃认真的自然科学研究的实践,另一方面也受到当时的文化和社会环境的制约。

任何时代的自然科学和哲学都受到文化和社会环境的制约。牛顿生活在 17 世纪下半叶和 18 世纪初,他所处的时代正是英国和世界的政治、经济、宗教、哲学和科学处于重大变化和变革的时代。1492 年哥伦布发现了美洲,以前欧洲的贸易中心是地中海,美洲大陆发现以后,大西洋沿岸的西班牙、法国、荷兰、英国等国的重要城市逐渐成为商业中心。1588 年英国打败了拥有海上霸权的西班牙,从此称雄海上,迅速扩展殖民地,一跃而成为世界上第一等强国,国内经济繁荣,工业发达。17 世纪的英国,资本主义经济和海外贸易都大大发展,对自然科学产生了迫切的需要。近代第一个重要的哲学家弗·培根的名言"知识就是力量",充分表达了新兴资产阶级对科学知识的渴求和期望。他重视观察、实验、归纳等经验方法,强调研究自然,征服自然。同时,英国资产阶级革命取得政权前后,又进行了宗教改革运动,这是 15 世纪文艺复兴高潮之后的又一次重大的思想革命,它的主旨实质上是与文艺复兴运动一脉相承的。如果说文艺复兴彻底动摇了封建君权统治的基石,那么,宗教改革便是彻底震撼了传统神权统治的基石。狭义地说,宗教改革实质上是一场使神圣的宗教世俗化的运动。

所以在文化方面,近代与中世纪显著的不同,主要表现在,一是教权衰落,二是科学抬头。所以,一方面人们开始重视现实,不重来世;重实际,不重玄想。另一方面神权虽然衰落了,但是宗教仍有相当的势力。改革后的宗教,仍然是宗教,资产阶级只是反对封建宗教,而把宗教改革得适合于本阶级的利益。特别是资产阶级取得政权、占据了统治地位以后,它既需要科学,也需要宗教。一些思想家们则致力于调和科学与宗教。所以,许多有伟大成就的自然科学家,一方面在自然科学研究领域坚持唯物主义的认识路线,另一方面又仍然保留着虔诚的宗教信仰,不仅信仰上帝,而且赞美上帝,论证上帝。但是科学所揭示的是客观自然界本身存在的事物运动变化规律,它在本质上是和唯物主义相一致的,而和上帝创造一切的传统宗教信条是矛盾的。所以恩格斯说:"上帝在信仰他的自然科学家那里所得到的待遇,比在任何地方所得到的都坏",因为"在科学的猛攻之下,一个又一个部队放下了武器,一个又一个城堡投降了,直到最后,自然界无限的领域都被科学所征服,而且没有给造物主留下一点立足之地。"

在这样的社会和文化环境中,牛顿的哲学和宗教思想也是矛盾的。他虽然是国教徒,但在思想上又倾向于清教精神和伦理。在《原理》出版前的三十年间,在复杂的政治和宗教斗争中,牛顿实际上是采取了超脱政治和隐匿清教思想的态度。在后三十多年间,他大部分时间脱离开科学研究工作,晚年更多地倾向于神学。

牛顿在对待科学、哲学与宗教方面的态度,也体现了教权衰落、科学抬头的时代特征。

(二)唯物主义的认识路线与科学方法

列宁在《唯物主义和经验批判主义》一书中曾经指出,在人类的认识中存在着两条认识路线,一条是从物到感觉、到思维的认识路线,即唯物主义的认识路线;一条是从感觉、思维到物的认识路线,即唯心主义的认识路线。一切自然科学家,在他们严肃的自然科学研究工作中,事实上所遵循的都是唯物主义认识路线,而不管他们本人是否自觉地意识到了这一点。即使他们未能自觉地意识到这一点,也能自发地做到这一点,否则他们就不可能成为一个有成就的自然科学家。

在牛顿的科学生涯中,他严肃地进行科学工作,认真学习研究前人及同时代人的科学成果,认真作科学实验和数学计算,从中总结出科学概念、原则和理论结论,又根据天文观察和测量以及自己的反复实验进行验证。他事实上也是遵循的唯物主义的认识路线,因此他能获得巨大的成就,成为伟大的自然科学家,至今受到人们的普遍景仰。尽管在牛顿自己的著作中、并未用唯物主义这样的名称来概括他在实际科学活动中所坚持的认识路线,但重要的在于实质。

牛顿坚持唯物主义的认识路线,不仅表现在他那些丰富的、富有创造性的具体科学活动中,而且表现在他从科学实践中总结出来的那些具有普遍意义的科学方法论的原则中,这些方法和原则对后人产生了重要的影响,爱因斯坦对此曾经给予了高度的评价。1927年,爱因斯坦在为纪念牛顿逝世200周年而写的文章中说:"在他以前和以后,都还没有人能像他那样决定着西方的思想、研究和实践的方向。他不仅作为某些关键性方法的发明者来说是杰出的,而且他在善于运用他那时的经验材料上也是独特的,同时他还对于数学和物理学的详细证明方法有惊人的创造才能。由于这些理由,他应当受到我们的最深挚的尊敬。"这里,爱因斯坦在评价牛顿的影响时,不仅谈到他的思想影响,也特别指出了他研究方法上的创造性贡献。这的确是一个十分重要的方面。许多伟大的科学家都十分重视和强调科学方法对于科学成果的取得,对于科学事业的进步所具有的重大意义。例如拉普拉斯说:"认识一位天才的研究方法,对于科学的进步,……并不比发现本身更少用处"。弗·培根则形象地说:"跛足而不迷路能赶过虽健步如飞但误入歧途的人"。我们看到,牛顿科学研究中的良好方法,促进了他的科学才能的发挥。

牛顿在科学方法论方面的贡献,概括起来主要有以下几个方面:

首先,牛顿强调运用分析和综合相结合的方法进行科学研究。

牛顿的挚友科茨,在《自然哲学的数学原理》第二版序中,论述这个问题时做了如下的比较和分析:

"所有论述自然哲学的人约可分为三类。这三类中,有些人,把一些特殊而隐蔽的性质归属于不同种类的物体;根据他们的看法,一些特定的物体的现象是按照某种不知其所以然的方式进行的。渊源于亚里士多德和逍遥学派的各种经院学派,它们各种学说的总和,就是以这个原则为基础的。他们断言,物体的各种作用是由这些物体的特殊性质所引起的。但是他们没有告诉我们,物体是从哪里获得这些特性的,所以实际上他们没有告诉我们什么东西。而且由于他们满足于给各种事物以一些名词,但不去深入探究这些事物本身,所以可以说,他们只是发明了一种谈论哲学的方法,但并未使我们懂得什么是真正的哲学。

"另一些人则舍弃了那堆无用而混杂的辞藻,努力从事于那些会给我们带来益处的工作。他们假定所有物质都是同质的,而物体外表上的千差万别,只是由于其成分粒子之间的某些非常明显而简单的关系所引起的。当然,如果他们把这些原始的关系不是归诸别的什么关系而只是归诸自然界所给定的关系,那么他们从一些简单的事物出发,而后过渡到复杂的事物的这种思想方法也就是正确的。但是当他们放肆地随心所欲地想象一些未知的图象和量度,物体各部分的不确定的状况和运动;甚至假定有一种隐蔽性质的流体,它能自由的渗进物体孔隙,并赋有一种万能的微细性,它能为隐蔽的运动所激动,这样,他们就陷入到梦幻中去,忽略了物体的真实构造。这种构造,在我们不能用最确实的观察来获得时,当然是不能从错误的猜想中把它推导出来的。那些把假说看做他们思辨的第一原则的人,尽管他们从这些原则出发,然后用最严密的方法进行工作,但实际上他们写的只是一部传奇,这虽然是一种精心结构的工作,但传奇终究只是传奇而已。

"现在剩下的是第三类人,他们是掌握了实验哲学的人。这些人固然从尽可能简单的原理中导出所有事物的原因,但是他们从不把没有为现象所证明的东西作为原理,他们不做任何假说,除非把假说作为其真理性尚待讨论的一些问题,否则就不把它们引进哲学中去。因此,他们是用双重方法,也就是用综合法和分析法来进行工作的。从一些特选的现象,经过分析,他们导出了自然界的各种力,以及这些力所遵循的比较简单的规律,再从这里经过综合而说明其他事物的构造。这是研究哲学时无与伦比的最好方法,也就是我们的著名作者所乐于采用的胜于其他方法的方法,……在这方面,他给了我们一个光辉的范例,因为在说明宇宙体系的时候,他轻而易举地用重力理论把宇宙体系推了出来。在他以前,人们已经设想到或想象到,重力存在于所有物体之中;然而他是惟一的,也是第一个哲学家能从现象中证明它的存在,从而使之成为他的最高超思辨的坚实基础。"

牛顿在《光学》一书中,对自然科学研究中应当运用分析的方法和综合的方法,也作了明确的说明。他指出,在自然科学里,研究困难的事物时,总是应当先用分析的方法,然后才用综合的方法。分析方法是从将要说明的现象着手,"包括进行观察和实验,用归纳法做出普遍的结论,并且不使这些结论遭到异议,除非这些异议来自实验或者其他可靠的真理方面。"如果在许多现象中没有出现例外,那么可以说,结论就是普遍的。但是如果以后在任何时候从实验中发现了例外,那时就可以说明有这样或那样的例外存在。牛顿还论述了科学的分析过程就是从复合物到复合物的成分,从运动到产生运动的力,一般地说,就是从结果到原因,从特殊原因到普遍原因,一直论证到最普遍的原因为止。所以,分析有两个作用:它不仅可以发现原因和原理,而且还要确立它们。关于综合的方法,牛顿说:"而综合的方法,则是假定原因已经找到,并且已把它们立为原理,再用这些原理去解释由它们发生的现象,并证明这些解释的正确性。"所以,综合也有两个作用:一是用已知的原理解释现象,二是证明这些说明是正确的。牛顿认为,他在《光学》中对光的颜色的研究,就是分析综合法的成功运用。对光进行分析,首先是通过棱镜把白光"分解"(分析)为更简单的成分,发现白光是由不同颜色的光所组成的。然后,再让这些具有不同颜色的光通过第二个棱镜,发现每种不同颜色的光都是单色的，而不是复合的。因而牛顿得出结论认为，任何光线的颜色，不是像一般人所认为的那样，是从自然物体的折射或反射中所导出的光的性质，而是一种原始的、天生的、在不同的光线中所具有的不同性质。在这些研究的基础上，牛顿还试图确定每一种颜色的量和质以进一步认识光的本性。他指出什么样的颜色永远属于什么样的可折射度，而什么样的可折射度也永远属于什么样的颜色。做出这些分析之后，牛顿便进行综合，即用分析所得的原因和原理去进一步说明它产生的现象。牛顿不仅用他所得出的结论来说明白光通过棱镜产生颜色的现象，而且进一步说明了彩虹的现象。牛顿的《光学》是运用分析一综合法的典范。

牛顿也声称，他在《自然哲学的数学原理》这部伟大著作中，也曾遵循分析和综合方法。他应用分析法提出运动三定律和万有引力定律，他说，在实验哲学中，"特殊命题从现象中推出，然后通过归纳使之成为普遍命题。物体的不可入性、可动性和冲力以及运动定律和万有引力定律就是这样发现的。"当然，这里所说的分析方法，并不只是单纯的归纳，还包含着作出科学抽象的复杂思维过程。例如，牛顿运动第一定律说明了没有受到外力作用的那些物体的状态，即保持原有的静止或匀速直线运动状态。但是，并不存在这样一些物体。一个被观察的物体不可能摆脱外力的作用，而且牛顿指出，宇宙中任何物体之间都存在着万有引力的作用。可见，惯性定律不是关于所观察的特殊物体运动的简单归纳和概括，相反，它是从这些运动中所做出的科学抽象。此外，牛顿关于绝对空间和绝对时间的观点，是牛顿作出的进一步的抽象。

牛顿的分析综合法，是继承了亚里士多德、罗·培根、伽里略和弗·培根等人关于科学方法论的主张，来反对笛卡尔的方法。牛顿肯定了亚里士多德的科学程序理论，把亚里士多德所倡导的归纳一演绎程序称为分析和综合。但是，牛顿在自己的科学研究实践中，也发展了他的前辈的主张。有两点是他的推进：一是强调通过综合演绎出来的推论需要用实验来确证，二是强调演绎出来的推论要超过原来归纳证据的价值。

除了分析法和综合法，牛顿还用了公理方法。特别是在《自然哲学的数学原理》一书中，最为明显。牛顿的公理法有三个阶段，第一阶段是提出一个公理系统，即通过演绎组织起来的一组公理、定义和定理体系。运动三定律就是牛顿力学理论的公理，它们规定了"匀速直线运动"、"运动变化"、"外力"、"作用"、"反作用"等等术语之间的不变的关系。牛顿公理法的第二个阶段，是把公理系统的定理与物理世界中的事件联系起来，注意区分公理系统和它在实际经验中的应用。第三个阶段是设法确证用经验解释的公理系统中的演绎结果，即确立公理系统的定理与所观察的物体运动之间的一致关系。牛顿本人在力学公理系统与天体运动、地上物体的运动之间，建立了广泛的一致关系，以确证自己理论的真理性和价值。

对待科学假说，牛顿的态度是非常严肃和慎重的。他曾经写道："我不杜撰任何假说。"在牛顿的著作中，"假说"一词有多种用法，其中重要的一种就是用以表述对"神秘的质"的记述，而测量这些质的方法尚不知道。牛顿反对无根据地"杜撰"各种假说去解释"神秘的质"，他强调应该注重科学实验，在此基础上进行分析、综合、归纳和演绎，提出理论，解释自然界那些"具有明显的质"的现象，即实验中可测量的那些现象的各个方面，揭示明显的性质之间存在的内在关系。所以说，牛顿强调的是科学理论要有实验基础，有归纳证据。如果有人把他以实验为基础的"理论"称为"假说"

时，他就会马上怒不可遏。

牛顿强调不杜撰假说，并不意味着他不要任何科学假说。科学假说是自然科学研究的重要环节和方法，也是自然科学发展的重要形式。对于解释明显的质之间的相互关系的假说，牛顿并不拒斥。他自己也曾经考虑过以太介质产生引力的假说，也曾对尚未研究清楚的问题，提出一些带有疑问的探索性的解释。牛顿强调说，这种假说的功能是为了指导未来的研究工作，而不是充当毫无结果的争论的前提。但是，对于科学假说与任意杜撰之间的界限，牛顿并没有作出严格的区分。

为了指导对富有成果的解释性假说的探讨，牛顿在《自然哲学的数学原理》一书的第三篇《哲学中的推理法则》这一节中，提出了四条推理规则。这是牛顿的科学方法论的总则，它非常凝炼地总结了牛顿的科学哲理思想，至今仍有着非常重要的意义。

牛顿提出的法则一，是科学中的简单性原则。这是人们进行科学抽象和科学理论评价时所依据的重要原则。牛顿写道："除那些真实而已足够说明其现象者外，不必去寻求自然界事物的其他原因。"这里，牛顿指出了在寻找自然现象的原因时，一要真实，二要足够，既必要又充分。因为，只有必要而不充分，不足以说明现象。而寻求现象的真实原因又是做科学工作的最起码的唯物主义原则。因为科学是老老实实的学问，来不得半点虚假和骄傲，只要求原原本本地反映自然界的本来面目。牛顿的简单性原则是植根于自然界的，他把简单性看作是自然的固有属性。他说："因此哲学家说，自然界不作无用之事，若少作已成，多作则无用，因为自然界喜欢简单化，不爱用多余的原因夸耀自己。"

牛顿提出的法则二，是寻求自然界因果关系的方法论中的相似性、统一性原则。他写道："对于自然界中同一类结果，必须尽可能归之于同一种原因。"牛顿列举出一些同类的现象加以说明，例如人和牲畜的呼吸，陨石在欧洲和美洲的下落，炉火和太阳的光，光线在地球和行星上的反射等等。这表明牛顿是在许多自然现象的观察和研究中，在自然现象的相似性和统一性中，寻求普遍的因果律，这是科学中因果解释的客观基础。这条原则至今仍然有效，不过我们今天的理解已经远远超越了牛顿的时代。受到当时科学历史条件的局限，在牛顿看来，自然界的各种现象都是和某些力相联系的，因此可以依靠力来解释各种现象。

牛顿提出的第三条法则，是说如何在实验的基础上，发现所有物体的普遍属性。他写道："物体的属性，凡既不能增强也不能减弱者，又为我们实验所能及的范围内的一切物体所具有，就应视为所有物体的普遍属性。"例如，通过实验和观察总结出来的物体的广延性、坚硬性、不可入性、惯性和物体之间的相互吸引等等。这里既强调了要以实验为认识的基础，又表明要根据实验范围内的有限物体进行理性的综合和归纳，从中概括出普遍性，也就是由个别上升到一般。这表明牛顿继承了弗·培根的唯物主义经验论的传统，然而对于经验与理性的结合，尚不能做到自觉地明确表述。

牛顿提出的法则四，是如何正确地对待归纳结论的原则。他写道："在实验哲学中，我们必须把那些从各种现象中运用一般归纳而导出的命题看作是完全正确的，或者是非常接近于正确的；虽然可以想象出任何与之相反的假说，但是没有出现其他现象足以使之更为正确或者出现例外以前，仍然应当给予如此的对待。"这表明牛顿一方面肯定了根据实验研究运用一般归纳所导出的命题具有可靠性，即要看作是"完全正确的或者非常接近于正确的。"另一方面,他也看到了归纳法的局限性,指出只是在没有出现其他现象足以使以前的归纳结论更为正确或出现例外之前,我们相信结论的正确性。言外之意就是说,如果出现了其他现象或者例外,我们就不能僵化地固守原有的结论,而要根据其他现象或者例外,修改原有的结论发展和深化自己的认识,使它符合于客观的现象。

牛顿对归纳法的态度是严肃的、实事求是的。这表明他既不是"归纳万能论者",也不完全否定和排斥归纳,他不因看到归纳法有一定的局限性而陷入怀疑主义和不可知论。

自然科学发展的历史证明了牛顿的法则四是正确的,连牛顿力学本身也是按照法则四发展的,现代科学家也是本着法则四的精神对待牛顿的科学结论的。例如,牛顿通过观察和实验归纳得出的物质属性不可入性,因后来出现了放射性、电子等新发现,而被科学界所放弃。牛顿力学的适用范围因相对论和量子力学的出现而明确起来。整个牛顿力学在宏观物体的低速运动的领域内,被证实是精确可靠的客观真理。然而在接近于光速的高速运动领域内,近代物理实验已经证明狭义相对论是正确的。对于微观物体的运动,则有量子力学。

牛顿概括出的这四条科学方法论原则,前三条是寻找自然界客观规律的最基本的科学方法,第四条是说明要正确地对待已经得到的科学结论,不要使认识僵化。已被实验检验为正确的科学结论既有可靠性,又有相对性,它将随着新事实的发现而不断的发展。

(三)论证上帝

牛顿生活在十七、十八世纪教权衰落、科学抬头的时代。对于新兴的近代自然科学,牛顿做出了卓越的贡献。对待宗教问题,也反映了时代的特征。由于宗教改革的冲击,教会不再具有以往的权威。但是新兴资产阶级需要科学,也需要宗教,发展科学,也发展了改革后的新教,致使宗教信仰在一般人的头脑中依然深深地存在。在这样的社会背景下,牛顿也深受这种文化的熏陶。牛顿自幼生活在宗教气氛浓厚的家庭环境中,继父和舅父都是牧师,母亲和外祖母也都笃信宗教,他们都希望牛顿在大学毕业以后去当有地位的牧师。大学毕业时,按照惯例牛顿应当接受神职,他不愿意接受神职,但是公开声明,是为了更好地"侍奉上帝",他才不接受神职,而代之以自然哲学的研究,来论证上帝。

牛顿的自然科学成就是巨大的,它成为形而上学的机械唯物主义的科学基础,成为唯物主义反对唯心主义和神创论的重要武器。牛顿的《自然哲学的数学原理》一书中的绝对时空观,曾受到宗教界,特别是贝克莱主教和莱布尼茨的反对,他们指责他的绝对时间绝对空间不是由上帝创造的,而是绝对的。

另一方面,虽然自然科学在本质上是与唯物主义相一致的,而与上帝创世说相矛盾。但是,牛顿时代的自然科学只是近代自然科学发展的前期,它所达到的水平还不足以彻底否定上帝。因为,当时只有力学达到了系统的完成,最重要的数学方法被确定了,自然科学其他部门则离这种初步的完成还很远;化学刚刚借燃素说从炼金术中解放出来;物理学刚处于最初阶段;地质学还未超出矿物学的胚胎阶段;古生物学还不存在,生物学领域还主要从事搜集和初步整理大量的材料。在这样的自然科学发展的初级阶段上,还未能揭示客观自然界本身各种过程形成和发展的辩证本质。这种科学状况只能形成机械的形而上学的自然观,这种自然观在一些重要问题上,有时必然要借助于超自然的力量,陷入唯心主义。

在十六、十七世纪的自然科学中,力学率先得到发展是有其历史缘由的。一方面,由于从古代到十七世纪,生产技术主要是机械性的,提出的主要问题是力学问题。另一方面,从认识发展规律看,人们对事物的认识过程都是从简单到复杂,从低级到高级发展的。在人类历史上,近代开始认识自然界的运动规律时,只能从最简单的机械运动开始,然后才有可能进一步去揭示较高级的复杂的运动形式。所以在这个发展阶段上,力学首先得到了系统的发展,对机械运动规律的认识较为完善。因而人们就习惯于用纯粹力学去解释一切自然现象,形成了机械论的观点。爱因斯坦概括地指出:"力学在它的一切部门中所取得的伟大成就,它在天文学发展上的惊人成功,力学观念对于那些具有显然不同特征和非力学性质的问题的应用,所有这些都使我们相信,用不变的物体之间的简单的力来解释一切自然现象是可能的。在伽里略时代以后的两百年间,这样的一种努力有意识地或无意识地表现在几乎所有的科学创造中。"而对于那些不能用纯力学去说明的问题,就难以回答了。如地球的起源、地球现有轨道的形成、物种的起源等等重大问题,就无法科学地回答,在宗教思想影响严重的情况下,就会导致求助于上帝。

此外,近代自然科学发展的初级阶段,是着重研究既成事物的科学。因为人们在认识事物时,开始总是先了解该事物是什么,现存状况如何,然后才能进一步去考察事物的产生和变化、历史的演变。近代自然科学初期首先注意的问题就是现有恒星和行星的位置,行星和卫星现在运行的轨道,现有的动物植物的品种和性状等等。在这种情况下,人们很容易把事物看成是固定不变的、僵死的,只看数量的增减而忽略性质的转变,只看位置的变动而忽略历史的演化。但是,深入一步的研究必然会思考事物的现状是如何形成的? 在缺少辩证思维的情况下,很容易把它看作是一下子造成的。在宗教气氛迷漫的社会条件下,很容易用上帝的创造来解释。

在这样的背景下,牛顿研究引力问题。先人已经记述了已观察到的天体的位置和运行轨道,牛顿则努力寻找行星按椭圆轨道运行的原因。牛顿的研究是前进了一大步。他弄清了这个原因的重要部分是万有引力的作用。但是,仅仅有引力,还不能充分解释行星的椭圆形轨道。只有在行星已经按照椭圆形轨道运动起来,即有了切向运动,才能用万有引力去说明行星不断地保持椭圆形轨道。那么,切向运动是从何而来的呢? 由于当时科学发展的水平和状况,牛顿不可能有天体起源和演化的思想,而不从太阳系的起源和演化来解释现存太阳系行星运行轨道的形成,牛顿就只有借助于神的"第一次推动"。正如恩格斯在分析牛顿的万有引力时所指出的:"如果我们以现有状态的永恒性为前提,我们就需要有一个第一次推动,上帝。"同样,在生物物种问题上,如果把现有动物和植物物种的千差万别看作永恒不变的,也就只有用上帝创造物种来说明这些差别的由来。

牛顿关于上帝第一次推动力的思想,是他在 1692—1693 年给本特雷的信中提出来的。

1692 年,牧师理查德·本特雷要以《对无神论的反驳》为总题目作八次讲道。在准备讲稿时,他就万有引力和宇宙性质的一些问题,写信向牛顿求教。牛顿先后给本特雷写了四封回信,回答他的问题,阐述自己的观点,帮助他论证上帝。在第一封信的开头,牛顿直言不讳地说:"当我写作关于宇宙系统的著作时,就曾经特别注意到足以使熟思的人们相信上帝的那些原理;当我发现我的著作对于这个目的有用处时,没有什么事情能比这类东西更使我高兴的了。"关于本特雷提出的第一个问题,牛顿对于太阳系最初物质如何把自己分为两类,发光部分聚成太阳,不透明部分结成行星不发光体,或者为什么所有行星都变成不透明体,而唯独太阳保持不变,对这个问题,牛顿回答说:"我认为这不是纯粹的自然原因所能解释的;我不得不把它归之于一个有自由意志主宰的意图和设计。"

关于地球绕太阳运行的轨道问题,牛顿认为,地球作圆周运动的向心力是找到了,但是,切线方向的运动是怎么出来的呢?牛顿把它归之于上帝的第一次推动。他写道:"……对于你来信的最后一部分,我的回答是,第一,如果把地球(不连月球)放在不论何处,只要其中心处在轨道上,并且首先让它停留在那里不受任何重力或推力的作用,然后立即施以一个指向太阳的重力,和一个大小适当并使之沿轨道切线方向运动的横向推动;那么按照我的见解,这个引力和推动的组合将使地球围绕太阳作圆周运动。但是那个横向推动必须大小恰当;因为如果太大或太小,就会使地球沿别的路线运动。第二,没有神力之助,我不知道自然界中还有什么力量竟能促成这种横向运动。……所以重力可以使行星运动。然而没有神的力量就决不能使它们作现在这样的绕太阳而转的圆周运动。因此,由于这个以及其他原因,我不得不把我们这系统的结构归之于一个全智的主宰。"牛顿还写道,各个行星现有的运动不能单单出于某一个自然原因,而是由一个全智的主宰的推动……"要在差别如此巨大的各天体之间比较和协调所有这一切,可见那个原因决不是盲目的和偶然的,而是非常精通力学和几何学的。"

上帝第一次推动的思想,是牛顿在自然科学和宗教神学之间架起的一座桥梁。有了这一座桥梁,牛顿就不可能彻底坚持自然科学唯物主义的立场。同时,这也是他那机械的、形而上学唯物主义的自然观所导致的必然结论。

在1712年,牛顿在《自然哲学的数学原理》一书初版后的25年,又出该书第二版,这时牛顿71岁了,他的神学倾向更加明显。他在第二版中加进了一节《总释》。这个《总释》只有四页半,就有上帝及其代词三十六处之多,文中对上帝极力赞颂,他写道:"我们只是通过上帝对万物的最聪明和最巧妙的安排,以及最终的原因,才对上帝有所认识;我们因为他至善至美而钦佩,也因为他统治万物、我们是他的仆人而敬畏他,崇拜他……"

晚年,牛顿还进行了许多有关宗教神学的研究和写作,留下的文稿多达一百五十万字,这些方面的内容还有待于进一步的分析和研究。

当然,如果说牛顿在晚年完全放弃了科学的思考和严肃的态度,也是不妥当的。例如,即使在给本特雷的信中,关于重力的原因问题,牛顿既不是绝对肯定地归因于物质的一种根本而固有的属性,也不是绝对肯定地归因于上帝,他只是说:"因为重力的原因是什么,我们不能不懂装懂,还需要更多的时间对它进行考虑。"又说:"重力必然是由按照一定的规律持续起作用的一种动因引起的,但是这种动因是物质的还是非物质的,是我要留给我的著作去思考的问题。"这表明,牛顿的未竟之事,是试图揭示像万有引力这样的力,为何能存在和如何按照他发现的定律发生作用。他曾提出的解释之一是以太模型,设想密度可随物质分布变化的以太能产生如同引力那样的效果。但这不是他认为经过了确证的科学结论。总的说来,牛顿认为引力的本质和原因,尚待进一步的研究。所以恩格斯的话恰当地概括了牛顿的矛盾。他说:"牛顿还让上帝来作'第一次推动',但是禁止他进一步干涉自己的太阳系。……这和旧的上帝——天和地的创造者、万物的主宰,没有他就一根头发都不能从头上落下来——相距不知有多远!"

从政以后

1687 年,牛顿的巨著《自然哲学的数学原理》出版,这是他科学创造性工作的顶峰。

1689 年,牛顿被剑桥大学选为国会议员。以后,他改变了自己的生活和工作,开始了从政生涯,在财政部造币局担任领导职务 28 年。同时,他作为科学界的泰斗,连年担任皇家学会的会长,直至逝世,并且陆续出版了过去的科学研究成果和再版已经发表的著作。

(一)剑桥大学选出的国会议员

《自然哲学的数学原理》出版以后,牛顿非常疲惫。哈雷认为牛顿应该暂时停止其科学活动,休息一段时间,最后牛顿接受了他的忠告。

恰好于 1689 年,牛顿被剑桥大学选为代表剑桥的国会议员。于是牛顿决定离开剑桥,到伦敦去开始新的生活。

在众多的教职员中,为什么唯独牛顿得到了校方如此的厚爱和信赖?一贯沉默寡言、酷爱科学研究工作的牛顿,为什么会舍得离开学术中心剑桥大学呢?

这是由多种因素决定的。

牛顿从 22 岁起为躲避鼠疫休学返乡开始科学研究工作,已经二十多年过去了。这期间,牛顿在剑桥从 1670 年开始担任卢卡斯讲座的教授,过着一种似隐居的学者的生活,他对学院的管理和权力之争极少过问,而把主要精力都放在科学工作上。除了平静的书斋,他在住房旁边建了一个实验室,直通一个小花园。牛顿常在小花园里边散步边思索。他还在小花园里安了一座用于化学和冶金试验的熔化炉。1685 年,牛顿在写《原理》时,为了减轻一些负担,要求一名助手,也得到了满足,年收入也不错,估计有 200 英镑。总的来说,牛顿过的是愉快的学者生活,虽然创造性的科学工作要付出巨大的艰苦劳动,但科学上硕果累累也带给牛顿极大的喜悦。他出版了《原理》,整理了光学讲义,完成了万有引力定律的发现。牛顿对自己的发现和发明,是本想自得其乐的。但是他很难如愿。争取优先权的争论实在使他烦恼,这类无聊的争吵,使牛顿对发现和发明的兴趣越来越淡漠。

但是,更为主要的直接原因,是与牛顿在奥尔本事件中的表现有关。

牛顿在编写《原理》一书时,英国社会十分动乱。1660 年,逃亡国外的查理二世返英即位,斯图亚特王朝遂在英国复辟。查理二世死于 1685 年。查理二世的兄弟詹姆士二世继承了王位,他是一个虔诚的天主教徒,极力把英国纳入罗马天主教会的势力范围,因而使政局动荡。查理二世在亡命法国时所生的儿子蒙马斯登陆英国,向詹姆士二世挑战。国王打败了叛军,蒙马斯等 150 人被处死刑,800 人被流放到西印度群岛。大多数英国人在詹姆士二世的残酷统治下,冒着杀身之祸反对国王重新恢复天主教特权的各种措施,这些令人生厌的事情也使牛顿的情绪变坏。他回到家乡想冷静一下脑筋,但树欲静而风不止。詹姆士二世的暴政使牛顿这位沉默寡言的教授也不能不挺身而出参加斗争了。

当时的大学中,改革后的英国国教占优势,大学有高度的自主权,这些大学当然成了反对詹姆士二世的堡垒。国王便推行使大学天主教化的政策,试图把天主教徒派进去,加强控制。1687 年 2 月,牛顿正忙于编写《原理》时,国王命令剑桥大学把文学硕士学位赠予天主教士奥尔本·弗朗西斯并请他作为该校理事会的一员,以取得管理大学的权力。奥尔本·弗朗西斯与剑桥大学毫无渊源,自然遭到校方的反对。尽管国王一再施加压力,剑桥大学副校长皮切尔还是对此婉言谢绝。国王被激怒,立刻命令皮切尔和理事会的八名代表到伦敦最高法院受审。牛顿便是这八位代表之一。

这个代表委员会的本意是在伦敦向宫廷提交呈文和请愿书,以制止正在开始的大学天主教化。但在粗暴的最高裁判官杰弗里斯的高压之下,皮切尔受到免职处分,吓得不敢对答。多数代表因为过去在接受神职时宣过誓,表示过要绝对服从国王,因此亦不敢再申辩。这样一来,剑桥的委员会就准备破格接受国王的命令,把学位赠予弗朗西斯。然而向来一言不发的牛顿,这时却表现出异乎寻常的勇敢和坚定,他愤然起来反对妥协和屈服。他不是神职人员,并未宣过誓绝对服从国王,便受代表团推选,与对方展开了针锋相对的斗争。他诘难国王并大胆提出自己的看法。按照皇室批准的大学宪章,剑桥只能送给弗朗西斯以荣誉头衔,而一个荣誉头衔却无权在大学理事会里任职。在后来人们发现的一封信里,知道牛顿是这样谈到奥尔本事件的:

根据上帝和人类的戒律,所有高贵的人都有责任听从国王的符合法律的命令;但如果国王陛下执意提出一项不合法的要求,那就没有一个人会因拒不执行而感到苦恼。

牛顿在奥尔本事件中所表现的大无畏的精神,不仅仅是由于他信奉国教反对天主教的倾向,也表明他具有民主进步的倾向。由于他的勇气和坚定,使国王的这次计谋遭到失败,使剑桥大学的尊严得到维护,牛顿也因此受到校方的感谢和更深一层的尊敬,被校方选为代表剑桥大学的国会议员,牛顿也就从剑桥搬到伦敦去了。

天主教徒詹姆士二世的作为,常使国教徒们怨恨不满,再加上他政治上无能,也使一些天主教徒深为遗憾。原先,新教徒们希望天主教国王的统治只是短暂的,乌云不久即会过去,但是在 1986 年 6 月,国王的继承人降生了,新教徒的希望化为泡影。于是,英国上层的贵族他就要求请荷兰亲王威廉·冯·奥拉宁来接管政权,因为威廉亲王娶了詹姆士二世的女儿玛丽为妻。玛丽是王室亲宗。威廉接受这一请求用武力把詹姆士二世赶出了英国。威廉和夫人于 1689 年被加冕为国王威廉三世和王后玛丽二世,从而王权又落到斯图亚特王室的英国国教派手中。从绝对君主制过渡到立宪君主制,为英国资产阶级的发展提供了更多的可能。国会的权力扩大,举行改选,牛顿因在奥尔本事件中表现得刚直不阿,不畏强权,便被选为剑桥大学的两名代表之一,进入议会,从 1689 年 1 月至 1690 年 2 月议会解散时为止,为时一年多的时间。牛顿是威廉国王的忠实支持者,是下议院里最有名望的议员之一。他政治倾向属辉格党(自由党的前身),主张宗教自由,坚决反对一切形式的压迫。但是,这位学者议员作为议员却是很拘谨的,他仍然是经常沉默寡言,既不是出色的演说家,也对公开讲演根本不感兴趣。据说他在议院里只开过一次口,说是对侍者说:"能不能把窗子关起来?"

牛顿在伦敦的生活不同于剑桥。他交往的人多了,经常被邀请出席皇家学会的例会,并和以前结识的朋友和学者们聚会。他多次和化学家罗伯特·波义尔会面,讨论气体定律的内容和种种化学问题。还经常与哲学家洛克会面,讨论有关神学的问题,并且把自己思考的神学问题加以整理,着手编写有关基督教《圣经》和自己的宗教信仰的著作。

从1689年移居伦敦之后开始的另一种生活,使牛顿的思想在慢慢地起变化。他已经接近五十岁了。过去的时光几乎全部用在紧张的科学探索之中。他虽然已是社会公认的大科学家,但是,尽管名声很大,却没有给他带来什么财富。与政界的官僚相比,他只不过是个相当穷的大学教授。寺院似的大学终究是不能与自由、热闹、繁华、富裕的伦敦相比的。这时的牛顿,开始思考过去从未想过的事情。此外,家属和亲戚越来越多的需要牛顿接济。随着环境地位的改变,牛顿开始想到渴望改善自己的地位和生活,希望谋求到更高的与自己的身份相称的公职,得到优厚的物质待遇。牛顿向自己的朋友洛克和皇家学会的会长佩皮斯表达了他的意愿。有人推荐他去担任伦敦的查特蒙斯公立学校的校长,这是一所英国贵族的上流学校。但他认为这个职位还不够高,便谢绝了。他在信中这样写道:

"我感谢你们让我去当查特蒙斯的校长,但我看不出那里有什么值得去争取的,除了一辆我并不怎么向往的马车外(显然这是应当给校长配备的),每年不过是200镑,还得整天关在伦敦不出去,这种生活方式我并不喜欢;我也不认为参与这一竞争是适宜的,仿佛那是个什么肥缺似的。"

牛顿的另一位朋友、下议院的蒙塔古是国会中的出色人物,后来成为极有权势的哈里法克斯勋爵。他也鼎力相助。但是,虽有众多的人帮助周旋,政府出现的空缺却总未能补上牛顿,他只好又回到剑桥,重新恢复书斋生活,而心中难免郁闷不乐。这期间,不幸的事却接连发生。首先是牛顿的母亲身患重病,不久与世长辞了。

另一件事也使牛顿深受刺激。那时候他连夜整理光学讲义。有一天清晨,他吹熄了蜡烛休息片刻,便到教堂去参加礼拜。祈祷中忽然想到烛火可能没有完全熄灭,急忙跑回家一看,果然,烛火的余烬燃着了纸,把讲义原稿烧成了灰烬。不幸中的万幸是没有酿成大的火灾。但是牛顿苦心整理的光学讲义就这样付之一炬了。他的劳动,他的心血,就这样白白地失去了。牛顿深受刺激,他的眼神渐渐地失去了光泽。

牛顿的健康状况的损坏是由来已久的。在撰写《原理》一书时,他日日夜夜、聚精会神的思索、研究和写作,神经经常处于非常紧张的状态。他睡眠不足,饮食不正常,很少体力活动,长年紧张的研究生活,使他积劳成疾,也越加重了他那因抑郁苦闷而受伤害的性格。后来再加上谋求荣升的努力连连受挫,沉重的失望情绪笼罩心头。还有和几个同事的争吵也使他大伤脑筋。有时候牛顿接连几个小时郁郁沉思,恰好在这时,他又在痴心钻研宗教和神秘的思想。总之,种种因素聚合于一身,终于导致了严重的后果。从1692年起,牛顿开始严重的神经衰弱,经常夜不成眠、食欲不振、越来越激动,即使很小的事情,他也会大发脾气,慢慢地他开始精神紊乱,一时明白一时糊涂，一言一行显得怪异，抑郁和迫害妄想折磨着他。例如，牛顿相信有桩针对着他的阴谋，他指责洛克想用女人引诱他。他更加感到无比的孤独和苦闷，怀疑一些好朋友已经抛弃了他。他给好朋友洛克、哈雷、佩皮斯写了一封信，说了一些莫须有的事情，充满愤怒的胡乱埋怨，指责他们没有情谊。例如在给佩皮斯的信中说："我现在为精神错乱所恼。这一年饮食和睡眠都感不足，精神已大不如前。我从没想到用你和国王的力量获取利益。但是，今后我要与你断绝往来。我不想增加大家的麻烦，我认为不该与你、与朋友们再见面。"这位皇家学会的会长看了信大吃一惊，赶紧写信到剑桥询问，从侧面了解牛顿的情况。回信说："9月28日我见了牛顿先生。他一见面就先说，给了你一封信，不晓得怎么办。据说担心之余，午夜不能入睡。有机会的话，要我转告请你原谅。"

牛顿在给洛克的信中说："你为女性的事情，企图使我困扰，一想起我就生气。你说你的病不会好，我想回答，你去死好了。"三个星期之后，洛克又接到牛顿一封信，信中说："这个冬天，也许是睡在炉旁的关系吧，一直想睡。也许是这个夏天生病的关系吧，我好像脱出了轨道。写上一封信时，两周才只睡了一小时，五天前起就没有睡过觉。记得好像乱骂过你，但不记得有没有谈到你的书。"

朋友们对牛顿的健康状况深感不安，都想办法帮助他，安慰他。经过几个月的治疗和调养，牛顿逐渐恢复了健康，他对于过去曾给朋友们写过一些失礼的信，向朋友们表示歉意。病愈之后，再度投入研究工作，收集更多的资料，又着手研究月球运动的问题。月球除了受地球的引力外，也受太阳的引力而做复杂的运动。在研究的基础下，牛顿为《原理》的再版做了补充和修改，并且再度忙碌于他所热爱的化学实验。但是，当时他万万没有想到，他一生中对金属和合金方面的兴趣和研究的收获，不久将付之于实际的应用。其应用的方面，也是他未曾想到过的。

牛顿继续拜托洛克、蒙塔古等友人在伦敦为他谋求理想的职位。时间在一天天的期待中过去。

他终于盼来了那一天。1696年春天，牛顿收到了蒙塔古于3月18日写给他的信。这封信给牛顿带来了好消息，它使牛顿无比的喜悦。随后，它急剧地改变了牛顿的生活方式和生活环境，使他从剑桥大学度过的隐居式的宁静的学者生活，一跃而成为伦敦官场中颇有影响的要员，同英国皇室宫廷的关系越来越密切，直到被封为勋爵，还获得了许多其他的荣誉。但是在他一生的最后二十五年，再没有任何重要的科学发现。

（二）皇家造币局局长和皇家学会会长

真可谓朝廷有人好做官。写信来的是牛顿的老同学查尔斯·蒙塔古（1661—1715），即后来的哈利法克斯勋爵，他是曼彻斯特伯爵的第四个儿子，在剑桥大学三一学院学习时就崇拜牛顿的科学成就，尽管年龄相差很大，他们还是结下了友谊。蒙塔古的政治生涯顺利，他平步青云，很快就成了国王的亲信，于1694年升任财政大臣。在蒙塔古1696年3月给牛顿的信中，告诉他英国皇家造币局检查官的职务空缺，国王已同意他任命牛顿担任该职务。他在信中写道：

先生：

我非常高兴，因为我终于能向您证明我的友谊以及国王对您的功绩的赏识。造币厂督办奥弗顿先生被任命为海关监督,国王已应允我任命牛顿先生为造币厂督办。这个职务对您最合适,年俸为五、六百英镑,而事情不多,花销不大……

牛顿欣喜地看到新职务的年薪比以前增加两倍,便立即高高兴兴地前去赴任。他从此迁居伦敦,先在蒙塔古那里住了一段时间,然后搬到豪华的威斯敏斯特区的杰明大街,靠近圣詹姆斯教堂和皮卡迪利广场,在这个高级住宅区度过了他一生中最后的将近三分之一的岁月。他满腔热情地投入了新的工作。

身为财政部长的蒙塔古,肩负着发展英国资本主义经济的重任。他首先面临的是改革货币的迫切问题。他深知牛顿是精通科学的人,又有相当强的办事能力,所以请他把知识用在货币改革方面。

当时在英国币制极为混乱,金币和银币都是合法的流通货币,但银币的价值因含有廉价的低品质的合金已经贬值,而且由于军费开支剧增造成通货膨胀,物价飞涨,连基本食品的价格也非常昂贵,几十年来人们想方设法偷偷地把贵金属硬币的边缘部分"剪去"一些,也就是从没有深刻花纹的银币边上刮下一点银子,把残缺的银币还照原价拿去使用,投入市场流通。这严重地扰乱了现金周转。当时欧洲的一些银行已经拒绝接受英国银币。财政部长蒙塔古决心采取措施,改革财政。他建立了英国银行,创设了发行公债和债券的现代化财政制度,并决心改革货币制度,决定收回全部旧有银币,发行新币代替旧币。这就要采用新的铸币技术,使新币没有办法被"剪去"一角,并且要求迅速实现银币更新的任务。

牛顿没有辜负蒙塔古的信任。他出任造币局检查官以后,全力工作,在财政部花园的后面建起了十个熔炉,把旧币熔化掉,把熔化的贵金属送往伦敦塔,在那里重新铸币;同时在几处分设造币厂。1696 年初,市场上缺少零钱,经济周转困难,为了迅速扭转局面,牛顿集中力量提高新币的产量,再加上蒙塔古的组织措施积极有力,使产量在短时期内提高了 8 倍,起初每星期的铸币量是 15000 镑,到最后每周铸币达 12 万镑(约 5 万公斤)。三年之内货币完全更新了。牛顿在工作中表现了出色的管理才能,用他丰富的科学知识,对于机器运转、熔铸速度、金属纯度等技术不断加以改进。在造币厂的职官和宫廷官吏贪污成风的环境里,在贿赂盛行的时代,据说牛顿是表现了公正廉洁的品格,并无越轨行为。

币制改革运动于 1699 年宣告结束,财政部大为高兴,牛顿的工作也受到赞扬,被任命为终身"皇家造币局局长"。这使他的年收入达到 2000 英镑,高达剑桥大学时年薪的十倍。这是一个可观的数目,其价值可以一比:建立格林威治天文台,即所谓"弗拉姆斯蒂德大厦"的基本资金才花去了 500 英镑多一点。

牛顿在伦敦的事务使他事实上已经无法担任剑桥大学的教育和科学研究工作。所以,于 1701 年底,他辞去了剑桥大学的教授职位,把卢卡斯讲座让位给天文学家威廉·惠士顿,自己退出三一学院。但是剑桥再次选他为国会议员,作为剑桥的代表进入下院。也许是因为他保持缄默,于 1705 年重新选举时,他落选了。

这样,从牛顿的一生所从事的事业上看,可以分为两个时期,前期三十一年,从1665 年到 1696 年,除了短暂时间的生病以外,总的来说,他精力旺盛,身体强健,勇于探索,刻意创新,在科学研究的征途上作出了伟大的贡献;后期也是三十一年,从 1696 至 1727 年,他担任国家公职,为发展英国的资本主义经济,效劳于财政部门。同时,也没有完全脱离英国科学界,他于 1703 年被选为英国皇家学会的会长。领导着英国科学界,也与欧洲大陆的科学家们保持着科学上的联系,在此期间,也对自己过去已有的科学发现和发明,进一步的补充、丰富和发展完善,但没有新的创造。

在后期,牛顿不仅受到国内外科学界的赞扬,还被授予众多的荣誉。1699 年,他被选为法国科学院八个外国院士之一。1705 年 4 月英国女王安娜授给牛顿勋爵称号,授衔仪式在剑桥大学举行,女王亲临剑桥,仪式结束后举行了盛大宴会。这是英国历史上第一个科学家得到如此特殊的荣誉。从此以后人们都尊敬地称呼牛顿为伊萨克·牛顿爵士。以后又过了整整一个世纪,化学家戴维(1778—1829)才成为第二个获得这种荣誉称号的自然科学家。牛顿从一个出身农家的普通孩子,通过自己的勤奋努力,得到了国家的最高奖赏和人民的尊敬。当时牛顿 62 岁。

自 1703 年到 1727 年牛顿逝世为止,一直担任英国皇家学会的会长,相当于国家科学院的院长。他年年连选连任,几乎是在四分之一世纪的长时间内,一直担任科学界的最高领导职务。在同时期内,牛顿继续担任造币局的领导职务,工作已经没有那几年大规模铸造货币时那样紧张繁忙了。牛顿居住的官邸就在财政部附近,造币局每星期只需去一次即可。因此牛顿还能继续做些科学工作。不过,由于主观和客观上的种种原因,他对科学的探索性、创造性的贡献在伦敦时期已经中止了。但是,他那善于敏锐思考的头脑有时也闪现出智慧的火花。例如,有一个故事说到,1697 年,他出色地解答了约翰·伯努利提出的一个很难解的数学问题。他从法国的一封来信中得知瑞士数学家伯努利提出了两个数学问题向"全球最聪明的数学家"挑战,时过半年了还没人能够解决。牛顿从午后 4 点开始思索,到次日凌晨 4 时,就写出了一篇漂亮的论文。这篇论文用匿名刊登在皇家学会的会报上,据说伯努利从这篇论文的完美性和创造性上,立刻就看出它的作者一定是牛顿。1701 年,牛顿还写过一篇热学方面的著作《热的量度表》,在这篇文章中,他提出了热物体冷却的一种定律。此外,在牛顿担任皇家学会会长期间,欧洲大陆的科学家常就一些科学问题征求牛顿的意见。牛顿尽力帮助解决他们提出的问题。英国皇家学会成为欧洲主要的科学机构之一。

牛顿年年连任皇家学会会长,不只是由于他在科学上那些卓越的无与伦比的伟大贡献,也由于他的出色的组织才能。他仍然沉默谨慎,但善于把不同意见的人团结在一起,促进科学的进步,使学会的活动很繁荣兴旺。这在当时英国政治斗争复杂的社会环境中,并不是一件简单容易的事情,当时保守党的势力致力于恢复绝对的君主制和上层贵族的统治,而自由党的前身辉格党却支持君主立宪制。各派不同的政治观点的分歧也渗透到皇家学会的会员之中。

牛顿在担任皇家学会会长期间,还积极地向安娜女王提出建设格雷沙姆学院的请求。因为该学院原是英国皇家学会的发祥地,它由于驻扎军队而遭到了破坏。牛顿担任会长不久,努力为皇家学会建立一个新的巩固的基地。但当时英国因西班牙王位战争而消耗了国力,直到 1710 年经过再三请求才获得批准。

除了公务之外,牛顿在自己的科学研究工作方面,主要是出版和再出版以前的研究成果。《光学》这部著作用英文写好了多年,只是由于与罗伯特·胡克的争论,牛顿不愿在他的老对手胡克在世时出版。1703 年胡克死了,第二年这本书就问世,立刻获得成功,它包括了牛顿一生对光学的研究成果。该书于 1717 年再版,于 1721 年修订第三版发行。牛顿的另一部重要学术著作《自然哲学的数学原理》,于 1713 年再版,1726年发行第三版,这是牛顿在科学上留给后人的久放光彩的两座丰碑。这些都是他以前在剑桥期间获得的成果。牛顿在1673—1694年间讲授的代数学由 W·惠斯顿(1667—1752)以《算术通论》的书名出版。

当然,人无完人,金无足赤,伟大的科学家牛顿也不能摆脱时代给他的局限性。在他一生中,特别是在中年以后,用去了相当多的时间做了一些徒劳无益的工作。其中之一,是花费不少精力去研究神学,他不懈地阅读历史和宗教方面的书籍,写了大量的笔记和心得。他死后留给他的侄孙女婿扑第斯伯爵大量遗稿,其中便有一百五十万字的关于宗教和古代史的著作,以及50万字的有关炼金术和化学方面的文章。在牛顿死后多年所出版的一本书名叫《＜圣经＞里两大错讹的历史考证》,大约就是在《原理》出版以后写成的。另一件徒劳无益的事是牛顿在七十多岁以后写的一本关于年代学方面的论著,内容是考证《圣经》里的事迹和希腊、埃及等古代历史事件的日期。早在剑桥时就已制定了这本书的写作计划,晚年才应威尔士郡主的请求,把分散在笔记本中的手稿整理出纲要,题目是《从欧洲有史记载至亚历山大远征之间的年代简略考》。作者曾特别申明那篇文章仅供私人阅览,不刊印。可是一位法国教士康蒂从郡主处借来这本手稿,抄录了一份寄回法国,以后辗转落到一位出版商手里。出版商未经作者同意,就将稿子印成小册子出版了。这小册子引起一些批评和攻击,后来经过修订和补充,改名为《修订的古王朝年代考》,于牛顿逝世的1727年正式出版。在书中,牛顿说他考证的时期准确程度至多不差二十年,但是与现今考证的结果相比较,却差了几个世纪,因而没有什么科学价值。随着时间的流逝,这本书早已被人们抛之脑后了。

牛顿的另一册书是他死后出版的《但以理先知的预言与圣约翰的启示录的评论》。这本书的内容是说但以理的预言和以后历史事实的关系,是牛顿对宗教早期历史的研究。

牛顿在移居伦敦后的生活是稳定、富裕而舒适的。他终生没有结婚。为他料理家务的是他的外甥女、牛顿同母异父的妹妹所生的女儿凯瑟琳·巴顿。这位17岁的姑娘仪表大方,容貌美丽,而且聪明机敏又诙谐,性格活泼又温柔。两年后结婚。新婚夫妇仍和牛顿住在一起。凯瑟琳好客又善于社交。她使牛顿晚年的生活并不孤独寂寞。她常常协助牛顿举行家宴招待来自各方面的客人。如文学家斯威夫特、政治家蒙塔古等人常来牛顿家喝茶、聚餐,气氛融洽活跃。牛顿虽然待人很友好,但是总的说来显得比较冷清。他在和人们一起时常常沉浸在自己的思考里,很少言语,有时候还心不在焉。尽管他真诚地感谢朋友们的帮助和支持,但也不善于表达这种内心的感谢之情。

牛顿成为知名人物生活变得优裕之后,更加乐善好施。过去他资助亲友也很慷慨。对于具有数学才干的年轻人,他更是愿意多加帮助。例如对年轻有为的数学家罗杰·科茨(1682—1716),他后来被牛顿选为助手,细心地协助牛顿校订了《原理》第二版。从1706年起,科茨在剑桥大学任教数学和物理教授,但不幸早逝,牛顿深为惋惜。第二个青年是有名的医生兼数学家亨利·彭伯顿(1649—1771),他后来协助牛顿修订了《原理》第三版。牛顿出身于劳动者家庭,用钱有所节制。原来作教授时,他生活俭朴,但不惜花钱购买实验用的各种工具和书籍。晚年生活富裕之后也常提醒凯瑟琳不要奢侈。

牛顿临终时留下了一笔可观的遗产。但是牛顿并没有设立奖学基金或科学基金。牛顿在任皇家学会会长期间，皇家学会的成员之一戈弗雷·科普利爵士设立了自然科学进步基金。这种基金直到牛顿死后才形成制度，由皇家学会把"科普利奖章"作为最高的科学荣誉奖授予科学家。后来，英国生物学家达尔文就获得了这种荣誉。

牛顿平时温和、沉默，为人谦和友善。但是一旦被人激怒，马上判若两人。他为了维持自己的发明优先权，不惜与胡克、弗拉姆斯蒂德和莱布尼茨激烈争吵，甚至有时对人怀恨在心，或发誓决不发表自己的著作，以免引起更大的争吵。怒火燃烧时，处理问题也会不再那么和善和公正。在牛顿患忧郁症康复之后，这样情况更加突出，性格越来越固执和强辞夺理。

牛顿在晚年，除了另外两次大的争论以外，总的来说是度过了一个安静的晚年。而这两次持久而激烈的争吵使牛顿深感不快。其中的一次是与英国天文学家约翰·弗拉姆斯蒂德，另一次是与德国数学家莱布尼茨。

1675年，在伦敦附近的格林威治建立了"皇家天文台"，弗拉姆斯蒂德是皇家天文台的第一任"皇家天文学家"。他是一位靠自学成才的天文学家。他用的观察仪器大部分是自费置办的。在格林威治，他对月亮的升落和恒星的位置进行了十分仔细的系统观察。牛顿早在1670年就和他相识了。他的观察结果，经过理论加工后，被吸收到牛顿的《原理》一书中。他们于1680年开始通信，讨论这一年将出现一颗彗星呢，还是两颗彗星？而后者是牛顿的错误估计。从此就布下了以后不和的种子。牛顿也曾经想公开修正自己的错误和表示赞同弗拉姆斯蒂德的意见。但是在牛顿患过忧郁症之后，他决不把这个"只会观察"的弗拉姆斯蒂德放在眼里。后者在给牛顿的一封信中，表述了自己心中的愤愤不平。他写道："我承认，金属丝比制成它的金子要值钱。但是我把这种金子收集起来，加以提炼和清洗。因此我并不希望您由于轻易地得到我的辅助劳动而瞧不起我。"

在牛顿的推荐下，弗拉姆斯蒂德出版了他的恒星表《天体史》，但是此书在印刷过程中两人闹翻了。原因是牛顿为了研究月球的运动需要弗拉姆斯蒂德的天文观测结果。后果虽然答应公布他的一切观察发现，但是工作进度越来越慢，不能满足需要。牛顿急不可耐，便向皇家学会提出意见。随后，成立了一个以牛顿为首的调查委员会来调查格林威治皇家天文台的工作情况。于是两人之间爆发了公开的争吵，直到1719年弗拉姆斯蒂德逝世，争吵才告结束。使牛顿感到满足的是在第二年，哈雷被任命为继任的皇家天文学家，担任格林威治天文台的台长。哈雷是牛顿的老朋友了，在出版《原理》时，他曾经倾囊相助，俩人早已是莫逆之交。

牛顿和莱布尼茨之间的争吵是为了争微积分的发明权。这场争论扩大到英、德两个国家之间，因而更为激烈，而且旷日持久。

牛顿最早对微积分的研究，像万有引力定律的发现一样，似乎也是开始于1665年到1667年伦敦流行鼠疫期间，并且最早在1665年的笔记中就使用了自己确定的术语和记号来叙述和解决问题。牛顿把那些随时间的变化而改变的物理量，称为"流量"；把流量的变化率，称为"流数"。如果用X、Y、Z来表示流量，则用x、y、z分别表示它们的流数。例如，如果距离是S，则距离的增长率S就是位移速度V，而速度的增长率V，就是加速度a。牛顿用"流数法"研究了曲线的切线、函数的最大值和最小值，曲线的曲率和隐函数的处理问题。牛顿所用的流数的方法，就是微积分的方法，流数是牛顿所用的特有的术语，他用符号 x、y、z 表示，即"在字母上加符点"的记法。并且牛顿一开始就认识到有两类互逆的流数问题，第一类问题，是已知诸流量的关系求它们的流数(变量的变化率)之间的关系，是微分问题。例如：$Y = X^n$，$Y = nX^{n-1}x$。第二类问题，与第一类问题相反，是已知一个包含流数在内的方程，求那些流数的流量间的关系，是积分问题。但是牛顿迟迟没有发表他的新方法以及其独特的记法的完备的正式说明。他只是在 1669 年首先写信给巴罗教授，大略地告诉了他的方法及其几何应用。第一篇关于微积分的论文初稿在朋友中散发，但是这篇短文的发表却推迟到 1711 年。在 1672 年 12 月 10 日，牛顿在写给科林斯的信中，也提到了他的方法及其对方程论的应用，这封信在后来与莱布尼茨的争论中处于极为重要的地位。牛顿在 1671 年写的《流数方法》的手稿中，更为详细地论述了他关于流数的思想，但是这本书在牛顿死后才译成英文发表。不过这部手稿的基本内容曾以《求曲边形的面积》为题，作为 1704 年出版的《光学》的附录发表。

在 1687 年出版的《原理》中，并未出现流数的记号，他所采用的是从亚历山大历亚时代延续下来但略加修改的纯粹几何的证明方法。但《原理》中首次公开地讨论了流量的性质，并且使用了流数这个词。

在 1676 年，牛顿给奥尔登堡的信中，曾间接提到他的流数方法，但是最重要的部分是以字谜的形式隐蔽起来的。

次年，即 1677 年，莱布尼茨在写给奥尔登堡的信中诉说他已经发展了他自己形式的微积分。莱布尼茨主要是通过研究曲线的切线和面积问题建立微积分的，他所创立的记法和符号一直沿用到今天。他的第一篇微分学论文，于 1684 年发表。

后来，牛顿适当地承认了莱布尼茨在这个领域的成就，在《原理》的第一版(1687)中，他写道："十年前在我和最杰出的几何学 G·W·莱布尼茨的通信中，我表明我已知道确定极大值和极小值的方法，作切线的方法以及类似的方法，但我在交换的信件中隐瞒了这方法……这位最卓越的人在回信中写道，他也发现了一种同样的方法，他并诉述了他的方法，它与我的方法几乎没有什么不同，除了他的措辞和符号而外。"

牛顿的这段提到莱布尼茨对创立微积分作出贡献的话，在 1713 年《原理》的第二版中还保留着，但在 1726 年出版的第三版中，却被删掉了。而这第三版也是在牛顿生前出版的。

自从牛顿在 1687 年承认莱布尼茨的贡献以后，长期以来，人们一直认为这两个人独立地发现了各自的系统。但是后来，他们各有一批拥护者，都积极提出对自己有利的证据，你来我往，交换了不少怒气冲冲的信件，激烈地争论了许多年。一方攻击茨布尼茨的思想获自牛顿；另一方攻击牛顿的"流数"是对莱布尼茨的"差分"的改制。对方攻击莱布尼茨是剽窃者，莱布尼茨对这个指控提出上诉。为此皇家学会于 1721 年任命了一个委员会，审查有关争论的文件，并且发表了一篇报告。但是这个委员会主要是由牛顿的朋友组成的，他们发表的报告仅仅肯定了牛顿的优先权，反驳莱布尼茨所指控的剽窃；而对莱布尼茨的独创性及攻击莱布尼茨剽窃的论断的真实性却没有表态，并且在报告里对莱布尼茨的语气里含有敌意，没有公正地对待莱布尼茨。当莱布尼茨向皇家学会申诉对他不公正时，皇家学会却否认对委员会的报告负有责任。后来，这个问题被提到皇家学会的一次有外国大使出席的会议上审议。根据一个与会者的建议,牛顿开始同莱布尼茨进行个别磋商。但是,直到1716年莱布尼茨逝世,还没有得出任何结论。令人遗憾的是,在牛顿逝世的前一年,即1726年出版的《原理》第三版,删掉了前两版中正确评价莱布尼茨数学贡献的那段话。此后,这场激烈的争论又继续了很多年,有的人甚至认为,严格说来,这场争论现在仍然悬而未决。但是一般人倾向于认为,牛顿和莱布尼茨是各自分别独立地发明了微积分,而莱布尼茨对微积分记法的宝贵发明从未遭到过质疑。他始终极为重视数学记法问题。他在引入新符号之前,总是先和数学家商讨。他创造的新符号大都流传到现在仍被采用。当时人们也看到莱布尼茨的微积分远比牛顿的特殊的微积分形式要简明易懂、使用方便。

牛顿和莱布尼茨关于发明微积分优先权的争论。在数学史上造成了一些消极的影响。它在英国和欧洲大陆数学家之间造成了一种屏障。一般说来,英国的数学家在整个18世纪里一直沿用牛顿的流数术记法;而另一方面,莱布尼茨的记法主要为法国和德国的数学家所使用。当然也不是绝对如此。学术界的这种状况,给双方都带来了损害,特别是对英国那一派的数学家们。显然,这种脱离数学发展的真正潮流的倾向,使英国数学家落后于欧洲大陆的数学家。直到1812年,剑桥大学的一些年轻的数学家建立了一个"分析学会",主张在英国也应推广莱布尼茨的微积分法。但是对于牛顿模式的物理学结构,直到19世纪末,人们还是坚信不移的。

(三)黄昏岁月

牛顿在世的最后几年中,国内外各界的人士都向他表示尊敬和赞赏,在宫廷中他也倍受宠信,直到80岁高龄以前,他一直没有患什么严重的疾病。虽然有些发胖,但仍然面色健康、精神矍铄。虽然已白发如银,但仍不需要戴眼镜,而且思想仍然敏捷活跃。到1722年,牛顿80岁时,他才开始患老年病症。先是胆结石,后是肺炎,脚部风湿痛。病痛开始折磨这位古稀的老人。朋友们为他在肯辛顿安排了新居,医生也劝他搬到那里去换换环境,空气又新鲜。这时,牛顿感到自己年迈体衰,必须辞去造币局局长的职务,但还继续担任皇家学会的会长。而在主持会议时,他有时就坐在主席的位子上睡着了。但他还是抓紧时间在助手的协助下,出版了《原理》第三版。助手是青年医生亨利·彭伯顿,他尽管对数学懂得不多,还是出色地掌握了这些难懂的资料。牛顿尽管已有80岁高龄了,还是努力吸收新的研究成果。他恳请当时格林威治天文台的台长哈雷提供1680年发现的那颗著名彗星的详细资料。此外,牛顿还想完成他那部长期编写的神学史著作。但是病情越来越重,他已经力不从心了。

1727年2月28日,牛顿觉得身体还挺好,就去伦敦主持皇家学会3月2日的会议。但是,3月4日回来时,就病倒了。病床上还能与朋友交谈。3月15日,好像有点恢复元气,但就已是回光返照了。3月18日,牛顿进入了昏迷状态。1727年3月20日,黎明之前,牛顿在昏睡中与世长辞,享年85岁。

牛顿死后也得到了最高的荣誉。3月28日,牛顿的遗体,以国葬礼隆重地安葬在威斯敏斯特教堂内。英国的王公大臣、文人学者纷纷前来吊唁致哀。他是人类历史上第一个获得国葬的自然科学家。他安葬的墓地,安睡着英国历史上著名的艺术家、学者、政治家、元帅和海军上将,牛顿的老师和朋友巴罗教授也安睡在那里。

为了纪念牛顿的功勋,牛顿长期工作过的造币局发行了一枚牛顿纪念章。

牛顿去世后的第四年,他的亲戚为他建立了一座雄伟的纪念碑,上面刻着以下的墓志铭,总结了他的一生:

伊萨克·牛顿爵士

安葬在这里。

他以超乎常人的智力,

第一个证明了

行星的运动与形状,

彗星的轨道与海洋的潮汐。

他孜孜不倦地研究

光线的各种不同的折射角,

颜色所产生的种种性质。

对于自然、历史和《圣经》,

他是一个勤勉、敏锐而忠实的诠释者。

他以自己的哲学证明了上帝的庄严,

并在他的举止中表现了福音的纯朴。

让人类欢呼

曾经存在过这样一位

伟大的人类之光。

伊萨克爵士生于 1642 年 12 月 25 日,

卒于 1727 年 3 月 20 日。